AF304766

العلا

واحة العجائب في الجزيرة العربية

العلا

واحة العجائب في الجزيرة العربية

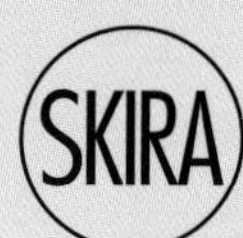

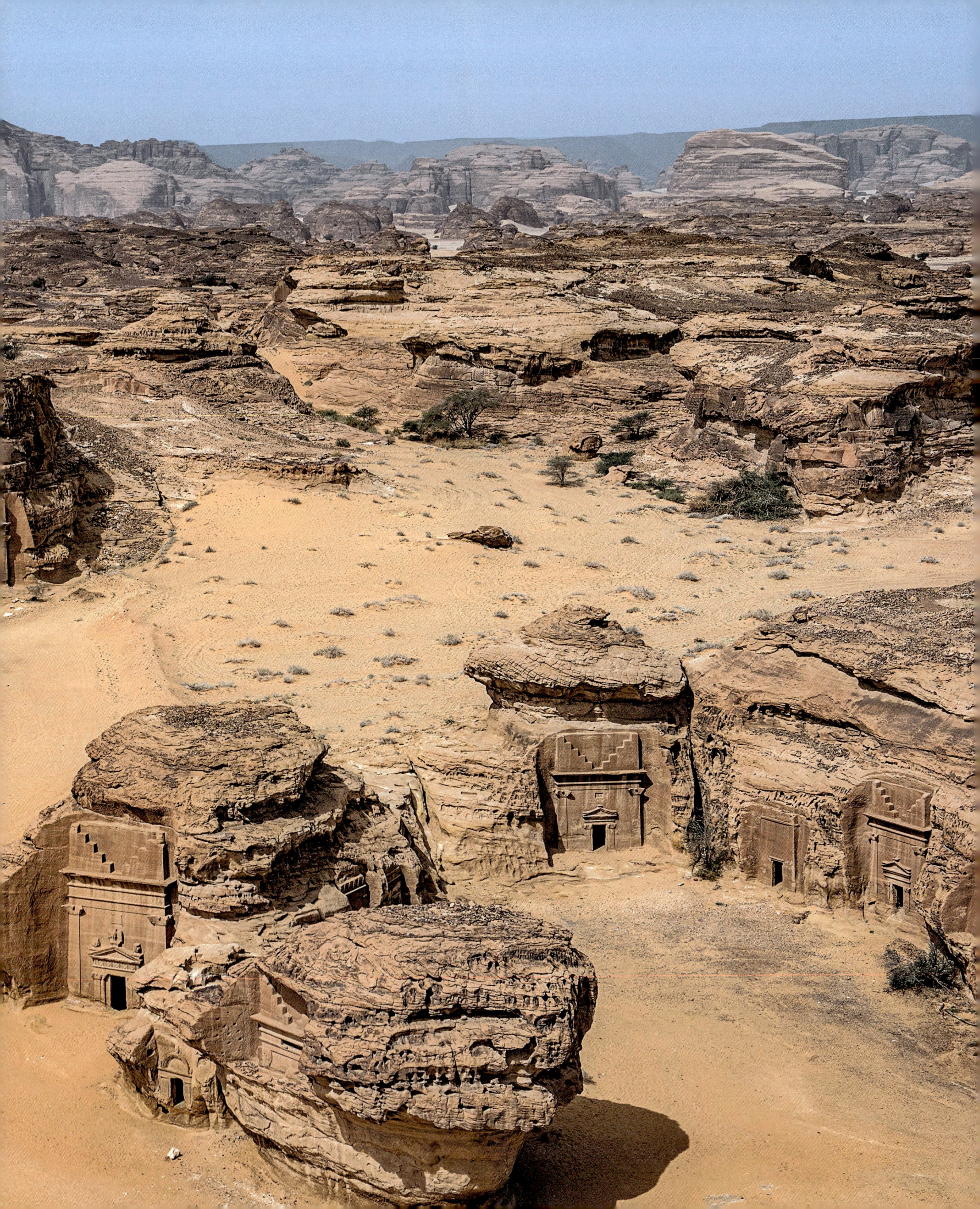

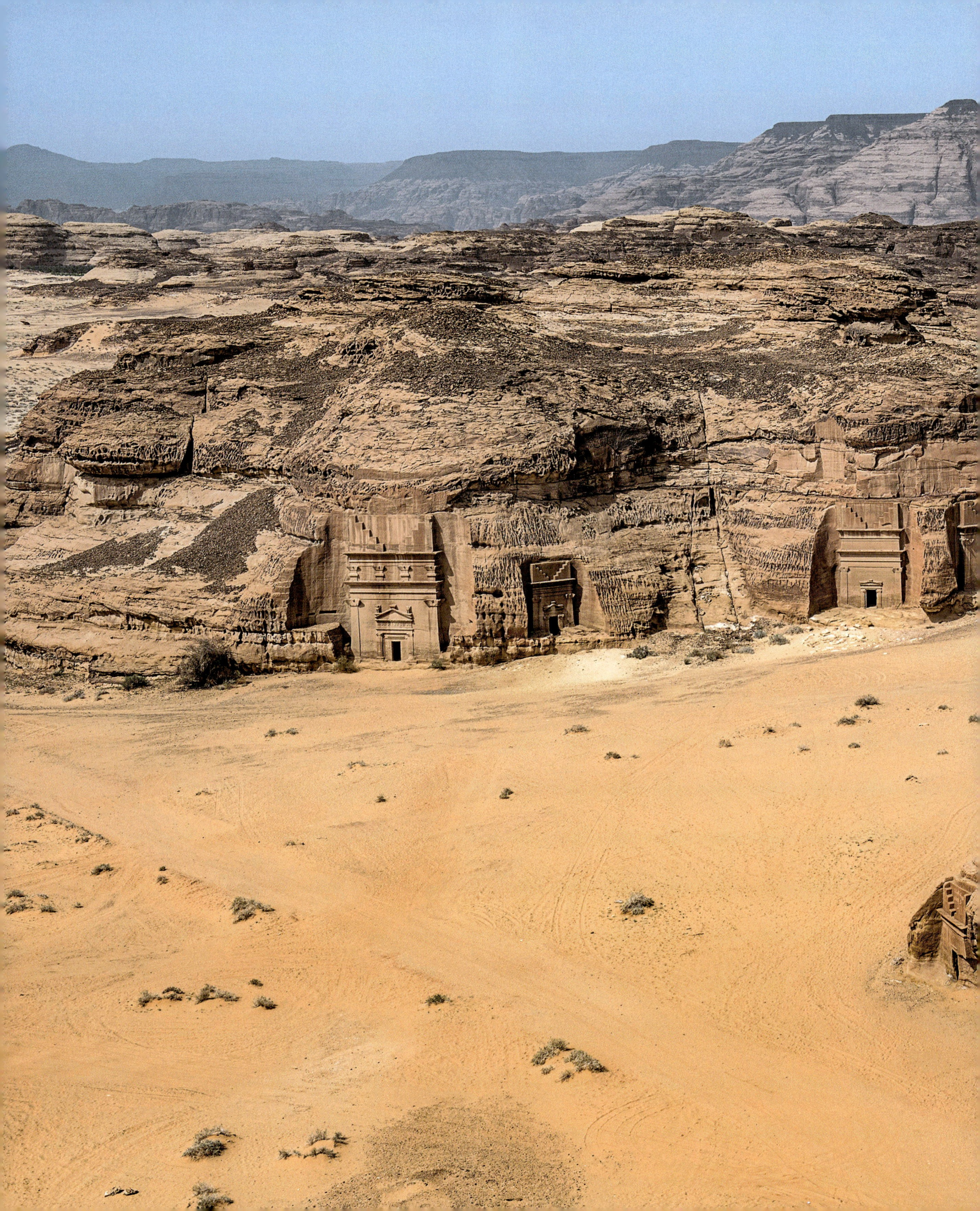

أقيم معرض "العلا، واحة العجائب في الجزيرة العربية" بداية في معهد العالم العربي (IMA) في باريس، وجاء نتيجة للتعاون بين الهيئة الملكية لمحافظة العلا (RCU) والوكالة الفرنسية لتطوير محافظة العلا (AFALULA)، ويعرض في نسخته الحالية في متحف القصر الإمبراطوري في بكين، من 7 يناير/كانون الثاني إلى 22 مارس/آذار 2024.

تم إعداد هذا الكتالوج تحت إشراف الأمينين:

الدكتورة ليلى نعمة باحثة، المركز الوطني الفرنسي للبحث العلمي، وحدة البحث المشتركة UMR 8167: الشرق والبحر الأبيض المتوسط.

الدكتور عبد الرحمن السحيباني، المدير التنفيذي لقسم الآثار والحفظ والمقتنيات، الهيئة الملكية لمحافظة العلا.

شكر وتقدير

عمرو المدني، الرئيس التنفيذي للهيئة الملكية لمحافظة العلا

وانغ شودونغ، مدير متحف القصر الإمبراطوري

جان-إيف لودريان، رئيس الوكالة الفرنسية لتطوير محافظة العلا

يودون أن يعربوا عن عميق شكرهم لصاحب السمو الأمير بدر بن عبد الله بن محمد بن فرحان آل سعود، وزير الثقافة ومحافظ الهيئة الملكية لمحافظة العلا.

ويودون أيضاً أن يعربوا عن خالص امتنانهم لجميع الإدارات والأفراد الذين ساهموا في إنتاج المعرض والكتالوج.

يود أمينا المعرض أن يشكرا فريق المشروع، الدكتورة إنغريد بيرسيه-فاليرو، وكلير بينو، وكاتيا فرايماكيس، ومارغو فالشياسيكا، وإيما ريدوندو، ويعربان عن خالص شكرهما للأشخاص التاليين على الدعم المقدم:

وزارة الثقافة في المملكة العربية السعودية

هيئة المتاحف

هيئة التراث

جامعة الملك سعود؛

و

ثامر إبراهيم عبد الكريم

وائل أبو عزيزة

روزين دوو

فلوران إجال

أحمد الإمام

صاحبة السمو الأميرة نورة الفقير

زبيغنيو ت. فيما

يان جاييه

ماريا غوريا

يوان هونغ

الشيخ ناصر خلف

مارتين لوجويو

ناصر القحطاني

أحمد علي مسعود

بونوا مايو

جيروم نوريس

الأب جان-ميشيل دو تاراجون، الرهبنة الدومينيكانية

هيو توماس

لو وي

مي يانان

الاختصارات:

AFALULA: الوكالة الفرنسية لتطوير محافظة العلا – CNRS: المركز الوطني الفرنسي للبحث العلمي – IRD: معهد البحوث الفرنسي من أجل التنمية – KSU: جامعة الملك سعود – RCU: الهيئة الملكية لمحافظة العلا – UMR: وحدة البحث المشتركة.

حسين أبو الحسن، النائب السابق للهيئة العامة للسياحة والتراث الوطني.

وائل أبو عزيزة، أستاذ مساعد، جامعة لوميير ليون الثانية.

فانسان باتيستي، زميل أبحاث في المركز الوطني الفرنسي للبحث العلمي، وحدة البحث المشتركة UMR 7206: علم الإثنية: معارف، ممارسات، سلطات.

لويز بورديه، زميلة أبحاث في المركز الوطني الفرنسي للبحث العلمي، وحدة البحث المشتركة UMR 7264: ثقافات وبيئات، عصور ما قبل التاريخ، العصور القديمة، العصور الوسطى (CEPAM).

توما بوزو، محاضر فخري أول، جامعة أورليان.

شارلين بوشو، زميلة أبحاث في المركز الوطني الفرنسي للبحث العلمي، وحدة البحث المشتركة UMR 7209: علم الآثار، علم النباتات الأثرية، مجتمعات، ممارسات، بيئات.

حسان بوقسيم، رئيس شركة فالورهيز.

فرنسوا بويون، زميل أبحاث فخري، مدرسة الدراسات العليا في العلوم الاجتماعية (EHESS).

فيليب بيتريا، محاضر، جامعة باريس الأولى بانتيون-سوربون.

إنغريد بيريسي-فاليرو، مديرة الآثار والأبحاث، الوكالة الفرنسية لتطوير محافظة العلا، باحثة مشاركة في المركز الوطني الفرنسي للبحث العلمي، وحدة البحث المشتركة UMR 5189: تاريخ ومصادر العوالم القديمة.

جان-كلود بيساك، مهندس أبحاث فخري في المركز الوطني الفرنسي للبحث العلمي.

كريستوفر تاتل، باحث مستقل.

هيو توماس، محاضر في علم الآثار، جامعة سيدني.

تييري جريجور، باحث مشارك في المركز الوطني الفرنسي للبحث العلمي، وحدة البحث المشتركة UMR 7302: مركز الدراسات العليا لحضارة العصور الوسطى (CESCM).

كلوي جيراردي، عالمة آثار، إيفيها العالمية (Eveha International).

جاكلين دنتزر-فيدي، زميلة أبحاث فخرية في المركز الوطني الفرنسي للبحث العلمي.

إليزابيت دودينيه، رئيسة قسم الموارد النباتية وتطوير المنتجات، الوكالة الفرنسية لتطوير محافظة العلا، باحثة مشاركة في جامعة بروتانيه، وحدة البحث المشتركة UMR 9016: الزمن، العوالم، المجتمعات (TEMOS).

كارولين دوران، باحثة مستقلة، باحثة مشاركة في المركز الوطني الفرنسي للبحث العلمي، وحدة البحث المشتركة UMR 5189: تاريخ ومصادر العوالم القديمة.

مارك دوكوسو، زميل أبحاث، مركز التعاون الدولي للبحوث الزراعية من أجل التنمية (CIRAD).

ناتالي دولوبيتال، باحثة مشاركة سابقة في المركز الوطني الفرنسي للبحث العلمي، وحدة البحث المشتركة UMR 7041: علم آثار وعلوم العصور القديمة (ArScAn).

بيير ديشامب، زميل أبحاث في معهد البحوث الفرنسي من أجل التنمية (IRD)، المركز الأوروبي للبحث ولتعليم علوم الأرض والبيئة (CEREGE).

سليمان الذيب، مستشار، الهيئة الملكية لمحافظة العلا.

جيروم رومير، باحث في المركز الوطني الفرنسي للبحث العلمي، وحدة البحث المشتركة UMR 8167: الشرق والبحر الأبيض المتوسط.

جان-باتيست ريجو، محاضر، جامعة تورز.

إيزابيل ساشيه، باحثة مشاركة سابقة في المركز الوطني الفرنسي للبحث العلمي، وحدة البحث المشتركة UMR 8167: الشرق والبحر الأبيض المتوسط.

جاكلين ستودور، أمينة متحف في قسم آثار الحيوانات القديمة، متحف التاريخ الطبيعي في جنيف.

عبد الرحمن السحيباني، أمين المعرض، المدير التنفيذي لقسم الآثار والحفظ والمقتنيات، الهيئة الملكية لمحافظة العلا، أستاذ مشارك، قسم الآثار جامعة الملك سعود.

سعيد السعيد، العميد السابق لكلية السياحة والآثار، أستاذ، جامعة الملك سعود، الرياض.

مارك-أندريه سيلوس، أستاذ، المتحف الوطني الفرنسي للتاريخ الطبيعي (MNHN)، باريس.

جوليان شاربونيه، مدير مشروع واحة العلا الثقافية (UCOP)، أركايوس.

أزهري مصطفى صادق، أستاذ، جامعة الملك سعود، الرياض.

أحمد العبودي، أستاذ مشارك، جامعة الملك سعود، الرياض.

علي الغبان، النائب السابق لرئيس الهيئة العامة للسياحة والتراث الوطني.

مورييل غرو-بالتازار، زميلة أبحاث في معهد البحوث الفرنسي من أجل التنمية (IRD)، التنوع والتكيف وتطوير النباتات (DIADE).

ربيكا فوت، مديرة أبحاث الآثار والتراث الثقافي، الهيئة الملكية لمحافظة العلا.

ستيفان فورمان، رئيس قسم الزراعة والتنوع البيولوجي وتقييم النباتات المحلية، الوكالة الفرنسية لتطوير محافظة العلا.

فرنسوا فيلنوف، أستاذ فخري، جامعة باريس الأولى بانتيون-سوربون.

فيرجينيا كاسولا-كوشان، مستشارة وكيلة الأصول والمراكز الثقافية، وزارة الثقافة السعودية.

حياة بنت عبد الله الكلابي، باحثة مستقلة.

جيمس كوارترماين، عالم آثار كبير، وقائع التراث (Chronicle Heritage).

ميليسا كينيدي، محاضرة في علم الآثار، جامعة سيدني.

سيلين ماركير، محاضرة، جامعة ولاية أوهايو.

مايكل ك. أ. ماكدونالد، عضو فخري في كلية ولفسون، جامعة أكسفورد.

مشلح المريخي، أستاذ، جامعة الملك سعود، الرياض.

حميد إبراهيم المزروع، باحث، جامعة الملك سعود، الرياض.

لورا موراريتو، مديرة المسح الأثري، الهيئة الملكية لمحافظة العلا.

عبد الله نصيف، مؤرخ، الهيئة الملكية لمحافظة العلا.

ليلى نعمة، أمينة المعرض، باحثة في المركز الوطني الفرنسي للبحث العلمي، وحدة البحث المشتركة UMR 8167: الشرق والبحر الأبيض المتوسط.

جيروم نوريس، طالب دكتوراه، جامعة لورين.

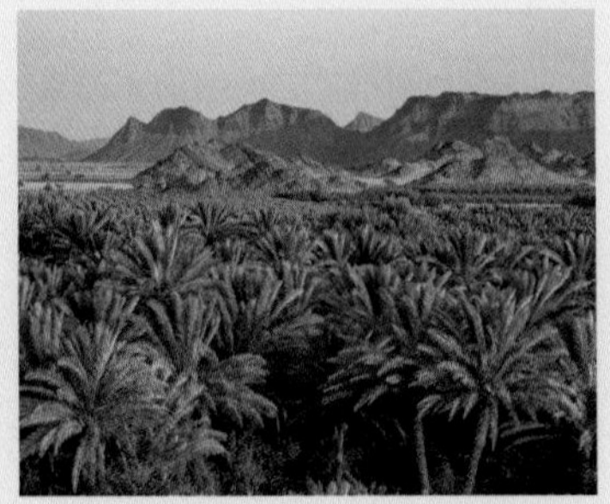

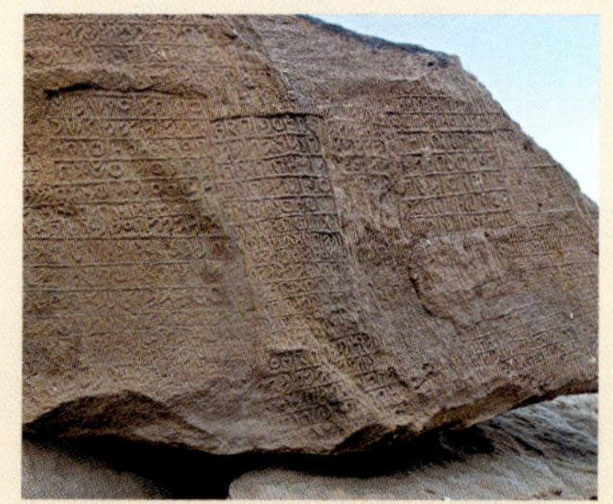

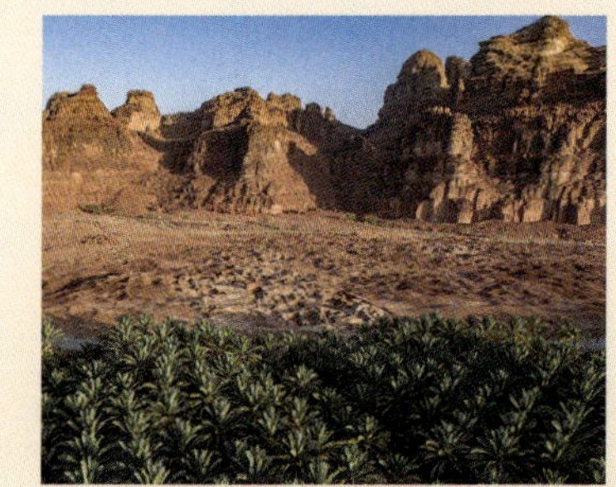

توطئة

صاحب السمو الأمير بدر بن عبد الله

بن محمد بن فرحان آل سعود محافظ الهيئة الملكية لمحافظة العلا

تعتبر العلاقات الثقافية بـين المملكة العربية السعودية وجمهورية الصين الشعبية نموذجاً مضيئاً لما مِكن أن تشـكله الجسـور الثقافية بين الشـعوب. وبين ماضينا العريق وحاضرنا المزدهر، قصة ملهمة لعزمـة بلديـن يؤمنان بجوهر الثقافة ودورها في مسـتقبل البشر.

لقـد شـهد التعاون الاستراتيجي بـين الرياض وبكـين تطوراً كبيراً في كافة المجالات، وكتبا فصلاً جديـداً مـن تاريـخ شراكتهـما بزيـارة خادم الحرمـين الشريفين، الملك سلـمان بـن عبد العزيز آل سعود، إلى جمهورية الصـين الشعبية عـام 2017، وزيـارة فخامة الرئيس الصيني شي جينبينغ للمملكة العربية السعودية العـام الماضي.

ومـا إطـلاق معـرض "العلا: واحـة العجائب في الجزيـرة العربيـة" في جمهوريـة الصـين الشـعبية، إلا انعكاسـاً للتعاون الوثيق بين بلدينا الصديقين، وإنطلاقاً بإيماننا المشـترك حيال الثقافة ودورها الجوهري، آملـين أن يسـتمتع زائـرو المعرض برحلة مدهشة عبر الزمن في العلا، إحدى الجواهـر الثقافية في المملكة العربيـة السـعودية، والتي شـكلت على مـدار التاريخ ملتقـى للحضارات وواحة للسـلام والإبداع.

توطئة

جان-إيف لودريان

رئيس الوكالة الفرنسية لتطوير محافظة العلا

في التاسع من شهر أكتوبر/تشرين الأول 2019، فتح معرض "العلا: واحة العجائب في الجزيرة العربية" أبوابه للزوار الفرنسيين والعالميين في معهد العالم العربي في باريس. وللمرة الأولى، اكتشف الجمهور باندهاش التراث النادر لشمال غرب المملكة العربية السعودية، من خلال معرض يجمع بين عروض الإسقاط السمعي-البصري والتجارب الصوتية والتصميم الشَّمِّي، وتسليط الضوء على القطع الأثرية والروائع المكتشفة تحت رمال العلا.

وبالإضافة إلى ذلك، استمتع الجمهور بمشاهدة خبايا عالم لم يكشف النقاب عنه إلا في الآونة الأخيرة. فقد كشفت العلا عن كنوزها الواحد تلو الآخر بدءًا منَّ آثار البلدة القديمة وصولاً إلى الواجهات المنحوتة المزخرفة لمدافن الحِجْر، ومن واحة العلا الخلابة إلى تماثيل الحجر الرملية الضخمة التي وجدت تحت التربة الحمراء لمملكة دادان القديمة، وأسرت قلوب جمهور يقف مذهولًا أمام هذا المزج بين الروعة والتاريخ.

وبعد مرور أربعة أعوام، انتقل المعرض إلى الموقع البديع للمدينة المحرمة في الصين. وتفخر فرنسا وتتشرف بالتعاون مع صديقتيها المملكة العربية السعودية والصين في دعم هذا المعرض، الذي يعد رمزاً للشراكة بين الهيئة الملكية لمحافظة العلا والوكالة الفرنسية لتطوير محافظة العلا، والتي بدأت عام 2018 بموجب الاتفاقية الحكومية الدولية التي أُبرمت بين المملكة العربية السعودية وفرنسا.

أُثرِيَ هذا العرض الجديد بنتائج أحدث الحملات والأبحاث الأثرية التي يقودها خبراء سعوديون ودوليون، والذين جعلوا من منطقة العلا نقطة محورية لعلم الآثار في العالم اليوم. إنه يمنحنا فرصة عظيمة للعودة إلى آلاف السنين لتاريخ شبه الجزيرة العربية من خلال الكشف عن التنوع الاستثنائي، وتَرَكُّز التراثين الثقافي والطبيعي المحميين في قلب الوادي الرائع.

ومرة أخرى، تؤكد العلا من خلال اختيارها المدينة المحرمة، التي تعد أحد أكثر المواقع زيارةً من بين المواقع المدرجة على قائمة اليونسكو للتراث العالمي، لإقامة معرضها، لرغبتها في إطلاع الجمهور العالمي على الكميات الهائلة من تراثها المبهر. وتعد استضافة الصين للمعرض بمثابة نقطة انطلاق مرموقة وجديدة إلى باقي أنحاء العالم.

توطئة

لو واي
نائب المدير التنفيذي لمتحف القصر

يعتبر متحف القصر، الـذي تـم إنشـاؤه علـى أساسـات القصرين الإمبراطوريين مينغ وتشـينغ في الصين، ومجموعاتـه الفنيـة الضخمـة متحفـاً شـاملاً وكبيراً يجمـع بين الهندسـة المعماريـة والتحف الفنية الثقافيـة والتاريـخ الـثري للبـلاط الإمبراطوري. مجموعـة تتجاوز 1.86 مليون قطعة فنية، تشكل الذخائر الثمينـة تسـعين بالمئـة مـن المجمـوع، وتغطـي تقريبـا جميـع فئـات التحف الفنيـة الثقافيـة الصينيـة من العصور القديمـة حتـى الوقـت الحـاضر. ويطمح متحف القصر إلى أن يصبح منصة للتبادل الحضاري للثقافة الصينيـة، يعمـل علـى تعزيـز التفاعـل والتعاون مع المؤسسـات الثقافيـة والمتاحف في جميع أنحـاء العـالم. ويسـعى المتحـف إلى مـدّ جسـور التفاهـم المتبـادل بين الشـعوب، من خلال شـتى الوسـائل مثل المعـارض والتبـادلات الأكاديميـة والتفاعـلات بين الأشـخاص.

تعمـل الهيئـة الملكيـة لمحافظـة العـلا، علـى غرار متحـف القصر، كأمين لمواقـع الـتراث العالمي، وتتحمل المسـؤولية الجسـيمة في الحفاظ على الحضارة الإنسانية ورعاية ثقافة تاريخية استثنائية. ويسـعى معرض "العـلا: واحـة العجائـب في شـبه الجزيـرة العربيـة"، المقـام في متحف القصر، إلى أن يكـون بمثابة بطاقة دعـوة ثقافيـة متميـزة، حيـث يقـدم صـورة متعددة الأبعـاد لطبيعـة العلا وتاريخها لاسـتمالة الجمهور الصينـي وتعميـق التفاهم المتبادل بين الشعبين.

أعتقـد أن التنظيـم الناجـح لهـذا المعـرض سـيعمل علـى إرسـاء أسـاس متـين لتوسـيع نطـاق التعاون بـين كـلا الجانبـين. وبتبـادل الأفـكار، سـتضافر الجهـود بـلا شـك، مما سيسـاهم في بدايـة فصـل جديد في التبـادلات الثقافية الصينية-السعودية.

مقدمة

ليلى نعمة وعبد الرحمن السحيباني

بعد تسليط الضوء عليها في باريس، حيث أتيح لعشرات الآلاف من الزوار فرصة الاستماع بالمشاهد الطبيعية الخلابة التي أبرزتها عدسة المصور يان أرتوس-برتران (Yann Arthus-Bertrand)، وتقدير تنوع وغنى تراثها، تُعرض العلا الآن في مدينة أخرى من مدن الثقافة، ألا وهي بكين، وفي مكان ساحر هو المدينة المحرمة. لِمَ كل هذا الاهتمام بمدينة ومنطقة ما يزال يكتنفهما غموض المواقع الأثرية العظيمة والمناظر الطبيعية الخلابة كما لو أنها انبثقت من أرض كوكب آخر؟

تقع العلا على مسافة تكاد تكون متساوية بين مدينتين كبيرتين وقد أضحت الآن متصلة بهما من خلال طرق تظل صغيرة مقارنة بمحاور الطرق السريعة: مساران، وأحياناً أربعة، تجتاز الجبال والسهول انطلاقاً من المدينة المنورة، الواقعة على بعد ثلاثمئة كيلومتر إلى الجنوب، أو انطلاقاً من تبوك، الواقعة على بعد مئتين وخمسين كيلومتر إلى الشمال، والتي تتوالى فيها التعرجات والخطوط المستقيمة الطويلة. هناك بضع قرى بين هذه المراكز السكانية الثلاثة حيث كانت أيضًا محطة لخط سكة حديد الحجاز الأسطوري في بداية القرن الماضي، والذي خلده الممثل بيتر أوتول (Peter O'Toole) في فيلم لورنس العرب (Lawrence of Arabia) للمخرج ديفيد لين (David Lean). إذاً، تتمركز ثلاثة تجمعات سكانية على طول محور شمالي-غربي جنوبي-شرقي على السفوح الشرقية لجبال الحجاز وعلى مشارف الهضبة العربية، ولكن وحدها العلا هي التي تعرض هنا، بالرغم من الشهرة التي تتمتع بها المدينة المنورة، يثرب القديمة، التي وصل إليها النبي محمد صلى الله عليه وسلم عام 622 للميلاد. لماذا هذا التفضيل إذن؟

تكمن الإجابة بكل بساطة في نقطتين نستطيع أن ننسج من حولهما الروايات الشيقة أو نرسم اللوحات الجدارية التاريخية العظيمة: مشاهد طبيعية تحبس الأنفاس لا تقل شأنًا عن الأخدود العظيم (Grand Canyon) وتنافسه بأروع التشكيلات الصخرية وتاريخ يمتد لعدة آلاف من السنين، تغطي آثاره جميع الفترات الرئيسية تقريباً، بدءًا من عصور ما قبل التاريخ حتى يومنا هذا، ومن العصر الحجري القديم الأسفل إلى نهاية سبعينيات القرن العشرين عندما بدأ سكان هذه البلدة القديمة الأخاذة يهجرونها تدريجياً ليبدأوا في الاستقرار في الأحياء المريحة والتي تتوفر فيها جميع الخدمات.

على قائمة اليونسكو للتراث العالمي

لم تحظَ العلا بعد بكتاب من طينة جاك لندن (Jack London)، أو أمين معلوف أو سيلفان تيسون (Sylvain Tesson)، ولم يكتب لها روايات مثل سلامبو (Salammbô) أو المومياء (Roman de la momie) لتخليد الملاحم العظيمة التي كانت أرضها مسرحًا لها. وفي المقابل، وجدت العلا منذ فترة طويلة مستكشفيها مثل رينيه كاييه (René Caillié) في تمبكتو، والذين قدّموا إلى عالم غربي متعطش للغرابة ولمناهل العلم ذاكرة القرون الغابرة وعادات سكانها، حضراً كانوا أم بدواً. إنهم البريطاني تشارلز داوتي (Charles Doughty)، أديب بقدر ما هو مستكشف، والذي كان عمله النثري الوحيد بالتحديد هو "رحلات في صحراء الجزيرة العربية"؛ والأبوان الدومينيكان من مدرسة الكتاب المقدس وعلم الآثار الفرنسية في القدس، أنطونان جوسين (Antonin Jaussen) ورفائيل سافينياك (Raphaël Savignac). بحماس المخترعين وتفرد الرواد، قدم كل منهم بطريقته الخاصة أول توصيفات للعلا في نهاية القرن التاسع عشر وبداية القرن العشرين.

ومنذ حوالي عشرين عاماً، وجدت العلا أيضاً مؤرخيها وعلماء آثارها الذين يتفحصون النصوص بصبر ويستخدمون أدوات التنقيب لكشف النقاب تدريجياً عن الجوانب العديدة للسكان وللحضارات التي عاشت فيها واتخذتها موطناً لها. زد على ذلك أنه ليس من قبيل الصدفة أن يكون أول موقع سعودي أدرج على قائمة التراث العالمي لليونسكو منذ أكثر من خمسة عشر عاماً هو الحجر، حِجْر الأنباط والرومان القديمة، شقيقة البتراء الصغيرة، في الأردن، من خلال عدد المدافن الصخرية المتناثرة على طول منحدرات الحجر الرملي، ولكنها أيضاً شاسعة من حيث المساحة التي تشغلها.

على طريق قوافل البخور والطيب

ما الذي يجعل هذه المدينة والمنطقة المحيطة بها جديرة بالاستكشاف أو المشاهدة بالطائرة أو إعادة اكتشافها وفهمها؟ الطبيعة والتاريخ، كما قلنا، ولكن أي طبيعة وأي تاريخ؟

إن محافظة العلا هي المركز الإداري والسياسي لمنطقة كبيرة بحجم بلجيكا. تمتد ضمن ممر طبيعي طوله حوالي ثلاثين كيلومتراً، على ضفاف وادٍ يمر بين كتلتين ضخمتين من الحجر الرملي يبلغ ارتفاعهما عدة مئات من الأمتار. تقع على ارتفاع حوالي سبعمائة متر فوق مستوى سطح البحر، ما

يجعلها تتمتع بظروف مناخية، وخاصة مائية، ملائمة للغاية، أتاحت منذ العصور القديمة تطوير الزراعة على نمط الواحات، حيث تجمع بين شجر النخيل والأشجار المثمرة، بالإضافة إلى زراعة البقوليات والأعلاف. ضمنت لها هذه الموارد رخاءً دائماً. وهذه تضاف إلى الدخل الذي لم يفتها الاستفادة منه بحكم موقعها كمفترق طرق وممر إجباري على طريق قوافل البخور والطيب (العطور والتوابل) القادمة من الشمال والجنوب والعابرة لشبه الجزيرة العربية بفضل الجمل، وهو الحيوان الذي تميزت به تلك الربوع والمستأنس في بداية الألفية الأولى قبل الميلاد. ألم يذكر شخص سبئي في القرن السادس قبل الميلاد، أنه قاد حملة تجارية حتى قبرص مروراً بالعلا، التي كانت تحمل آنذاك اسم دادان، ثم بمدينتي يهوذا وغزة؟ في النبوءات المنسوبة إلى النبي إشعيا (21، 13)، هناك أيضاً ذكر لـ "قوافل دادان". إلا أن هذه كانت خاصة، خلال الألفية الأولى قبل الميلاد، العاصمة المرموقة لمملكتين عربيتين، تلك التي تحمل اسم دادان، وتلك الحاملة لاسم لحيان، وكلاهما كانت مصدراً لمجموعات غنية من التماثيل.

كما أصبحت العلا مقراً لمجمع تجاري مزدهر يتبع للمملكة العربية الجنوبية الصغيرة، مملكة معين. في الواقع، سيطر المعينيون إلى حد كبير على تجارة القوافل من القرن الرابع حتى الثاني قبل الميلاد، وكانوا يكرمون آلهتهم في المجمعات التجارية التي كانوا قد أسسوها. فإذاً دادان، وكذلك الأمر بالنسبة للحِجْر، وهي بموقعها على الحدود الجنوبية للمملكة النبطية وللإمبراطورية الرومانية، تتوسع تدريجيا بالاكتشافات الجديدة؛ وقُرْح أيضاً، والتي خلفتها الدولة الأموية، والكثير من المدن القديمة والقروسطية التي لم تفتأ أسماؤها ترن في ذاكرتنا، قبل أن تصبح محطات على مسار طريق الحج الشامي، ثم على خط سكة حديد الحجاز.

مكتبة في الهواء الطلق

تقع العلا إلى الغرب من الخط الافتراضي الذي يفصل من الشمال إلى الجنوب وعلى نحو واضح جداً، الثلثين الغربيين لشبه الجزيرة العربية عن ثلثها الشرقي. إلى الغرب، تعد الآثار الكتابية التي خلفتها الشعوب القديمة عديدة للغاية: فهي موجودة في كل مكان، بلغات ولهجات وخطوط مستخدمة من قبل السكان الحضر وكذلك من قبل البدو الرحل. تقدم العلا إحدى أغنى العينات في شبه جزيرة العرب نظراً لأننا نجد فيها الآرامية الإمبراطورية والدادانية وأشكالاً أخرى من الكتابات العربية الشمالية، والنبطية، ناهيك عن اليونانية، واللاتينية وبالطبع العربية. تعد بعض المواقع مكتبات حقيقية في الهواء الطلق، حيث تكون النقوش - من النصوص الرسمية والقانونية إلى الخربشات (الغرافيتي) البسيطة التي يتركها المسافرون عفوياً - المحفورة أو ذات النقوش البارزة على جدران الحجر الرملي، هي بنفس القدر رسائل يجب فك رموزها وأحياناً تثير الإعجاب نظراً لأناقة بعض الحروف. في هذه المنطقة أيضاً، نجد النقوش الأولى باللغة بالخط العربي ثم نبطي-عربي أولاً، قبل أن يصبح عربياً بحق في نهاية القرن الخامس الميلادي. حفر النقش المسمى بنقش زهير، والذي يعد من أقدم النقوش العربية الإسلامية والمؤرخ من العام 24 هـ (644 م)، في واد شرقي العلا.

من الواضح أن العلا واحة فريدة من نوعها، غنية بالحضارة والتاريخ والإنسانية، وتستحق الاهتمام الذي تحظى به الآن بعد أن ظلت شبه منسية على مدى قرن من الزمن. إن معرض "العلا: واحة العجائب في شبه الجزيرة العربية"، الذي تنظمه المدينة المحرمة في الصين بالشراكة مع الهيئة الملكية لمحافظة

العلا والوكالة الفرنسية لتطوير محافظة العلا، يتيح في الوقت نفسه الانغماس في المشاهد الطبيعية الرائعة الجمال للمنطقة والترحال عبر قرون تاريخية ما تزال غير معروفة للجمهور العام. يتولد هذا الانغماس من خلال سلسلة من التجارب البصرية والصوتية، والتي يبحر الزائر بفضلها في العالم الرائع لجبال العلا وأوديتها وبساتينها. حالما يتآلف مع الجغرافيا والظروف البيئية التي سمحت بمراحل الاستيطان البشرية الأولى، في جولة متسلسلة زمنياً وموضوعيا في الوقت نفسه. يُدعى أولاً لركوب قطار التاريخ، للذهاب في رحلة تعود به إلى ألفيّ عام من الزمن، مع التوقف في المواقع الرئيسة للوادي وهي دادان والحِجْر وقُرْح (المابيات) وبلدة العلا القديمة.

تستحضر المنشآت الدينية، والطقوس الجنائزية، واللغات والكتابات، وولادة الكتابة العربية، من خلال القطع الأثرية، والكتب، والصور الفوتوغرافية، والنماذج الحقيقية أو الافتراضية وعمليات إعادة البناء على أساس أعمال وأبحاث علماء الآثار الذين يقومون بعمليات التنقيب في هذه المواقع منذ نحو عشرين عاماً. وهؤلاء العلماء الجدد هم الورثة الجديرون للمستكشفين الأوائل الذين تعرفنا عليهم من خلال صور فوتوغرافية ورسومات أصلية. ومن ثم يُدعى الزائر إلى أن يسلك طرق القوافل وطرق الحج قبل متابعة مغامرته على متن قطار حقيقي، وهو قطار سكة حديد الحجاز، ليجوب لبضع لحظات أرجاء بلدة العلا القديمة.

نتمنى للمسافر أن يشاهد المعرض بعيون طفل يملؤها الفضول برغبة في فهم ما الذي جذب الإنسان لهذا المكان خلال قرون، وكيف عرف أن يستغل بيئته دون إتلافها.

———

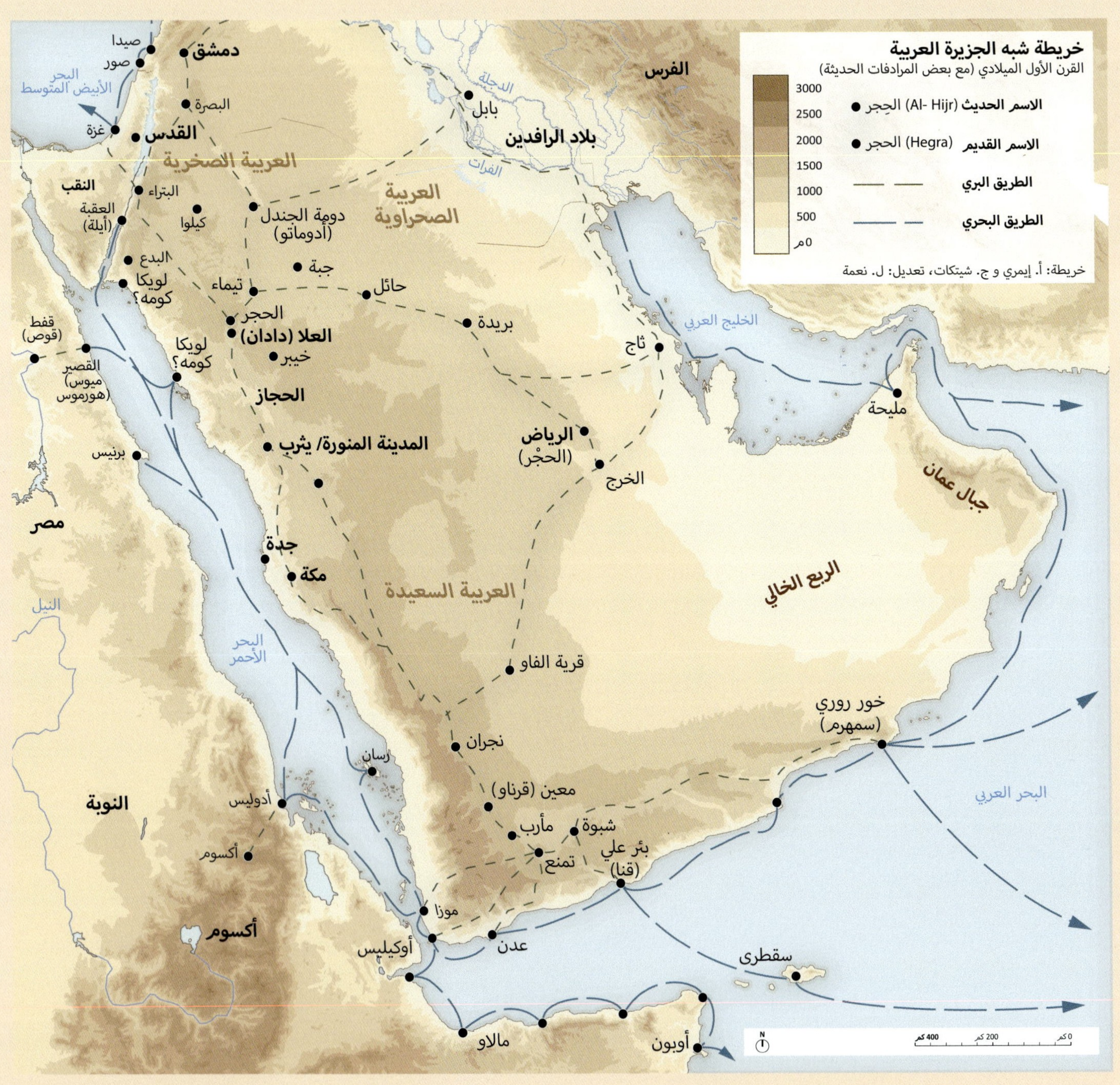

خريطة شبه الجزيرة العربية
القرن الأول الميلادي (مع بعض المزادفات الحديثة)
3000
2500
2000
1500
1000
500
0 م
الاسم الحديث (Al- Hijr) الحِجر
الاسم القديم (Hegra) الحِجر
الطريق البري
الطريق البحري
خريطة: أ. إيمري و ج. شيتكات، تعديل: ل. نعمة
البحر الأبيض المتوسط
صيدا
صور
دمشق
غزة
البصرة
القدس
بابل
الفرس
بلاد الرافدين
الدجلة
الفرات
النقب
العربية الصخرية
العقبة (أيلة)
البتراء
كيلوا
دومة الجندل (أدوماتو)
العربية الصحراوية
البدع
جبة
حائل
لويكا كومة؟
تيماء
الحِجر
بريدة
ثاج
الخليج العربي
قفط (قوص)
العلا (دادان)
خيبر
القصير (ميوس) (هورموس)
لويكا كومة؟
الحجاز
مصر
برنيس
المدينة المنورة/ يثرب
الرياض (الحِجر)
الخرج
مليحة
جبال عمان
النيل
جدة
مكة
العربية السعيدة
الربع الخالي
النوبة
قرية الفاو
أدوليس
نجران
خور روري (سمهرم)
أكسوم
زبيد
معين (قرناو)
شبوة
مأرب
بئر علي (قنا)
تمنع
البحر العربي
أكسوم
موزا
عدن
سقطرى
أوكيليس
مالاو
أوبون
البحر الأحمر
N
0 كم 200 كم 400 كم

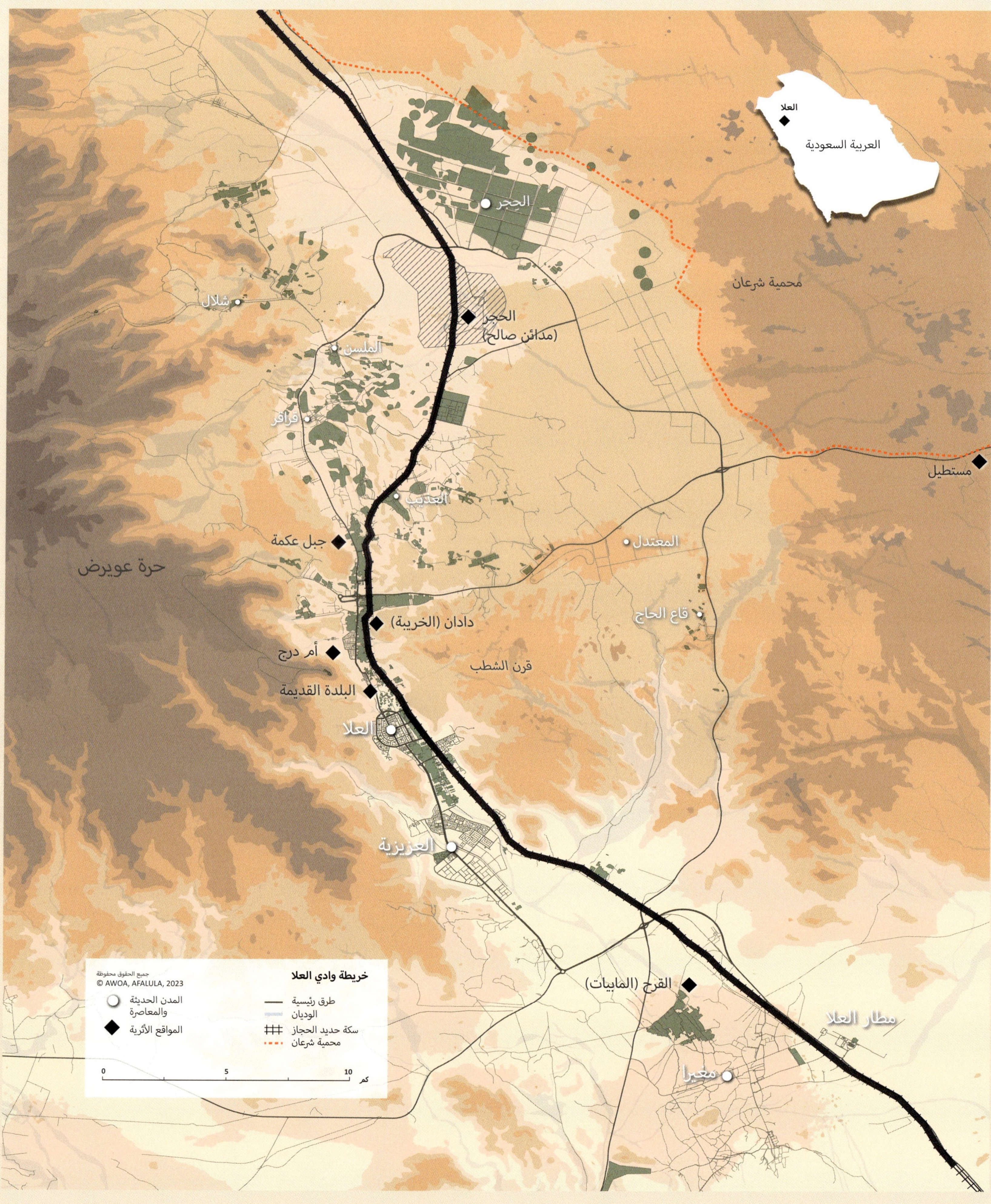

العلا
العربية السعودية
محمية شرعان
مستطيل
الحجر
شلال
الملسن
فراق
الحجر
(مدائن صالح)
التدمم
المعتدل
جبل عكمة
قاع الحاج
دادان (الخريبة)
قرن الشطب
أم درج
البلدة القديمة
العلا
العزيزية
القرح (المابيات)
مطار العلا
مغيرا
حرة عويرض
خريطة وادي العلا
جميع الحقوق محفوظة
© AWOA, AFALULA, 2023
المدن الحديثة
والمعاصرة
المواقع الأثرية
طرق رئيسية
الوديان
سكة حديد الحجاز
محمية شرعان
0   5   10
كم

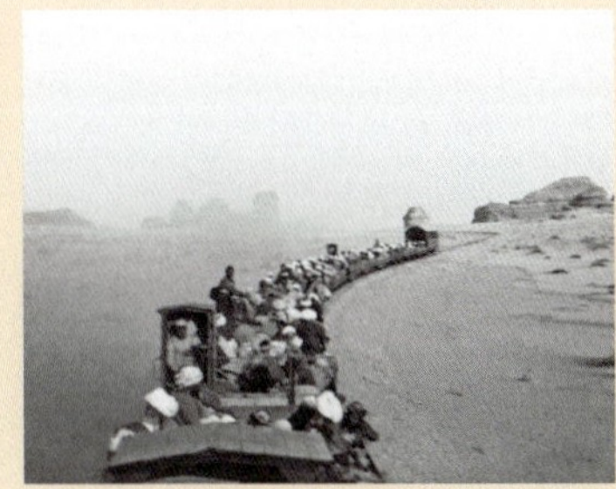

بداية القرن العشرين الميلادي.
سكة حديد الحجاز، قافلة حجاج
تعبر الصحراء في العلا.
أنطونان جوسين، 1909.

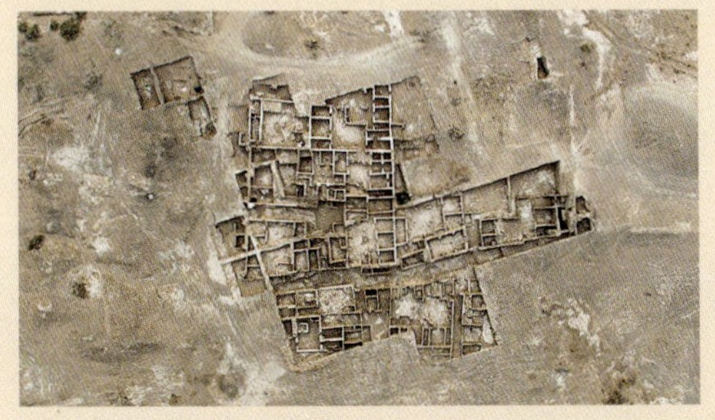

القرن التاسع إلى القرن العاشر الميلادي.
موقع قُرْح الأثري (المابيات).

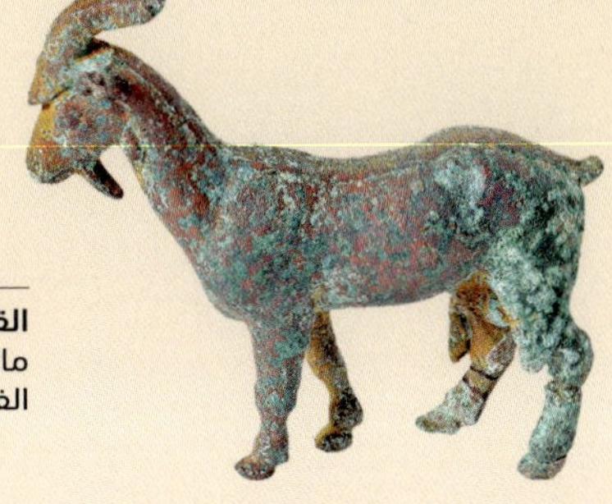

القرن الثاني الميلادي.
ماعز. الحصن الروماني، الحِجْر،
الفترة الرومانية.

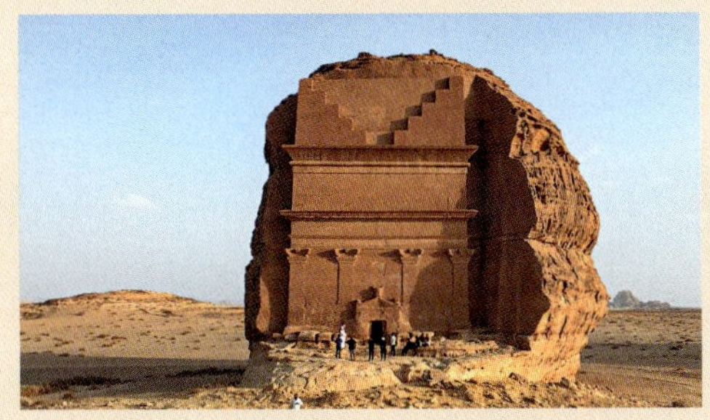

القرن الأول الميلادي.
المدفن المعروف بقصر الفريد
في الحِجْر.

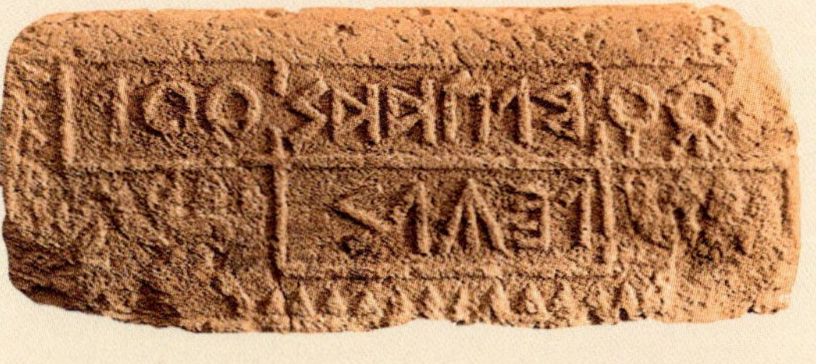

القرن السابع إلى القرن السادس قبل الميلاد.
نقش داداني يذكر الملك عاصي.

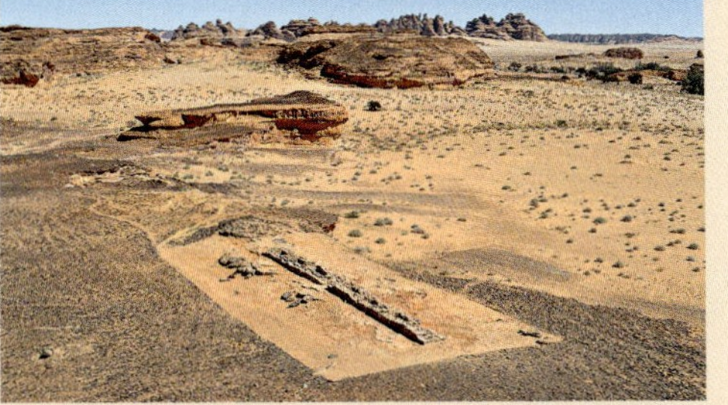

حوالي 2000 قبل الميلاد.
منظر عام للمدفن البرجي المتصل بالجدار ذي
الحجرات عند نهاية عملية التنقيب.

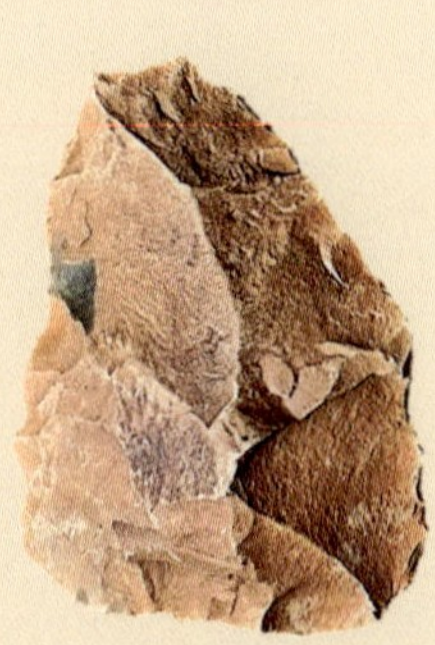

200000 قبل الميلاد.
فأس يدوي من العصر الحجري القديم.

الفترة الإسلامية

622 ميلادي

أواخر فترة ما قبل الإسلام

حوالي 300 ميلادي

العصر الروماني

106 ميلادي

المملكة النبطية

100 قبل الميلاد

العصر الحديدي
وممالك شبه الجزيرة العربية الشمالية

حوالي 1200-100 قبل الميلاد

العصر البرونزي

حوالي 3000-1200 قبل الميلاد

العصر الحجري النحاسي

حوالي 4500-3000 قبل الميلاد

العصر الحجري الحديث

حوالي 6500/6000-4500 قبل الميلاد

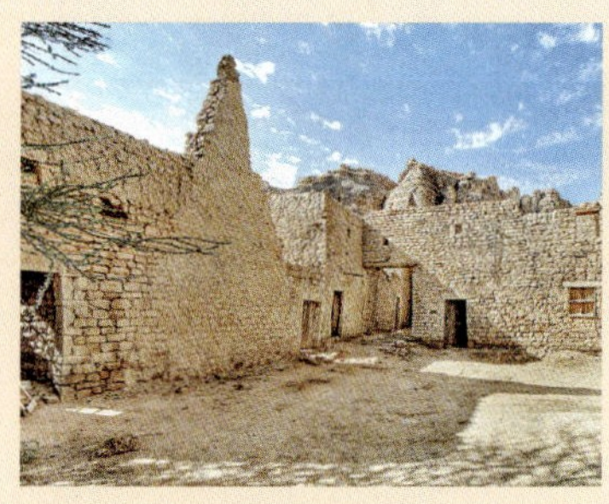

حوالي القرن الرابع عشر الميلادي.
طنطورة (ساعة شمسية)
في البلدة القديمة في العلا.

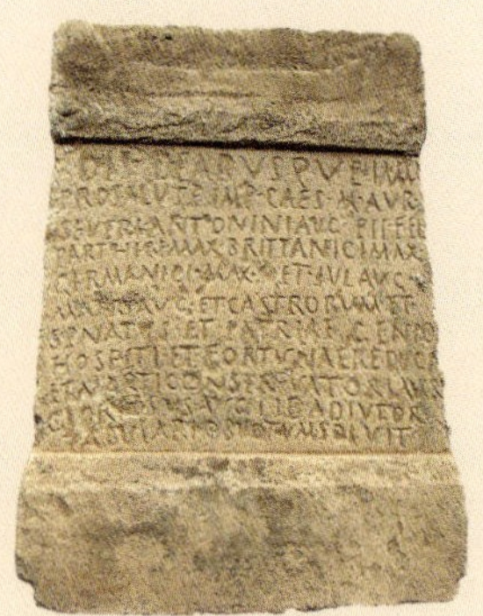

القرن الثاني الميلادي.
إهداء منقوش باللغة اللاتينية من
أجل خلاص الإمبراطور ماركوس أوريليوس،
الحصن الروماني، الحِجْر.

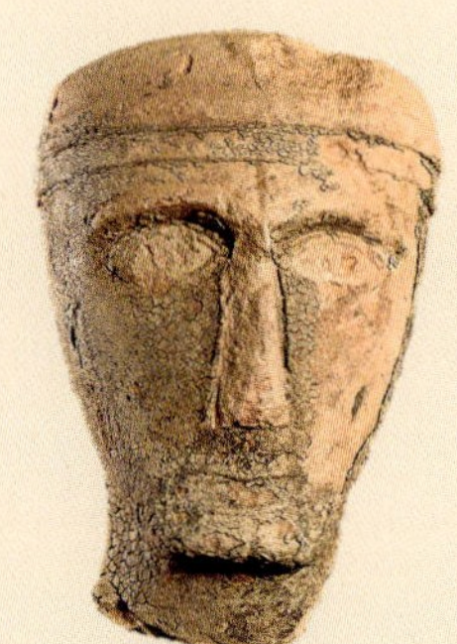

القرن الرابع إلى القرن الأول قبل الميلاد.
رأس تمثال نذري، معبد أم درج.

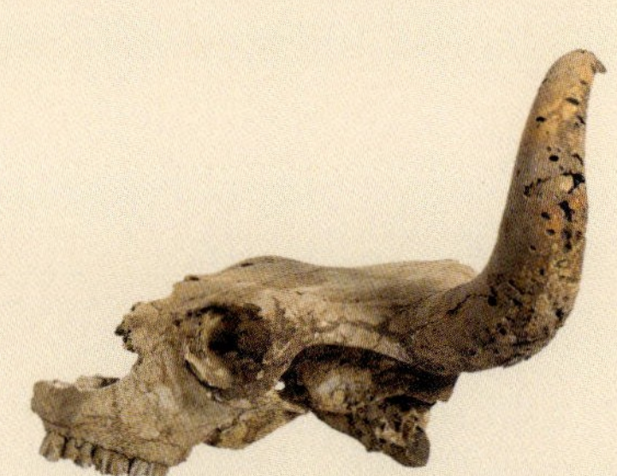

حوالي 5200 قبل الميلاد.
جمجمة ماشية ذات قرن واحد.
"حجرة القرون".
المستطيل IDIHA-0000687.

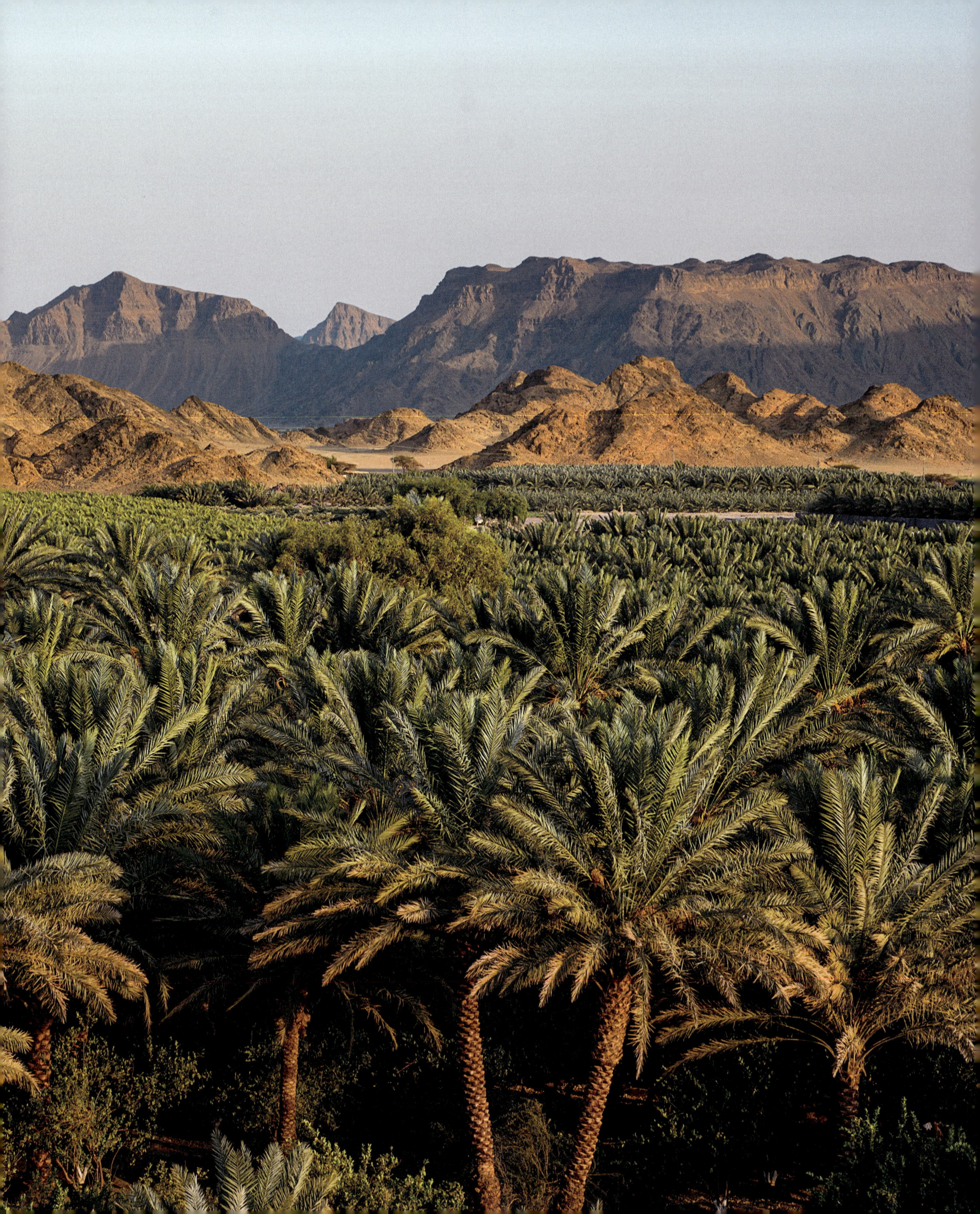

جغرافية وبيئة وادي العلا

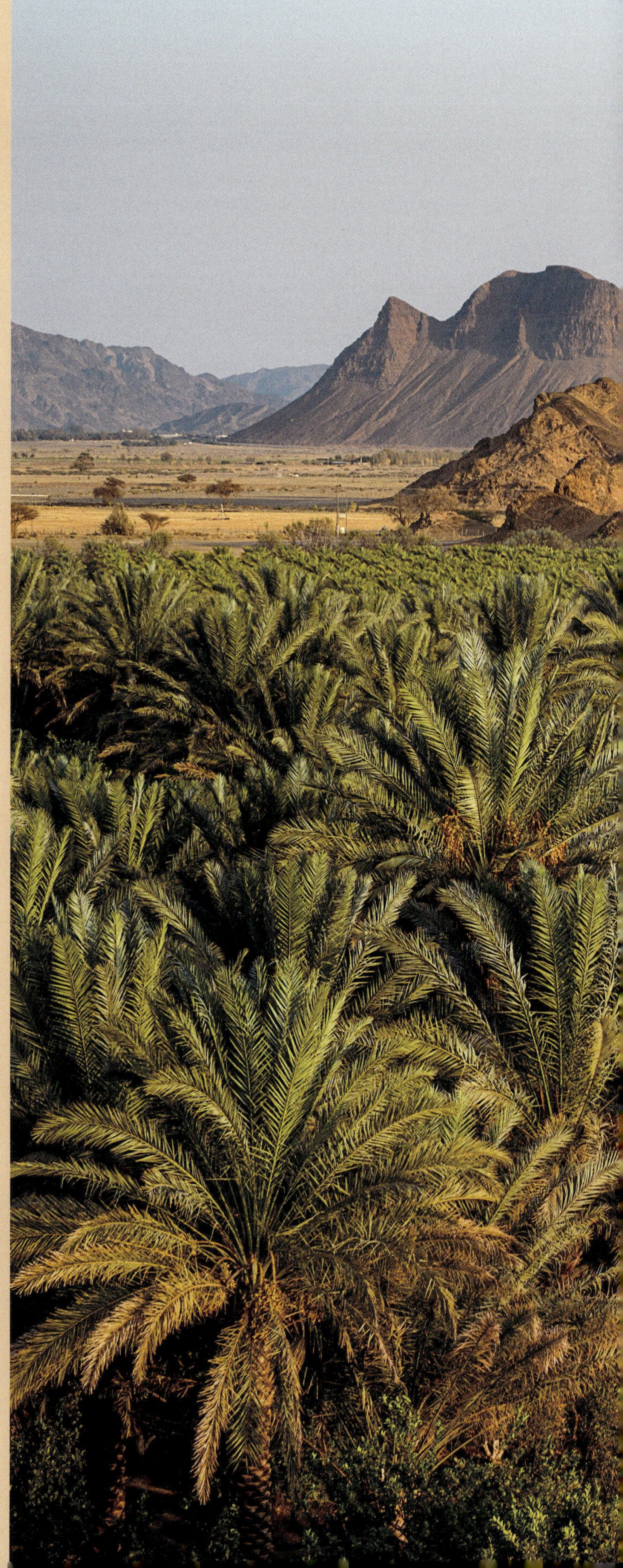

في واحة العلا.

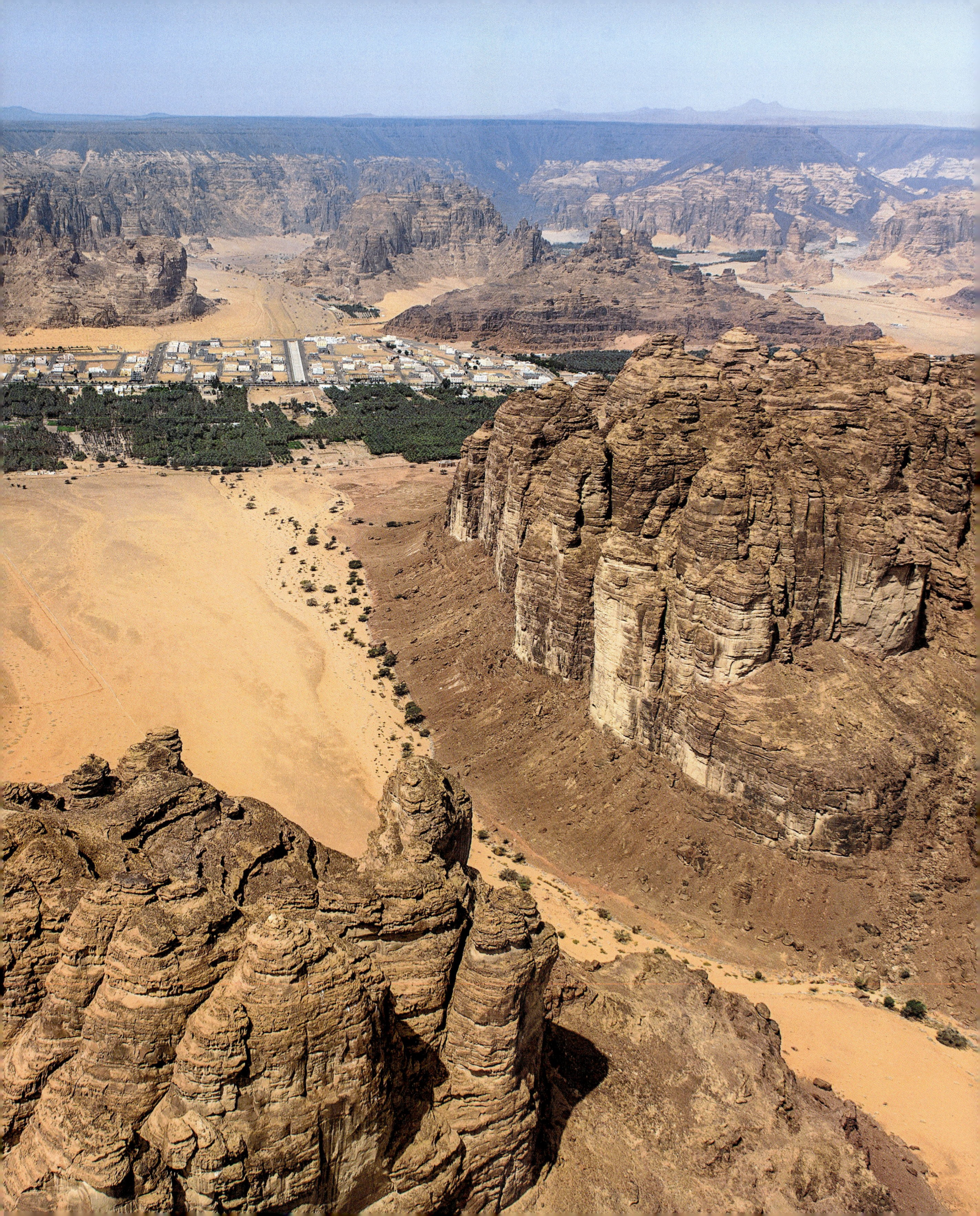

منطقة العلا: الخصائص الجغرافية وتحسين التربة

جان باتيست ريجو، محاضر في جامعة تور

تقع منطقة العلا في شمال غربي المملكة العربية السعودية، على السفوح الشمالية لجبال الحجاز. ولهذه الجبال تاريخٌ جيولوجيٌ ضاربٌ في القدم، وتنتمي إلى ما يسمى "الدرع العربي"، وهو منطقة تتألف في القاعدة من هضبة قديمة مكونة من صخور صهارية ومتحولة، يعود تاريخها إلى الزمن ما قبل الكامبري (من 570 مليون إلى عدة مليارات من السنين). ويبرز أقدم جزء من هذا الدرع في اليمن حيث يزيد عمر بعض الصخور عن ملياري سنة.

هذه القاعدة القديمة مغطاة عند حوافها بتوضعات رسوبية تعود إلى فترات زمنية أحدث، ومعظمها عبارة عن صخور رملية تعود إلى العصر الكامبري (540 إلى 485 مليون سنة). ففي الجزء العلوي، نجد في بعض الأماكن طبقات بازلتية تعود إلى تاريخ أحدث بكثير بالنظر إلى التاريخ العريق للمنطقة. يتعلق الأمر بالحرات، وهي تكوينات بازلتية تمتد على نحو منتظم من حوران في سوريا إلى اليمن. وترتبط هذه التوضعات بحركات تكتونية محلية، وخصوصاً الصدع الجيولوجي (الحركة التي أدت إلى تشكّل البحر الأحمر). في منطقة العلا، يعود تاريخ الطبقة البازلتية التي تسمى بحرة عويرض إلى الفترة الممتدة من العصر الميوسيني (9 مليون سنة) إلى العصر الهولوسيني (ما بين 10000 عام والوقت الحاضر).

سهل داخلي شاسع

تعرضت هذه الصبة البازلتية – التي تتميز بقمتها المسطحة بشكل خاص - للحت بشدة عند هوامشها بسبب الجريانات المائية القديمة من الغرب إلى الشرق. وفي الشرق والجنوب الشرقي من الحرة، أدت الحركات التكتونية إلى شقوق على نحو مكثف في الصخور الرملية لترسم في بعض الأماكن مجموعة من الشقوق العمودية والمستقيمة الشكل إلى حد ما، وهي شائعة في الصخور الرملية. كان تأثير الحت كبيراً على هذه الشقوق، ولاسيما خلال العصر الميوسيني. تعرضت الجبال لنحت شديد وتطورت لتُشكّل ما يبدو كسلسلة من التلال. في الختام، أدى الحت والحركة التكتونية في هذه المنطقة إلى تشكّل سهل داخلي شاسع تتلاقى فيه الترسبات الرملية، والصخور الرملية ذات اللون المائل إلى الحمرة والصخور البازلتية السوداء. في هذه البيئة المدهشة، وفي هذا البلد المليء بالتباينات، يوجد موقع مدائن صالح (الحجر)، وعند مصب السهل، وعلى بعد

الشكل رقم 1. المشهد الطبيعي حول العلا، أوبير راجيه، 2018.

حوالي عشرين كيلومتراً جنوباً توجد العلا. في هذا الوسط الجاف والغني بالمعادن، يبدو هذان الموقعان مثل جزيرتين صغيرتين تائهتين في وسط المحيط. إنهما عبارة عن واحتين ومساحات خضراء يرتبط وجودها بالماء والتربة وجماعة بشرية قادرة على الانتفاع بها.

مناخ جاف مناسب لنمو النباتات في الوادي

تعاني المنطقة من الجفاف الشديد، ويشهد على ذلك ضعف المعدل السنوي للتساقطات الذي يتراوح بين 50 و100 ملم (بناءً على معاينات تمت بين عامي 1985 و1995). يتعلق الأمر هنا بنظام فصلين انقلابيين وهما الشتاء والربيع: يشهد فصل الشتاء هطول حوالي 40%-50% من الأمطار في فصل الشتاء مقابل 30% فقط في فصل الربيع. يبلغ متوسط درجة الحرارة السنوي 22 درجة مئوية، و12 درجة مئوية في فصل الشتاء و30 درجة مئوية في فصل الصيف. وتكون الرياح شديدة في الربيع وبداية فصل الصيف، وتأتي في معظمها من الشمال الغربي، وتعد العوامل الرئيسة للحت الذي تعرفه المنطقة حالياً. تجعل هذه الظروف المناخية من المنطقة مكاناً قاحلًا بشكل مفرط، وما كان للاستيطان البشري أن يكون ممكناً فيها لولا توفر الماء.

تنتمي المنطقة إلى المجال الجغرافي النباتي الصحراوي العربي المتأثر أيضًا بالبحر الأبيض المتوسط. وتتمثل خصوصية العلا

بوجود ما يسمى بنباتات الوادي. إنها فئة جغرافية نباتية قائمة بذاتها في شبه الجزيرة العرب نظراً لأنها غالباً ما تظهر أنواعاً دخيلة (من أصل متوسطي على وجه التحديد) تعيش في بيئات طبيعية جافة جداً مستفيدة من عامل الرطوبة. الغطاء النباتي قليل الكثافة ويهيمن عليه نوعان من الأشجار، الأكاسيا والأثل (أو الطرفاء)، وبعض الأنواع العشبية والشجيرات، بالإضافة إلى بعض النباتات التي تتحمل الملوحة.

واحة ذات وادٍ نهري

ما هو مصدر هذا الماء الذي ترتوي منه النباتات ويستخدمه البشر؟ من البديهي ألا يكون جريان الماء الدائم أمرًا منطقيًا في مثل هذه البيئة القاحلة، عدا استثناء واحد يستحق الذكر (نهر النيل في مصر). وبناءً عليه يأتي الماء الموجود في المنطقة من الأمطار التي تسقط من حين لآخر على التضاريس المجاورة ومن المخزون المائي الذي تجمع قديماً. في الواقع، شهدت هذه المنطقة فترات مناخية أكثر رطوبة، بدءاً من فترة الميوسين أولاً (14-5 مليون سنة)، وفي عصر البليستوسين (1.6 مليون سنة). ويظهر هذا المخزون بشكل جلي اليوم من خلال العديد من الشقوق التي تمتد على طول الجانب الشرقي من حرة عويرض. تجري جميع هذه الوديان القديمة غرباً لتلتقي عند السهل الداخلي جنوب شرق الحرة (الشكلان رقم 6 و7)، وكانت وما تزال تغذي المستجمع

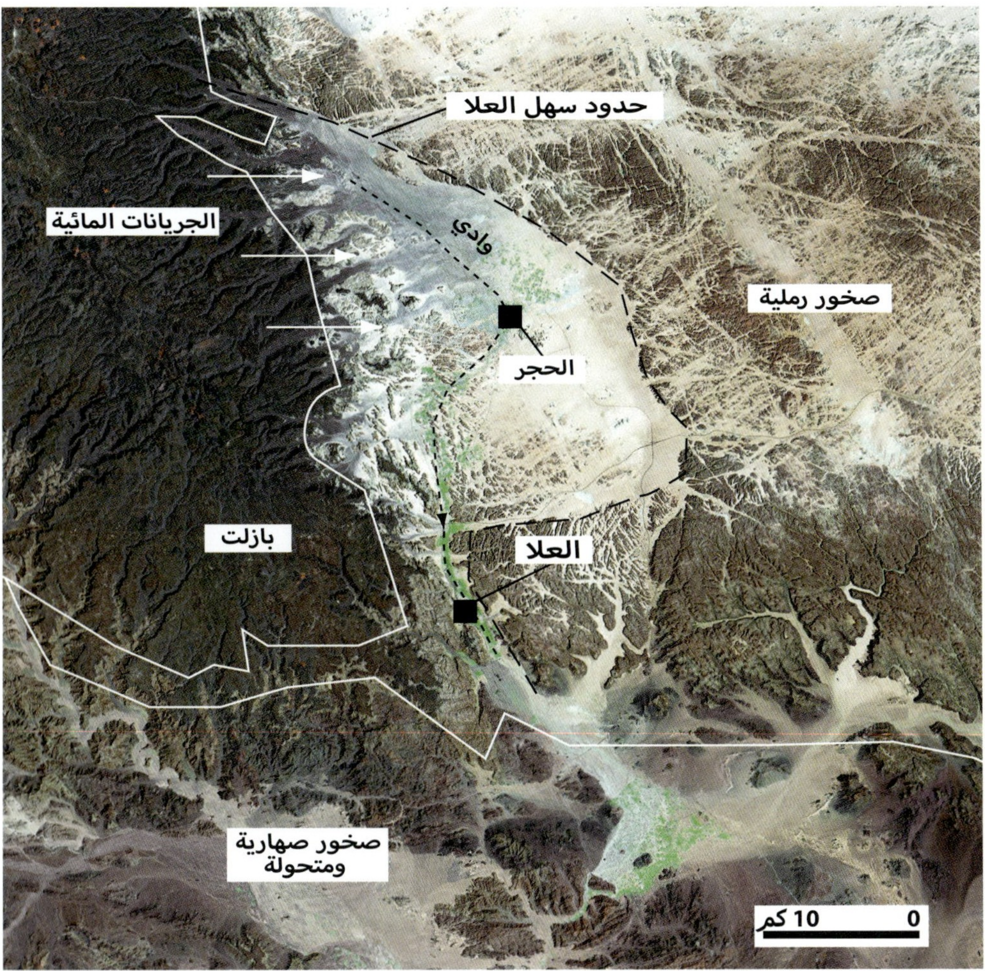

الشكل رقم 2.
جيولوجيا منطقة العلا. جان-باتيست ريجو، 2018.

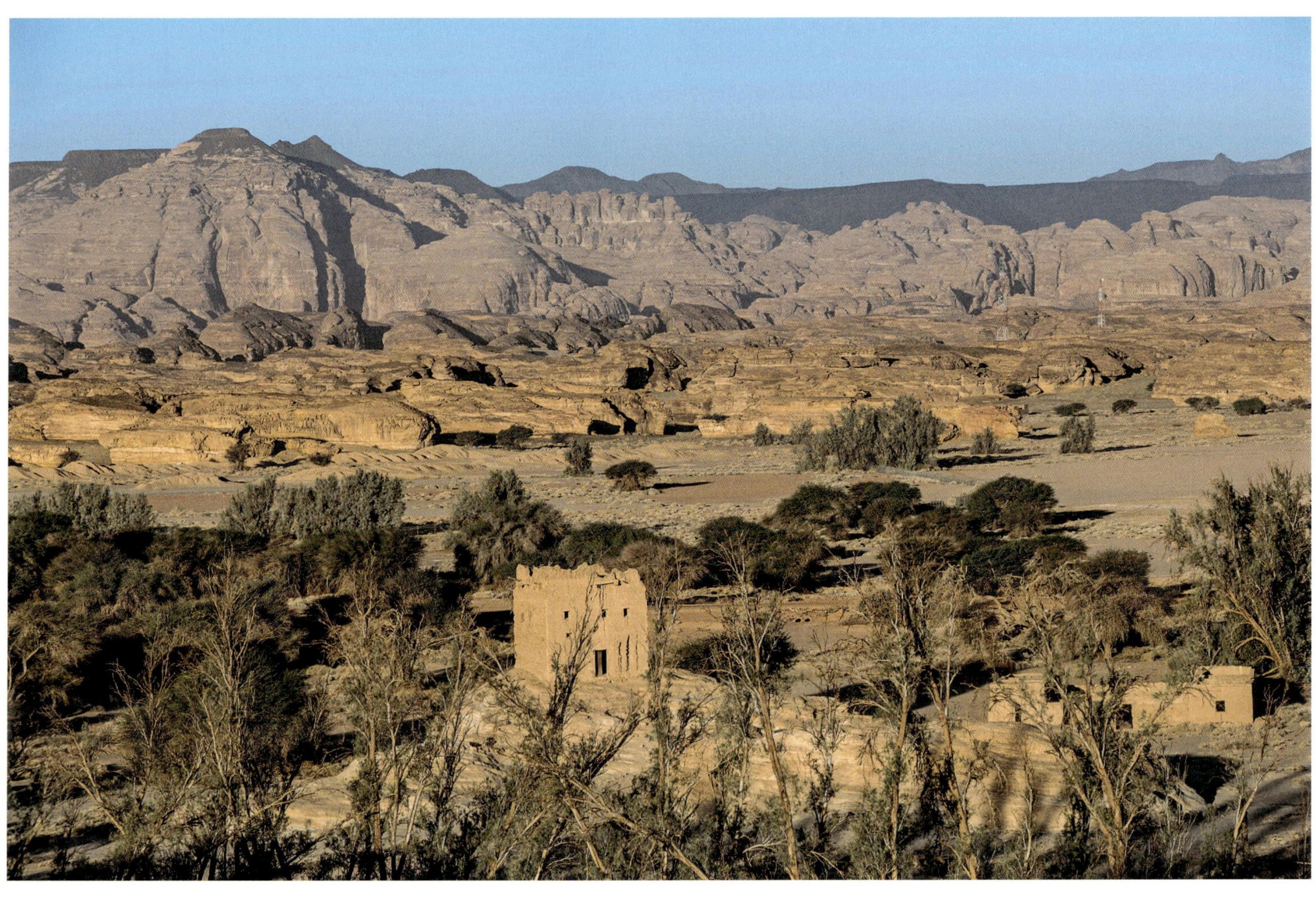

المائي الشاسع للوادي (حـوالي 700 كيلومتر مربـع) الذي يجري جنوباً عابـراً للتجمعـات السكانية في الحجـر والعـلا. ينتقـل هـذا المـاء على نحـو رئيسي عن طريق جريانـات جوفية تغذي بانتظـام طبقـة المياه الجوفيـة في السـهل الممتـد على الصخور الرمليـة التي يسـمح سـمكها ومسـاميتها بتخزيـن كميـات كبيرة مـن المياه.

وبنـاءً عليـه تعـوض هـذه الجريانـات والمخازين المائية شح الأمطـار الذي تعـاني منه المنطقة، والذي يحـول بداهةً دون أي نمـط حيـاة مسـتقرة. إننا أمام واحة تقع في مجرى مائي، يشـكل في هذه الحالـة وادياً.

الاستثمار الزراعي

لا شـك أن المـاء ضـروري للواحة، ولكنها تحتاج أيضاً إلى تربة جيدة وإلى سـاكنة قادرة على تطوير أسـاليب الري.

إن المـاء الـذي كان وما يـزال وفيراً في طبقات المياه الجوفية في بدايـة هـذا القرن، حيـث لم يكـن "يتجاوز عمـق المياه 10 أمتـار في أي مكان" وفقـاً لمـا ذكـره الأبـوان أنطونان جوسـين ورفائيـل سـافينياك، أصبـح اليـوم أكثـر نـدرة، ويتطلب الوصول إليـه الحفـر عميقًا لري المحاصيل. حلت المضخـة ذات المحرك محـل أنظمـة الرفـع التقليديـة، مثـل النصبـة وهـي تتكون من حبـل يمـر فـوق بكـرة ومربـوط بقربـة في أحـد طرفيـه وتجرها

الشكل رقم 3.
أشجار الأثل (الطرفاء) والسنط، وكتل بارزة من الحجر الرملي، وحرة عويرض في الخلف، يان أرتوس-برتران، 2018.

دابةٌ في الطرف الآخر، في حين يستخدم حبل آخر لإمالة القربة لتفرغ حمولتها في قناة الري عند وصولها إلى قمة البئر. وهكذا أصبحت كميات المياه التي تضخ أكبر بكثير وتسمح بالاستصلاح الزراعي على نطاق واسع وبشكل مكثَّف أكثر من ذي قبل، ولكن هذا يتم على حساب المخزون المائي.

ماذا عن التربة؟ تبدو الطبقة السطحية مكسوة بالرمال في معظمها، اقتُلعت بفعل الرياح من تلال من الحجر الرملي وترسَّبت هنا. ويتم تعويض ضعف جودتها الزراعية عن طريق استخدام المواد الكيميائية، لكن لم يكن هذا الأسلوب هو المتبع دائماً. تظهر الأعمال العلمية التي أجريت في موقع مدائن صالح أنه قبل ألفي عام كانت التربة غنية أكثر من الوقت الحالي بالمواد الغروانية (شبيهة الغراء) كالطين والطمي، فقد كانت تركيبتها أكثر توازناً آنذاك، وهو ما كان يزيد من جودة خصائصها الزراعية بشكل كبير ويجعلها قادرة على الاحتفاظ بالماء على وجه الخصوص. في هذه الأراضي، تعتبر هذه الميزة حاسمة نظراً لأنه يمكن للنباتات أن تصل بجذورها إلى الرطوبة المخزنة جزئياً في التربة وتستجمعها عندما تحتاجها. إذا كانت هذه التربة رملية إلى حدٍّ كبير، يتعذر الاحتفاظ بالماء أو استجماع الرطوبة.

من أين تأتي هذه المواد الغروانية (شبيهة الغراء) ولماذا أصبحت التربة شبيهة خالية منها اليوم؟ ومرةً أخرى يجب علينا أن نستند إلى العوامل المتوارثة عبر الزمن لمعرفة ذلك. يعد تراكم الطمي أو الغرين أوالطين في سهل مدائن صالح والعلا ناتجاً عن تعرية صخور البازلت تحت تأثير فترات مناخية كانت أكثر رطوبة من الوقت الحاضر. يبدو أن الفترة النبطية قد شهدت خلال إحدى مراحلها الأخيرة ارتفاعًا نسبيًا في الرطوبة. بالإضافة إلى جلبها جزيئات دقيقة إلى التربة، أدت تعرية صخور البازلت إلى تزويدها بالعناصر الدقيقة والأكاسيد (الحديد، المغنيسيوم، الكالسيوم والألومنيوم) التي تسهم إسهامًا كبيرا في تحسين جودتها.

جماعة صغيرة من البشرية في بيئة معادية

وماذا عن السكان؟ لم يصبح استصلاح الأراضي في هذه المنطقة ممكناً إلا بفضل تمكن ساكني المنطقة من تطوير التقنيات المائية الزراعية. وقد كان هذا هو الحال في العلا منذ منتصف الألفية الأولى قبل الميلاد، وفي الحجر بعد ذلك بخمسمائة عام. يقدم لنا علم الآثار أدلة جلية على هذا النشاط. في الحقيقة، يندهش المرء أثناء التجول في موقع الحجر من وجود عدد كبير من الآبار (أكثر من مئة بئر) (الشكل رقم 4) يعود معظمها إلى فترة قديمة، الفترة النبطية على الأرجح. وهي آبار عميقة نسبياً (أكثر من 17 متراً) وغالباً ما تكون واسعة جداً (حتى 7 أمتار) ومقعرة عند القاعدة. يذكرنا اتساع هذه الآبار المذهل بالخزانات التي يمكن رؤيتها في الشرق الأدنى في الأودية أو بالقرب منها. ويبدو أننا أمام نظام هجين يجمع بين البئر والخزان. لعل طبقة المياه الجوفية كانت تغذي البئر، وبينما كانت الجريانات السطحية تغذي الخزان. وعلى أي حال، أتاح حجمها الاحتفاظ بكميات كبيرة من المياه على مدى فترة طويلة، وربما على مدار العام، مما مكن من مزاولة أنشطة زراعية كبيرة على مساحات شاسعة، لتلبية احتياجات جماعات كبيرة من السكان.

تعد العلا، التي تقف شاهدة على تاريخ جيولوجي وبشري موغل في القدم، منطقةً استثنائية من نواحٍ كثيرة. وما يلفت النظر بصورة خاصة - دون أن يكون بالأمر الجديد - هو عزلتها. تعد العلا، التائهة وسط مشهد شبيه بسطح القمر، فرعًا صغيرًا من البشرية نجحت في الصمود رغم كل ما في هذه البيئة الصعبة والمعادية والتي لا تصلح للعيش. تعد هذه الواحة مثالًا حيًّا للاستخدام الذي للأرض من خلال تطوير نظام منسجم مع البيئة وربطه بالعالم الخارجي من خلال طريق البخور، ويمكن أن تكون نموذجًا يحتذى به في مواجهة تحديات مستقبل الإنسانية المجهول.

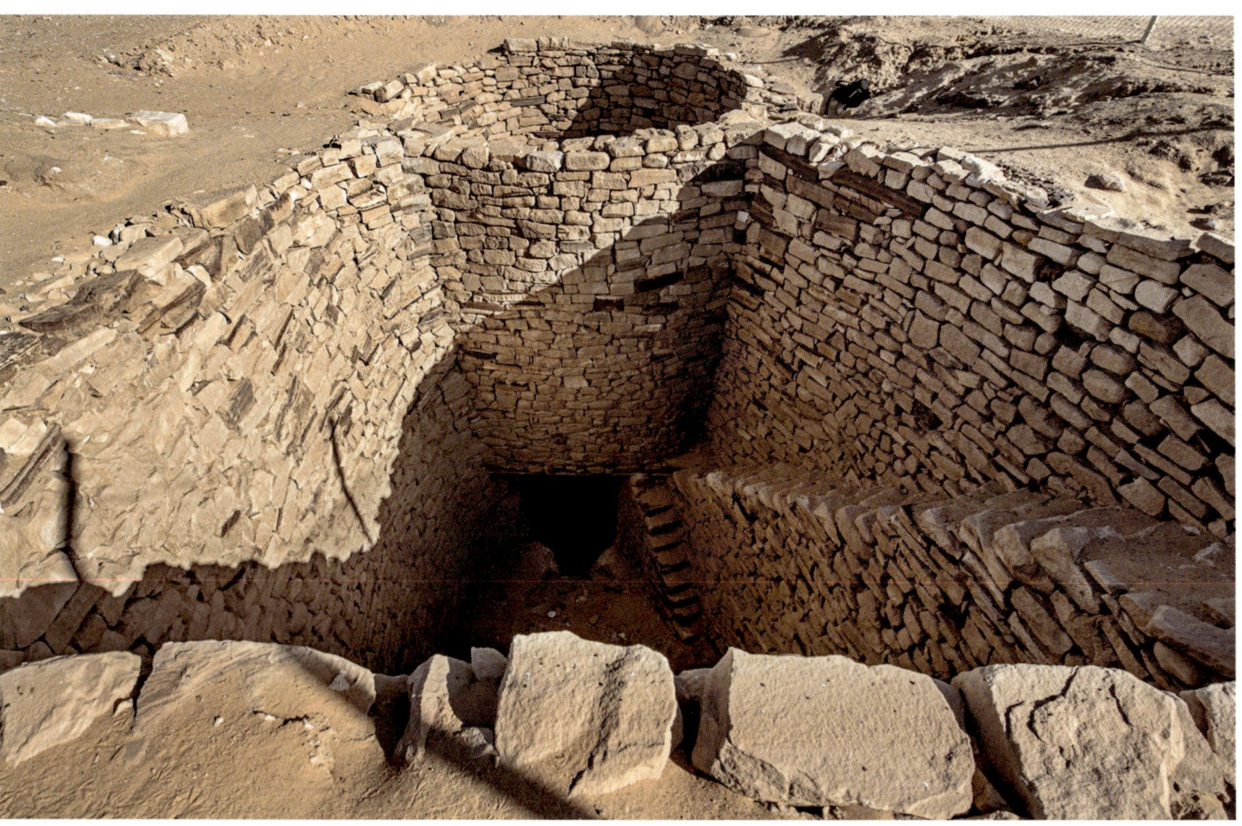

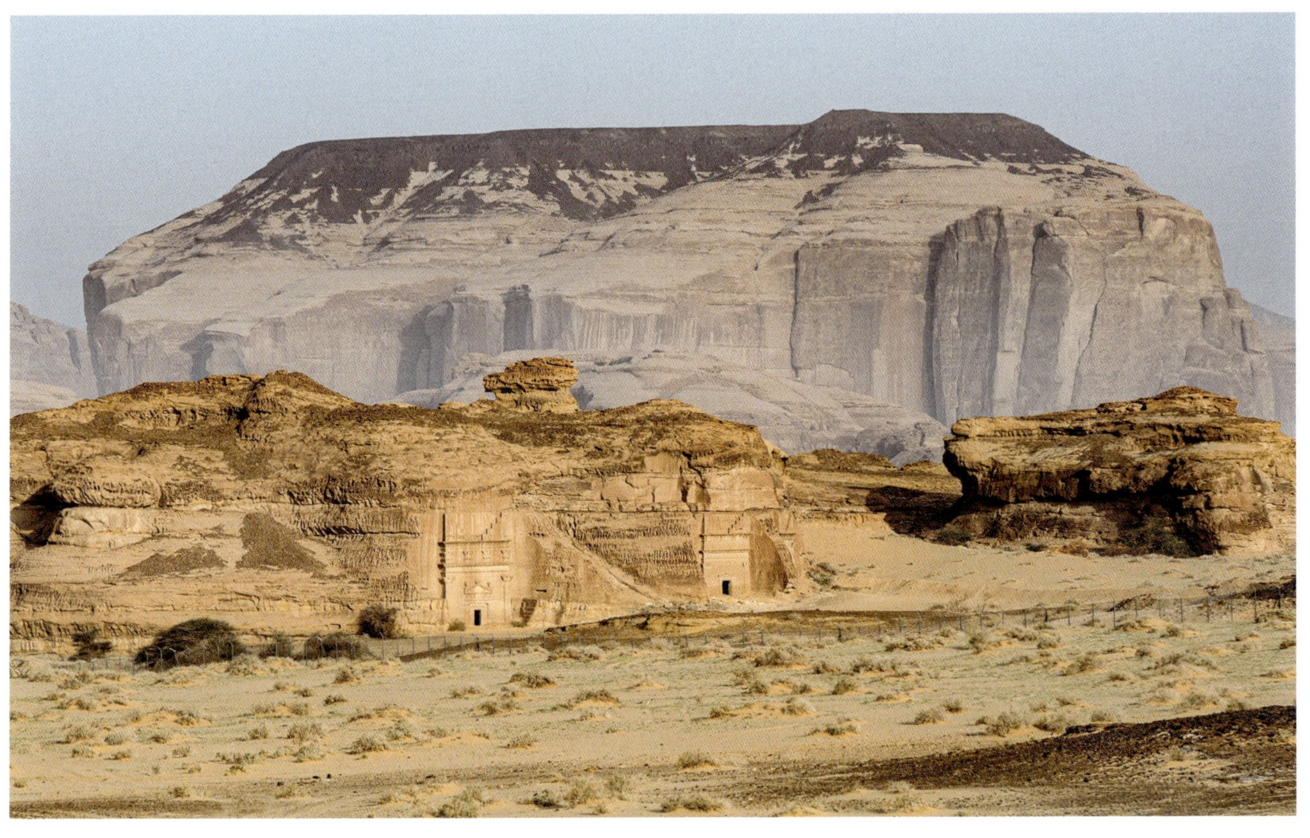

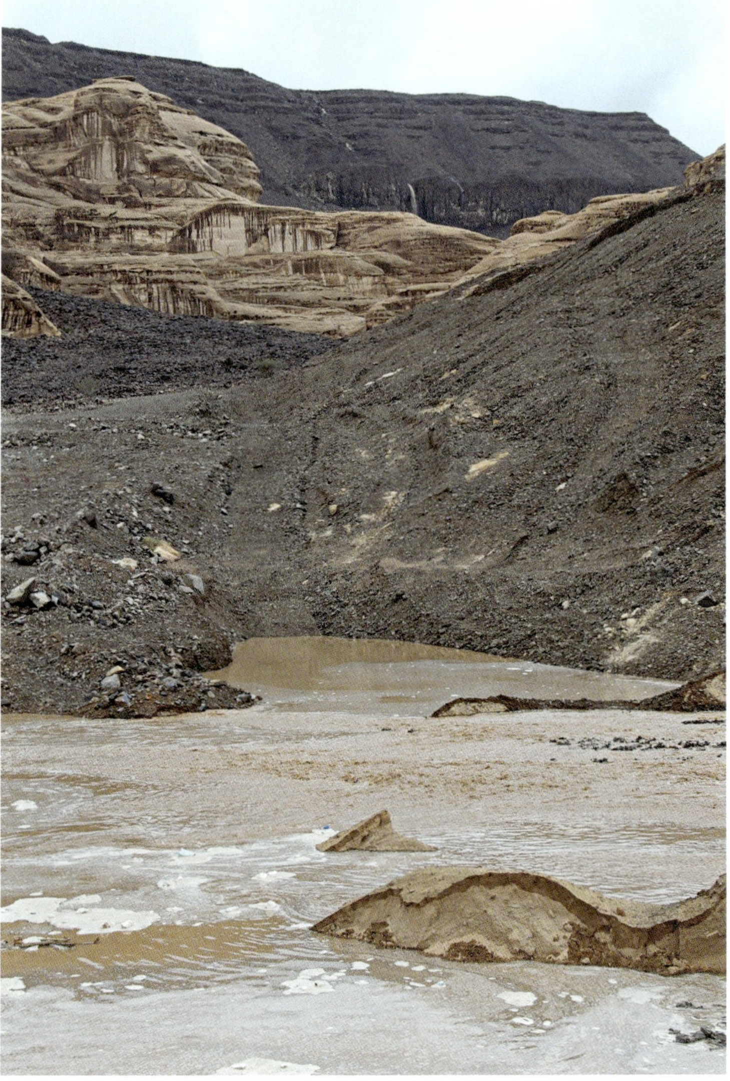

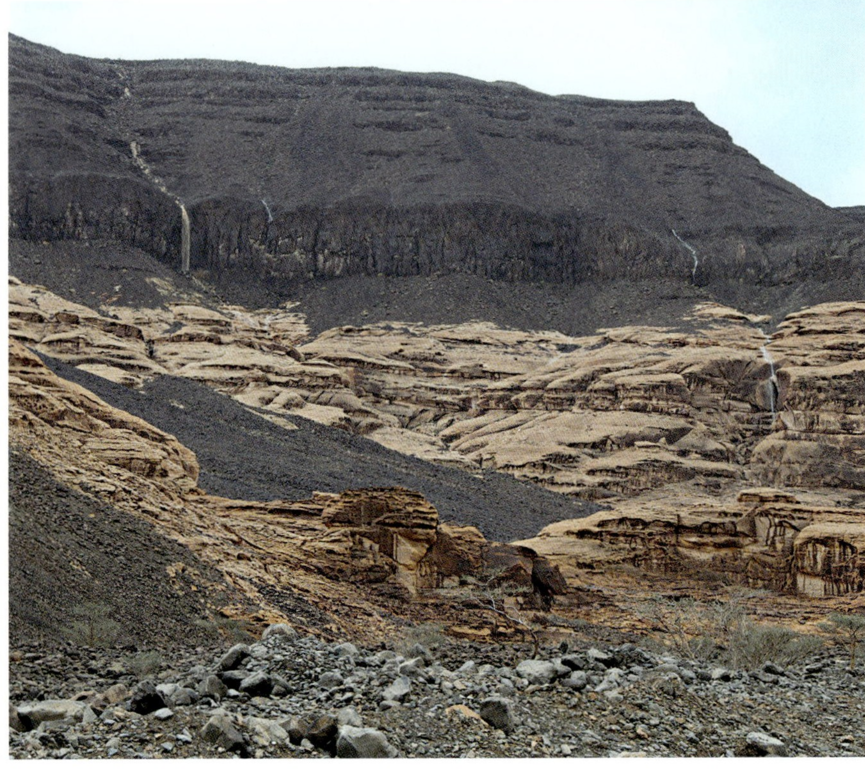

الشكل رقم 5.
بازلت يغطي الحجر الرملي،
مع مدافن نبطية أدناه.
يان أرتوس-برتران، 2019.

الشكل رقم 6.
شلالات تتحدر من حرة عويرض بعد هطول
أمطار غزيرة، ليلى نعمة، 2010.

الشكل رقم 7.
فيضانات عند سفح حرة عويرض،
ليلى نعمة، 2010.

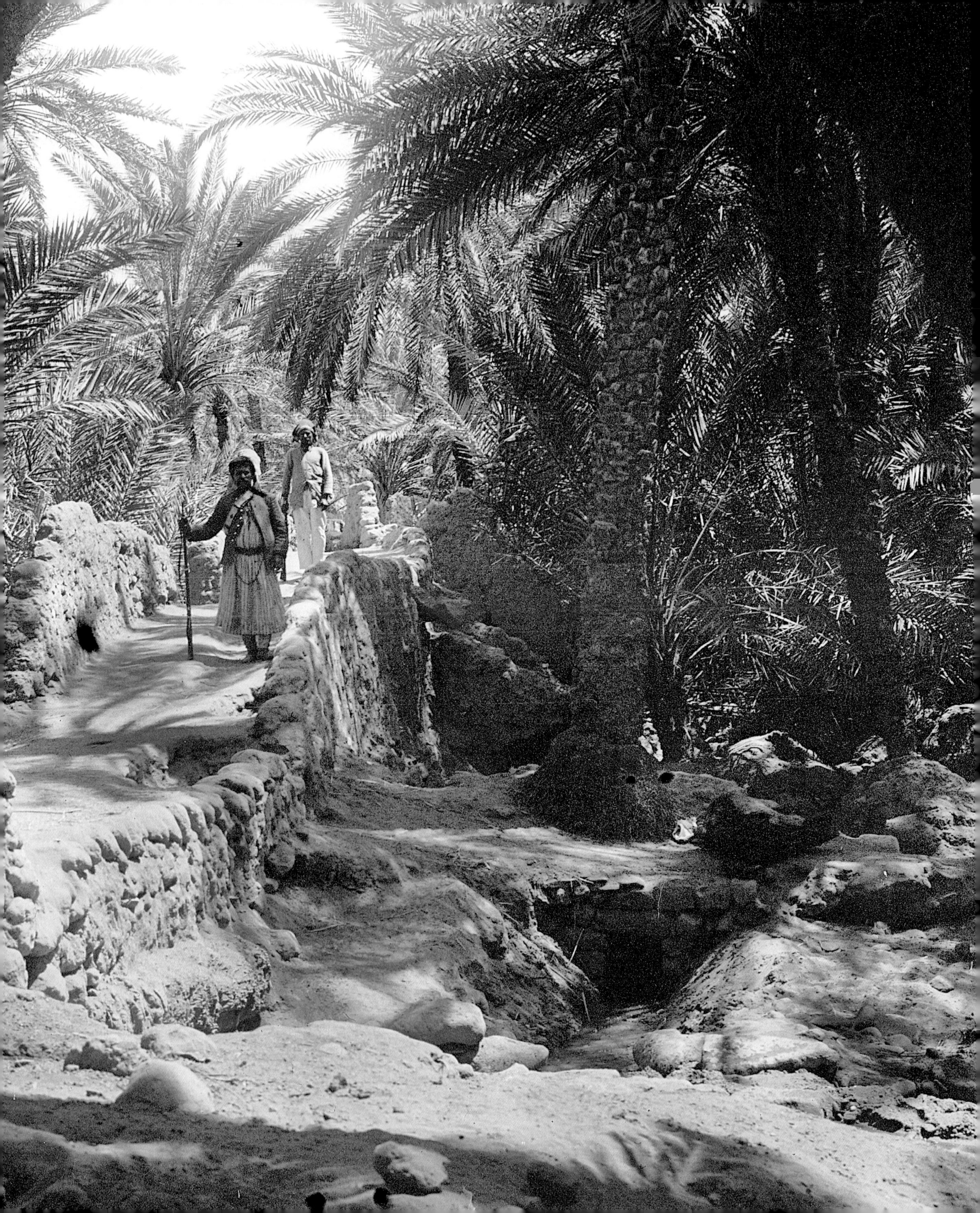

"مشروع الواحة": دراسة متعددة التخصصات لواحة العلا

نشأ مشروع الواحة من فكرة أنه كان من الضروري فهم خصائص هذا النظام البيئي الهش وأسباب تدهوره بغية التمكن من إنقاذه وضمان مستقبل له. وفّر الطموح الذي ترعاه الهيئة الملكية لمحافظة العلا بالشراكة مع الوكالة الفرنسية لتطوير محافظة العلا إطاراً فريداً لإطلاق هذا المشروع الواسع النطاق. من بداية تصميمه، كان القصد منه أن يكون شاملاً لعدة مجالات بغية جمع الباحثين من شتى التخصصات على أرضية مشتركة. يعد الحفاظ على واحة العلا وإحياؤها (الشكلان رقم 1-2) مسألة بالغة الأهمية سواء لسكانها أم لجعلها وجهة ثقافية وسياحية مستدامة وقادرة على الصمود والتكيف. يمكن للمشروع أن يكون نموذجاً في عصر أصبحت فيه الحاجة إلى إيجاد حلول للتنمية المستدامة لأنظمة الواحات أكثر فأكثر إلحاحاً.

الشكل رقم 1.
في واحة العلا، بداية القرن العشرين، رفائيل سافينياك، 1909.

هذا النظام البشري المعقد الذي نتج عن تفاعل بين البيئة والمجتمعات البشرية دام لمدة ألف سنة، هو محصلة للعديد من الديناميات تكونت مع مرور الزمن: دينامية التطور الشامل، التي تميزت بتصحر تدريجي منذ منتصف عصر الهولوسين، منذ ما يقرب من ستة آلاف سنة، ودينامية الهيمنة التي مكنت المجتمعات البشرية من بسط نفوذها منذ التجارب الزراعية الأولى، وأخيراً دينامية سلسلة الأحداث التاريخية التي كان مسرحاً لها منذ عصور ما قبل التاريخ. يراهن المشروع على التكامل العلمي للتخصصات في العمل: علم الآثار الجيولوجي لفهم كيفية نشوء وادي الواحة، وعلم آثار المشاهد الطبيعية لتحليل خبايا التنظيم المكاني للواحة وتطوره، وعلم النباتات القديمة للتأمل في تاريخ مجموع النباتات المكونة لغطائها النباتي، وتحليل الموارد المائية بغية تقييم تأثيرها على تطور المشهد

الطبيعي والممارسات الزراعية، ودراسة الصفات الوراثية لأشجار النخيل لفهم تاريخها والتنوع الزراعي الحيوي (البيولوجي)، وعلم أحياء التربة لتحليل حالتها الصحية وتقييم خصوبتها، وأخيراً أنثروبولوجيا المجتمعات القاطنة في الواحات لاستكشاف علاقاتها بالعالم وفهم ممارساتها وتمثلاتها. ستفتح النتائج المحرزة من خلال الجمع بين هذه التخصصات الطريق أمام فرضيات جديدة وروايات جديدة واستعمالات جديدة.

الوقت الطويل الذي استغرقه إنشاء الواحة

شارلين بوشو، المركز الوطني الفرنسي للبحث العلمي (CNRS) – وحدة البحث المشتركة 7209 (UMR 7209)
لويز بورديو، المركز الوطني الفرنسي للبحث العلمي (CNRS) – وحدة البحث المشتركة 7264 (UMR 7264)

إن الواحات التي تعتبر من سمات الاستيطان البشري في الألفيات الأخيرة المنصرمة في شبه الجزيرة العربية هي بيئات ثمينة وهشة وحساسة للغاية اتجاه التغيرات الاجتماعية-الاقتصادية والبيئية. وبغية فهم كيف تأقلم السكان والجماعات الزراعية مع ظروف بيئية مقيدة وكيف أحدثوا تغييرات في بيئتهم، من الضروري قياس الزمن الطويل لإنشاء واحة العلا. لهذا السبب، يعتبر علم الآثار الجيولوجي وعلم الآثار علمان متكاملان وأساسيان. انطلاقاً من دراسة التربة، يهتم علم الآثار الجيولوجي بتطور المشاهد الطبيعية والمزروعة الناتجة عن تفاعل متواصل بثبات بين السكان السابقين والمناخ. ويهتم هذا العلم أيضاً بإدارة مصدرين محدودين في البيئة الجافة: المياه والتربة. يعتمد علم النباتات القديمة على دراسة النباتات المحفوظة في التربة ويسلط الضوء أيضاً على تاريخ الواحة من خلال توثيق العلاقات المتعددة بين السكان والنباتات.

في العلا، عرفت مراحل استيطان الوادي تناوبًا بين فترات الفيضانات والتعرية (الشكل رقم 4). لقد ثبت وجود الآثار الأولى للاستيطان في العصر الحجري الحديث، ضمن ظروف رطبة مواتية للاستيطان البشري. لم يتم التعرف على أي أثر للنشاط الزراعي في العصر البرونزي، ولكن تم إثبات وجود النخيل، وهو نوع جوهري رئيسي لبيئات الواحات في شبه الجزيرة العربية، على الأقل منذ نهاية الألفية الثانية قبل الميلاد. ثم ثبت وجود نشاط زراعي في مواضع محددة في الألفية الأولى قبل الميلاد مع تربة خصبة ومنتجة. وخلال القرنين الأول قبل الميلاد والأول الميلادي، تشير معطيات العلا إلى مرحلة هجر مؤقت، في حين أن النتائج التي تم الحصول عليها في موقع مدائن صالح، الحِجْر القديمة، تشهد على ممارسات متنوعة في زراعة الواحات. وتعتمد هذه الأخيرة على زراعة النخيل وأشجار الفاكهة الأخرى مثل الرمان (الشكل رقم 5) والزيتون. أما في المستوى الأقرب إلى الأرض، فتتمثل الحبوب (الشعير والقمح) والبقوليات (العدس والحمص) تمثيلاً جيداً في العينات الأثرية. وحتى زراعة القطن فقد ظهرت في الفترة النبطية-الرومانية. بعد هذه الفترة وحتى بداية العصر الإسلامي، يبدو وادي العلا مهجوراً بصورة مؤقتة وقد تردت جودة التربة. وأخيراً، وانطلاقاً من بداية العصر الإسلامي وحتى العصر العثماني، تجلى استئناف النشاط الزراعي في الأراضي المنخفضة ذات

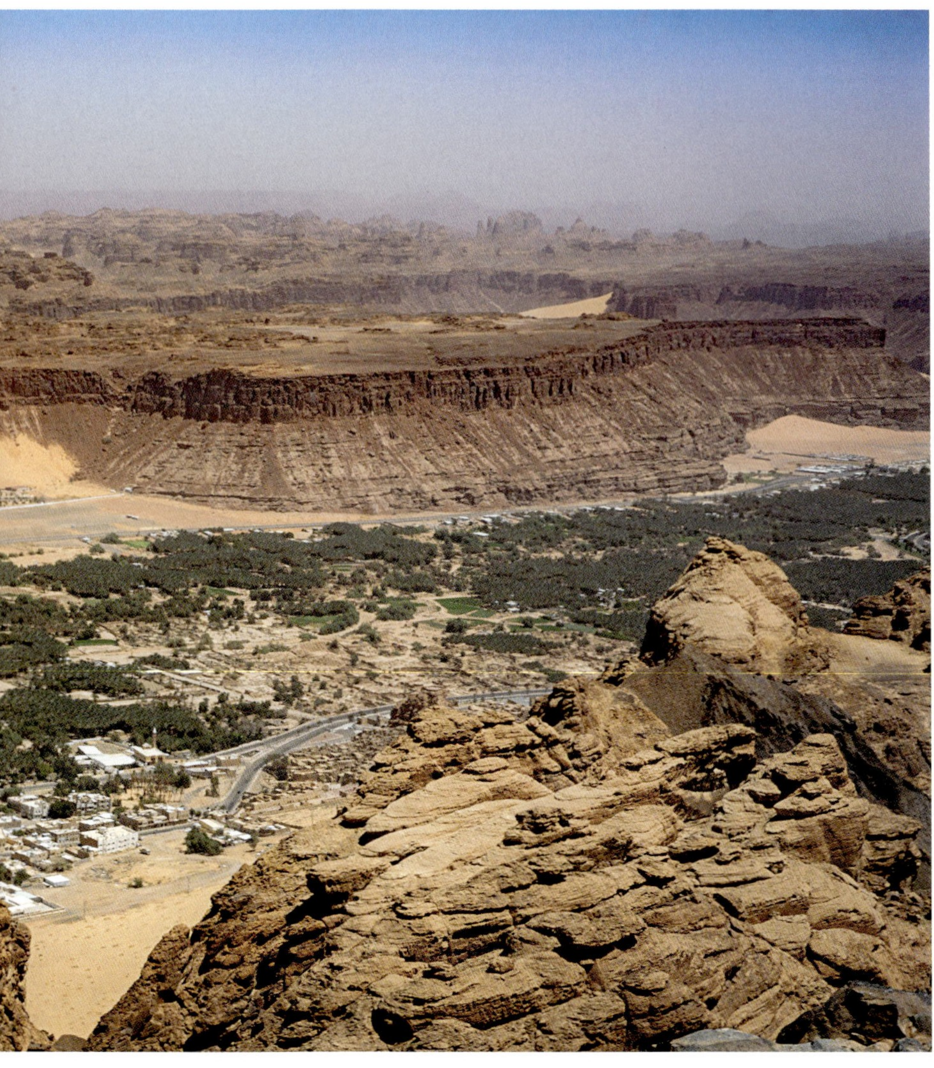

الجودة المتردية للغاية وعرضة لمشاكل الملوحة مع وجود قنوات الري السطحية. هذه الأخيرة هي بقايا تقنيات مائية (هيدروليكية) لم يتم إلى حد الآن توثيقها بشكل جيد في المنطقة، لكنها رغم ذلك تشهد على توافر الموارد المائية خلال هذه الفترات.

تطور الموارد المائية ونُدرتها

بيير ديشامب، المركز الأوروبي للبحث ولتعليم علوم الأرض والبيئة (CEREGE)

مثل أي نظام بيئي للواحات الطبيعية، استطاعت العلا أن تعود إلى الحياة وتستمر عبر العصور بفضل الماء الذي توفره طبقات المياه الجوفية التي يحتويها الخزان الجوفي لمنطقة العلا. يتكون هذا النظام الضخم المؤلف من طبقات المياه الجوفية، المسمى "ساق"، من تشكلات من الحجر الرملي تُعرف بالحجر الرملي النوبي. تعطي هذه التكوينات الحجرية الرملية التي يشكلها الحت الريحي هذه الأشكال المميزة للمناظر الطبيعية في العلا. توجد هذه التكوينات الجيولوجية في جزء كبير من شمال إفريقيا

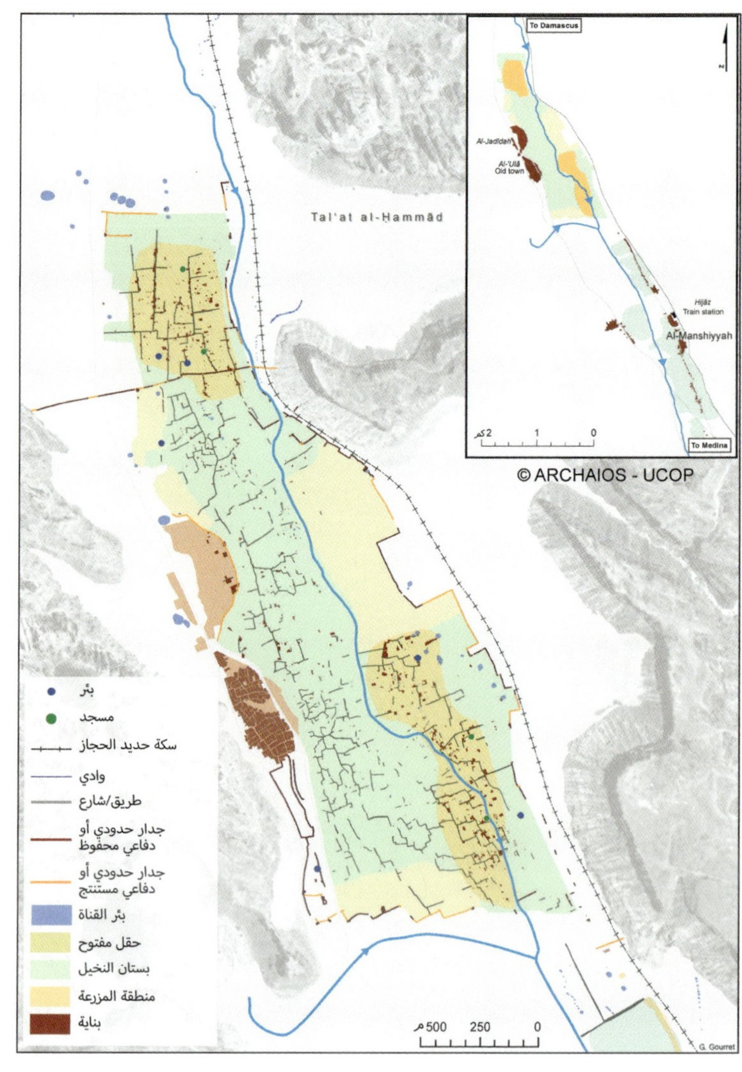

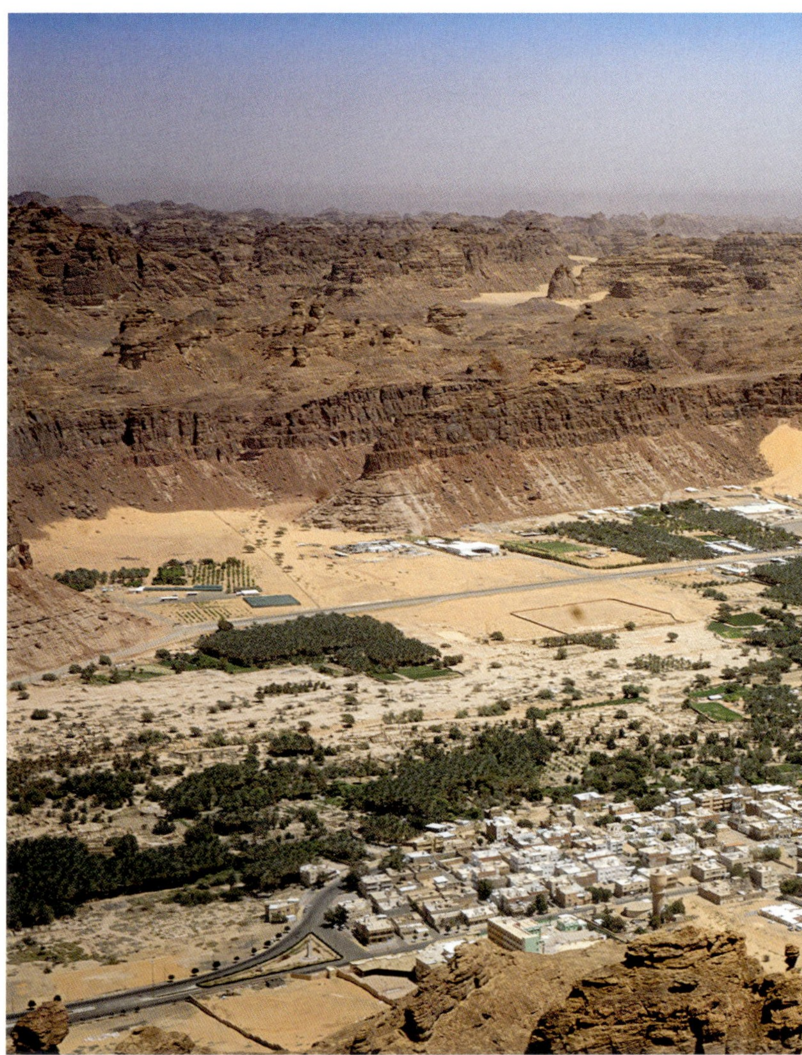

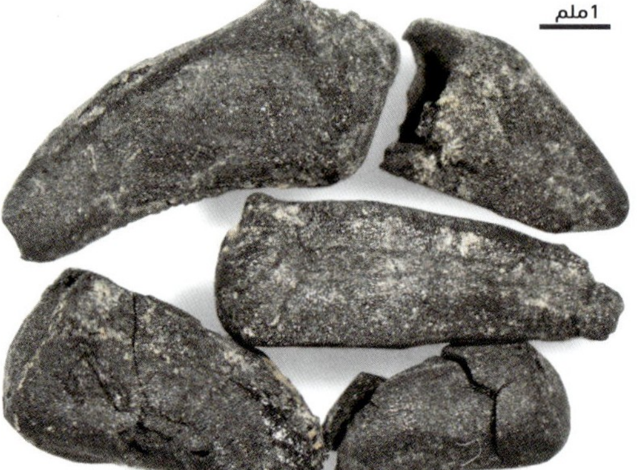

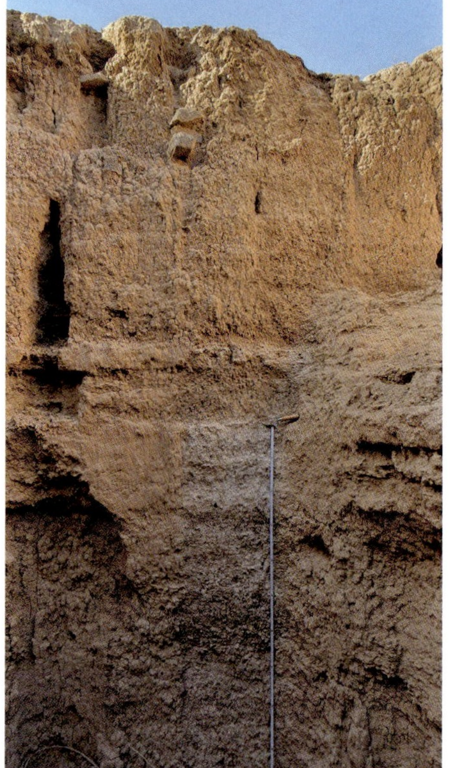

الشكل رقم 2.
النظام الزراعي للواحة: بستان النخيل
القديم مقسم إلى عدة بساتين ويحتوي
على النخيل وأشجار مثمرة، ومحاصيل
حولية مثل الحبوب والخضروات والأعلاف..
فانسان باتيستي، 2020.

الشكل رقم 3.
خريطة أثرية لواحة العلا.

الشكل رقم 4.
ترسبات طبقية مكشوفة في بئر يقع على
امتداد وادي العلا. يتكون الجزء السفلي
من المقطع من ترسبات بنية اللون تميل
إلى البياض تشير إلى ظروف رطبة مع
فترات من ركود المياه. تتكون الترسبات
العليا من تربة بنية اللون تدل على تعاقب
الطبقات الزراعية المختلفة، لوران ليسبيز.

الشكل رقم 5.
بذور رمان (Punica granatum) متفحمة
وجدت في الطبقات السكنية النبطية-
الرومانية في الحِجْر، شارلين بوشو.

جغرافية وبيئة وادي العلا

والشرق الأوسط وتحتوي على موارد مائية ضخمة (الشكل رقم 6). إن انبثاق مياه الخزان الجوفي هذا في وادي العلا هو الذي سمح بتكوين الواحة وتطور حضارات مختلفة أقامت فيها طيلة ثلاثة آلاف سنة. إن فهم تطور هذا المورد المائي على مر الزمن هو في صميم مشروع الموارد المائية في الماضي والحاضر والمستقبل في واحة العلا: الهيدرولوجيا والكيمياء الجيولوجية المائية (الهيدروجيولوجية) وعلم المناخ (WAO). من خلال مزاوجة المناهج المختلفة (الهيدرولوجيا والكيمياء الجيولوجية المائية (الهيدروجيولوجية) وعمليات إعادة بناء المناخ القديم) يهدف هذا المشروع إلى تحديد أصل ونوعية المياه الجوفية والتنبؤ باستدامة هذا المورد من خلال تقدير إعادة التغذية الحالية والماضية لطبقة المياه الجوفية من ناحية، والكميات المسحوبة منه لدعم تنمية الزراعة المحلية من ناحية أخرى.

تشير المعطيات الجيوكيميائية الأولية التي تم الحصول عليها إلى أنه حصلت في منطقة العلا إعادة تغذية مياه ساق بصورة رئيسية خلال فترة كانت أكثر رطوبة من الفترة الحالية، على الأرجح خلال عصر الهولوسين. تظهر قياسات مستوى ضغط المياه (البيزومتري) أن الزيادة في الكميات المسحوبة منذ ثمانينيات القرن الماضي أدت إلى تراجع سطح منسوب المياه الجوفية، والذي يصل حالياً إلى عمق يقارب الأربعين متراً تحت وادي العلا. ترافق هذا الانخفاض في المستوى مع تردي في جودة المياه، والتي أصبحت أكثر ملوحة في مناطق معينة من الواحة، على الأرجح بسبب تسرب مياه الري إلى طبقة المياه الجوفية. مكن مشروع WAO من تقدير أن إعادة التغذية الحالية للخزان الجوفي لساق توافق على أبعد تقدير نسبة ضئيلة من التساقطات المطرية الهاطلة على المنطقة ولم تكن تسمح بتعويض الكميات المسحوبة. يجري وضع نمذجة لهذا النظام تزاوج بين الجيولوجيا المائية (الهيدروجيولوجيا) والكيمياء الجيولوجية وبيانات الأقمار الاصطناعية بغية اقتراح منهجية للإدارة المستدامة لهذا المورد وتقدير إمدادات المياه اللازمة لدعم التنمية المستقبلية للواحة.

استيطان أراضي الواحة واستغلالها

جوليان شاربونييه (أركايوس)

واحة العلا هي نتاج عمل أجيال من البشر الذين استخرجوا موارد المياه الثمينة من باطن الأرض وأعادوا تشكيل تضاريس الوادي من أجل زراعة المحاصيل. يهدف مشروع واحة العلا الثقافية (UCOP) متعدد التخصصات منذ عام 2019 إلى إعادة تشكيل تاريخ هذه الواحة التي تعود إلى آلاف السنين. تقدم الواحات المهددة اليوم بمشاريع التنمية والتحضر والتغير المناخي، مركزاً للطرق المبتكرة التي طورها البشر لمواجهة الجفاف. هذا يجعل دراستها أكثر أهمية من أجل الأجيال القادمة.

تقوم فرق مشروع UCOP بإجراء أعمال مسح في الواحة من أجل إنشاء خريطة أثرية لها. يعد هذا العمل المقرون بتحليل الصور الجوية والفضائية أساسياً من أجل فهم الطريقة التي نظم بها الحيز المكاني. وهو مصحوب بوصف للعمارة المحلية وتطورها عبر القرون (الشكل رقم 8). أتاحت النتائج الأولى تعيين حدود واحة العلا التاريخية، قبل التطور العمراني والتوسع المطرد لقطع

الأرض الزراعية الذي يحدث منذ منتصف القرن العشرين. إن هذه المنطقة التاريخية المجاورة للبلدة القديمة كانت تمتد على ما يقرب من ثلاثة كيلومترات من الشمال إلى الجنوب، على طول الوادي، ومن 500 إلى 900 متر من الشرق إلى الغرب، على مساحة تقارب 200 هكتار. وكان يحيط بها سور تتخلله أبراج.

إضافة إلى ذلك، كانت واحة العلا التاريخية تتكون من عدة مئات من المصاطب المتدرجة من شمال الوادي إلى جنوبه، مما كان يسمح بري المزروعات بالاستفادة من عامل الجاذبية. وكانت هذه المصاطب الزراعية تتغذى بصورة أساسية بواسطة قنوات مياه للري، وهي أنفاق تحت الأرض تسحب المياه من طبقتها الجوفية وتنقلها إلى السطح. كما تم توثيق وجود بضعة آبار على أطراف بستان النخيل كانت تستخرج مياهها باستخدام حيوانات الجر.

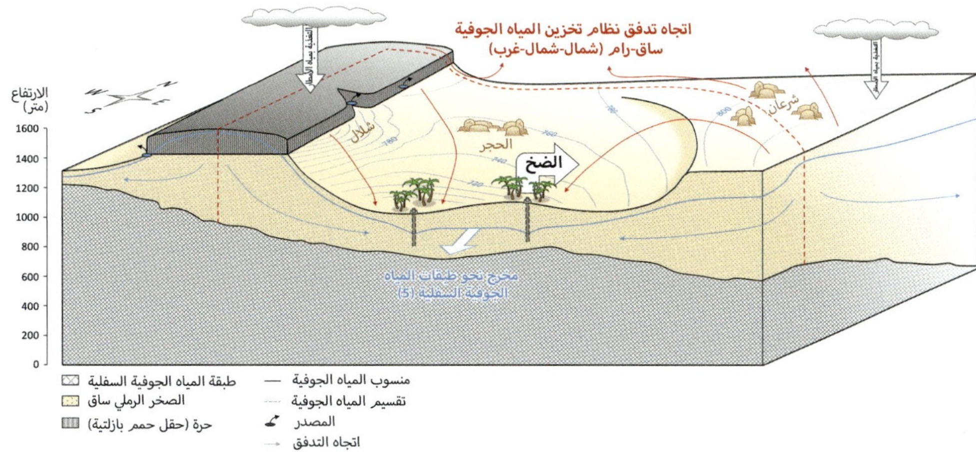

الشكل رقم 6.
نموذج نظري يوضح كيف يمد الخزان الجوفي في وادي العلا بالمياه، بيير سيرافان، 2022.

الشكل رقم 7.
الجدار الغربي لمنزل مبني في مزرعة، جوليان شاربونييه؛ أنظر الشكل رقم 8.

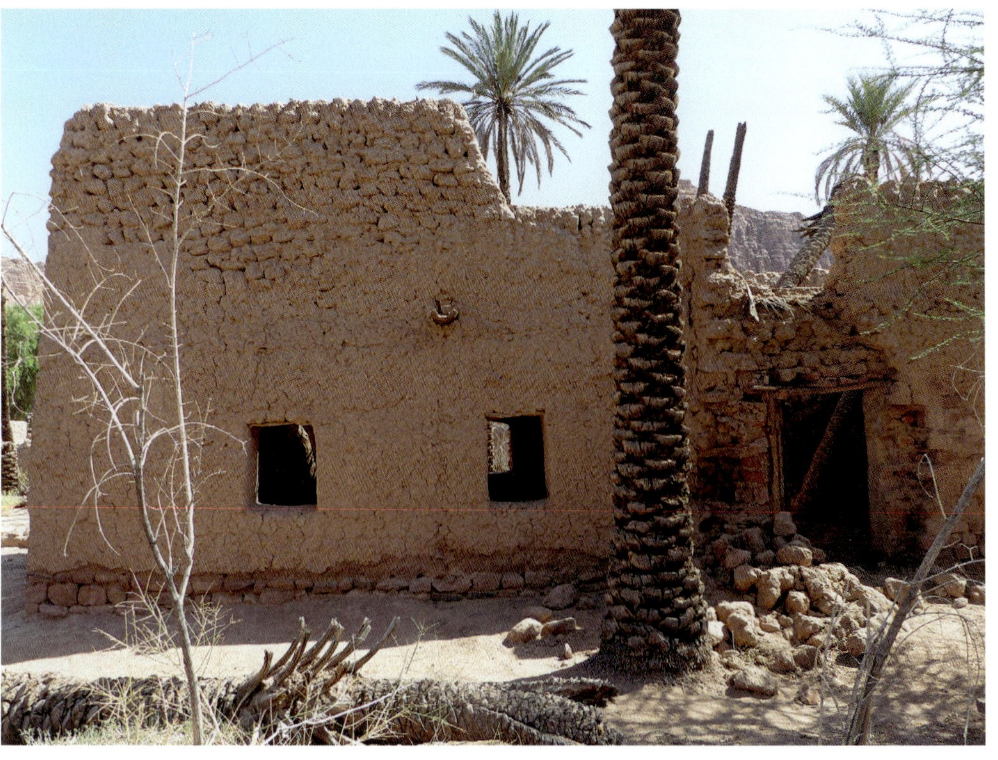

العلا: واحة العجائب في الجزيرة العربية

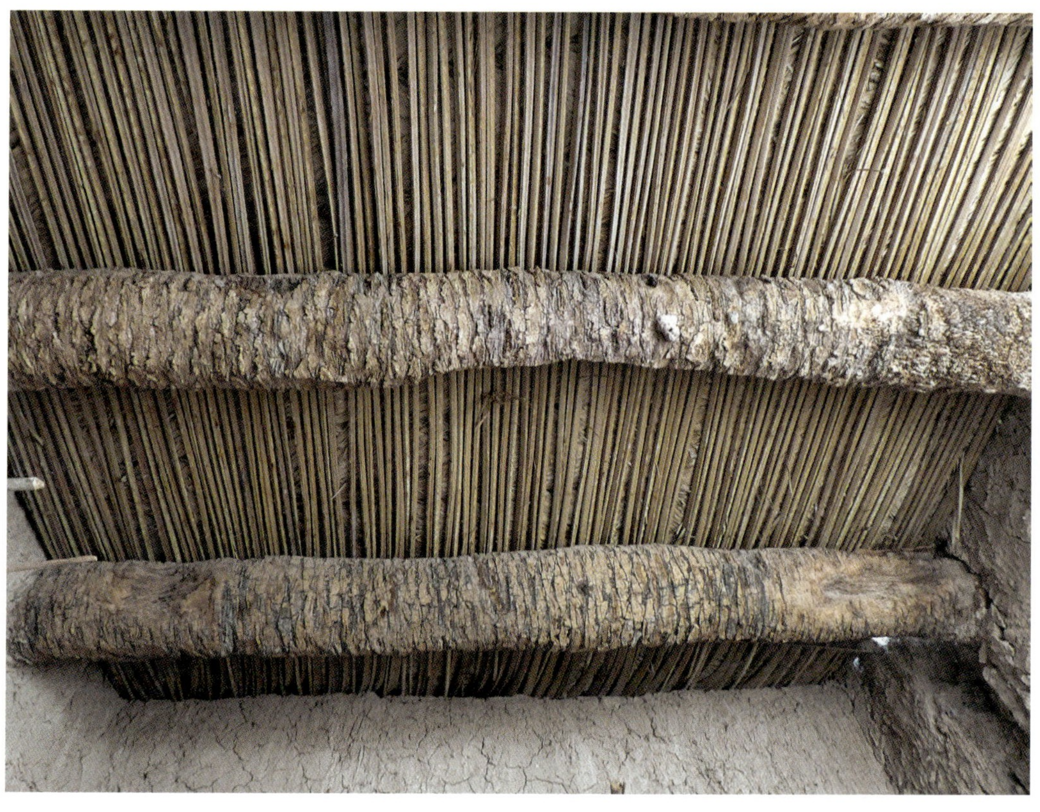

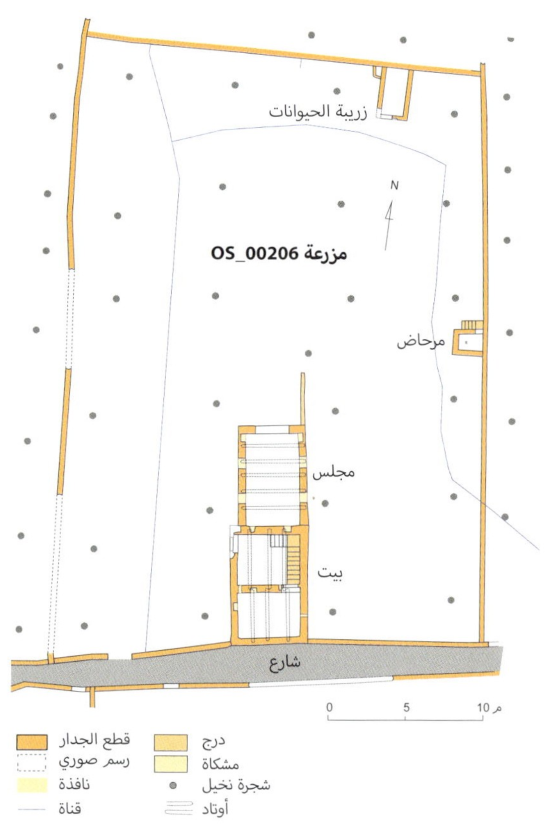

الشكل رقم 9.
سقف منزل مصنوع من جذوع أشجار النخيل وسيقان الجريد، جوليان شاربونييه.

الشكل رقم 8.
مخطط مزرعة في واحة العلا.

إن تنظيم الحيز المكاني لهذا الجزء التاريخي من الواحة، والذي يربط بكل دقة بين الفضاءات العامة والمجتمعية والخاصة، تَكشَّف على ضوء أعمال مشروع UCOP. فقد أظهرت حملات المسح الأولى هيكلة بنيوية تراعي بالإجمال القواعد الحضرية وتعكس تقريباً كمرآة هيكلة البلدة القديمة. في الواقع، ترسم شبكة هرمية مذهلة من الشوارع معالم بستان النخيل وتربط القطع ببعضها البعض وبالبلدة القديمة. كانت الشوارع المكونة من التراب المرصوص، والمرفوعة غالباً فوق مستوى البساتين تسمح أيضاً بنقل منتجات بستان النخيل ومستلزماته الزراعية ومخلفاته.

رُبطت بساتين الواحة بشبكة ثانية أيضاً، وهي شبكة القنوات الثانوية التي تجلب المياه من القنوات الرئيسية. على الرغم من مرورها عبر قطع الأراضي الخاصة، فقد أديرت بشكل جماعي. كانت الموزعات، أي المنشآت التي تسمح بتوجيه تدفق المياه نحو قطع الأراضي المختلفة وتغذيتها بحسب الدور، تقع حول محيط البساتين وبالتالي كان يمكن الوصول إليها من الشارع. كما جرى تعيين مواضع بعض الساحات عند تقاطع شوارع معينة، بالإضافة إلى حمامات عامة وأربعة مساجد.

إن بساتين الواحة مملوكة ملكية خاصة، كما تذكرنا بتلك الجدران العالية التي تحيط بها والمبنية بطوب اللبن المشكل يدوياً. ونظرا لأنها كانت مخصصة بصورة أساسية لزراعة النخيل وأشجار الفاكهة الأخرى، فلم يكن ممكناً في الماضي الولوج إليها من الشارع إلا عن طريق الأبواب

المزودة بنظام إقفال. وكانت إطارات هذه الأبواب مبنية بالحجارة أو الطوب اللبن المقلوب و أحياناً تبنى بمنتهى الإتقان والجمال. بالإضافة إلى هذه البساتين، كان هناك فيما مضى مساحات شاسعة، إلى جنوب الواحة وشرقها، مخصصة لزراعة الحبوب ومقسمة إلى قطع أراضي مملوكة ملكية خاصة.

كانت بعض البساتين مخصصة للزراعة حصراً، غير أنه تم توثيق مجاميع أخرى تدعى "مزارع" (الشكل رقم 8). وكانت تشتمل على قطعة أو عدة قطع مرتبطة بمبنى سكني ومنشآت أخرى. لم تكن هذه المزارع موزعة بصورة عشوائية في الواحة، بل كانت متركزة في مكانين، على الأطراف الشمالية والجنوبية الشرقية للواحة التاريخية، ولم تكن تشغل سوى 15 % من مساحة الواحة (32 هكتاراً). وفقاً للمصادر الإثنوغرافية، كانت هذه المساكن مأهولة من بواكير الصيف وحتى بداية الخريف من قبل سكان البلدة القديمة الذين كانوا يأتون إلى البساتين هرباً من موجات الحر الشديدة. وتكشف الحفريات المنفذة في الموقع عن نمط متكامل للعيش: كانت بيوت المزارع مجهزة غالباً بغرفة استحمام وحمام صغير ومجلس، وهو عبارة عن قاعة مخصصة للاستقبال والاسترخاء ومفتوحة على البساتين. أما في الطابق العلوي من المنازل، كان السكان ينامون عموماً ملتحفين السماء أو محتمين ببساطة بعريش من الكروم. وكانت السطوح محاطة بجدران تتخللها درابزينات أنيقة من الطوب اللبن المقلوب تسمح بمرور الهواء من

جغرافية وبيئة وادي العلا

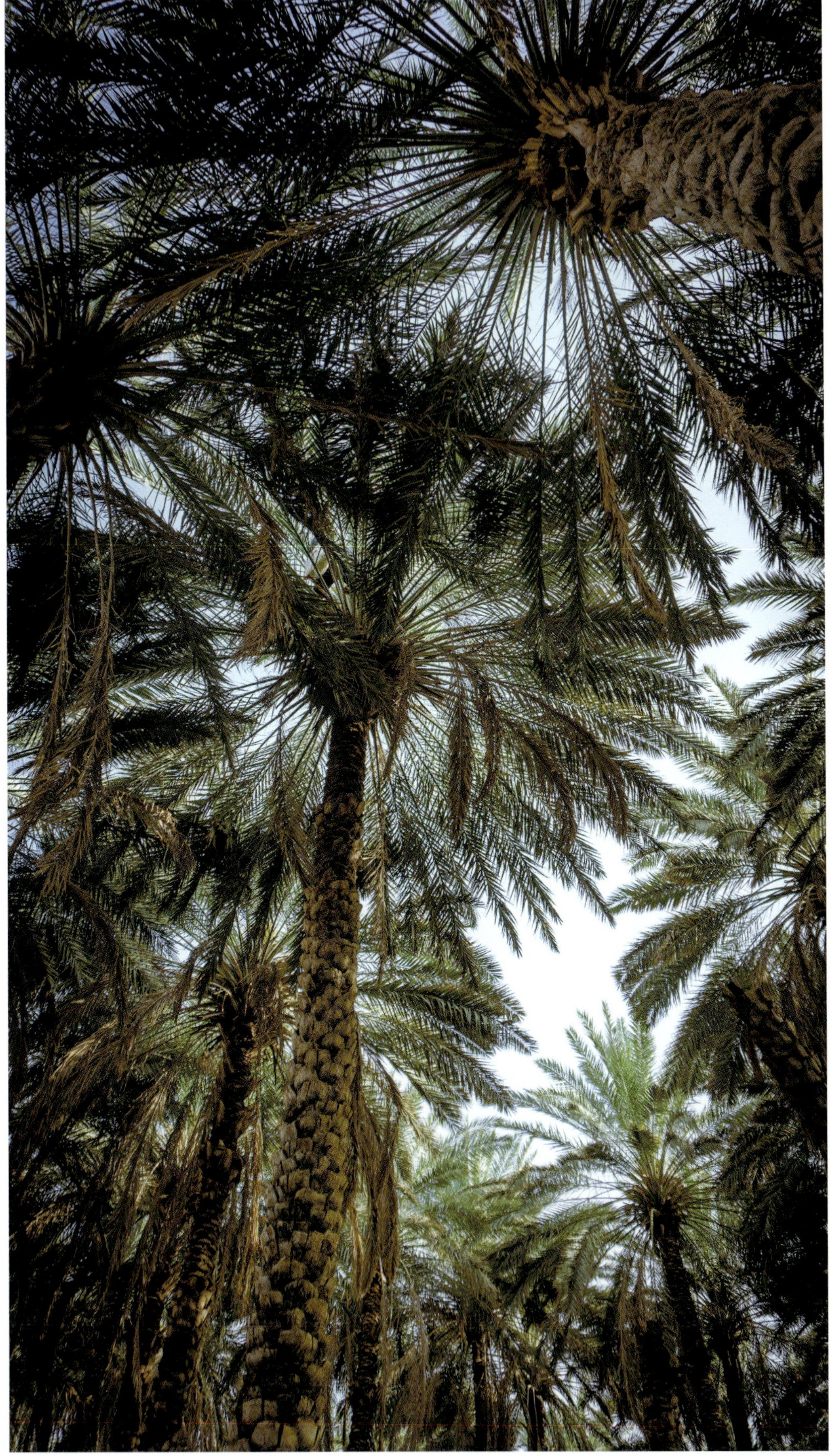

أجـل تلطيـف الجـو فـي ليالي الصيـف الحـارة والحفـاظ عـلى خصوصيـة السـكان. وكان الطابـق الأرضي مـن المنـازل مخصصاً بصـورة أساسية للتخزيـن وللطهـي. شيدت هـذه المبـاني مـن الطـوب اللبـن المصنـع يدويـاً. واستخدمت جـذوع النخيل وغيرهـا مـن الأشـجار وحتـى قضبـان سـكة حديـد الحجـاز كدعائـم لرفـع الأسـقف و الأسـطح التـي كانـت عـلى شـكل شرفـات (الشكل رقم 9). بينما كانت الأرضيـات تتكون مـن سـعف النخيـل المجفـف والمضفـور والمغطـى بالطين.

وهكـذا تكشـف الدراسـة الأوليـة لواحة العلا عـن مشهد معقـد شَكَّلَه تقاسـم ميـاه القنـوات. فقـد نجـح مشـروع UCOP بالفعـل فـي إبـراز تنـوع أنمـاط البسـاتين والكثافـة العاليـة جـداً مـن البقايـا الأثريـة في الجـزء التاريخـي مـن المنطقة المزروعة، شـاهدةً عـلى إعـادة تشكيل مسـتمرة لهـذه المسـاحات منـذ عدة قرون.

التعرف على تربة الواحة لفهم أدائها الوظيفي وخصوبتها

مـارك دوكوسـو، مركز التعـاون الـدولي في البحـوث الزراعية من أجل التنمية (CIRAD)
مارك-أندريـه سـيلوس، المتحـف الوطني للتاريـخ الطبيعـي في بـاريس (MNHN)
حسان بوقسيم، شركة فالورهيز (.Valorhiz S.A)

جاء مشـروع "معرفـة التربـة مـن أجـل فهـم أفضل لأدائها الوظيفـي لتحسـين اسـتخدامات الأراضي والمحافظـة عليهـا في العـلا" (SoFunLand) مـن فكـرة مفادهـا أن التوسـع المتناغـم والمسـتدام للعـلا يتطلب فهـم التركيـب الحيـوي (البيولوجي) والأداء الوظيفـي لشـتى أنـواع التربـة في واحتها. التربة عبـارة عـن كيميـاء معقـدة بـين الصخـور والهـواء والمـاء والريـاح، تنظم علاقتهـا الكائنـات الحيـة: كائنـات حيـة دقيقـة ونباتات وحيوانـات، مـن أصغـر الحـشرات إلى البـشر الذيـن يحصلون عـلى غذائهـم مـن التربـة. لقـد تطـورت واحـة العـلا لأن الإنسـان عـرف مـن خـلال الدرايـة التجريبيـة كيفيـة تحقيـق الاستفـادة المثـلى مـن هذا المكـون الرئيـسي للنظام البيئي. إن شح المعلومـات حـول هـذه التربة التي لـم تحـض بالدراسـة اللازمـة قـد اضطرنـا إلى التعـرف عليهـا مـن خـلال رسـم الخرائـط. إضافة إلى التحاليـل الفيزيائيـة-الكيميائيـة المعتادة، جـرى وصـف البكتيريـا والفطريـات التـي تسـاهم في بـث الحيـاة في التربـة بفضـل ميراثهـا الجينـي، بدقـة لم يسـبق لها مثيـل في مثـل هـذا النـوع مـن الدراسـات (نقطـة واحـدة كل كيلومـتر واحـد، على مسـاحة تزيـد عـن 1000 كيلومـتر مربع).

بعـد ذلك انكـب المشـروع عـلى فهـم الأداء الوظيفـي للنباتـات بالتفاعـل مـع الكائنـات الحيـة الدقيقـة في التربـة. في واقـع الأمـر، طوَّرت النباتـات شبكة مـن الجـذور يبلـغ طولها عـدة كيلومـترات لـكل مـتر مربـع، في حين شـكلت الكائنـات الحيـة الدقيقـة شـبكات مـن الخيـوط المجهريـة التي يمكـن أن تصـل إلى 200 مـتر لـكل غـرام واحـد مـن التربـة. وفـي أغلب الأحيـان فـإن الجـذور والخيـوط تتعـاون فيمـا بينهـا: يسـتغل الفطـر التربـة مقابـل السـكريات التي يفرزهـا النبـات. هـذه هـي الطريقـة التـي ينبـت بهـا الكمـأ أو الترفـاس في العـلا، وهـو نـوع مـن أنـواع الفقـع الصحـراوي الـذي يعشـقه الذواقة ويقـدرون قيمتـه. لقـد أدى فهمنـا للأداء الوظيفـي للنباتـات في العـلا إلى اسـتنتاج مؤشـرات الإدارة المسـتدامة وإلى تحديـد

الأدوات الفعالة من أجل ترميم النظام البيئي. وأخيراً، يحاول فريق مشروع SoFunLand، بالتشاور مع الفرق الأثرية، التعرف إلى المؤشرات الميكروبية للأنشطة البشرية السالفة. قد تتيح هذه التحليلات في المستقبل تحديد المواقع التي ربما تكون أفلتت من المناهج التقليدية للمسح الأثري.

تنوع الأصناف والممارسات الزراعية الخاصة بالنخيل في واحة العلا

فانسان باتيستي، المركز الوطني الفرنسي للبحث العلمي (CNRS) – وحدة البحث المشتركة 7206 (UMR 7206) مورييل غرو-بالتازار، المعهد الفرنسي للبحوث من أجل التنمية (IRD)

زرع النخيل (.Phoenix dactylifera sp) (الشكل رقم 10) منذ آلاف السنين في غرب آسيا وشمال إفريقيا. هذا النوع من النخيل هو النوع الرئيسي الذي يرتكز عليه النظام الزراعي في الواحات. في واحة العلا، تم استغلال النخيل وزراعته طيلة ما يزيد عن ثلاثة آلاف عام من أجل ثماره الغنية بالسكريات والمواد التي يوفرها وتستخدم في البناء وصناعة السلال وما إلى ذلك. لطالما كانت التمور مادة غذائية أساسية وسلعة للتبادل. تم إحصاء المئات من أصناف النخيل حول العالم. يتغير طعم وحلاوة وحجم وشكل ولون التمور تبعاً للأصناف التي يتمتع كل منها باسمه الخاص. في العلا، تم التعرف على أكثر من تسعين

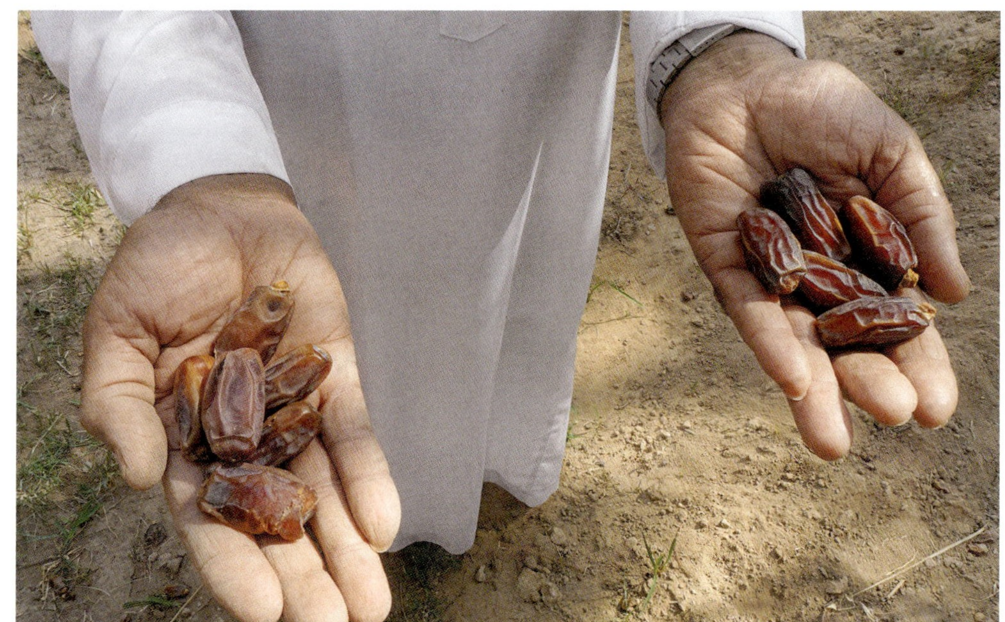

الشكل رقم 11.
شخص يحمل نوعين من تمور البرني: في يده اليمنى المبروم وهو الأعلى جودة؛ وفي يده اليسرى أقل جودة، يسمى أبو قشيرة (هنا يجمع بين المشروك والعادي)، فانسان باتيستي.

الشكل رقم 12.
شتلات نخيل صغيرة تنمو عَرَضياً في بستان، فانسان باتيستي، 2020.

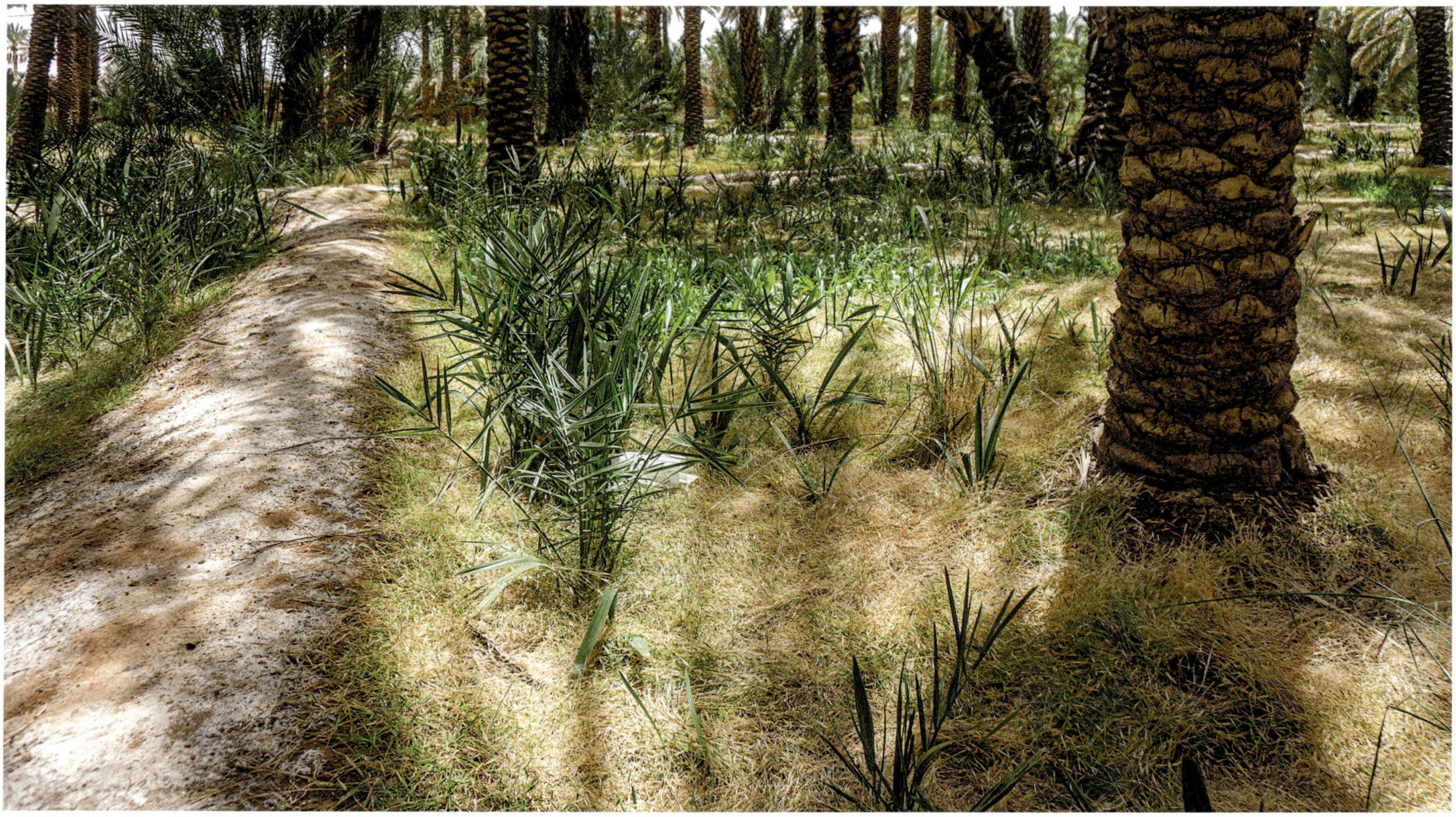

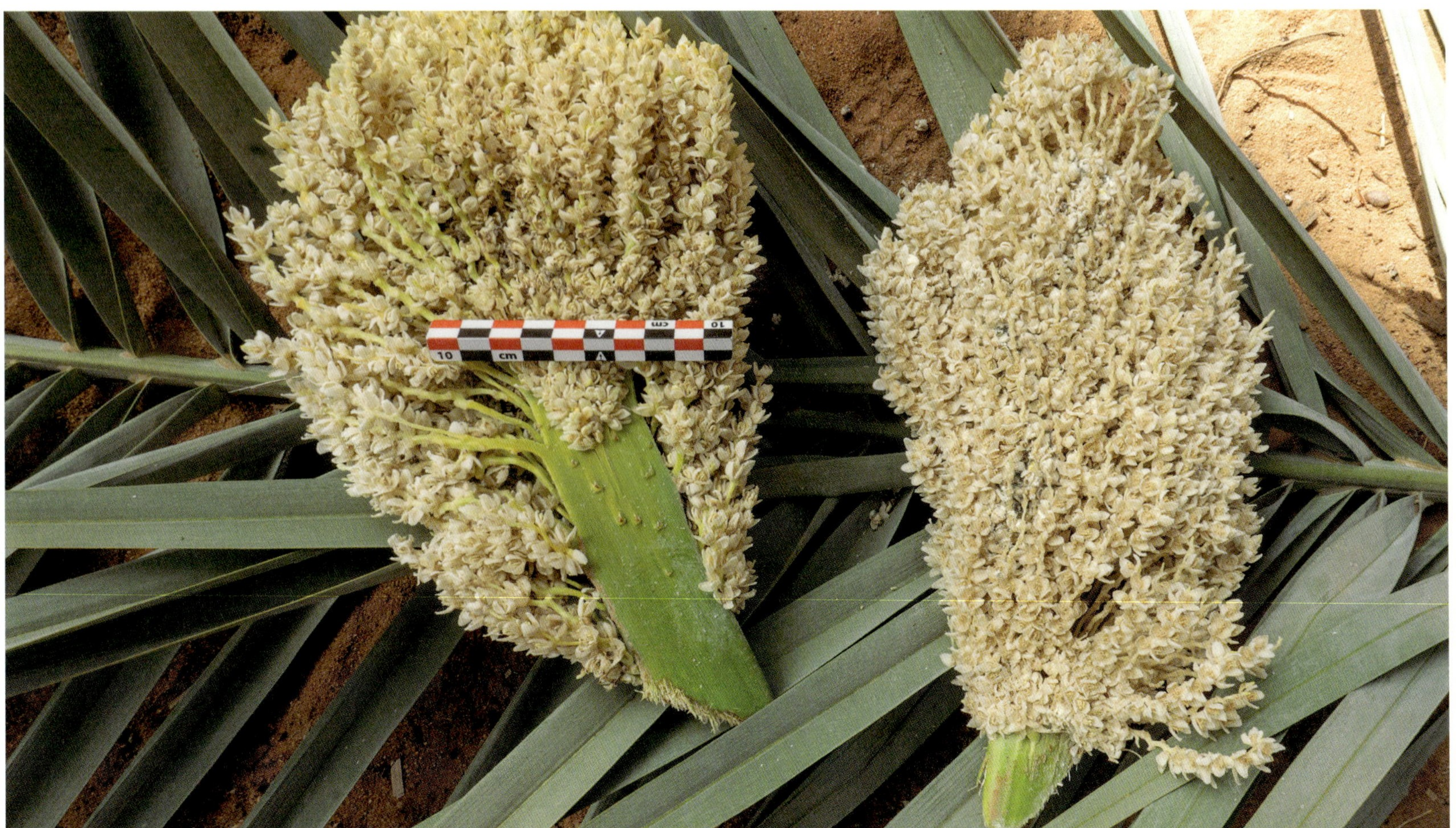

الشكل رقم 13.
زهرة نخيل تمر ذكرية حُصِدّت بغرض التلقيح
اليدوي، فانسان باتيستي، 2020.

صنفاً مـن التمـور يقـوم المزارعـون بزراعتهـا اليـوم وقـام بوصفهـا مشروع التنوع البيولوجي الزراعي للنخيل في العلا (AlUla Date Palm Agrobiodiversity). والأكثـر شيوعاً اليوم هو تمـر البرني (الشكل رقـم 11)، وبدرجـة أقل الحلـوة الحمـراء. يتـم إكثـار أشـجار النخيـل الأنثويـة عـن طريـق التكاثـر النسيلي: يقـوم المزارعـون بفصـل الفسـائل التـي تنبـت عنـد أسـفل جـذع النخلـة الأنثـى وإعـادة غرسـها في مكان آخـر. تنتـج هـذه الفسـائل بدورهـا فسـائل أخـرى مطابقـة لهـا وتحمل نفس اسـم الصنـف. وهكذا يخلـق المزارعـون صنفـا، أي مجموعـة مـن الفسـائل المستنسـخة (نباتـات متطابقـة وراثيـاً)، تنتـج تمـوراً متماثلـة الجـودة. لقـد أظهـرت أبحاثنـا مؤخـرا أن صنـف البرنـي هـو أحـد هـذه الأصنـاف المستنبتة. تتيـح هـذه الممارسـة الزراعيـة الحصـول علـى أشـجار نخيـل تنتـج تمـوراً بالجـودة المرغوبـة. أمـا الذكـور، فتـأتي مـن بـذور نمـت بالصدفـة في بسـتان النخيـل (الشكل رقـم 12)، إلا أن المزارعيـن في العلا مـا زالـوا يحافظـون مـع ذلـك علـى سـلالات نسـيليّة. بصفـة عامـة، يتـم التخلـص مـن ذكـور النخيـل لأنـه في البسـاتين المحـدودة المـوارد مـن مـاء وتربـة يتـم تفضيـل الأغـراس المؤنثـة التـي تنتـج الثمـار. يتـم الإبقـاء علـى عـدد قليـل منهـا (أقـل مـن خمسـة بالمئـة) وتسـتخدم لتلقيـح الإنـاث (الشكل رقـم 13)، وهـي عمليـة يدويـة مضنيـة ولكنهـا ضروريـة للإثمـار الكامـل (الشـكل رقـم 14).

إن عـدد الأصنـاف والتنوع الجينـي للنخيـل غيـر معـروف إلـى حـد كبيـر، حيـث تركـز معظـم الدراسـات حـول العـالم علـى الأصنـاف النخبويـة دون مراعـاة معـارف ودرايـة المزارعيـن المحلييـن. إنهـا لا تعتـرف بأنظمتهـم في تسـمية وتصنيـف النخيـل كنظـام قائـم بذاتـه. غيـر أن هـذا التنـوع الخفـي هـو تـراث وذخـر لا يقـدر بثمـن، لأنـه يشـكل مـورداً هامًـا يعمـل علـى تكييـف النظـم الزراعيـة مـع التغيـرات العالميـة. في واحـة العـلا، يعمـل الباحثـون في العلـوم الاجتماعيـة والبيولوجيـة معـاً علـى تقييـم هـذا التنـوع وإعـادة بنـاء تاريخـه، بهـدف الحفـاظ عليـه للأجيـال القادمـة.

نحو إحياء القطاع الزراعي في الواحة

ستيفان فورمان، الوكالة الفرنسية لتطوير العلا (Afalula)
إليزابيت دودينيه، الوكالة الفرنسية لتطوير العلا (Afalula)

في قلـب الواحـة التاريخـي، مـن شـمال دادان إلى جنـوب البلـدة القديمـة، تشـير التقديـرات إلـى أن مـا يزيـد عـلى 600 هكتـار مـا تـزال مزروعـة بحوالـي 120 ألـف نخلـة ومـا يقـرب مـن 15 ألـف شـجرة حمضيـات. غيـر أن المنطقـة مهجـورة جزئيـاً اليـوم كمـا أن الزراعـات التـي تُمـارس فيهـا حاليـاً غيـر مسـتدامة.

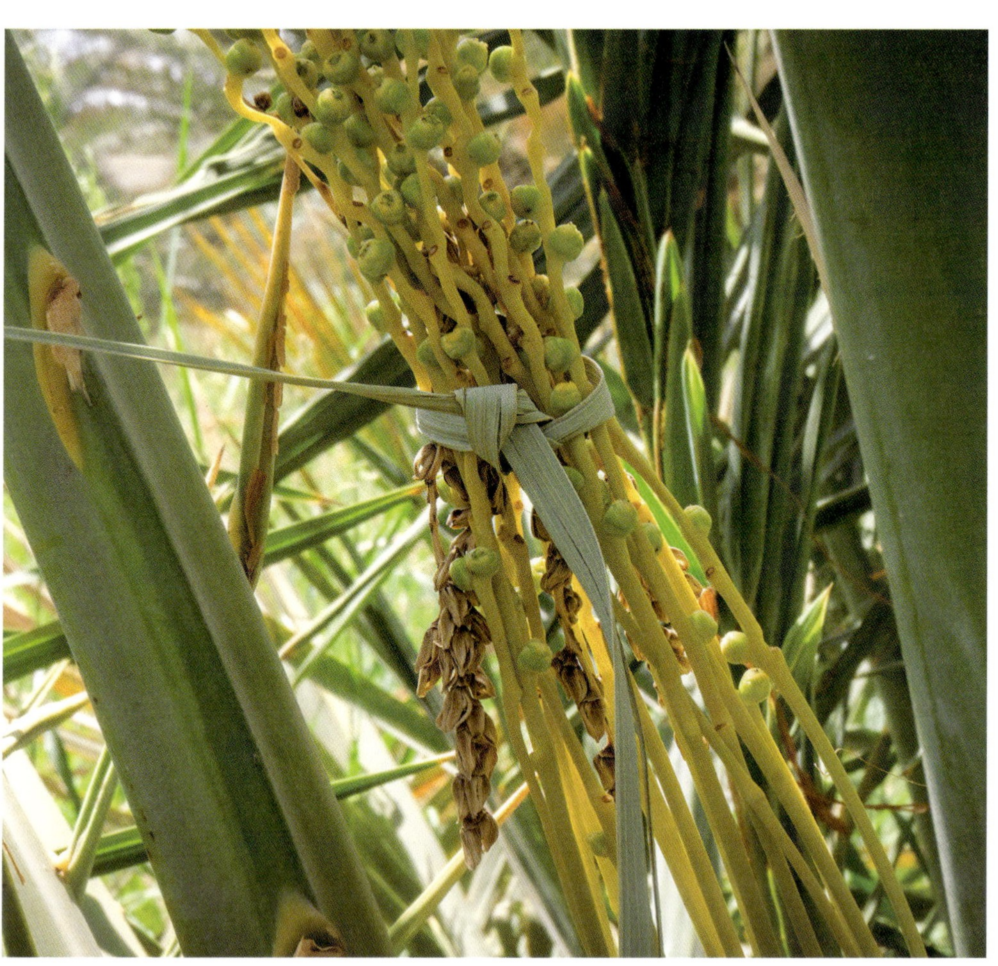

إن إحيـاء القطـاع الزراعـي، الجـاري في واحـة العـلا في إطـار الخطـة الاسـتراتيجية للهيئـة الملكيـة وبالتعـاون مـع الوكالـة الفرنسـية لتطويـر العـلا، سـيمكن مـن جعلهـا مكانـاً ينعـم فيـه الـزوار والمجتمعـات المحليـة بالرفاهيـة (الأجـواء، النضـارة، الأصالـة، اسـتمالة الحـواس) وكذلـك مـن حمايـة هـذا المشـهد الاسـتثنائي. كـما أنـه سـيتيح تنميـة قطـاع اقتصـادي واعـد بمقدراتـه وذلـك بمنتجـات متأتيـة مـن الأرض المحليـة مثـل صنـف تمـر البرني والبـان (المورينجـا العربيـة) أو ثمـار الحمضيـات المتميـزة مثـل هجيـن خـاص مـن الكبـاد (الأتـرج) الـذي جـرى التعـرف عليـه في بسـاتين معينـة ويسـمى محليـاً ترنـج.

تطمـح عمليـة إحيـاء القطـاع الزراعـي، الـذي توجهـه المعـارف المتولـدة في إطـار برنامـج البحـوث حـول الواحـة، إلى ابتـكار النمـوذج والأدوات التـي سـتمكن هـذه الواحـة الموغلـة في القـدم مـن تلبيـة ضـرورات يصعـب أحيانـاً التوفيـق بينهـا. يجـب أن تكـون هـذه العمليـة مسـتدامة، أي أن تحافـظ عـلى مـوارد الميـاه الجوفيـة وتحمـي التربـة والتنـوع الحيـوي وتسـاهم في تـوازن إيجـابي لانبعاثـات الكربـون وتعمـل عـلى إشـراك المجتمـع والمزارعيـن المحلييـن عـلى أوسـع نطـاق ممكـن. إن الأبحـاث الجاريـة عـلى التربـة والميـاه والممارسـات الزراعيـة تخـدم هـذا الهـدف. يجـب أن يتمكـن المزارعـون مـن الاسـتفادة مـن المنافـع الاقتصاديـة المتأتيـة مـن السـياحة

الآخـذة في النمـو، وأن تـزود الواحـة السـكان والـزوار بمنتجـات غذائيـة محليـة عاليـة الجـودة، سـواء كانـت خامًـا (فواكـه وخضروات) أو مصنعـةً (مربى، فواكـه مجففـة، زيـوت، عسـل، ومـا إلى ذلـك). ينطبـق هـذا بصفـة خاصـة عـلى القطاعـات التـي تعتبـر ذات أولويـة، وهـي نخيـل التمـر والحمضيـات والبـان (المورينجـا) وتربيـة المـواشي والدواجـن عـلى نطـاق ضيـق. في نهايـة المطـاف، يتعلـق الأمـر بجعـل القطـاع الزراعـي جذابـاً مـن جديـد، خاصـة لشـباب العـلا. وهـذا يعنـي أيضـاً ترشـيد وتأمـين حقـوق اسـتخدام الأراضي والوصـول إليهـا. سـتستغرق هـذه العمليـة وقتـاً لكنهـا مترسـخة بـإرادة نقـل الإرث للأجيـال القادمـة.

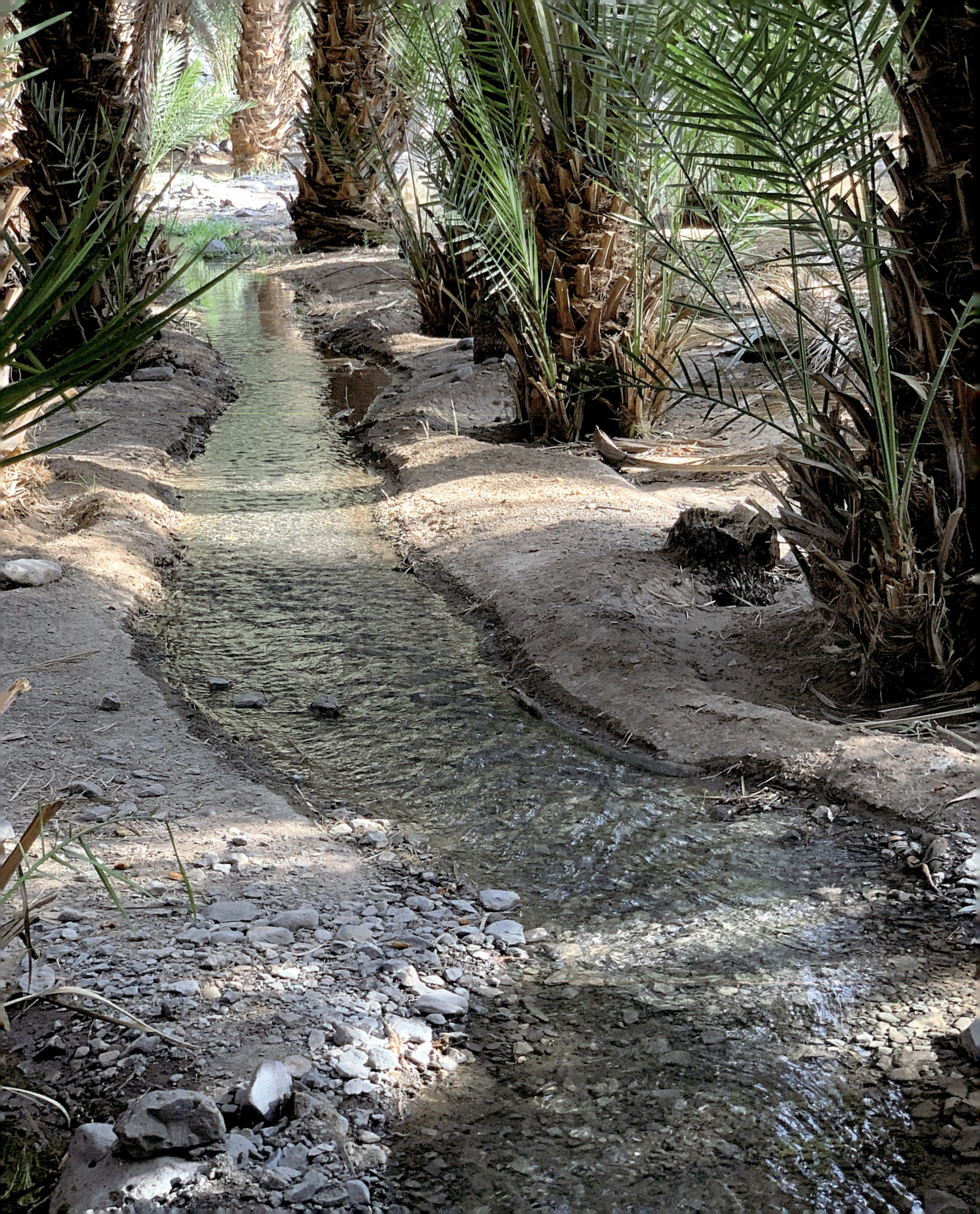

المنشآت المائية في العلا القديمة

سيلين ماركير (أركايوس)

لا يُعزى التوسع الذي شهدته واحة العلا في العصور القديمة إلى موقعها الاستراتيجي على تقاطع الطرق التجارية وحسب، إنما يفسر أيضاً بمواردها المائية الهامة وتربتها الخصبة مما أتاح تطوير الزراعة المروية. إضافة إلى ذلك، كان الماء يلعب دوراً هاماً في الطقوس الدينية.

الماء في صميم الطقوس الدينية

وسط المعبد في موقع دادان العريق، ينتصب حوض دائري واسع منحوت من قطعة واحدة من الحجر الرملي، يعود تاريخه إلى النصف الأول من الألفية الأولى قبل الميلاد (الشكل رقم 4). إن هذا الخزان المجهز بدرج داخلي والذي يتيح الوصول إلى القاع يبلغ طول قطره 3،75 مترًا وعمقه 2.15 مترًا، وكانت سعته تصل إلى 27000 لتر من الماء المستخرج من بئر محفورة على بعد أمتار قليلة. يوحي قربه من معبد كبير والاهتمام الذي أولي لبنائه إلى وظيفته الدينية. يعد هذا الحوض واحداً من أوائل الآثار التي وصفها مستكشفو الواحة. وقد اكتسب شهرته من قصة النبي صالح عليه السلام، أحد الأنبياء قبل الإسلام، والذي يُقال إنه حلب فيه الناقة المعجزة التي أرسلها إلى قبيلة ثمود كبرهان على صحة نبوته. كما أن الاسم الذي أعطي له محلياً "محلبِّ الناقة" دليلٌ على ذلك. وتعتبر أحواض حجرية صغيرة أخرى منتشرة في الموقع شواهدًا على الاغتسال الطقسي الذي كان يمارس قُبيل عبادة الإله اللحياني ذي غيبة.

و أبعد إلى الشمال الغربي من دادان، على قمة كتلة صخرية تعرف باسم أم درج والتي تحتضن معبدًا كبيرًا آخرًا، عُثر على بقايا ثلاث مشاكي ربما كانت تأوي تماثيل آلهة مع ثلاثة خزانات دائرية منحوتة في الصخر ومكسوة بالطلاء. وهنا أيضاً، ربما كان الماء يستخدم في أغراض شعائرية.

مؤخراً، اكتشفت قناة أخرى محفورة في الصخر في وادي المعتدل شمال الخريبة، لكن لم يتم التأكد من وظيفتها وتأريخها بعد.

الشكل رقم 1.
قناة مياه في شلال، إليزابيت دودينيه.

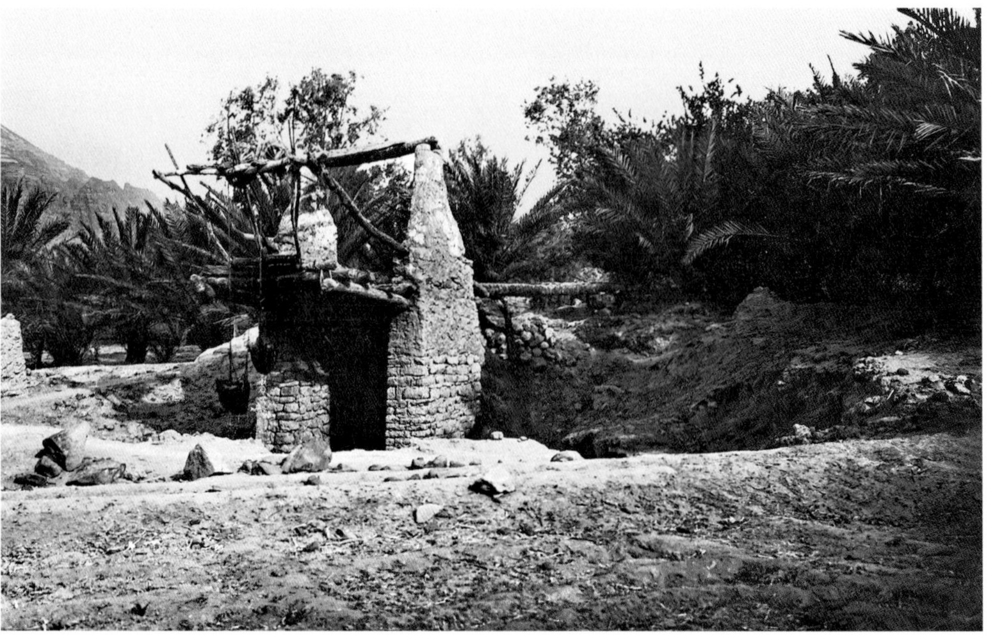

أخـيـراً في الحِجْـر، في القطـاع المخصص للأخويات الدينية في جبل أثلـب، أُستخدم خـزان وقناة محفوران في الصخـر يعودان إلى الفتـرة النبطيـة لتزويـد قاعات المـآدب بالمياه. وقد تـم استخدامهما في طقـوس الاغتسـال وفي تنظيـف المرافـق على السواء.

وفي الفتـرة الإسلاميـة ظـل المـاء بالطبع عنصـراً مهمـاً في الحيـاة اليوميـة للسـكان، كـما يشـهد عـلى ذلـك مسبح البلـدة القديمـة.

الري مسألة حاسمة

كانـت مستوطنة دادان تفرض سيطرتها عـلى مناطـق داخليـة واسـعة، وكان يتوجب عليها توفير الاحتياجـات الغذائيـة للسـكان وللقوافـل العابـرة. وعليـه كان تطويـر الزراعـة رهانـاً أساسياً، كـما تشـهد عـلى ذلـك العديد مـن المصطلحـات المتعلقـة بالزراعـة التي استخدمت في النقوش الدادانيـة. طوَّر سكان الـوادي عـلى مـرِّ الزمن ثـلاث تقنيات رئيسية لتجميـع المياه وتوزيعهـا.

القنوات: نظام مبتكر

تُعتبـر القنـوات ممـرات تحـت أرضيـة لتصريـف المياه تستخدم في نقل المياه الجوفية الموجودة عمومـاً عند سفح نجد أو جبل، وتجلبها إلى السـطح بقوة الجاذبية وحدها عبر منحـدر محسـوب ببراعـة. وتوزع المياه بعد ذلك في الحقـول عـبر أقنيـة. وقـد تـم إحيـاء النقـاش حـول أصـل القنـوات في الآونـة الأخيـرة، ويُعتقـد أن نظام تجميـع المياه هـذا قـد تطور في جنـوب شرق شبه الجزيـرة العربية منـذ حوالي ثلاثة آلاف عـام، كـما تم إثبـات وجـود القنوات في إيران في العصور القديمـة. وفي شبه الجزيرة العربية نجـده في الخرج، في الجنوب الشرقـي مـن الرياض، وكذلـك في دومـة الجنـدل، في الشـمال الشرقـي مـن العلا. مكنت شبكة القنوات الهائلة التي كانـت تغـذي واحـة العلا مـن زراعة شريط طويل من الأرض يمتد مـن الشـمال إلى الجنوب، ويتبع المحور الرئيسي للـوادي. وما يـزال التاريـخ الدقيـق لإنشائها مجهـولاً، ولكـن وفقـاً لياقوت الحمـوي (حوالي 1179-1229 م) فقد أنشئت قبل ظهـور الإسلام. وترجعهـا الروايـة المحليـة إلى عهـد الملك سليمان، غيـر أن أقدم الأدلـة الأثريـة عـلى القنـوات الموجودة في الـوادي تعـود إلى الفتـرة الإسلاميـة، إما الأمويـة أو العباسيـة، عندمـا كانـت تُسـتخدم لـري بسـاتين مدينـة قُـرْح. وامتـد استخدامهـا بعد ذلـك نحـو الشـمال، متّبعـاً مسـار التوسع الحضاري في الـوادي، وظلت تُستخدم حتى ثمانينيـات القرن العشـرين للميـلاد. ونظراً لتعقيـد تنفيذهـا، كان بنـاء القنـوات يتم بالـضرورة تحـت إشراف سـلطة مركزيـة، أو عـلى الأقـل سلطة بلديـة.

الآبار التقليدية

اعتمـدت الزراعـة النبطيـة التي مورسـت في الحِجْر عـلى الميـاه التـي توفرهـا حـوالي 130 بـئراً محفـورة في المناطق الصالحـة للزراعـة المحيطـة بالمركز الحضري القديم. في مطلع القرن العشريـن، لجـأ السـكان أيضاً إلى الآبـار لتعزيز القنوات الواقعـة عـلى الـوادي جنوبًا بالقرب مـن مدينة العلا القديمـة. كـما استخدموا تقنيـة لسـحب المياه تسمى سانية (جمعها سـواني)، والتـي تعمل باستخدام بكرة يمر مـن خلالها حبـل تجـره الـدواب لرفع المـاء باستعمال قِـرَب مـن الجلد. وكانت

هـذه القِـرَب تفـرغ في أحـواض مجـاورة للآبار ومنهـا يتم توزيـع المـاء عـبر القنـوات المتصلـة بتلـك الأحـواض.

سد لتصريف مياه الوادي

عـلى بعـد أقـل مـن كيلومتر واحد شمال الخريبة، بُني جدار ضخم يعرف باسـم خيف الزهرة يقف معترضاً وادي المعتـدل عند أعـلى نقطـة التقاء الأخير بـوادي العلا. في ظل غيـاب الحفريـات الأثريـة، تظل وظيفة هـذا الجدار افتراضية ولكن يعتقد عمومـاً بأنـه كان سـدًا يستخدم لتخزين مياه الـوادي عند فيضانه، وعـلى الرغـم مـن أنـه ليس مـن المستبعد تمامـاً أن تكون لهـذا الجدار وظيفة دفاعيـة. كان يتيـح تصريـف المياه، عـلى الأرجح عـبر منفذ باتجاه قناة كانـت تـوزع المياه عـلى قطع الأراضي الواقعة غـرب الجدار. وقد عـثر فيه عـلى موزع - وهـو منشـأة تقسم تدفق القناة عـبر مجـاري عديـدة - ويتيـح وجـوده فهم كيفية تسـيير المياه مـن هـذه القنـاة الرئيسـية إلى القنوات الثانوية التي تـزود الحقـول بالمياه، مثـل العديـد مـن الموزعـات الأحـدث عهـداً بكثير والمتناثرة في جميـع أنحـاء بستان النخيـل*.

____

*تهدف المشاريع الحالية المتنوعة التي تدعمها الوكالة الفرنسية لتطوير العلا (مشروع واحة العلا الثقافية (UCOP)؛ (ArcAgrAU)) إلى تحديد تقنيات تجميع المياه وتصريفها في الوادي، وخاصة في العصور الأقدم.

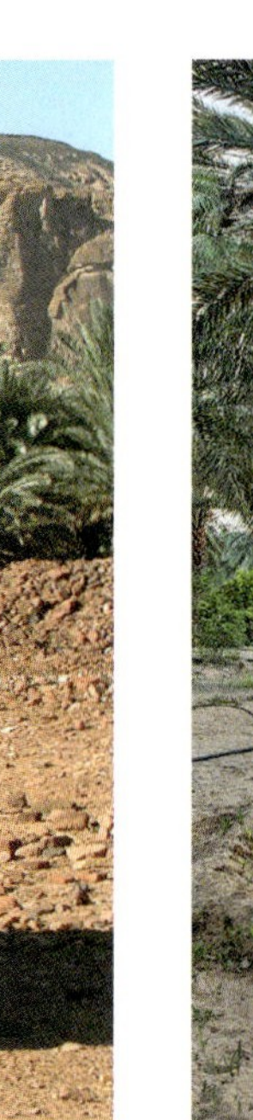

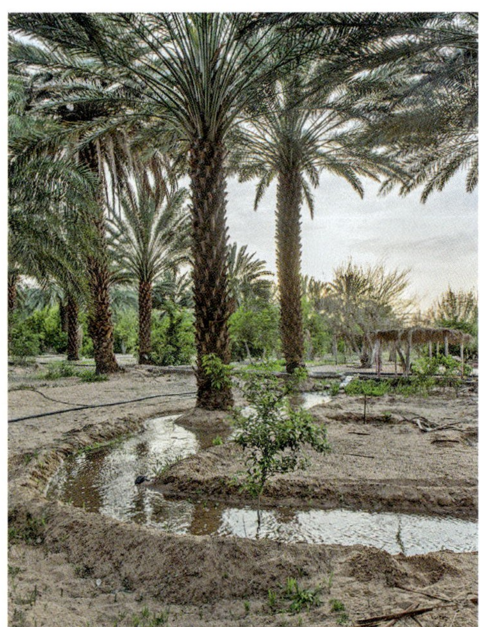

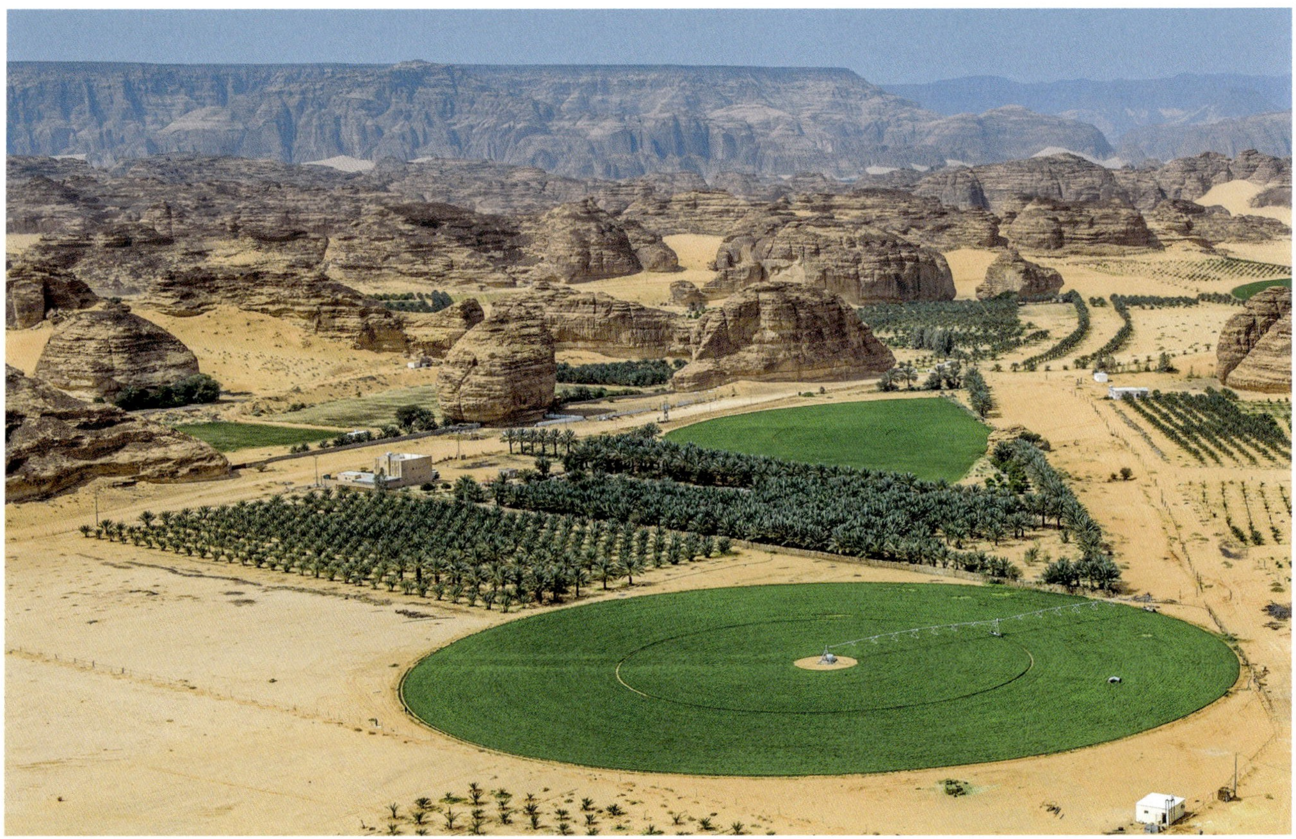

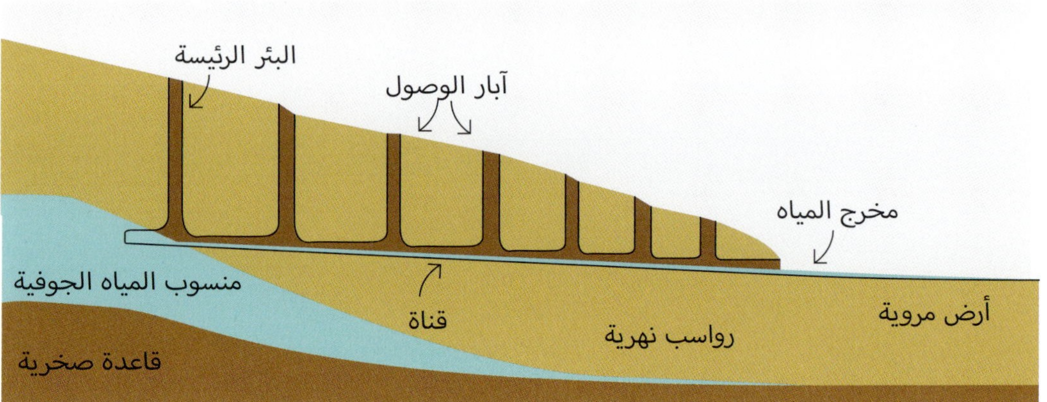

الشكل رقم 3.
بستان الأميرة نورة الفقير في الحِجْر، أوبير راجيه، 2018.

الشكل رقم 4.
حوض في دادان (الخريبة)، النصف الأول من الألف الأول قبل الميلاد، ليلى نعمة.

الشكل رقم 5.
دائرة زراعية مروية، يان أرتوس-برتران، 2018.

الشكل رقم 6.
كيفية عمل قناة مياه، سيلين ماركير.

جغرافية وبيئة وادي العلا

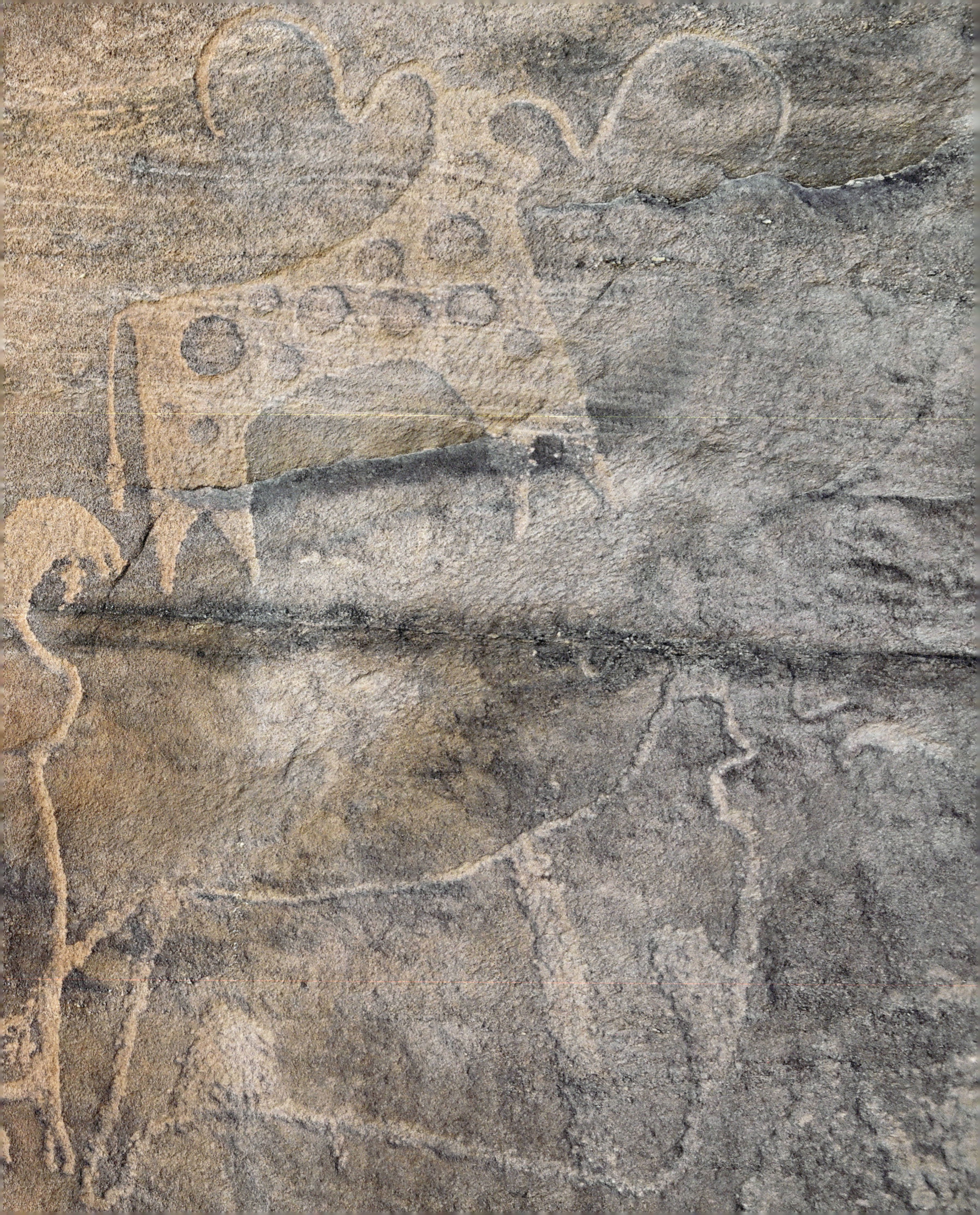

من عصور ما قبل التاريخ إلى عصر البرونز

—

نقوش تصور بقريات تعود إلى عصور ما قبل التاريخ في خشم جبلة، شمال شرق العلا، ليلى نعمة، 2023.

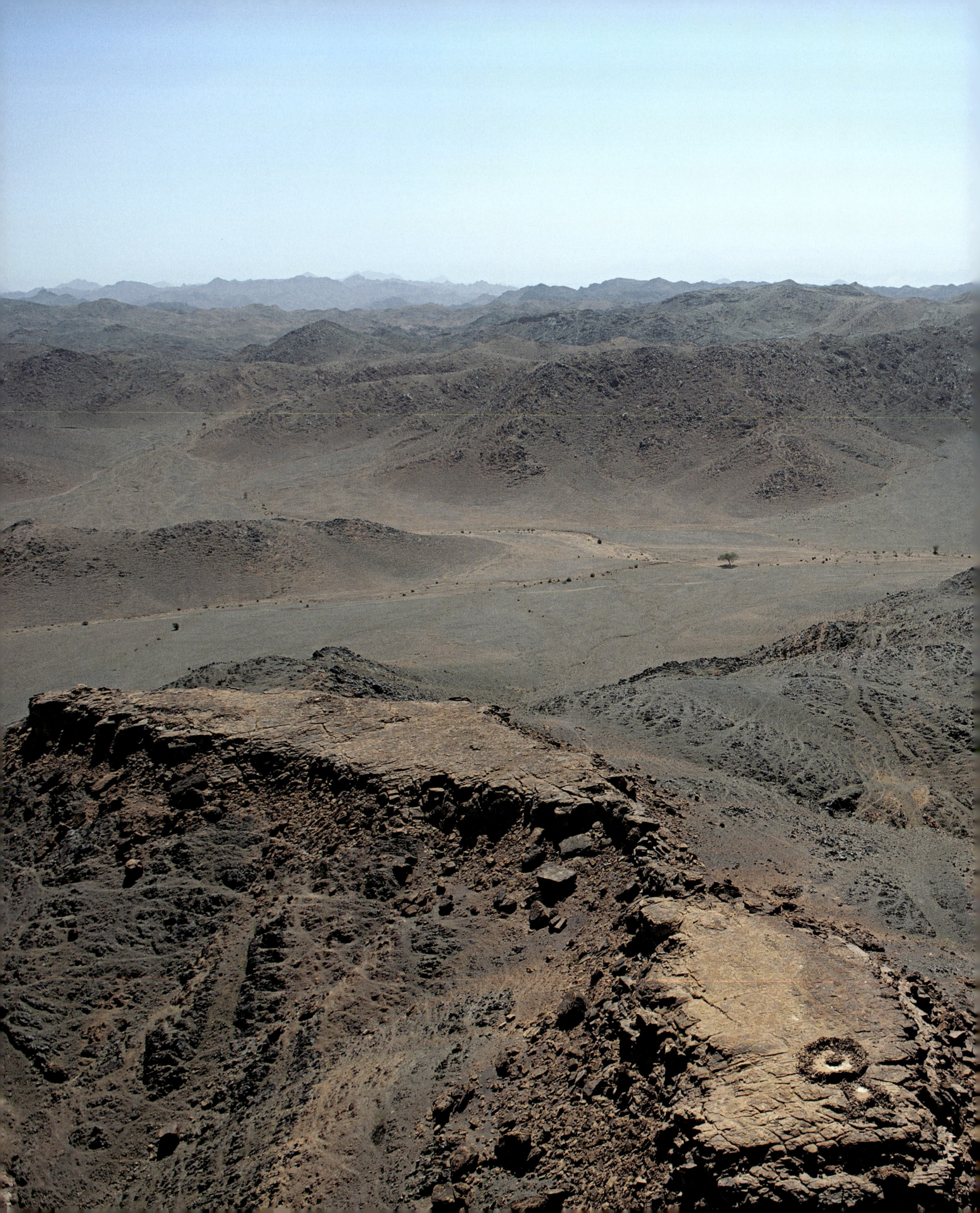

العلا
في عصور ما قبل التاريخ

أزهري مصطفى صادق (جامعة الملك سعود، الرياض)

لقد بدأت البحوث الأثرية في المملكة العربية السعودية منذ أكثر من نصف قرن، وتم الكشف خلال أعمال البحث الأثري الأولى عن العديد من مواقع ما قبل التاريخ، وبعضاً منها ربما يمتد إلى أكثر من مليون سنة. وقد مهدت تلك الدراسات الاستقصائية والبحوث التي أجريت على دراسة الأدوات الحجرية في العديد من المواقع الأثرية إلى وضع إطار زمني وثقافي لفترات ما قبل التاريخ المبكرة في المملكة العربية السعودية متتبعاً المراحل التكنولوجية المعروفة في أماكن أخرى، مثل العصر الحجري القديم الأسفل (أولدواني، أشولي) من 1.6 مليون سنة إلى 300 ألف سنة قبل الميلاد، والعصر الحجري القديم الأوسط (الموستيري) من 300 ألف سنة إلى 45 ألف سنة قبل الميلاد، والعصر الحجري القديم الأعلى (من 40 ألف سنة إلى 10 آلاف سنة قبل الميلاد. وبالتالي تم وضع العديد من المواقع المكتشفة لاحقاً لتتوافق مع هذا الإطار التصنيفي والتسلسل الزمني الموسع.

ومع تطور الدراسات الأثرية خلال الثلاثين سنة الماضية، تقدمت أبحاث ما قبل التاريخ لتواكب ذلك التطور، خاصة في مجال الحفريات الأثرية وتأريخ المواقع بالطرق العلمية. ومع ذلك، لم تحظ محافظة العلا بالدراسة الميدانية التي تغطي معطيات تتعلق بفترات ما قبل التاريخ، واقتصرت أغلبية الدراسات على فترة ما قبل الإسلام والفترة الإسلامية من خلال المسوحات الأثرية ودراسة النقوش والحفريات

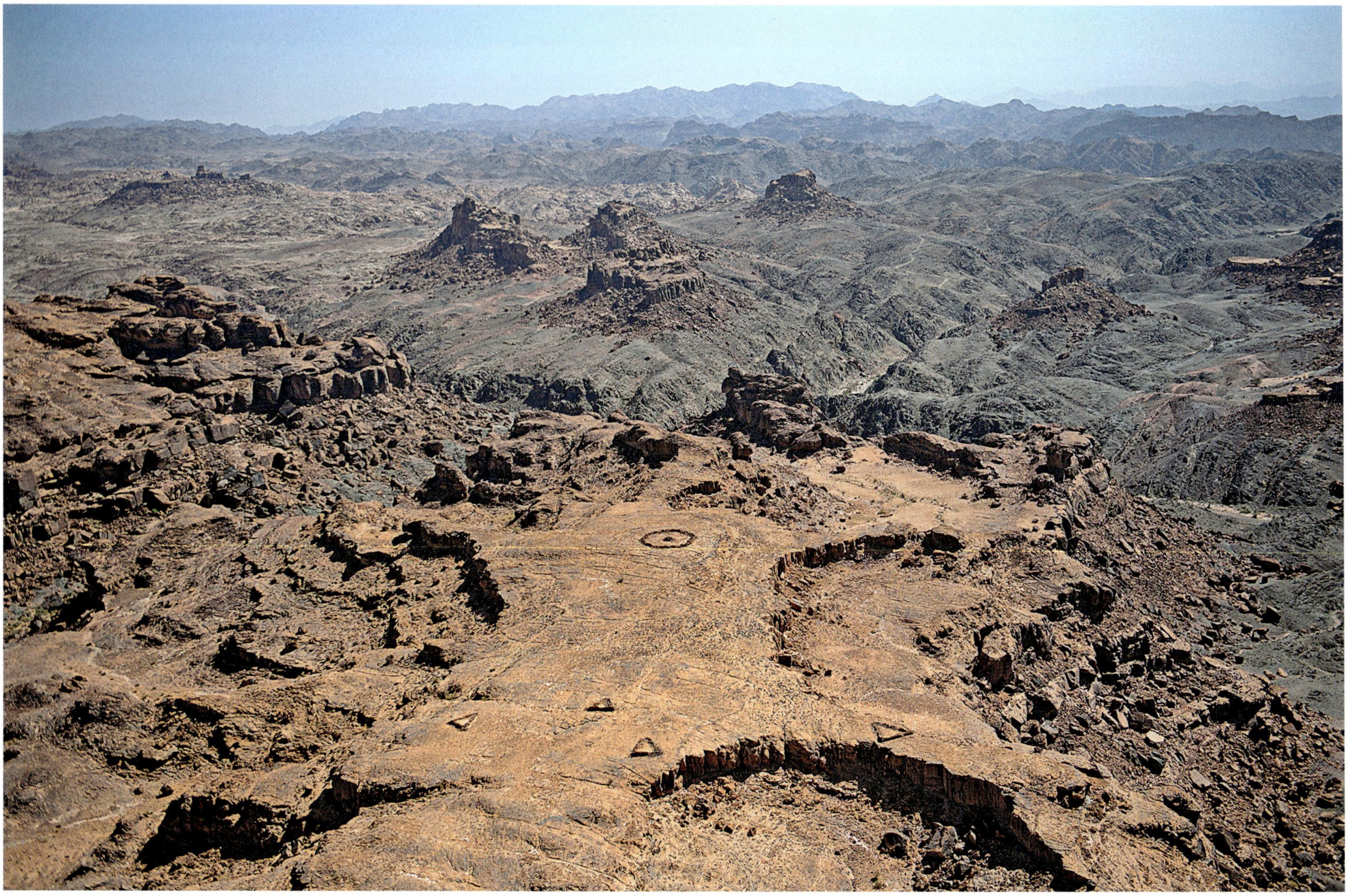

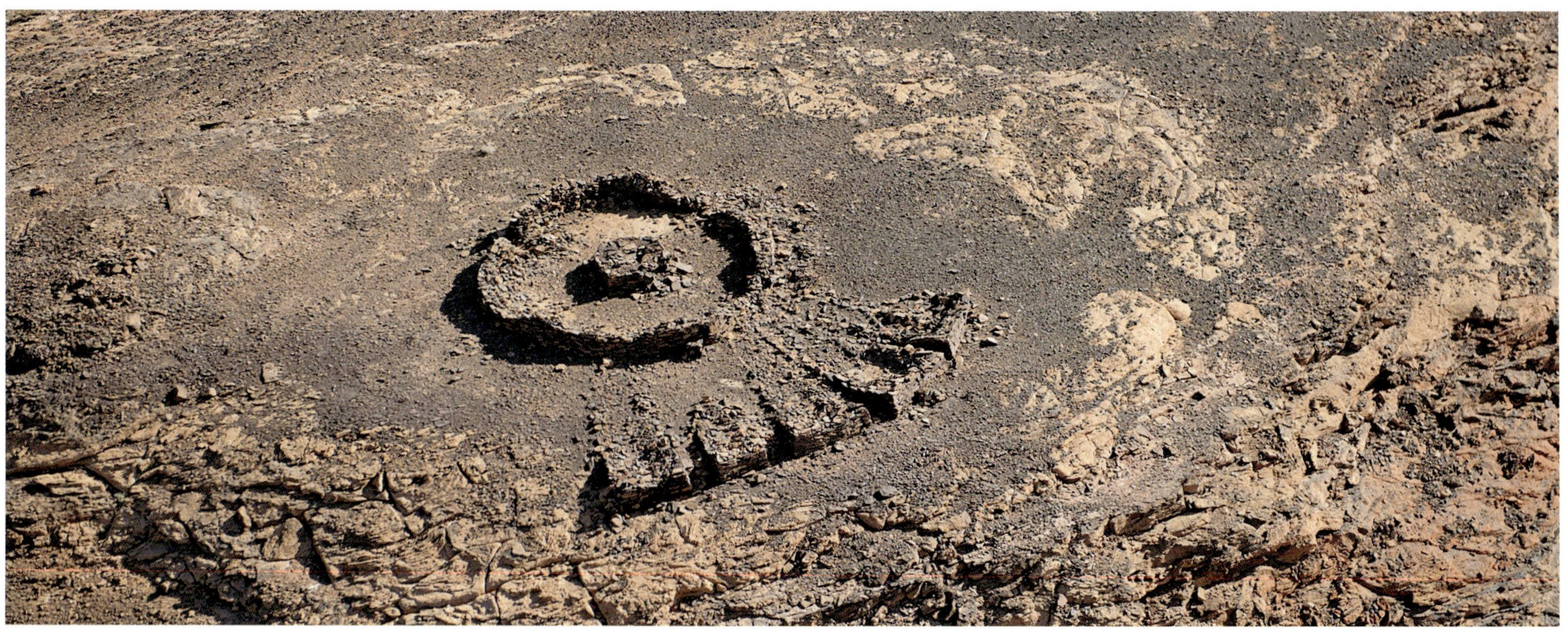

الشكل رقم 2.
منظر عام لقبور ركامية Cairns،
مؤرخة في الفترة ما بين
5000 إلى 2000 قبل الميلاد تقع على
الهضاب البازلتية فوق العلا.

الشكل رقم 3.
قبر ركامي Cairn يقع فوق العلا،
مؤرخ في الفترة ما بين 5000 إلى 2000
قبل الميلاد.

من العظم في صناعة المنتجات الخشبية والجلدية. وقد استغل هذه المنطقة للسكن والعيش طوال العصر الحجري القديم الأسفل حيث من المؤكد أنها وفرت موارد اقتصادية ومائية متنوعة بالإضافة إلى توفر المادة الخام لصناعة أدواته الحجرية.

هذه النظرة العامة تشير إلى أن العلا لديها الكثير لتقدمه فيما يتعلق بالفترات المبكرة من العصر الحجري القديم الأسفل وتأقلم البشر خلال الفترات الأشولية. فهناك المزيد من التجمعات في المنطقة، والتي ستؤدي دراستها مستقبلاً إلى تسليط مزيد من الضوء عن العمليات السلوكية والتطورية وكذلك حول التكيف مع البيئات القديمة.

الانتقال للعصر الحجري القديم الأوسط:

حدث تباين مكاني وزماني كبير خلال الفترة اللاحقة في العصر الحجري القديم الأوسط خاصة في الصناعات الحجرية. وتعد صناعات العصر الحجري القديم الأوسط الأكثر شهرة في المملكة العربية السعودية مقارنة بصناعات العصر الحجري القديم الأسفل. وقد تميزت هذه الفترة في أوروبا وبلاد الشام وأفريقيا، بأساليب تقنية جديدة لصقل الحجارة تعرف بالليفالوازية والتي بدأت في التطور في المراحل المتأخرة من العصر الأشولي. ويتمثل الابتكار الرئيسي في استخدام شظايا الحجارة كرؤوس سهام أو رماح وهو ما ساعد الصيادين الذين أصبحوا قادرين على اصطياد الفرائس من مسافات أبعد.

تم العثور على مواقع العصر الحجري القديم الأوسط في جميع أنحاء المملكة العربية السعودية، بما فيها العلا، وذلك بفضل العديد من المسوحات الأثرية. وفي السنوات الأخيرة، استطاع علماء الآثار دراسة تلك المواقع بشيء من التفصيل في سياقها المكاني والزماني وكذلك دراسة الطبقات الأثرية وبالتالي تحديد تطورات مكانية وزمانية لمواقع بعينها خلال تلك الفترة. وقد تم تأريخ أغلبية هذه التجمعات للفترة الممتدة من 125000 إلى 55000 سنة مضت وذلك بالاعتماد على مجموعة من التواريخ الكربونية والدراسات المقارنة للمواقع المعروفة بالمملكة (قد تكون البداية في وقت مبكر وربما منذ حوالي 200000 سنة مضت). وتم العثور كذلك على قليل من المواقع التي تعود إلى فترة العصر الحجري القديم الأوسط بحرة عويرض والتي تحتوي على أدوات حجرية مماثلة للأدوات الموستيرية الأوروبية أو الشامية. إلا أنه لم يُعثر إلا على عدد قليل من الأدوات الليفالوزية. ولا يزال تحليلنا للمواقع مستمراً بهدف تسليط الضوء أكثر على خصائص العصر الحجري القديم الأوسط في المناطق الداخلية من شمال غرب شبه الجزيرة العربية. كما أنه لا يزال مبكراً لتقديم تسلسل زمني واضح للعصور الحجرية في كل من حرة عويرض والعلا.

نحو العصر الحجري القديم الأعلى:

يعد العصر الحجري القديم الأعلى العصر الثالث والأخير من تقسيم العصر الحجري القديم الذي يعود إلى حوالي 40000 و 10000 سنة مضت، وهي الفترة التي تتزامن تقريباً مع الفترة التي سبقت ظهور الزراعة. إن أهم تطور شهدته هذه الفترة هو استخدام الشفرات في صناعة الأدوات الحجرية المتنوعة خاصة في بلاد الشام وأوروبا وأفريقيا. مع ذلك فالمعلومات الأثرية عن هذه الفترة في العلا تبقى غائبة تماماً ولم يتم تسجيل أية مواقع تعود لهذه الفترة. وقد يثير عدم وجود هذه الصناعات في العلا، وفي شبه الجزيرة العربية بشكل عام، الكثير من التساؤلات حول ندرة الاستقرار البشري خلال

الأثرية المستمرة في بعض المواقع. وكانت أغلبية الدراسات المبكرة تركز بصفة رئيسية على الوصف العام لتلك المواقع والنقوش والرسومات الصخرية دون أن يكون هناك اهتمام كبير بالفترات المبكرة للاستقرار في محافظة العلا.

لم تبدأ المسوحات الجادة إلا في عام 1435 هـ حيث بدأ قسم الآثار في جامعة الملك سعود مشروعه للمسح الآثاري بحرة عويرض، حيث تم حينها تسجيل العديد من المواقع الأثرية. وتعد حرة عويرض إحدى الحقول البركانية البازلتية في غرب شبه الجزيرة العربية، تقع على بعد 120 كم شرق البحر الأحمر، وتمتد ما بين مدينة تبوك ومحافظة العلا. يحتوي حقل الحرة على تدفقات واسعة من الحمم البركانية، ومخلفات المعدن المصهور وأحجار الطف في مسار طولي يمتد على مسافة 125 كلم من الشمال الغربي الى الجنوب الشرقي.

نتائج البحث الأثري في العصر الحجري القديم الأسفل:

أحد المواضيع الملحة خلال السنوات الأخيرة هي انتشار سكان العصر الحجري القديم نحو شبه الجزيرة العربية خاصة لأنه يوفر معلومات حول طرق التوسع البشري وتكيف السكان مع البيئات الجديدة خلال ذلك الوقت المبكر. ويوفر وجود المواقع الأشولية من العصر الحجري القديم دليلاً أكيداً على الانتقال الأول للبشر من عدة أقاليم خاصة إفريقيا. وفي واقع الأمر فإن وجود أدوات مميزة كالفأس الأشولي يعد دليلاً قوياً على التوسع الأشولي في مناطق جديدة. علاوة على ذلك، توفر التجمعات الكبيرة للمواقع الأشولية سلوكيات وأنشطة خاصة بالإنسان الأول. ولذلك تعد المواقع الرئيسة التي تمت فيها مسوحات و/أو حفريات مركزة مرجعيات هامة لدراسة هذا النوع من الأدلة. وتمثل نتائج البحوث الأثرية لجامعة الملك سعود التي أجريت على حرة عويرض بالعلا أكثر الأدلة إقناعاً لوجود المرحلة الأشولية المتأخرة وبدايات الصناعة المسوتيرية في المنطقة. ففي هذه المنطقة، يمكن ملاحظة الأدوات الفؤوس الصغيرة الخشنة وثنائية الوجه وبقايا الأنوية الليفالوازية، وأدوات الطرق المتنوعة، والمماثلة للأدوات التي تم العثور عليها في مواقع أشولية متأخرة ومواقع تعود للعصر الحجري القديم الأوسط المبكرة في المملكة العربية السعودية والتي يرجع تاريخها إلى ما بين 300.000 سنة و70.0000 سنة مضت، علماً أنه يبدو أن العصر الحجري القديم الأوسط في المنطقة قد بدأ منذ حوالي 200.000 ق.م. وقد تم العثور على أغلبية هذه المواقع على مناطق مسطحة مغطاة بالحجارة البازلتية والتي مثلت مصادراً لتصنيع الأدوات الحجرية، كما ينتشر بعضها على سفوح الجبال ومجاري الأودية. وتحتوي بعض المواقع عادة على القطع الحجرية الكبيرة كالفؤوس والقواطع والأدوات الكبيرة ثنائية الوجوه والتي ربما استخدمت في مجموعة متنوعة من المهام، مثل الذبح وتقطيع لحوم الحيوانات. كما يمكن التعرف على العديد من مراحل تصنيع الأدوات الحجرية ومصادر المادة الخام مع وجود أنواع معينة من الأدوات في مواضع بعينها وغيرها من الدلائل التي يمكن ربطها بمناطق "أنشطة وظيفية".

ويمكن القول أن الإنسان في منطقة العلا قد عاش في هذا العصر متنقلاً ومعتمداً في غذائه على الصيد وجمع النباتات وقطف الثمار. واستخدم بعض الأدوات للقطع والكشط التي صنع بعضها من حجر البازلت المتوفر بالمنطقة. كان الإنسان الأول يستخدم تلك الأدوات الحجرية البسيطة لقطع اللحوم وسلخ الجلود، واقتلاع جذور النباتات. كما استخدم أدوات

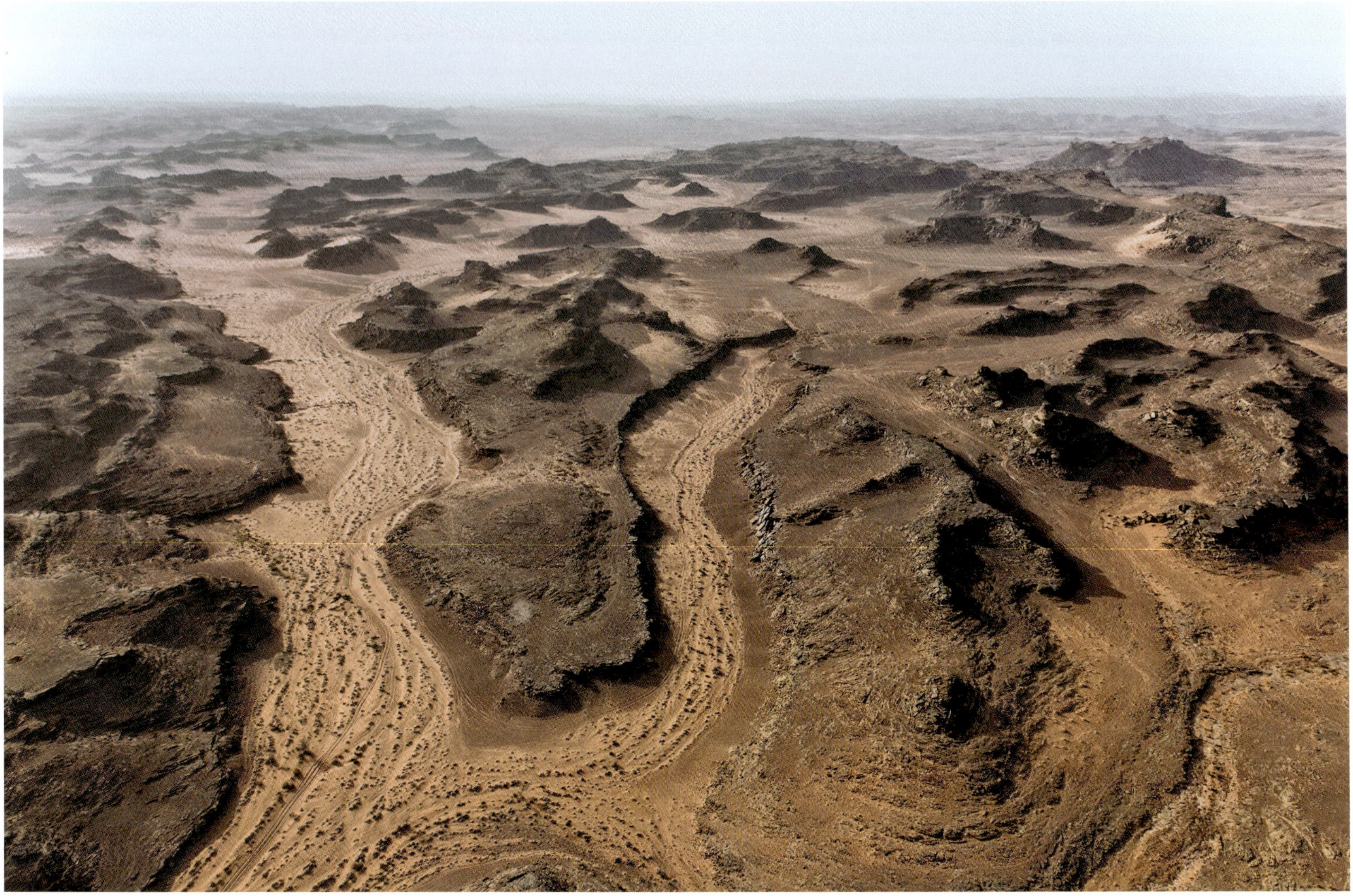

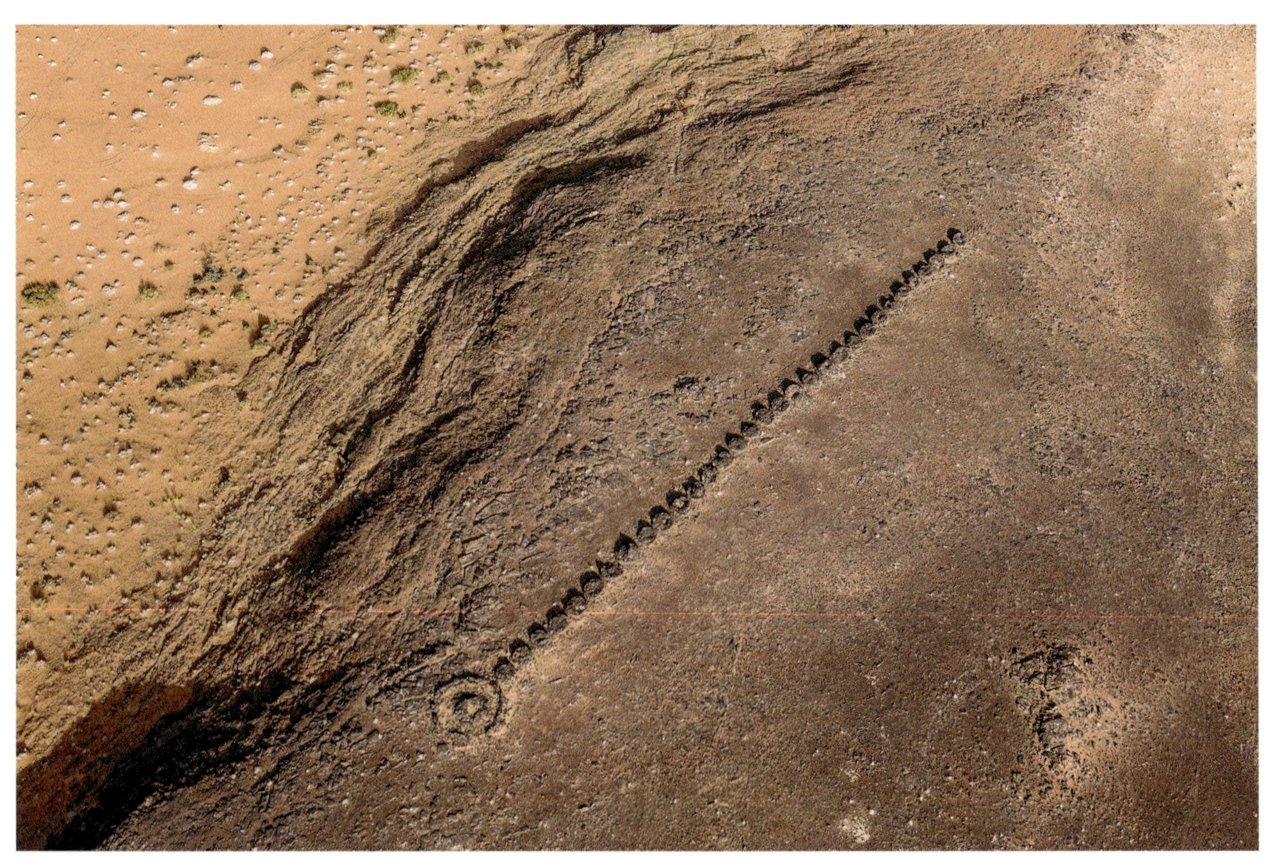

الشكل رقم 4.
منظر جوي للكتل الصخرية البارزة في
منطقة العلا، أوبير راجيه، 2018.

الشكل رقم 5.
قبر مذيل ، مؤرخ في الفترة ما بين 5000
إلى 2000 قبل الميلاد، العلا.

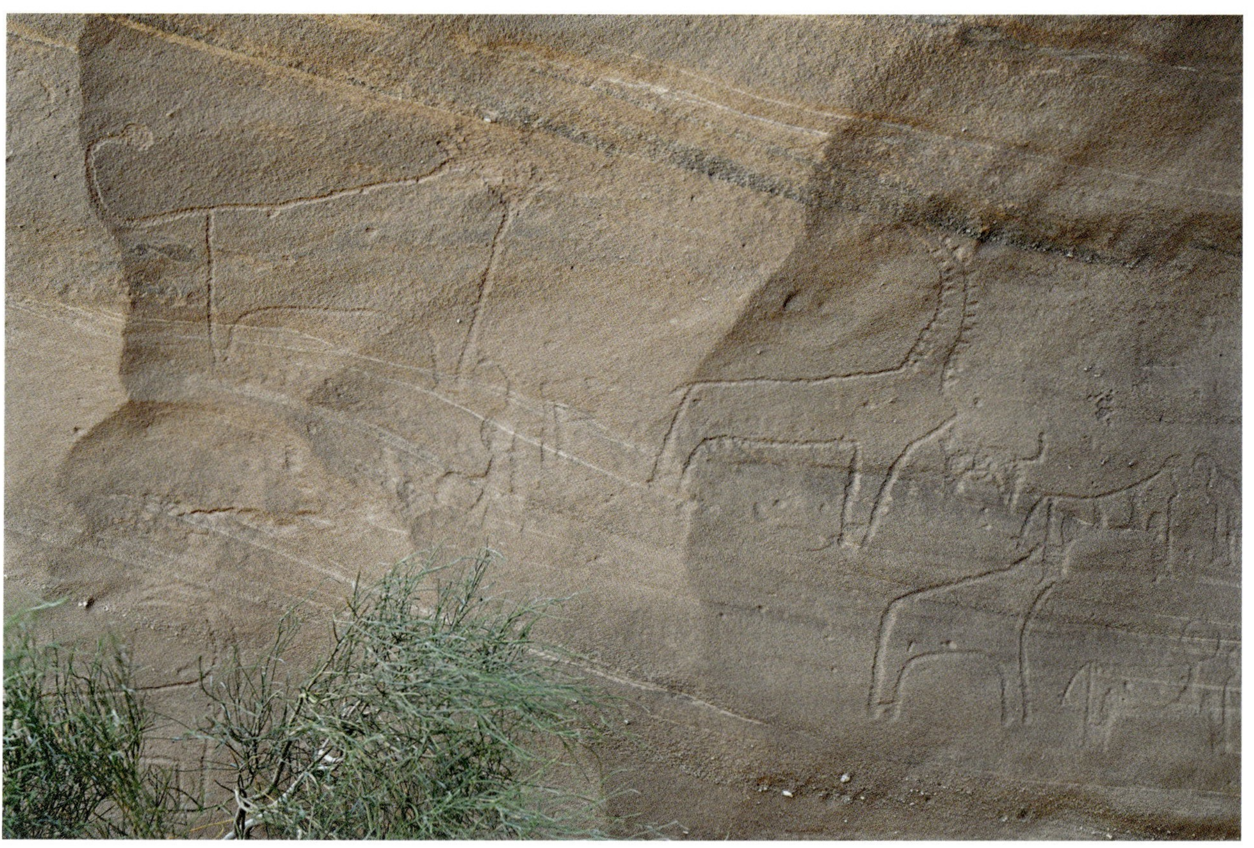

ومنشـآت حجريـة أخـرى (الشـكلان 1 و3) والتـي تهـدَّم العديد منهـا بسـبب العوامـل الطبيعيـة والبشـرية. وأغلـب هـذا الركام لـه ذيـول أو مـا يمكن تسـميته بالمذيـلات والتي إما تكـون على هيئـة جـدار ممتـد أو كومـة مـن الحجـارة أو مسـاطب قصيرة مرتبطة ببعضهـا البعـض أو صفوفـاً مـن أكـوام الحصى المرصوص غـير المتصل التـي تمتـد لعدة أمتار. كـما يمكن ملاحظة مجموعة مـن المنشـآت الحجريـة غـير المنتظمـة متصلـة ببعضهـا وبأحجام مختلفـة وكذلـك الدوائـر الحجريـة والتـي توجـد عادة في شـكل دوائـر مـن الحجـارة الكبـيرة المتراكمة قـد يصـل قطرها في بعض الأحيـان إلى أكـثر مـن 10 أمتار. إضافـة لذلـك هناك العديد من مواقـع الرسـوم الصخريـة في العـلا ولكنها قليلـة نسـبياً في حرة عويـرض وكثـيراً مـا تتداخـل مـع مواقـع تم وصفها سـابقاً. وجدت معظـم الرسـوم عـلى سـفوح الجبـال وأسـطح هضـاب الحجـر الرملـي أو الجلاميـد الصغـيرة الحجـم. العديد من هذه الرسـوم يعـود إلى الفـترة الثموديـة وتمثـل الأشـكال الآدميـة والحيوانيـة ومـن أهـم النماذج الحيوانية الأبقـار والماعز والجمال والعقارب والوعـول. نشـير إلى أن أغلبيـة الرسـوم الصخريـة ترتبط بنقوش ثموديـة أو غيرهـا مـن الكتابات.

تلـك الفـترة. بـدلاً مـن ذلـك، فإن غيـاب هـذه الصناعـات في شـبه الجزيـرة العربيـة قد يكـون بسـبب الأسـاليب غير المنهجية للبحـوث الأثريـة أو نتيجـة لطريقـة حفظها السـيئة.

آثار المنشآت الحجرية والرسوم الصخرية من عصر الهولوسين:

لا يُعـرف الكثـير عـن المسـارات التطوريـة والثقافية في عصر الهولوسـين (حـوالي 10000 ق.م) في العلا، بما فيها المواقـع الأثرية التـي تنتمـي تاريخيـاً للعـصر الحجـري الحديـث (6000 ق.م) وللعـصر البرونـزي فصاعـدًا (3000-1200 ق.م) وتتميـز الفـترات المبكـرة والوسـطى مـن الهولوسـين عمومـاً بأنمـاط مـن الاسـتقرار والانتشـار في أرجـاء شـبه الجزيـرة العربيـة، فضـلاً عـن التكيف مع البيئـات القاحلـة. وهنـاك بيانـات أكـثر تفصيـلاً حول السـجلات الأثريـة والبيئيـة مـن عـصر الهولوسـين مقارنـة بمـا هـو متوفر مـن عـصر البلايستوسـين. وبالرغـم مـن تزايـد مواقـع الفترة المبكـرة والوسـطى مـن عـصر الهولوسـين الشـيء الـذي يدل على كثافـة سـكانية أكـبر تفسّـر بشـكل خـاص بالمرحلة الرطبـة التي شـهدها الهولوسـين، إلا أنه لم يتم تسـجيل مواقع اسـتيطانية بحرة عويـرض، مـع احتمال أن تكون أغلبيتها في السـهول وعلى أطراف الوديـان. ومـع ذلـك يمكن ملاحظة العديد من المنشـآت والمواقع الأخـرى التـي يمكن تأريخها، مبدئياً، إلى فـترات العصر الحجري الحديـث والفـترات المبكـرة مـن العصر البرونـزي، وتمتـد تاريخياً حتى فـترات حديثة وتشـمل المقابر الركاميـة (Tumuli أو Cairns)

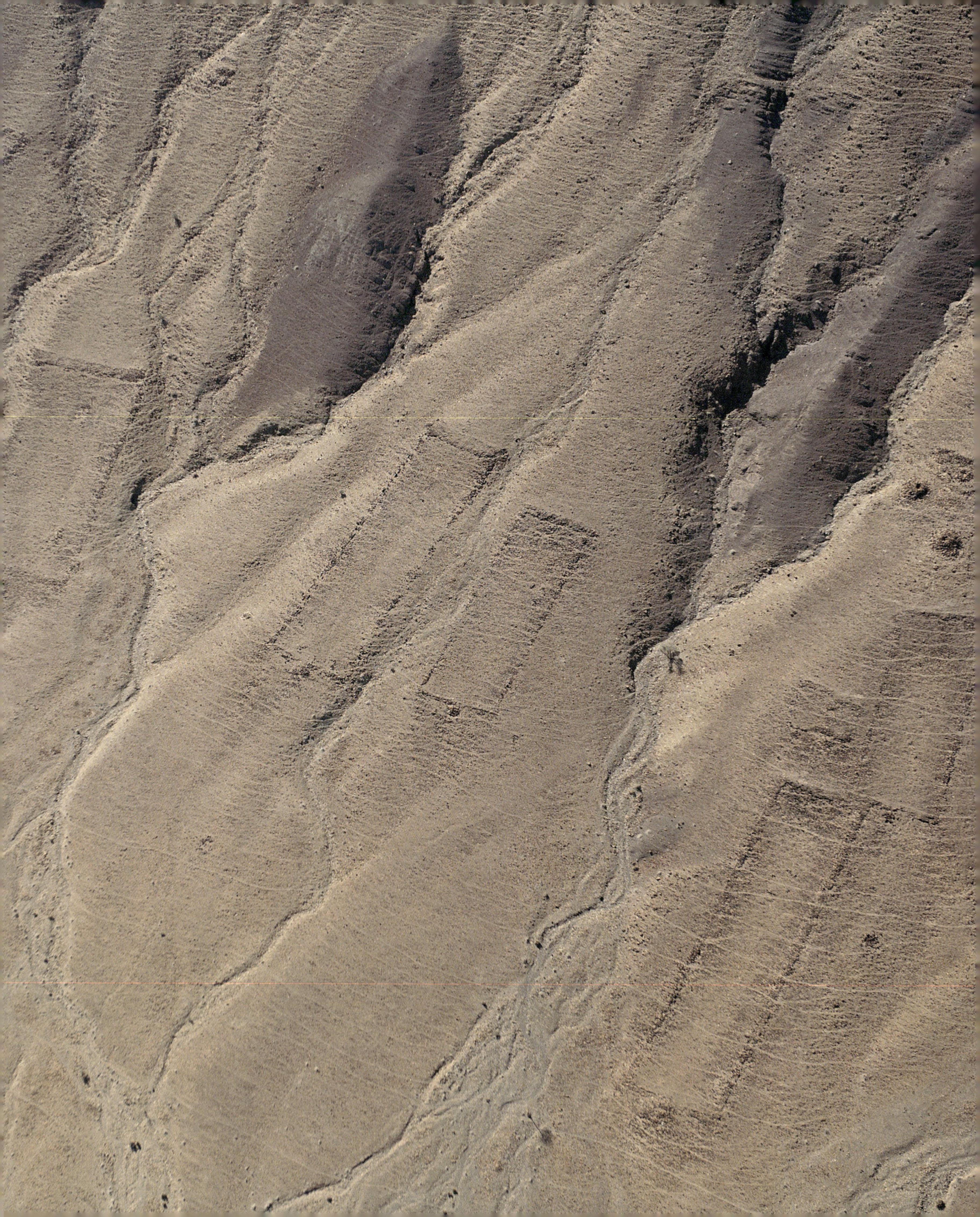

منشآت طقسية ضخمة من العصر الحجري الحديث في شمال غرب شبه الجزيرة العربية: عملية تنقيب مستطيل

وائل أبو عزيزة (المعهد الفرنسي للشرق الأدنى)،
جاكلين ستودر (متحف التاريخ الطبيعي، جنيف).

اكتشاف نوع جديد من المباني المشيدة بالحجارة دون ملاط

تضم الهوامش الصحراوية في الشرق الأدنى وشبه الجزيرة العربية عدداً يتعذر توقعه من آثار الوجود البشري والتي تعود إلى عصور ما قبل التاريخ الحديثة. وتشمل مخيمات الرعاة الرحل، ومباني لإدارة الحيوانات البرية أو الداجنة (زرائب، مصائد)، ونصب جنائزية ميغاليتية، وحجارة منصوبة مرتبة على نحو غامض، فضلاً عن العديد من الأبنية التي ما يزال تأريخها ووظيفتها مجهولان. ومن بين هذه الأخيرة، تم مؤخراً تحديد هوية نوع جديد من المباني في شمال شبه الجزيرة العربية (الشكل رقم 1)، والذي أطلقنا عليه اسم "مستطيل". ويتعلق الأمر ببنى مستطيلة الشكل أضلاعها الطويلة تتكون على الأقل من جدارين منخفضين مبنيين بحجارة دون ملاط، بينما تتكون الأضلاع القصيرة من جدران أسمك. ويتراوح طول هذه البنى من 20 إلى أكثر من 500 متر، وبالتالي فهي تعد من بين أهم المباني الحجرية المعروفة في الوقت الحاضر في المشهد الصحراوي في شمال شبه الجزيرة العربية وأكثرها إبهاراً.

حتى عهد قريب لم يتم التعرف على المستطيلات سوى في منطقة حرة خيبر في غرب وسط المملكة العربية السعودية من خلال صور ملتقطة بالأقمار الصناعية عالية الدقة أو عند القيام بأعمال المسح الجوية. يمكننا الآن تعداد أكثر من 900 منها، موزعة على منطقة جغرافية تمتد من حرة خيبر إلى حائل والعلا. يتباين نمط بنائها ولكنها تتبع جميعها نمطاً متشابهاً وتنظيماً موحَّدًا، مما يدل على وجود درجة معينة من التوحيد. وقد أظهرت هذه الاكتشافات وجود تقليد معماريٍ حقيقيٍ، غير أن تأريخ هذه البنى ووظيفتها بقيا مجهولين.

أول عملية تنقيب لمستطيل

في عام 2018، تم إجراء أول عملية تنقيب لمستطيل في منطقة العلا في إطار المشروع الأثري الذي أطلقته الهيئة الملكية لمحافظة العلا (RCU) وبرنامج مسح وتوثيق التراث الأثري. يستند المستطيل AU 1696 (طوله 42 متر وعرضه 16 متر) إلى نتوء صخري يُشكِّل أحد ضلعيه القصيرين (الشكلان رقم 2 و3). عند نقطة التقاء كل من الجدران الطويلة المنخفضة مع كتلة الحجر الرملي، كانت رابيتين من الحجارة تظهران قبل أعمال

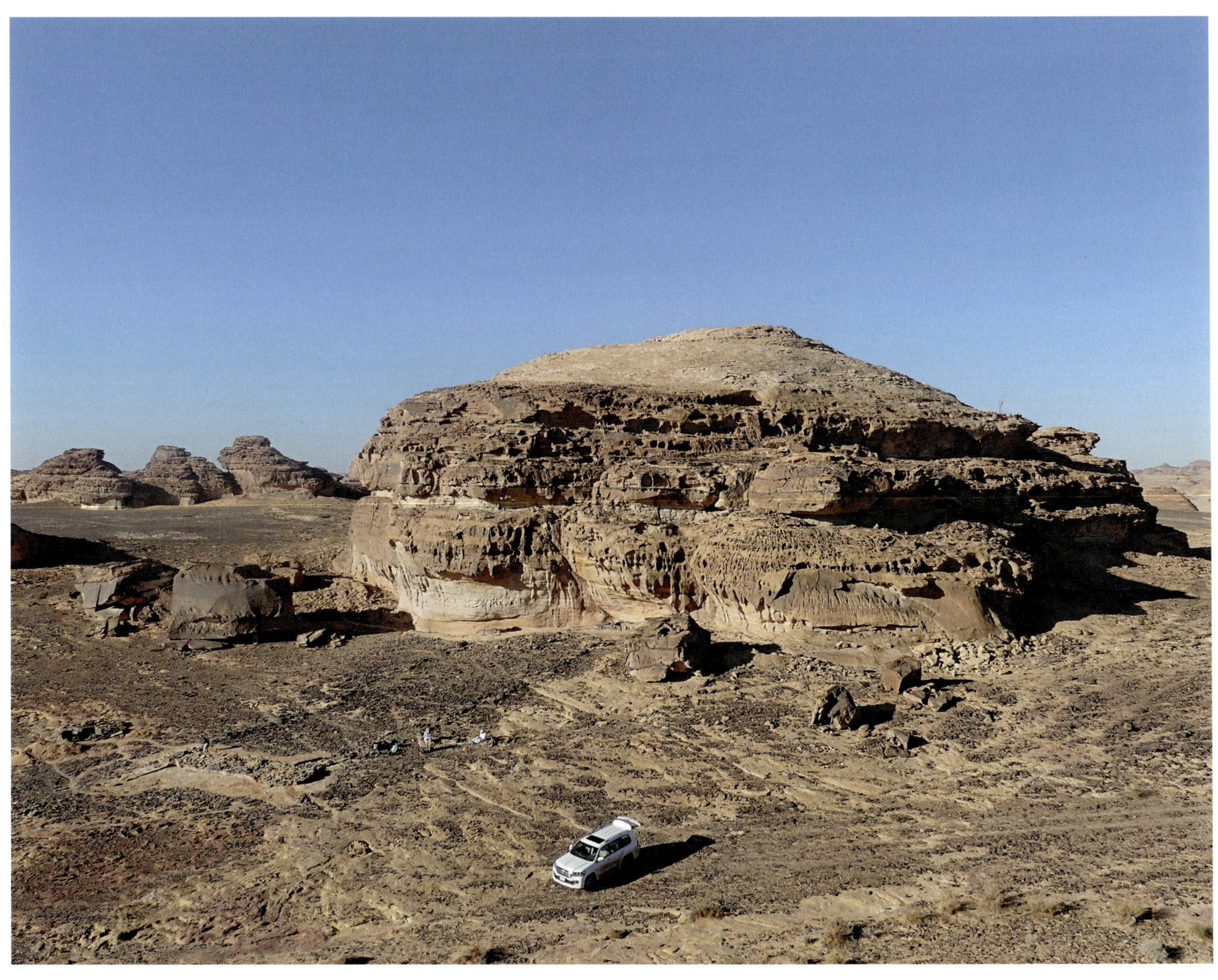

التنقيـب وهمـا SU100 وSU200، وقـد صمدتـا بفضـل الحمايـة التـي
وفرهـا لهمـا الميـل الطبيعـي للجـدار الصخـري.

كشـفت أعمـال التنقيـب فـي الرابيـة SU100 الواقعـة فـي الركـن
الشـمالي الغربـي مـن المسـتطيل عـن وجـود منصـة مسـتطيلة
(حوالـي 7 × 2 متـر)، مبنيـة بالحجـر دون مـلاط وتشـتمل علـى
حجرتيـن داخليتيـن (الشـكل رقـم 4). تواجـه الأولـى SU108 الحيـز
المكشـوف لـ "فنـاء" المسـتطيل وتنفتـح عليـه عبـر ممـر ضيـق.
تـم التعـرف علـى مواقـد علـى طرفـي هـذه الحجـرة الطويلـة
الممـدودة. أمـا الحجـرة الثانيـة SU118 فتقـع فـي الجـزء الخلفـي
مـن المنصـة، وتسـتند إلـى منحـدر الكتلـة الصخريـة، وقـد أزاحـت
أعمـال التنقيـب النقـاب عـن الاكتشـاف الاسـتثنائي لطبقـة سـميكة
مـن البقايـا الحيوانيـة (الشـكل رقـم 5).

كشـفت أعمـال التنقيـب عـن معلومـات حاسـمة تتيـح فهم
هـذه البنيـة. إن عمليـات التأريـخ بالكربـون المشـع التـي أجريـت
علـى عينـات الفحـم المأخـوذة مـن المواقـد ومـن أسـنان الحيوانات
فـي الحفـرة التـي أودِعـت فيهـا ترجـع تاريـخ بنائهـا إلـى العصـر
الحجـري الحديـث، حوالـي 5200 قبـل الميـلاد. وبذلـك تكـون واحـدة
مـن أقـدم المبانـي الضخمـة المعروفـة فـي وقتنـا الراهـن فـي شـمال
شـبه الجزيـرة العربيـة المبنيـة بالحجـارة دون مـلاط. وعـلاوة علـى
ذلـك، فـإن هـذه الآثـار هـي الأولـى مـن نوعهـا فـي منطقـة العـلا
التـي يعـود تاريخهـا إلـى هـذه الفتـرة.

بفضـل الظـروف الاسـتثنائية التـي أتاحـت الحفـاظ علـى
الأسـنان والعظـام والكيراتيـن، توثـق البقايـا الحيوانيـة المكتشـفة،
ولأول مـرة، الأهميـة الرمزيـة للحيوانـات التـي اسـتخدمتها

الجماعات البدوية الأولى التي مارست الرعي في شمال غرب شبه الجزيرة العربية في العصر الحجري الحديث. وبالتالي كان للمستطيلات وظيفة شعائرية على نحو جماعي على الأرجح.

مستودع استثنائي للبقايا الحيوانية

تم إحصاء 925 من ألبقايا التي يمكن التعرف عليها. يتعلق الأمر حصراً بعناصر من جماجم تنتمي إلى عدد لا يقل عن سبعة وستين حيواناً. أظهرت دراسة بقايا الحيوانات القديمة أن الأجزاء الجمجمية المختلفة تشكل "قطع" معدة بعناية بغية إيداعها في الحجرة SU118 من المستطيل.

وتنتمي القطع المئة والثلاثة والستون المودعة حصراً إلى ثدييات ذات قرون، معظمها حيوانات داجنة. ويعود أكثر من نصف البقايا إلى الماعز (58% من رؤوس الماشية) ومعظمها من الذكور البالغين. ويأتي البقر في المرتبة الثانية (16%) بذكور تزيد أعمارها عن عامين ونصف. ويكتمل قطيع ماشية العصر الحجري الحديث ببعض الكباش والنعاج. أما الأنواع التي تم اصطيادها (19%)، والتي تتضمن ذكوراً وإناثاً بالغة، فشملت نوعين وهما الغزلان (غزال الجبل والوعل النوبي)، أما النوع الثاني الذي أثار دهشتنا فهو الأرخُص والذي يعتبر السلف البري للأبقار المستأنسة والذي يعد من الحيوانات المنقرضة في وقتنا الراهن.

من بين هذه القطع المحضرة، يبدو أن القرون لعبت دوراً أساسياً نظراً لعددها البالغ تسعة وسبعين، والتي تشمل جماجم ثيران، أو قرون كاملة معزولة، أو الأكثر إثارة للدهشة أغلفة خارجية من الكيراتين فُصلت عمداً عن لب العظم قبل إيداعها. وشكّلت الأسنان العلوية عاملًا آخرًا أساسيًا، وكانت مصطفة بشكل طبيعي مع عظام الفك المزدوجة المنحوتة بشكل خاص في سبعة وثلاثين جمجمة من جماجم الماعز المدجن، ولكنها وُجدت معزولة أو على شكل صفوف أسنان جزئية في حالة الثيران (أحصينا عشرة أطقم أسنان غير مكتملة). ترك تحضير هذه القطع حزوزًا بسبب عملية السلخ وعلامات ضربات فأس يمكن رؤيتها بصورة جلية (الشكل رقم 6). وأخيراً، يتم تعويض الجزء الخلفي من الجمجمة بالعظام الصخرية وأجزاء من العظم القذالي (عظم مؤخرة الرأس)، في حين أن جمجمتين فقط كانتا سليمتين بالفعل. ومن بينهما جمجمة ثور بالغ مثيرة للإعجاب بشكل خاص.

وظيفة طقسية لهذه الإنشاءات التي تعود إلى العصر الحجري الحديث

نظرًا لكمية البقايا التي عُثر عليها، وتنوع الحيوانات التي تم التعرف عليها وحالة حفظها الاستثنائية، تشكل مجموعة البقايا الحيوانية هذه اكتشافاً فريداً في المنطقة. من الواضح أن الأمر يتعلق بإيداع اختياري ومنظم للبقايا. إن اختيار عنصر تشريحي وحيد، ألا وهو الجمجمة، والتحضير المقصود للقطع يستبعدان جذرياً فرضية أنها مخلفات ذبح ناجم عن نشاط منزلي اعتيادي أو حتى ولائم. وفضلاً عن ذلك، كانت القطع موضوعة على طبقة من بقايا نباتية معدة بعناية. كل شيء يشير إلى إيداعها بشكل متعمد في إطار الاستخدام الشعائري للمستطيل. وبناءً عليه، تشهد هذه الاكتشافات على احتفالات معقدة ما زلنا لم نفهم طبيعتها الدقيقة بعد والتي أُقيمت في فترة العصر الحجري الحديث المفصلية، وهي الفترة التي شهدت تطور المجتمعات الرعوية البدوية الأولى في المنطقة. إن التنظيم العام للمستطيلات وحجمها والوجود المنهجي لحيز واسع يشكل فناءً، كلها دلائل تؤيد فرضية أنها كانت

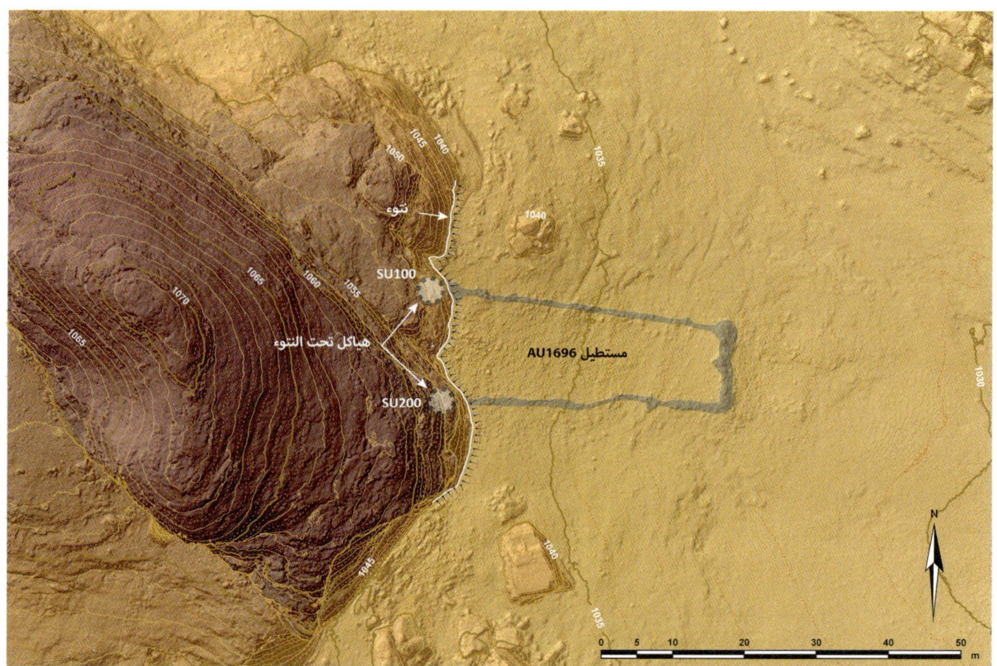

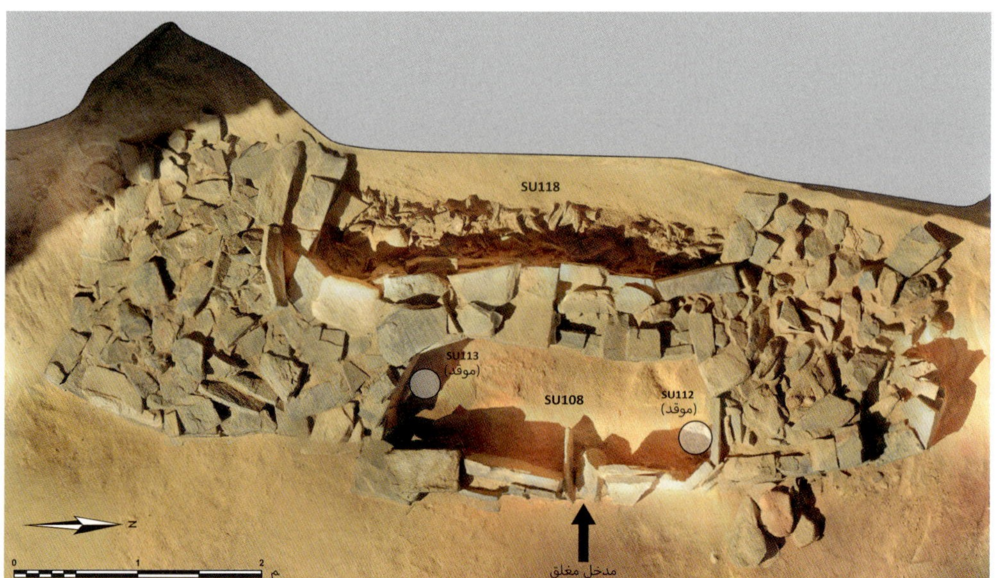

الشكل رقم 2.
منظر عام للمستطيل AU1696 مستنداً على كتلة بارزة من الحجر الرملي، لوسي دوس.

الشكل رقم 3.
مخطط عام للمستطيل AU1696 ويظهر فيه موضع البنية المنقبة SU100، عند نقطة التقاء الجدار الشمالي مع الكتلة الصخرية البارزة، وائل أبو عزيزة.

الشكل رقم 4.
صور مجمعة ومقومة (مصححة الاتجاه) للمنصة (SU100) المستطيلة الشكل ولحجرتيها الداخليتين (SU108 وSU118)، وائل أبو عزيزة.

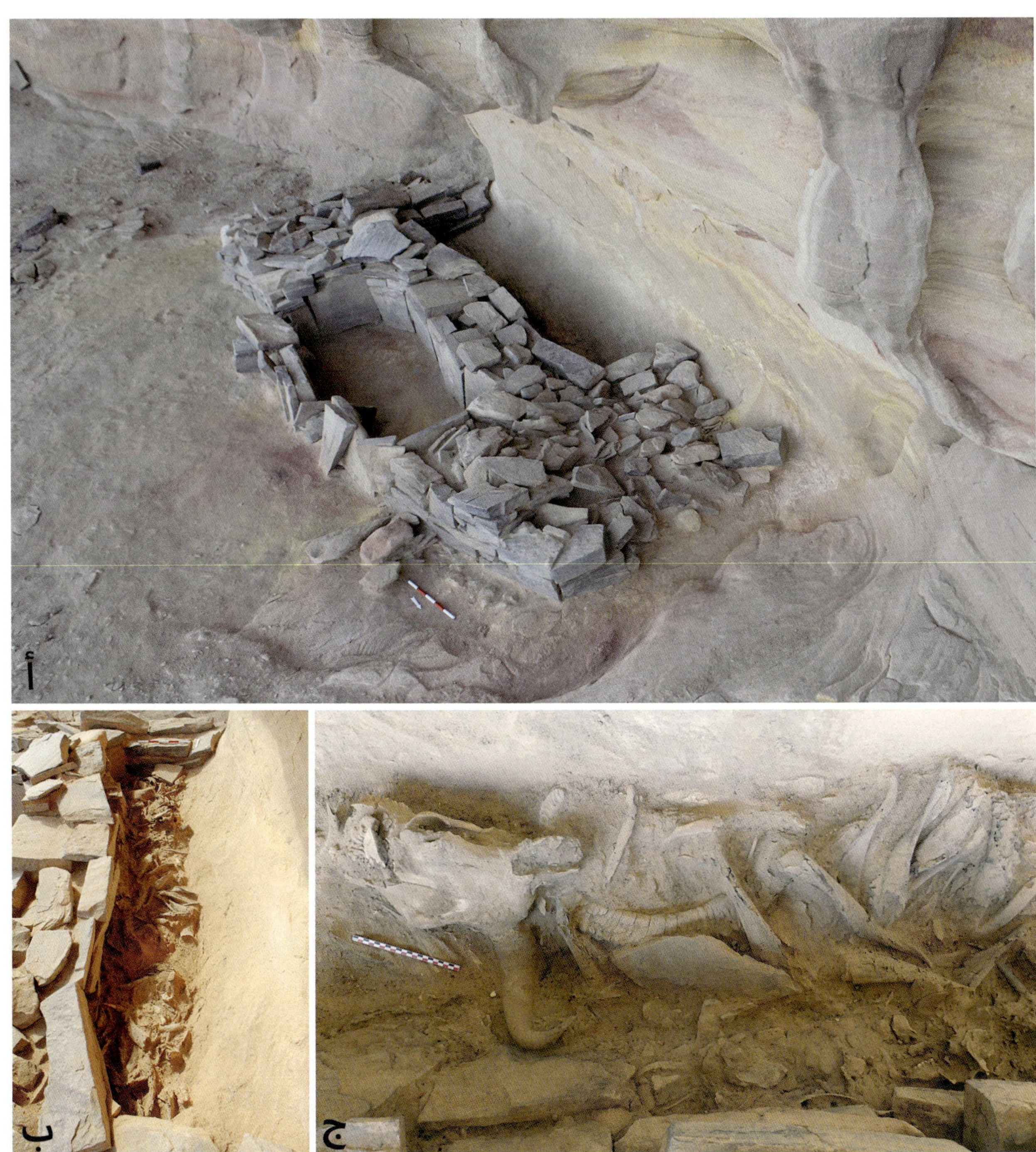

تُستخدم استخداماً جماعياً. إن إنجازها والطقوس التي كانت تمارس فيها كان يستدعي بالضرورة وجود العديد من الأفراد، بل ربما مجتمعًا بأكمله. وعلى هذا النحو، من المحتمل أن تكون المستطيلات ساهمت في تكوين هويات جماعية داخل جماعات الرعاة الرحل. يجب إعادة وضعها في سياق التغييرات التي حدثت في استراتيجيات تأمين القوت خلال هذه الفترة من العصر الحجري الحديث في شمال شبه الجزيرة العربية. فإذاً تبين نتائج هذه الحفريات جوانب معينة من التنظيم الاجتماعي لهذه المجتمعات وروحانيتها ورمزيتها.

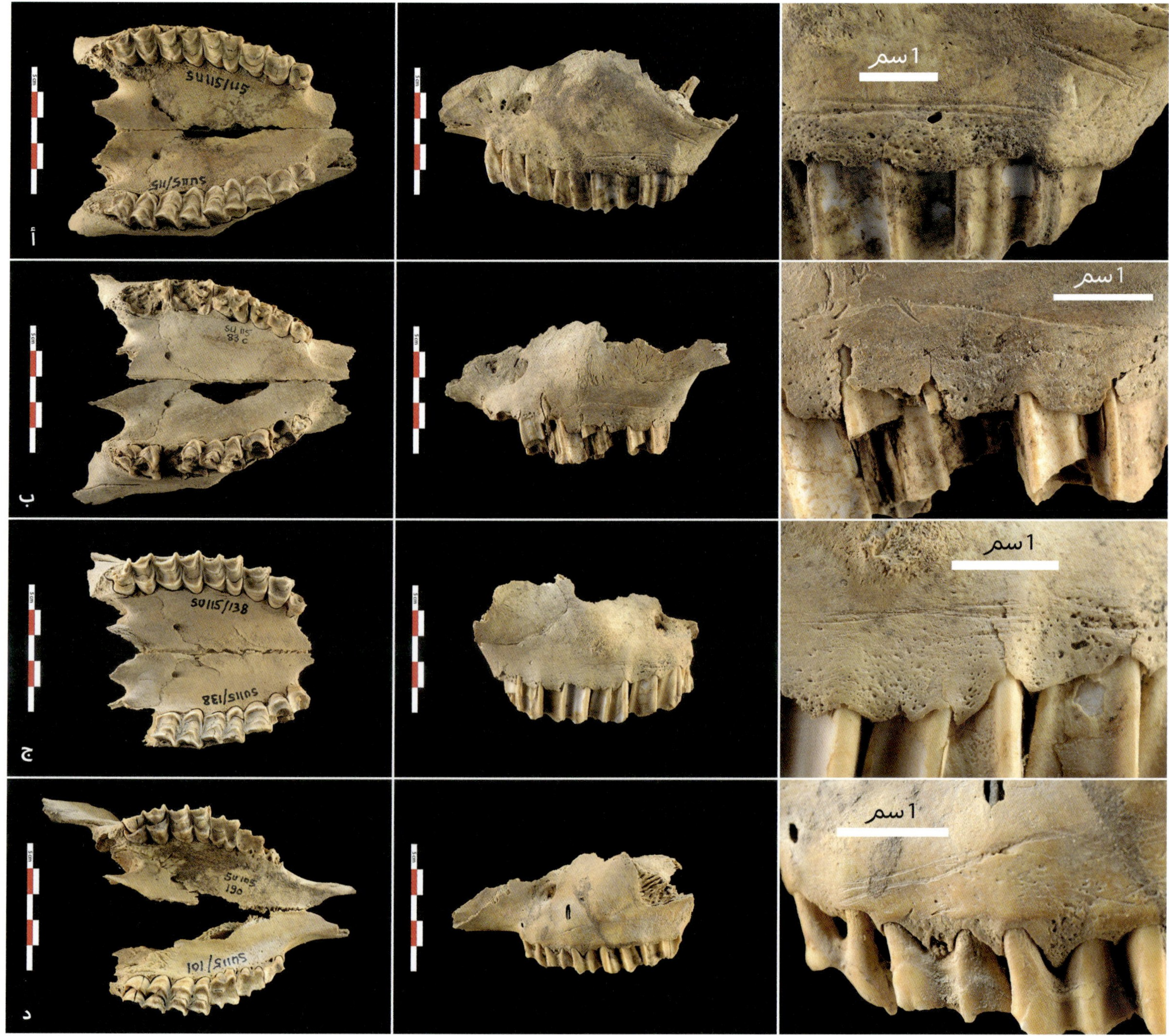

الشكل رقم 5.
منظر عام للمنصة SU100 بعد التنقيب؛
وتظهر فيها تفاصيل الحجرة SU118؛
وحفرة دفن البقايا الحيوانية أثناء عملية
التنقيب، وائل أبو عزيزة.

الشكل رقم 6.
بعض الأمثلة عن عظام الفكين المزدوجة
لحيوانات من فصيلة الماعز المدجن. مع آثار
القطع الناتجة عن عملية تحضير الجماجم
الحيوانية قبل إيداعها في الحجرة SU118 من
المستطيل AU1696، وائل أبو عزيزة.

من عصور ما قبل التاريخ إلى عصر البرونز

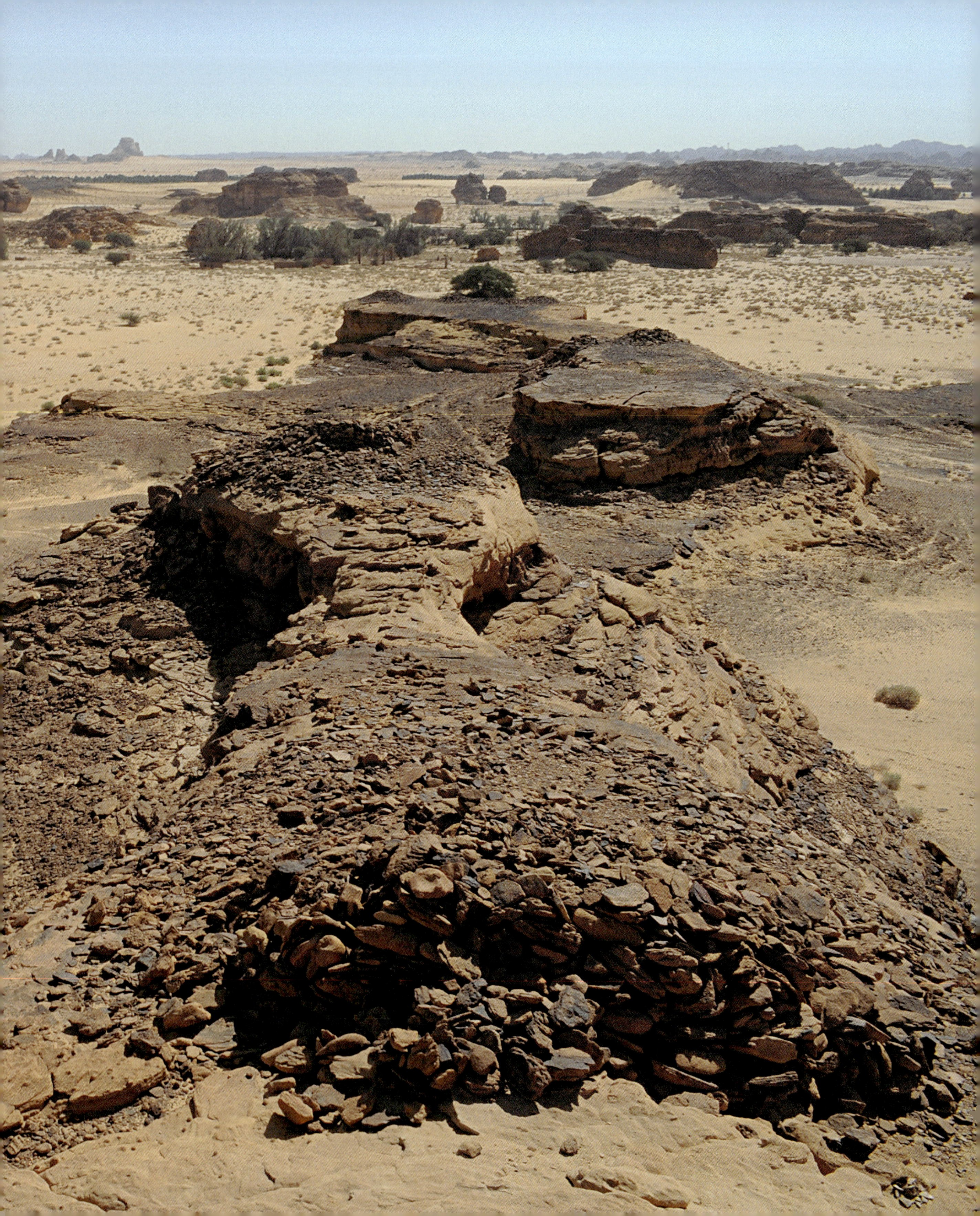

المقابر الركامية
في شمال شبه الجزيرة العربية

وائل أبو عزيزة،

باحث مشارك في مختبر أركيوأوريان، بيت المشرق والبحر المتوسط

خلال (أواخر) عصور ما قبل التاريخ الحديثة (العصر الحجري الحديث، العصر الحجري النحاسي، عصر البرونز القديم)، شهدت المناطق الصحراوية في الشرق الأدنى وشبه جزيرة العرب تطوراً لاستيطان بدوي رعوي كبير على هامش المجتمعات التي تعتمد نمط الحياة المستقرة. فبموازاة آثار المخيمات والمنشآت المرتبطة بتربية الماشية التي يمارسها هؤلاء السكان الرحل، ظهرت منشآت جنائزية خاصة في هذه المناطق. تعد المقابر الركامية Tumuli (أكوام من الحجارة و/ أو التراب تغطي قبراً، وتسمى أيضاً "cairns") والتي تجتمع غالباً في مقابر تمتد على أراضٍ شاسعة، تعد - بالنسبة للمجال الجنائزي - شواهد على هذا الوجود البشري في المناطق الصحراوية. تمثل هذه الإنشاءات مجموعة كبيرة ومتنوعة من الأشكال المعمارية. وغالباً ما يصعب التعرف عليها انطلاقاً من الفحص البسيط لآثارها الظاهرة، وذلك بسبب انهيار أجزائها على مدى آلاف السنين والأضرار التي تعرضت لها بفعل إعادة استخدامها وأعمال النهب التي طالتها منذ قديم الأزل.

يمكن تمييز المقابر الركامية cairns بسهولة ضمن المشهد لأنها تتميز بطابع تفاخري. وهي غالباً ما تتخذ لنفسها مكانًا قمم المرتفعات (قمم الهضاب أو حواف الجبال أو على طول المنحدرات الصخرية)، فهي تشكل مقابر تبدو وسيلة لادعاء سيادتها المطلقة على أرض ما وسيطرتها عليها، بل حتى امتلاكها.

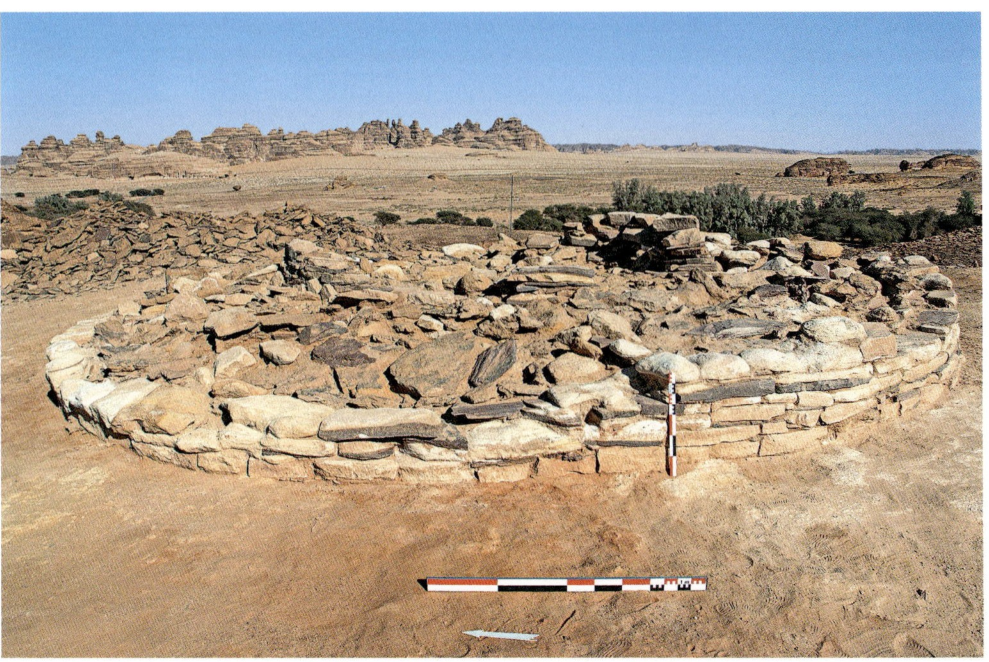

ممارسة جديدة في خضم تغيرات عميقة

تـؤرخ المقابـر الركاميـة cairns والمنشـآت الجنائزيـة الميغاليتية تقليديّاً متوارثاً منذ الألفية الرابعة والثالثة قبل الميلاد. غير أن أعمـالاً حديثـة أجريت في المناطق الصحراوية في جنوب المشرق (بـلاد الشـام)، أرجعت تاريخهـا إلى العصر الحجري الحديـث، خـلال الألفيـة السادسـة قبـل الميلاد. لعـل ظهور حقـول المقابر الركاميـة tumuli - المقترنة غالباً بالمعابد المفتوحة أو غيرها من المنشـآت الميغاليتيـة مثل الأحجار المنصوبة - يرتبط إذاً ارتباطاً وثيقـاً زمنيـاً (كرونولوجياً) بتطور تدجين الأغنـام والماعز وحياة الرعاة الرُحَّـل. وبنـاءً عليه تتبلور هـذه الممارسـات الجنائزية الجديدة في سياق تغيرات عميقة في استراتيجيات كسب القوت وسبل العيـش وفي التنظيم الاقتصادي والاجتماعي-السياسي للاستيطان البشري. ومن المرجح أن تكون هـذه المقابر قـد شكلت نقـاط استقرار لمجموعـات الرُحَّـل، وأنها تشـهد عـلى شـكل مـن أشـكال تنظيم الحيز المكاني في سياق استراتيجيات الترحال الرعوي الجديدة التي بـدأت تـرى النور. لذلك ليس غريبًا أن نعثر على هـذه البنى بأعداد كبيرة حول واحة قديمة كمدائن صالح (الحِجْر).

كشفت المسوحـات التي أجريـت عـلى موقع الحجر بـين عامـي 2002 و2005 عـن وجـود عـدة مئـات من المقابـر الركامية tumuli. وعـلى عكـس المدافـن الصخرية النبطية الموجودة عند قاعدة الـرؤوس الصخريـة، توجـد المقابـر الركاميـة tumuli على قمـم المرتفعات، وتوجد أعـداد كبيرة منها في كتل الحجر الرملي لجبل الخريمات، جنوب غربي الموقع. بدأ برنامج دراسة المقابر الركاميـة cairns في عام 2008 لتحديد طبيعة هذه البنى ومعرفة وظيفتها وتاريخها، وهو عمل صعب لأن فترة استخدامها ظلت مجهولة كليّاً.

اهتمام واضح بالناحية الجمالية

خضع مئتـان وسـتة وسبعون قبـراً ركاميـاً cairns لدراسـة معمقـة أتاحت تسليط الضوء على الاختـلاف الكبـير في أنواع البقايـا الموجـودة، ومـن بينهـا القبـور البرجيـة التي تمثل شـكلاً متكـرراً يميزها بشـكل لافت. كشفت الحفريـة التي أجريـت في عـام 2008 عـلى مثـال مـن هـذا النمط مـن البنى عـن مجموعة مفضَّلة بشـكل خاص تضم قبراً مسـتطيل الشـكل تحت كومة ظاهـرة مـن الأحجـار غير المنتظمة تمت تهيئتـه وسط برج دائري مبني بالحجـارة (دون مونة)، ويحيط بـه طوق حلقي خارجي. في الوقت الـذي بني فيه البرج المركزي بحجارة رملية ذات لون وردي مائل إلى البنفسجي. بنـي الطوق الحلقي الخارجي من حجـارة رمليـة بيضـاء اللـون. يشـهد هـذا الاختيـار المتقن لمـادة البنـاء الخـام عـلى اهتمـام البنائـين بالناحية الجمالية. وللأسـف لم تسمـح الحفريـات بتأريـخ البنـاء الأصلي لهـذا القـبر، ولكنها أظهـرت أنـه نهـب وأعيـد اسـتخدامه عـدة مـرات بـين القرن الأول قبـل الميـلاد والقـرن الثالـث الميـلادي، وهـي الفـترة التي تطور خلالها موقع الحجر. وبنـاءً عـلى ذلك، أعيـد بـلا شـك استخدام المقابـر الركاميـة cairns، أو بعضهـا عـلى الأقـل، خلال الفـترة النبطية كقبور عاديـة (عـلى عكـس المدافـن الضخمة ذات الواجهـات والمخصصة للنخبة).

وقـد أمكـن ملاحظـة أشـكال متنوعـة مـن القبـور البرجيـة، فهـي حينـاً تكـون رباعيـة الأضـلاع، وحينـاً دائريـة الشـكل، وتكـون محاطـة بطـوق حلقي خارجـي أو تكـون من غـيره. لا يـزال من الصعـب تفسـير وجـود هـذه التنوعـات، فلعلهـا تعكـس الفـوارق الاجتماعيـة ضمـن المجموعـات البشرية المعنيـة، أو كذلك

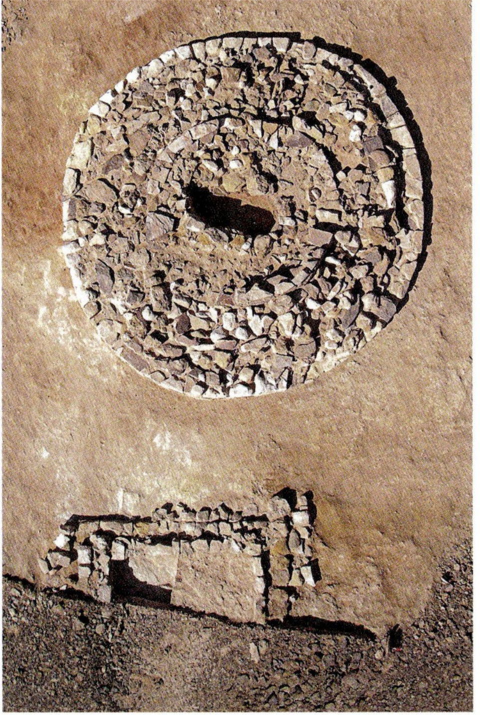

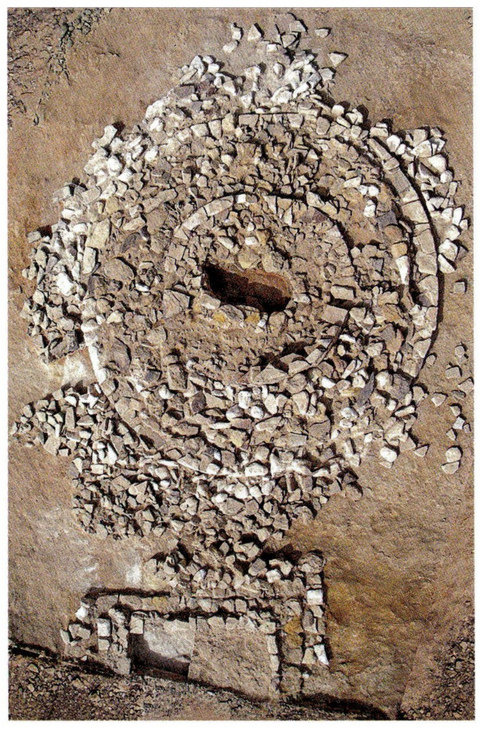

الشكل رقم 2.
مدفن برجي دائري جرى تنقيبه في الحِجْر، وائل أبو عزيزة.

الشكل رقم 3.
المدفن البرجي بعد إزالة الحجارة الساقطة من الطوق الخارجي، منظر جوي، وائل أبو عزيزة.

الشكل رقم 4.
قطع من الحلي مصنوعة من أصداف بحرية عثر عليها خلال التنقيب، وائل أبو عزيزة.

الشكل رقم 5.
منظر عام للمدفن البرجي بعد نهاية عملية التنقيب، وائل أبو عزيزة.

الشكل رقم 6.
رسم مقطعي للمدفن البرجي المتصل بالجدار ذي الحجرات، الحِجْر، وائل أبو عزيزة.

التغيـرات في التقاليـد وأنماط تشـييد هذه المبـاني الجنائزية على
مـر الزمـن. وقد تكون الخصوصيـات الإقليميـة مسـؤولة أيضاً
عـن ذلـك. وفي تيمـاء وعلى بعد حوالي مئة كيلومتر إلى الشـمال
الشرقـي تـم توثيـق قبـور برجية أيضاً، لكنهـا تتميـز عـن غيرها
باحتوائهـا في وسـطها قبـوراً على شـكل صليب. لم يتم التعرف
عـلى هـذا النمط حتـى الآن في موقع الحجـر، ويمكنه أن يعكس
هـو أيضاً شـكلاً مـن أشـكال النزعـة الإقليميـة في طرق بنـاء
هـذه المنشـآت. ولعل هذه التنوعـات الإقليمية قـد تطورت في
إطـار تقليـد جنائـزي ميغاليتـي أعـم نشـأ خـلال عـصر مـا قبل
التاريـخ الحديـث.

أنواع مختلفة من البناء

ظهـر نـوع آخـر مـن البنـاء في قطاع العلا مـن خـلال الأبحاث
التـي أجريـت عـلى موقـع الحجـر، ويتميـز عـن الأنـواع الأخرى
بطابعـه غيـر المألوف. ويتعلـق الأمـر ببنـى تتكون مـن جدران
يحتـوي كل واحـد منهـا عـلى حجرتيـن أو ثـلاث مقصورات
مسـتطيلة الشـكل مصطفة على خط مسـتقيم. وهي ترتبط على
نحـو منهجـي بالقبـور البرجية الدائريـة، ما يوحـي بوجود صلة
تاريخيـة (كرونولوجية) ووظيفية بـين هذين النوعين من البنى.
وترتبـط بها ثقافة ماديـة محـددة (لا سيما الأواني الفخارية)،
والتـي لا نجدهـا في أي مـكان آخـر في موقع الحجر.

جرى تنقيب أحد هـذه المجمعـات في عام 2014، ويشـتمل
عـلى قبـر برجـي ترتبـط به شـقتين مـن جدران مصطفتيـن على
نسـق واحـد، ويبلـغ طولهما حـوالي 10 أمتـار، ومحفوظتان على
ارتفـاع أقصـاه 60 سـم، وتضم كل منهمـا ثلاث حجرات داخلية
ذات أشـكال مسـتطيلة متناسـقة. على الرغـم مـن تعرض هذه
الحجـرات للنهـب بصـورة تامـة، فإن بقايـا العظام البشـرية
التـي جُمعـت مـن محتوياتها تعتبر بمثابـة دليل عـلى وظيفتها
الجنائزية. وقد عـثر في واحدة منها على بقايـا ساعد ويد نجت
مـن النهـب في مكانهـا الأصلـي مـع سـوار مصنوع مـن أكثر من
اثنتـين وثمانـين قطعـة صدف. ولأول مـرة، أتاحـت عملية تأريخ
هـذه العظام بواسـطة الكربـون المشـع تأريخ هذا النـوع من
المنشـآت إلى حـوالي عـام 2000 قبل الميلاد.

تـم تحديـد أوجـه شـبه مثيرة للاهتمـام بـين هـذا المجمع
وحقـل المقابـر الركاميـة *tumuli* في رجـم صعصـع، بالقـرب من
موقـع تيمـاء، حيـث تم التعرف على بنى مماثلة. تكشـف أوجه
الشـبه هـذه – التـي تنطبـق على كل مـن الثقافة الماديـة وطريقة
بنـاء القبـور - عـن وجود تقليد جنائـزي غير معروف حتى الآن
في هـذه المنطقة الواقعـة في شـمال غرب شـبه الجزيرة العربية،
ويعـود تاريخهـا إلى نهايـة الألفيـة الثالثـة قبـل الميـلاد. وتبقى
الأبحـاث المسـتقبلية كفيلـةً بتوضيح السـياق التاريخي-الثقافي
لهـذا الاسـتيطان الذي بدأ منـذ فجر التاريخ وتقديم معلومات
أكثـر عـن امتـداده الجغرافي.

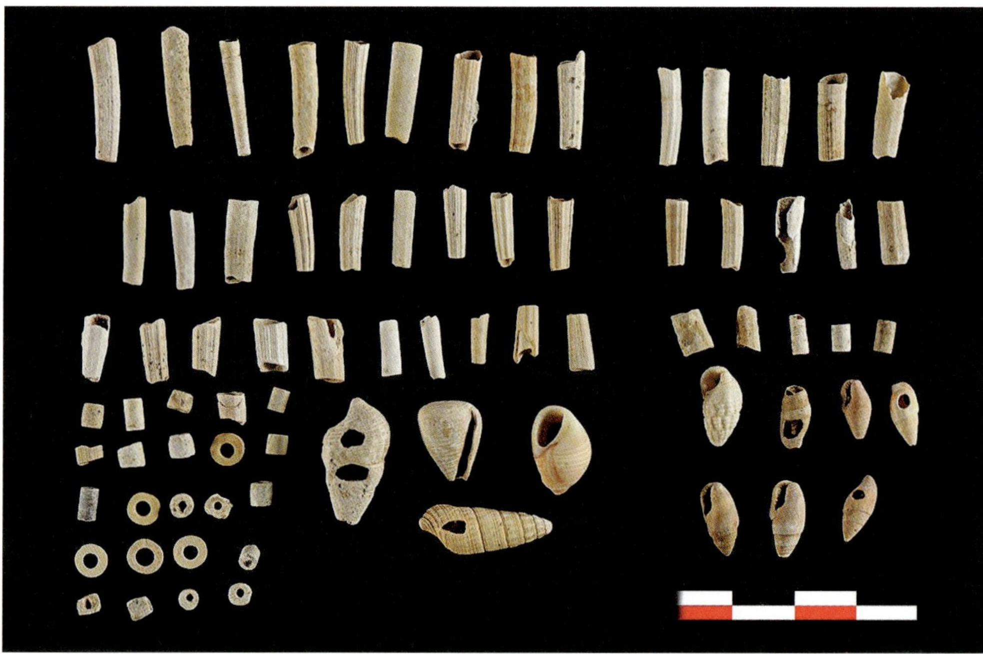

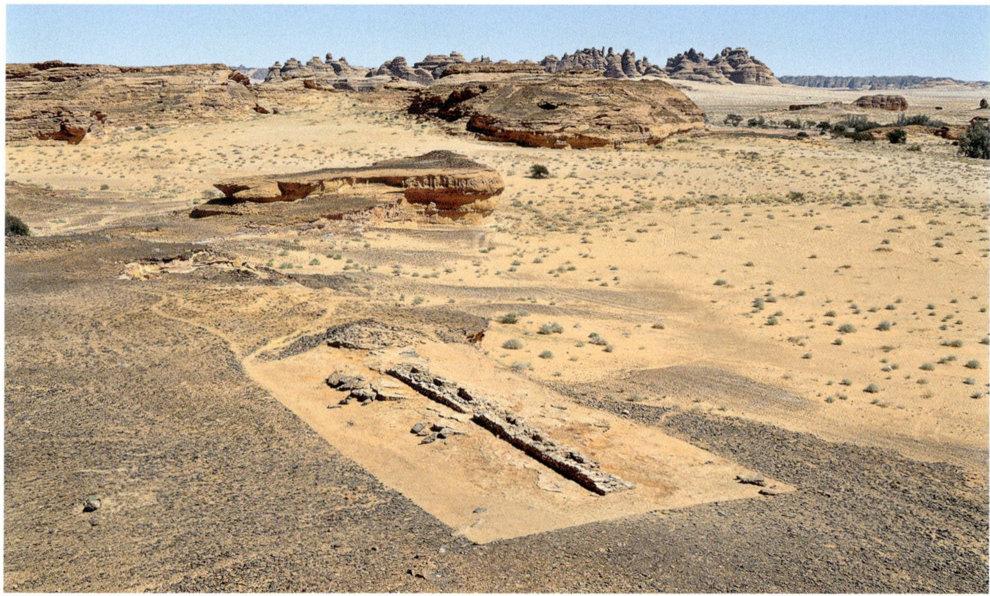

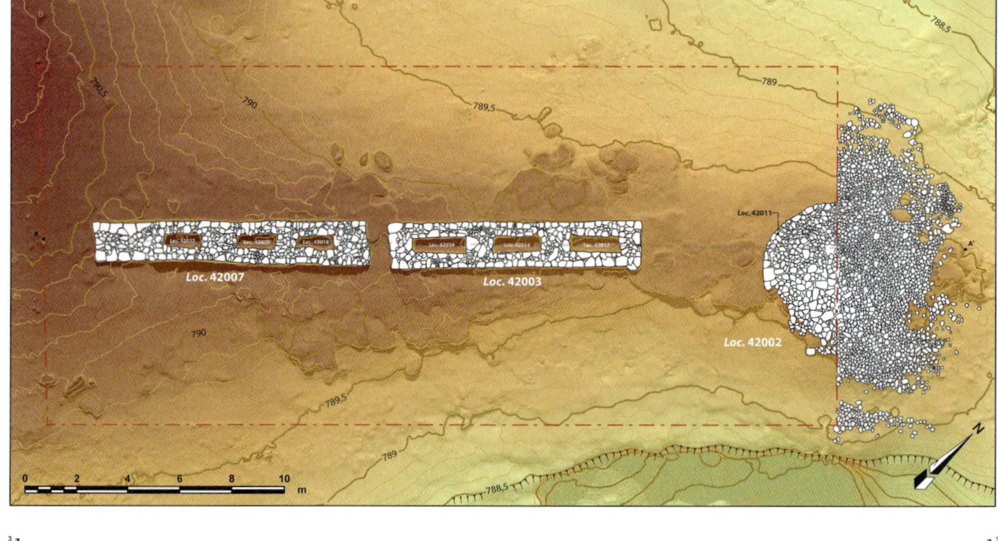

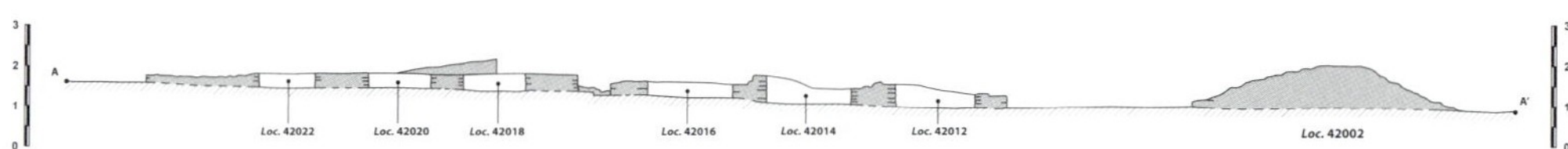

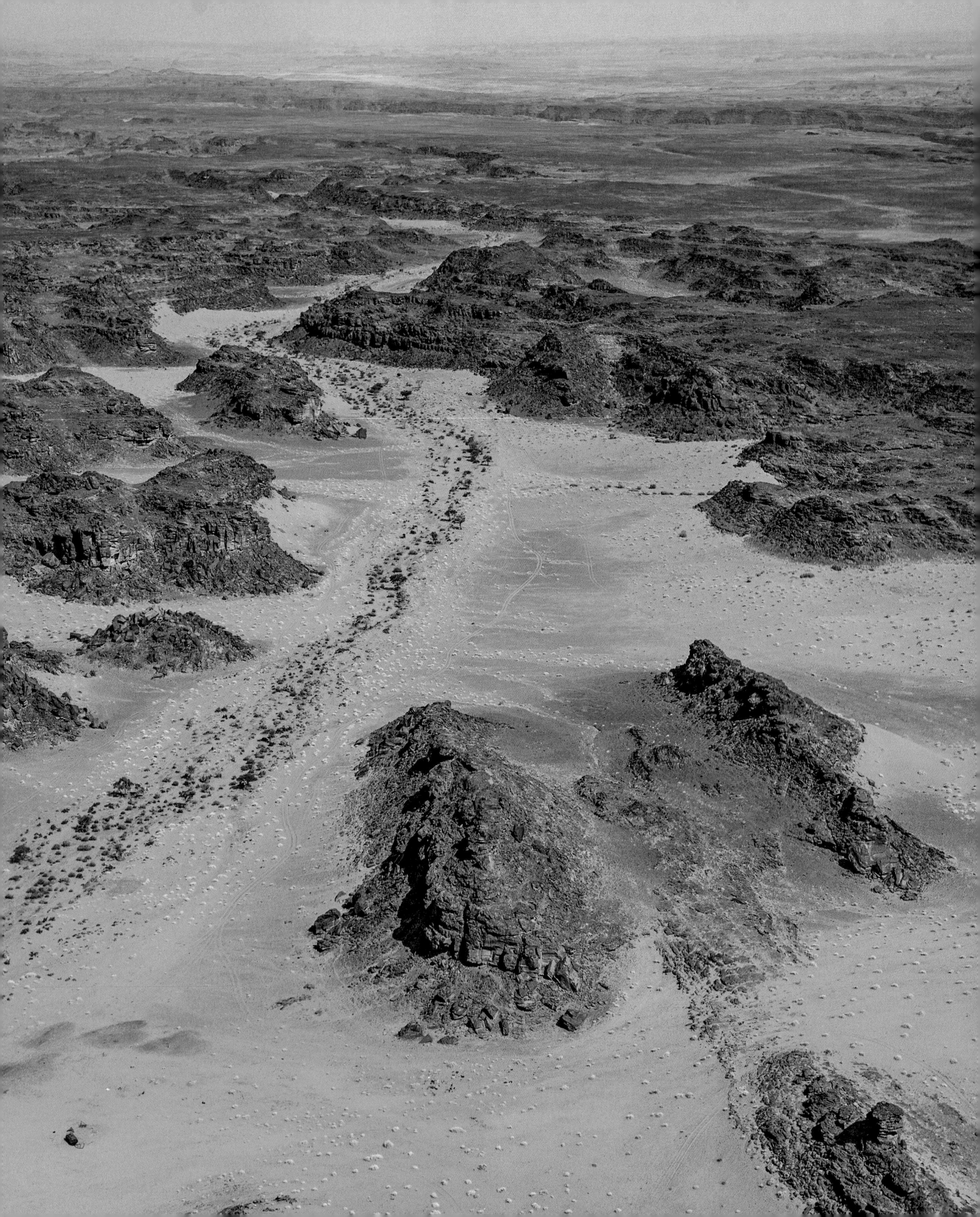

محطة استراحة على الطريق تستخدمها القوافل والحجاج

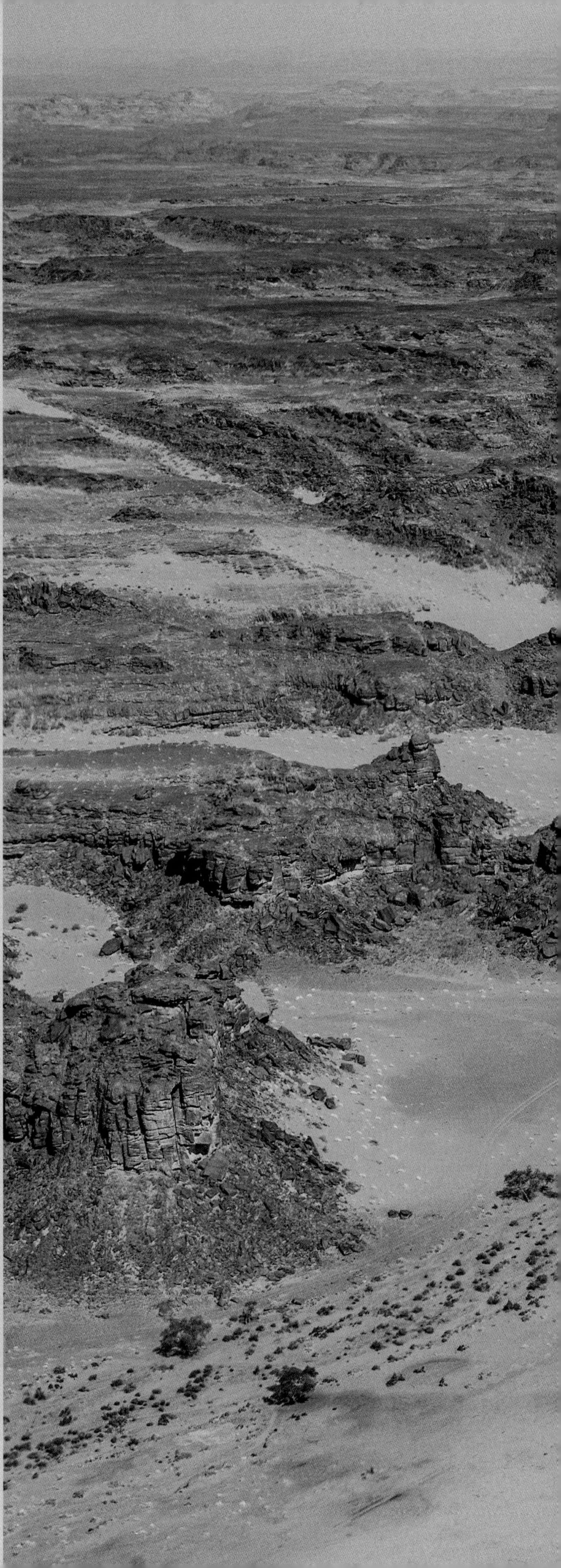

شجيرات تشكل طريقاً على شكل خط في واد، يان أرتوس-برتران، 2019.

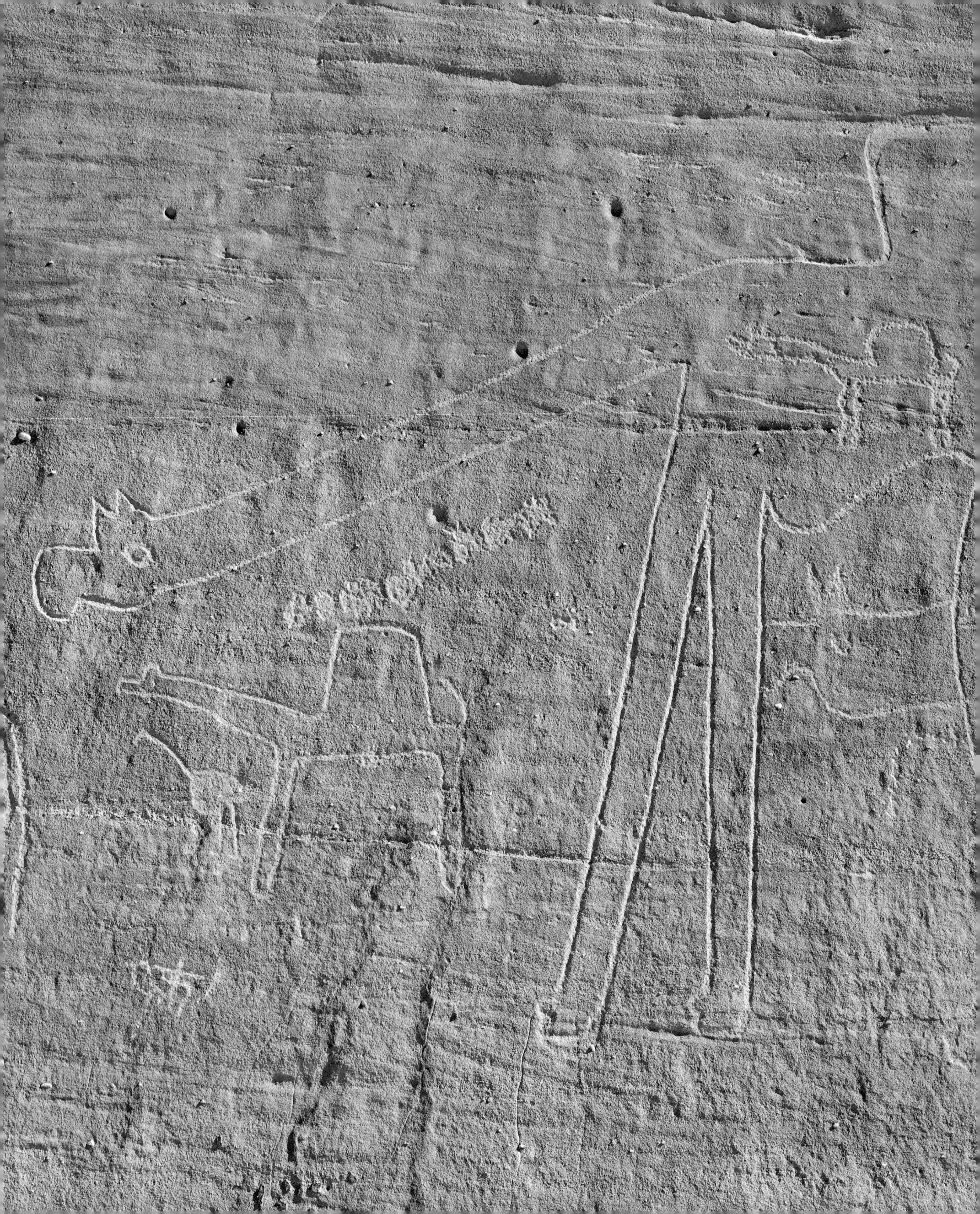

العلا

عند ملتقى الطرق التجارية في شبه الجزيرة العربية القديمة

كارولين دوران

ابتداءً **من الثلث الثاني** من الألفية الأولى قبل الميلاد، شكلت العلا منطقة مرور استراتيجية للقوافل العابرة لشبه الجزيرة العربية، ويشهد على ذلك تطور مملكة دادان، شمالي مدينة العلا الحالية. وبدءاً من القرن السادس قبل الميلاد، يبدو أنها حلت محل تيماء كمركز لشبكات شمال غرب شبه جزيرة العرب التجارية. وفي القرون الأخيرة من نفس الألفية، ومع الاستيطان التدريجي بلا شك لجماعة من الأنباط قادمة من الشمال ومنخرطة في تجارة القوافل الهائلة، أزيحت مملكة لحيان المتمركزة في دادان نتيجة تصاعد قوة مدينة الحِجْر (مدائن صالح) المجاورة، الواقعة على بعد خمسة عشر كيلومتراً تقريباً إلى الشمال.

ظلت الحِجْر، التي تُشكِّل دون شك الحدود الجنوبية للأراضي النبطية، مستوطنة دون انقطاع حتى هجروها- الذي ما زال دون تفسير - في أواخر القرن الرابع أو أوائل القرن الخامس الميلادي، وهذا ما أظهرته التنقيبات التي أجراها البرنامج الأثري السعودي-الفرنسي الجاري منذ عام 2008. وأخيراً، بدءاً من الفترة الإسلامية تطور موقع قرح (المابيات) الذي يقع على بعد حوالي عشرين كيلومتراً جنوب العلا. السبب الرئيسي وراء هذا الاستيطان المتواصل للمنطقة عبر القرون هو جغرافي في المقام الأول: فبالإضافة إلى مواردها المائية الوفيرة، تمثل منطقة العلا المدخل إلى الجبال ذات الصخور الرملية في الحجاز، وتتطابق مع منطقة فجاج (ممرات) التي

كانت تشكل نقطة وصول وسيطرة وتفريغ، وكانت بلا شك في فترات معينة منطقة لاستلام وتسليم للبضائع التي كان يتم تداولها على طول طرق القوافل العابرة لشبه جزيرة العرب، ومنها "طريق البخور" الشهير الذي يربط العربية السعيدة (أرابيا فيليكس) بساحل البحر الأبيض المتوسط.

نحو بلاد الشام والشرق

إن أقدم نقش يثبت بوضوح وجود علاقات تجارية بين جنوب شبه جزيرة العرب ومنطقة العلا هو نقش سبئي اكتشف مؤخراً، ومؤرخ من النصف الأول للقرن السادس قبل الميلاد. يذكر هذا النقش اسم شخص، من الجوف (اليمن) على الأرجح، "مارس التجارة وقاد قافلةً إلى دادان، و[غزة] ومدن يهوذا". إن أساليب التجارة العابرة لشبه جزيرة العرب ومسار طرق القوافل في الغالب معروفة لنا، بدءاً من الفترة الهيلينستية، من خلال نصوص المؤلفين اليونانيين واللاتينيين. ووفقاً لهؤلاء المؤلفين، كانت الرحلة تستغرق في مجملها ما يزيد قليلاً عن شهرين. نقلاً عن كتابات تعود إلى أواخر القرن الثالث قبل الميلاد، يذكر سترابون رحلة بين العقبة في شمال البحر الأحمر ومعين عاصمة مملكة المعينيين في صنعاء استغرقت سبعين يوماً. كانت هاتين المدينتين تلعبان دورًا أساسيا في التجارة العابرة لشبه جزيرة العرب، وأسستا العديد من المراكز التجارية، بما في ذلك واحدٌ في دادان.

الشكل رقم 1.
رسومات لجمال بأحجام مختلفة في الفرجة، شمال شرق العلا، ليلى نعمة.

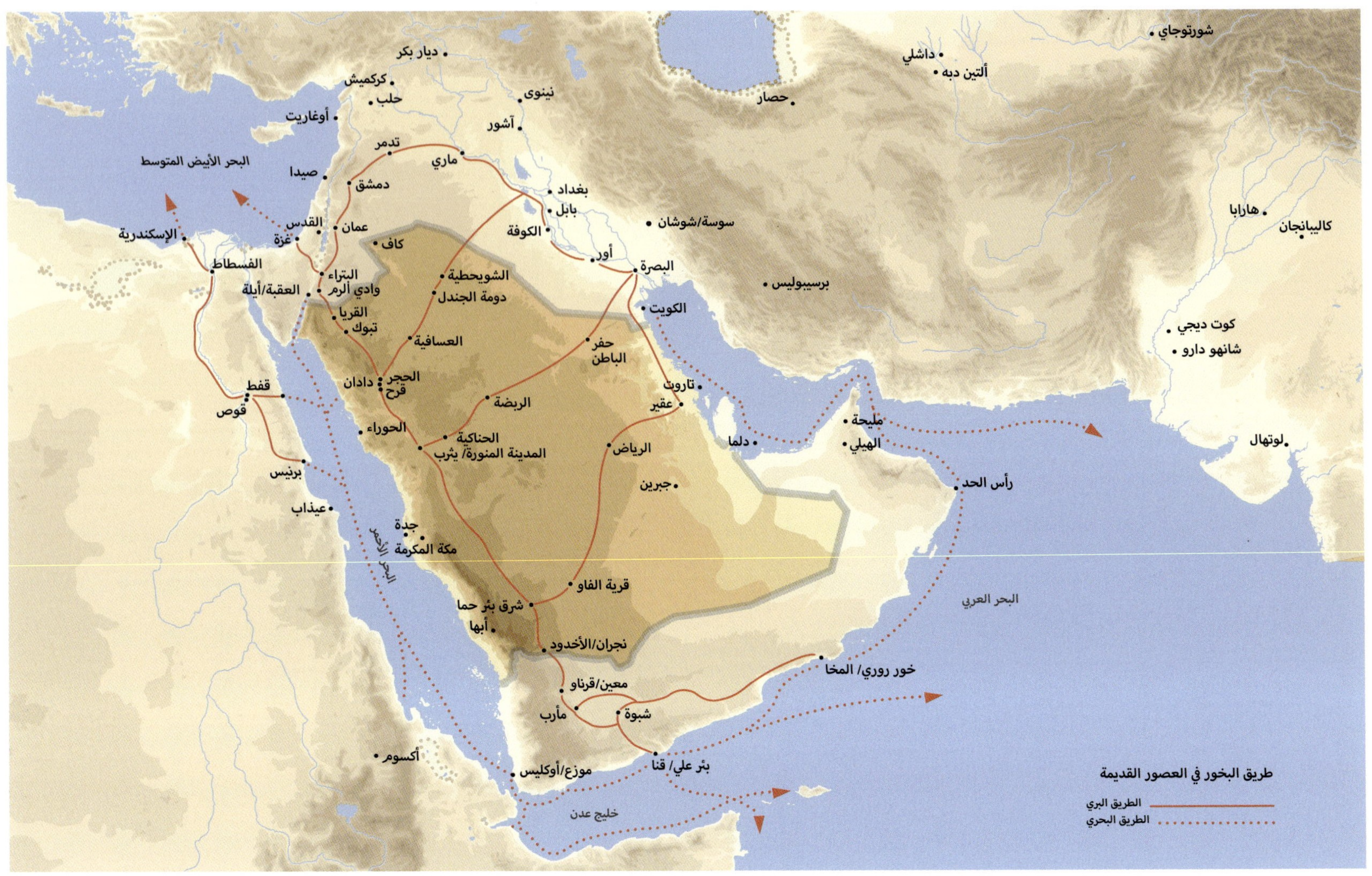

بعـد ذلك بفتـرة قصيـرة، في القـرن الأول الميـلادي، يصف بلينيـوس الأكبر الطريـق بين تمنـع، عاصمة مملكة قتبان، شرق صنعـاء، وميناء غـزة على البحر الأبيض المتوسـط. ووفقاً له، كانت الرحلـة تنقسم إلى خمـس وستين مرحلـة: في العربية السـعيدة، كانت طريق للقوافل تعبر الممالك العربية الجنوبية الأربعة الرئيسـة، مـن منطقة إنتـاج البخور (حضرموت) حتى معيـن، عبـر مملكتـي قتبـان وسبأ. وتتواصل الرحلة بعد ذلك شمالاً باتجاه نجران، كما تشـهد على ذلك الخربشات الجدارية القديمـة (غرافيتي) المكتشـفة على سـفوح جبل القارة وجبل الكوكب. ومن هناك، كانت تنقسـم إلى قسمين: طريق جنوبية-شـمالية، تتجه بمحاذاة السـاحل الشرقي للبحر الأحمر نحو منطقـة المـشرق (بـلاد الشـام) عبـر دادان والحِجْـر، في حين كان يتجه الفرع الآخر منها نحو الشمال الشرقي للوصول إلى السـاحل الشرقي لشبه الجزيرة العربية.

تجارة برية وبحرية

تتيـح قوائم أسـماء الأماكن الجغرافية التي وضعها الجغرافي بطليمـوس، الـذي عـاش في منتصف القـرن الثاني الميـلادي، اسـتعادة خط السـير الـذي اتبعته الطريـق الجنوبية-الشـمالية حتى الحِجْـر (إجرا Egra لدى بطليموس) بشكل دقيق نسـبياً.

كانـت تلك الطريق تمر تحديدًا عبر مدينتي عكاظ (المشهورة بأسواقها التجارية في نهاية فترة ما قبل الإسلام) ويثرب (المدينة المنورة الحالية). وقد مكّنت مسوحات حديثة أجريت شمال العلا على طول الطريق المعروفة باسم درب البكرة، بين الحِجْر والحـدود الأردنية-السـعودية، مـن تحديد مكان عـدد كبير من النقـوش العربية الشـمالية والجنوبيـة، النبطيـة، والعربية. تبين هـذه النقوش أن المسـار القديم كان موازياً لطريق الحج الشامي الأحدث زمنياً، والذي يقع في أقصى الشـرق. كانت منطقة العلا متصلة أيضاً بشرق شـبه جزيرة العرب ومنطقة جنـوب بلاد ما بين الرافدين، عبـر دومة الجندل وتيمـاء على الأرجح. في واقـع الأمر، تذكر المصـادر المكتوبة (سـترابون وبلينيـوس الأكبر) العلاقات التي كانت قائمـة بين المملكة النبطيـة ومملكة الجرهـاء (ثاج؟)، والتي كان يعبر منها جزء مـن البضائع القادمة من آسـيا. كما يذكر بلينيوس الأكبر وجود طريـق - ربمـا كان موجـودًا منـذ القـرن الثاني قبل الميـلاد - بين البتراء وفرات (Forath) في منطقة كاراكس (Charax)، حيث يمكـن منهـا سـلك طريق نهـري للوصول إلى ميناء خاراكس-سباسـينو (Spasinou Charax) الكبير (الواقع في العراق اليوم). وفي خاتمـة المطاف، كانت منطقة العلا على ما يبدو متصلة بالبحر الأحمر، على بعـد أقل مـن 150 كم غرباً، وذلك بفضل

سلسلة من الأودية العريضة التي تشكل خطوط اتصال طبيعية: وادي العلا ووادي الجزل اللذان يتجهان من الشمال إلى الجنوب، ثم وادي الحمد الكبير، المتجه من الشرق إلى الغرب، ويصب في البحر الأحمر، جنوب مدينة الوجه الحالية، في المنطقة المجاورة مباشرةً لموقع القصير، حيث يوجد بناءٌ ضخم يحتوي على عناصر معمارية نبطية نموذجية، مرتبط بتجمع سكاني، اكتشفه مسافرون في منتصف القرن التاسع عشر، ويشير إلى وجود بلدة مرفئية في هذا الموقع. ومن الأرجح أن وجود هذه الأخيرة راجع إلى التطور الكبير للتجارة البحرية في البحر الأحمر ابتداءً من نهاية القرن الأول قبل الميلاد، على إثر ضم مصر إلى الإمبراطورية الرومانية وتوفير طرق تجارية مزدحمة جداً في الجزء الغربي من المحيط الهندي. يمكن أن يتعلق الأمر بموقعي إجرا كوميه Egra Komè أو لويكه كومه Leukè Komè، وهما موقعان قديمان مذكوران في المصادر النصية.

المر والبخور مطلوبان بشدة

كانت البضائع المنقولة على طول طرق القوافل العابرة لشبه جزيرة العرب منتجات عطرية بصورة أساسية، وفي طليعتها المر والبخور، وهي تحظى بتقدير خاص لدى شعوب البحر الأبيض المتوسط في العصور القديمة. وصف المؤلفون القدماء مثل سترابون هذه التجارة، ووفقاً له كان سكان شبه جزيرة العرب يتلقون "(...) كميةً ثابتةً من شحنات الأطياب وكانوا يوصلونها تدريجياً إلى بلاد الشام وبلاد الرافدين" (Géographie, XVI.4.19). وبالمثل، يصف لنا ديودوروس الصقلي الأنباط بأنهم "(...) اعتادوا أن ينقلوا البخور والمر وأغلى أنواع الأطياب إلى حدود البحر، بعدما يسلمها لهم أولئك الذين كانوا يجلبونها من قسم شبه الجزيرة العربية المسمى"العربية السعيدة« (Bibliothèque Historique, XIX.94.5).

المر هو راتنج الصمغ ذو لون برتقالي مستخرج من شجرة المُرّ أو المُرّة (Commiphora myrrha)، وهي شجيرة موطنها جنوب شبه جزيرة العرب وشرق إفريقيا. كان يستخدم بصورة أساسية في صناعة العطور، والطب، والطقوس الجنائزية. يعد البخور، المعروف أيضاً باسم اللبان أو "البخور الحقيقي"، راتنج-صمغ ذو لون أصفر مميل إلى الأبيض، مستخرج من أشجار نباتية تسمى بوسويليا Boswellia، وخاصةً اللبان المقدس أو البوسويلية المقدسة Boswellia sacra الذي لا ينمو إلا في جنوب شبه الجزيرة العربية، وتحديدًا في منطقتي حضرموت وظفار. وفي العصور القديمة كان البخور يحرق - بكميات كبيرة جداً أحياناً - خلال الطقوس الدينية والجنائزية. تربط بعض الإشارات المتناثرة في النصوص القديمة سكان المنطقة، خاصة الأنباط، بمنتجات عطرية أخرى مثل اللادن أو اللّاذن والبلسم، وهما نبتتان كانتا تنموان في منطقة البتراء وتستخدمان في صناعة العطور. كما تذكر تلك الإشارات المقل أو الكور (bdellium) والقسط (costus)، وهما على التوالي راتنج عطري، وجذر يستخدم لخصائصه العطرية والطبية، وهما منتجان منشؤهما المناطق الجبلية في آسيا الوسطى، واللذان وصلا إلى شمال غرب شبه جزيرة العرب عبر شرقها و/أو عبر بلاد الرافدين مروراً باريجازا وبارباريكون، ميناءي التصدير الرئيسين في شمال الهند.

كانت أراضي الأنباط توفر أيضاً إحدى المواد الأساسية لصناعة المراهم والعطور، ألا وهي الهليلج أو الإهليلج myrobalan، وهو ثمرة المورينجا أو البان (Moringa peregrina)، شجرة تنمو في المناطق الصحراوية، كما تعرف أيضاً باسم

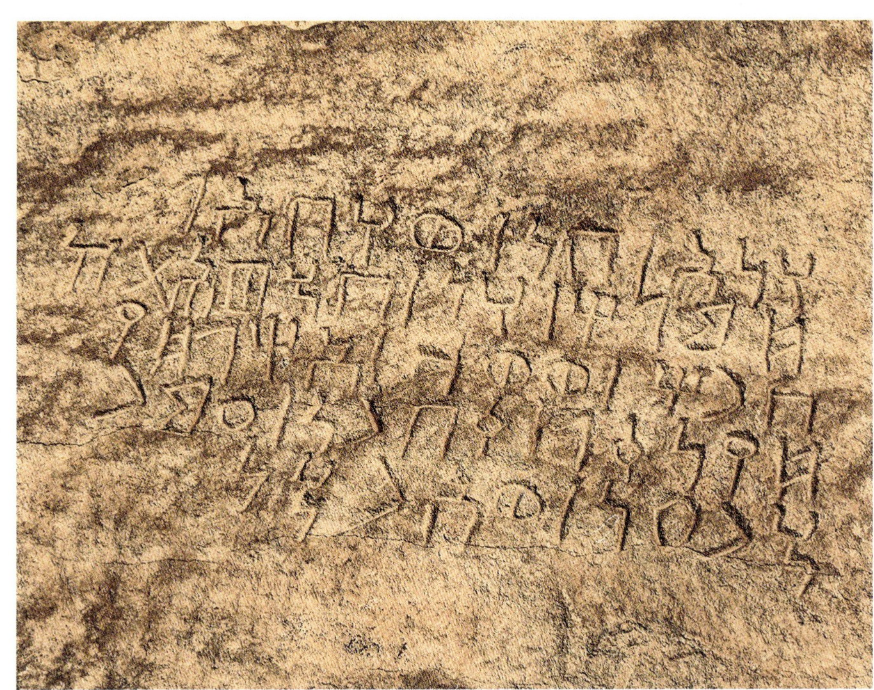

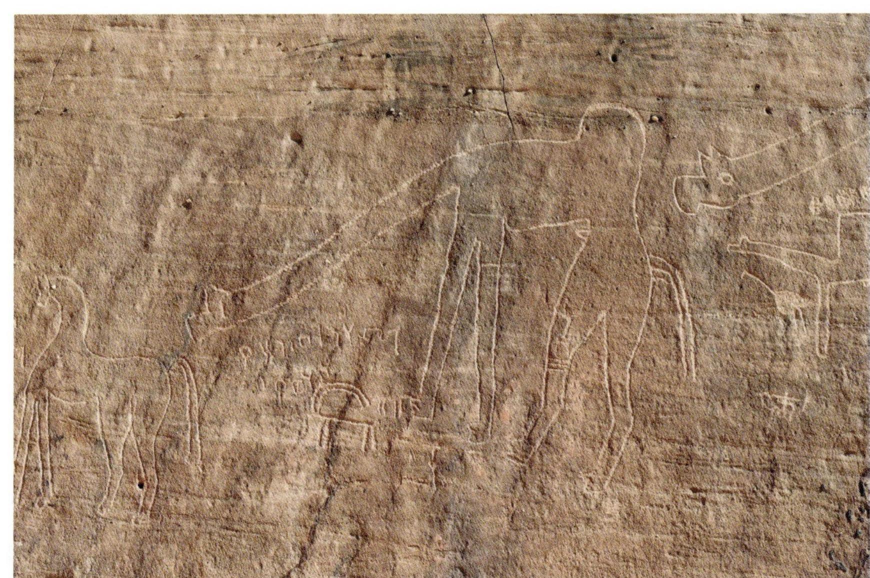

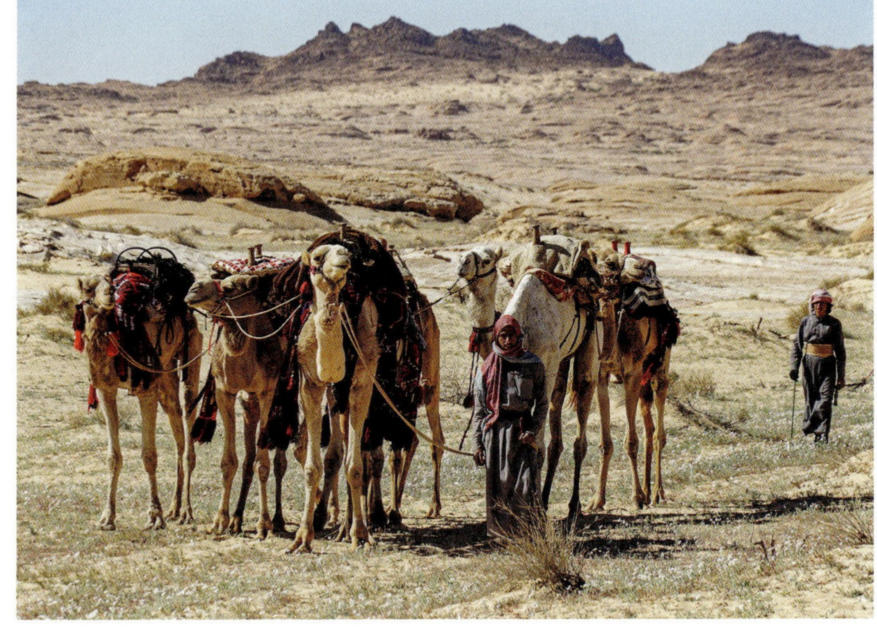

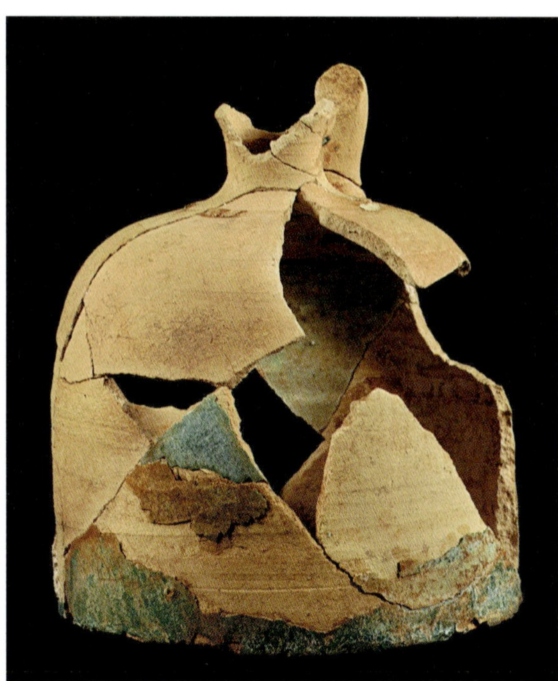
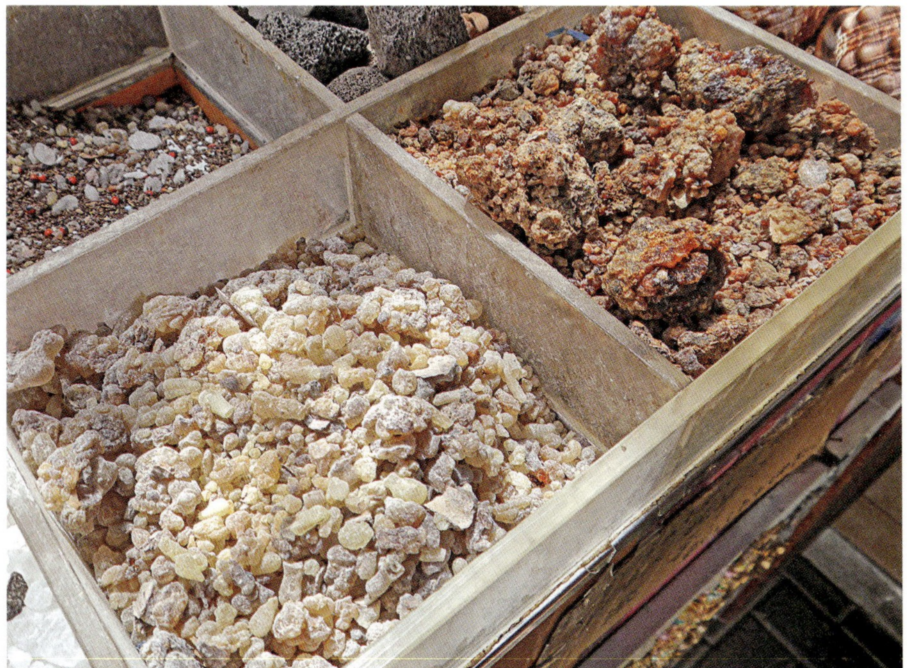

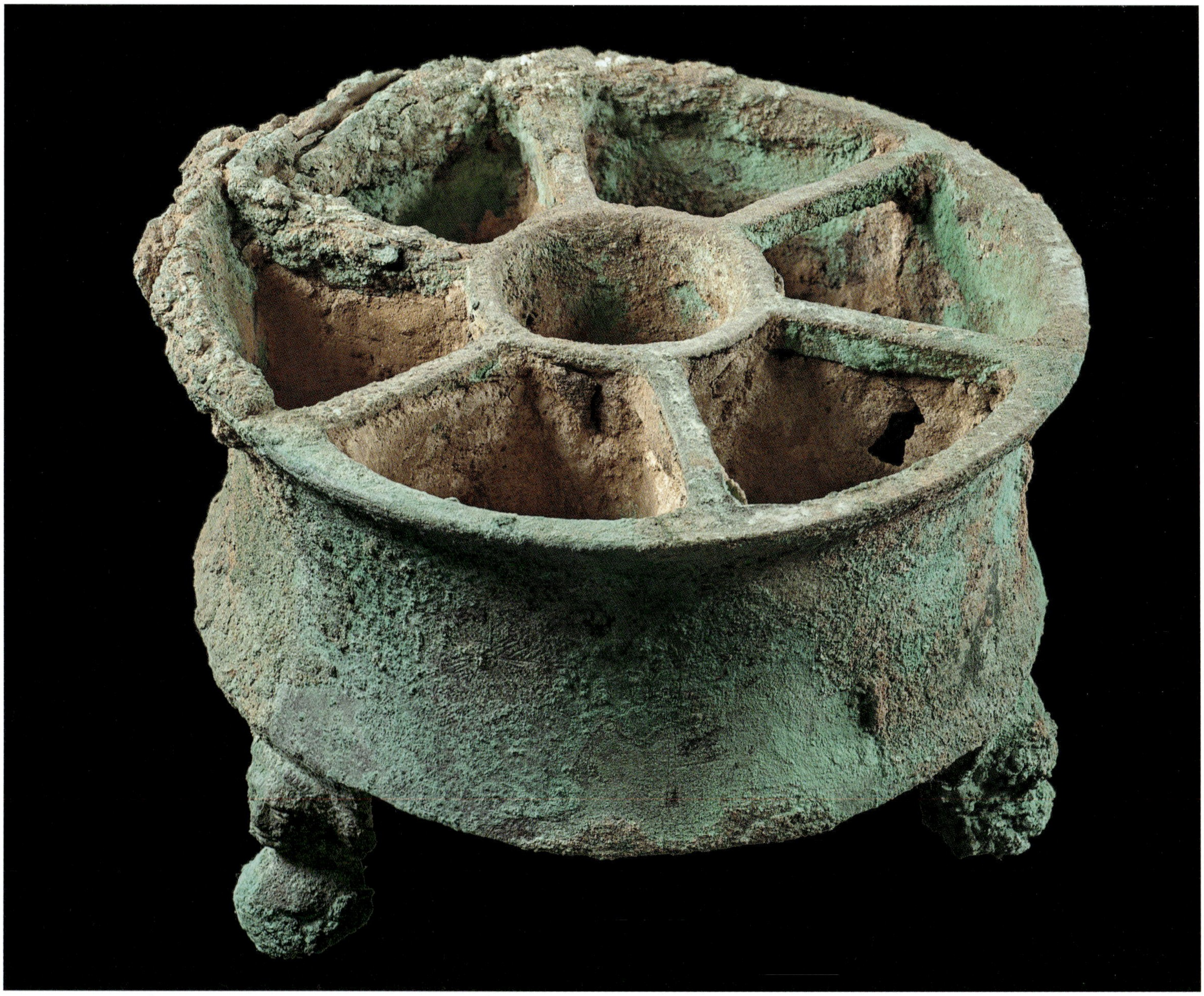

عطريـة خـام أو مركبـة. ومن المتوقـع أن يوفر برنامـج للتحليل جاري العمل فيـه معطيات جديدة على المدى القصير. حتى الوقت الحاضـر، لم يكن مـن الممكـن رسمياً تأكيد وجود أي أثـر عطري مرتبط بالتجارة العابـرة لشبه جزيرة العرب في الحِجْر: تم التعرف إلى راتنجـات نباتيـة علـى أجـزاء مـن النسيـج والعظـام مصدرها القبور، لكـن لم يكن ممكناً تحديد هويتهـا بدقـة. أمـا اللقـى الفخاريـة فقـد أعطتنا كميات كبيرة نسـبياً مـن المنتجـات المزججة منشـؤها جنـوب بلاد الرافدين. تمثلت العلاقـات مـع منطقـة البحـر الأبيـض المتوسـط وجـود كسـر مـن الأمفورات لا بد أنهـا كانت تحتـوي علـى النبيـذ أو الزيـت، بالإضافـة إلى أكـواب مطليـة بالبرنيـق الأسـود والعائـدة إلى الفتـرة الهلنسـتية، وأخـرى مـن الفخـار المطبـوع أو المختـوم (تيـرا سيجيلاتا) تتميـز ببرنيقها الأحمر البراق.

اكتشـفت في القبور لقـى مسـتوردة مثيرة للاهتمام بشكل خـاص، مـن ضمنهـا كسـر مـن أوانـي مصنوعـة مـن الزجاج المصري أو السـوري-الفلسـطيني أو الإيطالي، وكذلك حبات مـن الخرز المصنـوع مـن عجينـة زجاجية أو من الخزف أو من أحجار شـبه كريمـة جـيء بها مـن مناطـق مختلفة، والتي ربما كانت تشـكل قرابيـن وحلـى مختـارة لأجـل المتوفين. عثـر أيضـاً علـى قطع من النسيـج القطنـي المحفوظـة جيداً بشـكل غير عادي في المقابر، ربمـا تم اسـتيراده من الهنـد أو مصر، وإن كان اكتشـاف العديد مـن بـذور القطـن في الحِجْر يوحـي بوجود إنتـاج محلي. وختامـاً، يؤكـد وجـود الأصـداف وحـواف السـمك بأعـداد كبيرة مـن بيـن اللقـى الحيوانيـة وجـود صـلات منتظمـة بيـن الحِجْر والبحـر الأحمـر.

———

"شـجرة البـاق" في مصر القديمة، والتي ما تزال تنمو حتى يومنا هـذا فـي البريـة في منطقة العلا. وتنتـج الشـجرة خردليات طويلة مليئة بالبـذور التي تهرس ليسـتخرج منها زيت عليـه إقبال كبير والـذي أطلـق عليه اسـم "زيت البان" في نصـوص العصور القديمة، ومن بين خصائصـه أنه ليـس لـه طعم، ولا رائحة ويقـاوم الأكسـدة، وهـذا مـا جعل منه سـواغاً مثاليـاً للحصول علـى أجـود أنـواع الروائـح العطريـة دون تغييرها.

اللقى المستخرجة هي المصدر الوحيد للمعلومات

بعـد نهايـة عقـد مـن التنقيبـات الأثريـة في موقـع الحِجْر، مـا التصور الذي يمكننا اسـتعادته حول الأنشـطة التجارية ونشـاط قوافـل سـكانها؟ مـا زالـت تفوتنا العديد مـن الجوانب: نفتقـر علـى وجـه الخصـوص للآثار الكتابيـة التـي لربما تركتهـا عائـلات التجـار والجمالـين، علـى العكـس مـن تدمـر، وهـي مركـز كبير آخـر للقوافـل في العصـور القديمـة، ونفتقـر كذلك لآثـار الأمـاكن التـي كانـت تجـري فيهـا التبـادلات. وفي واقـع الأمـر، لم تقـدم البقايـا الأثريـة التـي تـم التعـرف عليهـا حتـى الآن أي خـان أو حيـز يسـتخدم كسـوق. فيجب إذاً أن نعتمـد علـى المـادة الأثرية لإعـادة تصـور اقتصـاد المدينـة وإحلاله في موضعـه المناسـب مـن شـبكات التجارة في تلك الفتـرة. تعد جميع القطع الأثريـة، وهـي غالبـاً غـير كاملة، مـؤشرات قيمة حـول القنوات التجاريـة في العصـور القديمـة.

مـن بيـن القطع التي عـثر عليها في الحِجْر، هنـاك العديد مـن الأوانـي الصغيـرة المصنوعة من المرمر أسـتوردت على الأغلب مـن جنـوب شـبه جزيرة العـرب، وربما كانت تحتـوي على مـادة

الشكل رقم 6.
مر وبخور، كارولين دوران.

الشكل رقم 7.
إبريق صغير مستورد من بلاد الرافدين، المدفن 117 IGN الحِجْر، القرن الأول قبل الميلاد، 16 × 19,5 سم.

الشكل رقم 8.
علبة لمساحيق التجميل، الحِجْر، الفترة النبطية، 12,30 × 17 × 12,30 سم.

الشكل رقم 9.
شجرة البان (المورينجا)، العلا، إليزابيت دودينيه.

الشكل رقم 10.
راتنج على شجرة اللبان (Boswellia sacra)، سلطنة عُمان، إليزابيت دودينيه.

الشكل رقم 11.
شجرة اللبان (Boswellia sacra)، سلطنة عُمان، إليزابيت دودينيه.

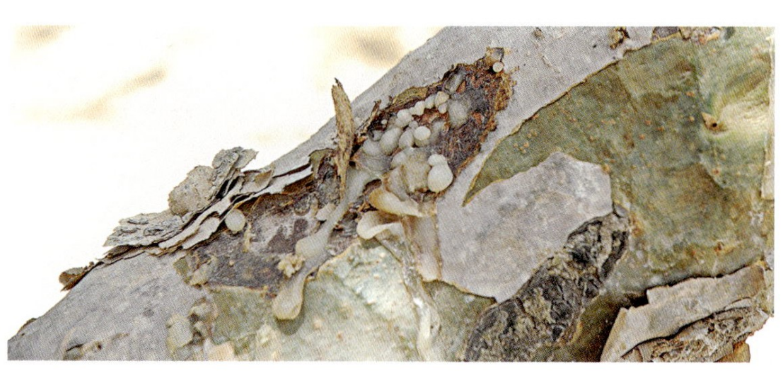

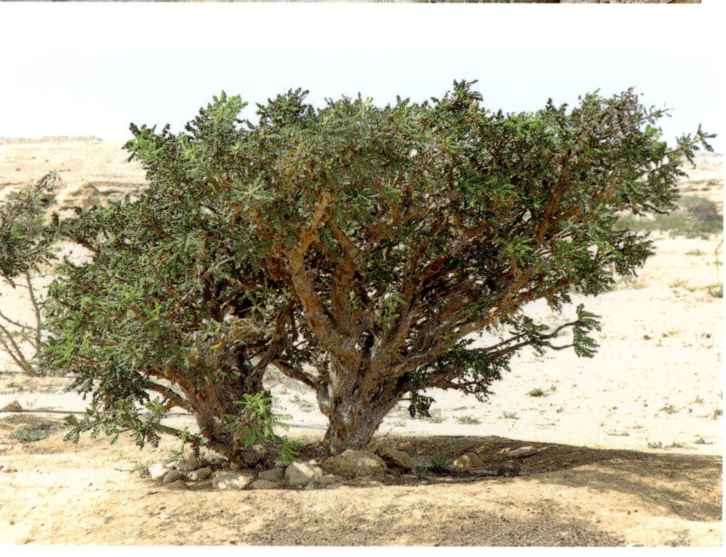

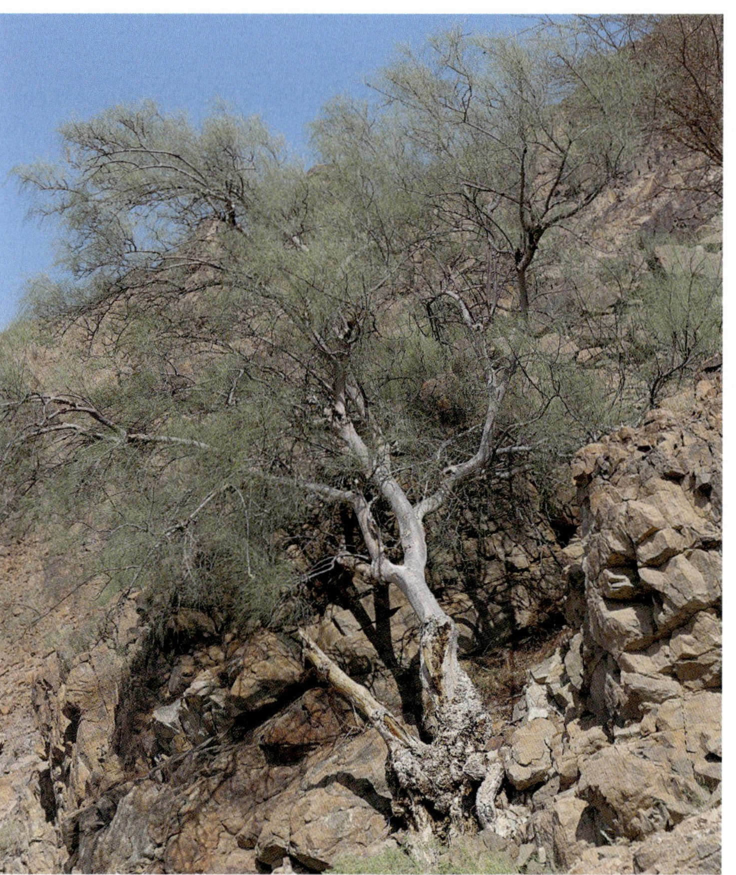

من عصور ما قبل التاريخ إلى عصر البرونز

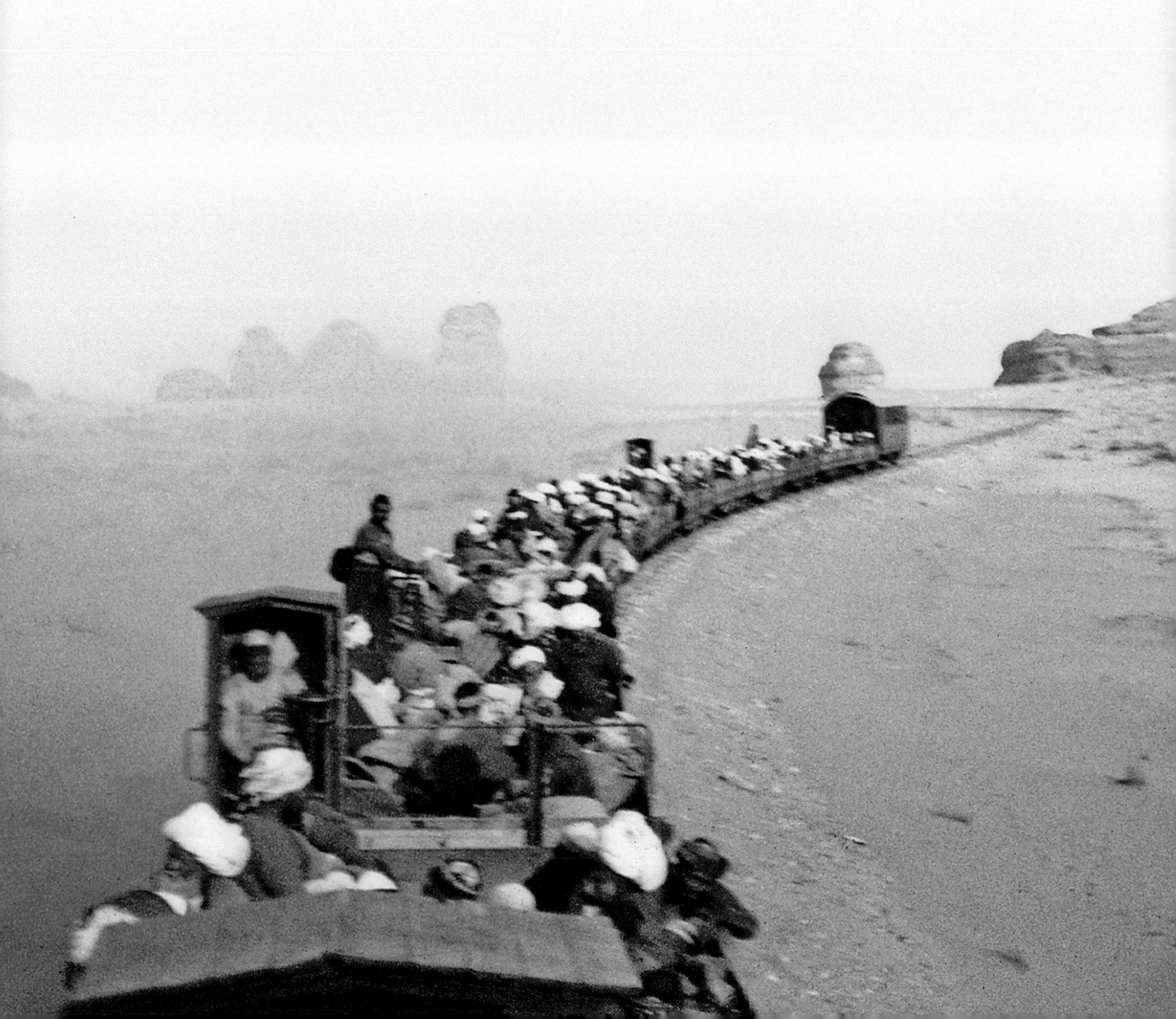

طُرق الحجِّ في محافظة العلا

علي بن ابراهيم الغبان (عضو مجلس الشورى)

كانت محافظةِ "العلا" تتخللها مجموعةٌ مـن طُـرق الحجِّ الَّتـي كانت تربط كلا من بلاد الشَّـام ومصر مَكَّة المكرمة والمدينـة المنـورة، وهـذه الطُـرق هـي: طريـقُ الحَـجِّ السوري وطريقُ الحجِّ المـصريُّ وطريق "أيْلَـة" الَّذي يربط بـين المدينة المنـوَّرة والعَقَبـة مُـروراً بهضبـة حِسْـمَى. وقـدِ المسـؤولون المُسـلمونَ لهـذه الطُرق، منذ اسـتخدامها لأول مرة، عناية كبيرة فدأبـوا علـى صيانتها وإبقائها في حالـة جيـدة وحفروا الآبار وبنَـوُا البِـرَك والسُّـدودَ علـى مسـاراتها وفي مَحطَّاتها لتوفير المياه اللّازمـة لقوافل الحُجَّاج، وأقامُوا القِلاعَ والأبراج لتوفير الحماية والأمـن للمسـافرين، وبنَـوُا الجُسـور لتسـهيل عبـور الأوديَـة الخطـرة ومهَّـدوا العَقَبـات الصَّعْبة، ووضعوا المنارات والأعمدة والأحجار الحدودية، ولا تـزالُ آثارُ هذه المنشـآتِ واضحةً للعيان في محافظة "العلا" والمناطق التابعة لها.

الطرق الساحلية والداخلية

يعتبر طريقُ الحجِّ الشَّاميُّ أشـهرَ هـذه الطُرق (المَحَجَّة الرَّئيسـة)، وقـد عُـرفَ أيضًـا باسـم "التَّبوكيَّـة" نسـبةً إلى مدينة تَبوكَ الَّتي يمـرُّ بهـا والتي تقع علـى بعد حوالي 250 كلم شمال غـرب "العلا"، ويبـدأ مسـارُ هـذا الطَّريـق مـن دمشـق ويمـرُّ علـى مدينة بُصرى قبـل أن يدخلَ الأردنَ، وبعـد ذلك يعبر

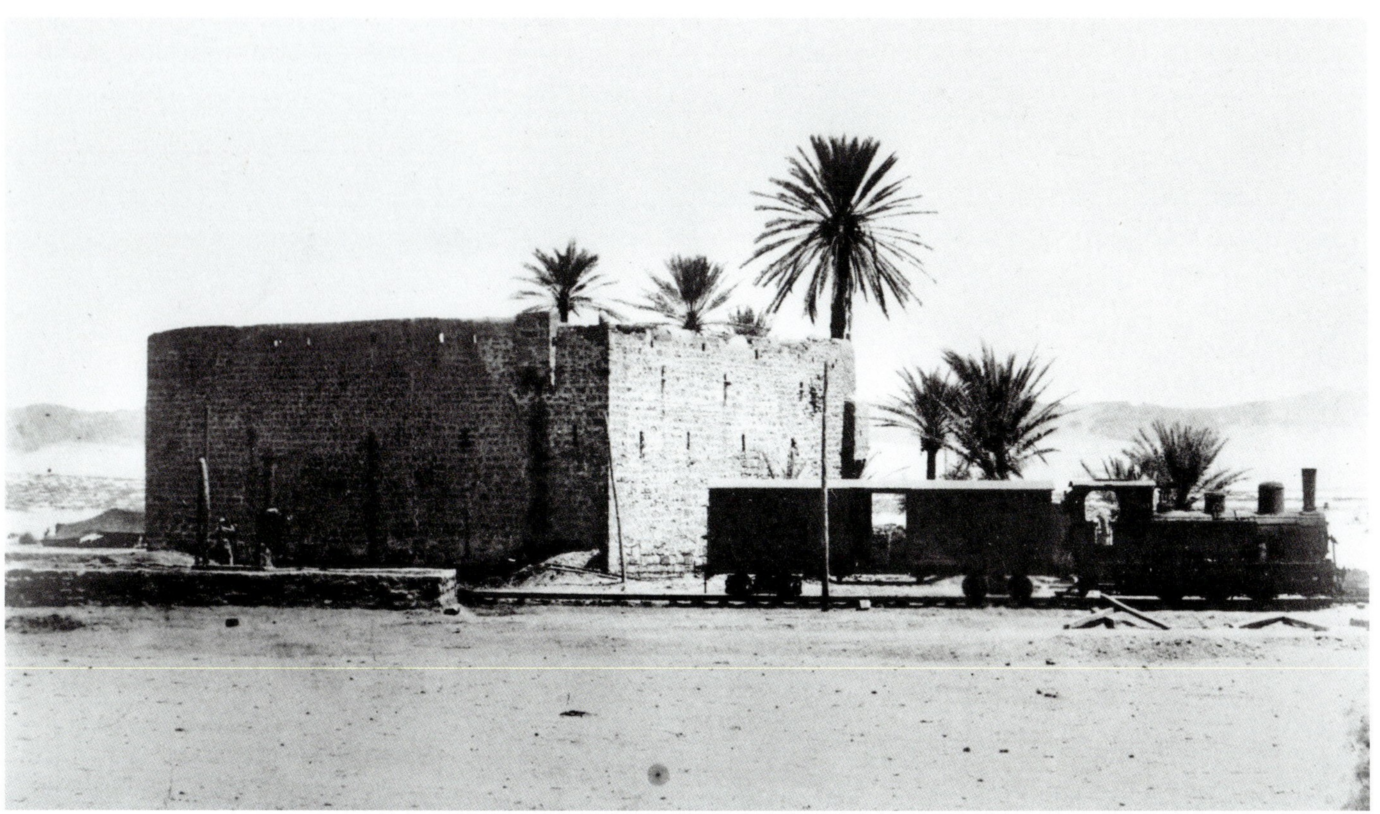

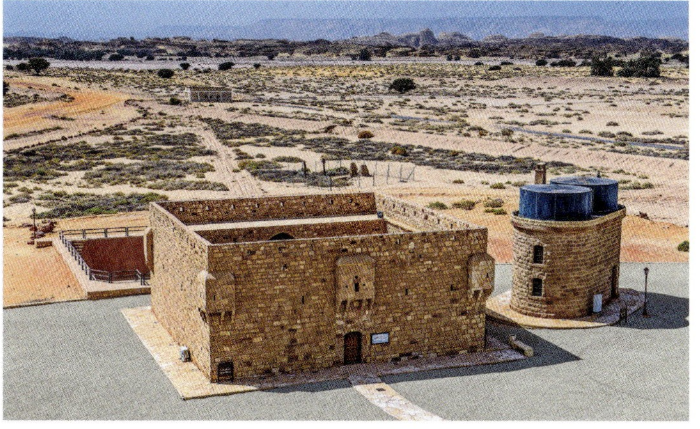

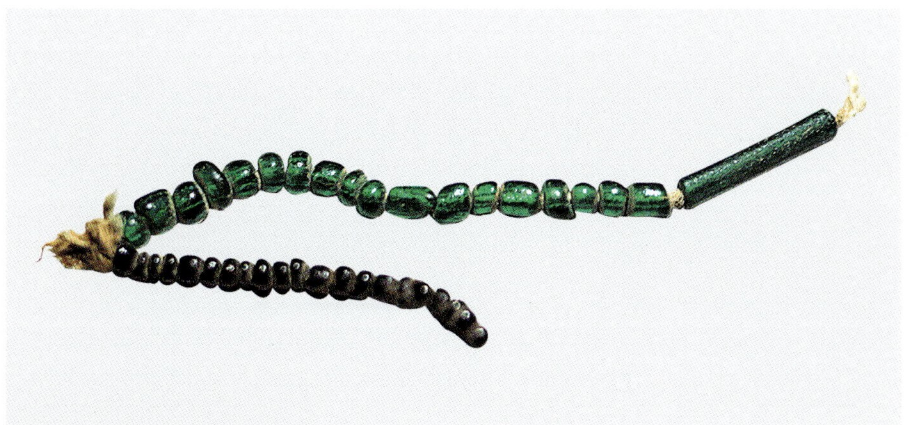

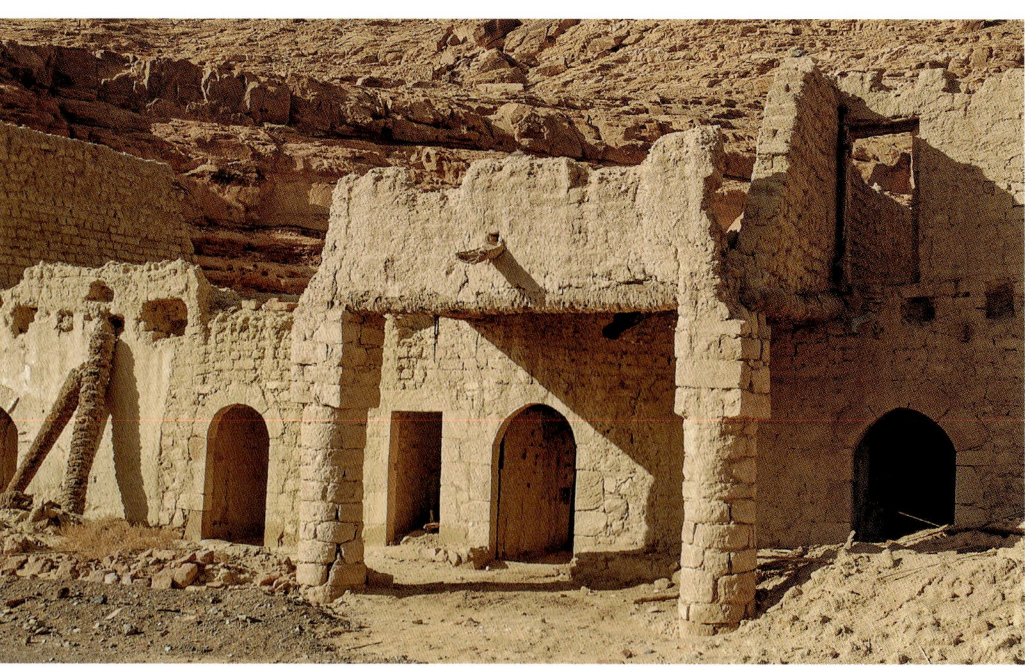

الشكل رقم 2.
قلعة مدائن صالح مع خزان لمياه
الشرب تستخدمه قوافل الحجيج، ج.
هـ حلاجيان، 1908.

الشكل رقم 3.
مسبحة من الخرز، قُزْح (المايات)،
بين القرنين التاسع والعاشر للميلاد،
8 × 1 سم، محمد بابلي.

الشكل رقم 4.
قلعة مدائن صالح، أوبير راجيه، 2018.

الشكل رقم 5.
متاجر مهجورة في البلدة القديمة
في العلا، النصف الأول
من القرن العشرين، 2008.

المَملكة العربية السعودية ويتوقَّف عند محطة حالة عمّار، ثمَّ محطَّة ذات الحاجِّ، ثُمَّ تَبوك، ثُمَّ الأخضر، ثُمَّ المُعظَّم، ثُمَّ الدَّار الحمراء، ثمَّ الأقرع، ثمَّ الحِجر، ثمَّ العلا، ثمَّ قُرْح. وبقي مسارُ طريق الحجِّ الشّاميِّ في جُزئِه الواقع بين "تبوك" و"العلا" كما هو دون تغيير طَوال العُصور الإسلاميَّة، باستثناء أسماء محطَّات الوقوف في هذا الجُزء التي تغيرت أسماؤها مثل الأخضر (التي كان اسمها بلدة المحدثة)، والمعظَّم (التي كانت تُسَمَّى أسفل الحاكة)، والأقرع (التي كانت تُسَمَّى الأقراع). كانت قُرْح (المابيات) المحطة والمدينة الرَّئيسة على الطّريق عبر وادي القرى (وادي العلا) منذ بداية الإسلام وفي العصرَين الأمويِّ والعبّاسيِّ، ثمَّ حلَّت مَحلَّها "العلا" في القرْن الثاني عشر الميلادي.

أمّا جُزءُ الطّريق الفاصل بين "العلا" و"المدينة" فقد كان له مسارين واحدٌ قديم استُخدِمَ في القرون الهجريَّة الأولى، ويتَّجه بعدَ "قُرْح" إلى السّقيا (الخشيبة) ثُمَّ الرَّحبة ثمَّ ذي المروة ثمَّ ذي مر ثمَّ السويداء ثمَّ ذي خشب (المندسة)، ثم المدينة، ومسارٌ آخر أحدث منه استُخْدِمَ من قبل الحجاج بَدءاً من العصر الأيُّوبيِّ (بداية القرن الثاني عشر) ويمرُّ بعدَ "العُلا" على قلعة الفقير (مغيرة) ثمَّ سهل المطران ثمَّ قلعة زمرّد، ثمَّ البئر الجديدة (قلعة الصورة) ثُمَّ هديّة، ثُمَّ إسطبل عنتر، ثُمَّ الفحلتين، ثُمَّ آبار نصيف، ثُمَّ الحفيرة، ثُمَّ المدينة في نهاية المطاف. وبعده جاءت سكَّة حديد الحجاز التي شُيِّدت في عهد السُّلطان العثمانيّ عبد الحميد الثاني (1876-1909).

أما طريق الحج الرئيسي الآخر فكان هو طريق الحج المِصريُّ الداخليُّ، حيث كان على حُجّاج مصرَ وأيضًا الحجاج القادمين من المغرب والأندَلُس وأفريقيا أن يعبروا شبهَ جزيرة سَيناء كي يصلوا إلى أيْلَة (العقبة) الّتي تتَّجه بعدَها قوافلُ الحُجّاج إلى حقل، ثمَّ الشّرف، ثُمَّ مَدْيَن (مغائر شعيب ـ البدع). وكانَ الحجاج خلال القُرون الهجريَّة الأولى يسلكون طريقين بعد مَدْيَن: أحدُهما ساحليٌّ يتَّجه إلى مكَّة على ساحل البحر الأحمر مُروراً بالجحفة أو إلى المدينة مروراً ببدر، والآخرُ داخليٌّ يتَّجه إلى وادي القُرى (وادي العلا) مروراً بشغب وشواق وبِدا ثُمَّ السّقيا (المذكورة سالفاً عند التطرق إلى طريق الحج الشامي) حيث يلتقي الطريقان ليشكِّلا طريقًا واحدًا في اتجاه المدينة (الشكل 1-3).

الخلفاء يولون عناية خاصة للبناء

وكانَ طريق الحجِّ المِصريُّ الداخليُّ هو الأكثرَ استخداماً خِلال القرنين الهجريَّين الأوَّل والثّاني (القرنين السابع والثامن للميلاد). ومِنْ بَين طُرُق الحجِّ التّي كانت تمرُّ بوادي القُرى طريقُ أيْلَة الذي استخدمَهُ الحُجّاجُ والمُسافرون بكثافة خلالَ القرن الأوَّل الهجريِّ (القرن الثامن للميلاد) في طريقهِم إلى المدينة المنوَّرة قادمين من فِلسطينَ ومصرَ، وهو يسيرُ في محافظة "العلا" على مسار طريق الحجِّ المِصريِّ الداخليِّ، ثُمَّ يصعدُ بعدَ بلدة شغب إلى هضبة حِسْمَى الّتي يعبرُها باتِّجاه أيْلَة (العقبة) (لوحة 4).

تحدثت بعض المصادر العربية عن الاهتمام الذي أولاه الخُلفاء الرّاشِدون والخلفاء الأمويّون لبناء المحطَّات الرّئيسة على هذه الطُّرق، وتَذكُرُ أنَّ عُمَرَ بنَ الخَطَّاب أمرَ بالاعتناء بحوض عينِ تبوكَ، وأنَّ عُمَرَ بنَ عبدِ العزيز أمر في العهد الأمَويِّ بِبناء مَسجد تبوك ومسجد وادي القُرى، وأنَّ الوليدَ بنَ عبدِ الملك وضعَ المنارات وأقام الصهاريج وحفر الآبار بينَ دمشقَ ومكَّة، وأنَّ هشامَ بنَ عبدِ الملك صمم الصهاريجَ والقنواتِ على طريقِ مكَّة. وتشهد على ذلك آثارٌ بعض هذه

المُنشآت المُلحَقَةُ بمواقع هـذه الطُّرق ومحطّاتها في محافظة "العلا" وما جاورها مثـلَ: بركة شغب، وبركة شـواق، وبركة النّابع، وآبار بلاطة، وآثار الخشيبة، وآثار جثيوث، ومسجد قُرْح (المابيات)، وبئر الأخضر.

بقايا حصون عديدة

توجَدُ على مسارات الطُّرق الرَّئيسة العابرة لمحافظة العلا أعدادٌ كبيرة منَ النُّقوش التَّذكارِيَّة الّتي يعودُ تاريخها إلى الفترة الإسلاميَّة المُبَكِّرة (من القرن السابع إلى القرن الحادي عشر للميلاد) تركها الحُجّاج والمسافرون على هذه الطُّرقات، بعضُها لشخصيّات معروفة من أبناء الصَّحابة والتَّابعين ورُواة الحديث، وبعضُها لحُجّاج قدموا من مصرَ والشَّام والمغرب وفلسطينَ.

توجد في محافظة "العلا" العديد من آثار العصور الإسلاميَّة المُتأخِّرة، وتشمل الآبار والبِرك والقلاع وأعلام الطُّرق وهي من العصور الأيُّوبيَّة (من القرن الثاني عشر إلى القرن الثالث عشر) والمملوكيّة (من القرن الثالث عشر إلى القرن السادس عشر) ومعظمها من العصر العثمانيِّ (من القرن السادس عشر إلى أوائل القرن العشرين). ومن هذه الآثار قلعةُ البريكة (الدّار الحَمراء) التي بناها عثمان باشا سنةَ 1167هـ/1754م للميلاد بجوار بركة كبيرة رُبَّما بُنيَت في العصر الأيُّوبي أو المملوكيّ، وقلعةُ الحِجر التي بناها حاكم دمشق أسعد باشا بنُ العظم (1743-1757) حول بئر أقدم منها لحمايتها، كما تجاورها بركةٌ كبيرة قد تكون أقدم مِن القلعة.

وتُعَدُّ الآثار الموجودة في محافظة "العلا" من آثار طريق الحجِّ الشَّاميِّ، فقد ورد وصفها وذكرت أهميَّتُها لمُرتادي الطَّريق في قصص رحلات الحجِّ ابتداءً مِن القرن (7 هـ/ 13 م). ومِن آثار الطَّريق قلعة الفقير، وقد عُرِفَت في المصادر باسم قلعة الحفائر، وهي قلعة عثمانيّة أشار إلى وجودها في موقعها ابن عبد السَّلام الدّرعي سنةَ 1783 م. وهناك أيضاً قلعة زمرّد الّتي بناها حاكم دمشق محمد باشا أبو الذهَب في 1772 و1774-1783. وقلعة الصُّورة (البئر الجديدة) الّتي بناها حاكم دمشق عثمان باشا (1762-1771)، وبجوار القلعة تُوجَدُ بئرٌ باقية على طريق الحجِّ الشَّاميِّ، ويُرجَّحُ أنَّها بُنيَت على نفقةِ والدة السُّلطان أحمد الأوّل (1603-1617).

الشكل رقم 1.
علماء آثار يمتطون الجمال بين العلا وتيماء، آلان موريسي، 2023.

الشكل رقم 2.
شارع في البلدة القديمة في العلا، يوهان ديمارنييه، 2019.

الشكل رقم 3.
الحِجر، وتظهر ملحمة ومقهى-مطعم، أنطونان جوسين، 1907.

الشكل رقم 4.
قلعة موسى بن نصير في وسط القرية، العلا، أنطونان جوسين، 1908.

العلا مقصد الرَّحَّالة ووجهة القوافل

مشلح المريخي
أستاذ الكتابات العربيّة المُبكرة والإسلامية
قسم الآثار- جامعة الملك سعود

كانتِ "العلا" قبلَ الإسلام نقطةً مركزيّة في الطريق الكبير لتجارة العالم القديم وهو الطريق الجنوبيّ- الشمالي المعروف تاريخيّاً بطريق البخور، وزادت أهميّة موقع منطقة "العلا" خلال العصر الإسلاميّ بعدَ أن أصبحت بفضلِ موقعها ضمنَ طريق الحجّ ولاسيّما الشاميّ.

وإذا كانت كُتُبُ الجغرافيّين العرب قد أشارت لـ"الحِجر أو مدينة ثمودَ والعلا" بوجهٍ خاصّ بعدّهما أهمّ محطات الحجيج من بعد "تبوك" منذُ عهد الدَّولة الأمويّة، إلّا أنّهُ لا أحدَ منَ الرَّحّالة أو الحُجّاج أتى بذكرها من بعد القاضي وكيع (305هـ/918م) إلى بداية القرن السَّابع الهجريّ (13م) وذلك بسبب الاضطرابات الَّتي رافقت تحرُّكات القرامطة في منتصف القرن الرَّابع الهجريّ (10م) ثمَّ الفوضى واضطراب الأمن الَّذي رافقَ الحروب الصليبيَّة بمنطقة الشَّام بعدَ ذلك، وأصبح الحُجّاج يقصدون "مكَّة" إمّا عبرَ طريق الحجّ العراقيّ أو طريق الحجّ المصريّ عبر البحر الأحمر.

ولم يبدأ ذكر "الحِجر والعلا" يتردَّد في كتابات الرَّحّالة إلا بعد أن قام الملك المعظّم عيسى بن العادل الأيّوبيّ في عام 611هـ/ 1214م بإحياء طريق الحجّ الشَّامي وتجديد البِرَك ومصانع الماء في محطاته، ويُعَدّ إبراهيم بنُ شجاع الدمشقيّ أوّلَ من أشار في رسالته "منازل الحجّ" (كتبها 623هـ/1227م) إلى "الحِجر" الَّتي وصفها بأرضِ ثمودَ بوصفها المحطَّة الثَّانية والعشرين في طريق قافلة الحجّ بعد مغادرتها لدمشق مؤكّداً أنّها نصفُ طريق مكَّة، وأشارَ إلى "العلا" المحطَّة التَّالية بوصفها "أرض رمل بين جبلَين عاليَين ثمَّ مضيق ثمَّ واد ونبات كثير ثمَّ عيون ثمَّ مدينة العلا، ووسطَ الوادي نخل كثير وتمر، والمدينة صغيرة وبها قلعة صغيرة على رأس جبل صغير وعيون عذبة يزرع عليها ولها أمير ويُودعُونَ بها أمتعتهم".

عندما وصل ابن بطوطة القرى الكبيرة

أمّا ابنُ بطُّوطة فيُعَدُّ أشهرَ مَن زار المنطقة في طريقه للحجّ برفقة الرَّكب الشَّامي وذلك في عام 726هـ/ 1326م، ويشير إلى أنَّ القافلة وصلت

في اليوم الخامس من انطلاقها من تبوك إلى البئر، الحِجر "حجر ثمود وهي كثيرة الماء ولكنْ لا يَرِدُها أحدٌ من الناس معَ شِدَّة عطشهم اقتداءً بفعل رسول الله صلّى الله عليه وسلّم حين مرَّ بها في غزوة تبوك فأسرع براحلته وأمر ألّا يسقي منها أحد."

ويصف ابن بطوطة مدائنَ صالح الحاليَّة بأنّها "ديار ثمود في جبال من الصَّخر الأحمر منحوتة لها عَتَبٌ منقوشة يظنّ رائيها أنّها حديثة الصُّنع وعظامهم نَخِرة في داخل تلك البيوت، إنَّ في ذلك لعِبرةً، ومَبرَك ناقة صالح عليه السَّلام بين جبلينِ هناكَ وبينهما أثرُ مسجد يُصلّي فيه النَّاس".

وحسبَ ما يذكر الرَّحّالة المغربيُّ الشَّهير فإنَّ المسافة بين "الحِجر" و"العلا" هي مسيرة نصف يوم أو دونَه "والعلا قرية كبيرة حسَنة لها بساتين النَّخل والمياه المعينة، يقيم بها الحُجّاجُ أربعاً يتزوَّدُون ويغسلون ثيابهم ويَدَعُون بها ما يكون عندَهم من فضل زاد ويستصحبون قدر الكفاية، وأهل هذه القرية أصحاب أمانة وإليها ينتهي تُجّارُ نصارى الشَّام لا يتعدَّونها ويبايعون الحُجّاج الزاد وسواه ثم يرحل الرَّكب من" العلا "فينزلون في غَدِ رحيلهم الواديَ المعروف بالعطّاس".

محطة توقف أساسية بالرغم من مخاطر الرحلة

وإذا كان الرَّكبُ الشَّامي قد عبر المفازة العظمى بين "تبوك" و"العلا" في خمسة أيّام فإنَّ ذاتَ الرَّكب قد عبرها في عام 768هـ/1367م في ثمانية أيّام حسبَ ما أشار إليه الرَّحّالة خالد البلوي الأندلسيّ الذي وصف المَفازة بأنّها مسافة "لها مَهابة ومخافة تتعب فيها الرِّكاب وتفتقد الرُّفقاءُ والصِّحاب وتكابد الخطوب والصِّعاب وقديماً يضربُ العامّة بها مثلاً: اترك أباك بين العلا وتبوك". ولنا أن نتخيل الفرحة العارمة التي كانت تجتاح الحجيج بُعَيدَ وصولهم للعلا الَّتي وصفها البلوي بأنها "بُلَيدَةٌ ذات منظر جميل كثيرة المياه والنَّخيل".

وشهد طريق الحجّ الشَّامي ازدهاراً كبيراً مع سيطرة العثمانيّين على بلاد الشَّام والحجاز إذ عُدَّ الطريق الرئيسيَّ للحجّ وقد سجّل قطبُ الدِّين

النَّهرواليّ الَّذي رافق رَكْبَ الحجّ خلالَ عودته من المدينة إلى دمشقَ في عام 965هـ/ 1557م وصفاً تاريخيّاً رائقاً للعلا مع نبذة عمّا صارت إليه أحوالها في تلك الفترة المُبكرة من الحُكم العثمانيّ فيذكر أنّها "قرية بين جبال شامخة فيها عين ماء ونخيل بكثرة" وأنّها ظلَّت مُعفاةً من دفع الضَّرائب في عهد سلاطين المماليك الجراكسة والسَّنوات الأولى من الحكم العثمانيّ إلى أن اعتدى عليها بعض البَدْو فرفعوا أمرهم إلى نائب الشَّام فأمر "أن يُبنى حِصن ويُجعلَ فيه نبوتجية وأن تجبي القرية على كلّ نخلة عثمانية (نقداً فضيّاً صغيراً) ويُصرَف ذلك على العسكر وتُحَفَظ من العربان". وحسبَ ما لاحظَ النَّهرواليّ فإنَّ هذه الضريبة اليسيرة طَفِقت تزدادُ حتى بلغتْ ألفَ ضِعف رغمَ شكاوى أهلِ "العلا".

وممَّن حجّ على هذا الطَّريق أبو البركات السويديّ صاحب رسالة "النَّفحة المِسكيّة في الرِّحلة المكيَّة"، ورَغم أنّهُ من أهل بغدادَ إلّا أنّهُ آثر الحجّ عبر الطَّريق الشَّامي لشِدَّة أمنه وقد ذكر مرورَه بـ"الحِجر" الَّتي وصفَها بديار ثمودَ ومنها وصل لـ"العلا" وذلك في عام 1157 هـ/1745م.

وظلَّت "العلا" برَغم ما رافق ضعف الإدارة العثمانيَّة من تهديدات العربان للحُجّاج وقوافلهم محطَّة مُهمّة على طريق الحجّ الشَّامي، وقد لجأ إليها ركبُ الحاجِّ المصريّ في عام 1300هـ/1882م خلالَ عودته لتجنُّب هجمات البدو، وقد أوصى إبراهيم باشا رفعت في خاتمة كتابه "مرآة الحرمين" أن يستقلَّ الحُجّاجُ المصريُّون خلالَ عودتهم القطارَ من "المدينة" إلى "العلا" ثمَّ إلى الوجه للتخلّص من جشع البدو على الطريق البريّ الساحليّ.

وبرَغم أنّ سكَّة حديد الحجاز كانت تمرُّ بمحطَّة "العلا" إلّا أنّ ذلك لم يُتَح لأيّ من الحُجّاج أو الرَّحّالة فرصة التَّوقُّف للحديث عن منطقة "العلا" ومعالمها.

بيدَ أنَّ هذا التَّحوُّل في طرق المواصلات الَّذي حرم قوافل الإبل من المرور بـ"العلا" بافتتاح خطّ سكّة حديد الحجاز ثمَّ التوسع في استخدام السيارات واللُّجوء للنَّقل البحري رافقه ظهور صنف

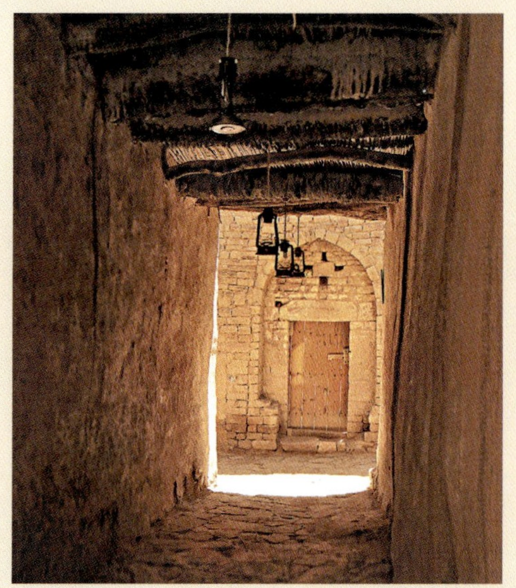

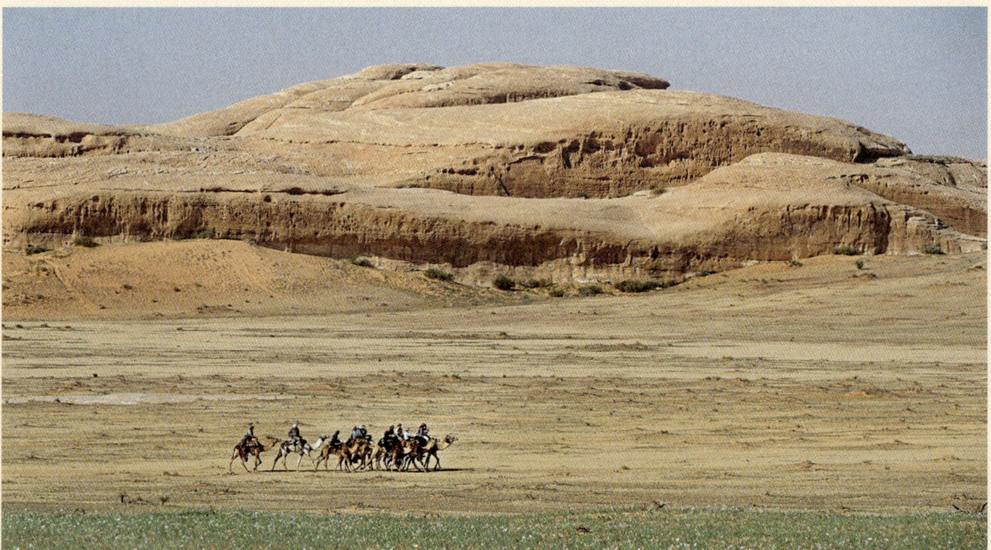

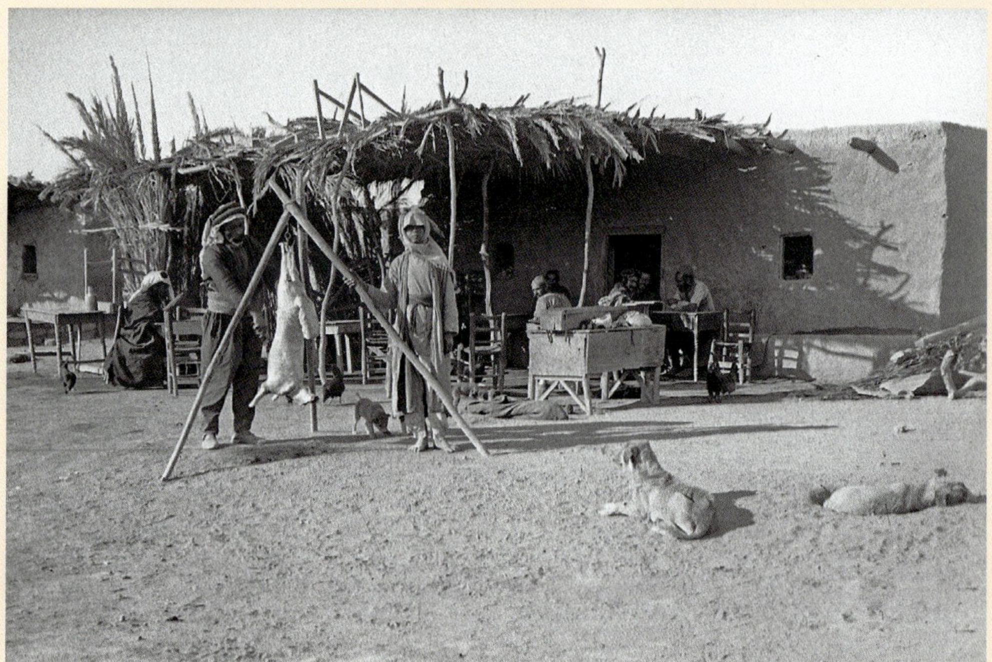

آخر من الرَّحَّالة الَّذين بدأت اهتماماتهم تزداد باستطلاع أحوال شبه الجزيرة العربيَّة منذ القرن التَّاسعَ عشرَ ونعني بهمُ الرَّحَّالةَ الأوربيِّينَ مع تباين أغراضهم ما بينَ البحث العلميِّ والأهداف السِّياسيَّة كما تنوَّعتْ جنسيَّاتُهم.

ومن أوائل الرَّحَّالة الأوربيِّينَ الَّذين قصدوا "العلا" البريطانيُّ تشارلز داوتي الَّذي وصل لمنطقة العلا ضمن قافلة الحجِّ الشَّاميِّ في عام 1293هـ/ 1876م، وقد أُبقيَ في مدائن صالح بعدَ اكتشاف أنَّه نَصرانيٌّ فأخذ يتجوَّل في المنطقةِ مُستنسخاً الكتابات القديمة والرُّسوم المنقوشة في واجهاتِ المقابر المنحوتة في الجبال، وفي نهاية شهر مايو 1877م /1294هـ قام بجولة في حَرَّة "عويرض" الَّتي دعاها باسم حَرَّة "المواهيب" لأنَّ فخذ المواهيب من قبيلة "بلي" كانوا يقطنون في قرية ثربة الواقعة بالحَرَّة، وبعد قرابةِ أربعةِ أشهر من التَّجوال بها كتب أنَّها أرضٌ قاحلة لا حياةَ فيها وتُغطِّيها الصُّخور البركانيَّة السَّوداء.

والحقيقة أنَّ عدداً منَ الأجانب لا يُمكنُ حَصرُه قاموا أثناءَ شقِّ طريق سِكَّة حديد الحجاز وبعدَه بأعمال مسح واستكشاف في منطقة العلا ولا سيَّما في مدائن صالح. بَيدَ أنَّ الجهود الحقيقيَّة للدراسة العلميَّة لآثار "العلا" تبدأ فعليّاً بأعمال الأبوين الفرنسيِّين جوسين وسافناك، وقد قاما خلال الفترة بين عامي 1907 و1914م بدراسة دقيقة للنُّقوش والآثار في "العلا" والمقابر المنحوتة في مدائن صالح وكذلك في "تيماء" وعدَّة مواقعَ أخرى، وأسفرتْ أعمالُهما عن نشر أربعة مُجلَّدات ضخمة تباعاً وشكَّلت الأساسَ العلميَّ للجهود العلميَّة اللَّاحقة.

ويبقى جون فيلبي (عبد الله فيلبي) الإنجليزيُّ الَّذي أعلنَ إسلامه أهمَّ الرَّحَّالة الأجانب الَّذين عُنُوا بتلك المنطقة، وحقَّ له أن يُكتبَ على قبره في بيروت "أعظم رحَّالة في شبه الجزيرة العربيَّة" إذْ يعود الفضل إليه في اكتشاف عدد هائل من النُّقوش الثَّموديَّة في شمال شبه الجزيرة العربية فزادَ عددُ المكتشفِ منها من ألفينِ إلى ثلاثةَ عشرَ ألفَ نَقشٍ.

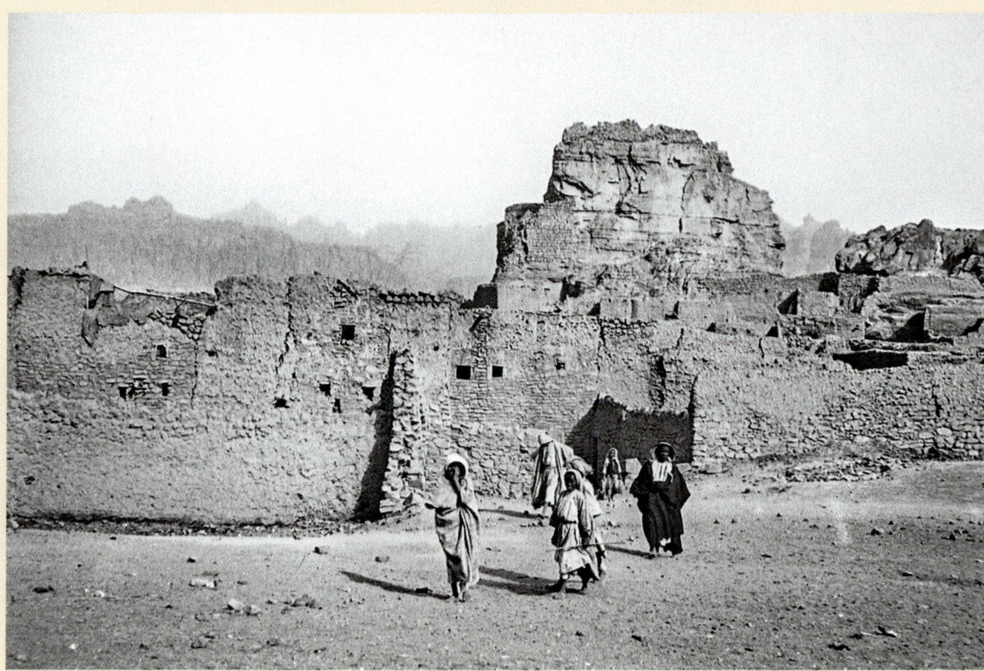

من عصور ما قبل التاريخ إلى عصر البرونز

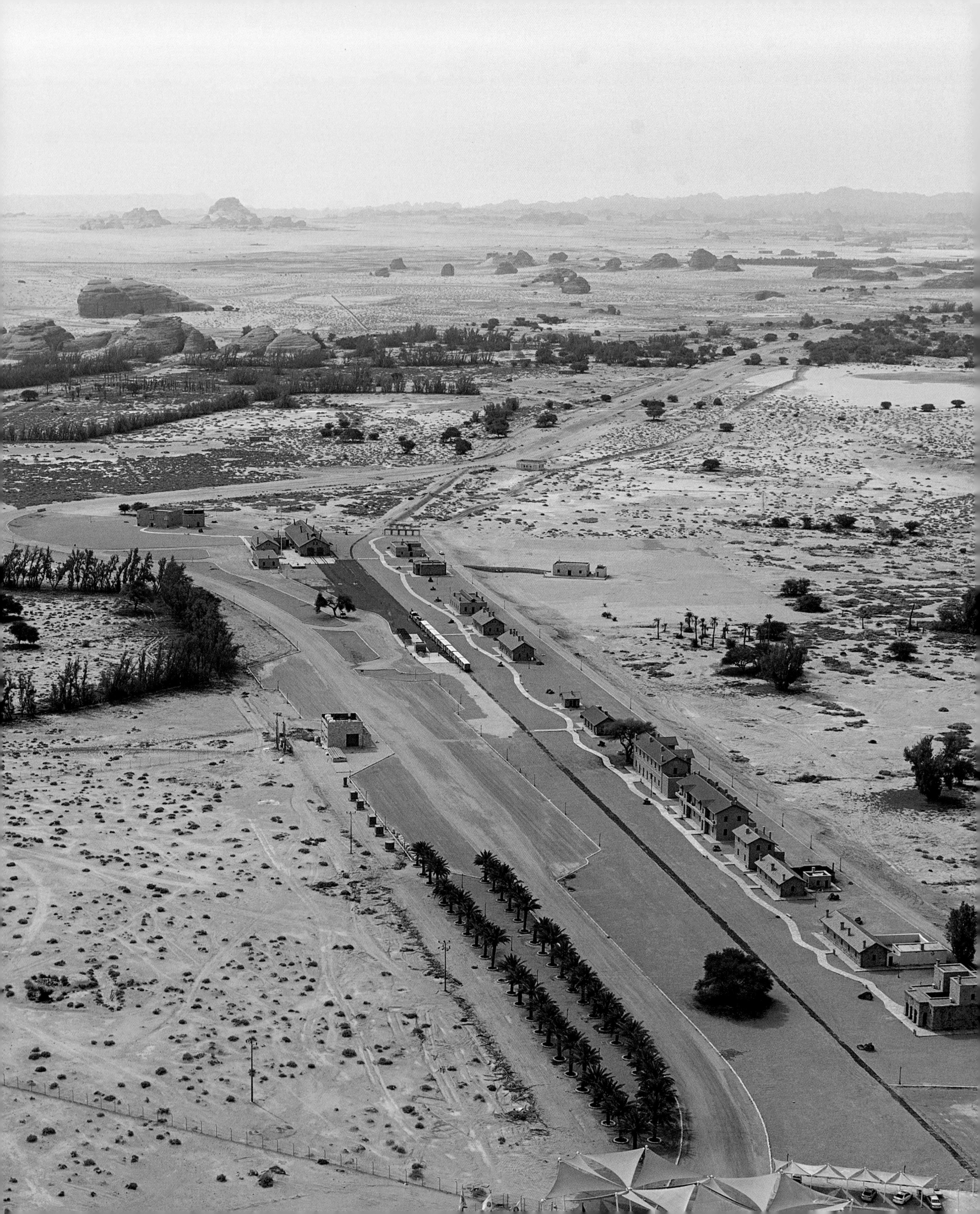

حينما وصل "الخط العالي" إلى الحجاز

فيليب بيتريا، أستاذ محاضر، جامعة باريس الأولى بانتيون-سوربون

توافد جمع غفير من المسؤولين العثمانيين والوجهاء الحجازيين على العلا في الأول من أيلول/سبتمبر من عام 1907 لافتتاح محطة سكة حديد الحجاز الجديدة. وفي وقت الاحتفال، كانت البلدة الزراعية الصغيرة التي يتراوح عدد سكانها بين ثلاثة وأربعة آلاف نسمة محطّ اهتمام العثمانيين والمراقبين الأجانب.

وفي دمشق، حيث افتُتح الخط الحديدي قبل سبع سنوات، استمع المسؤولون العثمانيون والألمان الذين شاركوا في بناء هذا الصرح إلى العلماء وهم يتحدثون في هذه المناسبة بفخر عن هذا "العمل العظيم [الذي] يجعل الإنسان يطوي المسافات ويشاهد بأم عينيه ما لم ير في الأحلام؛ [والذي] تتحول مشاهد السهول القاحلة بمروره إلى حدائق غنّاء". وألقى نجل الأمير عبد القادر الجزائري خطابين بلغته العربية الشديدة البلاغة محتفيًا "بالخط العالي" الذي أطلقه السلطان العثماني عبد الحميد الثاني تزامُنًا مع الاحتفال بذكرى اعتلائه العرش.

لم يكن افتتاح محطة العلا، والذي جاء بعد فترة وجيزة من افتتاح محطة مدائن صالح المهيبة، مجرد مناسبة للدعاية

السياسية الكبيرة للسلطان العثماني، بل كانت أيضاً لحظة انقلاب في الرأي العثماني والأجنبي. فالصحف العثمانية، والأوروبية، والهندية المسلمة التي كانت حتى ذلك الحين تُشكك في قدرة الإمبراطورية على استكمال مشروع اقتصادي وسياسي بهذا الحجم يصل حتى شبه جزيرة العرب البعيدة، أصبحت معجبة ومتحمسة.

مظهر من مظاهر الحداثة الصناعية

تعد العلا معلمًا هامًا، وهذه الأهمية لا تعود إلى حقيقة أن المحطة الجديدة تقع عند الكيلومتر 1000 الرمزي (980 على وجه التحديد) من الخط الحديدي انطلاقاً من دمشق. كما تعتبر المحطة مدخلًا إلى الحجاز حيث تبدأ هيمنة المهندسين والعمال المسلمين على الأعمال بشكل كامل، والذين كانوا حتى ذلك الحين مصحوبين بشكل كبير بمهندسين أوروبيين، ألمان وفرنسيين على وجه الخصوص. وتمثل لحظة تحول يخشاها العاملون والموظفون في خط السكك الحديدية كما يخشاها المسافرون. وهو ما يفسر الهجمات المتكررة التي

يشنها البدو على الخط في هذه المنطقة التي لم تحكمها السلطة العثمانية بشكل جيد وأسندت إدارتها إلى سلالات أشراف مكة المكرمة.

يُعدّ الخط الحديدي بسكته المُمتدة على مسافة ألف وسبعمائة وستة وستون كيلومتراً ومحطاته الستة والتسعين وعشرات الإنشاءات الهندسية التابعة له (الشكل رقم 6)، عملاً أنجزته إمبراطورية ترغب في استعراض حداثتها الصناعية وهالتها الدينية. منذ إنشائه في دمشق في عام 1900، بات الخط الحجازي الخط الحديدي الوحيد الذي مولته الإمبراطورية العثمانية بشكل كامل دون الاستعانة بالتمويلات الأجنبية. وتم الإعلان عن التبرعات الآتية من أرجاء الإمبراطورية ومن ربوع العالم الإسلامي على نطاق واسع من خلال الدعاية الصحفية النشطة والأوسمة والنياشين الموزعة بكل حماس. غير أن التمويل يعتمد بالخصوص على الضرائب والرسوم الجمركية وبعض الاقتطاعات من رواتب الموظفين لصالح أعمال الإنشاء.

كانت الفائدة الاقتصادية من خط السكة الحديدية محدودة جداً، ما عدا في الجزء السوري من الخط شمال معان، والذي كان يعتمد على الأنشطة الزراعية. وكانت قوافل البضائع والحجاج والقوارب الشراعية والعدد المتزايد من البواخر تؤمن بشكل جيد للغاية وعلى نحو تنافسي المواصلات إلى واحات وموانئ الحجاز، وظلت وسيلةً منافسةً للسكك الحديدية بعد عام 1907.

لم يُحدث مرور القطار تغيّرًا حادًا في الاقتصاد، فسكان الحجر والعلا متعودون منذ القدم على التبادلات التجارية وهجرة اليد العاملة الزراعية إلَى سوريا. في عام 1908، وصف أولير باشا Auler Pasha، المستشار العسكري الألماني الذي يتابع عمليات الإنشاء، نوعاً من "تأثير النفق" عندما رثى لحال بساتين نخيل ورياض العلا الشهيرة ولكن غير المستغلة استغلالاً كافيًا: فعلى عكس حوران، لم يجلب الخط الحديدي أي تنمية اقتصادية تُذكر للحجاز. حتى إن محمد عارف الدمشقي، الذي كان متحمسًا وهو يصف في عام 1900 الفوائد التي لا بدّ أن تعود على سكان سوريا والحجاز، خابت آماله. قامت وكالة كوك وأبنائه Cook and Sons بتجربة تنظيم رحلة سياحية انطلاقاً من محطة قطار معان باتجاه موقع البتراء في عام 1914، مستفيدة من الفندق الذي بنته إدارة السكك الحديدية، بخلاف الحجر التي لم تشهد تنظيم أي رحلة من هذا القبيل.

لم يكن الخط الحديدي هو السبب الوحيد الذي حوّل الحجاز إلى "حدائق غناء"، بل كان ذلك أيضاً بسبب العوامل السياسية والدينية التي رجحت قرار السلطان. فقد كان لا بد لسكة الحديد أن تظهر للرعايا العثمانيين ولمسلمي العالم أجمع قدرة إمبراطورية عبد الحميد الثاني على تجسيد الحداثة الصناعية المسخرة لخدمة الإسلام، والتي تمثلت في هذه الحالة في تقديم خدمات النقل إلى الأراضي المقدسة.

وسيلة تمتين الإمبراطورية

حرص حاج مختار باي، المهندس العثماني المسلم الذي تولى إدارة العمليات، على نشر برقية في جميع أرجاء الإمبراطورية في السادس والعشرين من شهر آب/أغسطس من عام 1907، وذلك قبل أيام قليلة من افتتاح محطة العلا، تعلن أن الخط الحديدي سيصل إلى المدينة المنورة بعد عام من ذلك التاريخ. وفعلاً أنجز رجاله مسافة الثلاثمائة وثلاثة وعشرون كيلومتراً المتبقية من الخط في أقل من عام، وتم افتتاح محطة المدينة بأضواء كهربائية أحدثت ضجة كبيرة، وذلك في الأول من أيلول/سبتمبر من عام 1908. إن السلطان الذي احتفل

بذكرى جلوسه على العرش في ذلك اليوم كان قد خضع للتو لحكومة حركة الأتراك الشباب، إلا أن هذه الحركة أخذت على عاتقها مهمة استئناف إنجاز عمل بارز ليصل إلى مكة المكرمة.

تعد السكة الحديدية، بالنسبة للسلطان ولحركة الأتراك الشباب في عام 1908، وسيلة لتوثيق الصلة بين الحجاز والإمبراطورية، فهذه الولاية بعيدة كل البعد عن مراكز السلطة العثمانية ما يجعلها عرضة لتدخلات الإمبراطوريات الأوروبية التي تتقدم نحو البحر الأحمر من جهة، وللتهديدات التي تفرضها عليها الإمارة السعودية من الشرق ودولة الإمامة القاسمية في اليمن من الجنوب من جهة أخرى. وهي أيضاً مركز ثقل الشرعية الدينية التي يحظى بها السلطان، خاصة السلطان عبد الحميد الثاني، الذي لم يصر أبداً من قبل على أهليته للخلافة ودوره كـ"حامي الحرمين الشريفين".

على طول طريق قوافل الحج القديمة التي تتخللها أطلال حصون أنشأتها الإمبراطوريات السابقة، لا ينقل "الخط الحميدي" - الذي يسميه السكان العرب في غالب الأحيان "جحشة السلطان" - إلا الحجاج الميامين. كما ينقل الجنود والموظفين المكلفين بمراقبة منطقة الحجاز وحكومة الأشراف. لم يخطئ الشريف حسين بن علي، المعين في عام 1908، التقدير عندما دأب على رفض تمديد الخط نحو مكة المكرمة، وحرّض هجمات القبائل البدوية حتى بداية العقد الثاني من القرن العشرين. وكان الجنود في الحجر والعلا عديدون لدرجة تكفي أن يحلوا فيها في غالب الأحيان وعلى نحو متزايد محل اليد العاملة الضعيفة والغير القادرة على صد الأخطار المحدقة بمنطقة الحجاز: وقد وصل عددهم إلى ما يقرب من سبعة آلاف وخمسمائة تم حشدهم هناك في عام 1908. كانت

L'ILLUSTRATION

Prix du Numéro : 75 Centimes

SAMEDI 3 OCTOBRE 1908

LE RAIL A MÉDINE, LA VILLE SAINTE

Inauguration du chemin de fer du Hedjaz : le discours de l'ingénieur principal Mouktar bey.

الشكل رقم 2.
"سكة الحديد في المدينة المنورة"، في L'illustration، العدد الصادر في 3 أكتوبر/تشرين الأول عام 1908، فرنسا.

الشكل رقم 3.
محطة تبوك على خط سكة حديد الحجاز، ج. هـ. حلاجيان، 1908.

الشكل رقم 4.
حاكم العلا وأبناؤه، رافائيل سافينياك، 1909.

الشكل رقم 5.
"ساحة الحجاز" في دمشق، سوريا، حيث تتواجد مكاتب خط سكة الحديد. 1908.

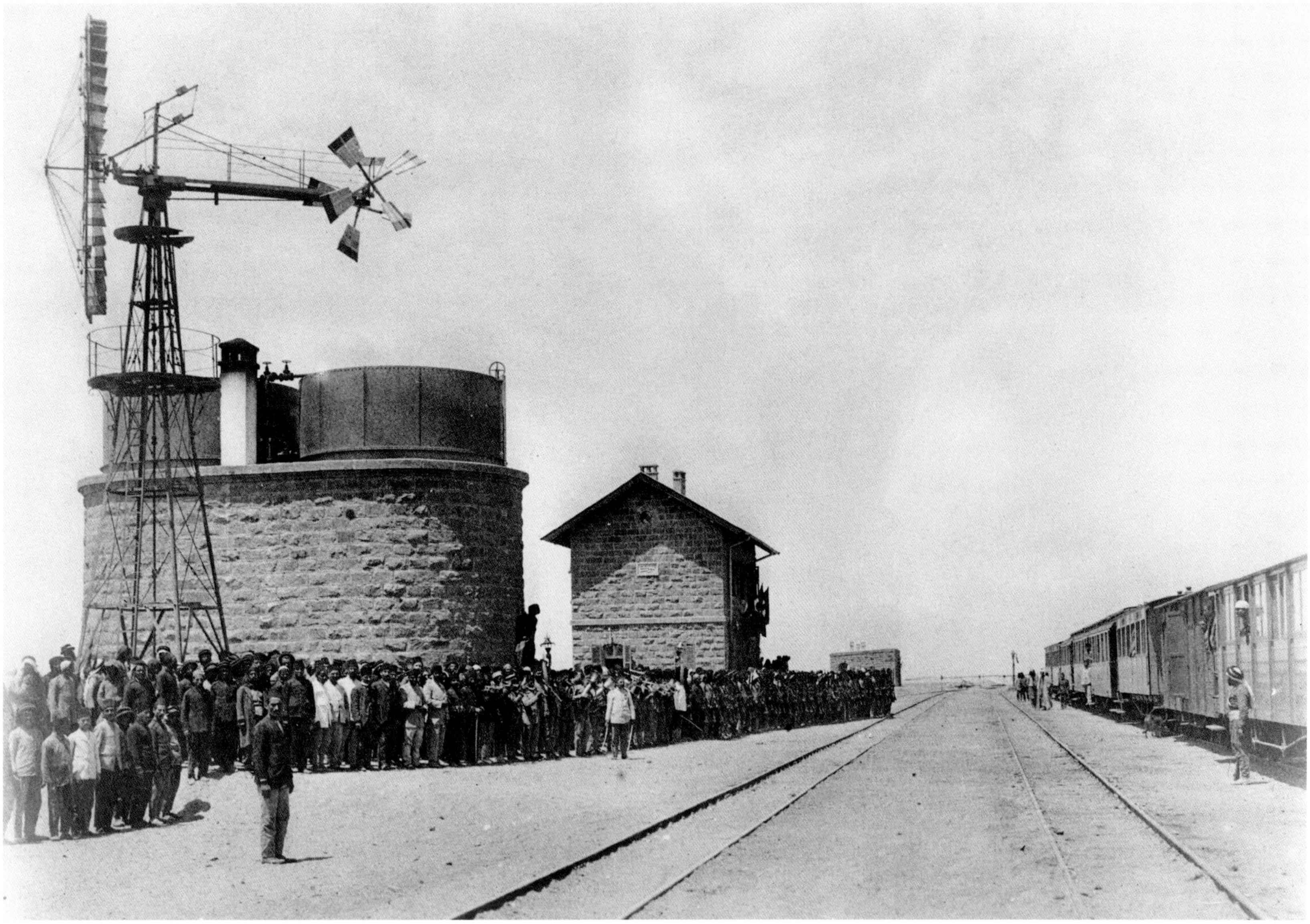

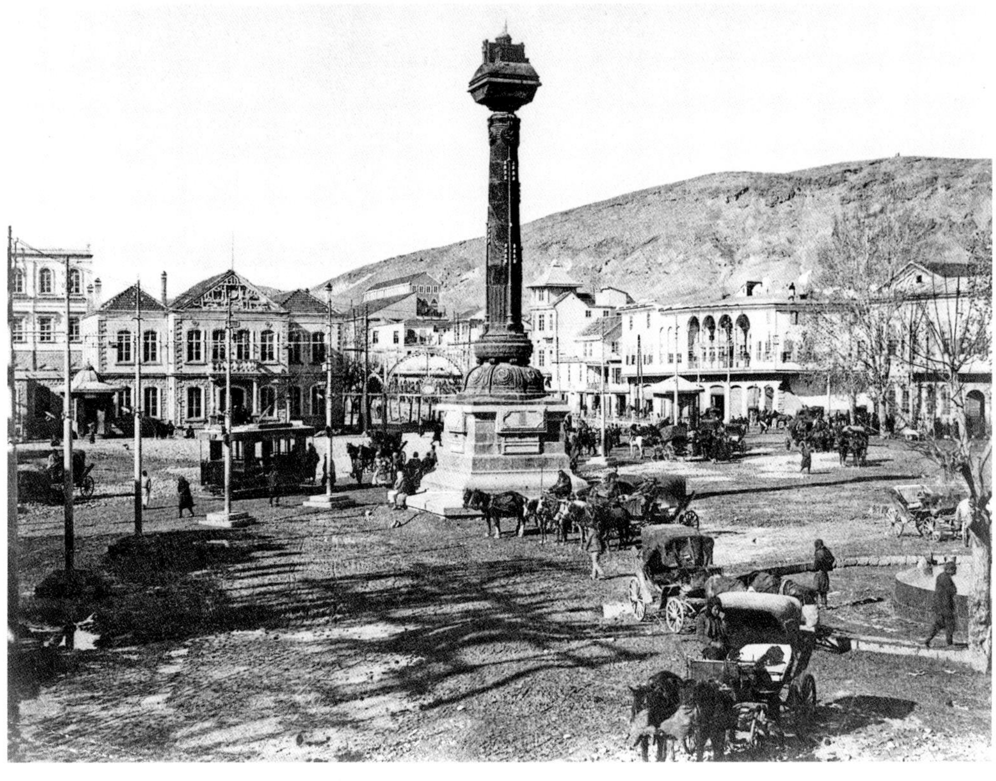

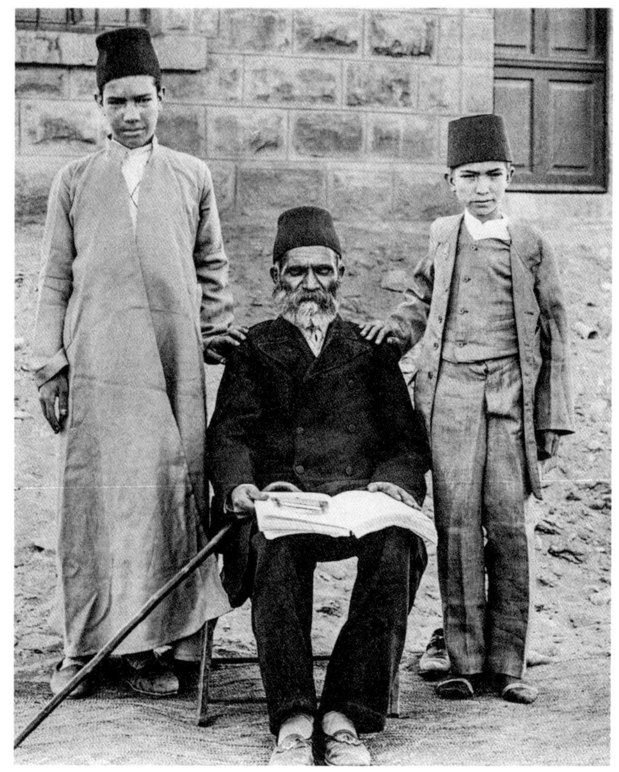

من عصور ما قبل التاريخ إلى عصر البرونز

الهجمات تتكرر لدرجة أنه توجب إرسال تعزيزات حتى يتسنى إكمال العمل بحلول صيف العام 1908. وتوجب أن يكون تواجد هؤلاء الجنود بشكل ملحوظ بمثابة إشارة لسكان البلدتين بأنهم كانوا في المتناول ويمكن إحضارهم من وسط الإمبراطورية على متن القطارات.

آخر نقطة للتزود بالمياه العذبة قبل المدينة المنورة

إذا كانت العلا هي المكان الذي أقيمت فيه الاحتفالات الرئيسية بالوصول إلى الحجاز، فالمحطة الصغيرة وخزان مائها عبارة عن تجهيزات متواضعة مقارنة بالإنشاءات المقامة في المحطة السابقة، مدائن صالح، عند الكيلومتر تسعمائة وخمسة وخمسون. وبإعادة استخدامهم لمحطة من محطات طريق قوافل الحج، سار العثمانيون على خطى الحكام المسلمين السابقين كما تشهد على ذلك أطلال القلعة المُطلة على المدينة، والتي بنوا فيها واحدة من محطات السكك الحديدية الرئيسية وأحد خمسة مراكز إصلاح وصيانة رئيسية للمعدات على طول الخط الحديدي الحجازي. تنتشر المستودعات والورش والمباني الإدارية ومستشفى ومساكن على مسافة 400 متر تقريباً على طول مسار السكة. وفي نهاية المطاف، تعد محطة مدائن صالح أول نقطة للتزود بالمياه العذبة بعد محطة الأخضر، والواقعة على بعد 100 كم عنها، وذلك بفضل بئرها الأخيرة قبل المدينة المنورة والمحفورة على عمق 110 أمتار. كان خزان العلا يزود بالمياه المنقولة بالقطار، على منوال خزان المحطات التالية.

يعتبر الأسلوب المستخدم في المباني نسخة طبق الأصل لأسلوب العمارة المتقشفة والوظيفية المتبع في المحطات الوسيطة الأخرى، ويتباين المظهر العسكري لهذه المباني المستطيلة عمداً مع العمارة الإقليمية. يوفر الحجر المحلي المادة الأساسية لبناء الجدران وإطارات الأبواب والنوافذ ويغطي القرميد الأسقف ذات الهياكل المصنوعة من الخشب. شيدت المباني بسرعة وفقاً لمخططات موحدة ونمطية تمتد على طول الخط الحديدي، باستثناء بعض المحطات الأكثر فخامة مثل محطتي دمشق والمدينة المنورة. وتتميز هذه المباني بمتانتها، وخير دليل على ذلك صمودها إلى حين القيام بأول حملات الترميم في ثمانينيات القرن العشرين.

خط مربح بفضل الحجاج

تنقصنا المصادر لتخيل ما شعر به سكان البلدتين عندما انقضت مراسم الاحتفال في عام 1907. كان القطار يتوقف في مدائن صالح والعلا ثلاث مرات في الأسبوع في الأوقات العادية، ومرات أكثر في فترات العمليات العسكرية وموسم الحج. كانت عربات القطار تمتلئ في رحلات الإياب أكثر من الذهاب، لأن العديد من الحجاج الذين يختتمون مناسك حجهم بزيارة المدينة المنورة يختارون القطار للعودة إلى سوريا وتركيا. كان هناك عدد أقل من الناس ممن يقبلون في طريق الذهاب التوقف في المدينة المنورة قبل المتابعة على ظهور الجمال، بدلاً من ركوب سفينة توصلهم مباشرة إلى جدة، ميناء مكة المكرمة.

هؤلاء الحجاج هم الذين ساهموا في جعل وصلة الحجاز مربحة. وعلى الرغم من الضرائب التي كانت تفرضها مراكز الحجر الصحي في تبوك، بقي سعر تذكرتها زهيداً على متن الدرجة الثانية. بسرعة تتراوح بين 25 و 30 كيلومتراً في الساعة، كانت تصل المدينة المنورة بدمشق في غضون ثلاثة أيام،

وتنخفض المدة تدريجياً لتصل إلى يومين ونصف عندما تكون الظروف مواتية، بينما تحتاج القافلة لنحو أربعين يوماً من السفر. مر 11188 حاجاً بالبلدتين أثناء عودتهم من الحج في عام 1909، بينما وصل عددهم إلى 19000 في عام 1912. يأخذ المسافرون فيها قسطاً من الراحة يعتمد طول فترتها على مدى حاجتهم إلى الماء وإلى الإصلاحات المحتملة للمعدات السيارة. خلال السنوات الأولى، أمكن للجنود المتمركزين في الموقع بيع زجاجات صغيرة من الرمل المتعدد الألوان الناتج عن تفكك الصخور الرملية المحلية.

مفاوضات دقيقة مع القبائل البدوية

غير أن نجاح الخط الحديدي وإنشاء محطات محمية على طول طريق قوافل الحج القديم لم يجلب الفرحة إلى قلوب الجميع. فقد خشيت القبائل البدوية من سيطرة الإمبراطورية على طرق الحج وإنهاء الإتاوات التي كانت تفرضها على الحجاج، بقدر ما كانت تخشى منافسة سكة الحديد نفسها للقوافل التي كانت تزودها بالحيوانات. وأجبر تكرار هجماتهم في عام 1909 على توقيف حركة القطارات، وبدأت مفاوضات بين الإدارة العثمانية وشيوخ البدو بوساطة الشريف حسين شريف مكة، ومن خلالها حصلت الإمبراطورية في عام 1912 على اتفاق لإنهاء الهجمات مقابل دفعها لإعانات لشيوخ القبائل والتزامها بعدم متابعة الأعمال حتى مكة المكرمة. وكانت هذه أول ضربة يتلقاها مشروع عبد الحميد الثاني.

وفي عام 1916 استؤنفت الهجمات عندما تعرض الخط لعمليات التخريب التي مارستها قوات الثورة العربية المدعومة بوحدات عسكرية بريطانية وفرنسية. وفي شهر أيار/مايو 1917، ألحق قصف بريطاني أضراراً جسيمة بمحطة العلا، وفي تشرين الأول/أكتوبر، سيطرت قبائل منضوية تحت لواء الثورة العربية على مدائن صالح. بيد أن الخط الحديدي واصل تموين المدينة المنورة حتى استسلامها في بداية عام 1919، وذلك على حساب الإصلاحات المستمرة والعمليات المرهقة لصد حرب العصابات التي تشنها قوات الثورة العربية. لقد كان تقسيم أراضي المنطقة في عشرينيات القرن العشرين هو الذي قضى على الخط الحديدي الحجازي أكثر مما فعلت الحرب، وظل منقسماً منذ ذلك الحين بين دول متنافسة أحياناً.

أجريت أولى عمليات الترميم في ثمانينيات القرن العشرين، وشرع في تنفيذ أعمال أكثر طموحاً خلال العقد الأول من القرن الحادي والعشرين، وذلك بفضل إعادة اكتشاف التراث العثماني وبفضل الخطط الأولى للتنويع الاقتصادي. وحُوّلت محطات إلى متاحف في الجزء السعودي، كما في الحجر والمدينة المنورة. وجرت إعادة إدراج سكة حديد الحجاز في التراث الوطني السعودي تدريجياً.

———

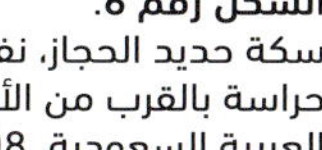

الشكل رقم 6.
سكة حديد الحجاز، نفق وبرج
حراسة بالقرب من الأخضر، المملكة
العربية السعودية، 1908.

الشكل رقم 7.
في الحِجر، على رصيف المحطة، رفائيل
سافينياك، 1909.

الشكل رقم 8.
مباني محطة سكة حديد الحجاز في
الحِجر، أوبير راجيه، 2018.

الشكل رقم 9.
وادي العلا، على بعد كيلومتر واحد من
محطة العلا، برنهارد موريتس، 1915.

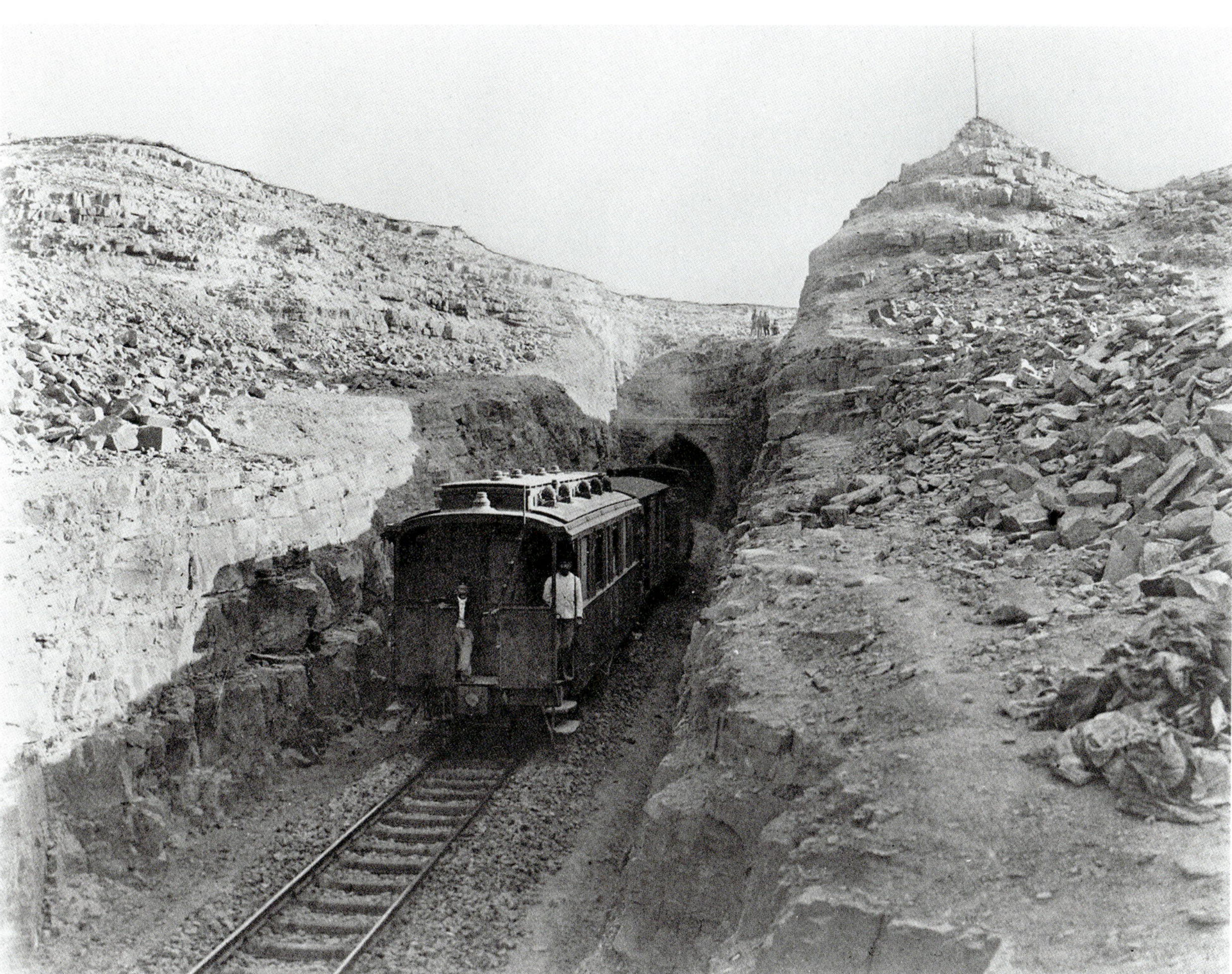

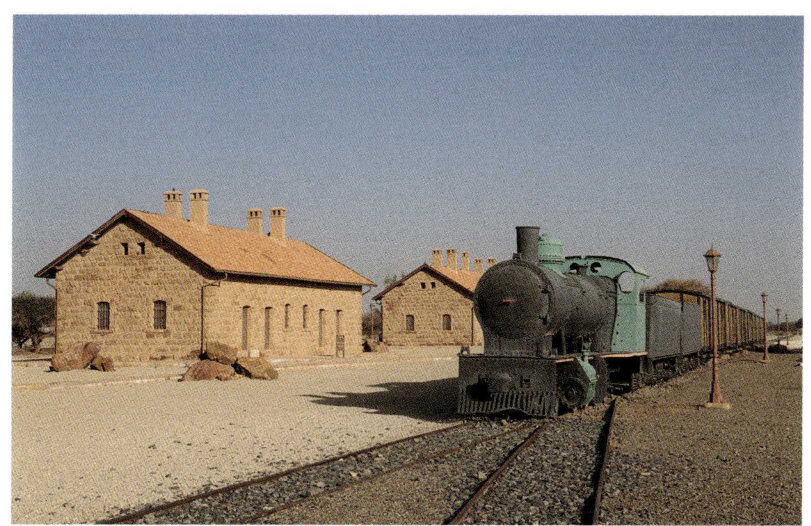

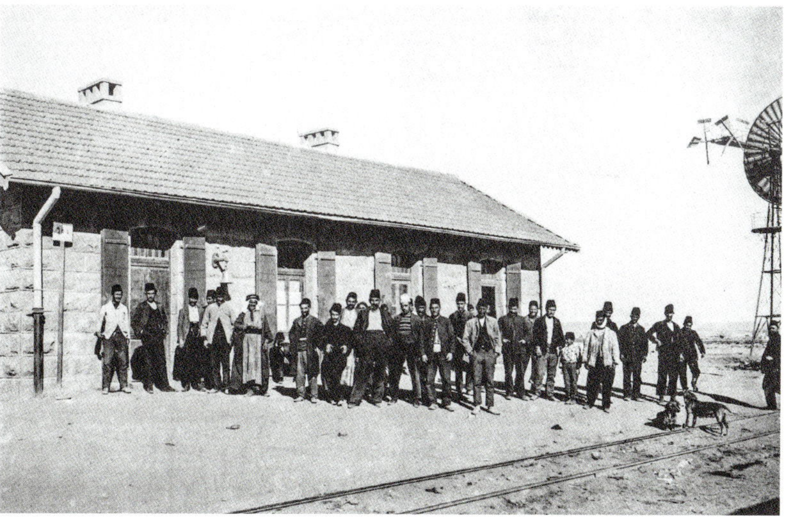

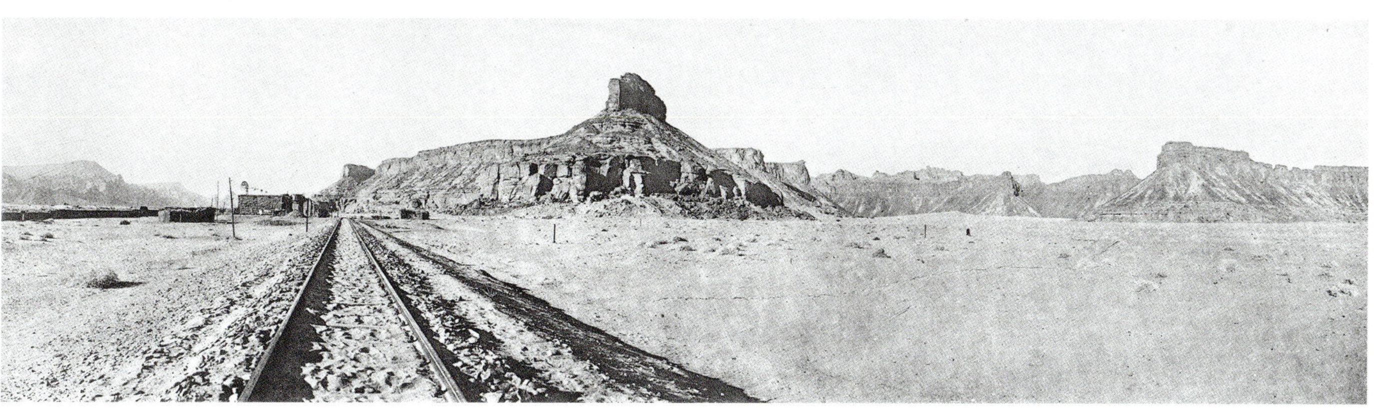

من عصور ما قبل التاريخ إلى عصر البرونز

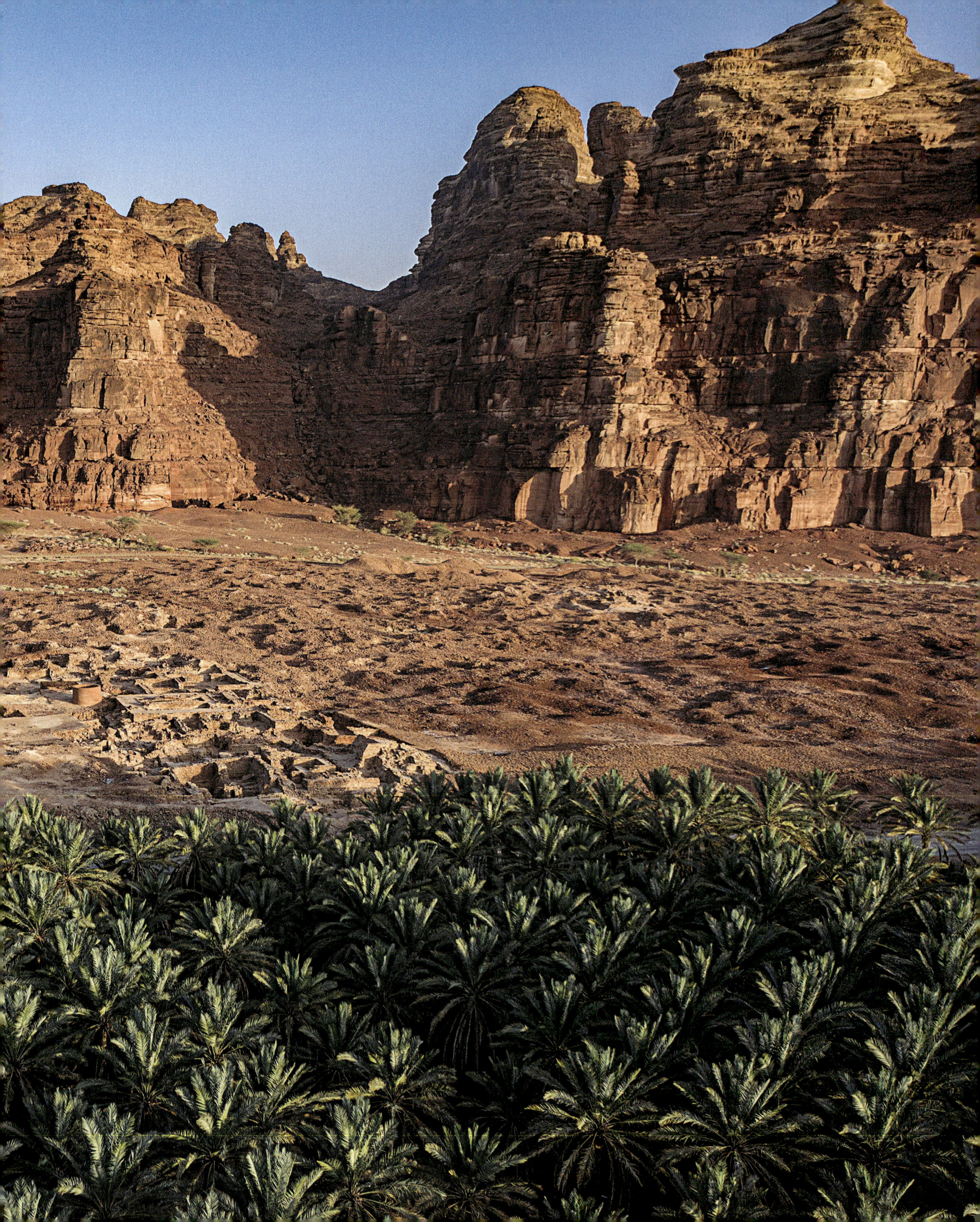

أربعة مواقع عظيمة، من دادان إلى البلدة القديمة في محافظة العلا
—

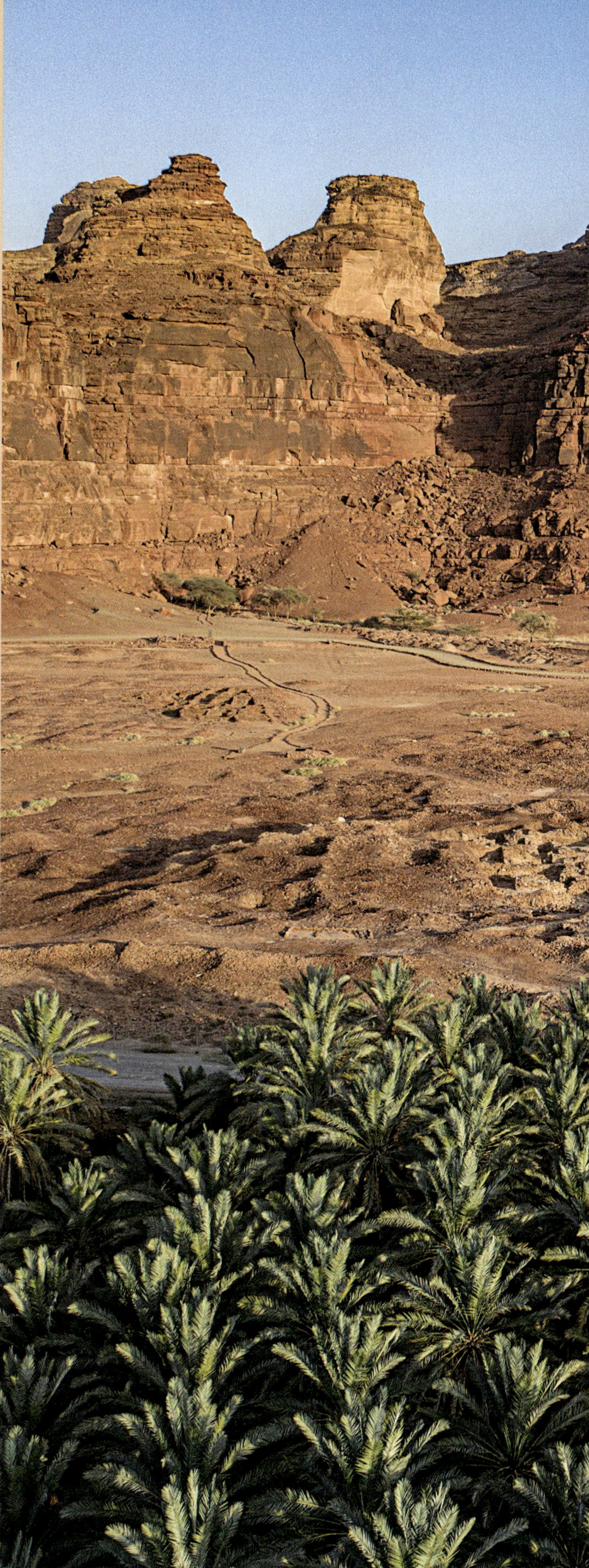

منظر عام لموقع دادان الأثري،
خليل نابلسي، 2020.

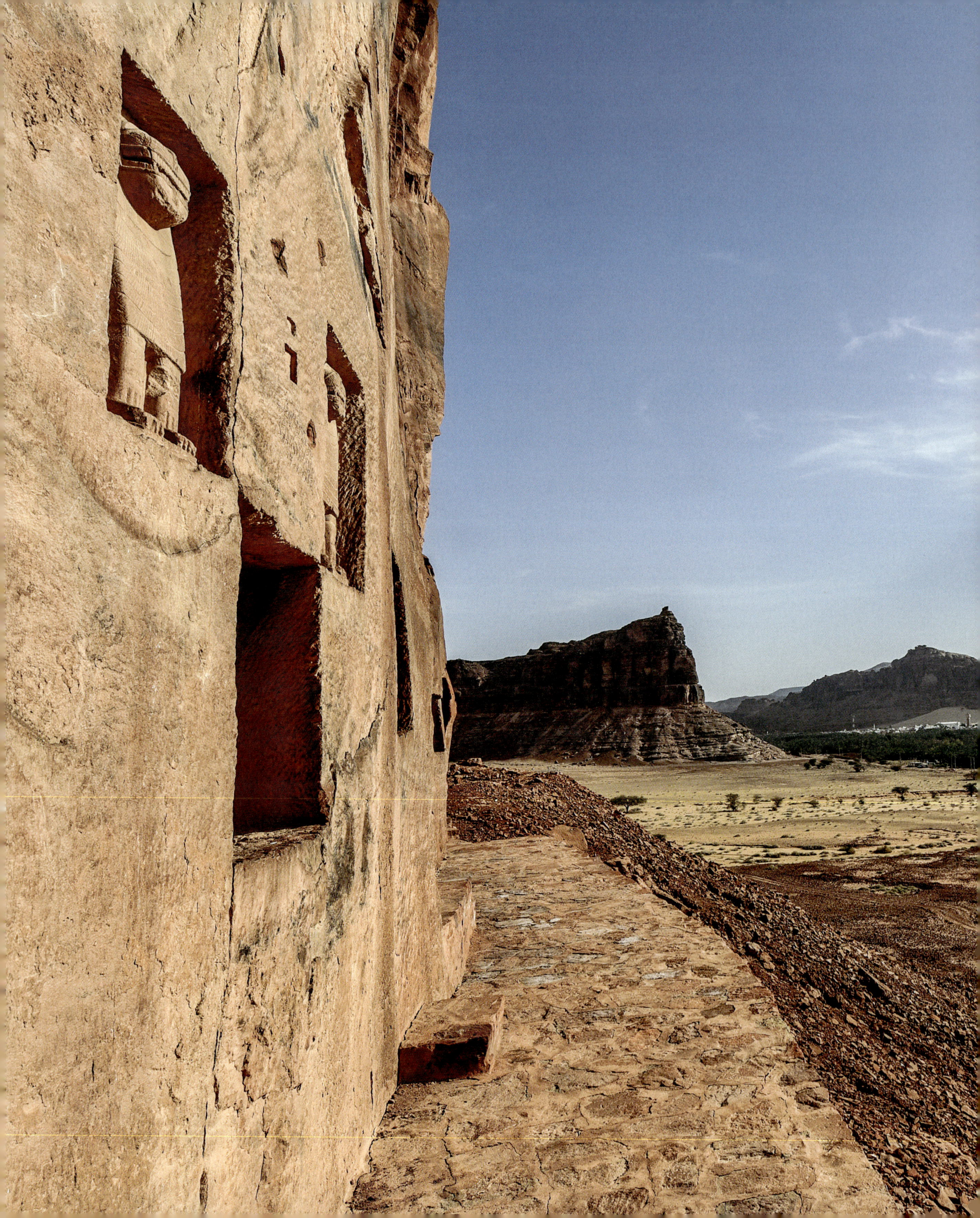

دادان

عبد الرحمن السحيباني، مدير مشارك لمشروع دادان الأثري / أستاذ مشارك في جامعة الملك سعود

جيروم رومير، المركز الوطني الفرنسي للبحث العلمي (CNRS)، وحدة البحث المشتركة (UMR 8167) الشرق والبحر الأبيض المتوسط

ازدهرت العلا بدءاً من الألفية الثانية قبل الميلاد، وشهدت تطوراً مذهلاً في الألفية الأولى قبل الميلاد مع تدجين الجمل العربي وتطوير تجارة المسافات البعيدة على طول "طريق البخور"، طريق القوافل الكبير الـذي ينطلق من جنوب شبه الجزيرة العربية باتجاه مصر والشام وبلاد الرافدين. كانت العلا واحدة من أهم المحطات الواقعة على هذا الطريق. على الرغـم مـن أن العديد مـن المناطق مـا تـزال لا يعـرف عنهـا إلا القليل، فإن الاكتشافات الأثرية الحديثة - التي تدين بالفضل إلى أعمال جامعة الملك سعود ومؤخراً إلى برنامج الآثار السعودي الفرنسي، مشروع دادان الأثري* - تسـاعد في إلقاء الضوء عـلى تاريخ هـذه المنطقة.

واحة مزدهرة

أنشـئ موقع دادان عـلى الجانب الشرقي لـوادي العـلا، عنـد سـفح منحدر صخري شـاهق مـن الحجر الرمـلي يبلـغ ارتفاعـه 150 مـتراً، ويشكل تـلاً بيضاوياً كبـيراً تبلـغ مسـاحته حوالي 9 هكتارات، ومغطى بكتل الحجارة المتدحرجة (أنظر الصفحة المزدوجة السابقة). تم تحديد الموقع منذ بداية القرن

العشريـن عـلى أنـه مدينـة دادان القديمة، المذكورة في منتصف الألفيـة الأولى قبـل الميـلاد في العهـد القديم والمصـادر الرافدية. غير أن الحفريـات الأخـيرة التي أجريت في إطار مشروع دادان الأثري تقود إلى تأريخ نشوئها في فترة أقدم. وفي الموقع نفسه، تـم في الواقع الكشـف عن بقايا مباني أثرية مكن تأريخها في منتصف هـذه الألفيـة. زودتنا الحفريـات خارج الموقع في تل السالمية، وهو مسـتوطنة صغيرة تقع في محيطه، بأدلة على زراعة محلية للنخيل مـا بـين عامـي 1200 و1000 قبـل الميلاد، ممـا يشـير إلى وجود واحة مروية بدءاً مـن نهاية الألفية الثانية. تجعلنا هذه الأدلـة نستشف تطوراً أوليـاً للتجمع السكاني في العـلا ابتـداءً مـن الألفية الثالثة، عـلى غرار ما نلاحظـه في واحة تيـماء المجـاورة، ولكن مـا زال يتعـين تأكيدها.

مملكة دادان
(النصف الأول من الألفية الأولى قبل الميلاد)

في الألفية الأولى قبـل الميـلاد، كان الموقع بدايـةً عاصمةً لإحـدى المالك العديدة التي أقيمت في شمال غـرب شـبه الجزيـرة العربية. وفي منتصف القرن السادس قبل الميلاد،

الشكل رقم 1.
منظر جانبي لمقبرة الأسود،
أوبير راجيه، 2018.

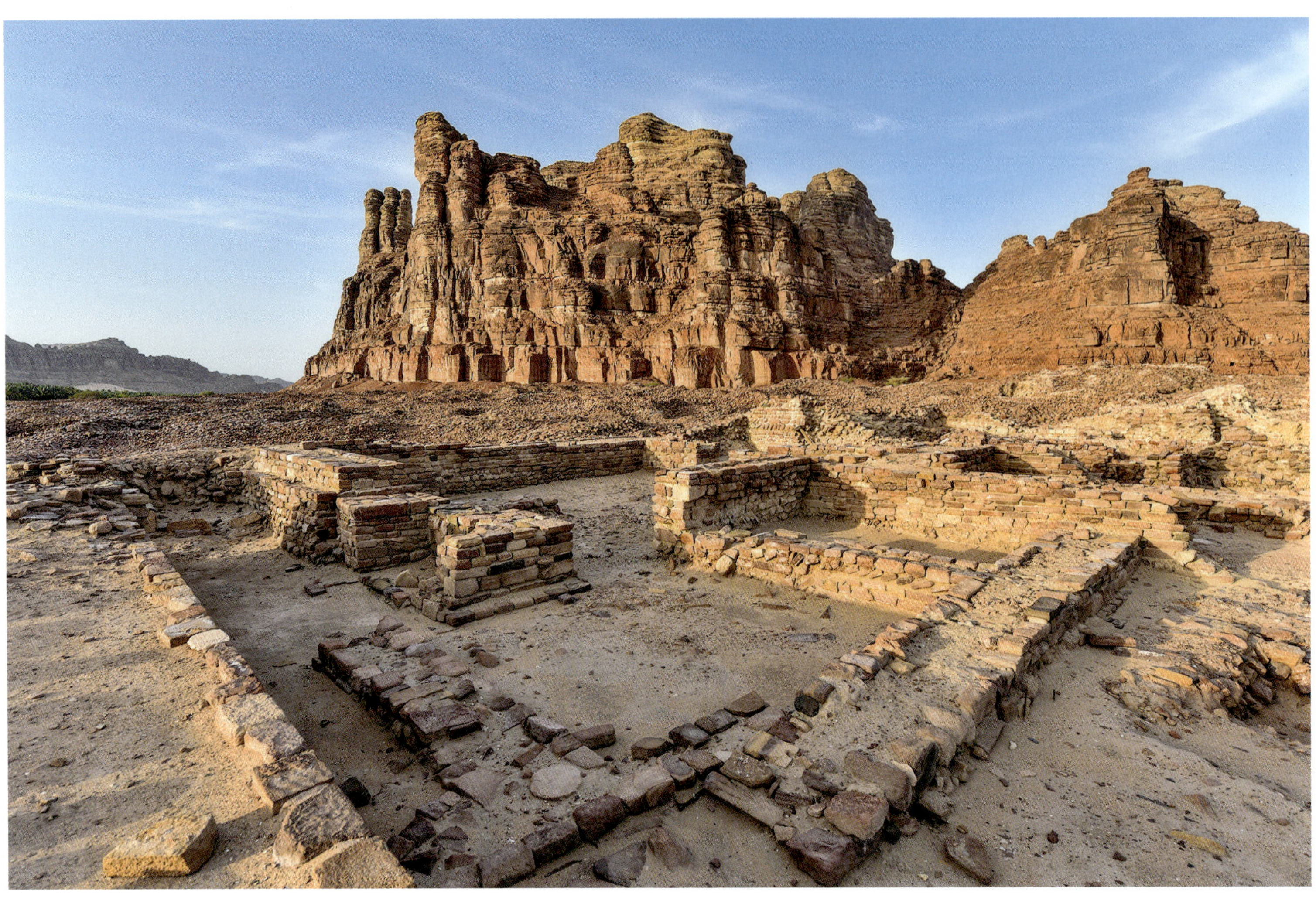

تشير نصوص رافدية فعلياً إلى مشهد سياسي مجزأ بين ممالك الواحات المختلفة - تيماء وخيبر ويثرب (المدينة المنورة) وفَدَكُ (الحائط) ويديع (؟) ودادان. بيد أن وجود مثل هذه المملكة مثبت تماماً الآن من خلال نقوش الموقع، والتي يشير العديد منها إلى "ملوك دادان". على سبيل المثال، نقش اكتشفه أنطونان جوسن (Antonin Jaussen) ورفائيل سافينياك (Raphaël Savignac)، ومسجل تحت رقم (JSLih 138)، يقرأ كما يلي: "كهف كبر إل بن متع إل ملك دادان"، أي هذا قبر كبر إل بن متع إل ملك دادان.

ورد ذكر نفس الملك، متع إل، في خربشات جدارية (غرافيتي) اكتشفت بالقرب من موقع الحِجْر، على بعد 20 كم شمالاً، والتي يشير كاتبوها إلى أنفسهم بأنهم "حراس دادان". وبناءً عليه، يبدو أن المملكة بسطت سيطرتها على الأقل حتى سهل الحِجْر شمالي وادي العلا. كما تُظهر هذه النصوص أن لغةً مكتوبة محلية، الدادانية، قد أخذت بالتطور منذ تلك الفترة. والمعروف من ملوك دادان خمسة حالياً: متع إل وابنه كبر إل، المذكوران في النقش رقم (JSLih 138)، ويضاف إليهما الآن عاصي، الذي اكتشف له في الموقع إهداء مقدم

لإله محلي يدعى طحلان (الشكل رقم 3)، وكذلك ذبابة (؟) وخخنة بن هغنيت (؟)، تم التعرف إلى هويتهما مؤخراً في النقوش الصخرية.

ما يزال تاريخ مملكة دادان غير معروف جيداً، ولكن يشير ذكر الموقع في عدة مواضع في نصوص توراتية، كتبت على الأرجح في القرنين السابع والسادس قبل الميلاد، إلى أنها كانت مدينة قوافل هامة تتاجر بشكل خاص مع مدينة صور الفينيقية في لبنان. ومن ناحية أخرى، ونحو نفس الفترة، تذكر العديد من نقوش تيماء، الواقعة على بعد 150 كم إلى الشمال الشرقي، صدى الصراعات التي دارت بين هاتين الواحتين الكبيرتين اللتين كانتا تسيطران على طريقين فرعيين متنافسين من فروع "طريق البخور".

على المستوى الأثري، تميل الحفريات الأخيرة من الآن فصاعداً إلى تأريخ تشييد المعبد الكبير للمدينة، المكرس للإله ذي غيبة، إلى فترة "ملوك دادان" (الشكل رقم 2). كان يتوسط هذا المعبد حوض كبير منحوت من قطعة حجر واحدة، ربما كان يستخدم لغايات التطهير (الشكل رقم 6). ولإنجاز هذه الإنشاءات، تم فتح محاجر كبيرة في قاعدة الجرف المطل على

دادان: عاصمة مملكة لحيان؟
(النصف الثاني من الألفية الأولى قبل الميلاد)

الموقع. كما تم استيطان العديد من المواقع الصغيرة الواقعة على محيط وادي العلا في النصف الأول من الألفية الأولى قبل الميلاد (تل السالمية، وتل الكثيب)، وعلاوة على ذلك، من الممكن أن تكون شبكة الجدران الكبيرة لتحصينات الواحة التي تم التعرف إليها في الوادي وفي الجبال المطلة عليه تم إنشاؤها في هذه الفترة (الشكل رقم 4).

مما لا شك فيه فإن أهمية دادان في تجارة البخور والأطياب المربحة هي التي أغرت الملك البابلي نابونيد آخر ملوك الإمبراطورية البابلية الحديثة إلى الاستيلاء عليها، وعلى غيرها من الواحات الكبيرة في المنطقة، إبان غزوه لشمال غرب شبه الجزيرة العربية الذي لم يدم طويلًا (553-543 قبل الميلاد).

لا شك أنه بعد انسحاب نابونيد وعودته إلى بابل تحت التهديد الفارسي، تم دمج دادان في مملكة أوسع، تسيطر عليها قبيلة لحيان. في الواقع، تذكر النقوش الدادانية ثمانية ملوك للحيان على الأقل، الذين لم يتم تأريخ عهودهم بدقة بعد. وسعت هذه المملكة هيمنتها إلى واحة تيماء المجاورة، والتي اكتشفت فيها مؤخراً سلسلة من النقوش الآرامية المؤرخة من عهد ملوك لحيان. كانت قبيلة لحيان معروفة لدى الإغريق والرومان، حيث ينبغي بلا شك التعرف إليها في تسميتي القبيلتين ليتشيني (Lechieni) ولينيتي (Leanitae) اللتين ذكرهما بلينيوس الأكبر في القرن الأول الميلادي. ويذهب هذا المؤلف إلى حد تسمية خليج العقبة بـ "الخليج اللينيتي"، موحياً بأن سيطرة القبيلة كانت تمتد إلى شواطئ البحر الأحمر.

عموماً تُعتبر دادان عاصمة مملكة لحيان، وعلى أية حال، فقد كانت إلى جانب تيماء إحدى مدينتيها الرئيسيتين. وتشهد الحفريات الأثرية على تطور كبير لمدينة دادان بين القرنين الخامس والثاني قبل الميلاد، يتميز خصوصاً بتكثيف التبادلات مع عالم البحر الأبيض المتوسط. ففي المعبد الكبير للإله ذي غيبة، تتميز فترة "ملوك لحيان" بأعمال البناء والتجديد وكذلك بتقديم قرابين في شكل تماثيل ضخمة على الطراز المصري، والتي لا نعرف ما إذا كانت تمثل ملوكا أو آلهة كما

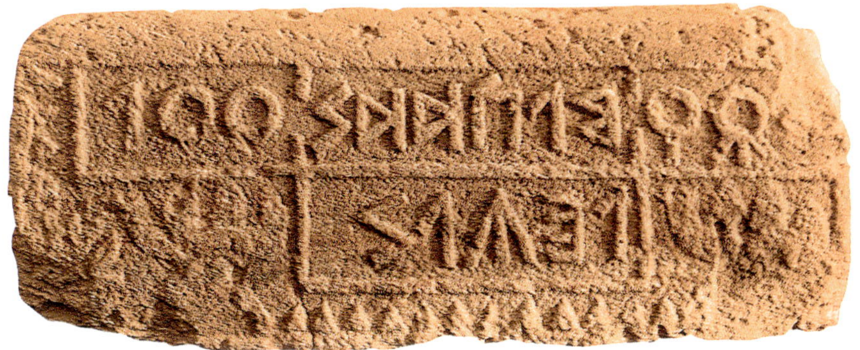

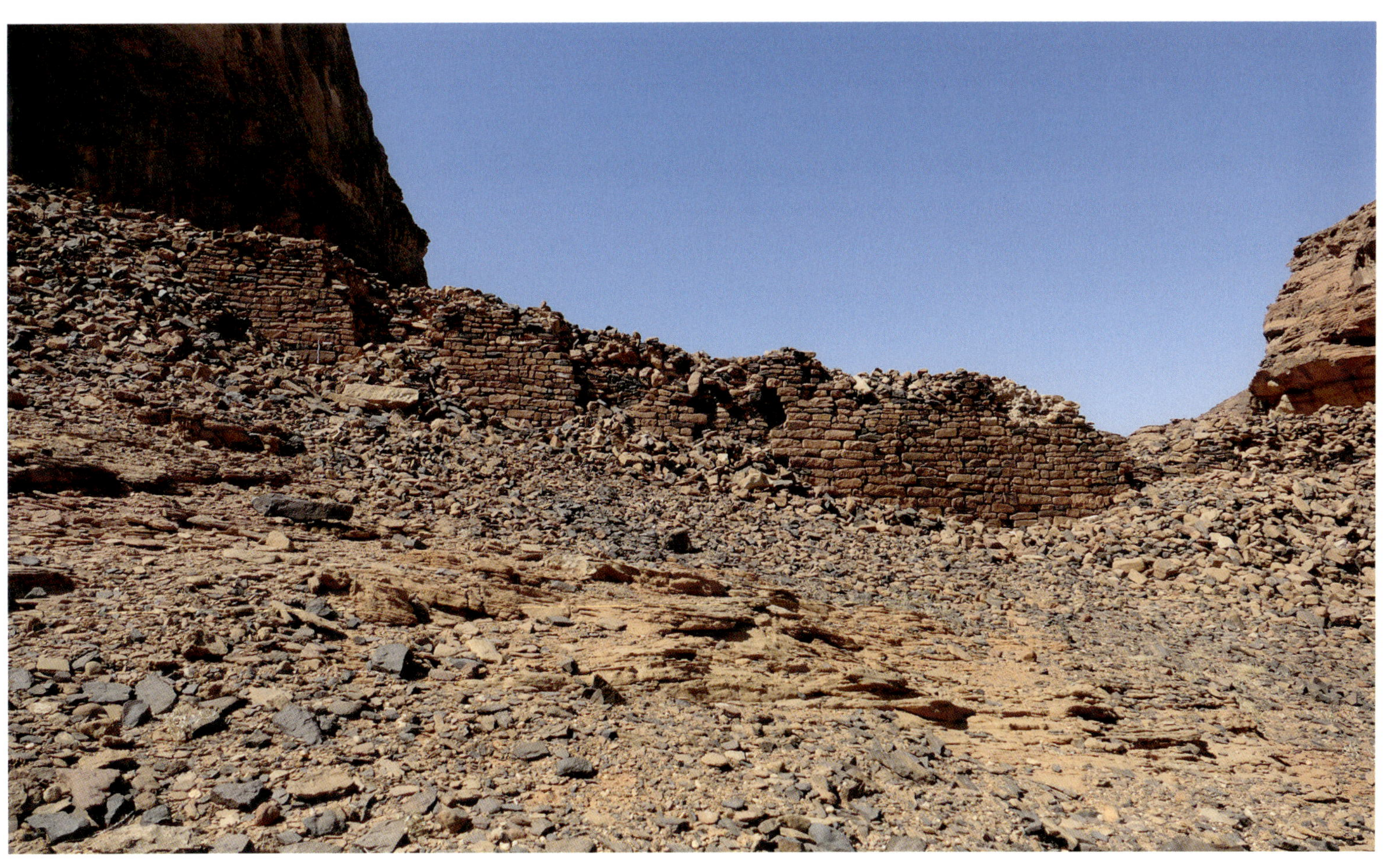

أربعة مواقع عظيمة، من دادان إلى البلدة القديمة في محافظة العلا

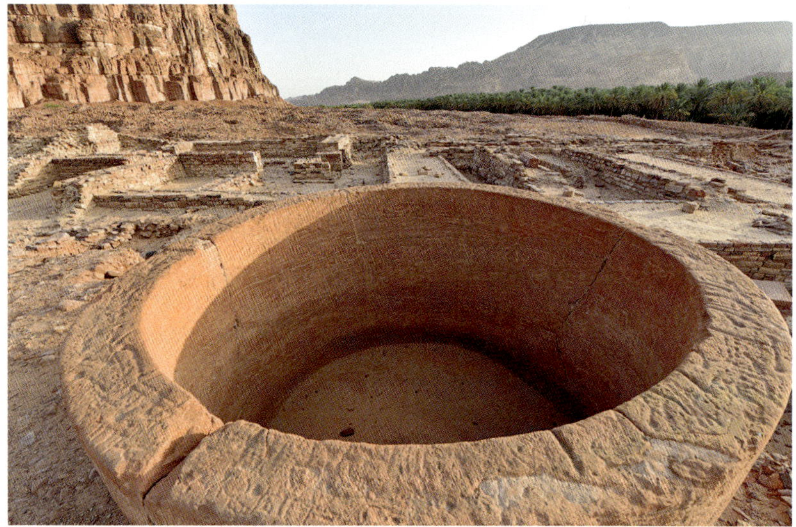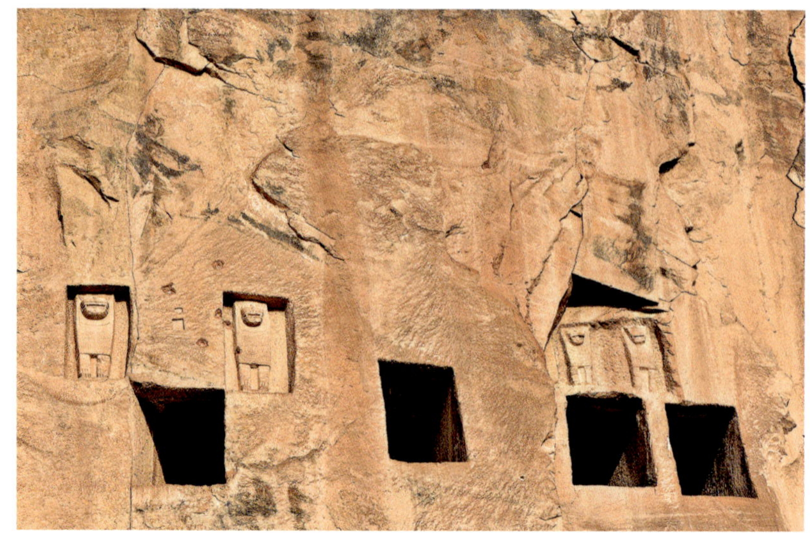

شهدت هذه الفترة توسعة مقبرة الموقع المحفورة في الصخر، والمكونة من مئات الحفر والمشاكي والحجرات الجنائزية المحفورة في قاعدة الجرف على واجهات نحتت منذ القدَم. كانت هذه القبور مصحوبة بمعابد جنائزية أحياناً، والتي جرى التنقيب في أحدها في إطار مشروع دادان الأثري (أنظر مقال كلُوي جيراردي، ص.95 من هذا الكتاب).

حول دادان، في وادي العلا والجبال المحيطة، رصد وجود العديد من المعابد التي كانت قيد الاستعمال في ظل حكم سلالة ملوك لحيان. أولها أم درج، وهو معبد شاهق يقع على قمة جبل مرتفع ويمكن الوصول إليه من خلال مجموعات من الدرجات المنحوتة في الصخر (انظر مقال أم درج). أما الثاني، جبل عكمة، فهو صدع عميق في جرف من الحجر الرملي، شمال الوادي، حيث نقشت عدة مئات من النقوش الدادانية. في هذين المعبدين، كان يقام احتفال خاص على شرف ذي غيبة، يسمى ط ل ل، والذي يُعتقد اليوم أنه مرتبط بتسجيل حقوق أو عقود استئجار الأراضي. كما مكنت أعمال مشروع دادان الأثري من الكشف مؤخراً على معبد ثالث في الهواء الطلق في الجبل المشرف على موقع دادان، وعمليات التنقيب ما زالت جارية فيه.

الوجود المعيني في دادان

في ظل حكم ملوك لحيان، احتفظت دادان بدور تجاري بالغ الأهمية. يشهد على ذلك إنشاء مركز تجاري، على الأرجح بين القرنين الرابع والأول قبل الميلاد، لتجار من جنوب الجزيرة العربية قادمين من مملكة معين. في ذلك العصر، كان المعينيون الذين كانوا يتخذون من قرناو، في اليمن اليوم، عاصمة لهم اللاعبين الرئيسيين في تجارة البخور والأطياب لمسافات بعيدة. فقد كانوا يمتلكون مراكز تجارية في قرية الفاو (جنوب الجزيرة العربية)، ومصر وديلوس، لكن أهمها بلا شك كان مركز دادان. تشهد المئات من النقوش المكتوبة باللغة العربية الجنوبية وبالخط المسند على وجودهم في

الواحة، حيث كانت تجمعاتهم السكنية التي يديرها قضاتها الذين يحملون لقب "كبر" تتمتع باستقلالية كبيرة. وعلى هذا النحو، كانت دادان تضم معبداً كبيراً مكرساً للمعبود ود، إله مملكة معين، الذي كان يلعب دوراً رئيسياً في تسويق البضائع وفرض الضرائب عليها.

تشهد العديد من النصوص على التفاعلات الحضارية القوية بين التجمعات السكنية. فلم يقتصر الأمر على تزاوج الدادانيين والمعينيين، بل عبد المعينيون أيضاً إله دادان ذو غيبة، وذهبوا إلى حد استخدام اللغة والكتابة الدادانية المحلية لهذا الغرض.

أشهر الأدلة الأثرية على الوجود المعيني في دادان هي "مقابر الأسود" الذائعة الصيت، وهما مشكاتان جنائزيتان منحوتان في الجدار الصخري ويحيط بكل منهما زوج من الأسود الحارسة ذات النحت القليل البروز (الشكلان رقم 1 و5). أحدها مصحوب فعلياً بنقش معيني. وفوق هذه المقبرة، كشفت عمليات المسح الأخيرة التي أجريت ضمن مشروع دادان الأثري في جبل دادان عن معبد كبير فوق الجبل ترتبط به مئات النقوش المعينية. يبدو هذا المعبد وكأنه طريق مواكب ضخم مكون من جسور وأدراج محفورة في الصخر(الشكل رقم 7)، تربط أربع قمم فيما بينها وتقود إلى أعلى نقطة في الكتلة الصخرية، حيث كان يوجد مكان للعبادة في الهواء الطلق. كما كشفت الحفريات في وسط المدينة القديمة عن أجزاء من النقوش الضخمة التي تعود إلى معبد معيني قديم، والذي ما يزال يتعين تحديد موقعه بدقة.

الأفول وإعادة الاستيطان

في آخر قرنَين قبل الميلاد، وحتى قبل وصول الأنباط، يبدو أن دادان قد بدأت بالأفول لصالح مدينة الحِجْر، الواقعة على بعد 20 كم شمالاً. ويتكرس هذا الانتقال للمركز الإقليمي السياسي والاقتصادي باستقرار الأنباط في الحِجر قبل فترة قصيرة من بداية العصر الميلادي. غير أن دادان لم تُهجر. وفقاً

لأعمال التنقيب الجارية حالياً، ظلت المدينة القديمة مأهولة حتى منتصف القرن الثالث الميلادي، ومن ثم انتقل الاستيطان البشري بعدها إلى قرية تعود إلى العصور القديمة المتأخرة (بين القرنين الرابع والسادس للميلاد) تم التعرف إليها مؤخراً في جنوب الموقع. أخيراً، وفي بداية العصر الإسلامي (من القرن الثامن إلى القرن الحادي عشر الميلاديين)، أنشئت قرية صغيرة مرتبطة بمبنى ضخم (قصر؟) في شمال الموقع.

بدءاً من القرن الثاني عشر على الأرجح وحتى فترة قريبة، كان موقع دادان بمثابة مقلع حجارة استخدم في تشييد بلدة العلا القديمة، حيث تم العثور على العديد من النقوش الدادانية والمعينية المعاد استخدامها. وفي بداية القرن العشرين، استُخدمت بقاياه لصنع حصى لرصف خط سكة

حديد الحجاز الذي يمتد على طول جانبه الغربي. عملت السلطة السعودية على الحفاظ على الموقع الذي سيشهد، منذ ذلك التاريخ فصاعداً، عمليات بحث أثري مكثف ستكشف مع كل موسم تنقيبي فصلاً جديداً من تاريخه.

———

* (الهيئة الملكية لمحافظة العلا (RCU) / الوكالة الفرنسية لتطوير محافظة العلا (AFALULA) / المركز الوطني الفرنسي للبحث العلمي (CNRS))

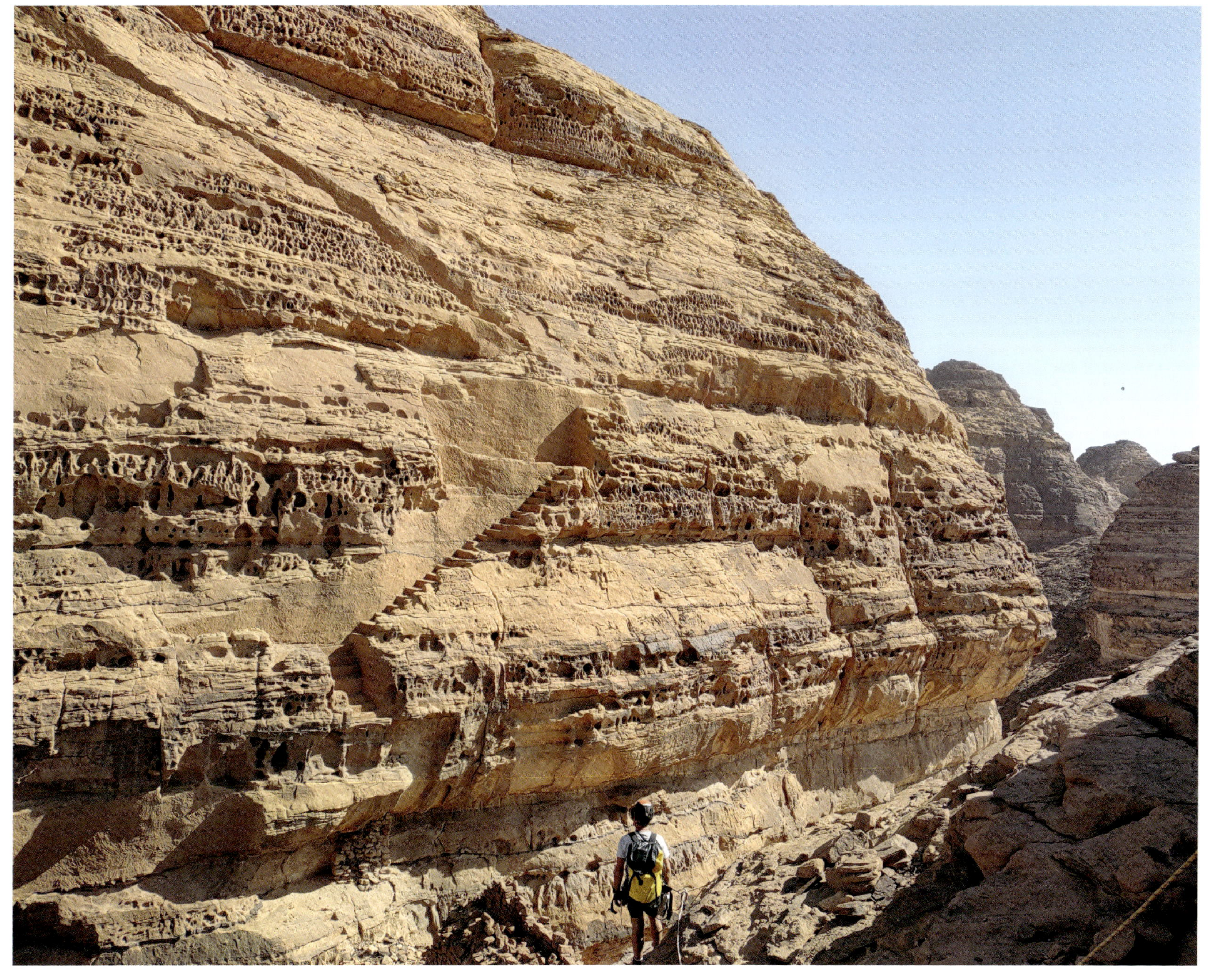

أربعة مواقع عظيمة، من دادان إلى البلدة القديمة في محافظة العلا

ملامح من فنّ نحت التّماثيل في الحضارة الدّادانية

سعيد بن فايز السعيد

(أستاذ، جامعة الملك سعود، الرياض)

لقد عكست المعثورات الأثريّة في موقع "دادان" وخصوصاً ما كُشفَ عنه في طبقات الموقع العمرانية المنقبة -حتى الآنَ- مدى الازدهار والثراء الاقتصادي الذي عاشته "دادان" خلال عصر المملكة الدّادانية وخلال عصر مملكة لحيان، وتبرز من بين منتجات الحضارة الدّادانية التي تشهد أيضاً على قوّة وثراء وازدهار "دادان" تلك المنحوتاتُ من التّماثيل التي عُثِرَ عليها في المركز الدينيّ أو في المرافق العمرانيّة المحيطة بمركز مدينة "دادان".

ومِمّا يلفتُ الانتباه حقّاً هو أنّ تلك التّماثيل ذاتُ جودة وإتقان في التّجسيد والإنتاج، مِمّا يجعل المرءَ أمامَ هذه الحبكة المتقنة في الصّناعة يتساءلُ من أينَ لسُكّان "دادان" آنذاك كلّ هذه المعرفة والإتقان لقواعد التّجسيد والمنظور في فنّ النّحت، وهل كان ذلك نتيجةً لنقل مباشر من الثّقافات المجاورة في بلاد الشّام ومصرَ وبلادِ الرّافدين؟ كما تذهب إلى ذلك بعض الدّراسات الحديثة في القول بأنّ فنّ نحت التّماثيل في "دادان" متأثّرٌ ومنقولٌ من ثقافة النّحت في مصرَ، ويُدلّلُ أصحابُ تلك الدّراسات على ذلك بوجود علاقات وتواصل مباشر تمّ من خلال تسيير سُكّان "دادان" للقوافل التّجاريّة إلى مناطق تلك الحضارات وحواضرها.

صحيحٌ أنّ المتمعّن في أسلوب المنحوتات البشريّة لا يخفى عليه وجودُ مسحة من التشابه في الأسلوب الفنّيِّ بين بعضها وتلك التّماثيل من حضارات مصر وبلاد الشّام أو العراق، ولكنّ الحقيقةَ الثّابتة أنّ أصحابَ هذا القول لم ينظروا إلى تطوُّر المسار الحضاريِّ في شبه الجزيرة العربيّة عموماً وشمالها على وجه الخصوص وتحديداً في فنّ الرّسم والنّحت الصّخريّ، والمتمعّن في ذلك ربّما لا يستغرب أن يبلغَ فنّ النّحت على الإجمال في "دادان" مَشارفَ الجودة والإتقان سواءً في التّصوير أو التّخطيط أو النِّسب التّشريحية أو مراعاة قواعد المنظور والبُعد الثّلاثيّ، لكونه يرتكز على نتاج مدرسة ممتدة وذات تاريخ طويل في فنّ النّحت والرّسم الصّخريّ، وشواهدُ التاريخ تشير بكلّ وضوح إلى براعة سُكّان شبه الجزيرة العربيّة عموماً وتمكّنهم آنذاك ومنذ بدايات العصر الحجريّ الحديث من إتقان فنّ الرّسم على واجهات الصُّخور وذلك من خلال طرق وأساليبَ متنوّعة تراوح بين النّحت الغائر والبارز والرّسم بالكشط والحكّ والرّسم بالحزّ والنّقر والطّرق أو الرّسم بالألوان.

والحقيقة التي أثبتتها الدّراسات الحديثة لفنّ النّحت والرّسم الصّخري في شمال شبه الجزيرة العربيّة على وجه الخصوص تؤكّد أنّ ثمة مدرسة فنّية نشأتْ في شمال شبه الجزيرة العربيّة في عصور مُبكّرة من العصر الحجريّ الحديث آخذة في التّطوّر

نحو الإبداع في الأسلوب وإتقان قواعد الرّسم الفنّيّ بدرجة تُضاهي ما كان مُتّبعاً في فترات تاريخيّة لاحقةً في مدارس فنّيّة كبرى في بلاد الشّام ومصر وبلاد الرّافدين.

لقد أبدع فنّانو المنطقة آنذاك في نحت الأشكال الآدميّة والحيوانيّة على الصّخر وسُفوح الجبال، وما تلك الشواهد التي كُشفَ عنها في موقع "جبة" و"الشّومس" في منطقة حائل، إلّا أدلّة ماديّة تشهد على براعة فنّاني المنطقة في توظيف مهاراتهم الفائقة في تجسيد مناظر الرّعي والصّيد، كما تبرهن من جانب آخرَ على قِدَم فنّ النّحت الغائر والبارز على أسطح الصّخور، وخصوصاً تلك الرّسوم المنحوتة على أسطح صخور جبل أم سنمان في "جبة" وجبال الرّاط والمنجور في "الشّومس" التي يعود تاريخها إلى العصر الحجريّ الحديث، ومن اللّافت للانتباه حقّاً أنّ تلك الرّسومات الصّخريّة جاءت وفق خصائص فنّية مبنيّة على قواعد رُوعي فيها أبعاد المنظور في إظهار التّفاصيل التّشريحيّة للأجسام البشريّة والحيوانيّة. كذلك نُحتَت الأجسام وفق منظور يميّز بين حجم الإنسان والحيوان المصوّر على سطح الحجر وإظهارها بشكل أشبه بثلاثيّ الأبعاد. وخلاصة القول أنّ ما قدّمته من لوحات فنّية غير مسبوقة في المنطقة ذاتها فحسب بل في منطقة الشرق القديم على الإجمال تشير إلى قِدَم فنّ النّحت الغائر والبارز على الصّخور في شمال شبه الجزيرة العربيّة، وتجعل المرءَ من جانب آخرَ يُعيد النّظر في مسألة فنّ النّحت في شبه الجزيرة العربيّة عموماً وشمالها على وجه الخصوص في كونه يعتمد على تطوّر ممتدّ من مدرسة عريقة في فنّ النّحت تبلورت في شمال شبه الجزيرة العربيّة وامتد أثرُها ليس فقط في أرجاء شبه الجزيرة العربيّة بل تجاوزها ليصل إلى مناطق الشّرق القديم.

مسوغات نحت التماثيل: باستثناء عدد قليل من المنحوتات النباتيّة والزّخرفيّة جاء مُجمَلُ التّماثيل في الحضارة الدّادانيّة على هيئتين: إنسانيّة وحيوانيّة، ولا ريبَ في أنّه ثمّة مُسبّباتٌ موضوعيّةٌ أدّت إلى أن يقوم سُكّان "دادان" آنذاك بتجسيد المنحوتات الحيوانيّة، سواءٌ كانت على هيئة منحوتات منفصلة ذات بُعد ثُلاثيّ أو جُسّدَت وفق أسلوب النّحت البارز أو الغائر على أسطح صفائح حجريّة أو فخاريّة أو معدنيّة مثل النّحت البارز على جانبَي مقابر جبل "دادان" والذي جاء على هيئة أُسود، أو على هيئة أُسُد مُنفصل من البرونز، وكذلك نحت اللّبوة التي جُسّدَت على سطح صخرة بإتقان وهي تُرضع شبلها، أو تلك المنحوتات الحيوانيّة والنباتيّة المرافقة لنقش الملك الدّاداني عاصي إذ يظهر على سطحها نحتٌ بارز يُجسّد مجموعة من الحيوانات. وتجسيدُ هذه

4 .Bednarik, 2005: 49
5 Bednarik, 2015: 1

الحيوانات وغيرها مما تكرّر في المنحوتات الدّادانية لا شكّ أنه يحملُ مؤشرات على أنّه ذُو بُعدٍ فكريٍّ عقديٍّ لدى سُكّان "دادان" جعلهم يُجسّدون بعض الحيوانات على القطع الأثريّة أو مُستقلّة بذاتها كدلالة رمزيّة على قداسة تلك الحيوانات كرُموز دينيّة ترتبط بالمعبودات الدّادانية، أو كقرابين تُقَدّم للآلهة لنيل رضاها ولكي تُسبغ نعمة الرزق والحماية على مقدّم القربان وعلى ذُرّيّته من بعده.

كذلك الأمر فيما يتعلّق بالتّماثيل البشريّة التي كُشفَ عنها سواءً في "دادان" نفسها أو في حواضر ممالك شبه جزيرة العرب القديمة. فبينما كانت النّظرة السّائدة التي كرّرتها وأرسختها كُتُب التّراث العربيّ بدون استثناء أنّها عبارة عن أصنام تمثّل آلهة الشعوب والقبائل العربيّة، إلّا أنّ الحقيقة الراسخة التي أثبتها مضامين النّقوش العربيّة القديمة إن شماليّة أو جنوبيّة تُفضي إلى التّأكيد على أنّ تلك التّماثيل البشريّة هي في حقيقتها إهداءات وقرابين يقدمها أتباع تلك المعبودات إلى آلهتهم لترمز لهم ولكي تُبرهن تلك التّماثيل على طاعتهم لآلهتهم ووضع أنفسهم في خدمتها تعزيزاً لحضورهِم الدّائم والحظ بنعيم الآلهة وبَركتها. ولعلّ ما يؤكّد ذلك هو تلك الاختلافات الظّاهرة على هيئة التّماثيل ولا سيّما في ملامح الوجه التي سعى النّحّات أن يجعلها تحاكي إلى حدّ ما وجهة مُقَدّمها أو صاحبها. ويُعزّز ذلك أيضاً أنّ أحدَ التّماثيل الدّادانية الكبيرة (لوحة 7) جاء مكتوباً على صدره بالقلم اللّحياني عبارة "ملك لحيان"، وهو ما يشير بكلّ وضوح إلى أنّ هذا التّمثال وربّما أيضاً التّماثيل الدّادانية ذات الحجم الكبير تخصّ ملوك لحيان الذين نصبوها في المركز الدينيّ المكرّس للمعبود اللّحيانيّ الرّئيس "ذو غبة" كدلالة رمزيّة على حضورهم ومشاركتهم في الحياة الدينية والاجتماعية إماقي الحياة أو بعدَ المماتِ.

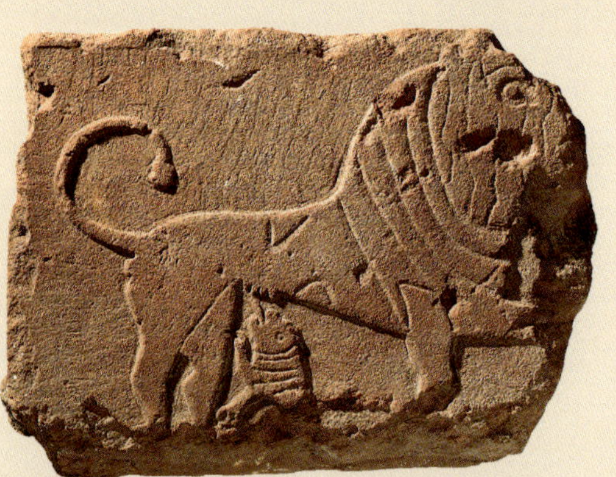

الشكل رقم 1.
نقش قليل البروز مزين بأسد،
معبد دادان (الخريبة)، بين القرنين
الخامس والأول قبل الميلاد.
15 × 46 × 33 سم، محمد بابلي.

1 السعيد، وآخرون، 2013؛ الذيب، وآخرون، 1437هـ
2 Kaskel, 1935: 57; Parr 1989: 62, 65. Saleh 1971: 26؛
لطفي 1988: 136.
3 Khan, 2013: 447

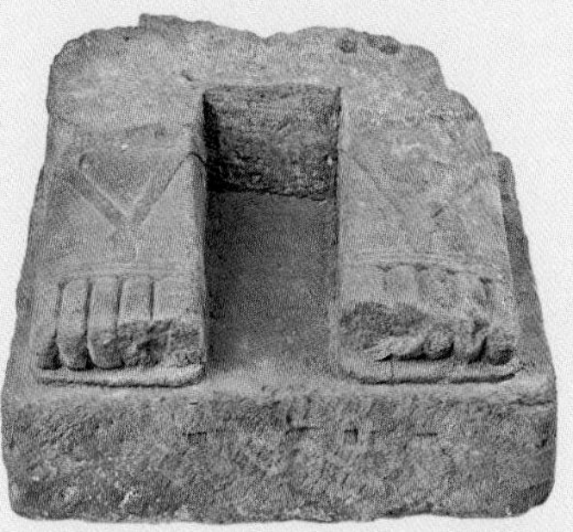

الشكل رقم 5.
قاعدة تمثال، معبد دادان
(الخريبة)، بين القرنين الخامس
والأول قبل الميلاد،
37 × 60 × 32 سم، محمد بابلي.

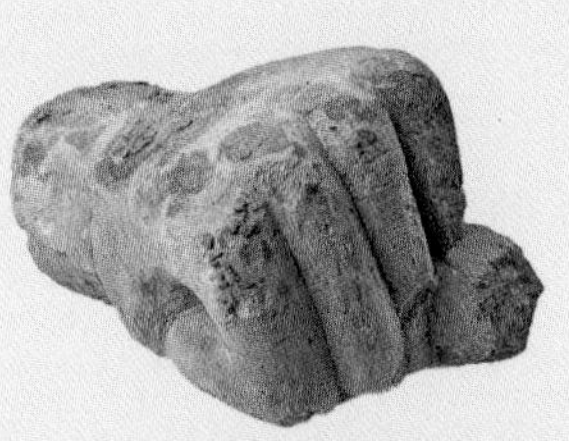

الشكل رقم 4.
اليد اليمنى لتمثال،
معبد دادان (الخريبة)، بين القرنين
الخامس والأول قبل الميلاد،
30 × 28 × 40 سم، محمد بابلي.

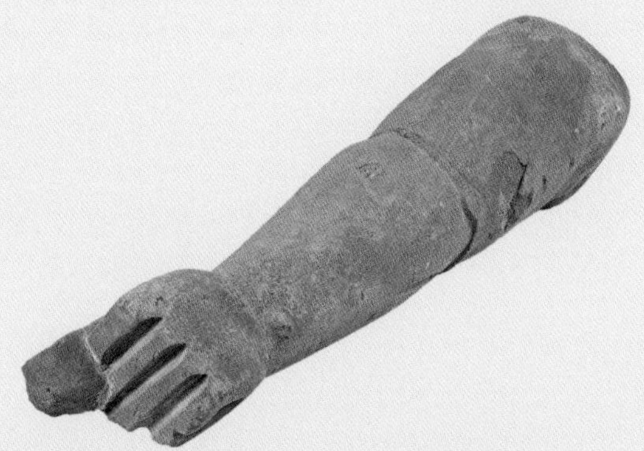

الشكل رقم 3.
الذراع اليسرى لتمثال،
معبد دادان (الخريبة)، بين القرنين
الخامس والأول قبل الميلاد،
25 × 30 × 90 سم، محمد بابلي.

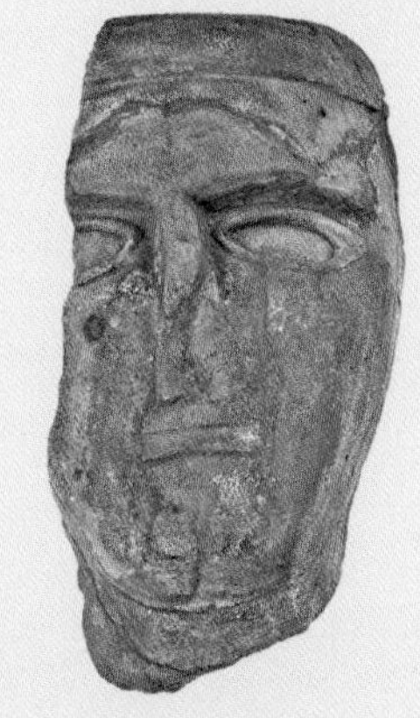

الشكل رقم 2.
رأس تمثال، معبد دادان (الخريبة)،
بين القرنين الخامس والأول
قبل الميلاد، 16 × 30 × 45 سم،
محمد بابلي.

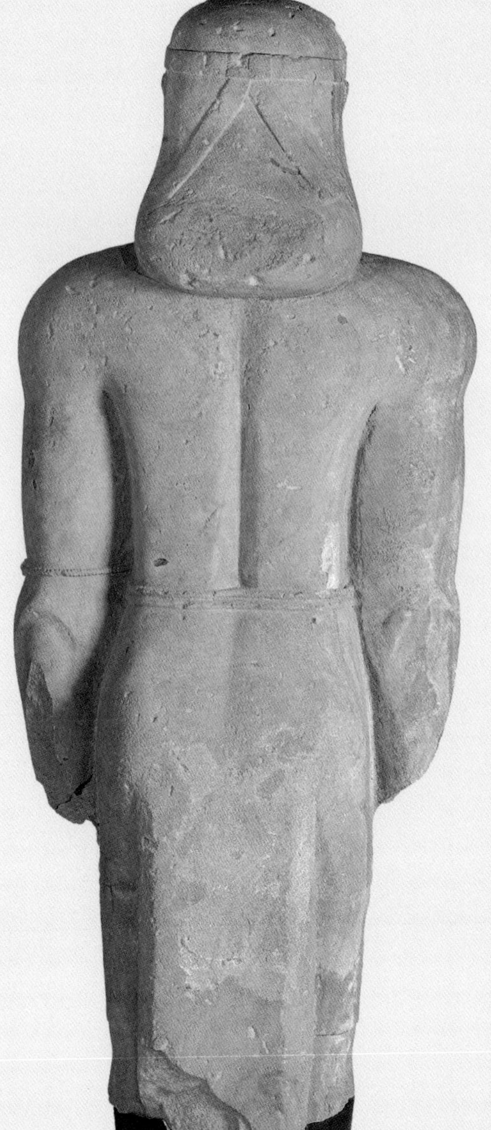

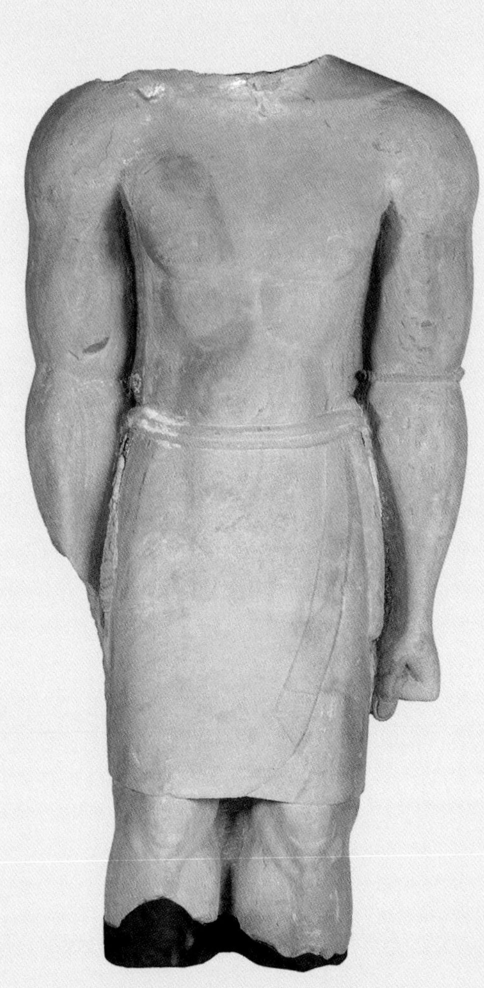

الأشكال من رقم 6 إلى 8.
تمثالان لرجلين، مكسوران على مستوى
الركبتين، معبد دادان (الخريبة)، بين القرنين الخامس
والأول قبل الميلاد، 50 × 88 × 170 سم،
83 × 185 سم، محمد بابلي.

أربعة مواقع عظيمة، من دادان إلى البلدة القديمة في محافظة العلا

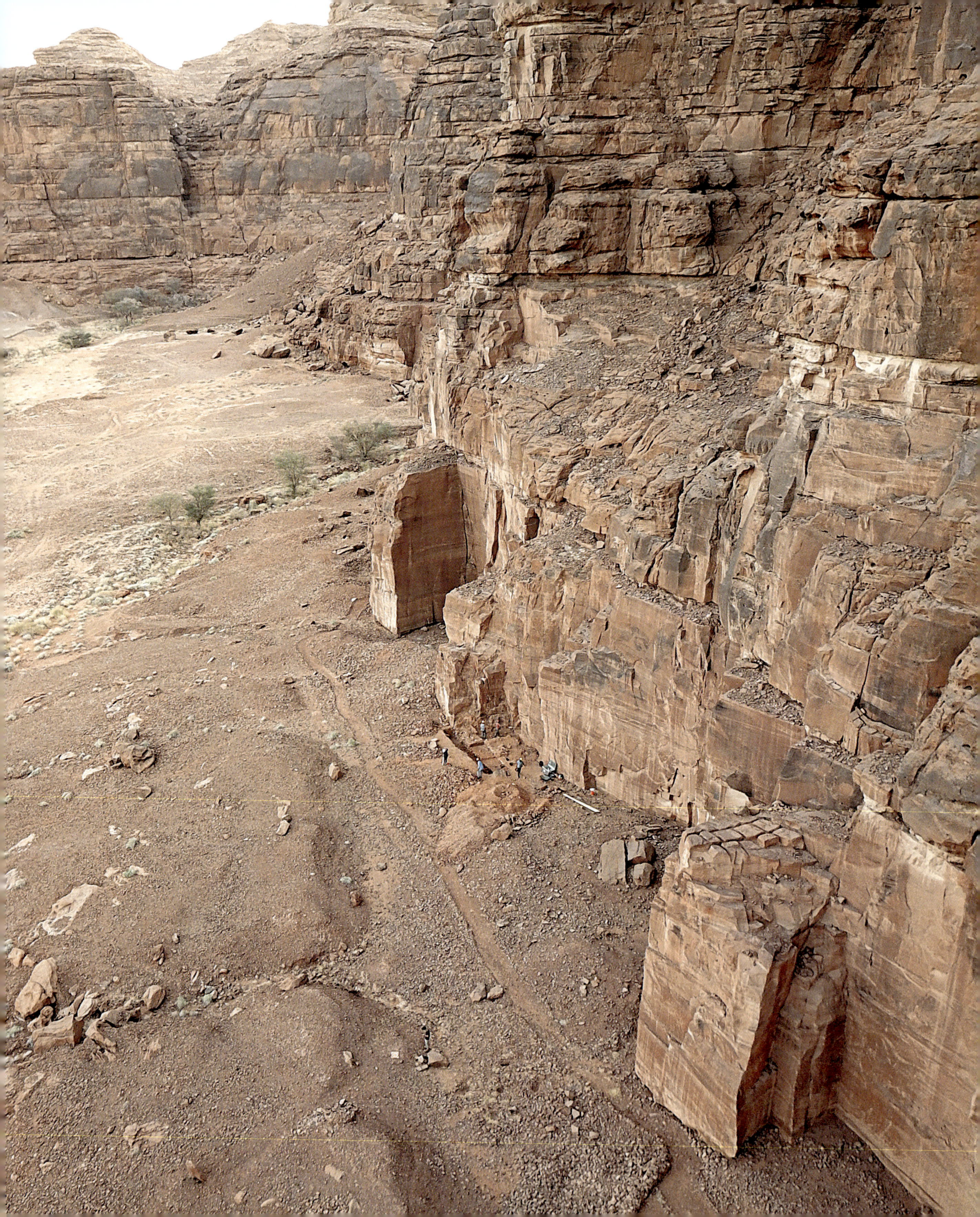

معبد جنائزي داداني منقب حديثاً

كلوي جيراردي، مؤسسة إيفيها الدولية (Éveha International)

يتميز منحدر الحجر الرملي المطل على مستوطنة دادان القديمة بوجود المئات مـن القبـور المنحوتـة في الصخـر والتي يتـم استكشـافها حاليـاً ضمن مـشروع دادان الأثري*. في عام 2019، حدد فريـق الاستطلاع التابع للمـشروع معبـداً جنائزياً محتمـلاً ضمـن تجويف صغير أسـفل المنحدر (الشكل رقم 1). يسـتند التحديـد إلى وجـود مشكاتين منحوتين في الصخر وسـتة نقـوش دادانيـة، يذكر اثنان منها مدفناً مزيناً بالتماثيل (الشكل رقم 2). بالنظـر إلى أهميـة هـذا الاكتشـاف، تـم التنقيـب في المنطقة بين عامـي 2020 و2022.

استمرت الحفريـات حتى وصلـت إلى الصخرة الأم، مـما أتـاح تحديـد عـدة مراحـل متتاليـة (الشكل رقـم 2). تتوافـق هـذه المراحـل مع اسـتخدام المنطقة كمحجر لاسـتخراج الحجر الرملـي، مما أدى إلى نشـوء التجويف في المنحدر الذي تم ردمه بعـد ذلـك بطبقات سـميكة مـن الأنقـاض والكتل التـي خلفتهـا عمليـات اسـتخراج الحجر في حفرة أو منخفض داخـل هـذه الردميـات، ربمـا مـن مدفن. غيـر أنـه لم يتـم انتشـال أي عظام بشرية مرتبطـة بها. وكـما يتضح من طبقـة سـميكة مـن الرمل تغطـي المنخفض، هُجِرت المنطقـة لفتـرة مـا قبـل أن تغطى بأكـوام جديـدة مـن الكتـل الحجرية.

بعـد ذلـك، تم إحداث حفرة دفن (الشكل رقـم 3) في الجزء العلوي من الردميـات الحجرية، أسـفل المشـكاة الشمالية. حُطِّم

نصـف الهيـكل العظمـي في العصور القديمـة، غيـر أنـه يعـود لشخص بالـغ لم يحـدد جنسـه تـم وضعـه عـلى جانبـه الأيمـن، ورأسـه باتجـاه الشـمال، وفي وضع مشـدود. كما عُثِر على عدة عظـام ربـما تنتمي إلى نفس الشخص متناثرة جنوبًا، أسـفل المشكاة الشرقيـة، مع جـزء مـن عظم لطفل يبلغ مـن العمر (4-6 سـنوات). وبنـاءً عليه، فقد كانت هناك عملية دفن أخرى على الأقل في هـذه المنطقة.

في مرحلة مـا، تم وضع العديد من القطع الأثرية الطقوسية المصنوعة من الحجر الرملي حول المدفن، وعندما حانت الظروف المناسبة، وضعت فوقه. وهي تتضمن بشكل أساسي مذابح حجرية وقطع على شكل قرص (قواعد للتماثيل؟)، وكلها اكتُشِفت في مكانها الأصلي أثناء التنقيب. كانت هذه القطع الأثرية مقترنة بطبقـات من الرماد ربما نتجت عن حرق القرابين. أدى الدفن التدريجي لهذه المجموعة الأولى من القطع الأثرية تحت ترسبات الرماد إلى وضع مجموعة ثانية من تلك القطع الأثرية فوق الأولى (الشكل رقم 4). تتضمن هذه المجموعة الجديدة من القطع موائد قرابين ذات مثاعب أو مجرى للتصريف، وقواعد تماثيل أكثر تعقيداً، وحتى حجراً مرتفعاً يُعتقد أنه نُصب حجري، تم الكشف عنها جميعاً في موقعها الأصلي أسفل مشكاتين. ربما تمت أيضاً إضافة جدار متاخم للواجهة الشمالية للمنحدر لتسوير المعبد خلال هذه المرحلة المبكرة (الشكل رقم 5).

الشكل رقم 1.
منظر جنوبي للمنحدر الصخري في دادان، يتوسطه المعبد الجنائزي قيد التنقيب، كزافييه ديزورمو.

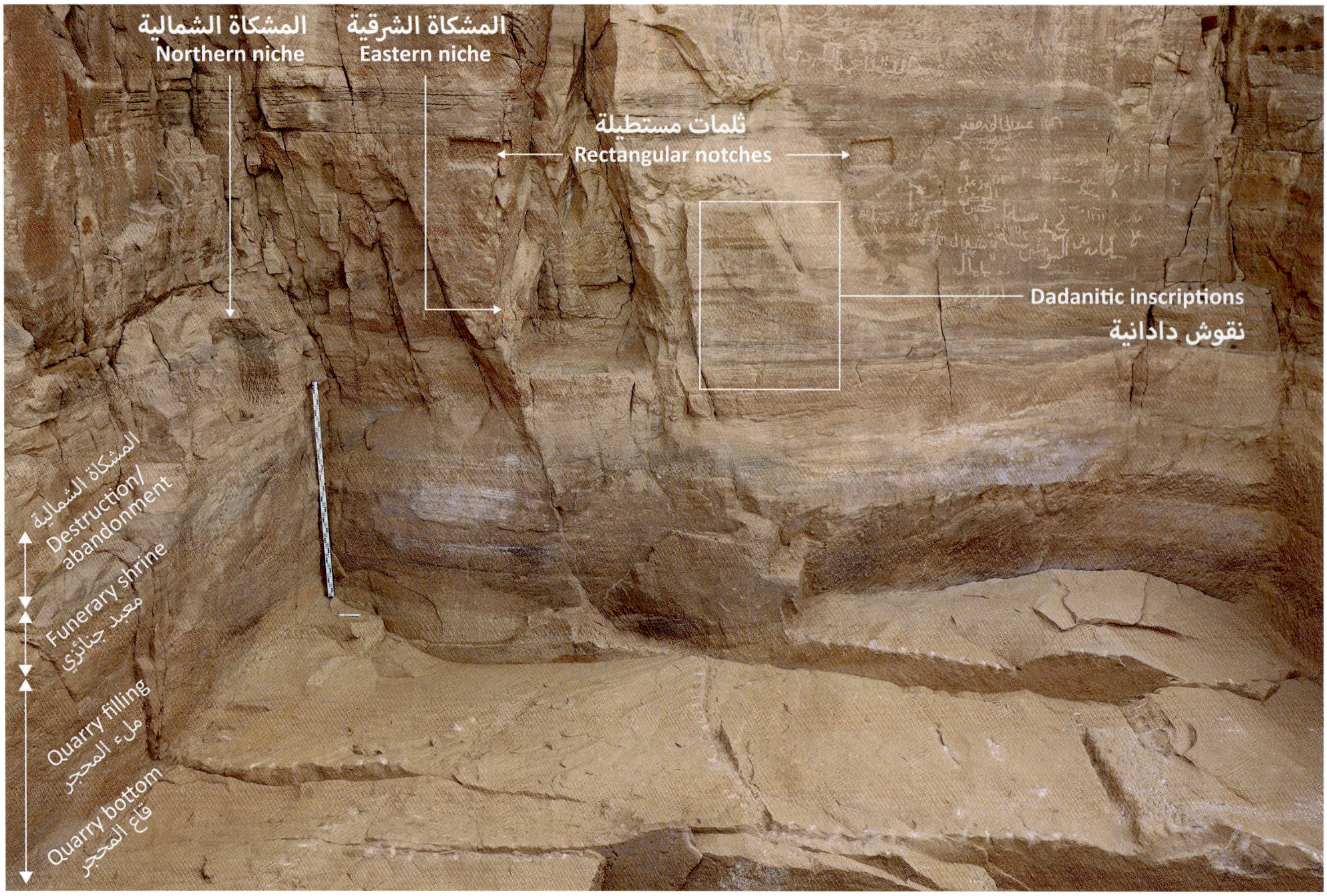

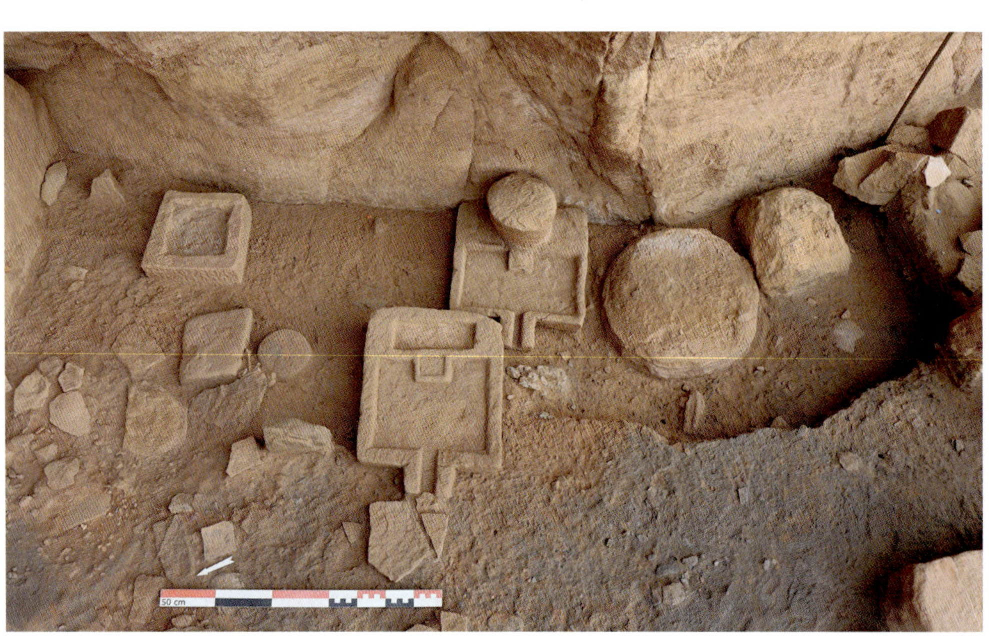

الشكل رقم 4.
صورة تفصيلية للقى أثرية الأقدم
(قطع على شكل قرص) مغطاة تدريجياً
بطبقات من الرماد وبمجموعة أجدّ من القطع
(قاعدة تمثال منقوش عليها كتابة، ونُصب
(بيتيل)، وموائد قرابين ذات مثاعب للتصريف)
أسفل المشكاتين (منظر غربي)، كلوي جيراردي.

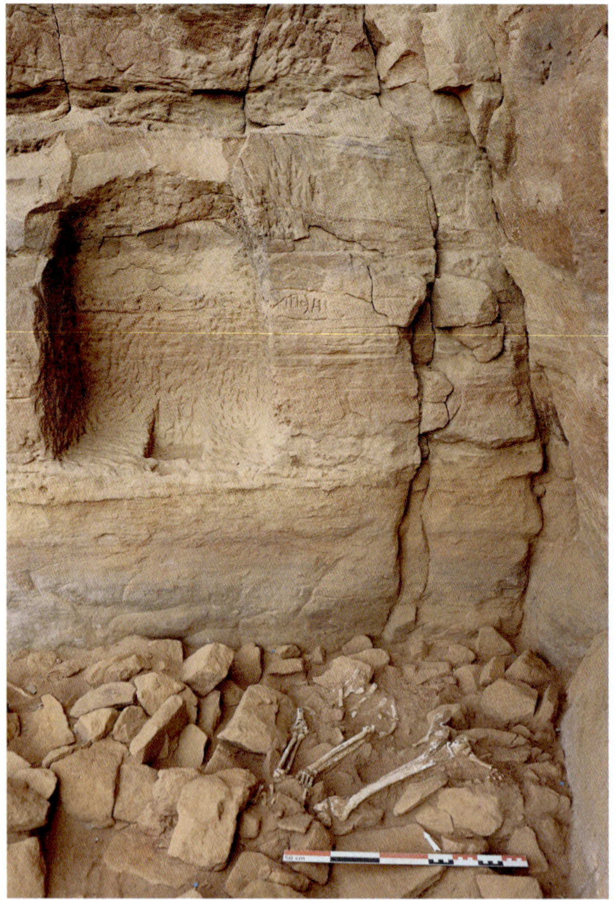

الشكل رقم 2.
مشكاتان، ونقوش دادانية،
وثلمتان لتثبيت عارضة تسقيف محفورتان
على ارتفاع مترين على الأقل من قاع
المحجر (منظر من الغرب)، كلوي جيراردي.

الشكل رقم 3.
حفرة دفن فوق ردميات المحجر وأسفل
المشكاة الشمالية، نصفها مدمر في
العصور القديمة (منظر من الجهة الجنوبية)،
كلوي جيراردي.

في وقت لاحق، تمت إضافة قاعدتين دعامتين محاذيتين لهذا الجدار مباشرة أمام شقين محفورين فوق المشكاة الرئيسية (الشكلان رقم 2 و5). من الأرجح أنهما أُضيفتا لتدعيم السقف. أُودع المزيد من موائد القرابين والتماثيل أسفل المشكاتين، بما في ذلك تمثال بشري بالحجم الطبيعي عُثِر عليه متداعياً بالقرب من المشكاة الرئيسية (الشكلان رقم 5 و6). ولأن القرابين كانت تتراكم، فإن أرضية المعبد كانت تكسى مرتين على الأقل بملاط من التراب الأصفر.

أخيراً، يُظهر اكتشاف أكثر من 200 كسر من القطع الأثرية الحجرية التي عُثِر عليها متناثرةً فوق بقايا الاستيطان الطقسي الأحدث أن المجموعة الطقسية الاستثنائية المكتشفة في الموقع الأصلي (تسع موائد قرابين، وثلاثة أزواج من أقدام التمثال، وعشرات قواعد التماثيل، ومبخرة، وثلاثة نُصب حجرية محتملة) تعطي فقط لمحة عن التصميم الأصلي للمعبد. يمكن إعادة بناء ما لا يقل عن ثلاثة وعشرين تمثالاً نذرياً من هذه الكِسَر (الشكل رقم 7)، مما يدل على أن المعبد كان في الأصل يضم بين جنباته الكثير من القطع النذرية والطقسية. تشير الحالة المتكسرة ودرجة التبعثر العالية للقطع إلى تحطيم متعمد وعنيف وليس مجرد تداعٍ طبيعي.

ما يزال التسلسل التاريخي للمعبد قيد الفحص، لكن التحاليل الأولى للكربون المشع التي تم إجراؤها تشير إلى أنه ينبغي تأريخ المدفن/ المدافن والمعبد في فترة ما بين القرنين الرابع والأول قبل الميلاد. هناك معابد دادانية أخرى تُبرِز قطع أثرية من الحجر الرملي (تماثيل، ومباخر، وموائد قرابين، وما إلى ذلك) داخل واحة العلا. على سبيل المثال، اكتُشفت مئات التماثيل في أم درج. كما أن المعبد الرئيسي في دادان ضم بين جنباته نوعًا من التماثيل العملاقة. غير أنه لم تكتشف، حتى الآن، مثل هذه القطع الأثرية في سياق جنائزي. ما زال التحليل المتعمق للبيانات الأثرية التي تم جمعها أثناء التنقيب جارياً ومن المأمول أن يساعد على فهم الأنشطة الطقسية الدادانية بشكل أفضل.

* المركز الوطني الفرنسي للبحث العِلْمي (CNRS) / الهيئة الملكية لمحافظة العلا (RCU) / الوكالة الفرنسية لتطوير محافظة العلا (AFALULA).

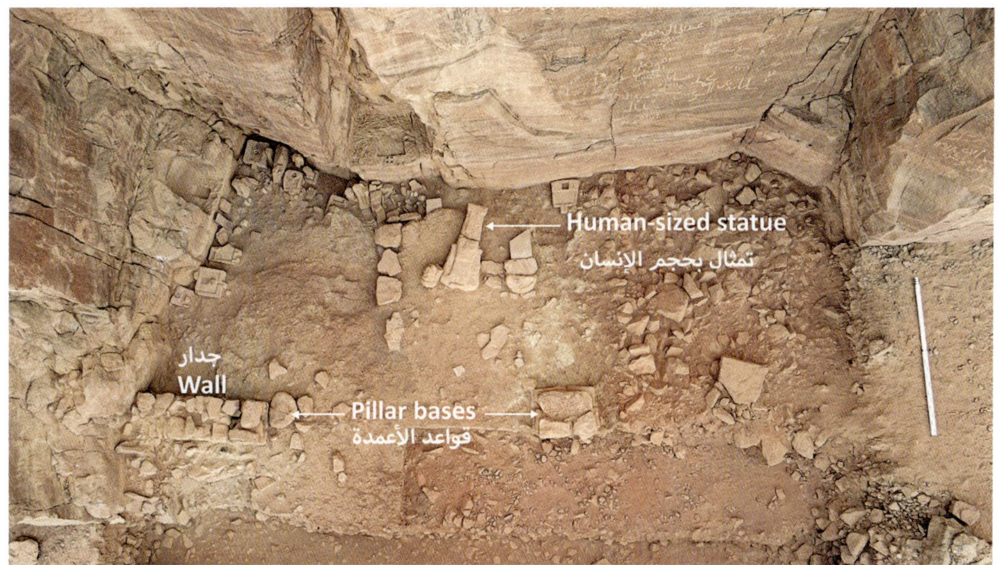

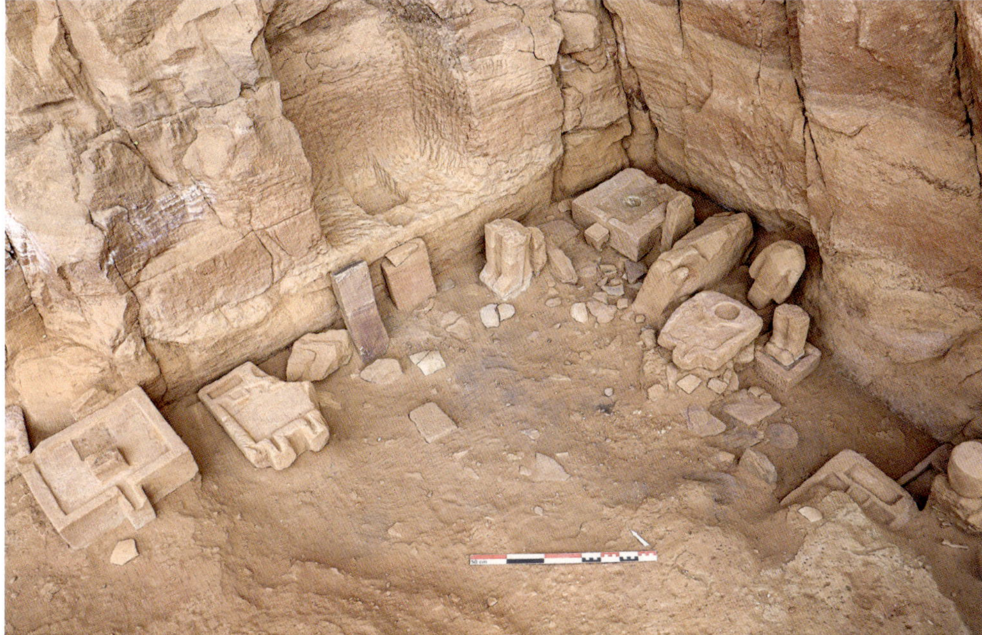

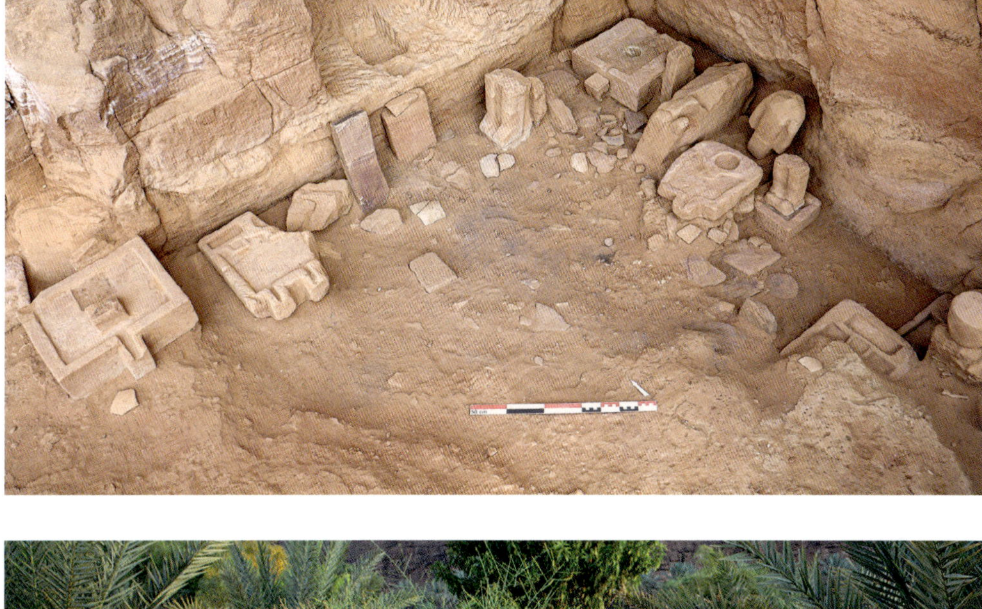

الشكل رقم 5.
منظر عام لأحدث مرحلة من المعبد (منظر جوي)، كزافييه ديزورمو.

الشكل رقم 6.
منظر من أحدث مرحلة من المعبد (الزاوية الشمالية الشرقية)، كلوي جيراردي.

الشكل رقم 7.
تماثيل من طبقة الهدم في المعبد بعد الترميم، يوهانس كرامر.

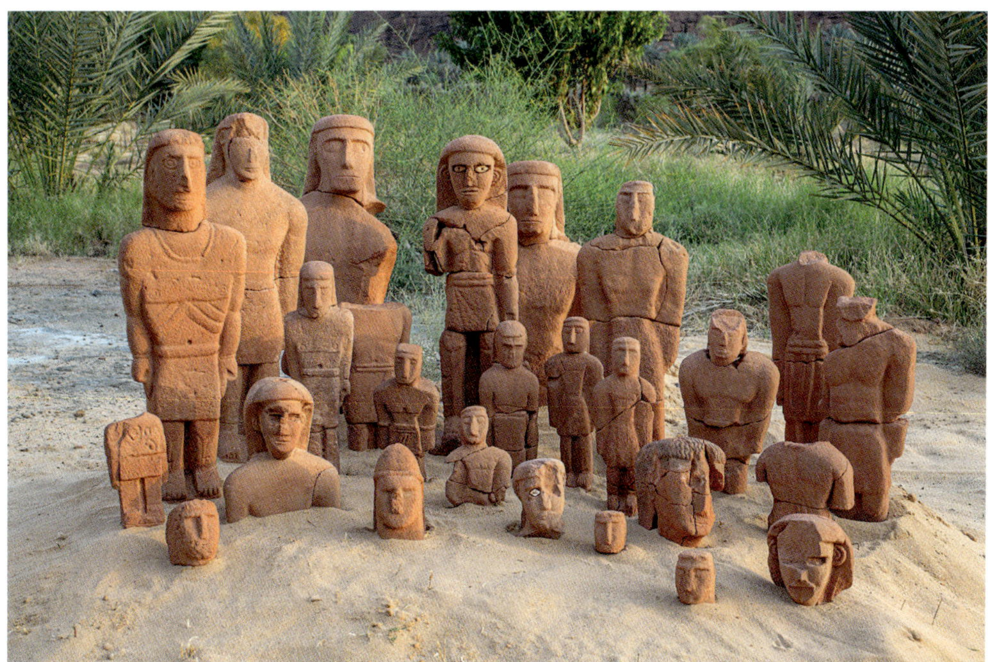

أربعة مواقع عظيمة، من دادان إلى البلدة القديمة في محافظة العلا

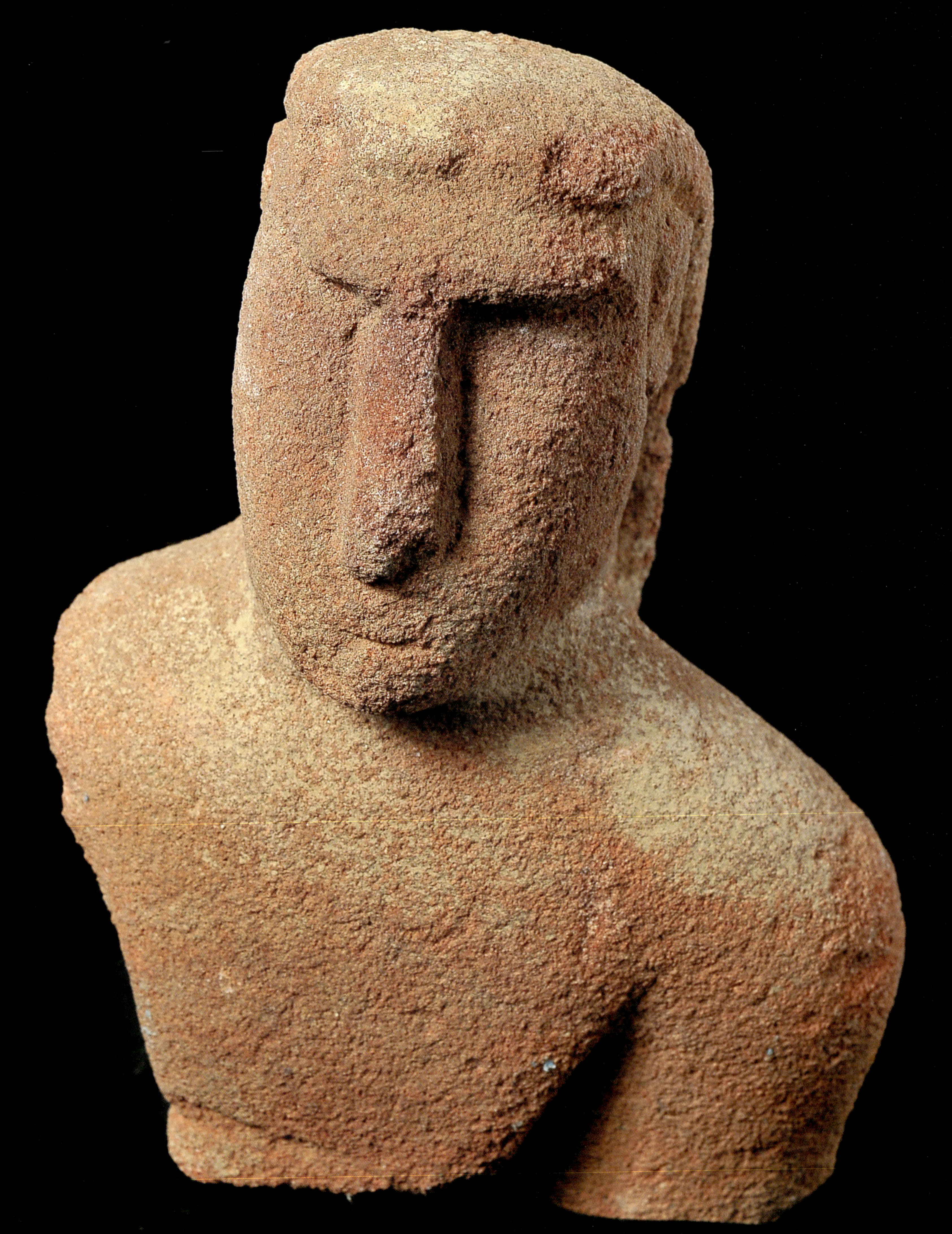

أُمّ دَرَج: معبد مشيد على قمة الجبل

حسين أبو الحسن، النائب السابق لرئيس الهيئة العامة للسياحة والتراث الوطني

يعتبر مَوقعُ (أُمّ دَرَج) مـع موقع دادان وجبـل عكمة مـن أبـرز المواقـع الأثريّـة في محافظـة (العلا) الّتـي تَعـود للفتـرة اللّحيانيَّـة. ويتكامـلُ هذا الثلاثي مـعَ مواقـع أثريّـة أخرى شـهدت اسـتيطانًا بشريًـا في الألفية الأولى قبل الميـلاد: الحجر، تل النَّثلة، خيـف الزهـرة، الرزيقيـة. وينتصـب جبـلُ (أُمّ دَرَج) فوق كتلة كبيـرة مـن الحجـر الرملـي في الزّاويـة الجَنوبيّـة لَمَدخـل وادي (سـاق) الواقع في الجهـة الشّمالية الغربيّـة مـن محافظة العلا مقابـلَ موقـع الخريبـة الأثريّ، وسُـمِّيَ هـذا الجبل (أُمّ دَرَج) لوجـود دَرَج مَنحـوتٍ في الصّخـر كان في القدم يسـمح بالوصول إلى قمّـة الجَبـل، ونتيجـةً للأضرار التي لحقتـه بفعل العوامل الطبيعيـة والتَّعريَـة، انهارتْ بعض أجـزاء الدَّرج مما جعل عبوره سـيرًا على الأقـدام أمرًا غـير ممكن.

ومـن خِـلال المـواد الأثريـة التّي تـم العثـور عليهـا أثنـاء المسـوحات والتنقيبات يمكن تأريخ أُم درج إلى الفترة اللحيانية، أي مـا بـين القـرن الرابـع والأول قبـل الميـلاد. ويتميَّـز الموقع بوجـودِه علـى قِمَّـة جبـلٍ شـبه أُسطوانيٍّ الشَّـكل، تـمّ اختيـاره بعنايـة فائقـة لبناء معبـدٍ مُطـلٍّ علـى موقـع الخريبة (المركـز الرئيـس للمدينـة). كمـا أن موقعـه المرتفـع الذي يجعلـه أقـرب إلى السّـماء يُضفي عليه طابع القدسـية شـأنه شـأن العديد من المعابـد الأخرى في شـمال شـبه الجزيرة العربيّة. وتشـيرالنُّقوش واللُّقـى الأثريّـة التـي عُـثر عليهـا إلى أنّـه كان مَحَجًـا للمعبـود الرئيـسِ للّحيانيـن (ذو غيبة)، وكانت تُقَـدّم لهُ النُّذورُ والقرابين

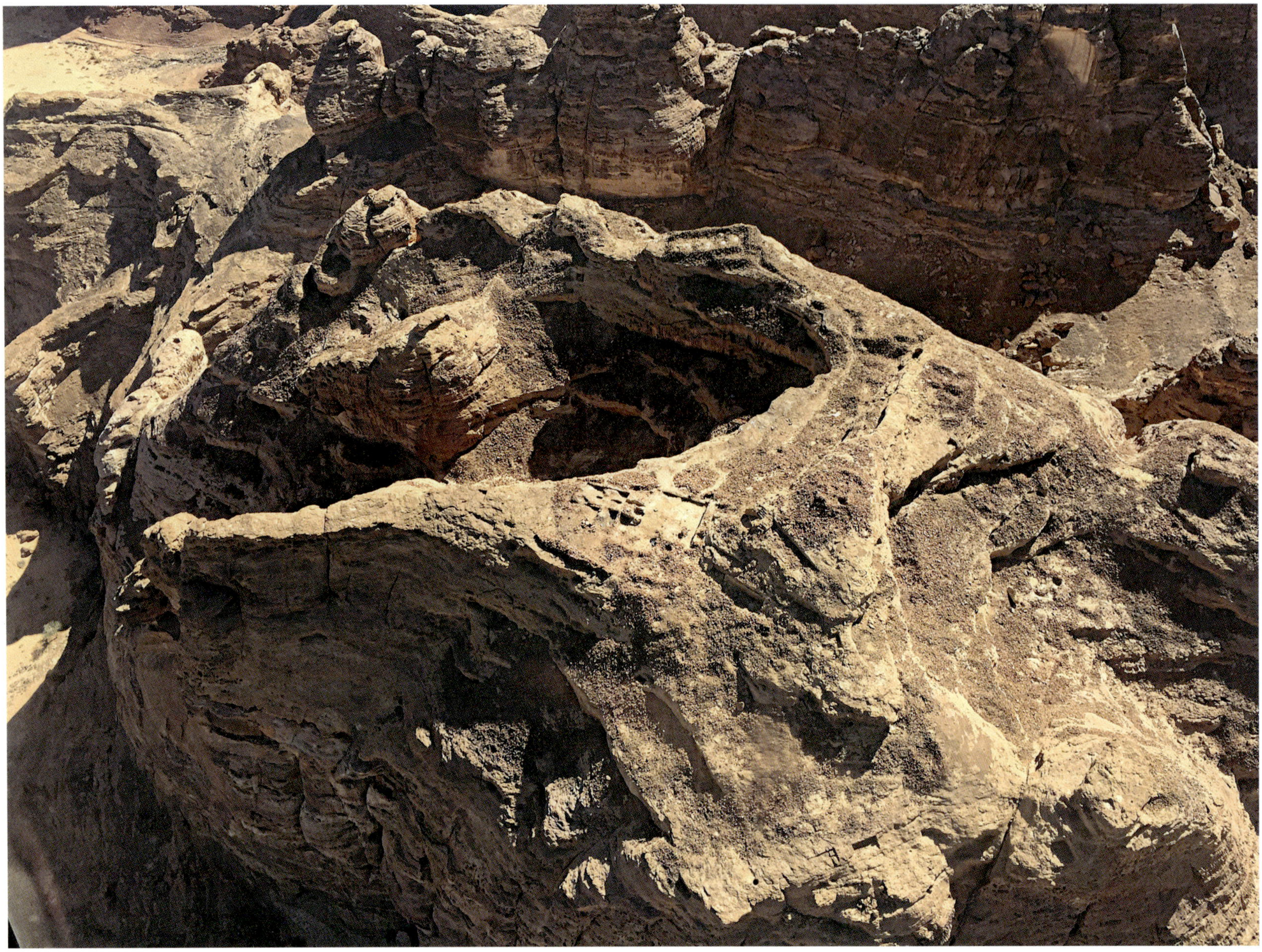

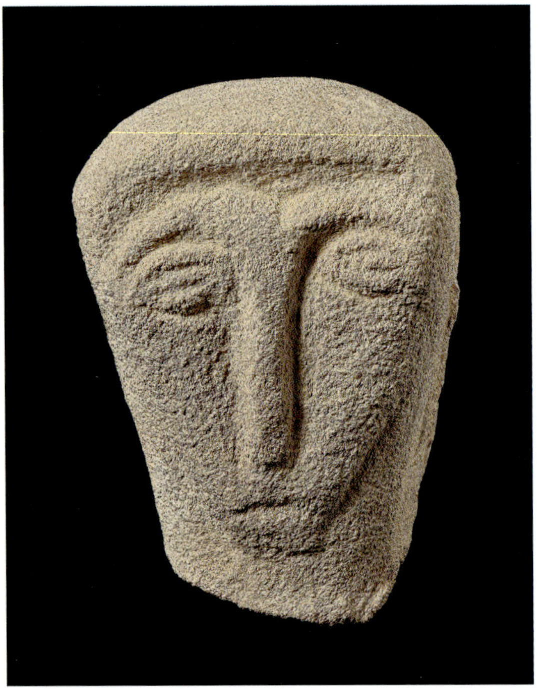
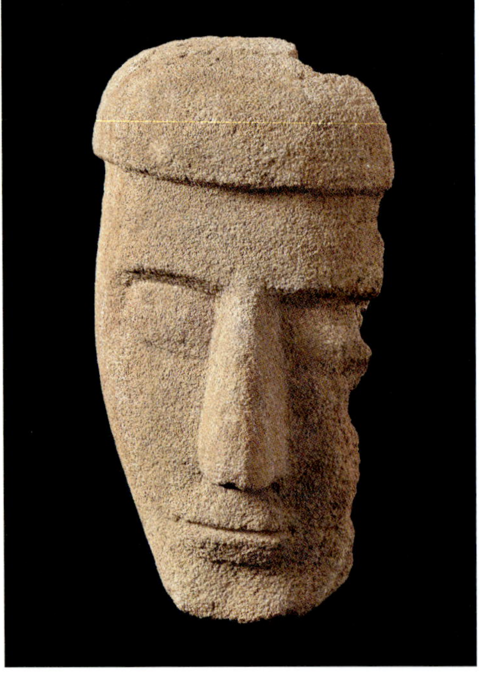
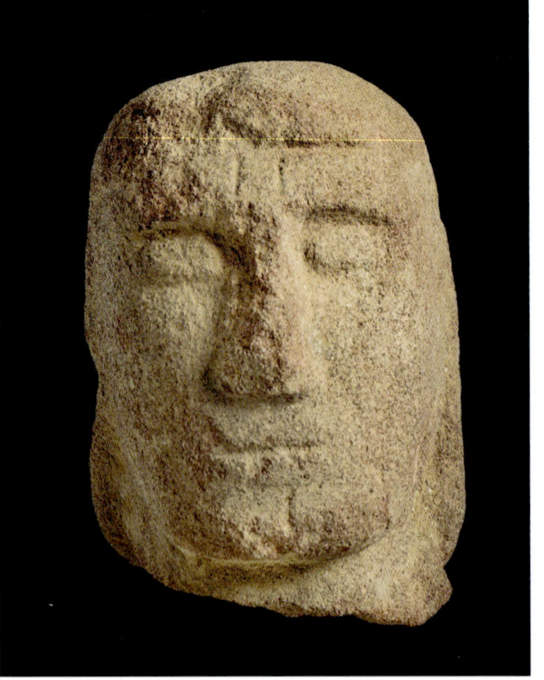

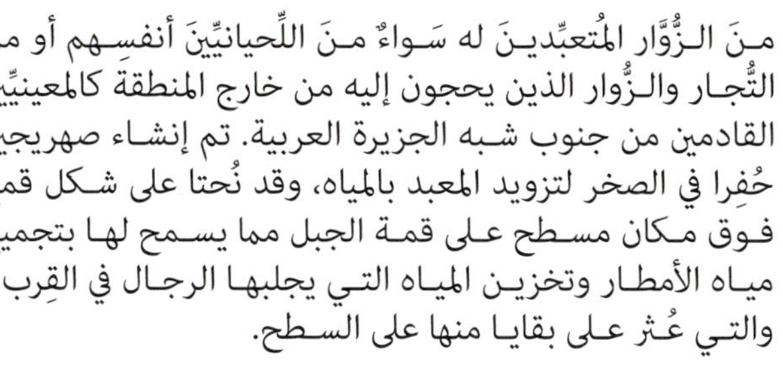

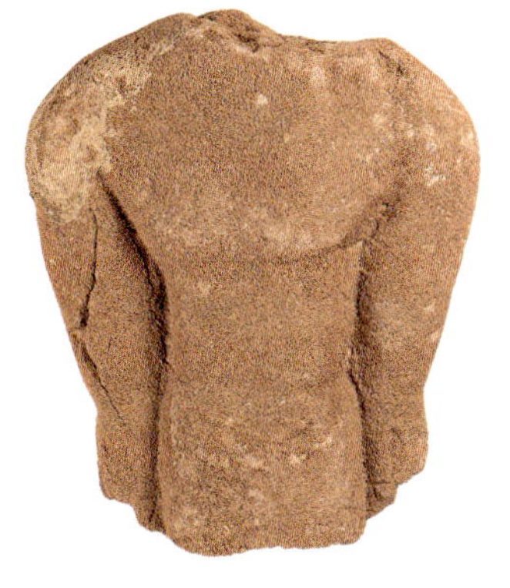

مِنَ الزُّوَّار المُتعبِّدينَ له سَواءٌ مِنَ اللِّحيانيِّينَ أنفسِهم أو مِنَ التُّجار والزُّوار الذين يحجون إليه من خارج المنطقة كالمعينيِّين القادمين من جنوب شبه الجزيرة العربية. تم إنشاء صهريجين حُفِرا في الصخر لتزويد المعبد بالمياه، وقد نُحتا على شكل قمع فوق مكان مسطح على قمة الجبل مما يسمح لها بتجميع مياه الأمطار وتخزين المياه التي يجلبها الرجال في القِرب - والتي عُثِر على بقايا منها على السطح.

معبد مشيد بالكامل في الموقع

قام قطاع الآثار والمتاحف بِالهيئة العامَّة للسِّياحة والتُّراث الوطنيِّ بتنفيذ حملتي حفريات في الموقع، الأولى في عام 2001م، وتمَّ خلالها توثيقُ البُنى الأثريَّة في الموقع وجمع عدد قليل من المنحوتات الحجريَّة، والثَّانية في عام 2015م، وتمَّ خلالها تنفيذُ حفريَّة في التلِّ الرَّئيس بالموقع كشفَتْ عن بقايا المبنى الرئيس للمعبد. كانت تقام في المعبد احتفالات باستخدام العديد من التماثيل والمجسَّمات الصغيرة المنحوتة من الحجر الرملي. ولم يكن طول التماثيل الصغيرة، والتي تعدُّ بالعشرات، يزيد عن 15 سم. كما تمَّ العثورُ في الموقع على عددٍ مِنَ المباخر المنحوتة من الحجر، بعضُها تحمل رُسوماً لحيوانات ونقوشاً كُتِبَتْ بالخطِّ اللِّحياني، وإضافةً إلى ذلك تمَّ العثورُ على مذابحَ منحوتة من الحجر مختلفة الأشكال، وعُثِرَ في الموقع أيضاً على عددٍ كبيرٍ مِنَ النُّقوش، بعضُها دُوِّنَ على الواجهات الصَّخريَّة، وبعضُها نُقِشَ على ألواح حجريَّة. ودُوِّنَتِ النُّقوش بالخطِّ اللِّحيانيِّ والمعينيِّ، والآراميِّ إضافةً إلى مجموعة من الكتابات الإسلاميَّة التي كُتِبَتْ على الواجهات الصَّخريَّة أسفلَ الجبل.

وكانت المواد الأولية التي نُحتت منها المنحوتات أو القطع التي شُيِّد بها المعبد مقطوعةٌ مِنَ الجبل نفسه ويُعتَقَدُ أنَّه تمَّ قطعُها ونحتُها في الموقع ذاته. ومِن المرجح أنه كانت هناك مدرسة محليَّة مُتَخَصِّصَةٌ في النَّحت الصَّخريِّ وبناء المعابد. ويعود الفضلُ في المهاراتِ المكتسبة في هذا المجال بصورة جزئيَّة إلى احتكاك اللِّحيانيين واطِّلاعهم على أعمال المدارس الفنيَّة في المناطق المجاورة مِن خلال العلاقات التجارية مع الشام ومصر وبلاد الرَّفدين. وعلى الرغم من ذلك فقد حافظ الفنَّانُ اللِّحياني على خُصوصيَّته الفنيَّة، إذ تحمل منتجاتُهُ طابعه المحلي المُتمثِّل في الشَّكل واللِّباس والحَرف الَّذي كتب بـه. ومِن بـين النقوش الزخرفية الأكثر انتشارًا نحتِ الأفعى الَّذي يعتقد أن تكون له وظيفة وقائية.

____

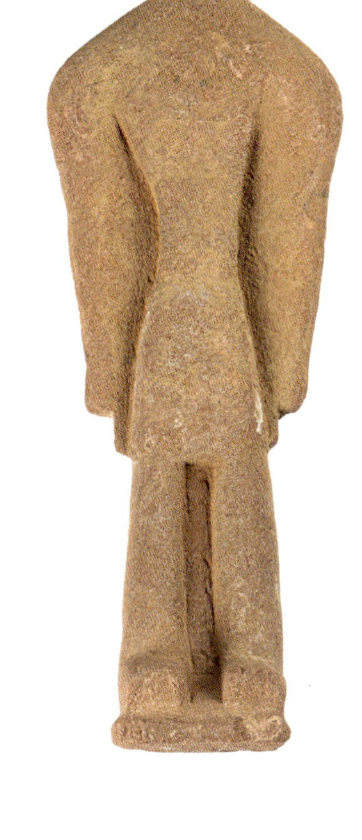

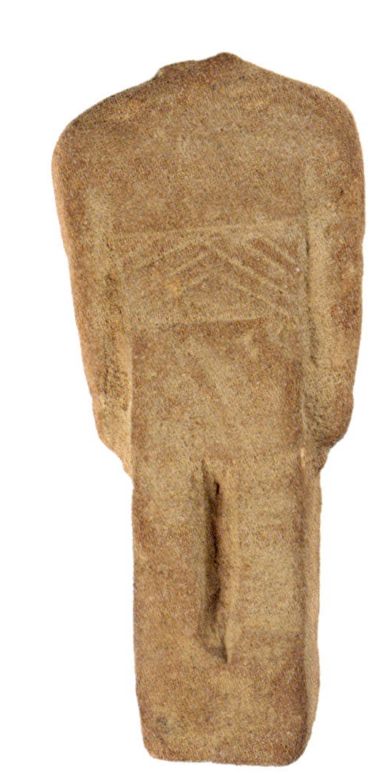

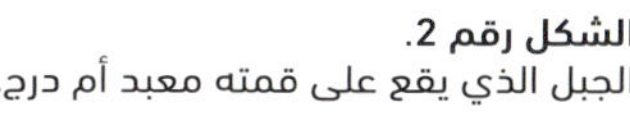

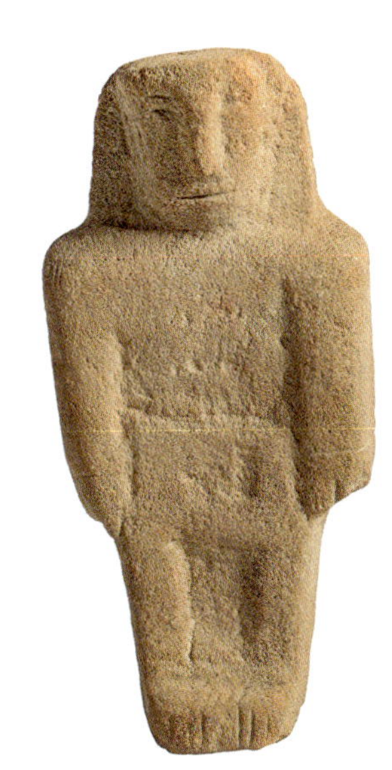

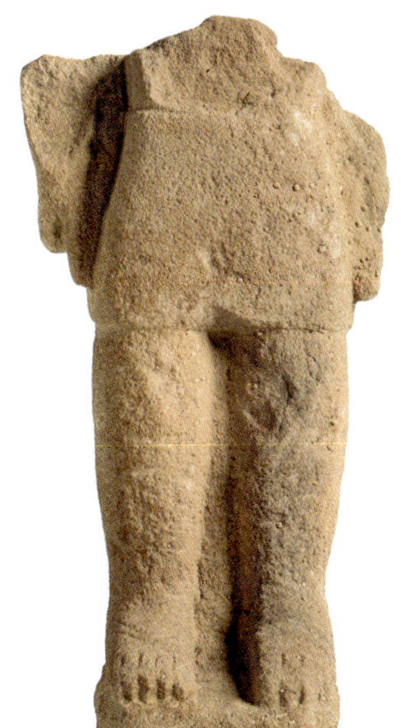

الشكل رقم 2.
الجبل الذي يقع على قمته معبد أم درج.

الأشكال من رقم 3 إلى 5.
وجوه تماثيل، معبد أم درج، بين القرنين الخامس والأول قبل الميلاد.
10,5 × 7,5 سم،
9,5 × 5,5 سم،
9,5 × 6,5 سم، محمد بابلي.

الأشكال من رقم 6 إلى 11.
تماثيل نذرية كاملة ومجزأة، معبد أم درج، بين القرنين الخامس والأول قبل الميلاد.
20,5 × 10,20 سم،
16 × 15,30 × 6,80 سم،
20,5 × 9 × 5 سم،
31 × 12 × 6,30 سم،
29 × 12,30 × 9,70 سم،
24 × 11 × 4 سم، محمد بابلي.

نحت الحجر في دادان

تيري غريغور

مركز الدراسات العليا لحضارة العصور الوسطى (CESCM)، بواتييه

يشمل الجزء المدروس من موقع دادان المدينة القديمة وجبل دادان (الخريبة)، وهو كتلة صخرية تشرف عليها من الشرق. وتتراوح ألوان الصخور الرملية المكونة له من البني الداكن إلى الأصحر (البيج) الفاتح وتتنوع حبيباتها من الشديدة النعومة إلى الخشنة للغاية (الشكل رقم 1). كما تسري في هذه الكتلة الصخرية عروق الصخور البلورية (الكوارتز) التي تنحدر انحدارا طفيفا في محور شمالي جنوبي (الشكل رقم 2). إلا أن هذه العروق لا تستعمل إلا لصنع الرحى الحجرية. ونظراً لتنوعها الكبير، يتم قلع الحجارة الرملية المحلية بطرق مختلفة جداً: يتم قلع بعض الحجارة باستعمال إزميل ذي منقار أو معول، ويحال البعض الآخر إلى شظايا باستخدام مطرقة النقر (الشكل رقم 3). إن آثار الأدوات الحادة القاطعة، مثل الإزميل المسطح وفأس الحجارة، قليلاً ما تكون ظاهرة لأنها تظهر فقط أثناء مرحلة استخراج أو قطع بعض الأشكال من الصخر، أو في وضع اللمسات الأخيرة على بعض الحجارة المقطوعة، أو التماثيل المنحوتة من الحجر. في الواقع، باعتبار أن الأجزاء القاطعة من هذه الأدوات تبلى بسرعة كبيرة بفعل تآكلها، فمن المنطقي استخدام أدوات ذات منقار، مثل المعول أو الإزميل ذي المنقار. بصورة عامة، تم اختيار الأنواع المختلفة من الحجارة تبعاً للاستخدام المعدة لأجله: الحجر الرملي ذو الحبيبات الخشنة لاستخدامه كركام، والحجر الرملي ذو الحبيبات الدقيقة لنحت التماثيل.

لوحظ العديد من أساليب قلع الحجارة في جبل دادان، ففي الطرف الغربي للكتلة الصخرية، تم قلع ألواح عمودية كبيرة قطعها العمال تدريجياً، من الأعلى إلى الأسفل. أما داخل الكتلة الصخرية، فقد تم الكشف عن العديد من مواقع اقتلاع الحجارة السطحية الحلزونية الشكل (الشكل رقم 4). وقد عُثر على أغلب آثار النقر بالمعول في مواقع اقتلاع الحجارة في الجبل وفي مدافن المقبرة القديمة.

وأظهرت عملية فحص دقيقة أن الجزء الفاعل من الأداة يكون أحياناً حاداً ودقيقاً، وأحياناً أخرى أكثر استدارة، مما قد يدل على درجة تلف وتآكل الطرف الحاد من الأداة. كما تتنوع الآثار التي تتركها الأدوات حسب طريقة استعمال المعول: فتدل الحزوز المنحنية على أن الحفر قد تم بينما كان العامل في المقلع يقف بشكل موازي تقريباً لواجهة العمل الذي كان يقوم به، بينما تتوافق الثقوب، صغيرةً كانت أم كبيرة، مع اللحظة التي تنقر بها أداته السطح المواجه له حين انتهائه من قطع اللوح الحجري. هناك عدة قطع من حجارة كبيرة كانت ما تزال في طور إعادة التشكيل ما زالت متناثرة في أرجاء الموقع، والتي أُنجزت بقطع الحجر فقط وذلك عن طريق الدق بالأسافين في زوايا الحجر. وفي المقابل، يتم قلع الحجارة في الوقت الحالي باستعمال المتفجرات، ومن المؤكد أن المواد الناتجة عن هذه الطريقة كان يتم الاستفادة منها للحصول على الحصى.

ما تزال واجهات قطع الحجارة في الأزمنة الغابرة تحافظ على العديد من آثار العمل الذي كان يتم فيها مثل تلك الحلقات التي يبدو أنها قد استخدمت لمد الحبال في الموقع لتأمين العمل أو لشد قطع من القماش كانت تحمي مقالع الحجارة من أشعة الشمس، أو تلك الثقوب التي حفرها عمال المقالع لتثبيت القدمين واليدين عند محاولتهم الوصول إلى مستويات أعلى من أجل قلع الحجارة. أما في المدافن، فيمكننا ملاحظة آثار المعاول مما يدل على مختلف المراحل التي مرت بها عملية قلع الحجارة.

إن الحجارة التي توجد في الموقع، والتي تركت فوق الكتلة الصخرية أو التي أعيد استخدامها في مدينة العلا القديمة، تم قطعها باستعمال أزاميل ذات مناقير أو مطارق النقر أو أزاميل عريضة أو أزاميل مسننة، وبالتالي تراوحت جودة العمل على الحجارة الجاهزة من المتوسطة إلى العالية.

تم نحت التماثيل والنقوش المتناهية الدقة باستعمال الأزاميل المسطحة وتشهد على منتهى الدقة والإتقان في استخدام هذه الأدوات، حيث لا يُرى عليها أحيانا سوى آثار دقيقة تركها إزميل مسننٍ على الواجهات (الشكل رقم 5).

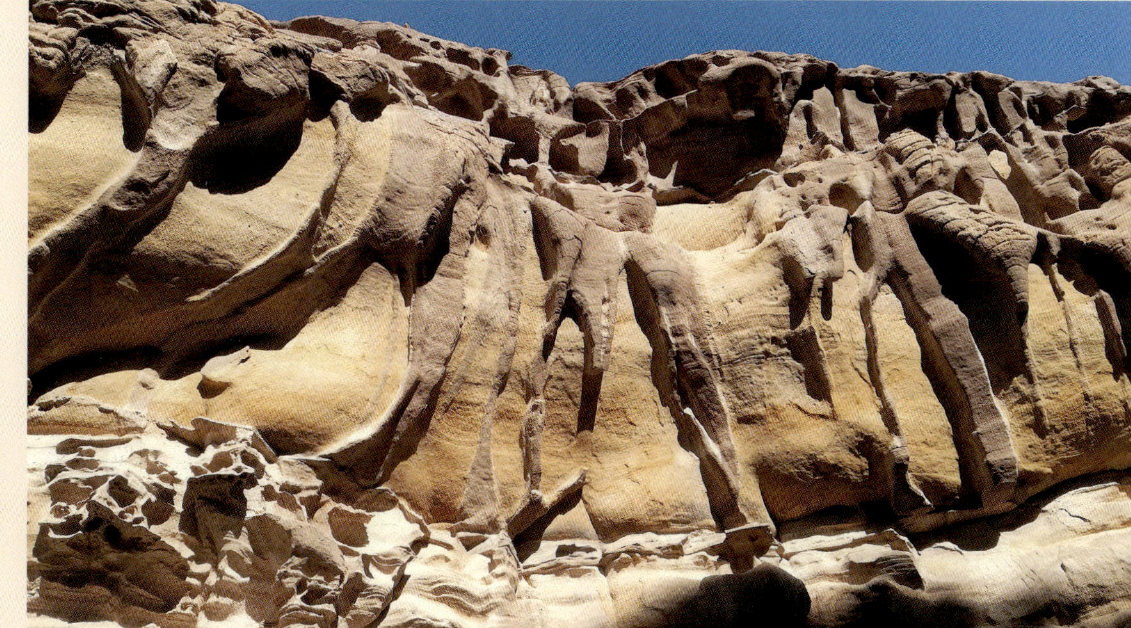

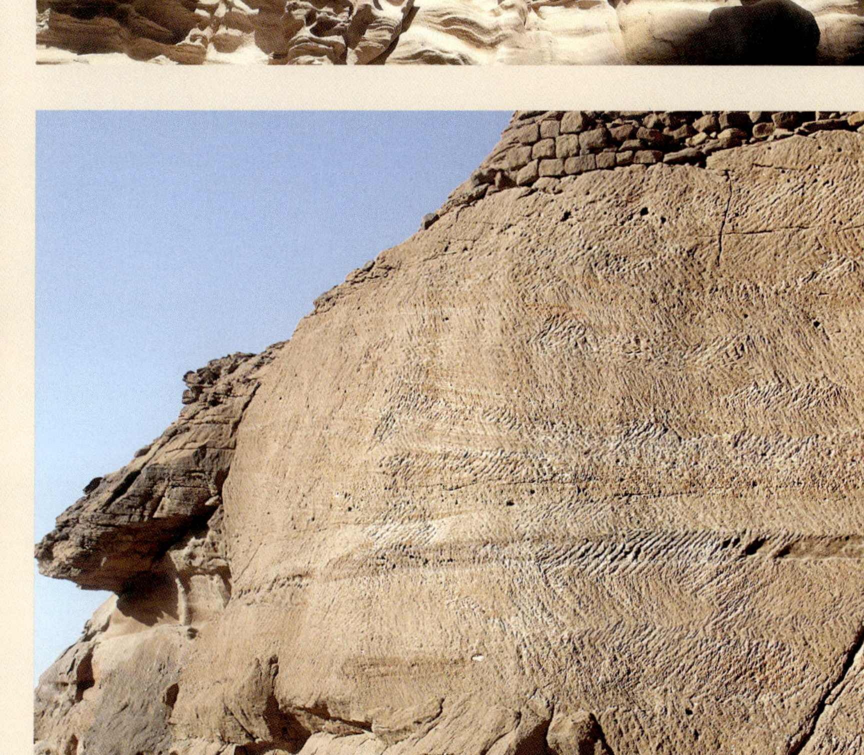

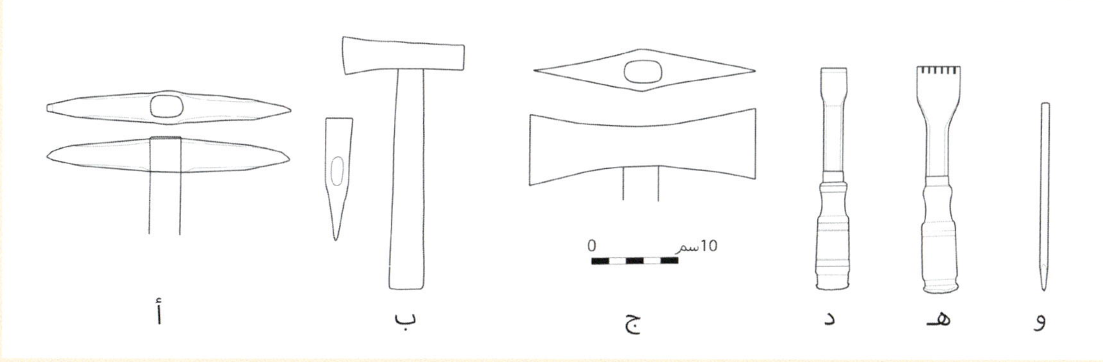

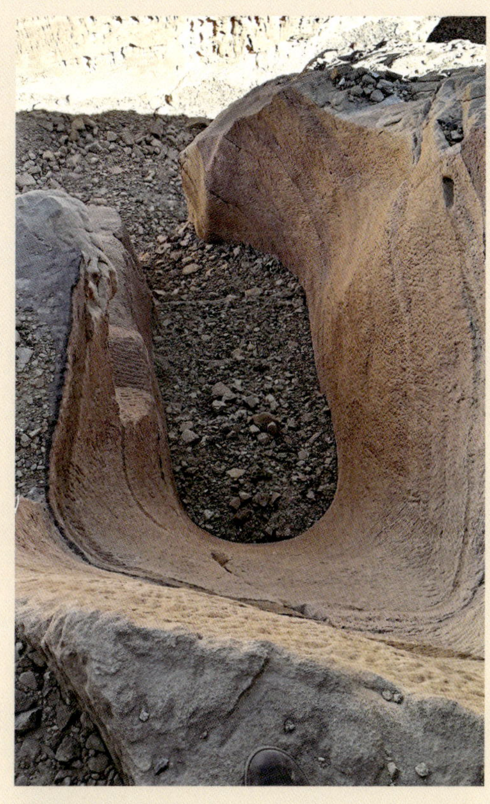

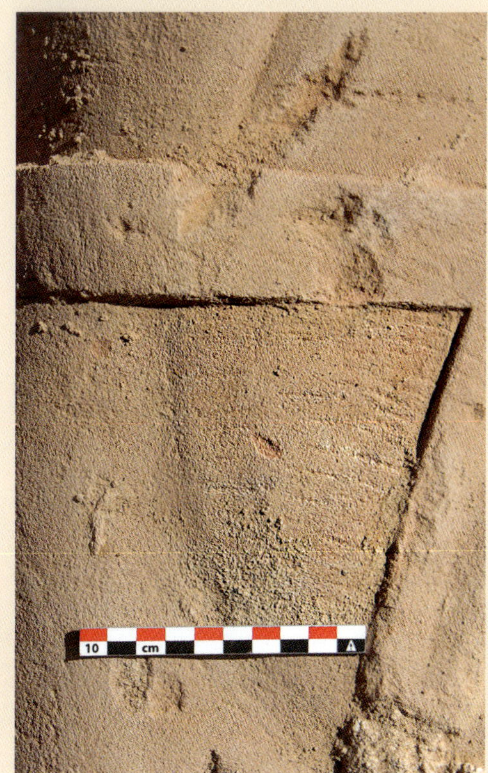

أربعة مواقع عظيمة، من دادان إلى البلدة القديمة في محافظة العلا

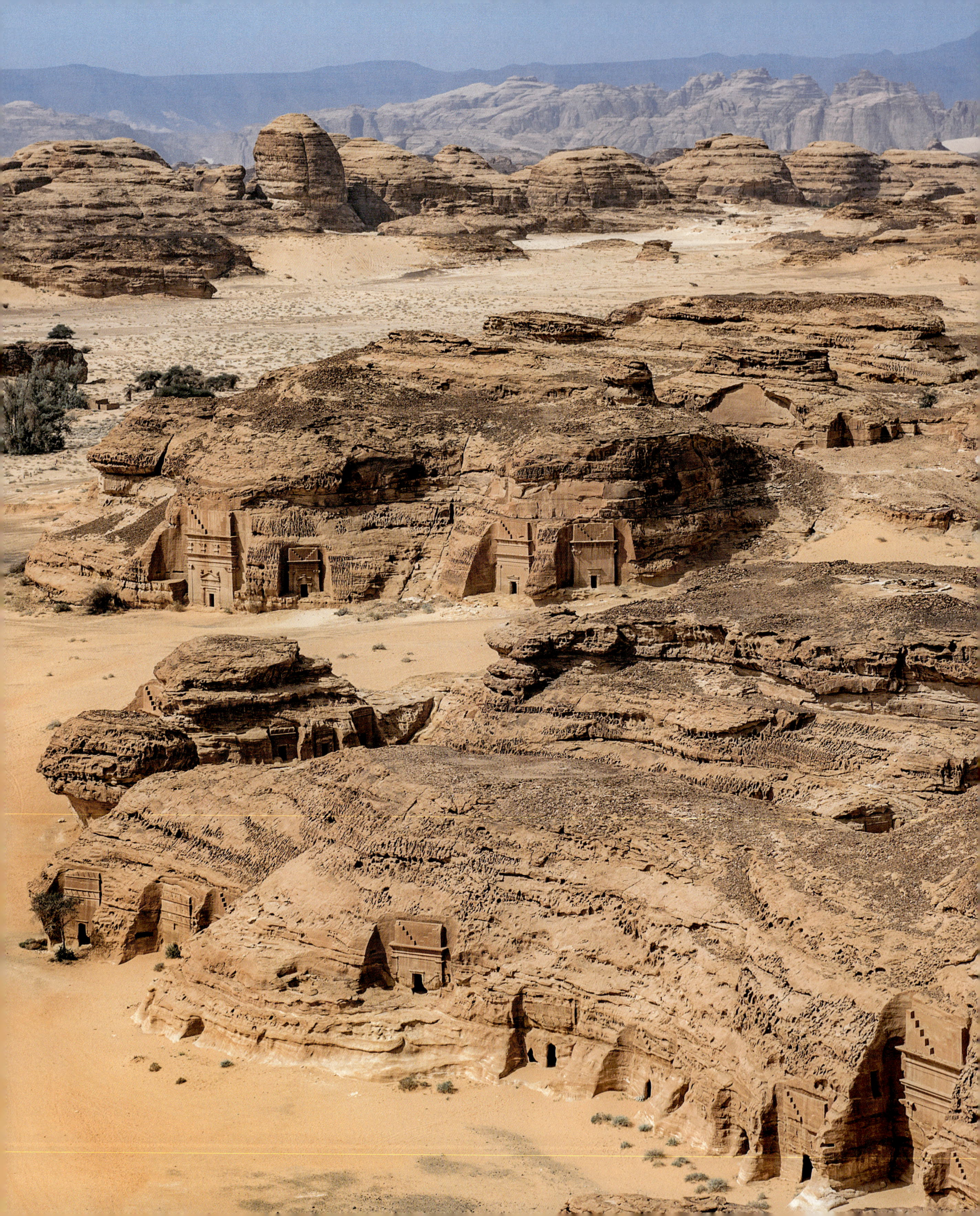

الحِجْر: شقيقة البتراء الصغيرة

ليلى نعمة، المركز الوطني الفرنسي للبحث العلمي (CNRS)،
وحدة البحث المشتركة الشرق والبحر الأبيض المتوسط
فرنسوا فيلنوف، جامعة باريس الأولى بانتيون-سوربون

الحِجْر (أو مدائن صالح، وهـو اسـم أعطي للموقع في فتـرة التواجـد العثمـاني) هي مدينـة من مدن التخـوم الجنوبية للمملكة النبطيـة، واكتسـبت هـذه المملكة وسـكانها شهرة عالمية بفضل المدافن الصخرية ذات الواجهـات الضخمة، والتـي نحتوها في صخور عاصمتهم البتراء في الأردن الحـالي. كان الأنبـاط رعيانـاً مـن البدو الرحل الذين انخرطوا في تجارة المـر والبخور والأطيـاب (العطور والتوابل) في نهايـة القرن الرابع قبل الميـلاد. وكانـوا ينقلونها بواسـطة قوافل مؤلفة بأكملهـا مـن الجمال، مـن أماكن الإنتاج في جنوب غربي شبه الجزيـرة العربيـة، العربيـة السـعيدة "أرابيا فيليكس" كما سـماها كلوديـوس بطليمـوس، إلى البتراء وغـزة، وهـي ميناء قديـم كبيـر علـى البحر الأبيض المتوسـط، ومنها كانت تشحن هـذه المنتجات المطلوبة والمرغوبـة إلى أماكن اسـتهلاكها، في رومـا والمدن الرومانيـة الكبيرة. كانت المملكة النبطية المستقلة موجـودة علـى هامـش الإمبراطوريات الكبرى، وفـي أقصى اتسـاع لهـا امتـدت من دمشـق شـمالاً إلى الحجاز جنوبـاً، أي ما يقرب مـن 800 كـم خط نظر. كانت محط أطمـاع من جانب جيرانها الأقويـاء بسـبب الثـروة المتأتيـة من الأربـاح التي كانت تجنيها مـن تجارة المنتجات الثمينة. وفي نهاية المطاف تم ضم المملكة النبطية على يد الإمبراطور تراجان في عام 106 ميلادي، لتشكيل الولايـة العربيـة الرومانية.

كان الأنبـاط عربـاً، وهـذا يعني خصوصاً أنهم كانوا في تلك الفتـرة يتكلمـون دون شـك شـكلاً مـن أشـكال اللغـة العربيـة، والذي ما زال يتعين تحديد خصائصه اللغوية. أسماؤهم عربية بوضـوح أحيانـاً، وكتابتهم المسـتمدة من الأبجدية الآرامية، هي التـي اختارتها وطورتها أولى الإمارات العربية اعتبـاراً من القرن الرابع الميـلادي، لكتابة اللغـة العربية المحكية آنذاك.

متمركزة على طريق التبادلات التجارية

أظهـرت التنقيبـات السـعودية-الفرنسية التي بـدأت في عام 2008 أن الأنبـاط اسـتقروا في الحِجْر في منتصف القـرن الأول قبـل الميـلاد، بعـد حـوالي 250 عامـاً مـن اسـتقرارهم في البتراء. تقع الحِجْر علـى بعد 500 كلم جنوب العاصمة وممكن ربط هـذا الاسـتيطان النـائي جـداً بتطور حركة التجارة البحرية عن طريق البحـر الأحمر اعتبـاراً مـن القرن الثاني قبل الميـلاد، والتـي أصبحت مهمة علـى وجه الخصوص منذ عهد أغسطس (27 ق.م. - 14 م). أصبـح مـن المهـم اسـتراتيجياً تهيئة أماكـن لإعادة شـحن البضائـع مـن خـط العرض الـذي تأثرت عنده سـلبا حركـة الملاحـة في شـمال البحر الأحمر بسـبب فقدان تأثير الريـاح الموسـمية القادمة من المحيط الهنـدي ووجـود التيـارات العكسـية. وبوجودهـا علـى بعد سـبع محطات مـن البحـر، أصبحـت الحِجْر بذلك النقطة التي كانت تغـادر منها

الشكل رقم 1.
منظر عام لمقبرة جبل الخريمات الضخمة، 2018.

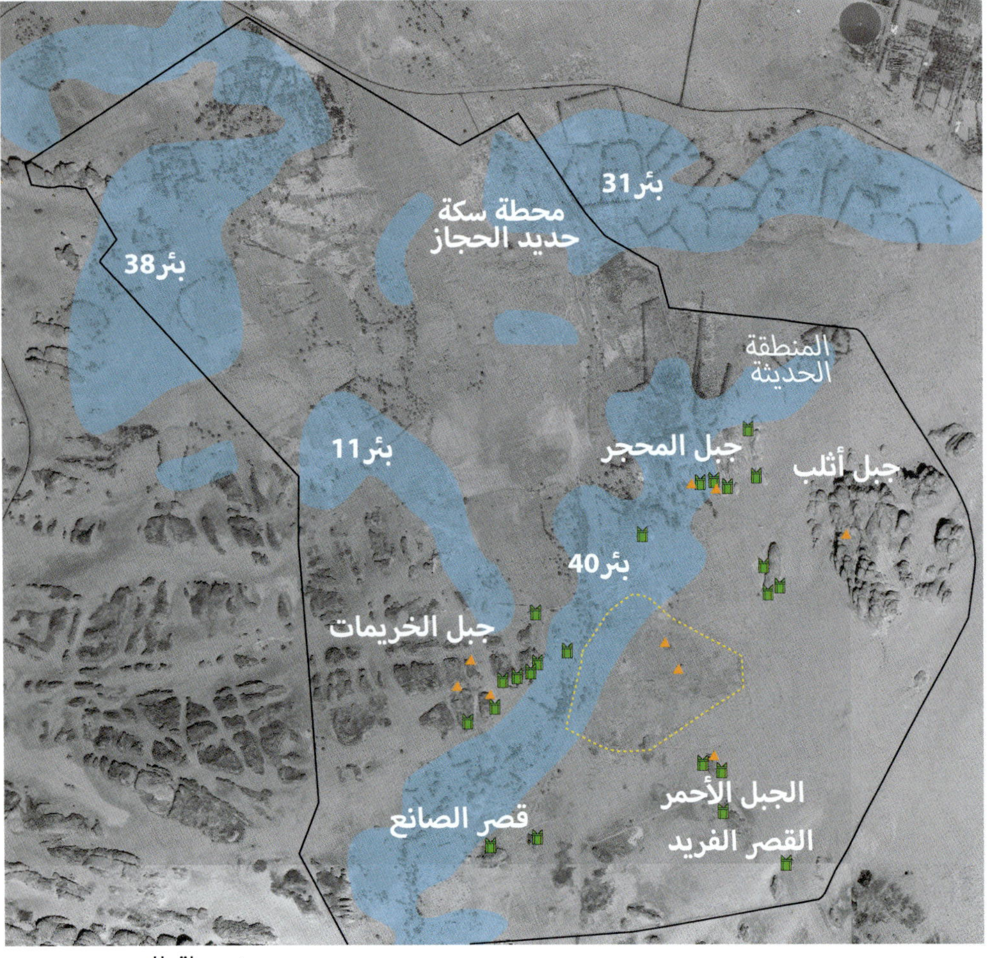

البضائع المفرغة في ميناء لويكه كومه Leukè Komè القديم - الذي ما يزال تحديده موضع نقاش - لتنطلق من جديد نحو الشمال حتى البتراء، عبر طريق القوافل الذي حددت محطاته الكبرى.

وبناءً عليه، فالأنباط موجودون في الحِجْر منذ ما قبل مطلع العصر الميلادي. المدينة الوفيرة الماء، نظراً لإنشائها في سهل غريني (طميي) حيث كان منسوب المياه الجوفية على عمق يقل عن عشرة أمتار تحت الأرض قبل المكننة، كانت واحة قبل كل شيء، وكانت 132 بئراً (الشكلان رقم 2 و9) - ما زال معظمها بادياً للعيان - تتيح ري نخيل التمر، وأشجار الفاكهة، والبقوليات، والقمح وحتى القطن، وهو نبات يحتاج إلى الكثير من الماء.

موقع بقي تقريباً كما هو منذ القرن الخامس

أنشأ الأنباط مدينة على صورتهم، مشيدين أو ناحتين بعدد أقل، وأحياناً بجودة أقل، جميع المعالم الموجودة في تراثهم المعماري، وتضمنت نحو مائة مدفن ذات واجهات منحوتة، غالباً ما تكون أفضل حفظاً من تلك الموجودة في البتراء، موزعة في عدة مقابر تحيط بالمدينة(الشكلان رقم 1 و4)؛ قاعات مآدب مخصصة لاجتماعات الأخويات الدينية، أضخمها تلك المعروفة محلياً باسم الديوان، ومنحوتة عند مدخل فج يذكرنا على نحو مصغر بسيق البتراء(الشكل رقم 3)؛ ونصب (بيتيلات)، ومذابح وغيرها من المعالم ذات الطابع الديني التي تنتصب أحياناً في كوى غنية الزخرفة. ترمز النصب (البيتيلات، بيت إيل في اللغات السامية وتعني "بيت الإله") إلى الآلهة التي يعبدها الأنباط، وتتخذ شكل حجارة رملية بسيطة منحوتة على نحو بارز في الجدران الصخرية، وارتفاعها ضعف عرضها. عبدت بعض الآلهة، مثل العزى، في مكة أيضاً قبل الإسلام، وهو ليس بالأمر المفاجئ نظراً لأن ديانة الأنباط تنتمي إلى أسرة أديان جزيرة العرب ما قبل الإسلام. غالباً ما يبتهلون إلى إلههم الرئيسي ذو الشرى في نقوشهم، ويشير اسمه إلى الجبل الذي يطل على البتراء.

تقع جميع قاعات المآدب المخصصة للأخويات الدينية النبطية والتي يحبها النبطيون كثيرا داخل أو على حواف سلسلة من التلال الصخرية المحيطة بحيز طبيعي محمي، وهو جبل أثلب، إحدى أكثر المناطق سحراً في الموقع. نقب العديد منها، وعُثِر فيها على قوارير فخارية كاملة تقريباً، وآخر بقايا الوجبات المصحوبة بالمشروبات التي كان يتناولها الأنباط هناك في مجموعات من ثلاثة عشر شخصاً، يسليهم عازفان موسيقيان، وفيها كانت تناقش الشؤون القبلية والسياسية. ولهذا السبب بلا شك حظر الرومان هذه الاجتماعات، هنا كما في أماكن أخرى في الإمبراطورية، والتي أمكنها أن تؤدي إلى احتجاجات، بل حتى إلى انتفاضات.

غير أن الحِجْر تبقى مدينة نائية في الريف عند التخوم، أصغر وأقل غنى بالمعالم من البتراء. بيد أن المشهد الطبيعي فيها أكثر جمالاً نظراً لأنه ليس به بناء حديث يحجب الرؤية، والحيز المكاني الضخم أكثر انكشافاً. تقع المدينة نفسها - أي المنطقة السكنية - في الوسط، في منطقة منبسطة إلى حد ما (الشكلان رقم 2 و9). وتتناثر المدافن حولها، ويمكن رؤية معظمها من وسطها. نحتت المدافن في نتوءات صخرية من الحجر الرملي ويعود تاريخها إلى بداية الحياة الأولية، من حوالي 500 مليون سنة، وهي آخر آثار الحت الذي خدد الصخور الرملية بكثافة متفاوتة في نهاية العصر الجيولوجي

الثلاثي، بين 13 و 5 ملايين سنة خلت، في الأماكن التي لم تكن محمية فيها بطبقة من البازلت المتشكل من تدفقات الحمم البركانية.

تؤرخ هذه المدافن من الفترة الواقعة ما بين عامي 1 و 75 للميلاد وتتراوح أبعادها من 3 أمتار إلى 22 متراً ارتفاعاً. وعلى عكس مدافن البتراء المغفلة الاسم، تبرز ثلث الواجهات الأربعة والتسعين نقشاً كتابياً نبطياً ذي طبيعة قانونية يحدد اسم المالك (أو أسماء المالكين)، وأحياناً يكنّ نساءً، بالإضافة إلى أسماء الورثة أصحاب الحق بالدفن فيها. إن التنقيبات التي أجريت في العديد منها ودراسة اللقى المستخرجة - المحفوظة جيداً على نحو خاص بسبب الظروف الجوية شديدة الجفاف السائدة في المنطقة - أتاحت لأول مرة استعادة الطقس الجنائزي النبطي، من وفاة الفرد إلى نقل جثته إلى مثواه الأخير.

تبرز البنى المرتبطة بالمدافن من أسوار وقاعات مآدب فوق سطح الأرض، مما يجعل من حظر حركة مرور السيارات كلياً في محيطها المباشر أمراً لا غنى عنه. بقي الموقع على ما هو عليه تقريباً منذ أن غادره آخر ساكنيه في القرن الخامس الميلادي. ليس من النادر العثور في المدينة على قطع من

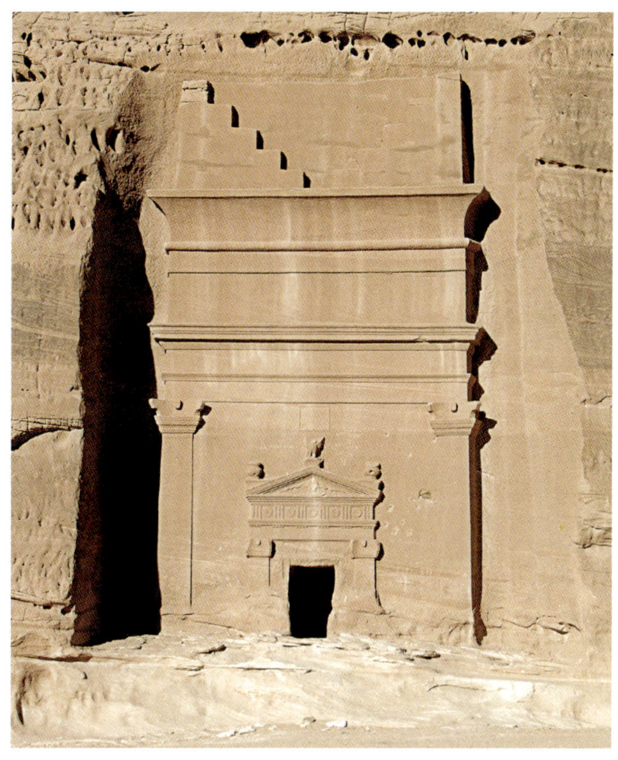

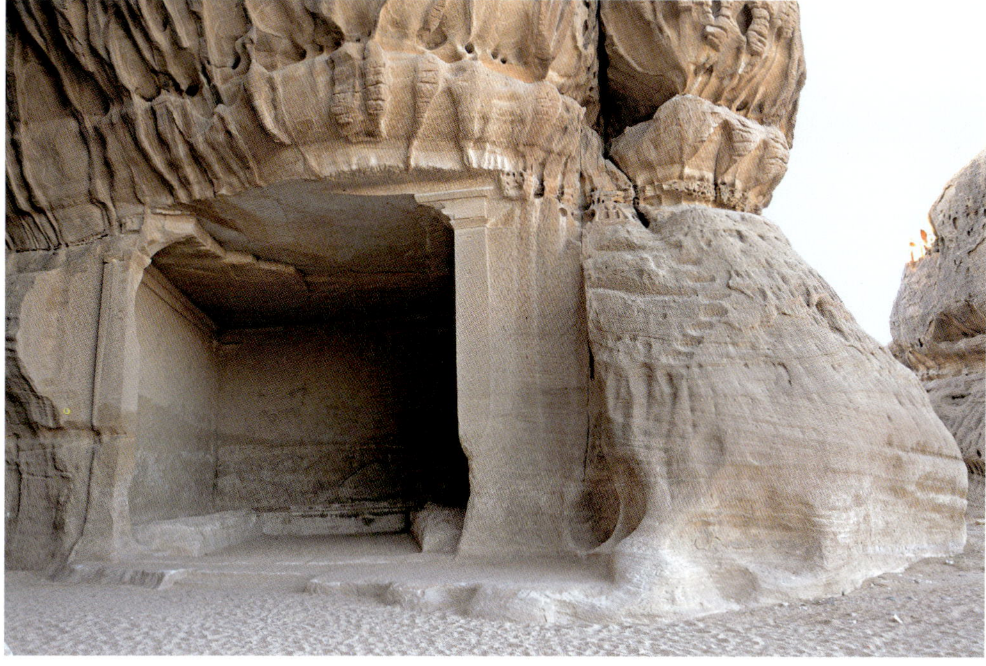

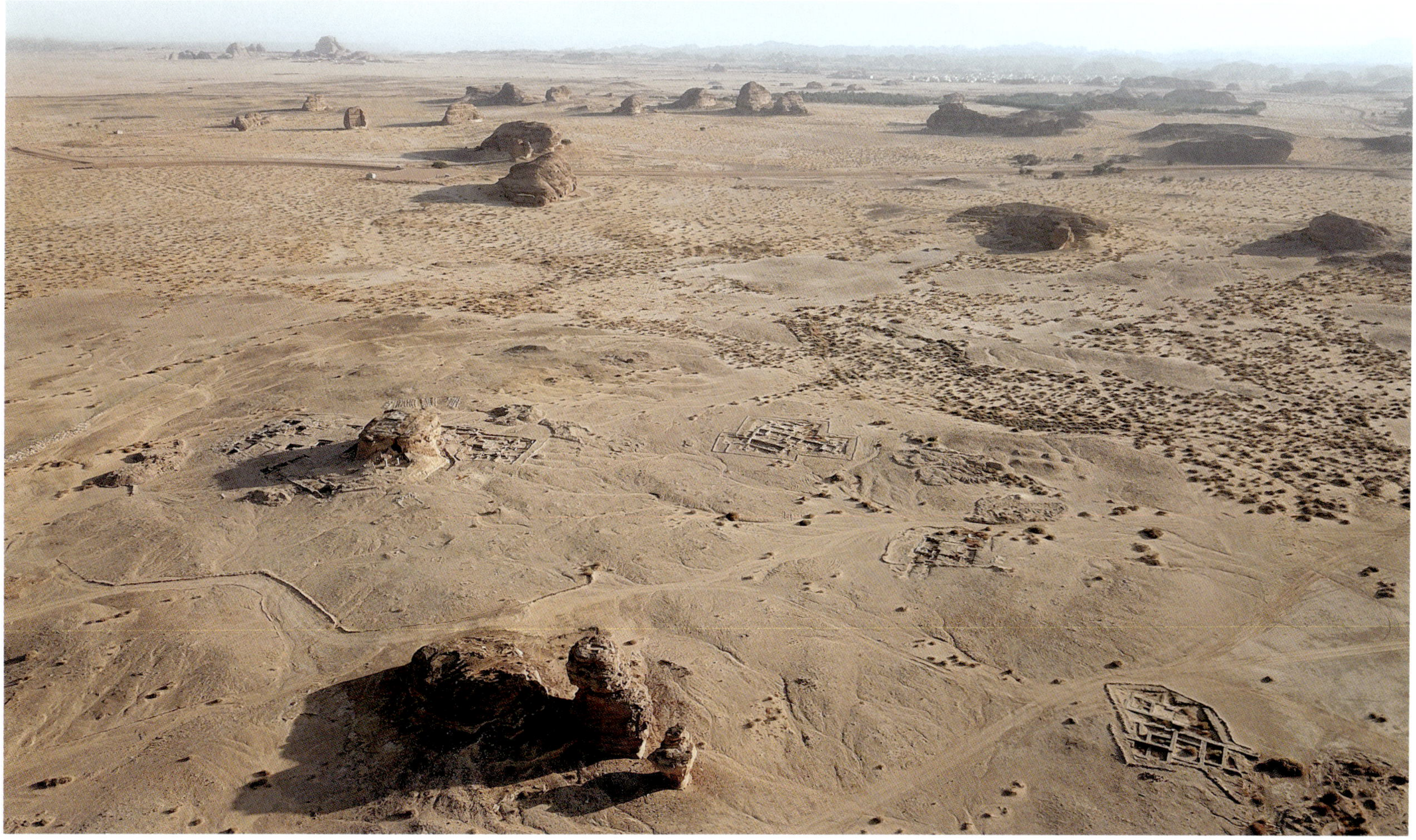

أربعة مواقع عظيمة، من دادان إلى البلدة القديمة في محافظة العلا

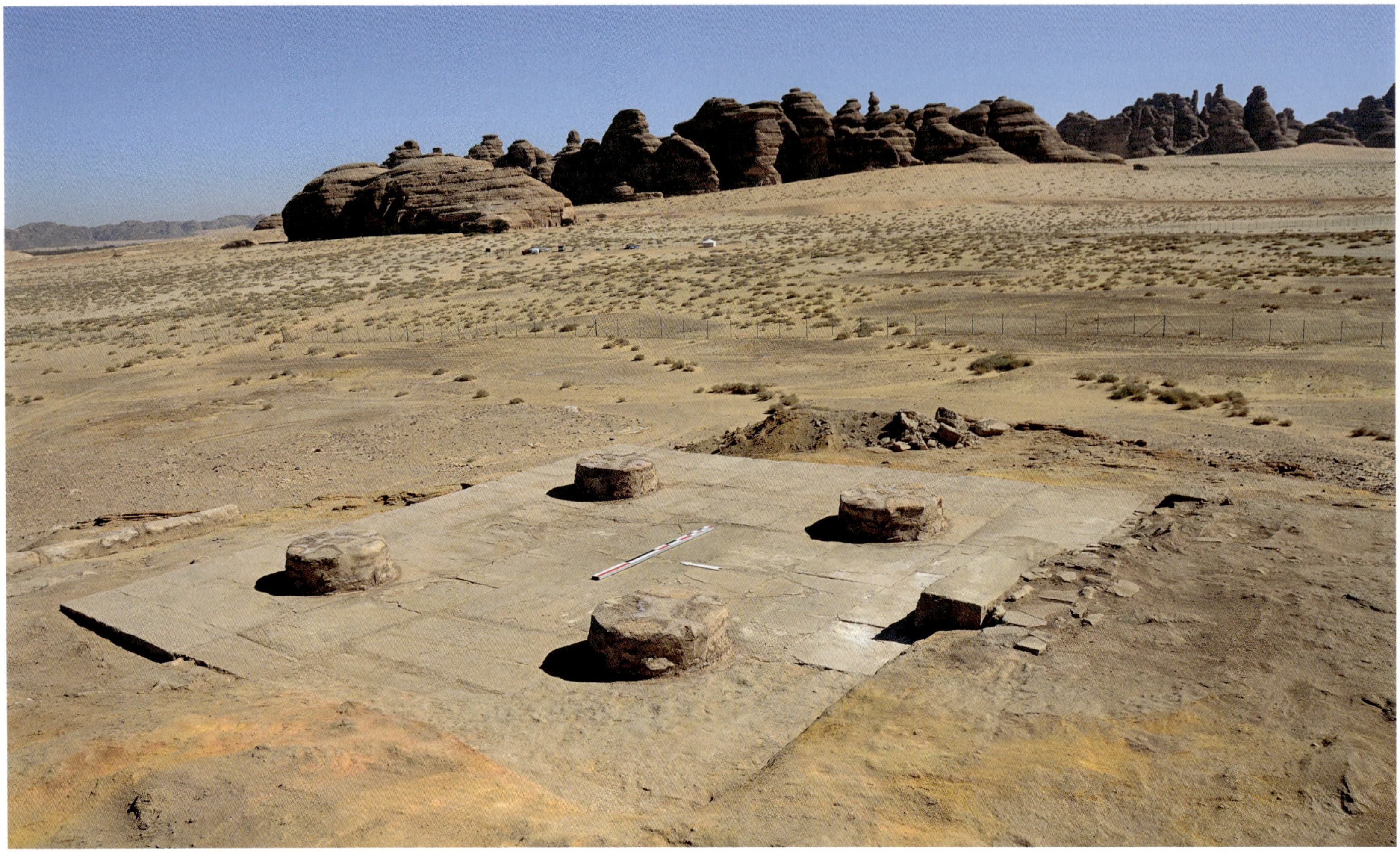

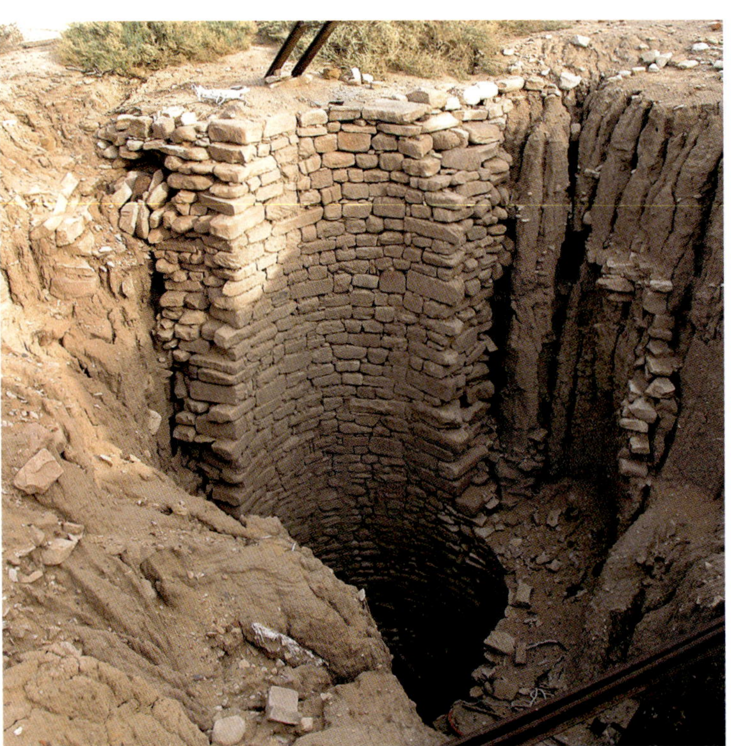

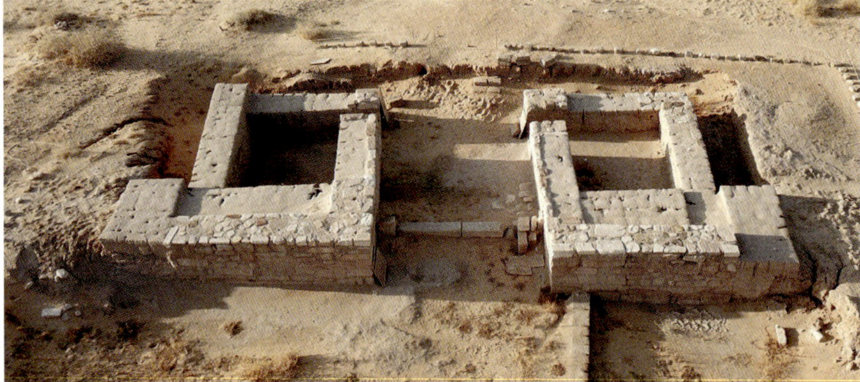

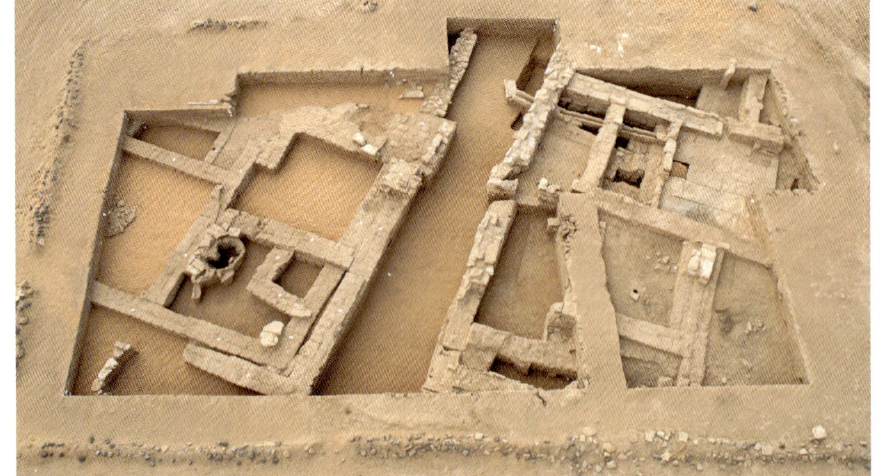

النقود بعد هطول أمطار غزيرة على وجه الخصوص، بل حتى على أوانٍ كاملة من الفخار، كما لو أن البيوت قد هُجرت بالأمس القريب.

مدينة محاطة بسور

للأسف إن المدينة مدمرة بشكل كامل تقريباً، لدرجة أنه لم يكن يرى منها شيء قبل عمليات التنقيب والترميم، باستثناء قطع الفخار والنقود وبعض الجدران. من المهم ملاحظة أنها مشيدة بنسبة 90% من طوب اللبن، ما عدا أساسات جزء من المباني وبعض العناصر الضخمة (إطارات الأبواب، الأعمدة، التيجان) من الحجر الرملي. لقد فعل فعل سوء الأحوال الجوية فعله، ناهيك عن الانتزاع المنهجي للطوب والحجارة بعد هجر المدينة، من أجل تلبية احتياجات قرى وبلدات المنطقة. لم يمنع هذا أول مستكشفين منهجيين للحِجْر، الدومينيكيين أنطونان جوسين (Antonin Jaussen) ورفائيل سافينياك (Raphaël Savignac)، في أوائل القرن العشرين، من تحديد موضع آثار ضئيلة لتجمع سكاني، بل حتى لسوره، والذي يفصله عن الواحة القديمة وآبارها مجرى وادي يحاذيه من الغرب، وذلك على السهل الأوسط لموقع الحجر، والمعلم بهضبتين صخريتين في الجنوب، وأخرى صغيرة في الشمال، وبكثيب رملي كبير في الشرق وبتلتين من الحجر الرملي في الوسط.

تأكدت هذه البداهات بدايةً من خلال الأبحاث السعودية التي أجريت في تسعينيات القرن العشرين، ثم الأبحاث السعودية-الفرنسية، والتي كشفت من خلال المعاينة الميدانية والمسح الجيوفيزيائي و14 قطاع تنقيب، مدينة مساحتها 52 هكتاراً محاطةً بسور يبلغ طوله 3 كلم ويتخلله ثلاث بوابات في الحد الأدنى وخمس على الأرجح (الشكل رقم 7). كان التشييد الأول للسور سريعاً، ويظهر ذلك من خلال سمكه المتفاوت (من 1،30 متر إلى ما يقرب من 4 أمتار) وطابعه البسيط: أقسام مستقيمة الخطوط متفاوتة الأطوال، تصلها ببعضها زوايا مستديرة. يعود تاريخ بنائه إلى القرن الأول الميلادي، إلى بدايته على الأرجح، في الفترة النبطية. وعزز السور في القرن الأول الميلادي أيضاً بأبراج كل 35 متراً تقريباً، ثم بدأ يتقوض قبل أن يتم ترميمه في نهاية القرن الثاني. يعكس مخطط مدينة القرن الأول الغريب الشكل، مع امتداد كبير على شكل مثلث باتجاه الشرق، إرادة السلطات النبطية لإنشاء مساحة كبيرة يمكن البناء فيها وتكون محمية، أو مراقبة. نعلم بكل تأكيد أن المدينة الأقدم كانت أصغر، ولم تكن تشغل سوى الجزء الغربي من المنطقة.

ألف عام من الاستيطان المتواصل

توحي الأسبار (المجسات) المنفذة بديمومة الحياة الحضرية في الغرب بدءاً من القرن الخامس قبل الميلاد، أي قبل الفترة النبطية بزمن طويل. لم يتضح بعد الوضع السياسي لهذه المدينة القديمة التي لم يتم تحديد أسوارها، إن وجدت. هل كانت تحت السيطرة المتعاقبة لمملكتي دادان ثم لحيان؟ ربما ستتيح الأبحاث الجارية على سلسلة من النقوش الدادانية القادمة من الموقع تأكيد ذلك. أما بالنسبة للفترة التي سبقت وصول الأنباط مباشرة، فتعزو أحدث الفرضيات سلسلة مهمة من القطع النقدية التي تمثل أثينا وبومتها إلى مملكة لحيان. يمكن رؤية العديد من الأمثلة على هذا التقليد التخطيطي للغاية للتترادراخمات الأثينية في المعرض. كشفت الحفريات في الحِجْر عن أكثر من ثلاثمئة من هذه القطع النقدية، والتي

ربما تم ضربها هناك من القرن الرابع إلى القرن الأول قبل الميلاد، لكن استمر التداول بها في الفترة اللاحقة، بما فيها العصر الروماني.

بلغت الحِجْر أقصى توسع لها في الفترة النبطية. وتشغل المباني كامل المساحة الموجودة داخل الأسوار، على شكل أحياء سكنية على نحو رئيسي، منظمة من خلال بعض المحاور الضيقة ومؤلفة من بيوت منخفضة (من طابق واحد كحد أقصى) ذات سطوح مستوية تسندها جذوع من النخيل أو الطرفاء (الأثل)، وتؤدي إليها أزقة ضيقة (الشكل رقم 8). وهي أيضاً فترة عظمتها الوحيدة. ينتصب في وسطها معبد يندرج ضمن حرم مقدس شاسع تطل عليه كتلة صخرية من الحجر الرملي يبلغ ارتفاعها حوالي عشرة أمتار. وفي قمة الكتلة الصخرية كان معلم ذي أربعة أعمدة مشيد بحجارة رملية بيضاء يشكل نقطة لافتة للنظر في المشهد الطبيعي (الشكل رقم 6). يدعو نقش نبطي عثر عليه معاداً استخدامه في مكان قريب إلى الاعتقاد بأنه كان مكرساً لـ "إله السماء". تظهر في جميع المناطق المنقبة آثار لزخرفة حجرية غنية تعود إلى الفترة النبطية، وأعيد تدويرها وتبعثرت لاحقاً بين مباني الفترة الممتدة بين القرنين الثاني والرابع. تعد بقايا بيوت هذا العصر الوحيدة التي أبرزت أرضيات جميلة مبلطة.

وفي المقابل، بعد انهيار السلطة النبطية شهدت المدينة تراجعاً واضحاً من حيث جودة البناء أولاً، فاختفت عناصر الترف، ومن حيث كثافة التجمع السكاني. لم يلاحظ أي انقطاع في الاستيطان البشري، ولكن النسيج الحضري تقلص بمرور الزمن. وبعد منتصف القرن الرابع، لم يعد هناك مسكوكات أو نقوش في الحِجْر ويبدو أن آخر تجمع سكني، والذي أصبح قرية صغيرة في نقطة مرتفعة شمال غربي الموقع الحضري، قد اختفى في بداية القرن الخامس الميلادي. ومنذ ذلك الوقت، كانت الحِجْر ما تزال تزار، ولكنها لم تعد مأهولة. كانت قرية الحِجْر، ذات البيوت المتناثرة، والمعروفة في العصر الحديث والتي كانت تقطنها قبيلة الفقرا حتى منتصف القرن العشرين، تقع على بعد بضعة كيلومترات شمالي غرب المكان.

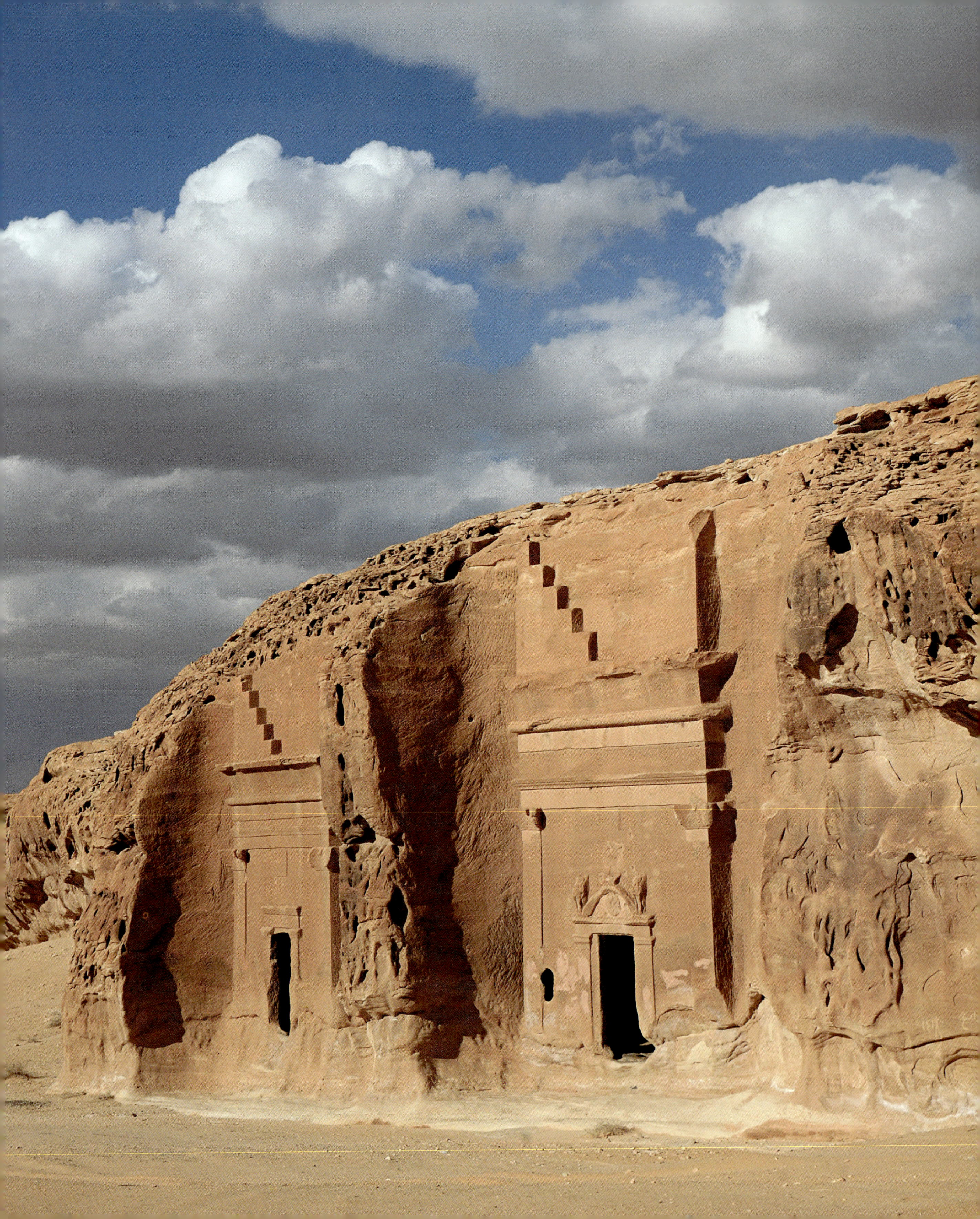

الزخرفة المعمارية لمدافن الحِجْر

جاكلين دنترزرفيدي، المركز الوطني الفرنسي للبحث العلمي (CNRS)، وحدة البحث المشتركة علوم الآثار والعصور القديمة

يمكن للحِجْر أن تعتبر شقيقة البتراء الصغيرة لأنها أصغر سناً، وأصغر حجماً، وتشابهها معها مذهل. يرتكز هذا التشابه إلى حد كبير على وجود واجهات صخرية في كلا الموقعين منحوتة في كتل الحجر الرملي التي تحيط بالمدينة. تنتمي هذه الواجهات، في مجمل تصميمها وتفاصيلها، إلى ما يسمى في العصر الحديث بالعمارة النبطية (الشكلان رقم 1 و).

أين تكمن أهمية هذه الواجهات المعمارية؟ على غرار البتراء، تدل الغالبية العظمى منها إلى وجود حجرة جنائزية محفورة في الصخر يمكن الوصول إليها من خلال مدخل وإلى أنها بُنيت قبلها. لا تعتبر المدافن الصخرية ذات الحجرة والواجهة الضخمة خاصية نبطية، بل هي معروفة في مناطق مختلفة من العالم الشرقي القديم، في ليقيا (الأناضول) وقبرص والقدس بفلسطين والإسكندرية على سبيل المثال. في التقاليد الجنائزية للثقافات التي كان ينتمي إليها الأنباط، كان الموتى يُدفنون ببساطة في حفرة وكان يشار إلى القبر على السطح بواسطة شاهد أو جثوة (كومة تراب أو حجارة) وتسمى "نفش" (تعني الروح)، والتي كانت ترمز إلى روح المتوفى. توجد في البتراء حوالي عشرة من هذه الشواهد المعروفة "بنفش" على شكل معالم جنائزية أحادية الكتلة تم تشكيلها مباشرة بحفر الكتلة الصخرية. لم تتضمن هذه المعالم التذكارية (المسماة "نفش") حجرة داخلية. ومن ناحية أخرى، تتوافق

الشكل رقم 1.
المدفنان IGN 13 (يسار) و14 IGN (يمين) في جبل المحجر، الحِجْر، 2018.

المدافن الصخرية ذات الواجهة والحجرة الجنائزية في العالم النبطي مع طفرة ثقافية شهدتها فئة من المجتمع على الأقل. في الواقع، كان يتم إيداع الجثمان المحنط والمصحوب بقرابين من الطعام داخل مثوى وهمي نحتت واجهته على الجدار الصخري وكان الوصول إليه يبقى ممكناً عن طريق مدخل. سواء أكان ذلك عن وعي أم لا، ينطوي تحويل هذا الحيز الجنائزي إلى المثوى الأخير على إيمان بحياة أخرى مأمولة يحصل فيها المتوفى على أكثر ما كان يرغب فيه أثناء حياته. لم تحل هذه المدافن الصخرية كلياً محل عمليات الدفن التقليدية، لكن تنفيذها يعكس الاندماج الثقافي (التثاقف) لطبقة اجتماعية غنية منفتحة على التأثيرات الخارجية. لقد كانت المدافن تحيط بالمركز الحضري لمدينة الحِجْر، مثلما كانت تحيط بالمركز الحضري لمدينة البتراء، وتلفت أنظار السكان وعابري السبيل من خلال واجهات غالباً ما تكون ضخمة، بينما كانت النقوش النبطية تذكر أسماء المتوفين ونسبهم وصلات القربى بينهم. وبذلك كانت بالنسبة للأحياء تذكيراً دائماً بالأجيال السالفة وبسلطة تلك العائلات التي استثمرت في المثوى الأخير الأبدي.

على الرغم من أنها أقل عدداً من مدافن البتراء الصخرية، إلا أن مدافن الحِجْر تتمتع بميزة واضحة تتمثل في كونها نحتت في حجر رملي أكثر صلابة تعرض لأضرار أقل على مر القرون،

وبالتالي فمعظمها محفوظة بشكل أفضل. وبالنسبة للمؤرخ، تتمتع أيضاً بالصفة الرئيسية المميزة، ألا وهي أن 31 منها - من أصل 109 معلم جنائزي مسجل - مؤرخ بالنقوش، على عكس ما هو الحال في البتراء. وهكذا فإن المعطيات الكرونولوجية التي بحوزتنا والتي تتراوح بين مطلع العصر الميلادي و74/75 للميلاد تمكننا من رسم تحليل لتطور أشكال المدافن وأساليب استغلال الكتل الصخرية.

يمكن تجميع الواجهات المنحوتة ضمن أنماط مختلفة وفقاً لتوزيع الزخرفة الخاصة بها، كما أظهر ذلك في البتراء ببداية القرن العشرين عالما الآثار الألمانيان برونوف (Brünnow) ودوماستسفسكي (Domaszewski). وبناءً عليه، يتضح أن هذه الواجهات تتوافق مع الرسوم التخطيطية المتدرجة المحددة مسبقاً والتي تمت مواءمتها مع الجدار الصخري المراد نحته ومع العمل المزمع تنفيذه والزمن الذي سيستغرقه، وبالتالي مع الأموال التي خصصها لها الموصون بنحتها. وتكتسب هويتها الفريدة جزئياً من تلك الاختلافات الطفيفة في أنماط الزخرفة ونسب كل منها. من الممكن استعادة الرسوم التخطيطية المتدرجة لهذه الواجهات انطلاقاً من شبكات كبيرة وحدة قياسها الذراع المصري البالغ طوله 0,525 متر (الشكل رقم 2). في بعض الواجهات، تبرز هذه الشبكات أيضاً بعيوب التنفيذ أو بالصعوبات التي واجهها نحاتو الحجر تبعاً لجودة الصخور.

على عكس المنشآت التي تبنى من الأسفل إلى الأعلى، كانت الواجهات الصخرية تنحت من الأعلى إلى الأسفل باتباع مراحل متتالية على شكل منصات (الشكل رقم 4 وانظر مساهمة ج.-ك بيساك (J.-Cl. Bessac) في هذا المجلد، ص 116). ينطوي هذا النحت الصخري على صعوبات فنية كبيرة، وهو ما أدى إلى تبسيط بعض الجوانب الزخرفية فيه. فتختزل التيجان على وجه الخصوص إلى كتل محورة وفقاً لشكل يماثل الآن الطراز المسمى بالنبطي (الشكل رقم 5). وتختزل المقولبات المنحنية الخطوط وتندرج ضمن مستويات مائلة. تمت إزالة الزخارف المنحوتة على المقولبات، وتم الحفاظ على بعض الأشكال التصويرية فقط. وتتميز بعض الواجهات الأخرى بنقوش زخرفية قليلة البروز، وهذا يعود إلى طراز الزخرفة المختارة وإلى المستوى المحدود لمهارة الحرفيين في الآن ذاته. ونحتت بعض الواجهات الأخرى بزخارف بارزة بقوة وبأشكال تكاد تكون مجسمة لشدة بروزها. إنها تنتمي إلى مجموعة من الزخارف ذات الطراز اليوناني وتتطلب مهارات عالية. فعند الانتهاء من تخليص الواجهة من الصخور وإعطائها شكلها ويتم حفر الحجرة الجنائزية وتهيئة المدخل المؤدي إليها، كانت تغطى كل الزخرفة المنحوتة أو جزء منها بطلاء خاص. كانت الألوان المتباينة تبرز التوزيع الزخرفي العام للواجهة (الشكلان رقم 6 و7). وقد لوحظت بقايا الطلاءات المدهونة هذه في الحِجْر والبتراء، مما يتيح الاستعادة الجزئية للألوان المتعددة للواجهات المنحوتة.

تعتبر الزخرفة المنحوتة لهذه الواجهات غامضة ومعبرة عن التيارات الثقافية التي كانت سائدة في الطبقات الثرية من المجتمع النبطي، من نهاية الفترة الهيلينستية حتى الضم الروماني (106 للميلاد). كانت الزخرفة في الواجهات الأبسط تقتصر على تاج ذو صف أو صفين متراكبين من الشرافات المتدرجة (الشكل رقم7). وصل هذا النموذج الزخرفي للشرافة ذو الأصل الآشوري إلى بلاد الشام في الشرق الأدنى خلال الفترة الأخمينية وكذلك إلى المنطقة الداخلية لشبه الجزيرة العربية، حيث استمر حتى العهد القريب في العمارة السكنية. يرى م. موتون (M. Mouton)، أن هذه الواجهات الصخرية هي نسخة

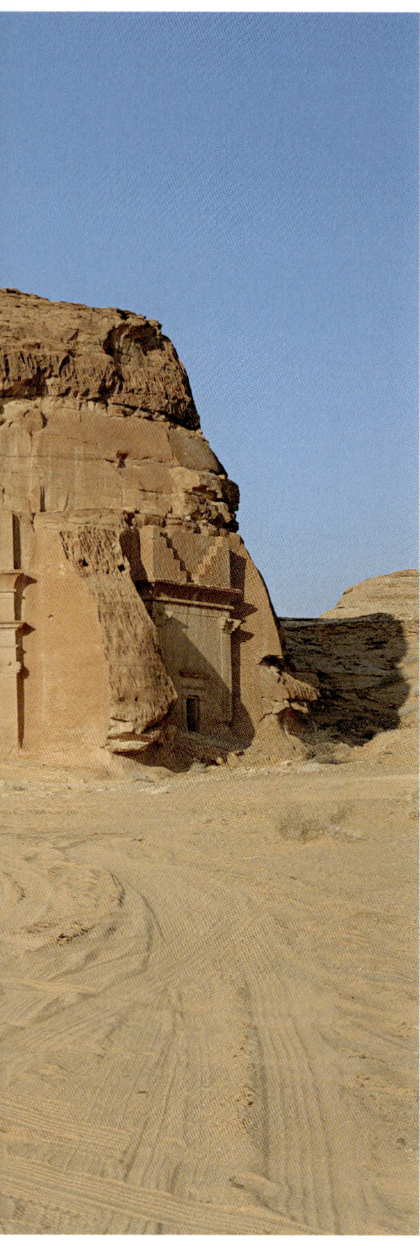

ثنائية الأبعاد من المعالم الجنائزية المبنية ("نفش" المذكورة أعلاه) والمكتشفة في مليحة بالإمارات العربية المتحدة، والتي كانت تحمل أيضاً تتويجاً من الشرافات.

على عدة واجهات نبطية، تشهد الكورنيشات التي على شكل طارة يعلوها طوق مقعر عريض يسمى "الطوق المصري المقعر" على التأثير المصري الممثل بصورة جيدة أيضاً في العمارة الفينيقية العائدة إلى الفترة الهيلينستية. أما الباحث ل. تولبك (L. Tholbecq)، فيرى أن الجمع بين الطوق المصري المقعر والشرافات ذات الزاوية المرتفعة ينتمي إلى ثقافة إقليمية مركبة تعود إلى الفترة الهيلينستية. تعلو هذه التتويجات ذات الأصل المصري والآشوري أنواع معينة من الواجهات أطلق عليها برونوف (Brünnow) ودوماستسفسكي (Domaszewski) اسم "الحِجْر" وهي سطح معمد ذات أصل يوناني-روماني (الشكل رقم 8). إن الطرز المعمارية ذات الطراز اليوناني وذات الأشكال الهندسية المبسطة المسماة "النبطية" هي نفسها مقتبسة من مصر الإسكندرية المعاصرة لها، حيث تم استيعاب الأشكال الهيلينستية وإعادة إخراج مدلولاتها، مما يعكس ميولا للطرز المركبة سواء كانت متراكبة أو متداخلة، مثل سقيفة المدخل (aedicula) التي تحيط بمدخل المدفن IGN 22 (الشكل رقم 9). كما تساهم في خلق هذا المجال الجنائزي ذي الطراز اليوناني، الذي نشأ في الوسط الإسكندري، العقبان الباسطة لأجنحتها (الشكل رقم 10) والزخارف المعمارية على شكل جرار عند الحواف فوق جبهيات الأبواب (الشكل رقم 11) والسفنكس الحامية (الشكل رقم 12).

وبناءً عليه، تشهد كل هذه الواجهات الزخرفية المنحوتة في الصخر على الطبيعة الانتقائية لثقافة الطبقات الثرية، وهي ثقافة قائمة على الاقتباسات القديمة جداً حيناً والأحدث حيناً آخر. إنها ليست نبطية فقط، لكن وصلت إلينا بفضل الفن الصخري لأن أغلب المباني قد اختفت. لقد سادت هذه الثقافة المركبة في صورها المختلفة في كامل منطقة بلاد الشام والبلاد السورية-الرافدية ومنطقة شمال شبه الجزيرة العربية والإسكندرية قبل التأثيرات الرومانية. إنها تنبأنا عن العصور القديمة وعن استمرارية التبادلات الحضارية بالتزامن مع المبادلات التجارية.

لم تساهم واجهات الحِجْر في تحديد سمات ثقافة الأنباط الذين استقروا في هذه المدينة وحسب، بل مكنتنا أيضاً من التأريخ للموقع. في الواقع، يتيح التأريخ بالنقوش والتحليل الدقيق للزخرفة تتبع تطور المقبرة النبطية. وهكذا نلاحظ أن العديد من أشكال الواجهات يمكن مقارنتها بواجهات البتراء، وإن لم يكن ذلك على نحو كلي. وأقرب الأشكال هي تلك المعروفة باسم "من نمط الحِجْر" (الشكلان رقم 2 و8) والتي تبرز سطحين معمدين متراكبين، يوناني-روماني ومصري، ونصفي شرافتين بزاويتين مرتفعتين. يعود تاريخ هذه المدافن في الحِجْر إلى الثلث الأول من القرن الأول الميلادي، أي إلى عهد الحارث الرابع (9 قبل الميلاد - 40 ميلادي). إن واجهات هذا النمط ممثلة بشكل جيد جداً في البتراء، وبخاصة في الجزء الشرقي من الموقع، ووفقاً لمختلف الدلائل يعود تاريخها إلى نفس الفترة. إذا افترضنا، كما فعل أ. شميدت-كولينيه (A. Schmidt-Colinet)، أن نحاتي الحجر المذكورين في بعض نقوش الحِجْر قد نفذوا واجهات في البتراء مشابهة لتلك التي نفذوها في الحِجْر، نستطيع أن نضع الفرضية المحتملة بأن نحاتين للحجر كانوا فاعلين في البتراء جاءوا إلى الحِجْر في مطلع العصر الميلادي وتمكنوا من العمل لفترات معينة في كلا الموقعين. نلاحظ أيضاً أن أشكالاً معينة من الواجهات

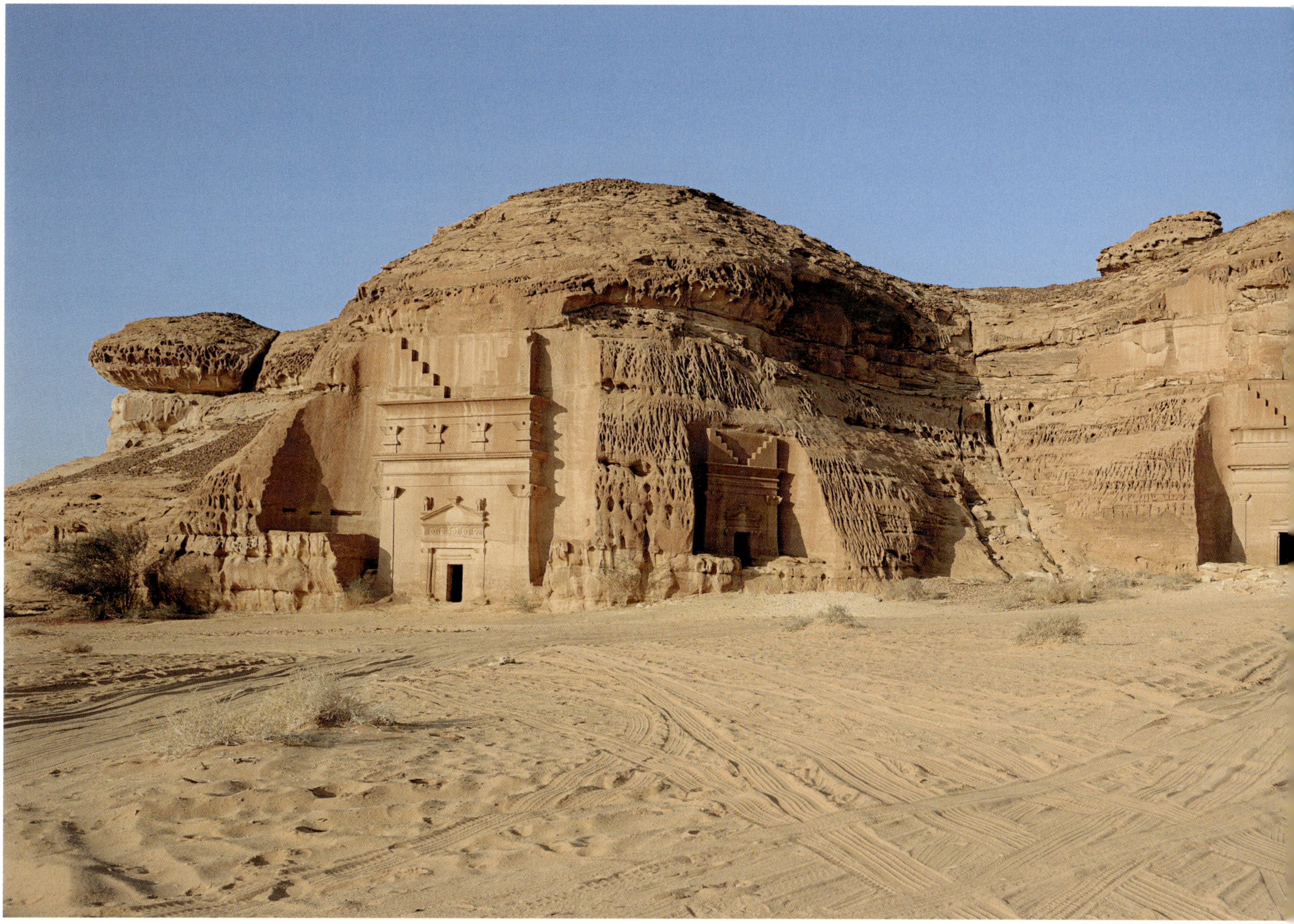

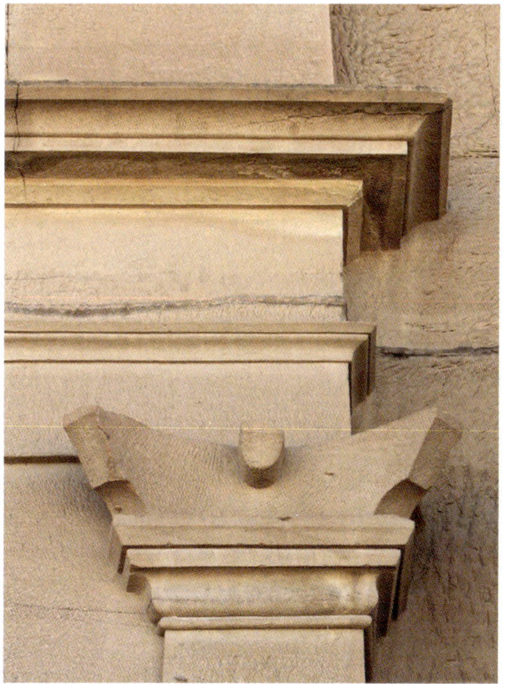

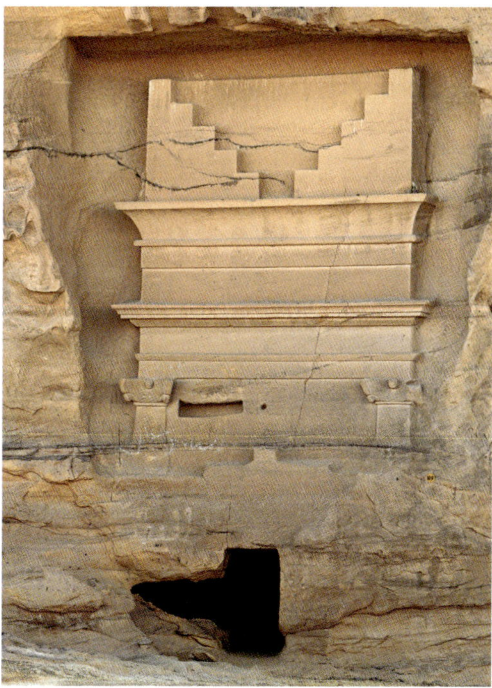

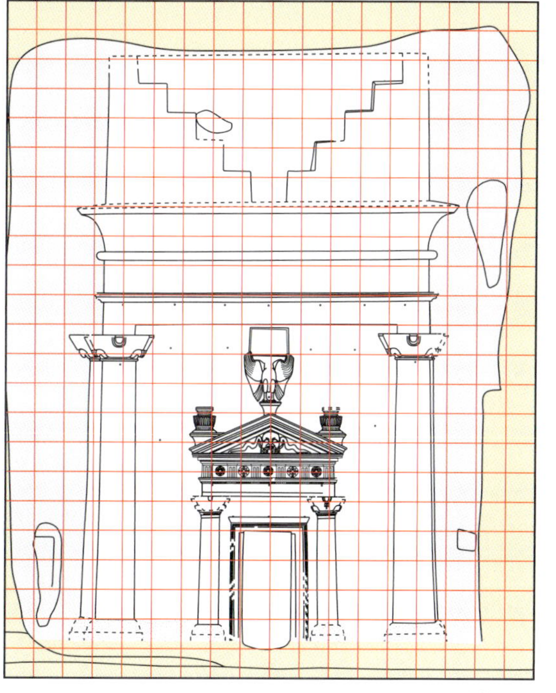

IGN 024

الشكل رقم 6.
واجهة المدفن IGN 114،
جبل الأحمر، الحِجْر.

الشكل رقم 7.
المدفن IGN 114، تلوين الواجهة
بالاستناد إلى بقايا الجص المطلي.

الشكل رقم 8.
المدفن IGN 18 ذو واجهة
على نمط الحِجْر.

الشكل رقم 9.
مدخل المدفن IGN 22.

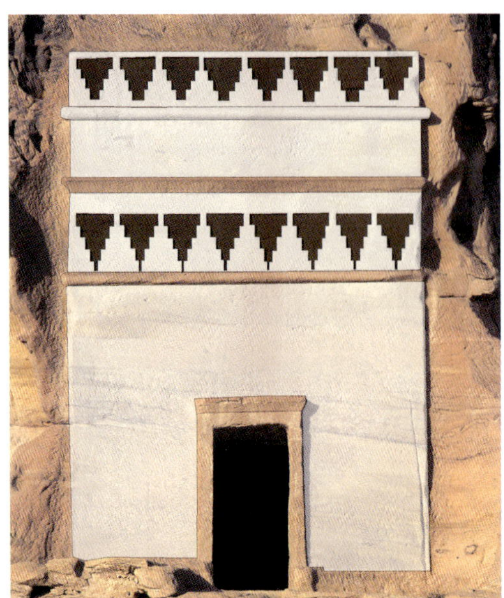

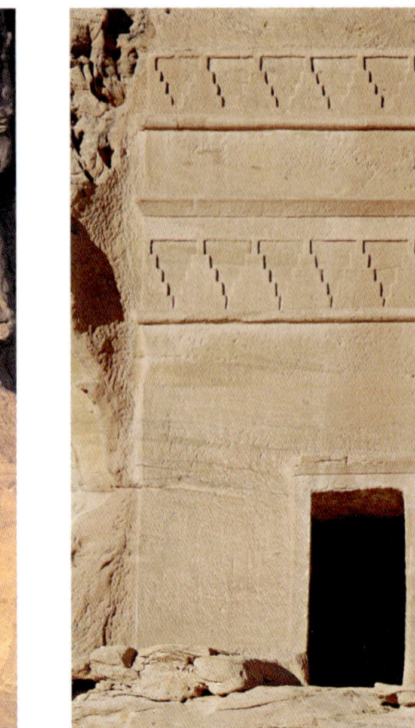

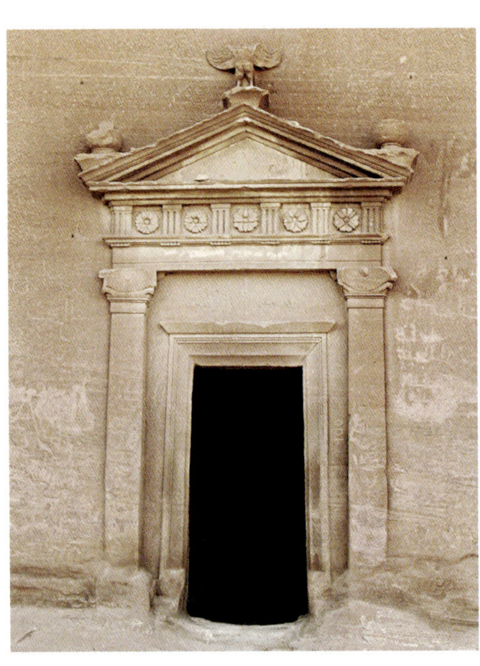

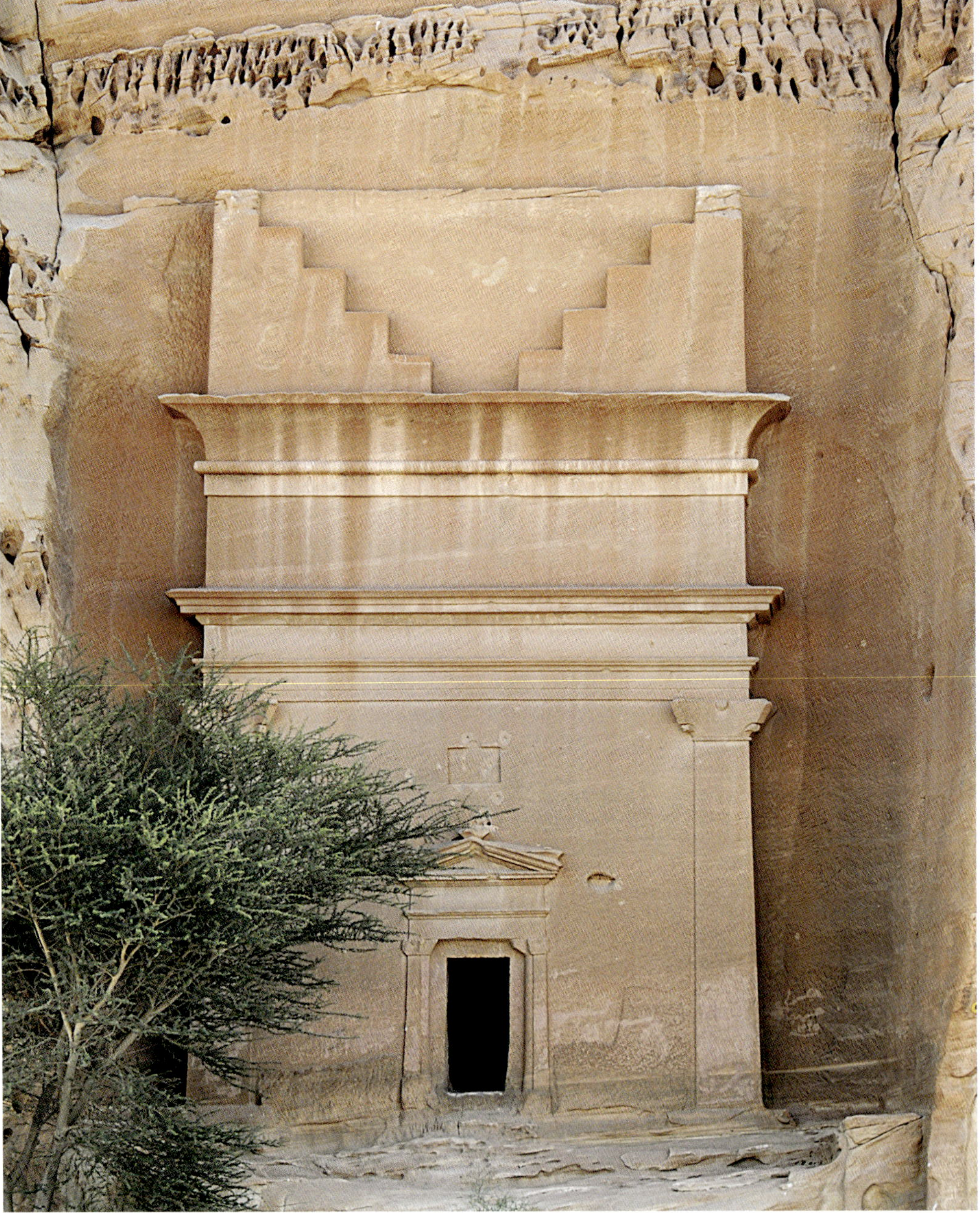

الجنائزيـة في البـتراء، والتـي قـد تكون أقـدم، غـير موجـودة في الحِجْر. وهذا يعزز الفرضية القائلة باسـتقرار الأنباط في الحِجْر فقَط في أواخـر القـرن الأول قبل الميلاد. علاوة عـلى ذلك، حتى ولو أن القواعد الزخرفية مشـتركة، فإن أشـكالاً معينة أقرب إلى مـصر ذات التأثيـرات اليونانية المعاصرة، مثل الكورنيشـات ذات الحافـة الفاصلـة البـارزة والقواعـد التي تنتصب عليها زخارف ذات أشـكال تصويريـة للأضرحـة المصغـرة عـلى الأبـواب، تكون قليلـة أو غـير ممثلـة في البـتراء. في المقابـل، فإن عـمارة البـتراء الصخريـة ذات الطراز اليونـاني الهائلـة الضخامة ذات الزخرفة النباتيـة الغنية، والتي تعتبر الخزنة الشـاهد الرئيسي عليها، غـير موجـودة في الحِجْـر. وترتبط هذه العـمارة المهيبة ببرامج ملكية مخصصة للعاصمة. هـذه الدلائل القليلة، مثل التطور الواضح نسـبياً والخطـي للأشـكال في الحِجْـر ونهاية النقـوش المؤرخـة مـن العامـين 75/74 للميـلاد، تسـمح لنـا بافتراض تطور ثقـافي عـلى مسـتوى شـبه محلي للموقع خلال القـرن الأول الميلادي وحتـى نهايتـه. يمكـن أيضـاً أن يتحـدد إشـغال الحيـز الجنائزي النبطـي وفقـاً للنقوش وللمعاييـر الفنية: تمـت أولاً تهيئة الكتل الصخريـة في الشـمال الشرقـي (جبل المحجر وقصر البنت)، ثم تبعهـا جبـل الأحمـر في الجنوب الشرقـي، وذلـك في الربع الأول مـن القـرن الأول الميـلادي. أمـا في الربـع الثاني من القـرن الأول، فقـد ارتفعـت كثافة المدافـن الصخرية ارتفاعـاً كبيراً، ليس فقط في الكتل الصخرية لقصر البنت ولجبل الأحمر، وإنمـا أيضاً في الغـرب في كتـل جبـل الخرِيمـات الصخريـة. واستمرت هـذه الكثافة في الازديـاد في الربع الثالـث مـن القرن الأول في شـتى الكتـل الصخرية المذكـورة. من غـير الممكن من الناحيـة الفنية تمييـز واجهات غـير مؤرخـة لاحقـة لهذه الفتـرة، مما يعني إما أن سـعة حجرات الدفـن كانت كافيـة للسـكان، أو أن هـؤلاء السـكان الأنبـاط توقفوا عن التوسـع والتكاثر عدديـاً في الحِجْر.

____

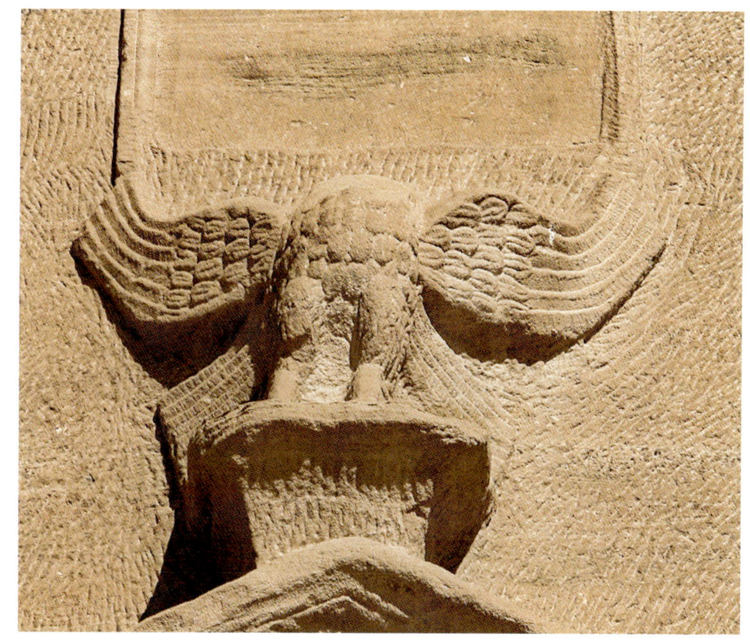

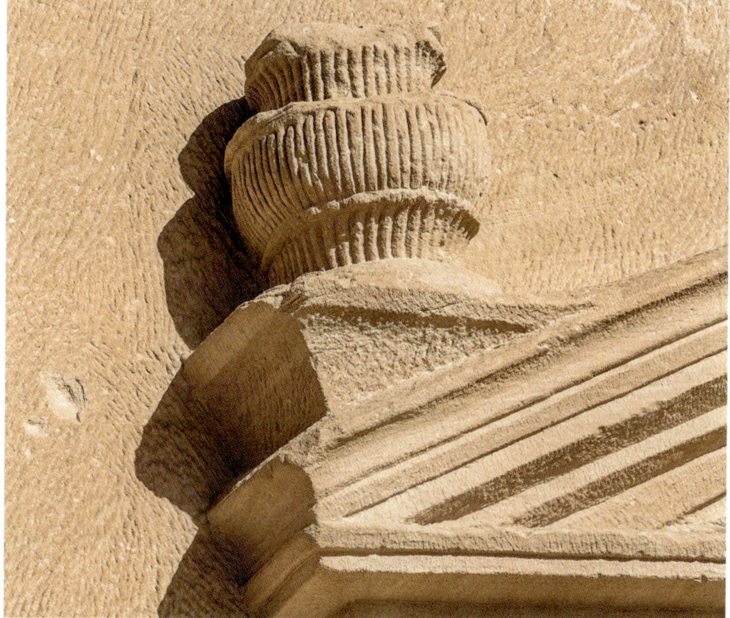

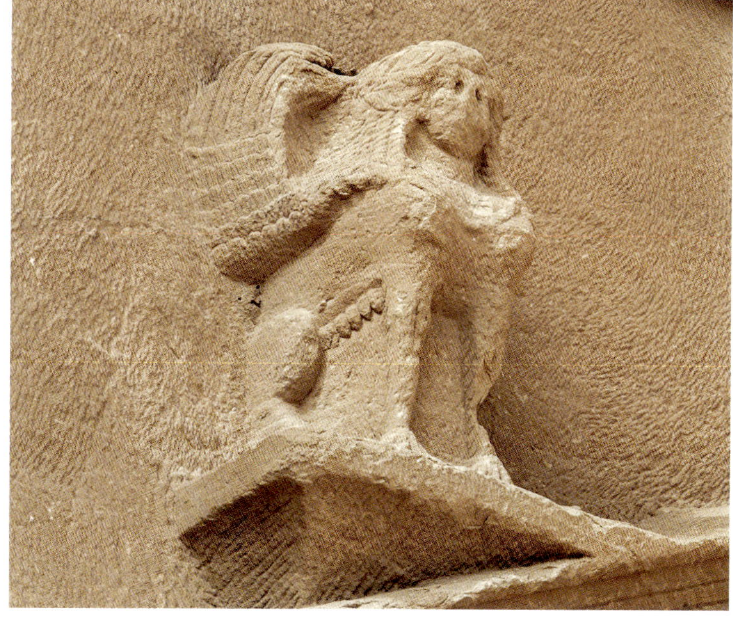

الشكل رقم 10.
نسر باسط جناحيه فوق مدخل
المدفن IGN 113.

الشكل رقم 11.
جرة على ركيزة فوق
المدفن IGN 24 2018.

الشكل رقم 12.
أنثى سْفنْكْس على ركيزة فوق
المدفن IGN 100.

أربعة مواقع عظيمة، من دادان إلى البلدة القديمة في محافظة العلا

نحت الصخر في الحِجْر

جان-كلود بيساك

يتطلب إنشاء المدافن في الحِجْر
استراتيجيات وتقنيات تتلاءم مع عمليّة قطع الحجارة الرملية (الشكل رقم 1). فهذه الأخيرة تختلف عن الممارسات المتبعة في بناء هياكل قائمة بذاتها باستخدام حجارة يمكن الوصول إليها من جميع الجهات. وبما أن المعلم الصخري هو أحادي الكتلة بحكم تعريفه، فلا يمكن العمل عليه إلا انطلاقاً مما يظهر من واجهته. ويجب على الحرفيين المتخصصين اقتلاع كتلة صخرية من الصخور الطبيعية عديمة الشكل دون التمكن من الاعتماد على مساحات مسطحة ومتعامدة منذ البداية. لذا لا يمكن القيام بهذه العملية بالاعتماد على شكل محدد مسبقا يتم تطبيقه على الحجارة التي يتم اقتلاعها ثم توليفها بواسطة الفواصل التي توضع بينها أثناء عملية البناء. يجري التشذيب التمهيدي ووضع اللمسات الأخيرة على الأشكال على نحو أساسي باستخدام معول نقر والإزميل ذو المنقار والإزميل العريض(أنظر الشكل رقم 3، ص. 103). إن وضعيات عمل الحرفي مقيدة بالطبيعة الثابتة للصخرة والتي لا تسمح ببيئة عمل مثلى لحركات الجسم. في حالة كسر الزخرف المعماري، يستحيل تغيير العنصر المتضرر، لذلك يجب أن يكون الحرفيون المتخصصون في هذه الأعمال محترسين ومتمرسين وأن يكونوا على دراية بالأشكال ثلاثية الأبعاد التي تتميز بها أعمالهم. تتجاوز مهارات هؤلاء الحرفين مجرد تقنية قطع الحجارة. قبل البدء بإنشاء معلم ما، يجب عليهم في الواقع تحديد وتقييم الخصائص الجيولوجية الداخلية للصخرة من أجل إقامة المعلم الأثري على الوجه الأمثل وضبط موقعه في الجرف وذلك بتحديد خطوطه الرئيسة بأكبر قدر ممكن من الدقة. في واقع الأمر، إن تعيين مواقع الصدوع وفواصل الطبقات الصخرية المختلفة والتغيرات التي تطرأ على الحجر الرملي والشرائط وشوائب الصخور البلورية (الكوارتز) أمرٌ شائعٌ جداً في الحِجْر، إذ يملي أبعاد المكونات المعمارية وموقعها،

ويؤثر أحياناً على شكلها. والأمر نفسه ينطبق على الحجرات الصخرية المحفورة داخل المعالم الأثرية، والتي غالباً ما تتم محاذاة سقفها مع فاصل طبقي بينما تتم محاذاة الجدران مع نقاط التصدع الطبيعي في الحجر الرملي. وتكون مداخل الحجرات الصخرية دائماً عريضة بما يكفي لإخلاء الكتل الحجرية المستخرجة. بالإضافة إلى ذلك، فإن الجزء العلوي من فتحة المدخل قريب من السقف للحد من الحاجة إلى عمليات الحفر إلى الأعلى، والتي لا مفر منها إذا كان السقف أعلى من ذلك بكثير.

يبدأ العمل دائماً من أعلى المعلم باتجاه الأسفل من خلال قطع أفقية أقل ارتفاعها من ارتفاع قامة الإنسان (الشكل رقم 2). ويجب أن يتكيف موقع الورشة مع التضاريس الطبيعية للتلال الصخرية، كما يجب أن تكون متراجعة بشكل كافٍ إلى الخلف لتجنب آثار التردي السطحي للحجر الرملي. كما هو الحال في المحاجر التي تم التعرف عليها في الحِجْر، يتم تكوين شكل الواجهات عن طريق قلع الكتل الحجرية باستخدام المعول والأسافين الحديدية (الشكل رقم 3). ينتج عن هذه العملية حجارة بناء مقصبة يتم استخدامها فيما بعد في بناء البيوت وأعمال البناء الأخرى في الموقع. تتقدم الورشة بالعمل من الأعلى نحو الأسفل مستخدمة كسقالة الأرضيات التي كونتها قِطع قلع الحجر المتعاقبة. أحياناً يجب وقع أعمال إنشاء المدفن الصخري والتخلي عنه حالما يتم اكتشاف صدع جيولوجي كبر (الشكل رقم 4). إلا أن المدافن الصخرية تتميز بقدرتها على الصمود لوقت أطول بكثير وتكلفتها القليلة مقارنة مع المدافن المبنية من نفس الحجم.

لا يتطلب العمل فريقا يشمل عدة حرفين إلا في كبرى مدافن الحِجْر الصخرية. فلا تحتاج المواقع العادية سوى حرفين اثنين يتقاسمان العمل على كلا جانبي المنشأة. ويتميز شغل بعض هؤلاء الحرفين بنحت زخرفي مخصص

(الشكل رقم 5)، على تيجان المدخل مثلاً. كما أن أعمال قطع الصخر في الحِجْر تختلف عن أعمال البتراء بكثرة أعمال النحت الزخرفي وبتنوع مواضيع وأنماط الزخارف المنقوشة والمنحوتة في الحجر الرملي. كما أن هذه الخصائص، التي ربما تأثرت بأعمال نحت الصخر الأقدم في العلا في مملكة دادان القديمة (الشكل رقم 6)، توحي بأن الحرفيين في الحِجْر كانوا يتمتعون بقدر أكبر من حرية التعبير الحرفي مقارنة بالبتراء. ويبدو أن هذه الملاحظة قد تأكدت من خلال نقش أسماء نحاتي الحجر التي نفذوها على بعض المدافن، بينما لم يكن الحال كذلك في البتراء أبداً. يمكن أن يكون حرفيو الحِجْر قد نالوا مكانة أعلى من نظرائهم في العاصمة النبطية.

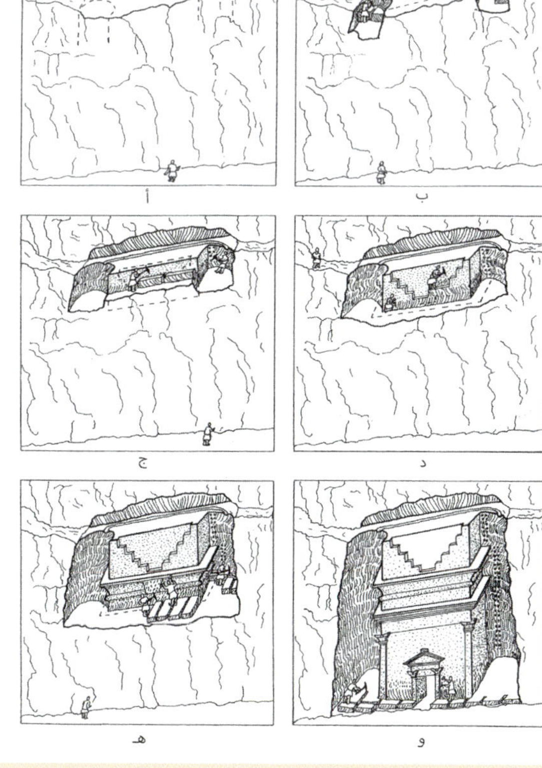
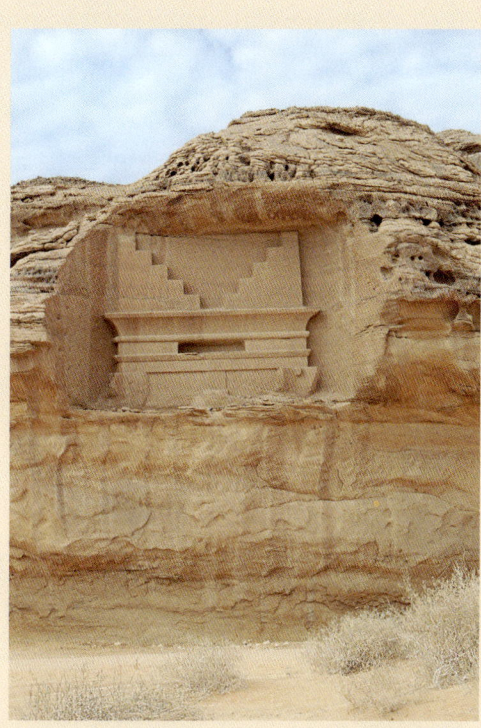
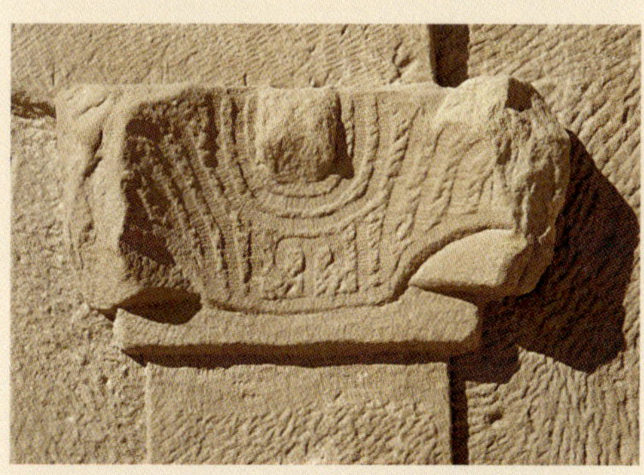
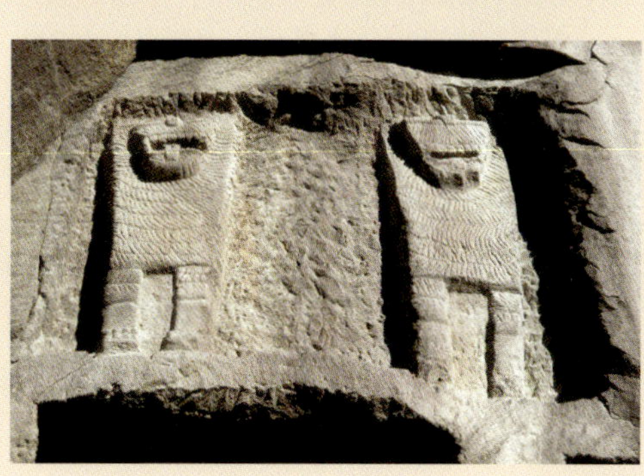
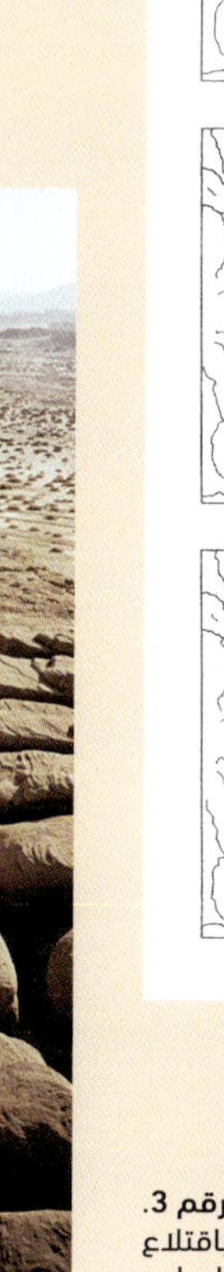

الشكل رقم 1.
مدفن منحوت في كتلة من الحجر الرملي العديمة الشكل.

الشكل رقم 4.
المدفن IGN 91 غير المكتمل بسبب الاختيار الأولي الرديء للموضع في الصخر.

الشكل رقم 5.
مثال على النحت الزخرفي المخصص.

الشكل رقم 6.
النحت الزخرفي على مقابر الأسود في العلا.

الشكل رقم 2.
رسم تخطيطي يوضح مراحل نحت المدفن.

الشكل رقم 3.
تكوين شكل الواجهة باقتلاع كتل الحجر الرملي.

أربعة مواقع عظيمة، من دادان إلى البلدة القديمة في محافظة العلا

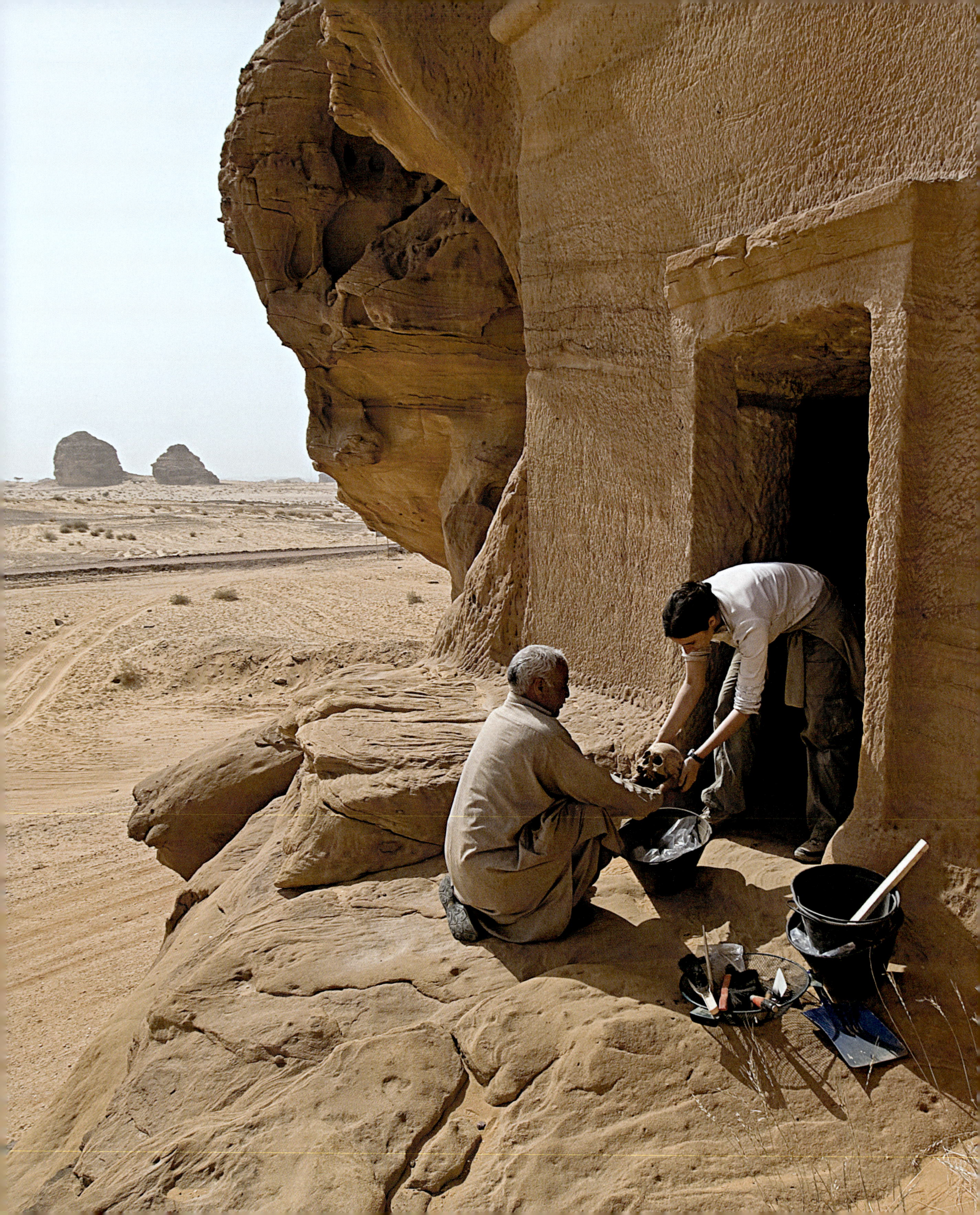

الممارسات الجنائزية في الحِجْر خلال الفترة النبطية

إيزابيل ساشيه و ناتالي دولوبيتال

تعد المدافن العائلية للنخب النبطية في مدينة الحِجْر القديمة (مدائن صالح) من أبرز البقايا الأثرية في شمال شبه الجزيرة العربية، وذلك بسبب حفظها في حالة ممتازة. فالواجهات المنحوتة في الصخر على غرار المدافن الأرستقراطية العظيمة في العاصمة النبطية البتراء في الأردن تكاد لا يبدو عليها أي أثر لأضرار ناجمة عن التعرية. في البتراء كما في الحِجْر، أظهر الأنباط مكانة فئتهم الاجتماعية من خلال هذه المنشآت الجنائزية، وكانت البلدات الريفية تقلِّد المنشآت الجنائزية الموجودة في العاصمة. وقد شيدت مجمعات جنائزية فخمة، بقيت منها حوالي مئة واحدة صامدة، وهي تعود لعائلات بأكملها بنيت على سفوح الجبال الصخرية المحيطة بالمدينة. وفي المقابل، وعلى قمم الجبال نفسها، نُحتت حفر مستطيلة بسيطة في الحجر الرملي لاستخدامها كقبور أكثر تواضعاً، وقد أحصت البعثة الأثرية السعودية-الفرنسِية منها حوالي 5100 مدفن.

عالمة أنثروبولوجيا وهي تقوم بنقل جمجمة من مدفن نبطي، 2009.

قواعد صارمة تحكم الحق في استخدام المدافن

نُحتت المدافن العائلية بين مطلع القرن الأول الميلادي وعام 75 ميلادي، وذلك وفقاً للتواريخ المذكورة في النقوش النبطية المحفورة على واجهاتها. وتعود ملكيتها إلى شخصيات عامة، منهم قضاة كانوا يشغلون وظائف عسكرية وإدارية (قادة عسكريون، وأبارشة وقادة برتبة تشيليارك)، كما كان من بين القبور واحدٌ خصص لطبيب. بيد أن مقابر الحِجْر شهدت نشاطاً امتد لفترة أطول من هذه السنوات الخمس والسبعين. وقد نُحتت الواجهات النبطية على سفوح بعض الجبال منتهكةً حرمة جزءٍ من مقابر صخرية أخرى أقدم منها. وتظهر العديد من الحجرات آثار حفر إضافي وتوسيع للمساحات الجنائزية (الشكل رقم 2)، وغالبًا ما يكون للحجرات الأقدم فتحة بسيطة رباعية الأضلاع محفورة في منتصف الجدران، تسمح بالدخول إلى حجرة تقل مساحتها عن عشرة

أمتار مربعة. تشبه هذه القبور من الناحية الطوبوغرافية تلك الموجودة في دادان القديمة، الواقعة على بعد اثني عشر كيلومتراً تقريباً، لكن المحاولات التي بذلت لتأريخها بدقة باءت بالفشل. إن أحدث دليل على استخدام مقابر الحِجْر وُجد في نقش جنائزي يعود تاريخه إلى عام 356 ميلادي، والذي يذكر "زعيماً للحِجْر". وبذلك فإن الأدلة الكتابية والأثرية توحي بأن مقابر الحِجْر النبطية كانت تُستخدم على مدى عدة قرون، حتى نهاية الفترة الرومانية على أقل تقدير. وفي الفترة الإسلامية هُجر الموقع، ولم تعد المقابر تستخدم.

وفي داخل المدافن العائلية، خصصت مساحات لمالك المدفن، مع زوجته إذا كان المالك رجلاً، ولأولاده، وأحياناً لأشقائه ولشقيقاته. وكانت هناك قواعد تحدد على نحو صارم من يكون له الحق في أن يُدفن، ونُقشت تلك القواعد فوق باب المدخل، وكانت نسخة من النص تُحفظ في أحد معابد المدينة. وكانت هناك غرامة محددة المبلغ بدقة تفرض على كل من يخالف هذه القواعد يدفعها للكاهن أو للملك. وتشهد الإجراءات المتخذة من قبل المالكين والمذكورة في هذه الوثائق الإدارية، بما فيها تحريم تحريك العظام ونقلها من مكانها، على العناية التي كان يوليها الأنباط لقبورهم ومدى حرصهم على الحفاظ عليها في موضعها الأصلي. كما توحي بعض الإشارات الخاصة الواردة في النصوص إلى أنه ربما لم يكن من غير المألوف إعادة شراء المدافن ومواضع الدفن. وقد كان للمعاملات المتعلقة بالمجال الجنائزي دورٌ مهم في اقتصاد المدينة.

جثث ملفوفة في
ثلاث طبقات من النسيج

لإضفاء طابع من الثبات والاستقرار على جثث الموتى وأرواحهم (النفس)، نعت الأنباط المدافن كـ"بيوت أبدية"، وأخضعوا الجثث لإجراءات خاصة. وفضلاً عن ذلك، كشفت الأبحاث الحديثة التي أجريت في واحة الحِجْر عن ممارسات جنائزية لم يسبق لها مثيل في الثقافة النبطية. أخذت كميات كبيرة من كتل راتنجية ضاربة إلى السواد، يصل سمكها إلى عدة سنتيمترات أحياناً، من المدافن ومن العظام وكذلك من الأنسجة والجلود التي كانت تلف الموتى. ووفقاً للتحاليل التي أجريت بواسطة قياس طيف الأشعة تحت الحمراء باستخدام تحويل فورييه (IRTF) والكروماتوغرافيا في الحالة الغازية مقرونة بقياس طيف الكتلة (CPG/SM) في مختبر الكيمياء العضوية الحيوية بكلية العلوم في أفينيون، فإن الأمر يتعلق ببقايا عضوية تتكون من مزيج من مواد دهنية، راتنجات تريتربينية، وصموغ نباتية. استخدمت مثل هذه المواد في مصر لطلاء جثث الموتى من أجل إبطاء تحللها، وحماية الجسم المادي من التفكك بفعل الكائنات الحية الدقيقة وعامل الزمن. وهكذا يكون الأنباط قد مارسوا شكلاً من التحنيط لحماية الأجساد من التدهور الطبيعي.

وعقب تهيئتها، كانت الجثة تلف في كفن من النسيج من ثلاث طبقات (الشكل رقم 3أ)، وكانت طبقة النسيج التي تلامس الجسم هي الأرق والأنعم دائماً. وفي الأمثلة التي عثر عليها في الموقع، كانت هذه الطبقة الأولى مصنوعة من صوف مطلي بلون أحمر، بينما كانت الطبقتان التاليتان من قماش أكثر خشونة وغير مطلي. وبعد ذلك كانت الجثة الملفوفة بهذه الطريقة تغلف بكفن من الجلد (الشكلان رقم 3ب و5) يزخرف أحيانا بأصداف تخاط على طول واجهته العلوية. كما عثر على عقد من التمر حول عنق المتوفى وهو

ما يعتبر كشاهد على ممارسات زراعية محلية. وفي نهاية المطاف، استخدمت قطع كبيرة من الجلد ذات مقابض للحمل - تستخدم كنوع من أكفان النقل (الشكل رقم 3ج) - لوضع الجثة في حفرة أو في تابوت خشبي أو مباشرة على أرضية حجرة الدفن. لم توجه جثث المتوفين باتجاه محدد، بل وضعت تبعاً لطوبوغرافيا المدفن، وخاصةً حسب المكان المتاح داخل حجرة الدفن. وهكذا اكتشف ما يصل إلى ثمانين فرداً في حجرة مساحتها 25 متراً مربعاً.

التعامل مع البالغين والأطفال على نحو مماثل

أظهرت الدراسة الأنثروبولوجية التي أجريت على العظام التي عُثر عليها في العديد من مدافن مقابر الحِجْر أنه لم يكن هناك أي تمييز بين المدفونين، فقد كان عدد الرجال مساوياً لعدد النساء في مدافن البالغين، بالإضافة إلى أفراد أصغر سناً (تقل أعمارهم عن عشرين عاماً) أو متوفين خلال فترة ما حول الولادة (بين شهر واحد قبل وشهر واحد بعد الولادة). وتعتبر هذه الخصوصية جديرة بالملاحظة لأنه كان شائعاً في العصور القديمة ألا يدفن الشباب في نفس المكان أو بنفس الطريقة التي يدفن بها البالغون. وهكذا، وداخل المدفن الذي اكتشف فيه ثمانون فرداً، كان هناك واحد وخمسون فرداً بالغاً موزعين بالتساوي تقريبا ما بين الرجال والنساء، وتسعة وعشرون فرداً غير بالغ. ومن ناحية أخرى، أتاحت دراسة الاختلافات التشريحية غير المرضية تأكيد حقيقة أن الجثث المدفونة في المدافن تنتمي إلى نفس الأسر، وهو ما تؤكده النقوش الجنائزية.

على الرغم من ربط الموقع أحياناً لدى البعض بذلك الذي تعرض للعذاب في القرآن الكريم استقبلت المدافن زيارات عديدة منذ العصور القديمة. وقد نجا القليل من القطع الأثرية فقط دون أن يأتي عليه الزمن أو تطاله يد الناهبين. تعتبر بعض الأواني والجرار الفخارية التي عثر عليها عند مدخل الحجرات الجنائزية البقايا الأخيرة من قرابين الطعام والشراب المقدمة للمتوفين (الشكل رقم 4). تشير الكسر الفخارية العديدة، واللقى الخشبية، أو العظمية، أو الحجرية أو الزجاجية، والأنسجة المتناثرة التي عثر عليها في المقابر وفي التلال الرملية والترابية المتناثرة قرب الممرات الموصلة إلى المدافن، تشير جميعها إلى وجود كمية كبيرة من المتاع، المستورد في غالب الأحيان، داخل المدافن المؤثثة بشكل فاخر. غير أن القبور التي أمكن تنقيبها كشفت أن آخر المدافن التي استخدمت كانت متواضعة ولم يُعثر فيها سوى على القليل من المواد الأثرية. عندما بدأ نشاط المدينة بالانحطاط، كان غنى التجارة النبطية حول البحر الأبيض المتوسط قد أصبح جزءًا من ذكريات الماضي السحيقة، ويشهد تواضع هذه القبور الأخيرة في المدافن العائلية على عدم وجود اتصالات منتظمة بين واحة العلا والبلدان الأبعد.

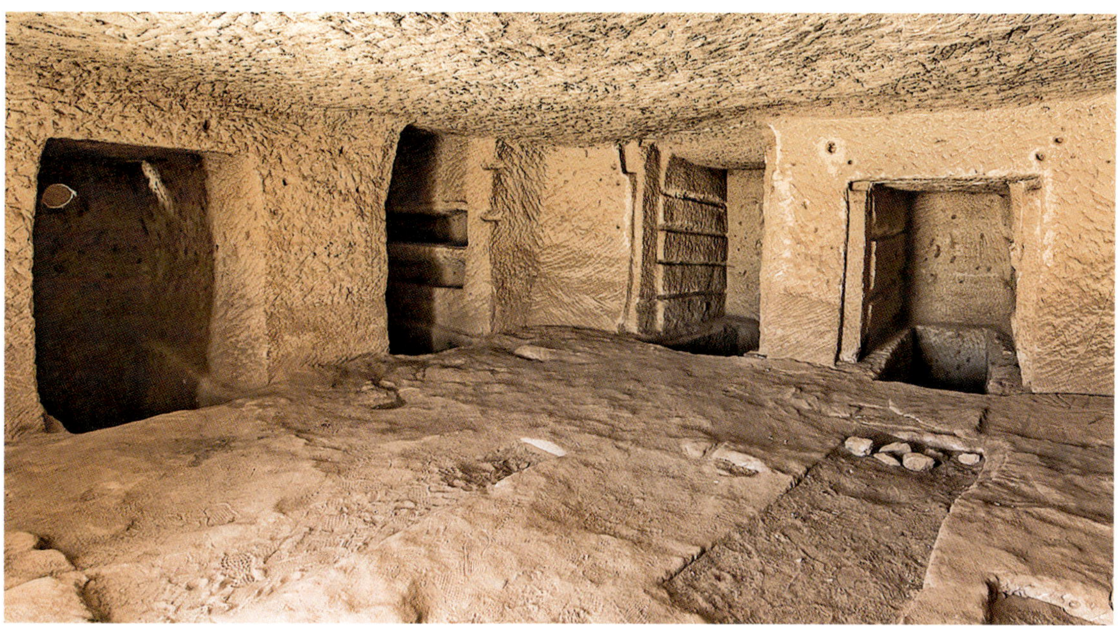

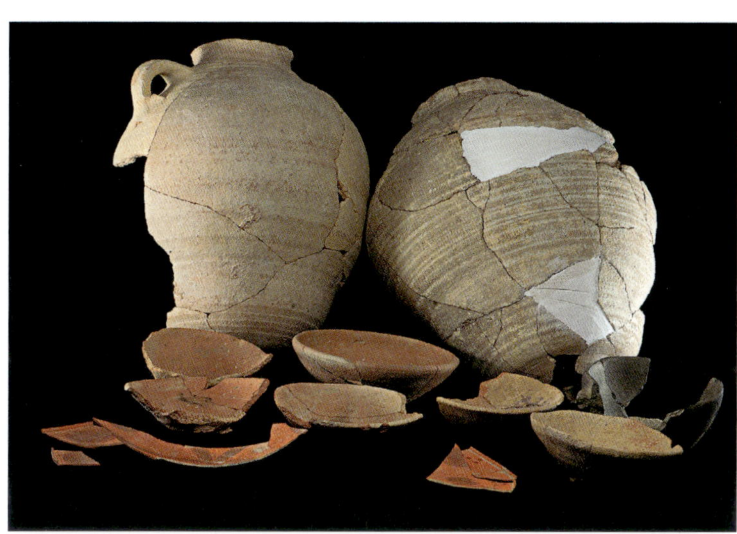

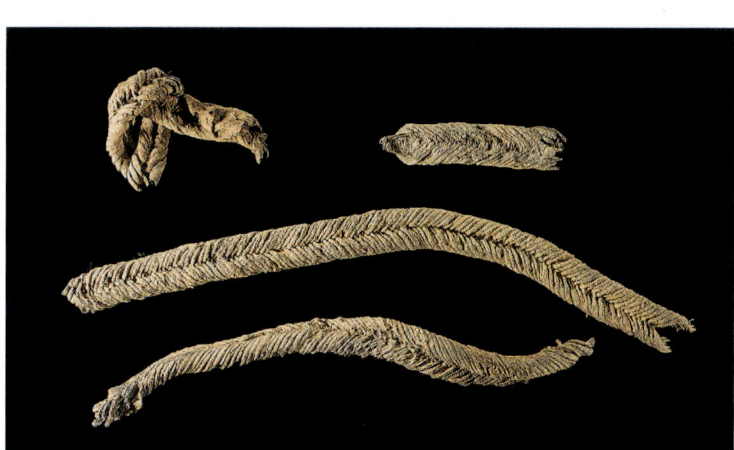

أربعة مواقع عظيمة، من دادان إلى البلدة القديمة في محافظة العلا

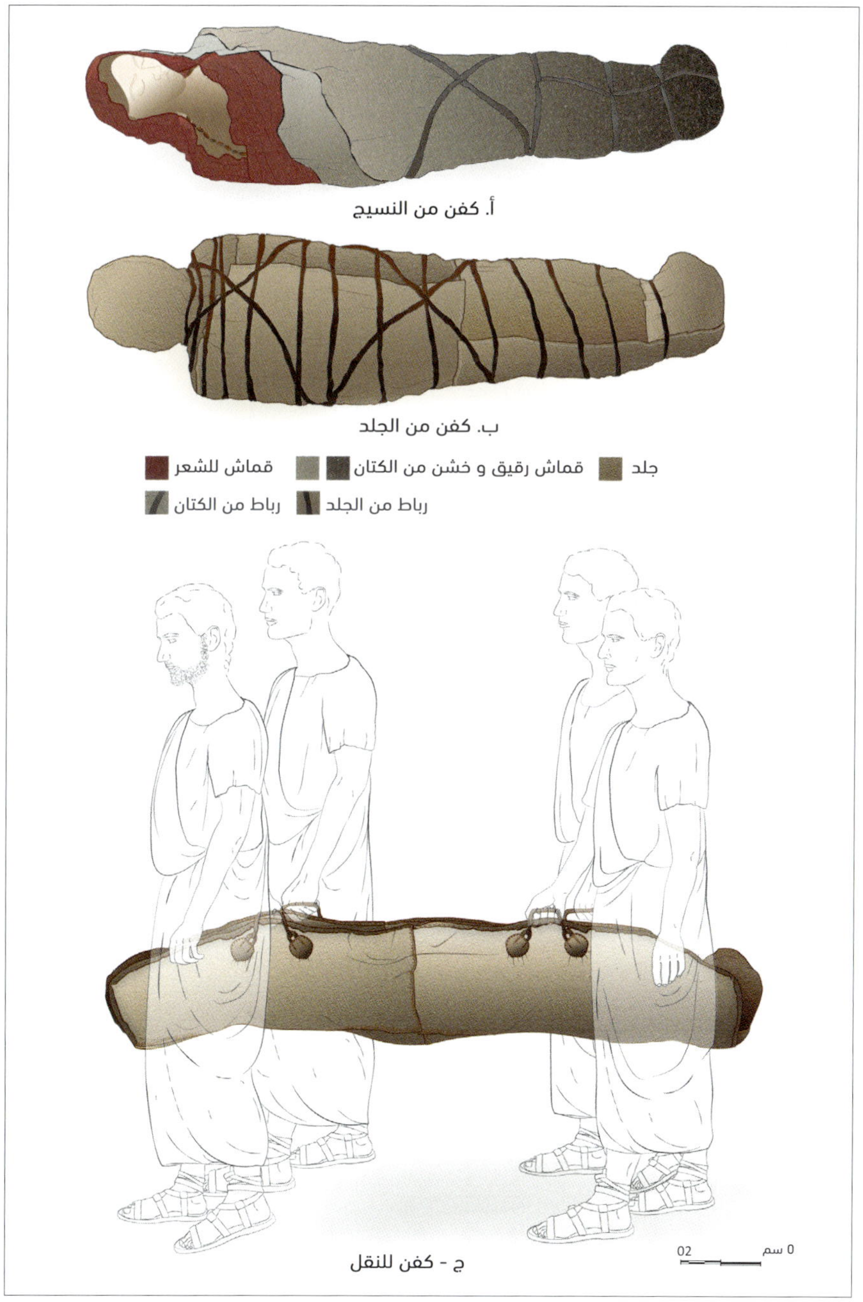

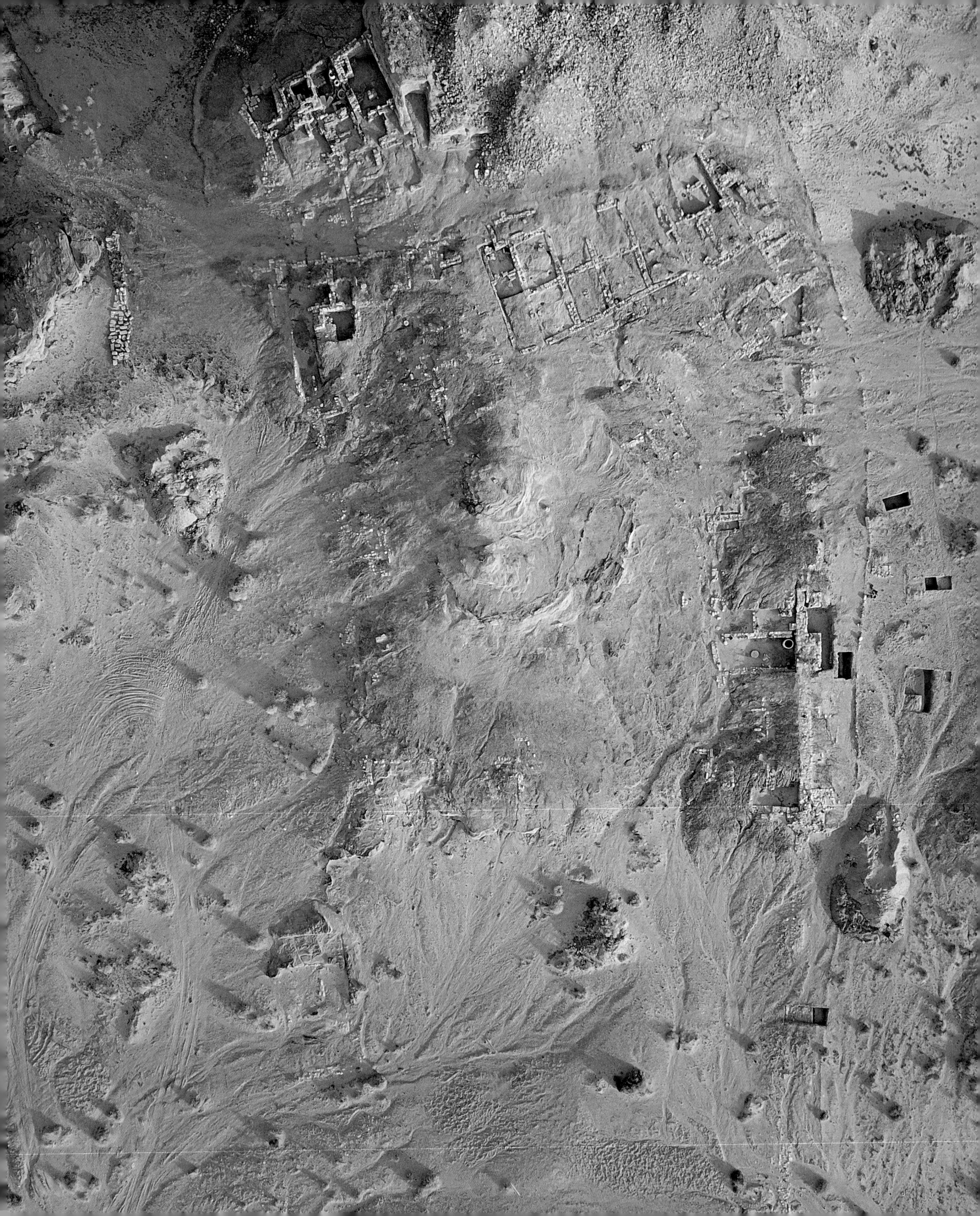

الحِجْر: مدينة تضم حامية عسكرية في العصر الروماني

فرنسوا فيلنوف (جامعة باريس الأولى بانتيون-سوربون)

قامت الإمبراطورية الرومانية بضم المملكة النبطية في عام 106 ميلادي، وأصبحت ولاية عربية رومانية. ولا تشكل الحِجْر استثناءً على الرغم من موقعها الجغرافي البعيد. ومنذ نهاية القرن التاسع عشر، قرأنا العديد من الخربشات (غرافيتي) المكتوبة باليونانية واللاتينية على جدران صخرية في المنطقة المجاورة مباشرةً للحِجْر: على طول الفج الصخري المؤدي إلى العلا (دادان القديمة)، في الأماكن التي تسمى باسم "مقعد الجندي" و "قبر الجندي"، على الحدود الجنوبية الشرقية للإمبراطورية الرومانية؛ وإلى شرقي المدينة أيضاً، على تلة تشرف على طريق القوافل. أما الذين خطوا هذه الخربشات فهم جنود من القوات الرومانية المساعدة: سرية فرسان من الجيتول (قوم رُحَّل صحراويين من شمال أفريقيا)، وسرية من الهجانة. وفي الآونة الأخيرة، أصبح معلوماً أن فيلق شبه الجزيرة العربية (جنود رومان نظاميون)، الفيلق الثالث البرقاوي، كان يعمل في الحِجْر: يذكر نقش لاتيني طويل أعمال ترميم ضخمة للسور، على الأرجح نحو عام 175 ميلادي، بإشراف اثنين من قادة المئة.

بحكم أن الحِجْر كانت تابعة للإمبراطورية الرومانية، يتوقع المرء أنه تمت رومنتها وأنها عرفت تطورا هائلًا مثل أي مدينة أخرى من مدن الإمبراطورية، خاصة لما بلغت أوجها في القرن الثاني. ولكن لا يوجد أي أثر للرومنة، ما من طرق مرصوفة، ولا

مخطط منتظم، ولا مسرح، ولا فوروم، ولا مؤسسات رومانية: يظهر النقش المؤرخ من عام 175 الحِجْر محكومةً من قبل شخصية بارزة تحمل اسماً نبطياً، عمرو بن حيان (وهو ليس مواطناً رومانياً). أما بالنسبة للنماء، فإن العكس هو الصحيح: تضاءلت الثروة في نهاية الفترة النبطية، بل حتى قبل ذلك بقليل. من بين 1000 قطعة نقدية تم اكتشافها، أقل من 100 قطعة منها رومانية (من القرن الثاني إلى الرابع)، مقابل أكثر من 300 نبطية. وانخفضت جودة البيوت، وتم تدريجياً وعلى نحو فوضوي إعادة تدوير الزخرفة الحجرية للمباني النبطية لاستخدامها كمادة بناء. ولم يعد ينحت المزيد من المدافن الصخرية ذات الواجهات (منذ عام 75 ميلادي)، ومن حينها وحتى القرن الثالث، أصبحت تدريجياً المدافن الموجودة عبارة عن مقابر جماعية، حيث أمكن تكديس أكثر من مائة جثة في مدفن صغير جداً. وكانت المدينة بعيدة جداً عن عاصمة الولاية (بصرى، التي تقع على بعد 800 كم شمالاً) ولم تبذل السلطات الجهد المعتاد لدمج النخب المحلية. ومن الممكن أيضاً أن تكون تجارة القوافل قد انهارت قبل الضم تاركةً الحِجْر دون الموارد المالية اللازمة للاهتمام بمظاهر الزينة. ومن ناحية أخرى، وكما هو الحال في المدن والقرى الأخرى في شبه الجزيرة العربية، فقد مدت الحامية الرومانية يد المساعدة في القيام بأعمال الصيانة الخاصة بأماكن عبادة

السكان المحليين ونصَّبت البعض من ولاءاتها في تلك الأماكن: يبدو أن النقش المؤرخ من عام 175 يشير إلى ترميم المعبد الرئيسي للمدينة، بينما يبين نقشان لاتينيان لجنود اكتشفا سنة 2020 وجود بعض المعتقدات الرومانية في هذا المعبد الخاص بالسكان الأصليين من بينها عبارة "من داماس إلى جوبيتير الكريم العظيم."

معسكر مزود بحمامات ساخنة

وبناءً عليه، لم تكن أهمية المدينة عسكرية فحسب: كانت بآبارها، وواحتها، وسورها توفر قاعدة للحامية الحدودية الضرورية على الطريق البري الوحيد من سوريا نحو الممالك العربية الجنوبية. فقد وثقت أعمال البحث السعودية-الفرنسية في العقد الثاني من القرن الحادي والعشرين حياة هذه الحامية على نحو باهر (الأشكال رقم 5 و6، 8 و9). فقد تم في القرن الثالث تعزيز دفاعات المعسكر الروماني الذي أنشئ في القرن الثاني الميلادي على مرتفع مقابل السور الجنوبي (الشكلان رقم 1 و4) وكان مجهزاً بحمامات ساخنة. لقد استمر العمل في هذا المعسكر إلى غاية القرن الرابع، ولكن يبدو أن ذلك لم يكن لحساب الرومان الذين يُعتقَد أنهم غادروا الحِجْر منذ القرن الثالث. ما زال يتعين توضيح تاريخ الانسحاب الروماني وطبيعة السلطة التي خلفته. ولكن تم اكتشاف وثائق مفيدة حول الفترة ما بين عامي 170 و220 ميلادي. ففي هذه الفترة أعاد الجيش بناء البوابة الجنوبية الشرقية للسور النبطي المهدم. تحمل العديد من

حجارتها المعاد تدويرها لاستخدامها في إعادة بناء البوابة عبارات الشكر باللغة اللاتينية، محفورة أو مرسومة بطلاء من قبل جنود الفيلق "المتمركز"، والذين يشكرون إلههم جوبيتر آمون وقادتهم الأعلى رتبة، على النهاية السعيدة. وفي وقت لاحق، تُرك جنود آخرون، على الأرجح مساعدين وليسوا جنوداً من الفيلق، خربشات (غرافيتي) على جدران البوابة مكتوبة باللغة اليونانية. وفي العقد الثاني من القرن الثالث، شكر موظف لأداءه مهمة في المعسكر يدعى على نحو ظريف جلوريوسوس Gloriosus، الآلهة الخالدة، وحكام الإمبراطورية، وعبقري المستشفى، و "آلهة الحظ التي تعيدك"، والإله مارس الحافظ، بالتأكيد على عدم موته في هذه الحامية النائية. في نهاية المطاف، لم تنشط هذه الحامية سوى لفترة قصيرة امتدت بين قرار بسط النفوذ على الحدود تحت حكم ماركوس أوريليوس في سبعينيات القرن الثاني وبداية الصعوبات الكبرى التي واجهتها الإمبراطورية الرومانية في عشرينيات القرن الثالث.

الشكل رقم 2.
نقش لاتيني تمت إزالته وإعادة استعماله كحجر في جدار بيت، الحِجْر.

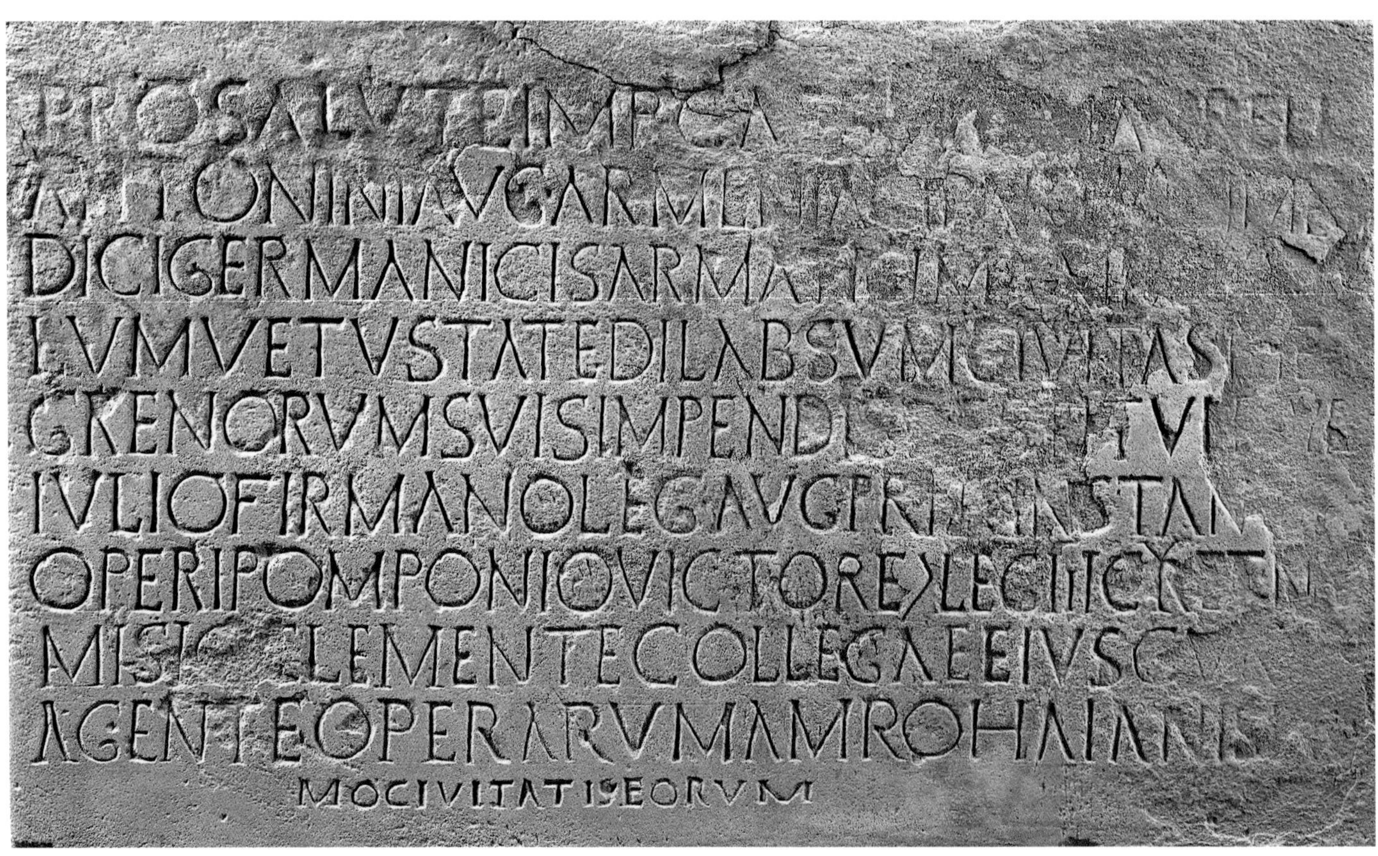

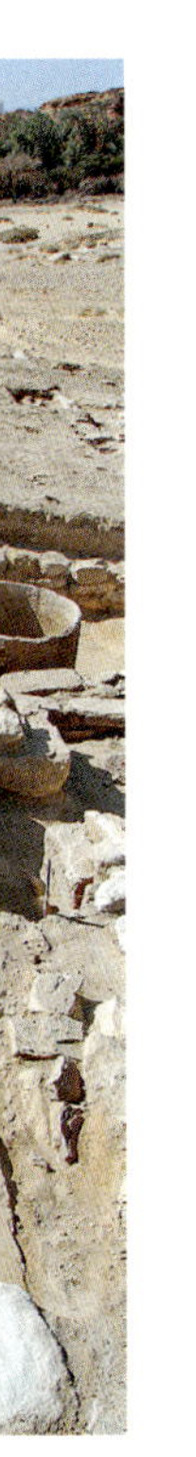

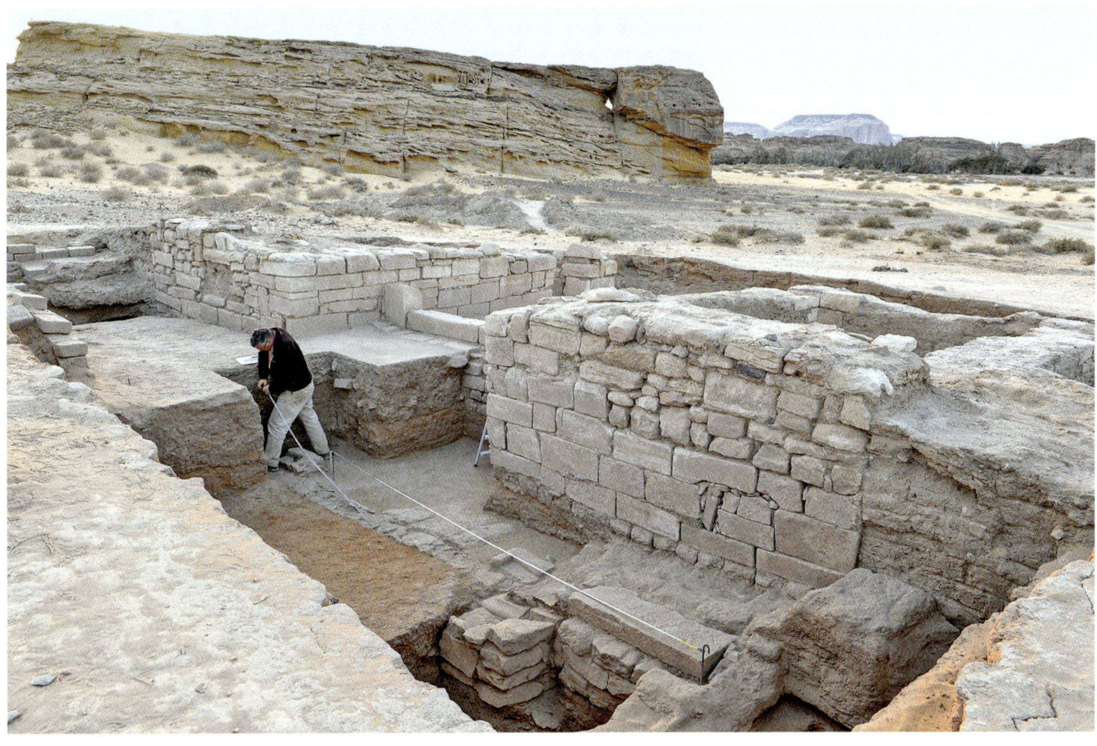

الشكل رقم 3.
بوابة في سور الحِجْر بعد أعمال التنقيب.

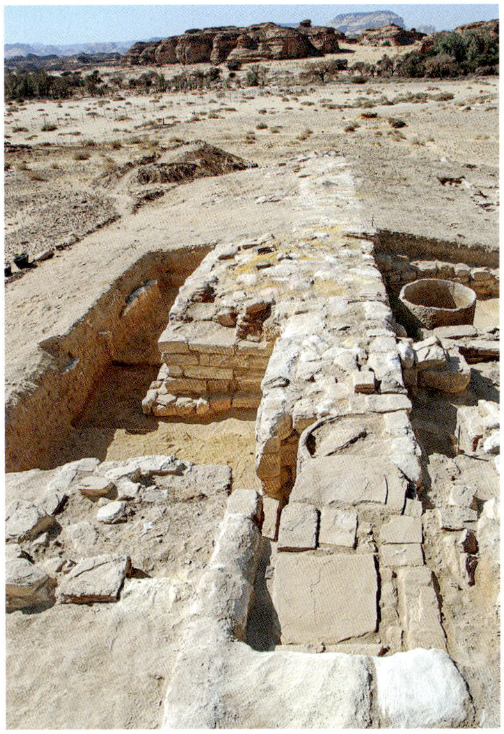

الشكل رقم 4.
جزء من السور الجنوبي للحِجْر القديمة.

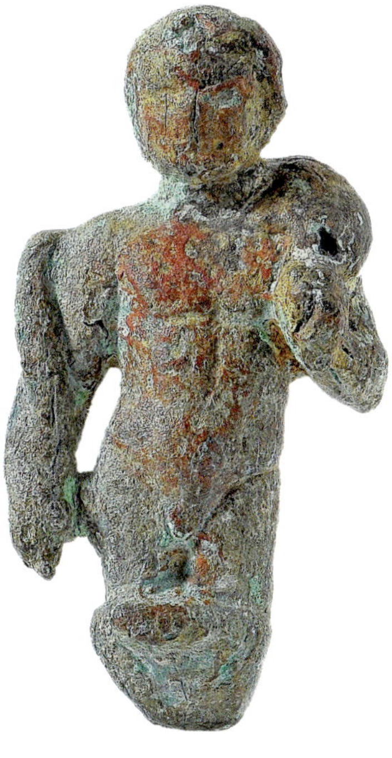

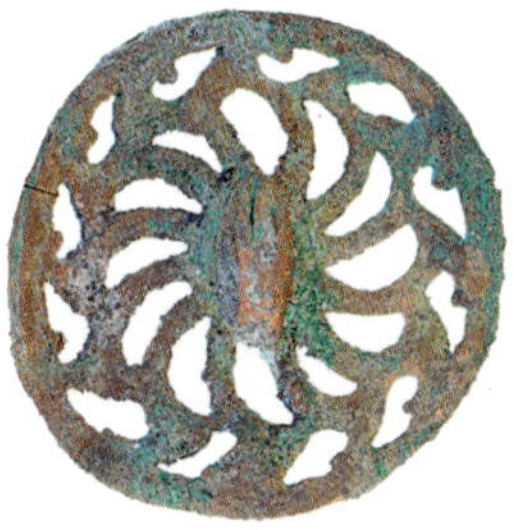

الشكل رقم 8.
مشبك روماني مخرم لحزام
سيف، الحصن الروماني،
0,5 × 6,5 سم.

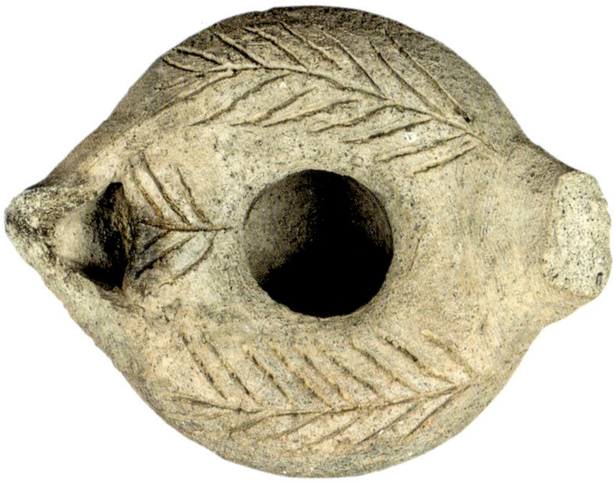

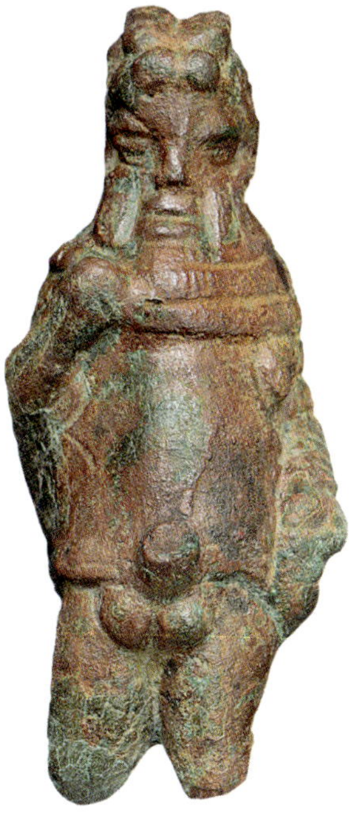

الشكل رقم 7.
سراج زيت مكتشف في المنطقة
السكنية من الحِجْر القديمة،
بين القرنين الخامس والسادس للميلاد،
2,80 × 6,80 × 8,5 سم.

الشكل رقم 5.
ساتير يشكل جزءآ من
مقبض إناء كبير مكتشف
في الحصن الروماني،
1,40 × 4,20 × 6,90 سم.

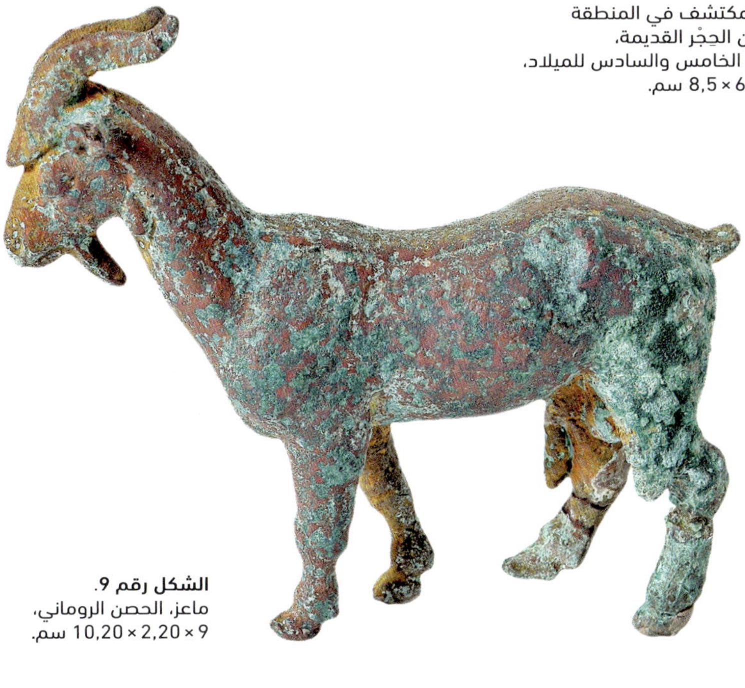

الشكل رقم 9.
ماعز، الحصن الروماني،
9 × 2,20 × 10,20 سم.

الشكل رقم 6.
تمثال من البرونز للإله بريابوس،
الحصن الروماني، 3 × 7,5 سم.

أربعة مواقع عظيمة، من دادان إلى البلدة القديمة في محافظة العلا

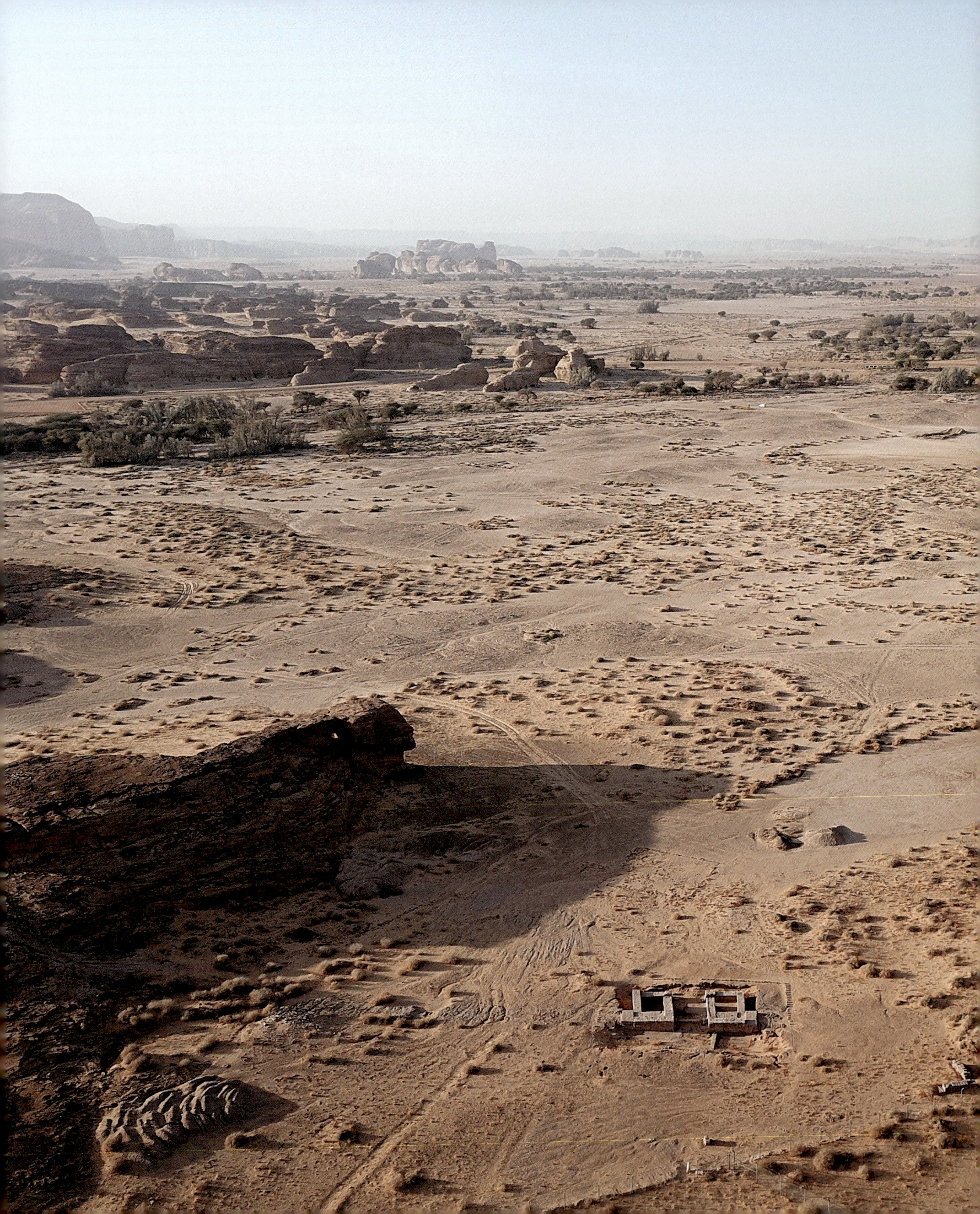

القطع النقدية في الحِجْر

توما بوزو، جامعة أورليان، معهد البحث في المواد الأثرية (IRAMAT)

أتاحت الحفريات الأثرية التي أُجريت في الحِجْر جمع ألف قطعة نقدية مصنوعة من الفضة أو البرونز في جميع أنحاء الموقع، والتي يعود تاريخها إلى فترات تمتد من القرن الرابع قبل الميلاد إلى نهاية القرن الرابع الميلادي، أي فترة تقارب ثمانية قرون. نميز من بين هذه القطع النقدية ثلاث فئات رئيسية: اللحيانية والنبطية والرومانية.

القطع النقدية اللحيانية

أقدمها عبارة عن تقليد للعملات النقدية الأثينية التي يعود تاريخها إلى القرن الخامس قبل الميلاد، والتي نُقش على وجهها رأس أثينا وهي ترتدي خوذة بينما نُقش على ظهرها بومة. ويمكن تفسير هذه القطع النقدية المقلدة بأن التترادراخمات الفضية الأثينية، التي كان يطلق عليها الإغريق اسم "عملة البومة"، كانت متداولة في الشرق الأدنى كعملة دولية فعلية، لذلك كانت الممالك والمدن تنتج مثل هذه القطع النقدية المقلدة وأحياناً كان يضاف إليها علامة مميزة. وبالنسبة للقطع النقدية المضروبة في مملكة لحيان، نُقش على خد أثينا حرف الدال الدداني على الدراخمات في حين نُقش هلال على التترادراخمات. وسرعان ما ابتعد أسلوب هذه القطع النقدية المقلدة عن النموذج اليوناني ليتطور نحو تصميم منمنم بشكل متزايد في حين خف وزنها تدريجياً، والذي كان في البداية مطابقاً للمعيار الأتيكي. وفي نهاية القرن الرابع قبل الميلاد، اختفت الدراخمات وأصبحت التترادراخمات تضرب من البرونز فقط.

هذه القطع النقدية البرونزية بنسختها المنمنمة بشكل مبالغ فيه والمستوحاة من "عملة البومة" الأثينية هي نفسها التي عُثر عليها في الحِجْر. لقد أُعيد إخراج صورة أثينا بأساليب مختلفة، ففي البداية اقتصرت الصورة على الخطوط الرئيسية للشكل الخارجي قبل أن تتطور تدريجيا نحو شكل أكثر دقة وفقاً لقواعد بعيدة كل البعد عن قواعد الفن الإغريقي (الشكلان رقم 2 و4). إنها ليست قطع نقدية ملكية ولا قطع نقدية مدنية لأنها لا تتضمن كتابة ولا أي علامة تساعد على معرفة السلطة التي أصدرتها أو تسمح بتأريخها بشكل دقيق. لقد تم الانتقال من الفضة إلى البرونز وتم اعتماد نمط الرسم المُختلف عن النموذج اليوناني بشكل سريع جداً، فقد تم العثور على تترادراخمات برونزية كثيرة المنمنمة في الحِجْر والبتراء في سياقات أثرية تعود إلى نهاية القرن الرابع قبل الميلاد. ضربت قطع نقدية أخرى، تعتمد أكثر على أسلوب الرسم تخطيطي، فوق قطع نقدية برونزية بطلمية تعود إلى القرن الثالث قبل الميلاد.

إن هذه القطع النقدية اللحيانية ("عملة البومة") على الرغم من أنه تم العثور عليها بأعداد كثيرة في الحِجْر فإنها تظل نادرة للغاية في أماكن أخرى. ومن الممكن من الناحية النظرية أن تكون أولى القطع النقدية الفضية المقلدة قد صُدِّرت في القرن الرابع قبل الميلاد. ومن جهة أخرى، من الواضح أنه عندما لم تعد هذه القطع النقدية تنتج إلا من البرونز بدءًا من القرن الثالث قبل الميلاد، أصبحت جزءًا من عملة محلية مخصصة للتداول فقط ضمن حدود واحتي

الشكل رقم 1.
منظر عام للمنطقة السكنية للحِجْر،
من الجنوب الشرقي، 2021.

هي الديناري المسكوكة في رومـا أو في الشـرق، كمـا كان الحـال في باقـي أنحـاء الإمبراطوريـة. نجـد أيضـاً تترادراخمـات يعـود تاريخهـا إلـى منتصـف القـرن الثالـث الميـلادي مضروبـة في أنطاكيـة أو حتـى في رومـا ومخصصـة للمقاطعـات الشـرقية.

أمـا بالنسـبة للقطـع النقديـة الرومانيـة البرونزيـة، فـإن تلـك التـي كانـت متداولـة في الحِجْـر غيـر متجانسـة إلـى حـدٍ مـا. في البدايـة، أدخـل الرومـان إليهـا قطعًـا نقديـة قادمـة مـن رومـا (سيسـترتيوس، آس، وغيرهـا) بالإضافـة إلـى قطـع نقديـة قدمـة مـن أنطاكيـة متهالكـة إلـى درجـة أنهـا تكـون غيـر مقـروءة أحيانـاً، وضـربت عليهـا علامـات إضافيـة لإطالـة أمـد صلاحيتهـا. وخـلال القرنيـن الثانـي والثالـث للميـلاد، أضيفـت قطـع نقديـة برونزيـة أخـرى مختلفـة مضروبـة في رومـا أو أنطاكيـة أو الإسـكندرية، وكذلـك قطـع نقديـة محليـة تصدرهـا أحيانـاً بشـكل منتظـم مدن المقاطعـة العربيـة مثـل البتـراء أو بصـرى. بعـض هـذه القطـع النقديـة المحليـة أتـى مـن أماكـن أبعـد بكثيـر، خصوصـاً مـن البلقـان. وعلـى عكـس مـدن المقاطعـة العربيـة الأخـرى التـي اعتمـدت نظـام المؤسسـات اليونانيـة وحصلـت علـى الحـق في ضـرب قطعهـا النقديـة البرونزيـة المدنيـة، لـم تصـدر الحِجْـر أي واحـدة منهـا علـى الإطـلاق.

مـع نهايـة القـرن الثالـث الميـلادي، تبنـت الإمبراطوريـة الرومانيـة عملـة موحـدة ذات كتابـات لاتينيـة تنتجهـا بشـكل متطابـق مـع شـتى دور الضـرب المنتشـرة في جميـع أنحـاء الإمبراطوريـة. وقـد عُثـر علـى هـذه القطـع النقديـة المتأخـرة في الحِجْـر ولكـن بكميـات معتدلـة نسـبياً. بهـذا تختلـف الحِجْـر عـن مواقـع شـمال المقاطعـة العربيـة حيـث يتـم دومـاً العثـور علـى القطـع النقديـة التـي يعـود تاريخهـا إلـى القـرن الرابـع الميـلادي بكميـات كبيـرة. وحقيقـة أننـا لا نجـد إلا القليـل منهـا في الحِجْـر هـي علامـة واضحـة علـى تدهـور أحـوال الواحـة في هـذه الفتـرة. في نهايـة المطـاف، أصبحـت القطـع النقديـة نـادرة بصـورة مفاجئـة في منتصـف القـرن الرابـع للميـلاد، وأحـدث قطعـة نقديـة تعرفنـا عليهـا هـي قطعـة صغيـرة تعـود إلـى عهـد الإمبراطـور هونوريـوس (393-423 للميـلاد). في هـذا التاريـخ، لا يُعـرف مـا إذا كان جيـش الإمبراطوريـة ومؤسسـاتها مـا زالـوا قائمـين في الحجـاز.

دليل القطع النقدية

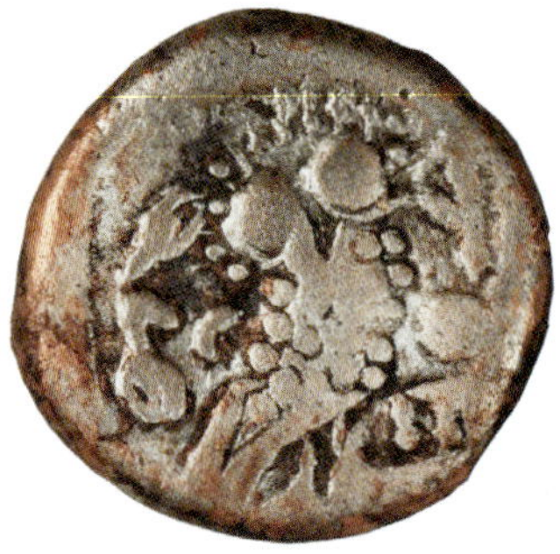
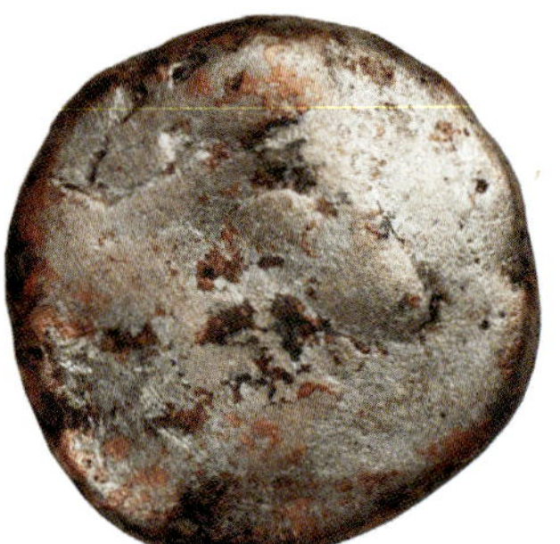

رقم 1
لحيان، دراخما، القرن الرابع قبل الميلاد.
فضة، القطر: 14 ملم، الوزن: 2.07 غرام، عُثر عليها في الحِجْر (المملكة العربية السعودية)، الرقم: 35014_C01. الوجه: رأس للإلهة أثينا ترتدي خوذة وهي ملتفتة نحو اليمين وعلى خدها حرف الدال الدالاني. الظهر: P (معكوس) OE، بومة واقفة ومستديرة نحو اليمين؛ وفي الجانب الأيسر غصن زيتون وهلال. الهيئة الملكية لمحافظة العلا.

دادان والحِجْـر حيـث تـم العثـور عليهـا. في الواقـع، لـم يكـن البرونـز موجهًا للتصديـر أو للاسـتخدام كعملـة في الخـارج. ربـما تكـون نـدرة الفضـة في الحِجْـر في الفتـرة مـا قبـل النبطيـة دليـلًا علـى انحـدار علاقاتهـا التجاريـة عبـر المسـافات الطويلـة بيـن القرنيـن الرابـع والثالـث قبـل الميـلاد.

القطع النقدية النبطية

عندمـا أصبحـت الحِجْـر تحـت سيطرة المملكـة النبطيـة في أواخـر القـرن الأول قبـل الميـلاد، اعتمـدت الواحـة العملـة النبطيـة التـي كانـت مختلفـة جـداً عـن تلـك التـي كانـت متداولـة في الفتـرة السـابقة. إنها عملـة ملكيـة فضيـة وبرونزيـة تحمـل صـور وأسـماء ملـوك وملكات، وأحيانـاً تحمـل تاريخاً (الشكلان رقم 9 و12). وفي الحِجْـر تزامنـت هـذه العملـة مـع عـودة سـك العمـلات بالمعـادن الثمينـة، ممـا قـد يـؤثر علـى اسـتئناف التبـادلات التجاريـة مـع العالـم الخارجـي. وكانـت العملـة النبطيـة البرونزيـة تسـتخدم لتلبيـة احتياجـات التجـارة الداخليـة اليوميـة بالتـوازي مـع القطـع النقديـة اللحيانية («عملـة البومـة») البرونزيـة القديمـة التـي كان تداولهـا مـا زال مسـتمراً علـى الرغـم مـن أن العملـة الفضيـة كانـت هـي العملـة الوحيـدة التـي كانـت تعتـرف بهـا السـلطات، والتـي كانـت تسـمى «سـلع» باللغـة النبطيـة. وبالفعـل، تشـير النقـوش المحفـورة علـى واجهـات المدافـن الصخريـة إلـى أن غرامـات القبـر أو الاسـتيلاء علـى المدافـن يجـب دفعهـا بـ«سـلع الحـارث».

فيـما عـدا بضـع الأمثلـة النـادرة، يعـود تاريـخ القطـع النقديـة النبطيـة المكتشـفة في الحِجْـر إلـى فتـرات تمتـد مـن فتـرة حكـم الحـارث الرابـع إلـى فتـرة تـولي رب إيل الثانـي، أي مـن القـرن الأول قبـل الميـلاد حتـى 106 ميـلادي. وهـي تمثـل مـا يقـارب نصـف مجمـوع القطـع النقديـة التـي عُثـر عليهـا في الموقـع وتـم التعـرف عليهـا، علـى الرغـم مـن أنهـا تغطـي فتـرة زمنيـة قصـوى تبلـغ 115 عامـاً. وهـذا بـلا شـك يـدل علـى ازدهـار الواحـة وسـوقها المحلـي خـلال هـذا القـرن الذهبـي النبطـي. كانـت القطـع النقديـة النبطيـة المضروبـة في البتـراء تُتـداول في جميـع أنحـاء المملكـة، ولكـن مـن المحتمـل أن تكـون الحِجْـر قـد سـكت عملتهـا الخاصـة. في الواقـع، اكتشـفت فيهـا قطـع نقديـة برونزيـة غيـر مألوفـة للغايـة والتـي لا يبـدو أنهـا كانـت تشـكل جـزءاً مـن النظـام النقـدي النبطـي. إنهـا تحمـل حرف هـاء نبطـي كبيـر علـى أحـد وجوههـا وحـرف O كبيـر علـى الوجـه الآخـر. إن هذيـن الحرفيـن أو الرمزيـن، اللذيـن لا تُعـرف دلالتهـما، يظهـران معـاً غالبـاً علـى القطـع النقديـة الملكيـة النبطيـة، غيـر أن القطـع النقديـة التـي لا تحمـل إلا هاذيـن الرمزيـن لـم تكتشـف في أي مـكان آخـر سـوى الحِجْـر.

القطع النقدية الرومانية

إن ضـم تراجـان لمملكـة الأنبـاط عـام 106 للميـلاد وتحويلهـا إلـى مقاطعـة تابعـة للإمبراطوريـة الرومانيـة تحمـل اسـم المقاطعـة العربيـة، كان مصحوبـاً ببرنامـج نقـدي طمـوح. فقـد أمـر الرومـان، علـى الأرجـح في أنطاكيـة، بسـك دراخمـات فضيـة تحمـل صـورة تراجـان. إنهـا تصـور علـى ظهرهـا شـخصية مجازيـة تمثـل المقاطعـة العربيـة مصحوبـة بجمـل صغيـر. بينـما تصـور دراخمـات أخـرى مضروبـة في رومـا جمـلًا ذو سـنامين (الشـكل رقـم14). وكانـت هـذه الدراخمـات موجهـة خصوصـاً للمقاطعـة العربيـة لطرحهـا للتـداول النقـدي فيهـا. كانـت معادلـة لقطـع سـلع النقديـة الخاصـة بملـوك الأنبـاط وأعيـد ضـرب بعضهـا علـى هـذه القطـع النقديـة. وحتـى الآن اكتشـفت حوالـي عشـرين دراخمـا في الحِجْـر يمكـن تأريخهـا إلـى أعـوام تتـراوح مـا بيـن 111 و117 ميـلادي. وفـي فتـرة لاحقـة، كانـت القطـع النقديـة الفضيـة المتداولـة في الحِجْـر

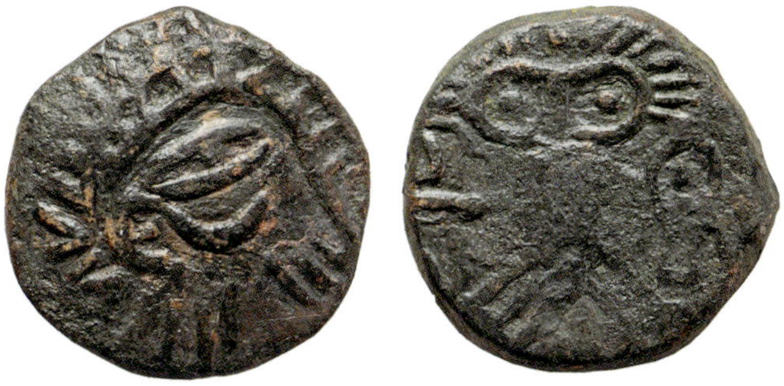

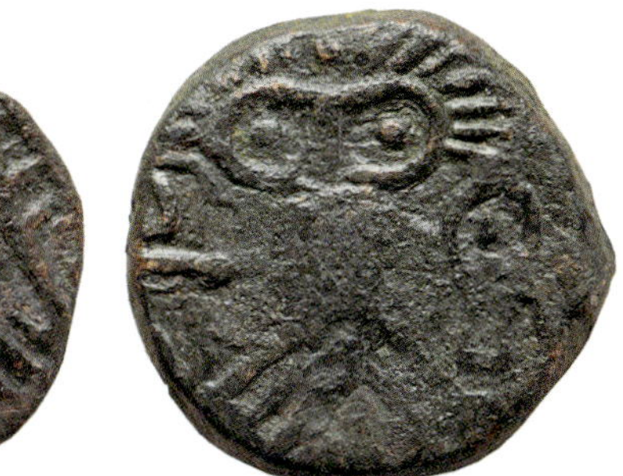

رقم 2
لحيان، تترادراخما برونزية، القرن الثالث قبل الميلاد (؟).

برونز، القطر: 23 ملم، الوزن: 9.32 غرام، عُثر عليها في الجِحْر
المملكة العربية السعودية الرقم: C01_10096.
الوجه: رأس للإلهة أثينا ترتدي خوذة وهي ملتفتة نحو
اليمين مع هلال على خدها.
الظهر: ΘΕ، بومة واقفة ومستديرة نحو اليمين؛
وفي الجانب الأيسر غصن زيتون وهلال.
الهيئَة الملكية لمحافظة العلا.

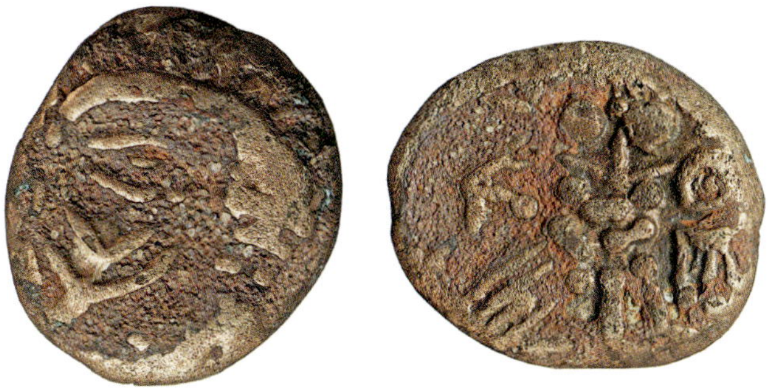

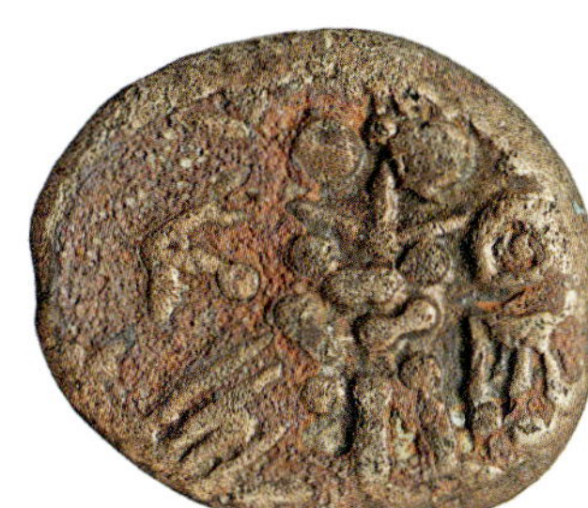

رقم 3
لحيان، تتراداخما برونزية، القرن الثالث قبل الميلاد (؟).

برونز، القطر: 20-24 ملم، الوزن: 11.24 غرام، عُثر عليها في الجِحْر
(المملكة العربية السعودية)، الرقم: C05_34015.
الوجه: رأس للإلهة أثينا ترتدي خوذة وهي ملتفتة نحو اليمين،
مع هلالين على خدها.
الظهر: ΘΕ، بومة واقفة ومستديرة نحو اليمين؛
وفي الجانب الأيسر غصن زيتون.
الهيئَة الملكية لمحافظة العلا.

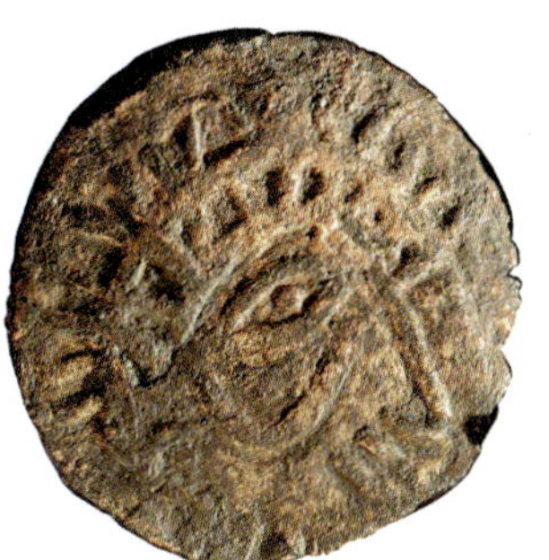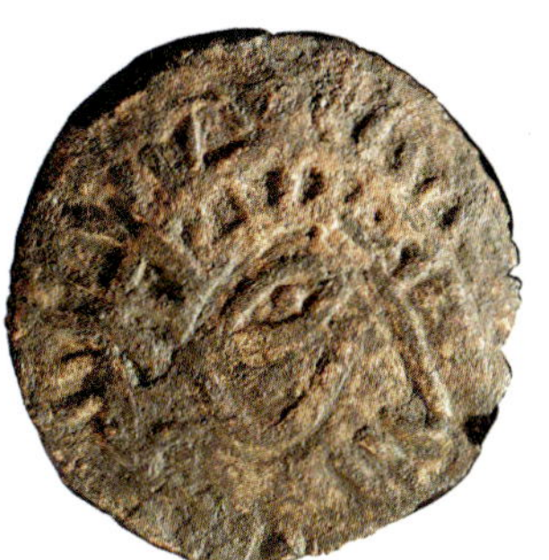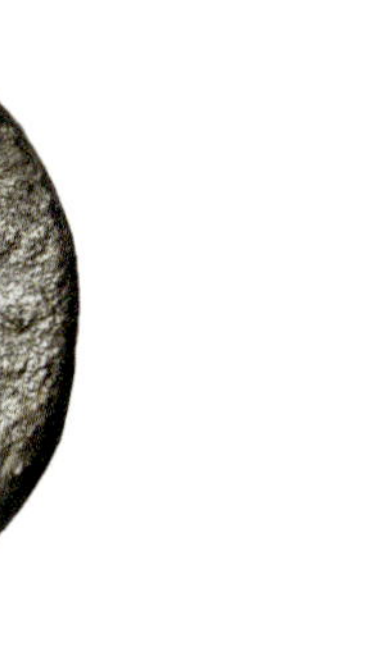

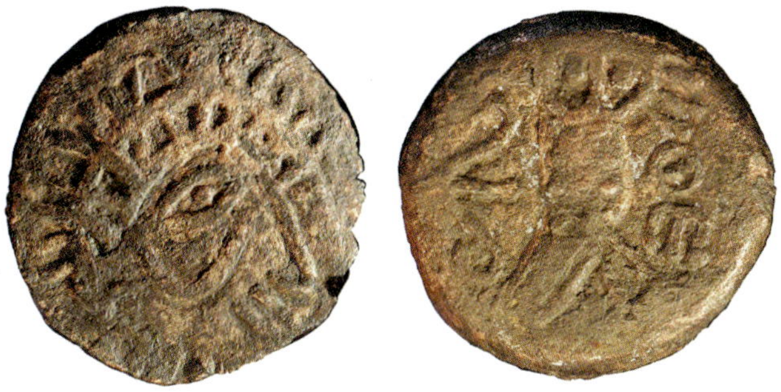

رقم 4
لحيان، تتراداخما برونزية، القرن الثالث قبل الميلاد (؟).

برونز، القطر: 23 ملم، الوزن: 10.60 غرام. عُثر عليها في
الجِحْر المملكة العربية السعودية الرقم: Surface_C242.
الوجه: رأس للإلهة أثينا ترتدي خوذة وهي ملتفتة نحو
اليمين مع هلال على خدها.
الظهر: ΘΕ، بومة واقفة ومستديرة نحو اليمين؛
وفي الجانب الأيسر غصن زيتون وهلال.
الهيئَة الملكية لمحافظة العلا.

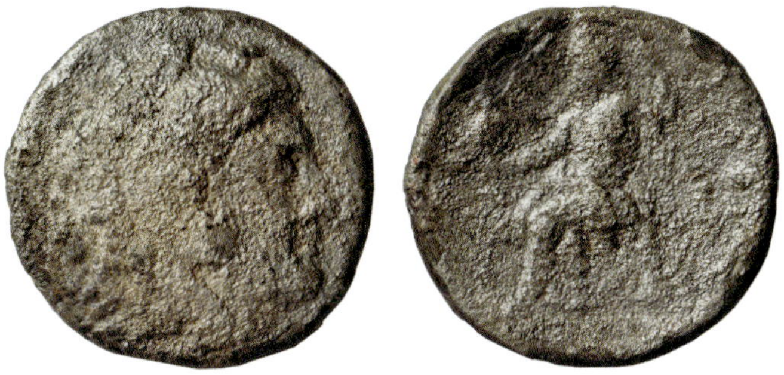

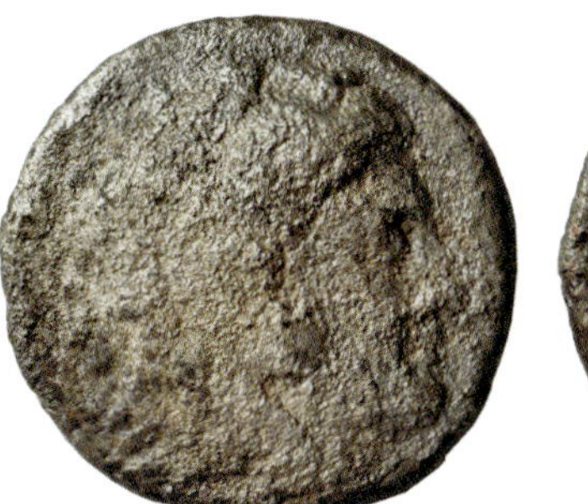

رقم 5
الإسكندر الأكبر، تتراداخما، دار الضرب غير محددة،
نهاية القرن الرابع قبل الميلاد.

فضة، القطر: 29 ملم، الوزن: 15.85 غرام، عُثر عليها في
الجِحْر المملكة العربية السعودية الرقم:C03_90042.
الوجه: رأس هرقل حليق الذقن ومعتمراً جلد أسد.
الظهر: زيوس جالس ملتفتّ نحو اليسار، ساقيه متقاطعين،
ممسكا بإحدى يديه نسراً وبالأخرى صولجاناً.
الهيئَة الملكية لمحافظة العلا.

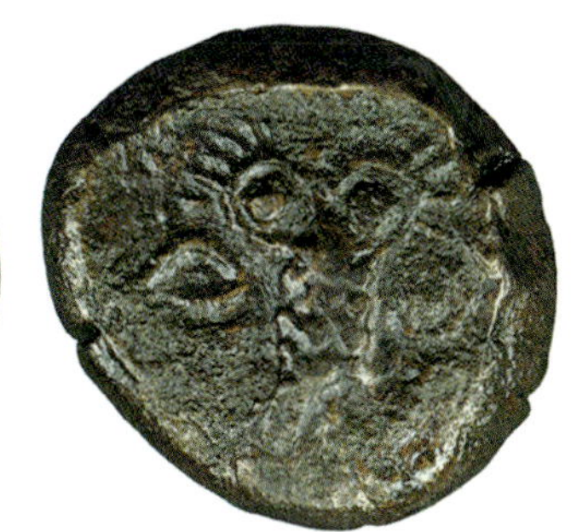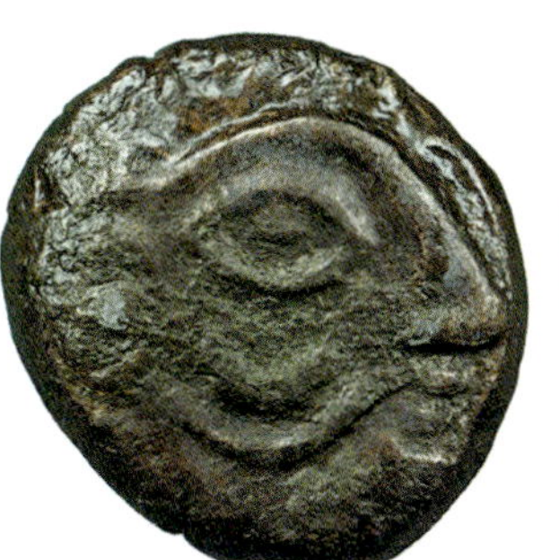

رقم 6
لحيان، تتراداخما برونزية، نهاية القرن الرابع/
بداية القرن الثالث قبل الميلاد.

برونز، القطر: 22 ملم، الوزن: 12.70 غرام.
عُثر عليها في الجِحْر (المملكة العربية السعودية) الرقم: Surface_C047.
الوجه: رأس للإلهة أثينا ترتدي خوذة وهي ملتفتة نحو اليمين،
مع هلالين على خدها.
الظهر: ΘΕ، بومة واقفة ومستديرة نحو اليمين؛ وفي
الجانب الأيسر غصن زيتون وهلال.
الهيئَة الملكية لمحافظة العلا.

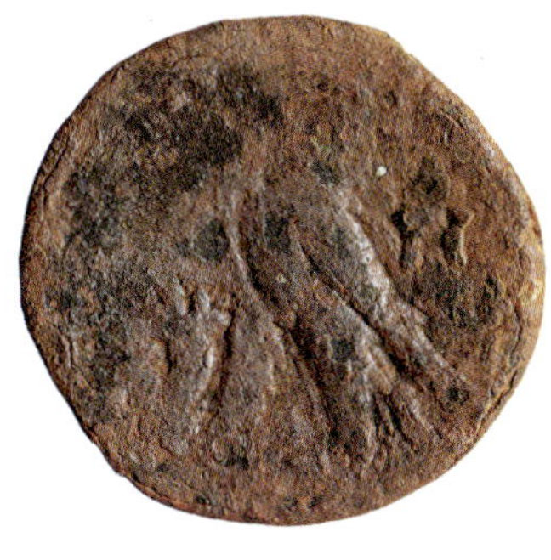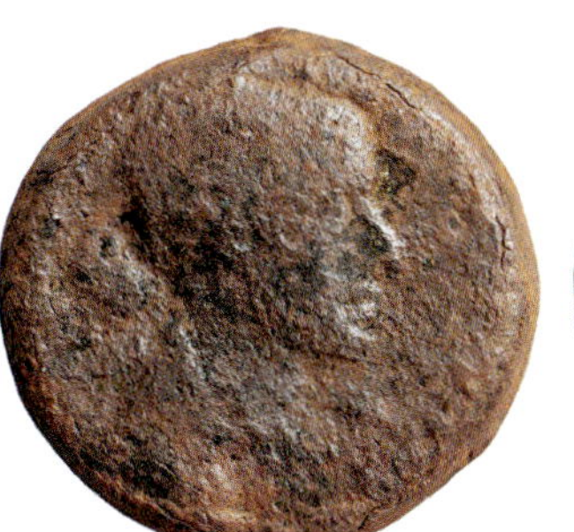

رقم 7
كليوباترا السابعة (51-30 قبل الميلاد)، قطعة دراخما
النقدية من فئة 80، مسكوكة في الإسكندرية (مصر).

برونز، القطر: 27 ملم، الوزن: 16.65 غرام، عُثر عليها في
الجِحْر (المملكة العربية السعودية) الرقم: Surface_C329.
الوجه: صورة نصفية لكليوباترا مرتدية ثوباً فضفاضا وهي ملتفة نحو اليمين.
الظهر: نسر واقف وملتفت نحو اليسار، سلة الخيرات وحرف (80 П).
الهيئَة الملكية لمحافظة العلا.

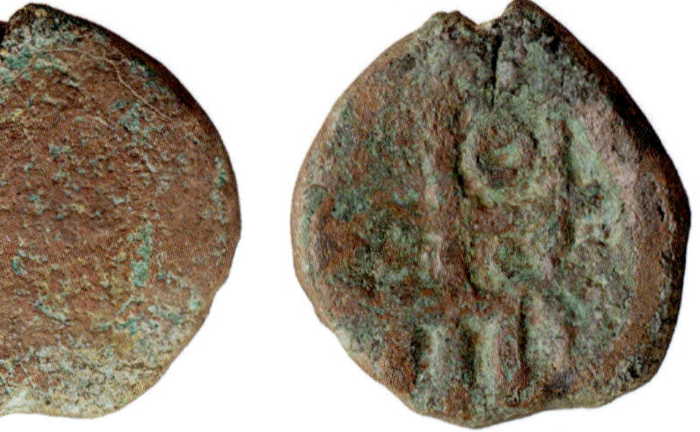

رقم 8
قطعة نقدية برونزية ذات وجه واحد، شرق شبه الجزيرة العربية، القرنين الثالث والرابع للميلاد؟

برونز، القطر: 21 ملم، الوزن: 7.83 غرام. عُثر عليها في الحِجْر (المملكة العربية السعودية)، الرقم: Surface_C308.
وجه العملة: أملس، ظهر العملة: خطوط ودوائر.
صدرت هذه القطع النقدية في الدور أو في جبل كنزان في شرق شبه الجزيرة العربية في فترة متأخرة (القرن الثالث أو الرابع للميلاد).
يستمد النمط التجريدي على ظهر العملة من صورة إله جالس وهو مستديرٌ نحو اليسار، كما في تترادراخمات الإسكندر.
الهيئة الملكية لمحافظة العلا.

___

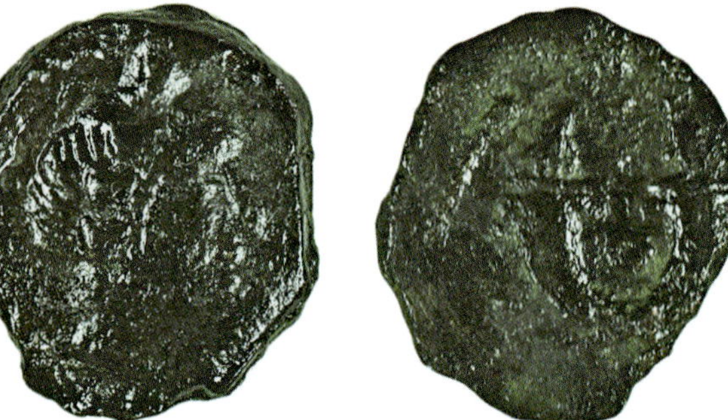
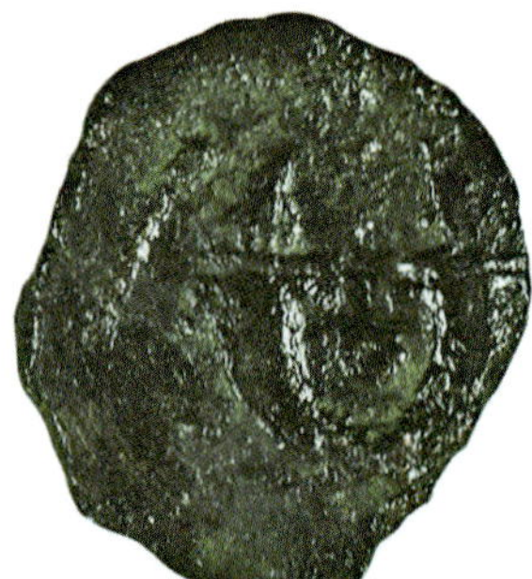

رقم 9
الحارث الرابع (9 قبل الميلاد - 40 ميلادي)، قطع صغيرة من النقود، البتراء.

برونز، القطر: 15 ملم، الوزن: 1.42 غرام. عُثر عليها في الحِجْر (المملكة العربية السعودية) الرقم: C02_25430.
الوجه: رأس الحارث الرابع متوجاً بإكليل الغار وهو ملتفت نحو اليمين.
الظهر: سلتا الخيرات متقاطعتان.
الهيئة الملكية لمحافظة العلا.

___

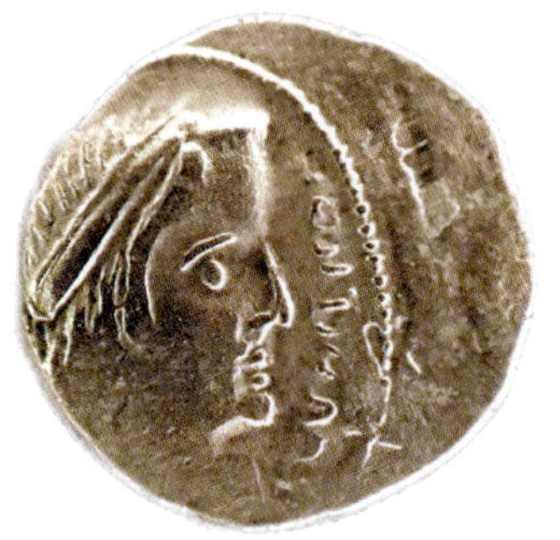
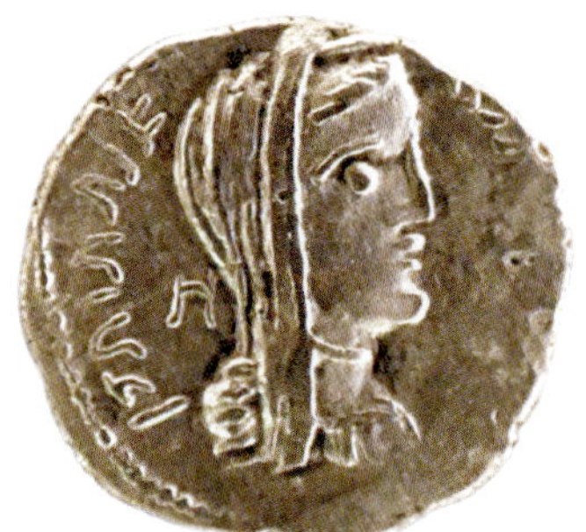

رقم 10
الحارث الرابع (9 قبل الميلاد - 40 ميلادي) وخلدو، سلع، البتراء، 7/8 قبل الميلاد.

فضة، القطر: 17 ملم، الوزن: 4.12 غرام. عُثر عليها في الحِجْر (المملكة العربية السعودية)، الرقم: C10_11001.
الوجه: حرتت ملك نبطو [...]، رأس الحارث الرابع واضعاً عمامة على رأسه وملتفتًا نحو اليمين.
الظهر: [...] شنت تلتين، صورة نصفية لخلدو تضع وشاحا على رأسها وتلتفت نحو اليمين.
الهيئة الملكية لمحافظة العلا.

___

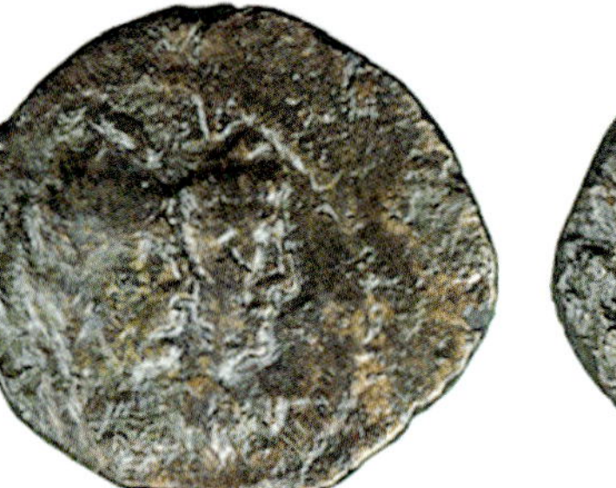
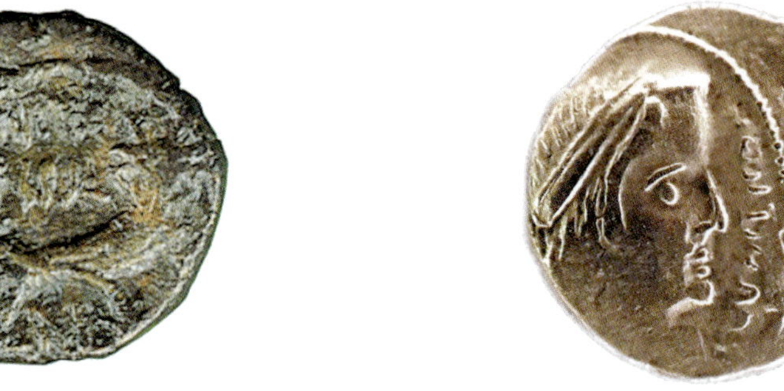

رقم 11
الحارث الرابع (9 قبل الميلاد - 40 ميلادي) وشقيلة، قطع صغيرة من النقود، البتراء، 40-20 ميلادي.

برونز، القطر: 20 ملم، الوزن: 3.00 غرام. عُثر عليها في الحِجْر (المملكة العربية السعودية الرقم: C01_10048.
الوجه: صورة نصفية للحارث الرابع متوجًا بإكليل الغار وصورة نصفية لشقيلة تضع وشاحا، كلاهما ملتفت نحو اليمين.
الظهر: حرتت / شقي/لت، على ثلاثة سطور بين سلتي الخيرات المتقاطعتين.
الهيئة الملكية لمحافظة العلا.

___

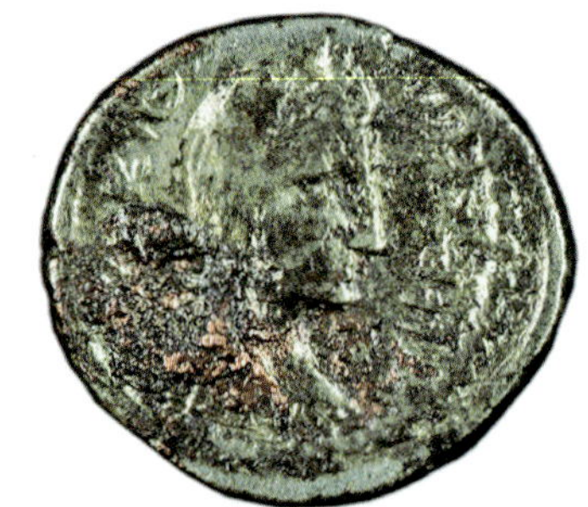
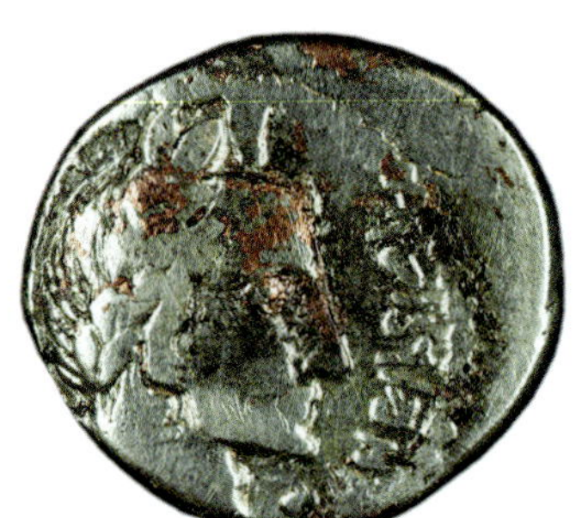

رقم 12
الحارث الرابع (9 قبل الميلاد - 40 ميلادي) وخلدو، سلع، البتراء.

فضة، القطر: 17 ملم، الوزن: 3.75 غرام. عُثر عليها في الحِجْر (المملكة العربية السعودية)، الرقم: C01_90025.
الوجه: [حرت] تملك نبطو [...]، رأس الحارث الرابع متوجاً بإكليل الغار وهو ملتفت نحو اليمين.
الظهر: [...] ملكت نب - طو ش [نت ...]، صورة نصفية لخلدو وهي تضع وشاحا على رأسها وتلتفت نحو اليمين.
الهيئة الملكية لمحافظة العلا.

___

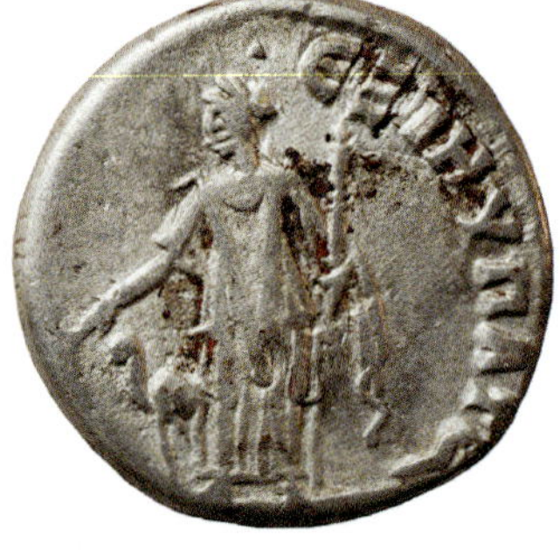
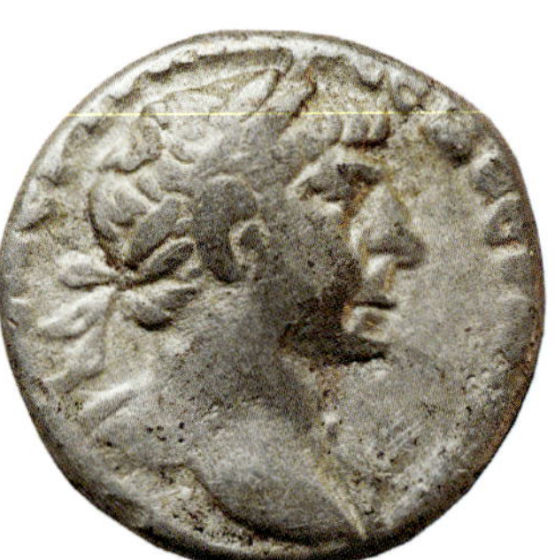

رقم 13
تراجان (98-117 ميلادي)، دراخما، مضروبة في أنطاكية لاستخدامها في شبه الجزيرة العربية، 114/115 ميلادي.

فضة. عُثر عليها في الحِجْر (المملكة العربية السعودية)، الرقم: C01_34414.
الوجه: كتابة يونانية على أحد الجوانب، صورة نصفية لتراجان متوجاً بإكليل الغار وهو ملتفت نحو اليمين.
الظهر: Ϲ ΥΠΑΤ ΙΗ ΞΕ [...] (سلطة منبر العامة الثامنة عشرة (potestas tribunicia باللاتينية)، قنصل ست مرات)، جملٌ صغيرٌ واقفٌ عند قدميه كرمز لشبه الجزيرة العربية.
الهيئة الملكية لمحافظة العلا.

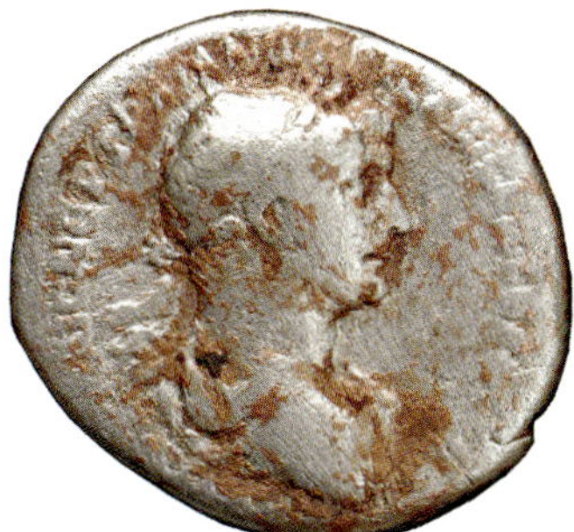
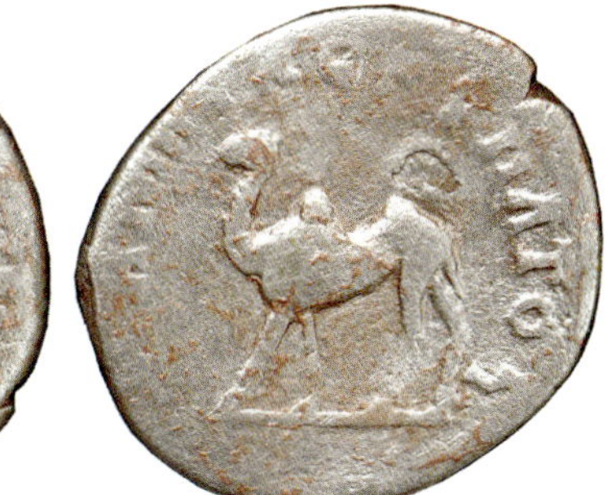

رقم 14
تراجان (117-98 ميلادي)، دراخما، مضروبة في روما لاستخدامها في شبه الجزيرة العربية، 117-115 ميلادي.

فضة، القطر: 19 ملم، 1.85 غرام. عُثر عليها في الحجْر (المملكة العربية السعودية)، الرقم: 64301_C01.
الوجه: [...]KAICNЄPTPAIAN[...]، صورة نصفية لتراجان متوجاً بإكليل الغار ومرتدياً ثوباً فضفاضا ودرعاً وهو ملتفت نحو اليمين.
الظهر: [...]ҮΠΑΤΟC، جمل ذو سنامين ملتفتٌ نحو اليسار.
الهيئة الملكية لمحافظة العلا.

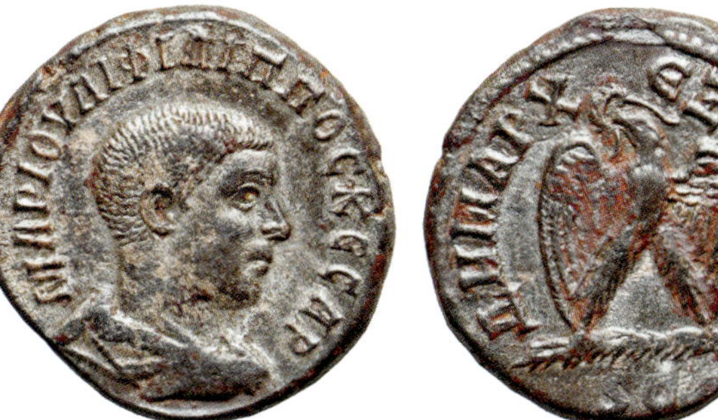
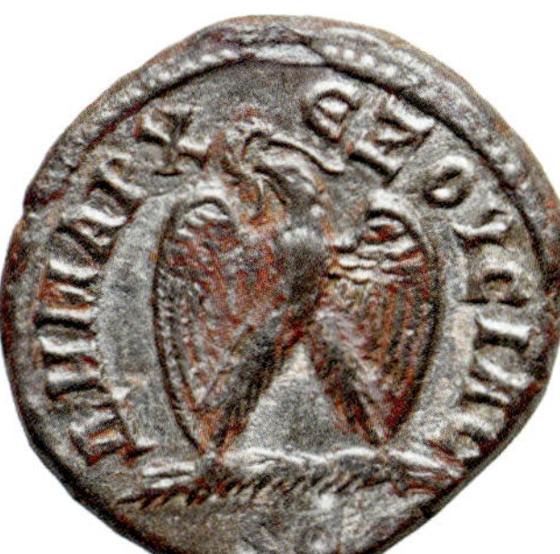

رقم 15
فيليب الثاني قيصر (247-244 ميلادي)، تتراردراخما، أنطاكية.

فضة، القطر: 26 ملم، الوزن: 11.52 غرام. عُثر عليها في الحجْر (المملكة العربية السعودية، الرقم: 34208_C02.
الوجه: MAP IOYAI ΦIΛIΠΠOC KECAP، صورة نصفية لمحاربي يافع يرتدي ثوباً فضفاضا ودرعاً وهو ملتفتٌ نحو اليمين.
الظهر: ΔΗΜΑΡΧ ΕΞΟVCIAC، نسر ينظر إلى الأمام، متشبثًا بغصن بمخالبه وممسكاً تاجاً في منقاره، وتحته نقش الحرفان S C.
الهيئة الملكية لمحافظة العلا.

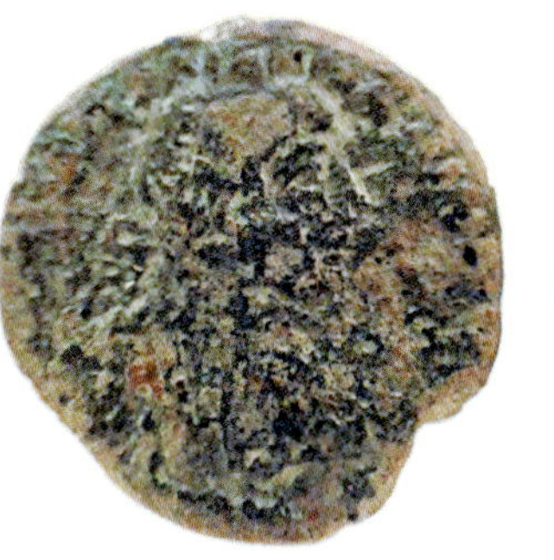
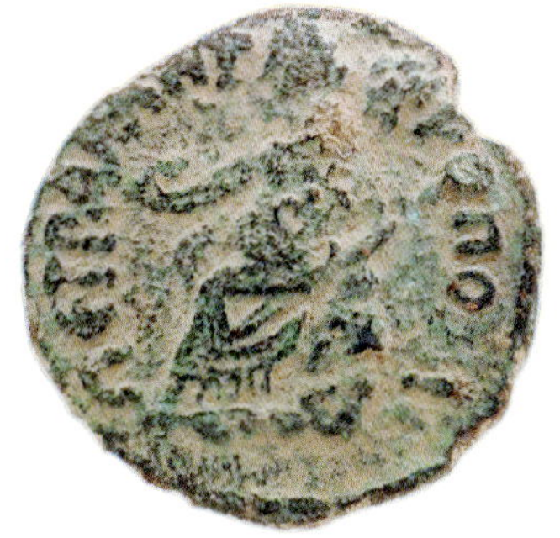

رقم 16
هادريان (117-138 ميلادي)، عملة البتراء.

برونز. اكتشفت في الحجْر (المملكة العربية السعودية)، الرقم: 36000_C04.
الوجه: AYTOKPATωP KAICAP TPAIANOC ΑΔPI[ANOC] CЄBACTOC، صورة نصفية لهادريان متوجاً بإكليل الغار ومرتدياً درعاً ويتجه نحو اليمين.
الظهر: ΠЄTPA MHT - POΠOΛIC، آلهة البتراء تايكي جالسة على صخرة وهي ملتفتة نحو اليسار، ذراعها اليمنى ممدودة وتحمل على كتفها غنيمة.
الهيئة الملكية لمحافظة العلا.

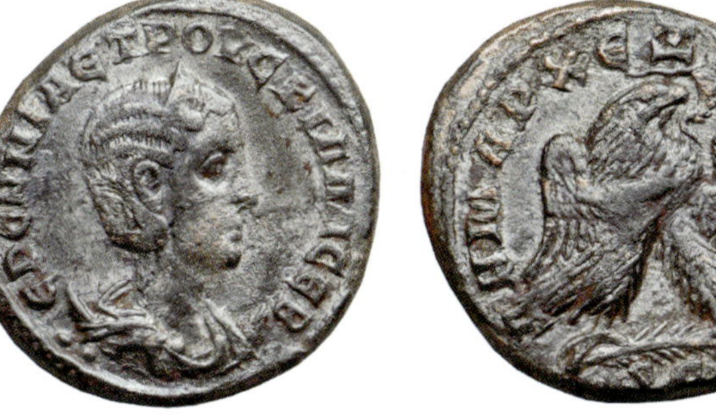
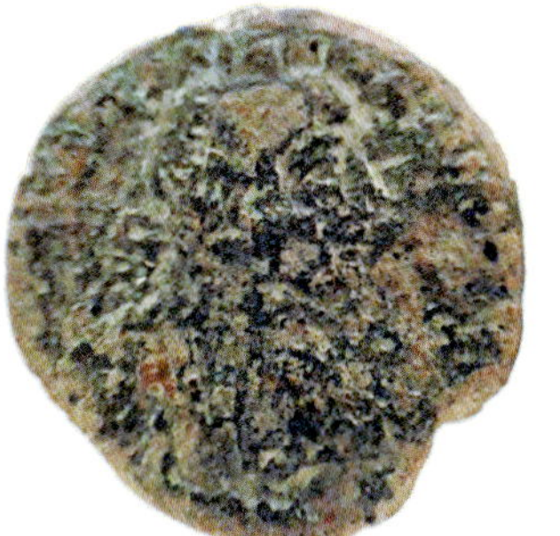

رقم 17
إتروسيلا (زوجة الإمبراطور تراجان ديكيوس، 249-251 ميلادي)، تتراردراخما، أنطاكية.

فضة، القطر: 26 ملم، الوزن: 11.25 غرام. عُثر عليها في الحجْر المملكة العربية السعودية، الرقم: 34207_C02.
الوجه: ЄPЄNNIA ЄTPOYCKIΛΛΑ CЄB، صورة نصفية ترتدي صاحبتها ثوباً فضفاضا وتضع تاجاً على رأسها وملتفتة نحو اليمين داخل هلال.
الظهر: ΔΗΜΑΡΧ ΕΞΟVCIAC، نسر ملتفت إلى اليمين متشبثًا بنخلة بمخالبه وممسكاً تاجاً في منقاره، وتحته نقش الحرفان S C.
الهيئة الملكية لمحافظة العلا.

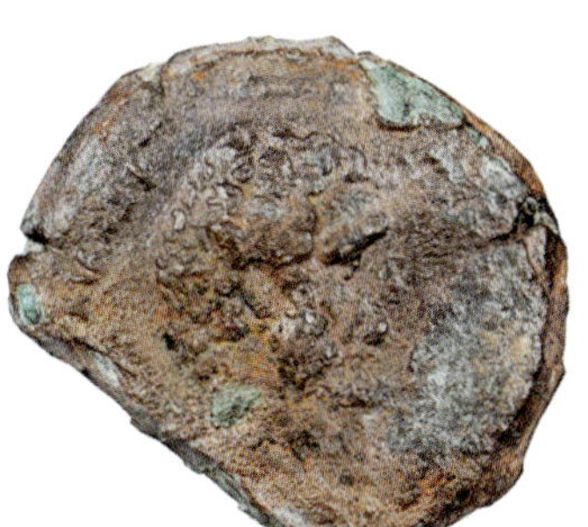
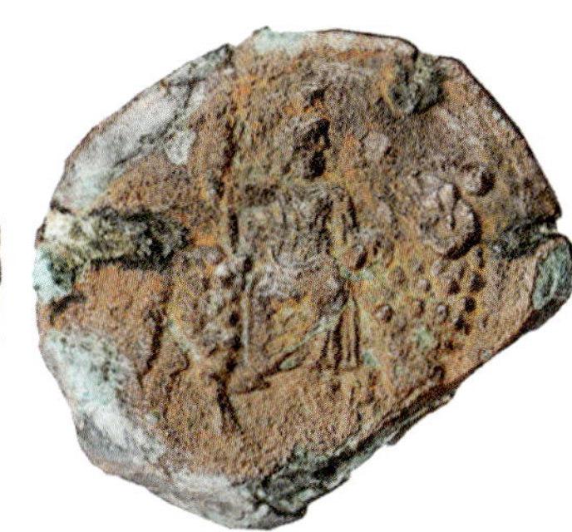

رقم 18
أنطونينوس بيوس (138-161 ميلادي)، دراخما برونزية، ضربت في الإسكندرية، 138/139 ميلادي.

برونز، القطر: 35 ملم، الوزن: 20.37 غرام. عُثر عليها في الحجْر المملكة العربية السعودية الرقم: 64301_C01.
الوجه: [AVT K T] AIΛ AΔP [ANTωNINOC ЄVCЄB]، صورة نصفية للإمبراطور أنطونيوس بيوس مرتديًّا ثوباً فضفاضا ودرعاً وهو ملتفت نحو اليمين.
الظهر: [L B]، الإله سيرابيس وعلى رأسه غطاءٌ على شكل سلة مشتعلة لأعلى (كالاثوس) ويمسك صولجاناً وهو ينظر إلى كبش يمشي في اتجاه اليمين، وملتفتٌ برأسه نحو اليسار؛ ويوجد مذبح إلى اليمين.
الهيئة الملكية لمحافظة العلا.

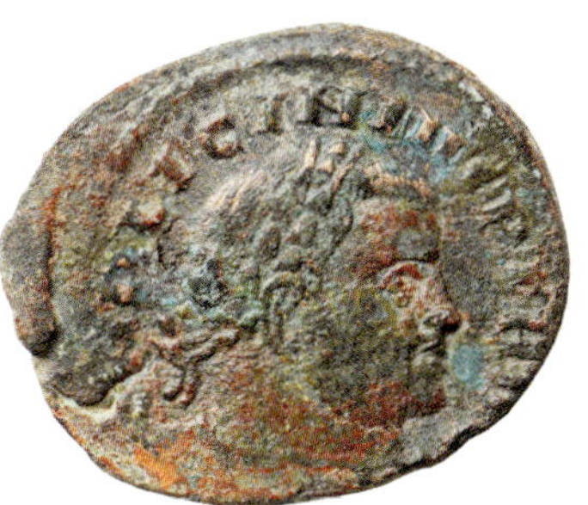
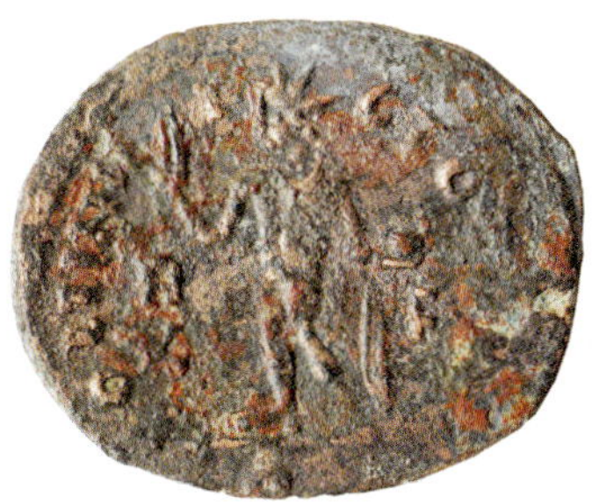

رقم 19
ليسينيوس الأول (308-324 ميلادي)، فلس، روما، 315-314 ميلادي.

برونز، كان سابقاً من الفضة، القطر: 22 ملم، الوزن: 2.56 غرام. عُثر عليها في الحجْر المملكة العربية السعودية الرقم: 60901_C01.
الوجه: IMP LICINIVS P F AVG، صورة نصفية لصاحبها متوج بإكليل الغار ومرتديا درعاً وملتفت نحو اليمين.
الظهر: SOLI INVICTO [comiti]، إله الشمس ملتفت نحو اليمين ورافعاً يده اليمنى وحاملاً كرة بيده اليسرى، في الجانب الأيسر نقش الحرفان R/X، وفي الجانب الأيمن نُقش الحرف F، الكتابة في الجزء السفلي غير مقروءة.
الهيئة الملكية لمحافظة العلا.

مدينة قُرح (المابيات) المزدهرة

أحمد العبودي (أستاذ مشارك، جامعة الملك سعود، الرياض)

تقعُ مدينة "قُرح" الأثريّة جَنوبَ مُحافظة "العلا" على بعد 20 كم بالقُرب من هجرة مغيراء وسْطَ سَهل مُنبَسِطٍ تَطوفُ من حوله جِبال مُتَفَرِّقة مُتَوَسِّطَة الارتفاع، ويُشرف الموقعُ على محير مغيراء الغَربيِّ الّذي تَتَجمَّع بهِ مِياهُ عددٍ منَ الأوديَة والشِّعاب قبلَ توجُّهها إلى وادي الجِزل، وكذلكَ يمرُّ بشرق الموقع سِكّة طريق الحِجاز القادمة من دِمشقَ نحوَ المدينة المُنَوَّرة. أشارت المصادرُ التّاريخيّة والجُغرافيّة إلى أنّ "قُرح" الّتي وُصِفَتْ بحاضرة وادي القرى كانت تَشهَد نَشاطاً تِجاريّاً يعود إلى فترة ما قبلَ الإسلام، فابنُ الكلبيِّ المُتَوفِّي سنة 202هـ وصفَ "قُرح" بأنّها المدينة السَّادسة في الجزيرة العربيّة، وهي مَجمَع أسواق العَرَب وأصلُ الغِناء ومعدنهُ.

شهدتْ "قُرح" انتعاشاً اقتِصاديّاً بعدَ الإسلام كونَها أصبحتْ محطّةً رئيسةً على طريق الحجِّ الشّاميِّ المصريِّ فبرزتْ في كتابات الرَّحالة العرب والجُغرافيِّينَ المُسلِمين كالإصطخريِّ 346هـ/957م، والمقدسيِّ 380هـ/990م، والحمويِّ 626هـ/1229م، وابنِ بطوطة 770هـ/1369م، والفيروزيِّ 729-817هـ/1329-1414م وغيرهم ممَّن مرُّوا بها في رِحلات الحجِّ والعُمرة أو للاستكشاف، فمنهم من أشادَ بازدِهارها كالمقدسيِّ والإصطخريِّ، ومِنهم مَنْ ذَكَر اضمِحلالَها واندثارَها كياقوت الحمويِّ، ولكنْ أجمعُوا كلّهم على أنَّ "قُرح" حاضِرةٌ وادي القُرى وقصبتها.

وَصَفَ الإصْطخريُّ 346هـ/957م "قُرح" بقولِه: "وليس بالحجاز مدينةٌ بعدَ مكّة والمدينةِ أكبرُ منَ اليَمامة ويليها في الكِبَر وادي القُرى، وهي ذاتُ نَخل كثيرة وعيون والجار فرضة المدينة... وهي عامرةٌ كثيرة التِّجارة والأموال..."، أمَّا المقدسيُّ 380هـ/990م فذكر "قُرح" عند تقسيمه لِأكوار شبه الجزيرة العربيّة بقوله: "وقد جعلْناه- أي شبه الجزيرة العربيّة - أربعَ كُوَرٍ جليلةٍ، وأربعَ نَواحٍ نَفيسةٍ والكُوَرُ أوّلُها الحِجاز ثُمَّ اليَمَن ثُمَّ عُمانٍ ثُمَّ هَجَر، والنّواحي: الأحقاف، الأشجار، اليَمامة، قرح"،

كما خَصَّ ناحيةَ "قُرح" بوصفٍ بديعٍ قال فيه: "ناحية قُرح: تُسَمَّى وادي القُرى، وليس بالحجاز اليومَ بلدٌ، أجلُّ وأعمَرُ وأهلُ وأكثرِ تجارةً وتُجّاراً وأموالاً وخيراتٍ بعدَ مكّة مِنْ هذا، عليها حِصن مَنيع على قُرنته قلعة، قد أحدق به القرى وأكنفَه النَّخيل، ذو تمور رخيصة وأخبازٍ حَسَنة ومياه غَزيرة ومنازلَ أنيقة وأسواق حارَّة، عليه خندق وثلاثة أبواب مُحَدَّدة والجامع في الأزقّة ....، وهو بلد شاميٌّ مصريٌّ عراقيٌّ حجازيّ، غير أنَّ ماءَهم ثقيل وتمرُهم وسَطٌ وحمامهم خارج البلد". أمَّا الرَّحَّالةُ ياقوت الحمويُّ 626هـ/1229م فقد أعطى وَصفاً عامّاً عن اضمِحلال مدينة وادي القرى بصعيد "قُرح" بشكل دقيق فقالَ: "سُمِّيَ وادي القُرى لأنَّ الوادِيَ مِنْ أوَّلِه إلى آخِرة قُرىً مَنظومةٌ، وأعمالُ البِلاد وآثار القُرى إلى الآنَ بها ظاهرةٌ إلّا أنّها في وقتنا هذا كلّها خَرابٌ ومِياهها جارية تتدفَّق ضائعةً لا ينتفع بها أحدٌ". وقال ياقوت نقلاً عن السّكونيِّ: "وادي القُرى والحِجر والجناب منازلُ قُضاعة ثُمَّ جُهَينة وعُذْرة وبلي وهي بين الشَّام والمدينة يمرُّ بها حاجُّ الشَّام، وهي كانت قديماً منازلَ ثَمودَ وعادٍ، وبها أهلكَهُمُ اللهُ، وآثارُها إلى الآنَ باقيةٌ، ونزَلَها بعدَهم اليهود واستخرجوا كظائمها وأساحوا عُيونَها وغرسوا نخلها فلمَّا نزلتْ بهمُ القبائل عقدوا بينهم حِلفاً وكان لهم فيها على اليهود طُعْمَةٌ وأُكُلٌ في كلِّ عام، ومنعوها لهم على العرب ودفعوا عنها قبائل قُضَاعة". وفى فترةٍ مُتأخِّرةٍ كتبَ الفيروز آبادي نقلاً عن غيرِه ذِكراً لـ"العلا" بقولِه: "وادٍ كبيرٌ من أعمالِ المدينة، كثيرُ القُرى بين المدينة والشَّام فتحَهُ النَّبي عليه الصَّلاة والسَّلام في سنة سبعٍ عَنوةً ثُمَّ صُولِحُوا على الجِزية".

مدينة تجارية مكتظة تحميها أسوار

اختفى اسمُ "قُرح" أواخرَ القرن السَّادس الهجريِّ/ الثَّانيْ عشَر الميلاديِّ، وحلَّ محله اسم مدينة "العلّا" التي تقع وسْطَ الوادي. زار فريق علميٌّ من جامعة لندن عام 1967م مَوقع "قُرح" وأُجريَ مَسحٌ أثريٌّ سطحيٌّ تركّزَ على مادّة الفخّار، ونُشرَتْ نتائجُه عام 1970م والتي أشارت إلى انتشار الفخّار الإسلاميّ على سطح الموقع والذي يعود إلى الفترة الأُمويّة والعبّاسيّة. وقامت الهيئة العامّة للسِّياحة والتُّراث الوطنيّ (وكالة الآثار والمتاحف سابقاً) بإجراء أعمال مَسحٍ أثريٍّ لدرب الحجِّ المصريِّ الشاميِّ عام 1982م، ومَثّلَت "قُرح" أحدَ محطّات هذا الطّريق، وخلصت نتائج التّقرير الاستطلاعيّ إلى التّعرُّف على أحد محطّات الطّريق، إذ أبرزَ التّقريرُ وجودَ تلال أثريّة لبقايا مُنشآت معماريّة يَنتَشر على سطحها قطعٌ منَ الفخّار الإسلاميّ المُبكِّر العائد إلى ما بين القرنين الثّاني والثّالثِ الهجريَّين.

قامت جامعةُ الملك سعود بإجراء تنقيبات أثريّة بموقع "قُرح" بين عامي 2004 و2019م، وقد كشفت التّنقيبات عن الجُزء الشّماليّ منَ المدينة المُتمَثِّل بمنطقة القصور والأسواق، وتنمُّ عمارته عن وضع اقتصاديّ مُزدهر للمدينة التي تعود جُلّ معثوراتها إلى فترة ما بين 250-350هـ وذلك يؤكِّدُ أنّنا أمام مدينة مُتكاملة ذات ثراءٍ معماريٍّ بقُصورها وأسواقِها وشوارعِها وأسوارِها، هي بدُونِ أدنى شكّ مدينة "قُرح" التي عُرفَتْ بسوق العرب قبلَ الإسلام، وهي أشهرُ محطّاتِ طريقِ الحجِّ الشاميِّ المصريِّ في العصر الإسلاميّ.

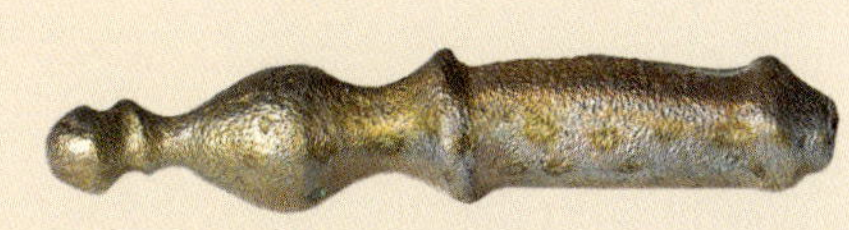

الشكل رقم 6.
جزء من صحن مزجج يحمل كتابة،
قُرْح (المابيات)، بين القرنين التاسع والعاشر
للميلاد، 1 × 24 سم، القطر 3 سم.

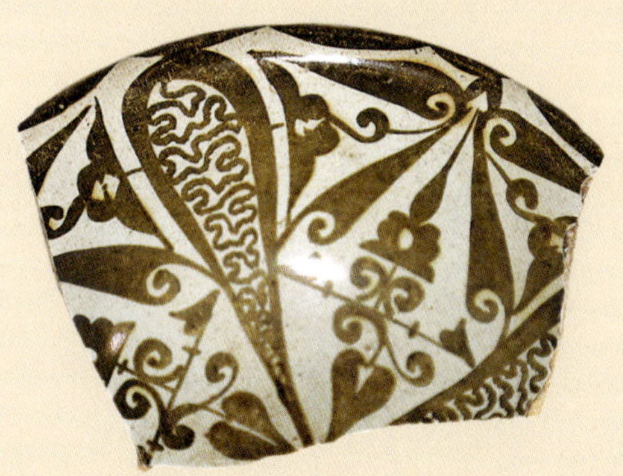

الشكل رقم 2.
خنجر، قُرْح (المابيات)، بين القرنين
التاسع والعاشر للميلاد، 1 × 1 × 4 سم.

الشكل رقم 4.
جزء من صحن، قُرْح (المابيات)،
بين القرنين التاسع والعاشر للميلاد،
20 × 7 سم.

الشكل رقم 3.
غطاء، قُرْح (المابيات)،
بين القرنين التاسع والعاشر للميلاد،
2 × 6 × 8 سم.

الشكل رقم 7.
أمفورة/جرة، قُرْح (المابيات)،
بين القرنين التاسع والعاشر للميلاد،
65 سم، القطر 45 سم.

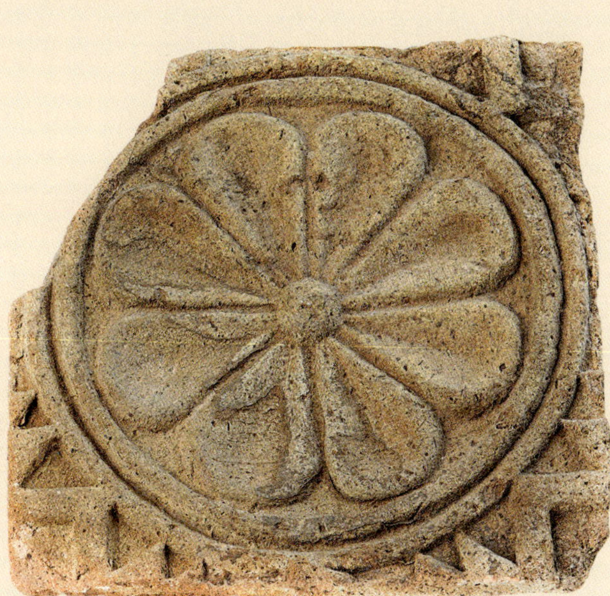

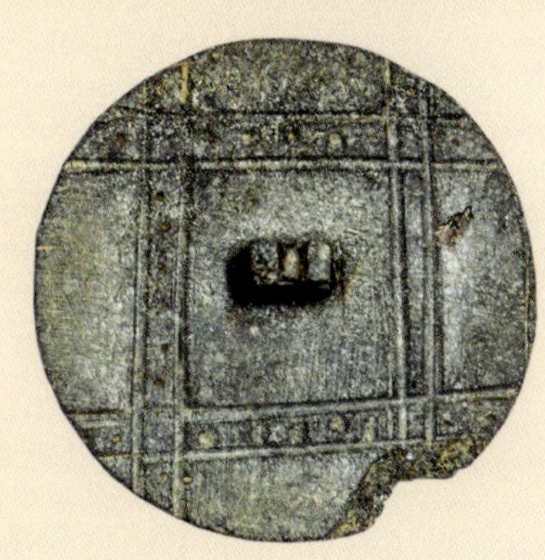

الشكل رقم 5.
جزء من بلاط جدران،
قُرْح (المابيات)، بين القرنين
التاسع والعاشر للميلاد.

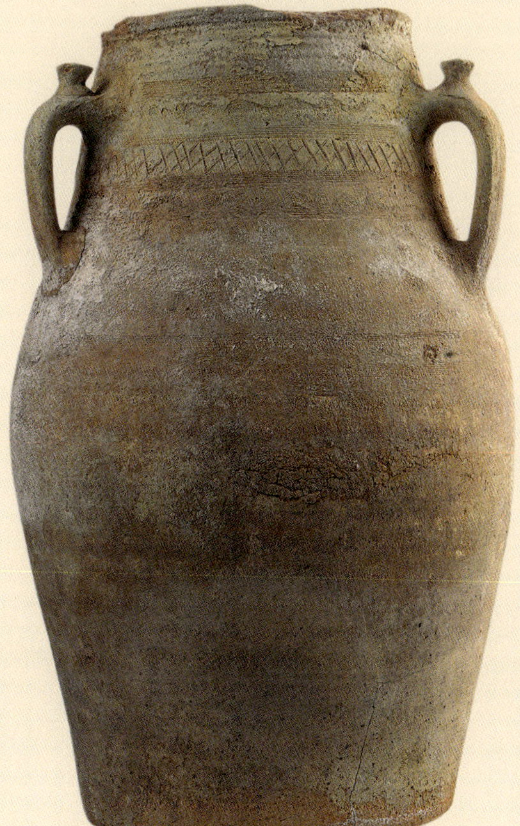

أربعة مواقع عظيمة، من دادان إلى البلدة القديمة في محافظة العلا

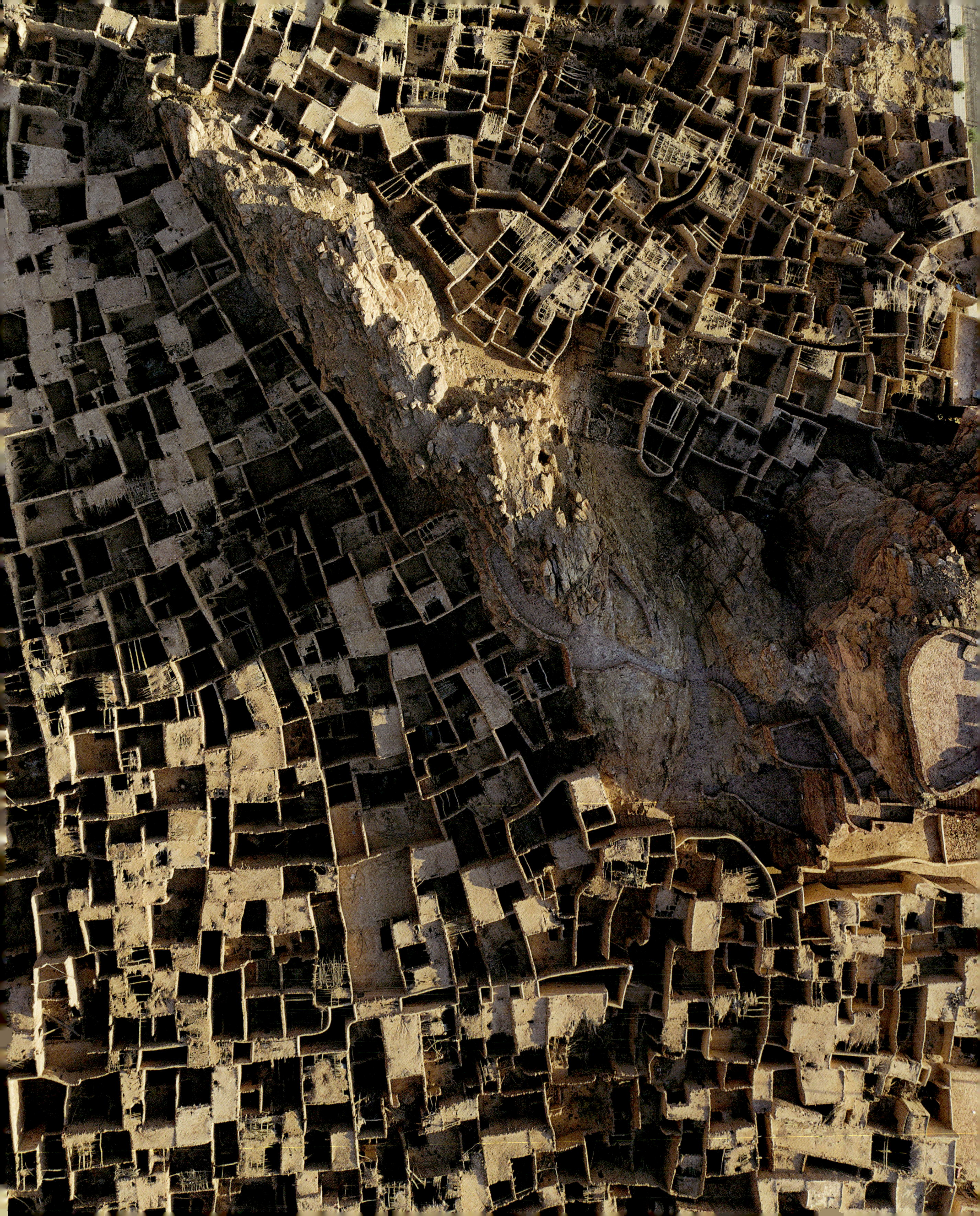

بلدة العلا القديمة: قطعة أثرية و تراثية

إنغريد بيريسيه-فاليرو (الوكالة الفرنسية لتطوير محافظة العلا)

يقدم لنا أحد المعالم التاريخية الأخـيرة التـي تشكل جزءًا من تاريخ الـوادي، المركز الحضري القديم للديرة، والـذي يُعـرف الآن باسـم البلـدة القديمـة، تصـورًا جديـدًا عـن الحياة اليوميـة لسكان العـلا حتـى بدايـة ثمانينيات القرن العشريـن عندمـا هجرها سكانها تدريجيـاً ليستقروا في أحيـاء جديدة بُنيت جنوبًا. وكان آخر أذان سُمع ينادي للصلاة مـن بـين جـدران مسجد العظام في عـام 1982.

تحتل البلـدة القديمـة موقعـاً استراتيجيـاً، كأنها تطـل قليـلاً عـلى قـاع الـوادي وعنـد نقطـة ضيقـة منـه، عـلى الطريـق الوحيـدة الموصلـة إليهـا والقادمـة مـن الشـمال إلى الجنـوب. وقـد بنيـت بيوتهـا الصندوقيـة الشكل فيـما يسـمى بقلعـة موسى بـن نصـير مـن الحجـر الجـاف دون مـلاط ومـن الطـوب اللـبن عـلى نتـوء صخـري (الشكلان رقم 1 و4). وقـد ورد ذكـر هـذه القلعـة في روايـة الرحالـة إبراهيـم بـن شـجاع الدمشـقي منـذ وقـت طويـل في عـام 1227 للميـلاد، حيـث قـدم وصفـاً موجـزاً لهـذه البلـدة الصغـيرة - المعروفـة مسبقـاً باسـم العـلا - وكان الحجـاج في ذلـك الوقـت يتوافـدون عليهـا ليشـدوا الرحـال منهـا إلى مكـة المكرمـة.

تغطـي آثـار البلـدة القديمـة، التـي أصبحـت مهجـورة بالكامل الآن، مسـاحة 15 هكتـاراً وتتميـز بنسـيجها الحضـري شـديد

الكثافـة والمقسـم إلى حارتـين تاريخيتـين، الحلـف في الجنـوب والشـقيق في الشـمال، وتضـم العـلا مـا يزيـد عـن 900 مبنـى، بعضهـا سكنـي والبعـض الآخر عـام، تربطهـا أزقـة مخفيـة وضيقـة تشبـه المتاهـة. وعـلى مسـافات شـبه منتظمـة، شُـيدت جسـور مغطـاة، يُطلـق عليهـا اسـم الطيـار، تربـط بين جانبـي الشـارع وتوفـر الحمايـة لعابريهـا مـن المشـاة. وعـلى غـرار الأسـقف المسطحـة للمنـازل، شُـيدت هـذه الجسـور مـن جـذوع أشـجار النخيـل والـتراب المرصـوص، والتـي تفككـت بشـكل طبيعـي عـلى مـر السنـين بعدمـا تُركـت البلـدة مهجـورةً، مـما أدى إلى انهيـار العديـد مـن الجـدران مـا جعل بعـض المناطـق غـير قابلـة للعبـور. وعـلى الرغـم مـن ذلـك، فـإن هـذه البلـدة لا تـزال محفوظـة بشـكل جيـد يتيـح إمكانيـة استكشـاف خباياهـا، خاصـة وأن بعـض المناطـق قـد تـم ترميمهـا منـذ حوالي خمسـة عشـر عامـاً. إنهـا شـاهد استثنائـي عـلى أسـلوب حيـاة بائـد، مـا يـزال حيًّا في ذاكـرة السـكان السـابقين.

لقـد أصبحـت البلـدة القديمـة تدريجيـاً عاصمـةً للتاريـخ والـتراث (الشكل رقم 5). وهـي تسـلط الضـوء عـلى فـترة مهمة مـن فـترات استيطان الـوادي ومنطقـة الحجـاز أيضًـا، وهـو مـا يـبرر الاهتـمام الـذي توليـه لهـا الهيـئة الملكيـة لمحافظة العـلا (RCU). يعـد ترميمهـا أحـد أولويـات مشـروع تطـوير منطقة

العلا بقيادة الهيئة والذي تشارك فيه أيضاً الوكالة الفرنسية لتطوير محافظة العلا (AFAlula) منذ عام 2018، لمواجهة التحديات التي تطرحها مشاكل حماية المباني وترميمها وتحسينها وإعادة تخصيصها وتحويلها (الشكل رقم 2).

في عام 2019 أُطلق مشروع تجريبي أولي لترميم حوالي ثلاثين منزلاً في الجزء الجنوبي من البلدة*. وتضمَّن هذا العمل إجراء جرد تفصيلي للمباني مع عمليات مسح أثرية استكشافية ودراسات أولية لواجهات بعض المنازل. مكنت عينات تحليل الطين المُستخرج من المحاجر التي تم اكتشافها في مواقع مختلفة في الوادي من التعرف على مواد البناء المستخدمة في إنتاج الطوب. أخيراً، تم إعداد دليل يوضح بالتفصيل ممارسات الحفظ الصائبة والتي تم تكييفها مع التراث المحلي، وتم تنظيم ورش عمل تدريبية في الموقع حول العمارة بالطوب اللبن كوسيلة للمساهمة في الحفاظ على المعرفة والمهارة المهددتين بالزوال.

بالإضافة إلى هذه الإجراءات، سرعان ما اتضح أن هناك حاجة ماسة إلى دراسة علمية تركز على كتابة تاريخ البلدة القديمة، منذ نشأتها إلى أن تم هجرها على غِرار المسح الأثري الذي تم إجراؤه في بستان النخيل. وقد تم حشد فريق من الخبراء** يضم متخصصين في الإسكان والتخطيط الحضري، بالإضافة إلى علماء آثار ومهندسين معماريين وجغرافيين ومؤرخين. يستفيد هذا الفريق من الباحثين من التطور التكنولوجي، وخاصة المسح التصويري (الفوتوغرامتري) والمسح الجيوفيزيائي. وهكذا، يعمل قطاع هام من علم الآثار الوقائي قبل مباشرة تطوير المتاجر والفنادق والمباني الأخرى المخصصة للقطاع السياحي.

من أهداف هذه الدراسة تحديد تاريخ تأسيس البلدة من خلال مقارنة المصادر الأثرية والنصية. كما يود الباحثون تحديد الأسباب التي دفعت السكان إلى الاستقرار في هذا الموضع بالتحديد من الوادي، عند سفح جبل، وما كانت علاقته ببستان النخيل. أخيراً، وبالإضافة إلى مظهر الشبكة الحضرية الشبيهة بالمتاهة، من الضروري فهم الطريقة التي أديرت بها البلدة وكيف تطورت على مر القرون، مع الأخذ بعين الاعتبار الطبوغرافيا والمناخ وإدارة الموارد المائية، من خلال تجميع المياه في أحواض وتوزيعها وتصريفها. من أجل القيام بذلك، سيقوم علماء الآثار بفحص الأدلة التي خلفتها بقايا العصور السابقة، والموجودة في التربة وفي أسوار البلدة، حيث سيكون الزائر على دراية تامة بوجود العديد من الخصائص - النقوش الدادانية، نقوش الشرافات أو الثعابين البارزة، وموائد الإراقة، وما إلى ذلك - والتي نُهبت من مواقع مثل دادان.

لقد تمخضت نتائج البحث الحالية عن نتائج أولية. فقد كشفت البعثة الأثرية عن عدة فترات من الاستيطان وعثرت على أدلة تُشير إلى أن الفضاءات قد تم تعديلها بمرور الزمن وفقاً لاحتياجات السكان وفرصهم ورغباتهم. كما استطاع الباحثون أيضاً معرفة أن حارتي الحلف والشقيق التاريخيتين كان لهما نسيجين حضريين مختلفين. أخيراً، يشير التحليل الذي أجرته البعثة الأثرية لشبكة الشوارع إلى وجود صلات تربط بين بستان النخيل والبلدة القديمة، وأيضاً بين هذه الأخيرة وما يسمى بحي البلدة الجديدة، "البلدة الجديدة"، الواقع شمالاً. يتواصل جمع المعلومات تبعًا لوتيرة البعثات الميدانية وإدارة المعطيات المجموعة. ستتيح الأبحاث التي يتم إجراؤها في العلا إنشاء مجموعة بيانات مهمة وفريدة وغير مسبوقة، والتي سيستفيد منها كل من المشاركين في تطوير

منطقة العلا، وجميع الأوساط العلمية المهتمة بالعمارة الشرقية والتخطيط الحضري.

---

* من بين المساهمين في هذا المشروع المركز الدولي للعمارة الطينية (CRAterre)، وهو مختبر أبحاث يتخذ من مدرسة غرونوبل للهندسة المعمارية مقرًّا له وهو حائز على كرسي اليونسكو في البناء بالطوب اللبن. ومن بين المشاركين شركة الترميم "استشارات حفظ التراث" (Heritage Conservation Consulting) وقسم الدراسات الأثرية الدولية في مؤسسة إيفها الدولية (Éveha International).

** مشروع التوثيق المتعدد المستويات للديناميات الحضرية (MuDUD) تقوده شركة "أركايوس" (Archaïos)، وهي شركة منخرطة بالعمل في البحث العلمي حول التراث وفي علم الآثار.

الشكل رقم 2.
داخل أحد البيوت،
بعد أعمال الترميم، 2020.

الشكل رقم 3.
طيار يربط بين جانبي الشارع،
بعد أعمال الترميم، 2020.

الشكل رقم 4.
قلعة موسى بن نصير في وسط القرية،
1908.

الشكل رقم 5.
البلدة القديمة كما تبدو من جهة الجنوب،
2020.

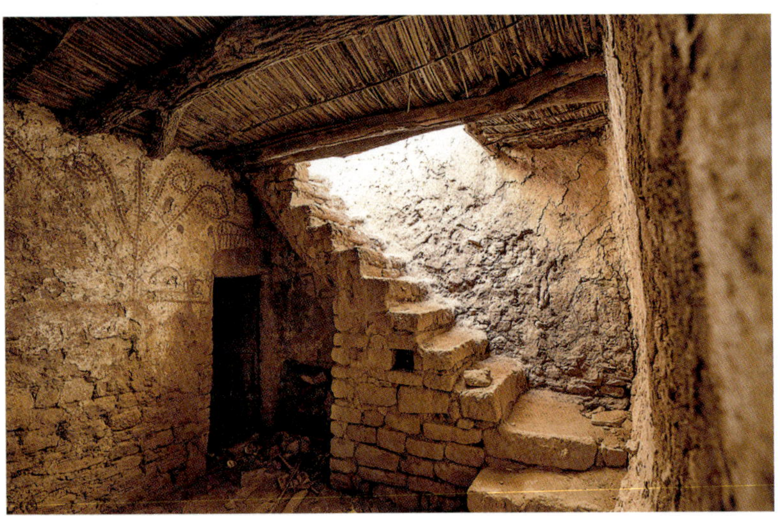

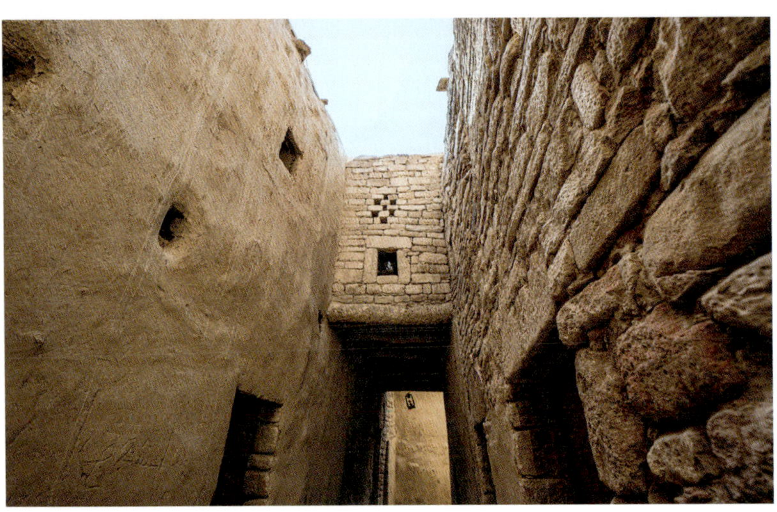

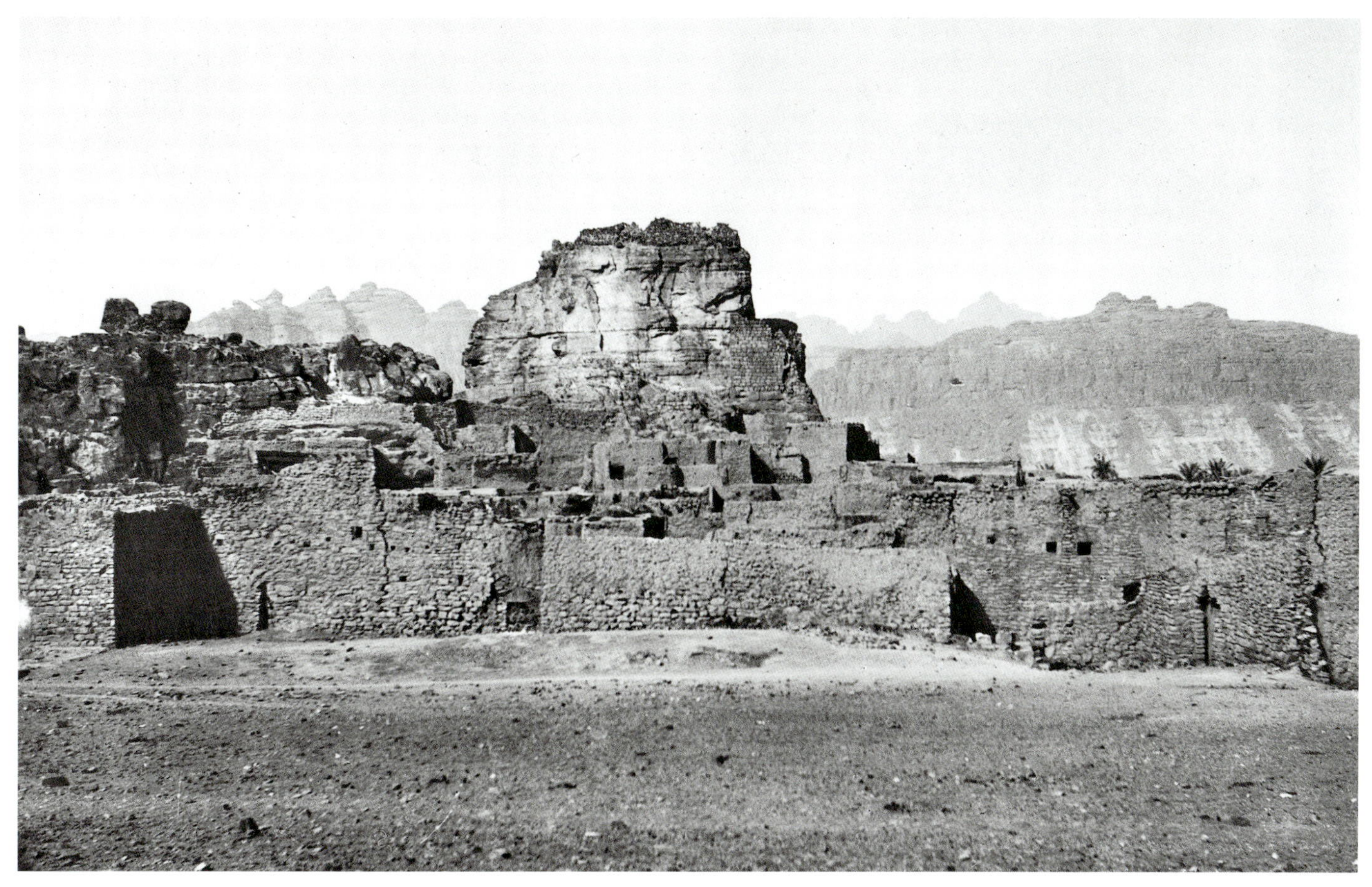

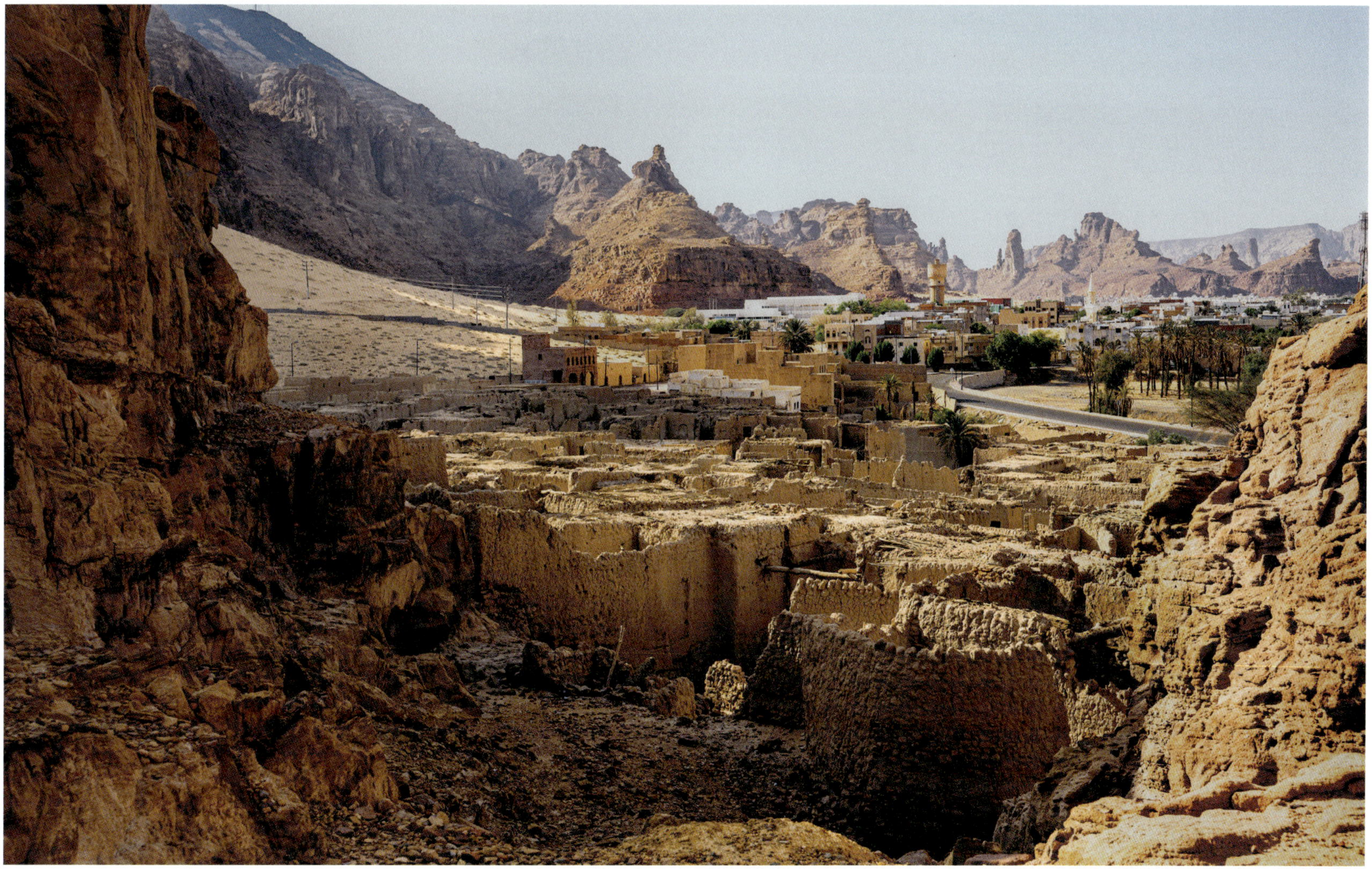

أربعة مواقع عظيمة، من دادان إلى البلدة القديمة في محافظة العلا

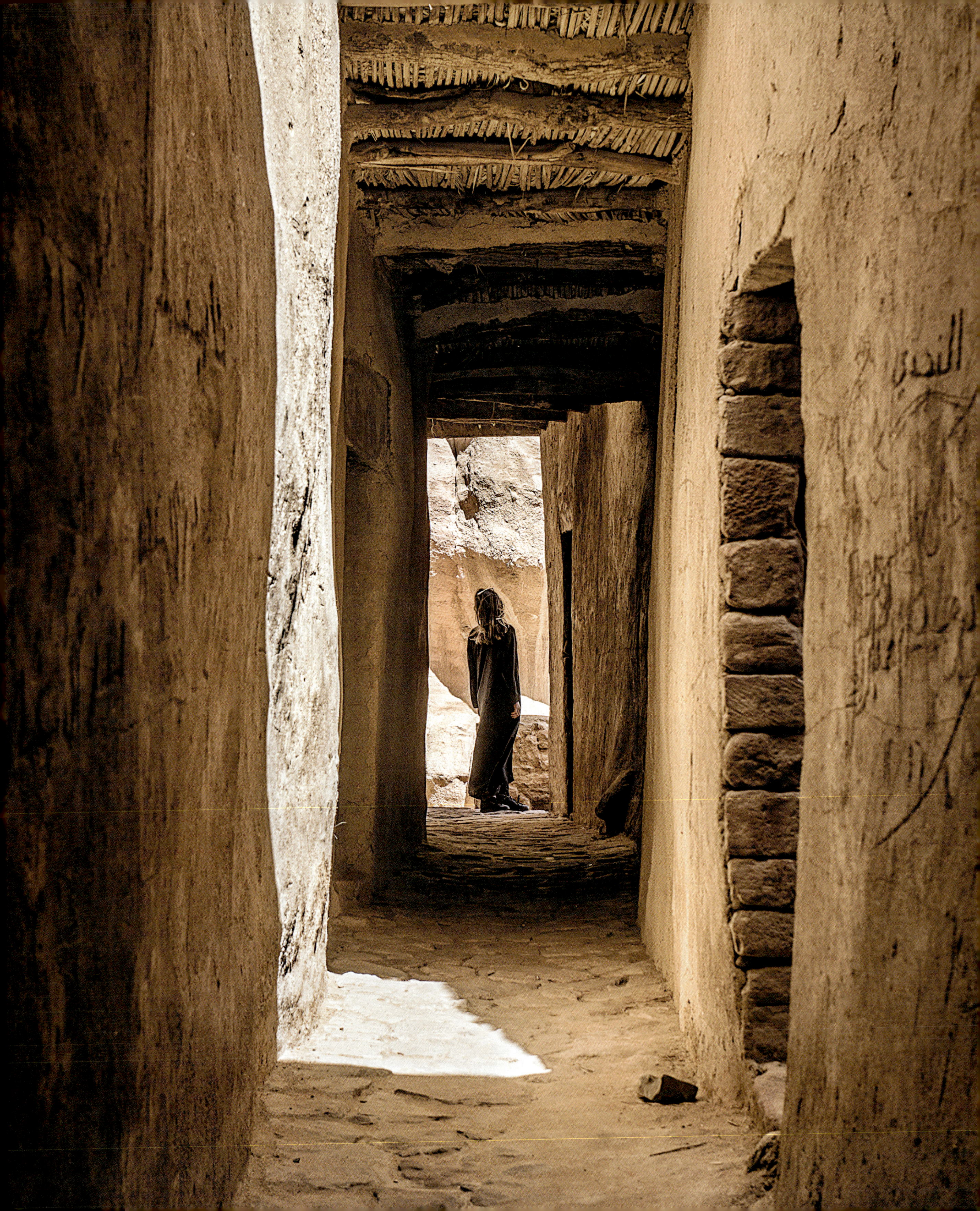

العاداتُ والتَّقاليدُ في العلا

عبدالله بن محمد بن صالح بن نصيف
(الهيئة الملكية لمحافظة العلا)

ورد اسمُ "العلا" أوَّلَ مَرَّةٍ في التَّاريخ عندَما مرَّ بها الرَّسول ﷺ في طريقه إلى تَبوك في عام 9 للهجرة (630 ميلادي)، أمَّا في عصور ما قبلَ الميلاد والعصور الرُّومانيَّة فقد كانت تُعرَف باسم "دادانَ" الَّتي ورد ذِكرُها في العهد القديم، وتقعُ شواهدها الأثريَّة على بعد 3 كم شمال شرق مباني العلا القديمة.

نشأتْ مدينة قُرح (المابيات) في فترة الأمويين على بعدِ 20 كم تقريباً جَنوب "دادان"، وقد بلغتْ هذه المدينة الَّتي اشتُهِرَتْ بوادي القُرى أوجَ ازدهارها خلالَ العصر العبَّاسيِّ والفاطميِّ، واستمرَّ ازدهارُها حتَّى حلول القرن 12 الميلاديِّ؛ حينَ بدأ الضَّعف والاضمحلال يدبُّ في أوصال الدَّولة الفاطميَّة الَّتي كانت قد بسطَتْ سيطرتها على الحجاز، ونتيجةً لذلك بدأتْ "قُرح" تفقد نفوذها نتيجة لغياب الأمن عنها، مما دفع سُكَّانُها إلى هجرها والانتقال منها إلى قرية "العلا" على بعد 18 كم شمالاً، بحثاً عن الأمن، فقريةُ "العلا" تقعُ في أضيق نقطة في الوادي وفي مكان مرتَفِع حولَ جبل صغير بُنِيَتْ على قمتهُ قلعةٌ، وامتدَّت المنازل المُكَوَّنةُ من طابقَين حولَه في كلِّ جهة وتربط بينها طرقات لا يزيد عرضها عن 3 أمتار، (الشكل رقم 3). وقد كَوَّنَتْ هذه المنازل المتراصة سُوراً حولَ القرية، وكان لها 14 باباً تُفتَحُ على بعض هذه الطُّرُقات.

وكانَ في "العلا" قناتان مائيَّتان تجريَان، إحداهُما مجاورةٌ للبلدة وتُزَوِّدُها بالماء المنزليِّ إلى جانب الزِّراعيِّ واسمُها "تدع إل"، وكانت منطقة "العلا" قد شهِدَتْ أثناءَ ازدهارِ حضارة "دادانَ)" إنشاءَ شبكة كبيرة من القنوات المائيَّة الَّتي اندثرت عدا هاتَين القناتَين اللَّتين كانتا من عوامل الاستقرار والاستيطان بـ"العلا" ولا سيَّما قناة "تدع إل"، وقد نجح مُستوطنو "العلا" لاحقاً في إحياء عدد آخرَ من القنوات المُندثرة، ما أدَّى إلى زيادة المساحات المزروعة بأشجار النَّخيل خصوصاً، وبأشجار اللَّيمون والتِّين والأعناب وغيرها، وقد تُركَتْ مساحاتٌ مخصَّصةٌ لزراعةِ الحبوب بأنواعها، أمَّا المحاصيلُ الزِّراعيَّة الأخرى كالبصل والثُّوم وأنواع أخرى من الخَضرَاوات والورقيَّات المطبوخة وغير المطبوخة والبطِّيخ والشَّمَّام ونحو ذلك فكانت لها مساحاتٌ مُخصَّصةٌ في بساتين النَّخيل والأشجار، وهكذا أصبحت "العلا" تجذب الكثير من النَّاس للعيش بها بشكل دائم. وعلى الرغم من أنَّها كانت تقعُ آنذاكَ تحتَ الحُكم العثمانيِّ فقَد كانت سُلطةُ هذا الحكم شبهَ اسميَّة، لذلك نظَّم السُّكَّانُ بأنفسهم حياتَهُم الاجتماعيَّة والإداريَّة والزِّراعيَّة، وكان رؤساءُ العشائر -ويسمُّونَها القبائل وعددها 15 قبيلةً- مَسؤولينَ عن تطبيق هذه الأنظمة، وكان للبلدة قاض شرعيٌّ واحدٌ، يختارونهُ عادة بالانتخاب وغالباً ما يكون من قبيلة "الأحامدة" الَّتي ظلت إلى يومنا هذا تُعرف بعشيرة القُضاة. وقد شجَّعَ هذا الاستقرارُ الأمنيُّ والاقتصاديُّ على الاستقرار في "العلا"، واستمرَّت الحياة مُزدَهِرة بـ"العلا" في تلك الفترة بالمقارنة مع القرى والبُلدان الأخرى، حتَّى وصَفَها العالمان الفرنسيَّان جوسين وسافنياك A. Jaussen & R. Savignac في بداية القرن العشرينَ أنَّها بلدُ المن واللَّبن.

الشكل رقم 1.
شارع مسقوف في البلدة القديمة في العلا، 2018.

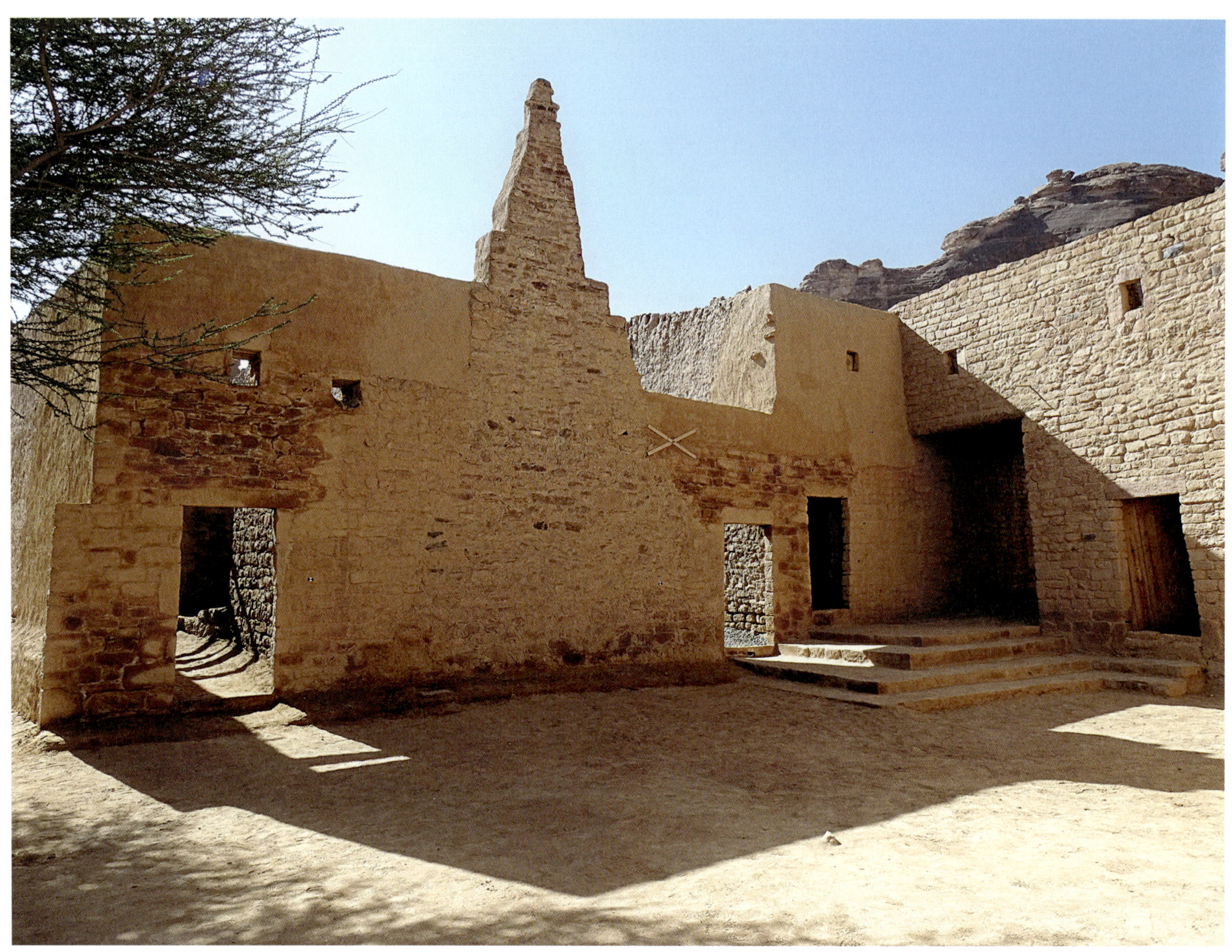

إرساء قواعد التَّنظيم الاجتماعيّ

وفي مطلع الرُّبع الثَّاني من القرن العشرين، وتحديدًا في العاشر من يناير عام 1926م، أشرقتْ شمسٌ جديدة على المنطقة بعد أن دخلَت تحت حُكم الملك عبد العزيز، وهنا بدأ عصرٌ جديد وتاريخ جديد وحياة جديدة تَوَطَّد فيها الأمن وانتهى فيها دور رؤساء العشائر والأعيان في إدارة شؤون البلدة بعد أنْ عُيِّنَ حاكمٌ جديدٌ وقاضٍ جديدٌ، وجهاز شرطة، وإنشاءِ إدارة ماليَّة في عام 1927م للإشراف على الشؤون الماليَّة في العلا ومُدُن الشَّمال (تبوك، الجوف...إلخ) وهي ثالث إدارة يتمُّ إنشاؤها في الدَّولة الجديدة.

وإلى جانب الحاكم يُوجَدُ مجلسٌ إداريٌّ من سبعة أعضاء يختار الأهالي أربعةً منهم بالانتخاب لمُدَّة 4 سنوات، والأعضاءُ الآخرون هم القاضي ومدير الماليَّة ورئيس البلديَّة. أمَّا الزِّراعة الَّتي هي عصب الحياة الاقتصادية في البلدة فقد ظلَّت نُظُمُها وقوانينُها المتعارفُ عليها على حالها بعد أن أقرَّها مجلس الشُّورى، واعتمدها نائب الملك في الحجاز الأمير فيصل. وقد أنشِئَت هيئةٌ للإشراف على تنفيذ هذه الأنظمة والقوانينِ العُرفيَّة باسم "هيئةِ

العُرف والزِّراعة"، يختار الأهالي أعضاءَها بالانتخاب كلَّ ثلاثِ سنوات، وينتخب المجلس الإداريُّ أحدَ أعضائها رئيساً لها.

وفي ظلِّ هذه الأنظمة وبفضل استيباب الأمن والنِّظام تمَّ إحياءُ عددٍ آخرَ من القَنَوات القديمة القديمة حتَّى بلغَ عدَدُها 41 قناة. وقد أدَّى تحسُّنُ ظروف المَعيشة في "العلا" في تلكَ الفترة إلى جَذب عدد من النَّاس من شتَّى الأنحاء للقدوم إليها والعيش فيها، فاستقرَّ بها عدد من الأفراد والأُسَر من "ضبا والوجه وينبع" على ساحل البحر الأحمر ومن "تهامة" في بلاد "غامد" ومن "المدينة وتيماء وحائل والقصيم والمنطقة الوسطى"، بل هناك عَوائلُ وأفرادٌ قدموا إليها منَ الشَّام والعراق وفلسطين والمغرب، وبقُوا بـ"العلا" عدداً من السِّنينَ حتَّى تحسَّن الوضع الاقتصاديُّ في المملكة، فرحلَ مُعظَمُهم وبَقِيَ قليلٌ منهم حتَّى اليوم.

وإلى جانب النَّشاط الزِّراعي كان هناك النَّشاط التِّجاري بطبيعة الحال، وقد اضطلَع به على وجهِ خاصٍّ القادمونَ الجُدُد، أمَّا النَّشاط الصِّناعي فلم يكنْ له وجودٌ في "العلا" ما عدا القليلَ من الصِّناعات التَّقليديَّة وأهمُّها صناعة "الخوص" الَّذي

يُصنَع منه كثيرٌ من أثاث المنزل كالحصير وسُفَر الطَّعام والمَراوح اليدويَّة والسِّلال والزَّنابيل وأوعية التُّمور والحُبوب وبعض أدوات المزارعين والبنّائينَ.

الحياة الاجتماعيَّة

إذا تحدَّثنا عن الحياة الاجتماعيَّة وما فيها من عادات وتقاليدَ فإنَّ في "العلا" بعضَ العادات الّتي تتميَّزُ بها عن غَيرها من المُدن والبلدات الأخرى في المملكة، فقد اعتاد أهل "العلا" خلال النِّصف الثَّاني من يونيو من كلِّ عام على الرَّحيل من منازلهم في حيِّ الدِّيرة للإقامة في منازلهمُ البسيطة المُقامة في بساتين النَّخيل المُنتشرة في الوادي شمالًا وجنوباً (الأشكال رقم 4 و5). وخِلالَ اللَّيل يكون حيُّ الدِّيرة مُظلماً وفاقداً للحياة، في حين تشهدُ بساتين النَّخيل سَمَراً وطَرَباً وألعاباً شعبيَّة ينخرط فيها البَنينُ والبنات، ولا سيَّما في اللَّيالي المُقمرة. وخِلالَ النَّهار تعود الحياةُ جُزئيّاً لتدُبَّ في حيِّ الدِّيرة عندما يذهب الرِّجال إليها لمُزاولة أعمالهمُ التِّجاريَّة من بيع وشراء وغير ذلك، بينَما يبقى النِّساء والولدان في بساتينهمُ الَّتي يُقام في بعض منها دكاكينُ تجاريَّةٌ تديرها النِّساء وكان زبائنها منَ النِّساء والغلمان. وعلى جوانب الطُّرقات بين بساتين النَّخيل كان يُقام ما يُشبه في يومنا

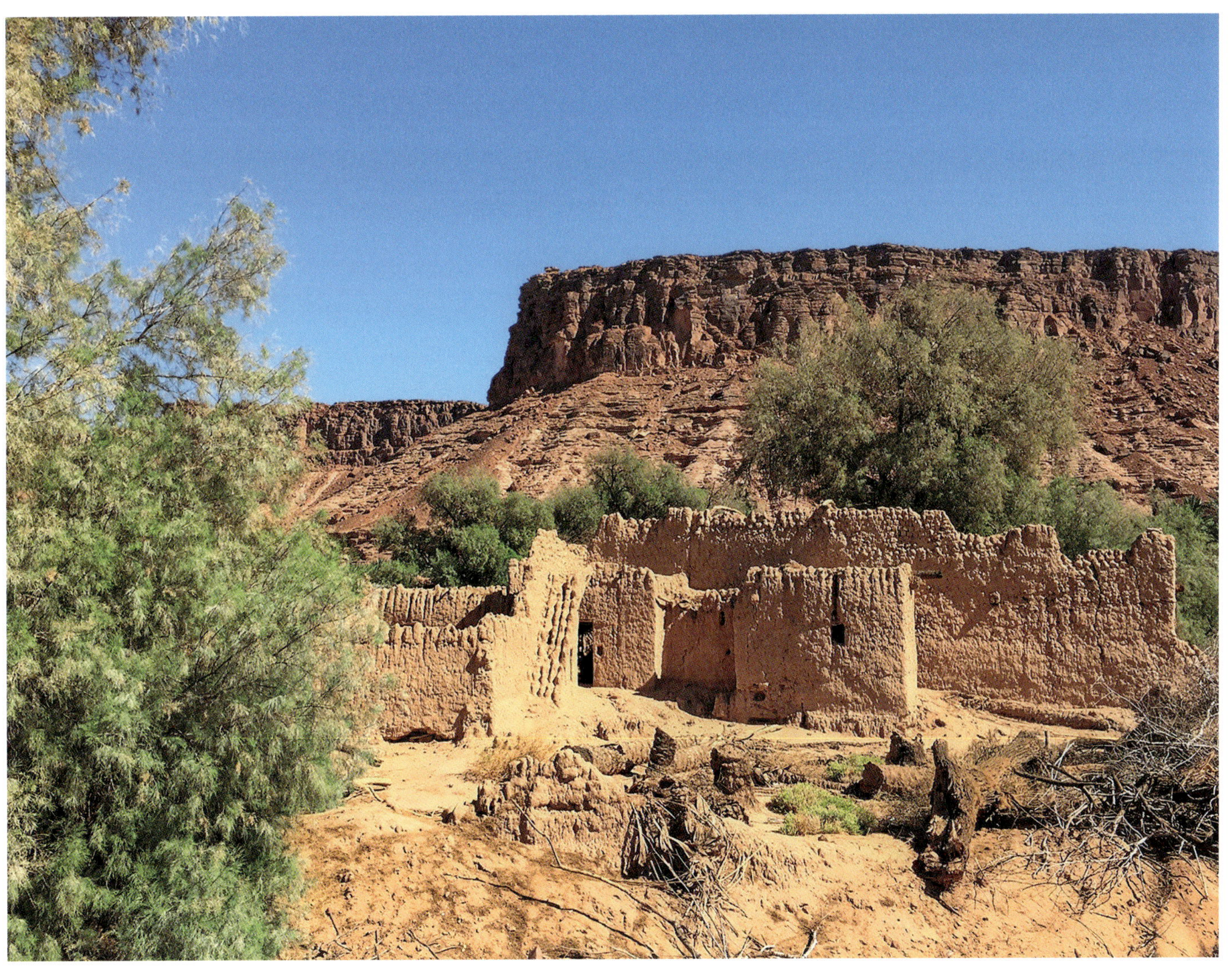

أربعة مواقع عظيمة، من دادان إلى البلدة القديمة في محافظة العلا

هذا مطاعمَ الوجبات السَّريعة، حيثُ يُطبَخُ لحم الضَّأن أو الماعز بعد تقطيع الذَّبيحة إلى قِطَع صغيرة ووضعها في قِدرٍ كبير، وتُباعُ كلُّ قِطعة منَ اللَّحم معَ كمّيّة من المَرَق من وقت الضُّحى إلى ما بعد منتصف النَّهار وسط ألحان شجيّة يشدو بها الشيف. وبعد الانتهاء من صَرم النَّخيل وكَنز التُّمور، يحل فصل الخريف فيرحلونَ عائدينَ إلى منازلِهم في حيِّ الدِّيرة.

المناسبات الاجتماعيَّة

أولاً مناسبات الأفراح: الزَّواج يستغرق الاحتفالُ بالزَّواج أسبوعاً كاملاً، فإذا حُدِّدَ مَثلاً يومُ الخَميس موعداً لدُخول العريس بعَروسه - وهو اليوم الَّذي يختارونَه عادةً - فإنَّ الفعاليَّاتِ تسيرُ على النَّحو الآتي:

السَّبت يقوم الشُّبَّانُ فيه بترميم وتجديد مَنزل العروسَين.

الثُّلاثاء تقومُ النِّساء بخياطة الحصير لفرش المنزل، ويُقامُ حَفلٌ غنائيٌّ نسائيٌّ تُضرَبُ فيه الدُّفوفُ وتُذبَحُ فيه الذَّبائحُ.

الأربعاء ويُعرَفُ بيوم القصّة والحنَّاء، فيتمُّ في النَّهار دَهنُ جُدران المنزل ومدخله الخارجيِّ بالجصِّ الأبيض وتزيينُها بالألوان والرُّسوم، بينما يكون للنِّساء موعدٌ مع الغناء والحنَّاء وضربُ الدَّف، وفي المساء طَرَبٌ وغناء تُزَفُّ بعدَه العروس إلى منزلها الجديد وسطَ الأناشيد والزَّغاريد، أمَّا العريس ورفاقه فهذه اللَّيلةُ هي ليلتُهم الرَّئيسة للغناء والطَّرَب.

الخَميس هو يوم الوَليمة الكُبرى نهاراً، وفي اللَّيل غناء وطَرَبٌ يُختَتَمُ بزِفاف العريس من بيت أهله إلى منزله الجديد بإنشاد على أنغام قصيدة مُخَصَّصَة تُنشد خصيصًا لهذه المُناسَبة، ومَطلَعُها:

"الله الله، الله الله ربَّنا يا ربّ تَجمَع بالمُشَفَّعِ شَمْلنا"

وعندَما يعتلي العريس عَتَبة باب منزله يَصدحُ المُنشدونَ بهذا البيت: "من حين يرقى والملوك تزفُّه زَفَّ العروس وارخوا عليه خلعَ الهناء"

وبعد دخوله قاعة الاستقبال داخل بيته الجديد، يُقال: "داس البساطَ وتكلَّلَت وجناتُهُ عَرَقاً وأكثرهُ حياءً من ربِّنا"

ويبقى العروسان في منزلهما الجديد لا يبرحانه لمُدَّة أُسبوعٍ كامل، ينتهي بعددٍ منَ الفعاليَّاتِ.

الاحتفال بالعيدَين: بينما يذهبُ الكبار للصَّلاة، يخرج الأطفال والبنات إلى الفَضاء الفسيح خارج أسوار البلدة ويتبادلون الحَلوى، وبعد انتهاء الصَّلاة يعود الجميعُ إلى منازلهم ويتبادلون الزِّيارات على نطاق واسع، وبعد صلاة العصر تُتاح الفُرصة للنِّساء لتبادُل الزِّيارات، بينما يصعدُ الولدان إلى أعالي الرُّبا، وفي اللَّيل يحتفل الأهالي بضَرب الزِّير وهو طَبلٌ كبيرٌ مصنوع من جِذع النَّخلة وجِلد البَعير، ويُرَدِّدون قصائدَ غنائيَّة مَعروفة.

الخِتانُ: تُقام فيه وليمةٌ كُبرى بعدَ العصر لأهل البَلدة، وجرت العادة أن يحضرَها اثنان من كل أُسرة، رجلٌ وامرأةٌ، وفي اللَّيل يُقامُ حفل غنائيٌّ تُضرَبُ فيه الدُّفوفُ عند النِّساء مُضافاً إليها البُزُق والعُود عند الرِّجال.

ثانياً المناسبات الدِّينيَّة: صلاةُ الاستسقاء: كان النَّاس قبلَها يصومون ويتصدَّقون ويوزعون الطَّعام في مجالسهِم العامَّةِ والخاصَّة حتَّى لا يكونَ بينهم في يوم الاستغاثة جائعٌ، وفي الصَّباح

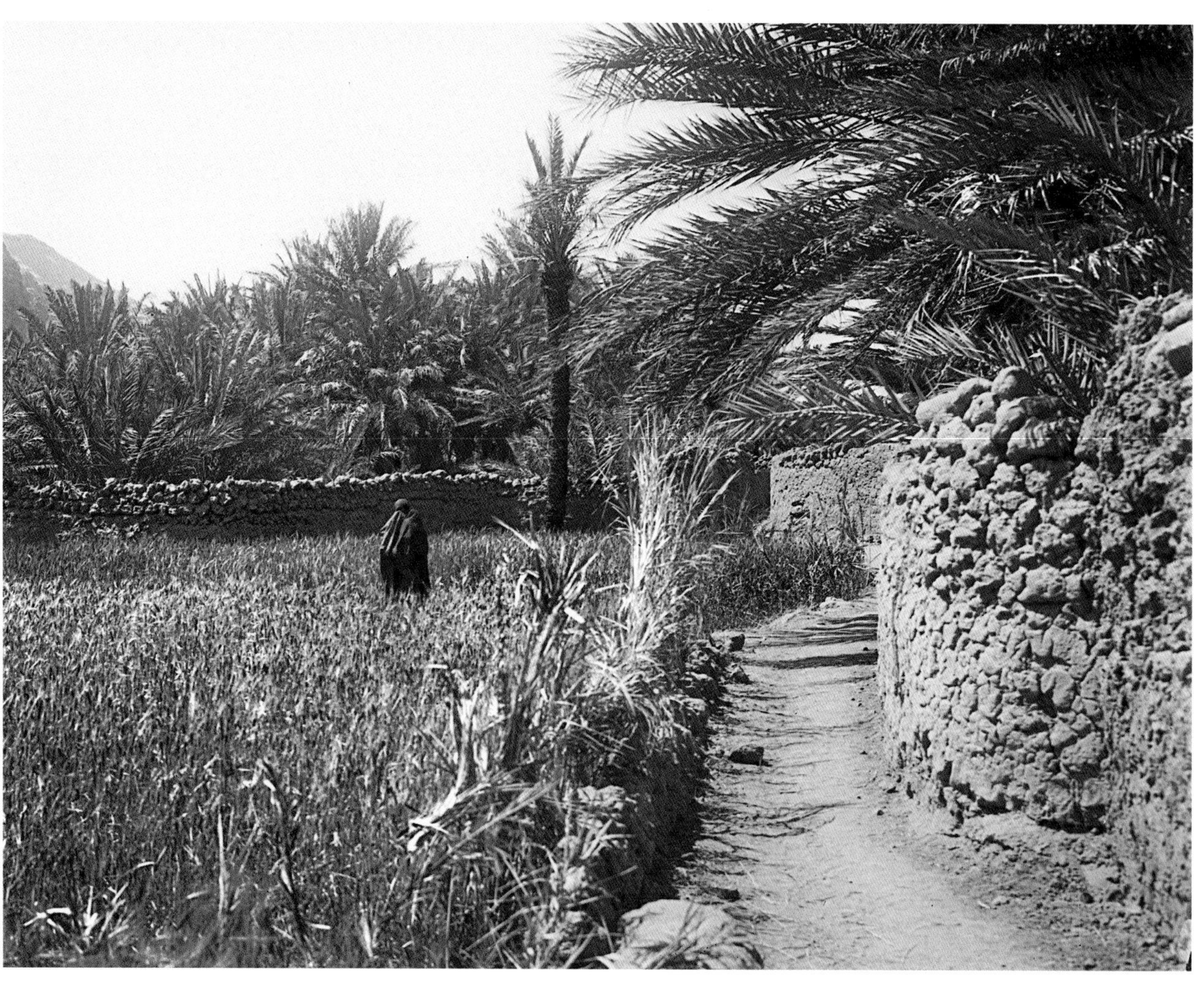

الباكر من هذا اليوم، يخرج النَّاس إلى مُصلَّى العيد، رجالًا ونساءً مصحوبين بدوابِّهم، داعينَ ربَّهم:

يا أرحمَ الرَّاحمين أرحمْنا وامحُ عنَّا الَّذي صار منَّا ربَّنا رب القَدَر عجِّل علينا بالمطَر ربَّنا نرجو رَجاك مـالـنا ربـاً سـواك لا تُخَيِّب رَجانا لا دخلنا في حماك قصَدْنا بابَ مولانا كريمـاً ليس يَنسـانا صدَّقنـاً بمَنْ جـانا الصَّادق رسول الله.

رمَضان:

وكان النَّاس يَستعدُّون لرَمضانَ بصناعة الشَّعريَّة طَعامـاً للسَّحور، وهي عبارةٌ عن فتائلَ كخُيوط من عجين البُرِّ، تُشبه المَعكرونة. واعتاد الناس على فتح مجالسهم بعد صلاة التَّراويح يقدِّمونَ فيها شَراب الأقط المُحَلَّى بالتَّمر، ويتبادلون الأحاديث والقصَص، ويتولَّى المسحِّراتيُّ مُهمَّةَ إيقاظهم لتناوُل وجبة السَّحور، فيسيرُ في الأزقَّة والطُّرقات ضارباً طبلَه ويقف بُرهةً عند باب كلِّ بيت مُنادياً صاحبه باسمه، مثلاً: "أبو عبدالله: وحِّد الله، أبو صالح: أذكُر الله..."

ثالثاً المناسبات الأُخرى: وإذا تحدَّثنا عن الأحزان، وما يُمارَس فيها من عادات، فإنَّ "العلا" لا تختلف عنَ بقيَّة المُدن والقُرى الأخرى، فلم تكنْ هُناك أيَّامٌ مُخَصَّصةٌ للعَزاء يَفتَح أهلُ المَيْت فيها بيتَهم لاستقبال المُعزِّينَ كما هو الحال في يومنا هذا، غيرَ أنَّه كانت تُمارَس عادات أخرى ربَّما لم تكُنْ عندَ الآخرينَ، وهي إقامةُ أهل المَيْت وَليمة بعد صلاة العصر بعدَ مُضيِّ أسبوع على الوَفاة، وغالباً ما تؤدى تكاليفُها من مال المُتَوفَّى وربَّما تكون بقصد الصَّدَقة عنه. كما جرت العادة أنْ يقومَ بعضُ النِّساء من أقارب وأصدقاء أرملة المُتَوفَّى بزيارة لها مرَّتينَ في الشَّهر، بقصد مواساتها، وذلكَ في يوم الجُمُعة من وقت الضُّحى إلى الظُّهر، ويُقَدَّم لَهُنَّ الخُبز، وقد يشارك بعضُهُنَّ في إعداده. وبعد انتهاء فترة الحِداد؛ تُقَامُ عادةً وليمةٌ للنِّساء فقط.

ونختم حديثنا عن الحياة الاجتماعيَّة لسُكَّان العُلا بالحديث عن عاداتهم في قضاء وقت فراغهم، فالشُّبَّانُ صغارهم وكبارهم يقضونَ وقت ما بعدَ العصر في ممارسة بعض الألعاب ومنها كُرة التَّزقير، وهي في حجم كُرة التِّنس الأرضيِّ ومُشابهة للُعبة "الكريكت"، وأمَّا الرِّجال فعادة ما يجلسون على الدِّكاك (وهي مقاعدُ مبنيَّة في جوانب الأزقَّة والطُّرقات من الحجر والطِّين) وغالباً ما يجتمعون عند أحد الدَّكاكين ويتجاذبون أطرافَ الحديث، ونشيرُ هُنا باختصار إلى ما رواه الإنجليزيُّ داوتي في كتابه الترحال في صحارى العرب سنة 1888 إذْ يقول: "تبدو أزقَّة المدينة نظيفة جداً... وأمامَ كلِّ بَيت تُوجَدُ دَكَّة من الطِّين بُنيَتْ على الطِّراز العربيِّ يجلس عليها أصحاب البيت وغيرهم منَ المارَّة للتَّحدُّث والتَّدخين".

وخلالَ الرُّبع الثَّاني منَ القرن العشرين وبعد أنْ زاد عدد الدَّكاكين خارجَ أسوار البلدة، صاروا يجتمعون بعد صلاة العصر أيضاً عند الدَّكاكين وحولَها، ويجلس بعضُهم على الرَّمل ويلعبون "الضَّامة"، وهي مشابهة للشَّطرَنْج، فيلعبُ اثنان ويشاهدُهُما الآخرون أو يتحدَّثون، وقد يحلُّ أحدُهم محلَّ اللَّاعب الخاسر، وعند أذان المغرب يذهبون للصَّلاة ثُمَّ إلى بيوتهم لتناول طعام العَشاء، وهو الوجبة الرَّئيسة في "العلا".

ولم تَكُن النِّساءُ بمَعزل عن الأُنس ولقاءِ بعضهنَّ بعضاً، ففي ليالي الشِّتاءِ الطَّويلة، وبعدَ الانتهاء من تناول العَشاء، جرت العادة أنْ تقوم ربَّة المَنزل في بعض الأحيان بزيارة بيتِ أحد الأقرباء أو الأصدقاء رفقة أطفالها وبناتها لقضاء بعض الوقت معهم وتبادل الحديث معهم، وتُعرَفُ هذه الزِّيارةُ بالمسيار.

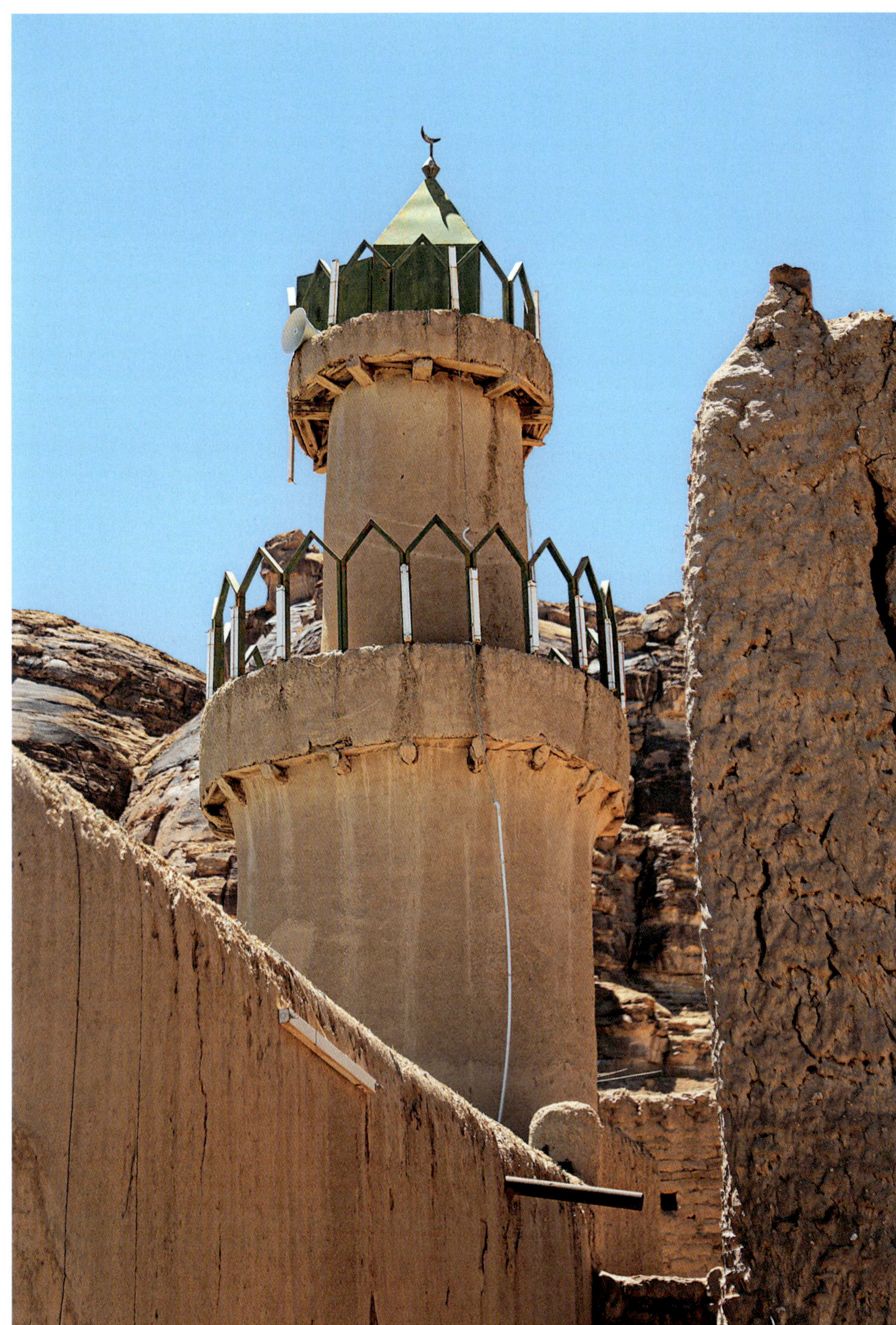

الشكل رقم 6.
مسجد في البلدة القديمة في العلا.

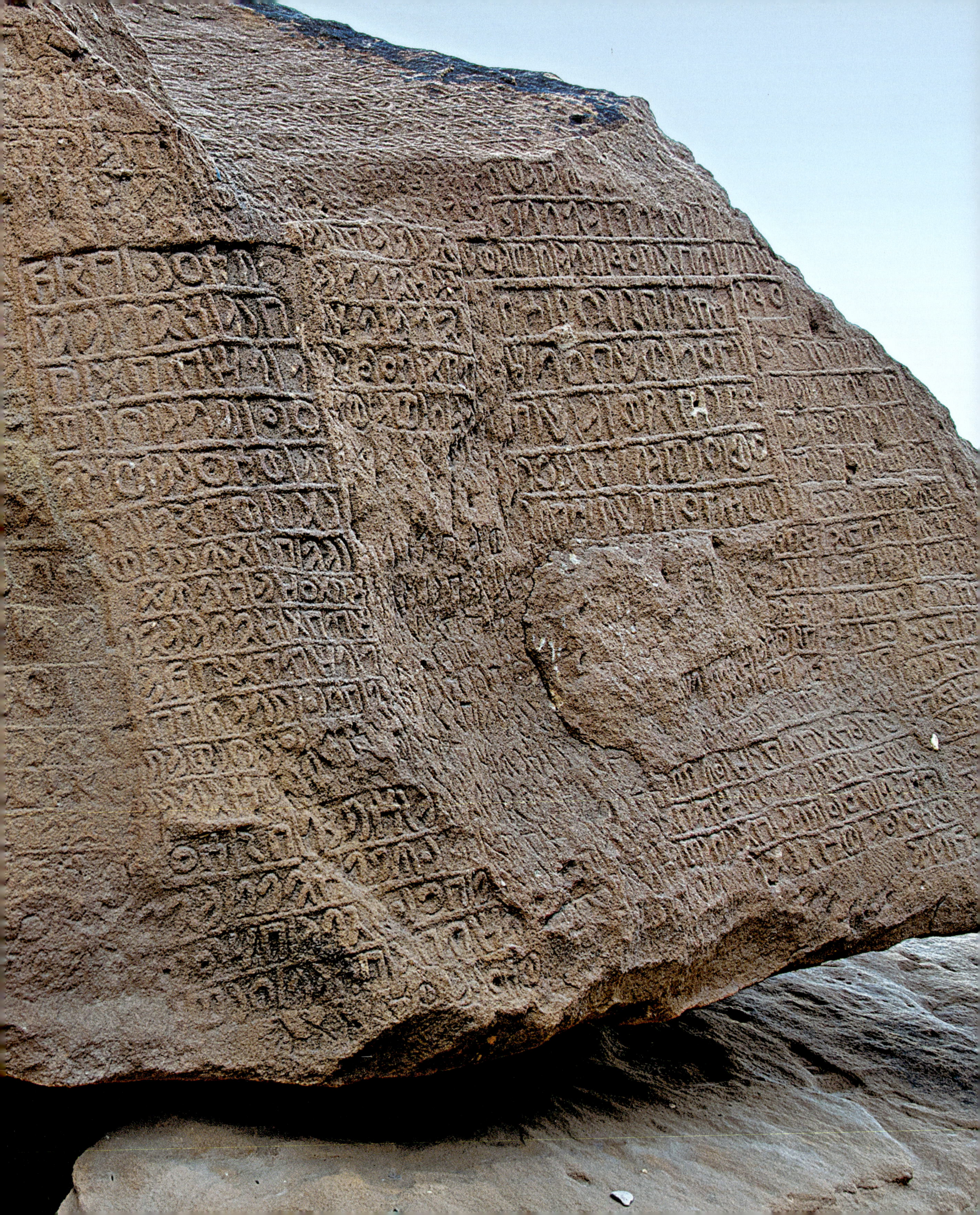

الفن الصخري والكتابة، تاريخ منقوش على الحجر

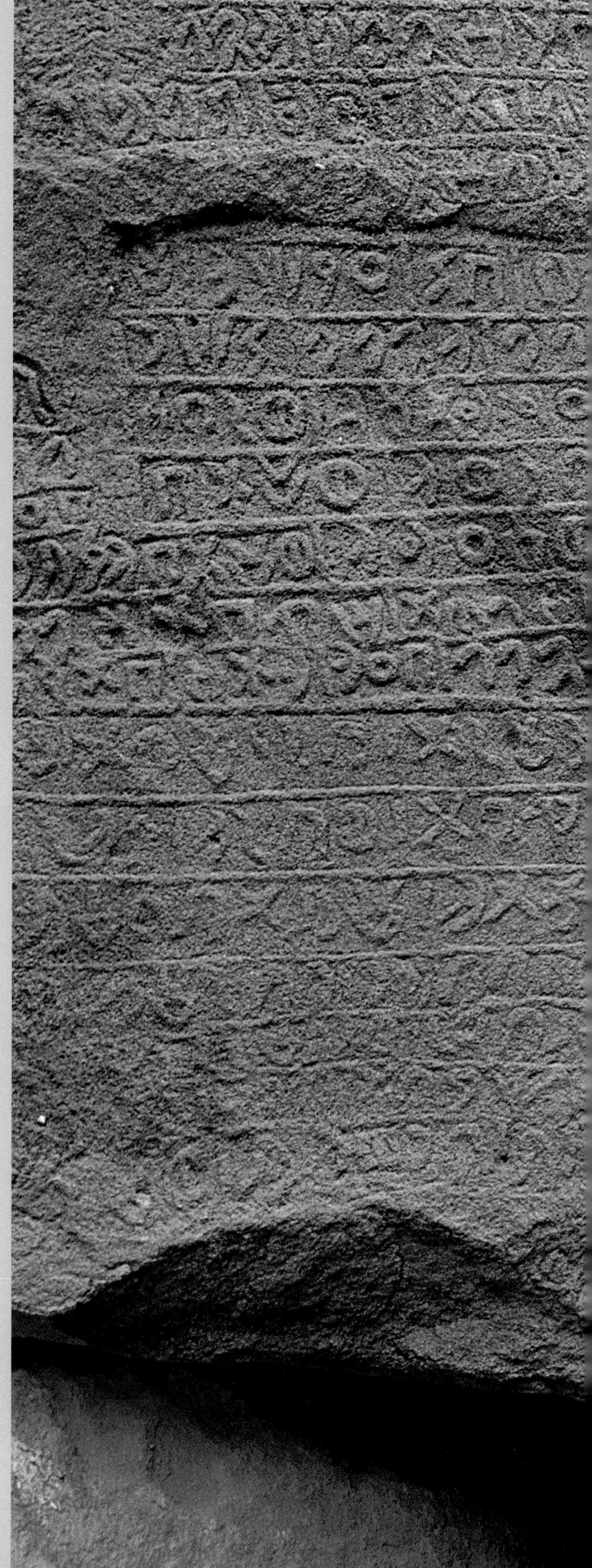

نقوش دادانية في جبل عكمة.

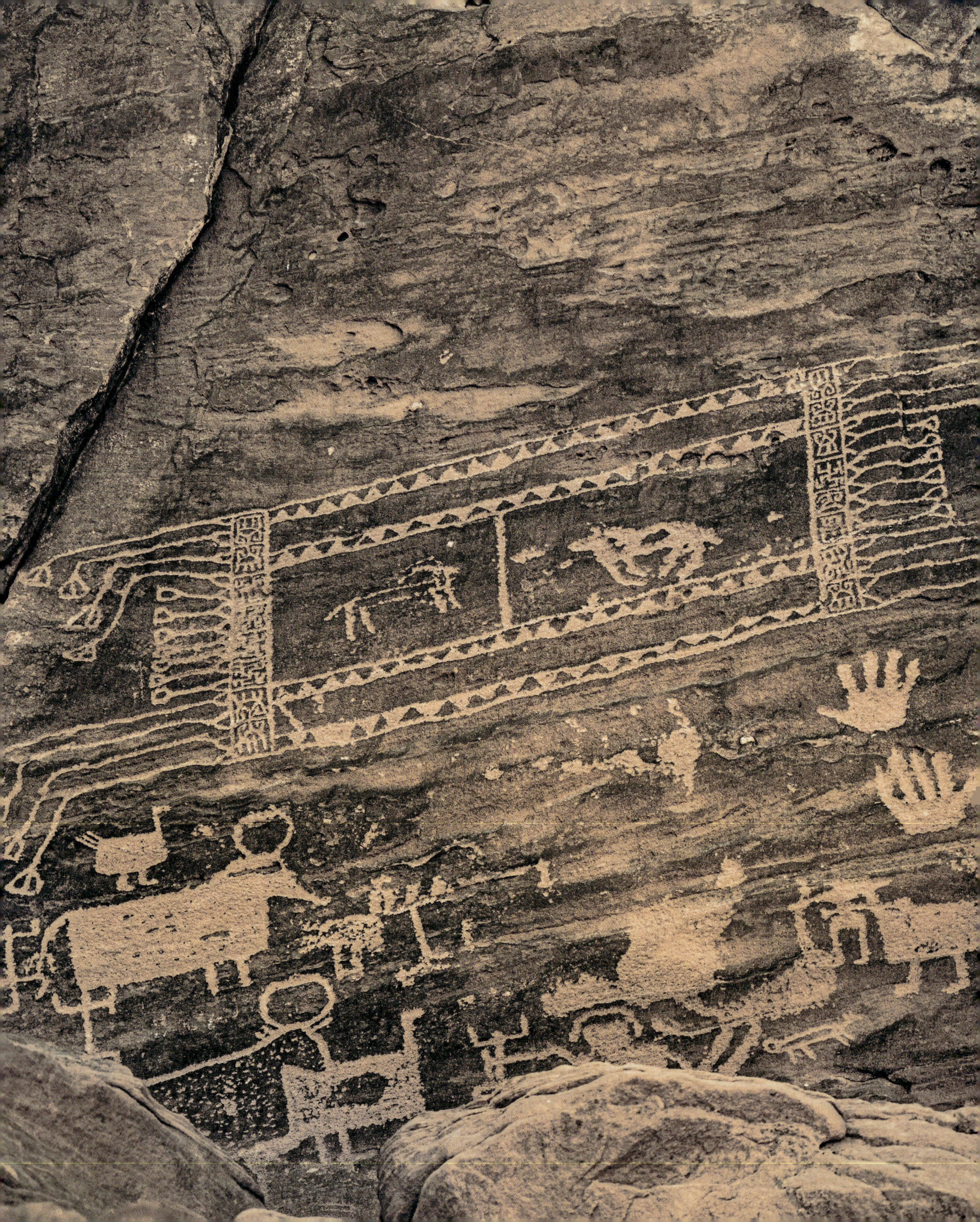

الفُنون الصَّخريَّة في منطقة العلا

حميد المزروع، أستاذ مشارك، جامعة الملك سعود، الرياض

لقد أثبتَتِ الدِّراساتُ الأثريَّة أنَّ منطقةَ "العلا" قد شـهِدَتْ اسـتيطاناً مُبْكِراً وخاصة في بعض الأوديَة، مثل: وادي "العَلا"، ووادي "عكمَة"، ووادي "القُرى." وتشـتهر "العلا" بكثافة آثار الفنون الصَّخريَّة، وبتنوع الرُّسـوم المنتشرة فيها، مـما يُؤَكِّد تفاعُلَ الإنسـان مع بيئته المُحيطة. لقد ظل النشـاط الإنساني في هذه المنطقة ولفترة زمنية طويلة يعتمد على الصَّيد البـري والزراعـة والرعي. كما دأب السـكان في هذه المنطقة على ترحالهـم بحثاً عن أراضٍ أكثر خُصوبـةً وتزخر بالموارد الطبيعية. وتُعَدُّ منطقـة "العلا" من أبرز المناطق الَّتي شهدتْ اسـتيطانا حضاريَّـاً شـبه متواصل مُنـذُ فتـرة مـا قبـلَ التَّاريخ حتَّى يومنا هـذا. فقـد أثبتـت الأدلَّـةُ الأثريَّـةُ تعاقبًا شـبه متواصل لمختلف الحضـارات والمَمالِك العربيَّة، من دادانيـة أو لحيانية أو نبطية، امتـدت إلى فتـرة صَدْر الإسـلام والفَتَـرات اللَّاحقة.

ولهِـذا التَنَوُّع في آثارها وفنونِها - ولا سـيَّما ممالِكها ودُوَلِها - صُنِّفَـتْ ضمـنَ مناطق التُّراث العالمـيِّ العمرانيِّ، ولا سـيَّما أنَّ عـمارة المقابـر المَنحوتَة في الصَّخـر تُعَدُّ مـن أبـرز ما يُمَيِّـز تلكَ الحضـارَة، إذْ عُـثِرَ فيها على كتابات عربيَّة ذاتِ طابعٍ دينيٍّ.

تعريف فنون النحت الصَّخري: يشيرُ مصطلح "فنون النحت الصَّخـري" إلى رسـم أو تشكيل الصورة الآدميَّـة أو الحَيَوانيَّة أو الفكـرة الرمزيَّة، وذلك بإزالة الطَّبقة الخارجيَّة مِنَ الصَّخر، أو بتشـكيل السطح الصخري بـأداةٍ حـادَّة، أو بالنَّحـت أو الحفر أو القطـع بالإزميل، وذلك بأعـماقٍ متفاوتة.

وتضمُّ منطقـةُ "العلا" آثارا للفنون الصَّخرية تعـود إلى فتـرات تاريخيَّة مُختلَفة، وتُشَـكِّل هـذه الظاهرةُ مصـدراً جيِّداً لنتَتَبُّـعَ تطَـوُّر طُقوسَ وأسـاليب الحياة السـائدة قديماً. كما أنَّ تحليـلَ الرُّمـوز والأشـكال المُجَـرَّدَة في فنون النحت الصَّخري هذه وإدراجها ضمن سـياقها الدلالي والتاريخي سيتمخض عنه تَصَوُّر واضح لأنماط التفكير الإنسانيِّ السـائدة في كل حِقبـة من الحقب الزَّمنيَّـة المعنية.

مشاهد الغارات والحيوانات

وفي "العلا" وما حولَها كثيرٌ مِنَ الرُّسـوم الصَّخريَّة الَّتي تَتَرَّكـز في بعض المواقع القريبـة من المناطق السَّـكَنيَّة، أو محطَّات القوافل، أو عـلى ضِفـاف الوِديـان والمَجاري المائيَّـة. وتصور

هذه المشاهدُ الأنشطةَ الحياتيَّةَ اليومية للسكان، وفي بعض الأحيان الاحتفالات الدينيَّة أو الطقوس السحريَّة. وتكمن الصعوبة الرئيسية في تحديد تواريخها والأزمنة التي تعود إليها في ظل عدم توفر أية دلائل باستثناء اختلاف التقنيات والأساليب المستخدمة واختلاف المواضيع المصورة. ومن أبرز تلك المنحوتات ما عُثِرَ عليه مُؤَخَّراً في وادي "القرى" بجبال شرعان، على واجهاتِ هضابٍ تُطلُّ على وادٍ في منطقة تكثُر فيها الكُثبانُ الرَّمليَّة المُتَحرِّكَة. ففي أعاليها صُوَرٌ تجريديَّة آدميَّة مُنفردة أو مُتجاوِرَة (الشكل رقم 6). كما يمكن أن يدل وجود تلك الجِرار الكبيرة على تأدية طقوس تتعلق بتقديم القرابين (الشكل رقم 4). كما يمكننا أيضا راجِلين، ومشاهد الصَّيد الكثيرة، وأنواعا منَ الحيوانات التَّي انقرضت، ومنها: الثَّور الوحشيُّ، وطائر النَّعام، وطائرٌ شبيهة بطائر النَّعام بجسده المُربَّع وقوائمه القصيرة، رُبَّما يشير إلى طائر القطا البرّيّ (الشكل رقم 3). بينَما تُجَسِّدُ بعض المشاهد الأُخرى الماشيَة (الشكلان رقم 2 و7). أما في أسفل الواجهة فتقل الرسومات والصور، حيث يمكننا رؤية أُناس مُسَلَّحينَ بسُيوفٍ قصيرةٍ، وعَرَباتٍ تجرُّها أحصنةٌ، مرسومة بطريقةٍ أقربَ إلى التَّجريد. وتُصَوِّرُ حصيلةٌ أخرى منَ الرُّسوم الصَّخريَّة الجَمَلَ (الشكل رقم 5) مُنَفَّذاً بأساليبَ مُختلفةٍ، مرتبطة بنقوش كتابيَّةٍ تشير

إلى أسماء مُلَّاك الإبل، منها ما نُفِّذَ بأحجام طبيعيَّة على واجهات الصُّخور الكبيرة، وأخرى تظهر بأحجام صغيرة. وتأتي رسوم الإبل عادةً منفردةً، وأحيانًا ضمنِ خطوط في هيئة قافلة. ونعتقد بأنَّ وجود الجمال يشير إلى التَّحوُّلات المناخية التي شهدتها المنطقة، إذ انتشرت رُسوم الجمال في فترة ساد فيها التَّصَحُّر والجَفاف، كما يمكن أي يؤشر ذلك على التغيُّرات الاقتصادية الحاصلة وعلى تدجين الجمل وتسخيره لخدمة القوافل خلال الألفية الأولى قبل الميلاد.

كما تجدر الإشارة إلى العناصر الزَّخرفيَّة والتي ينبع جزء منها على الأقل من البيئة التي يعيش فيها أصحابها، أو تلك التي تجسد المخيمات أو المساكن. لقد أصبح مجال فنون النحت الصخري بمنطقة "العلا" مجالًا جديدًا للبحث العلمي حول المجتمعات القديمة مما يتطلب المزيد من الأبحاث والدراسات المتخصصة، على أن تضع هذه المجهودات نصب أعينها الحفاظ على هذه الفنون، وأن تحرز التقدم المطلوب على صعيد تأريخ مختلف المواضيع والمضامين التي اهتم بها هذا الفن.

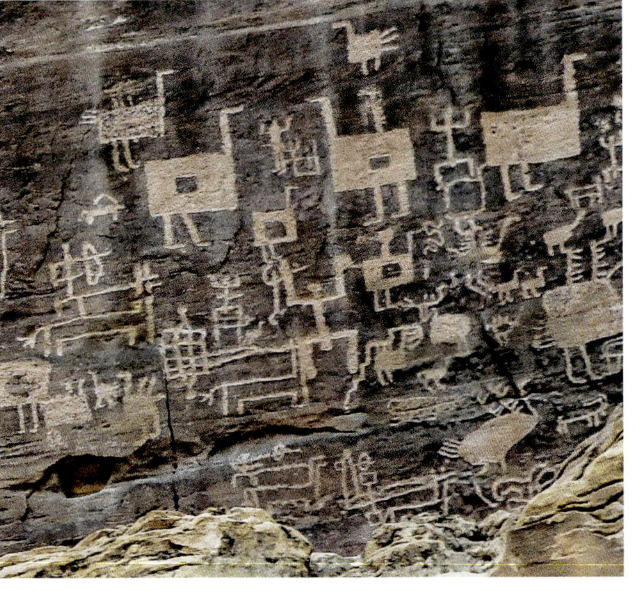

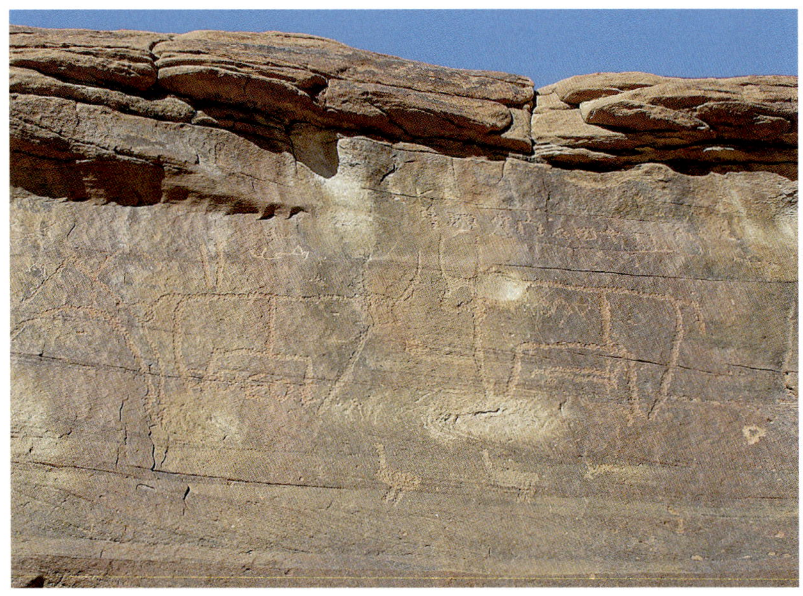

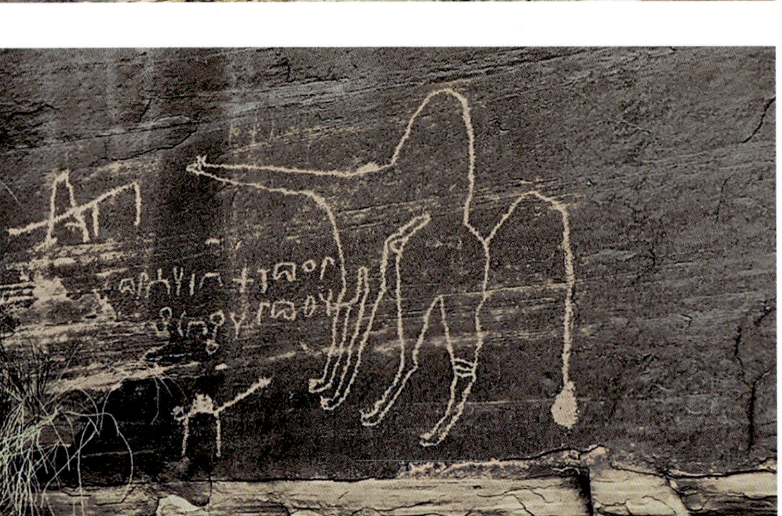

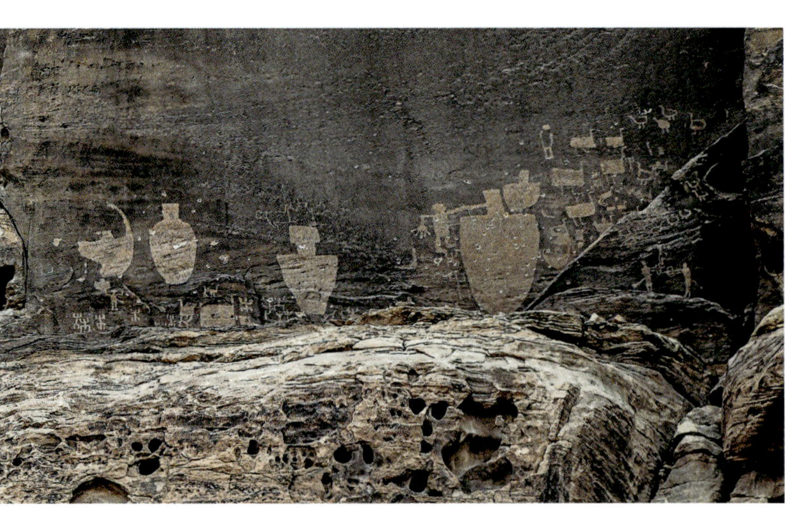

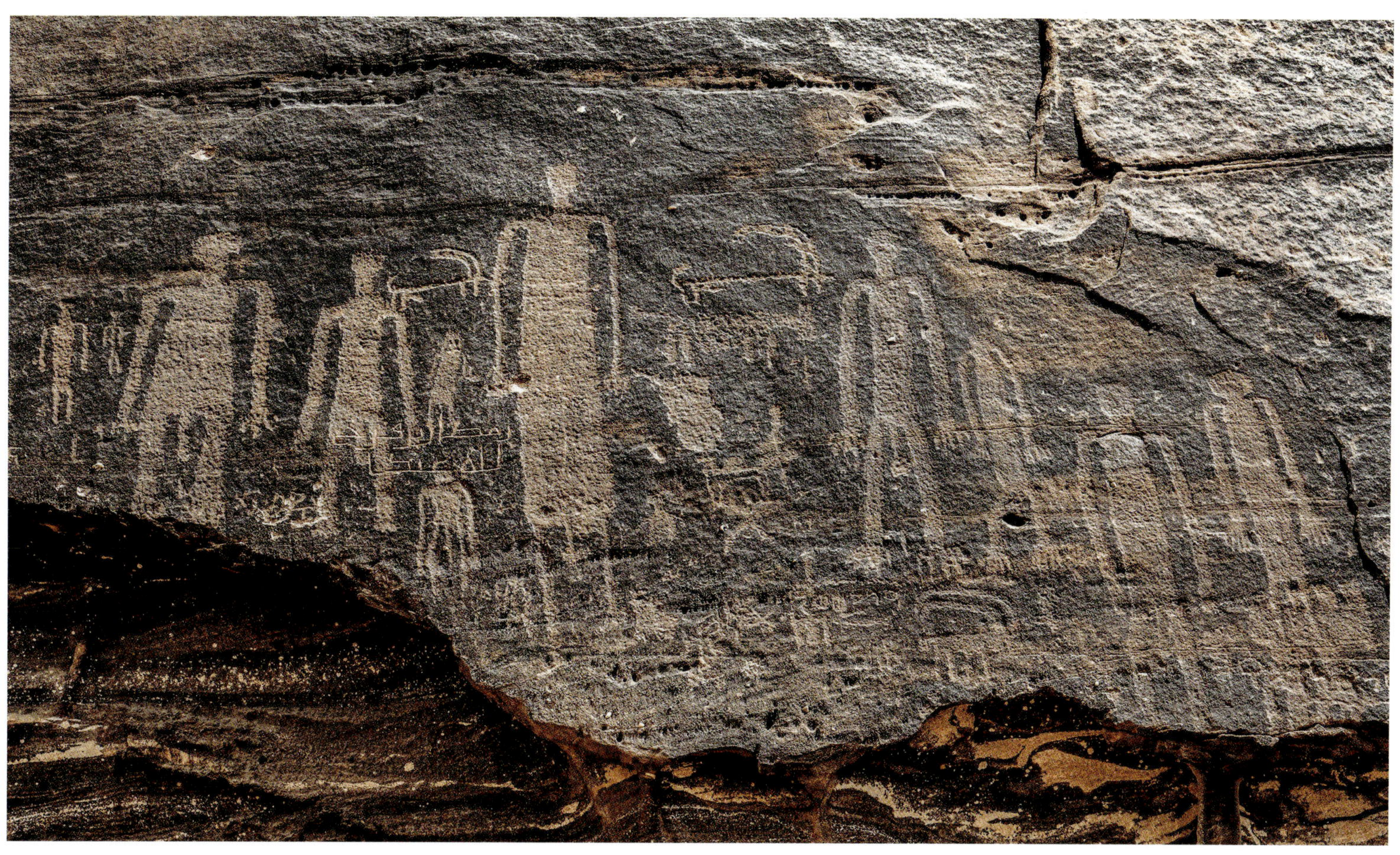

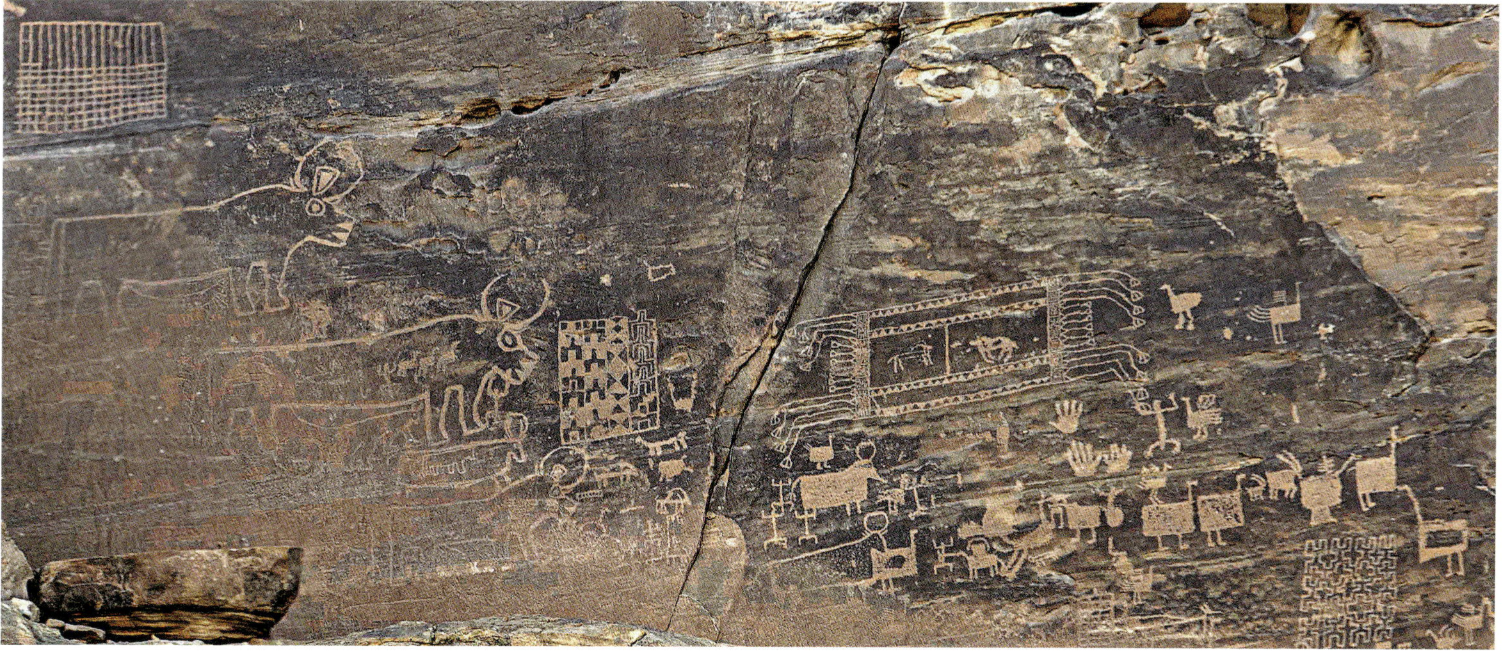

الشكل رقم 6.
شخوص بشرية منقوشة في
الصخر على شكل خطوط بسيطة.

الشكل رقم 7.
طيور نعام وثيران ذات نواصي
شعر منقوشة في الصخر.

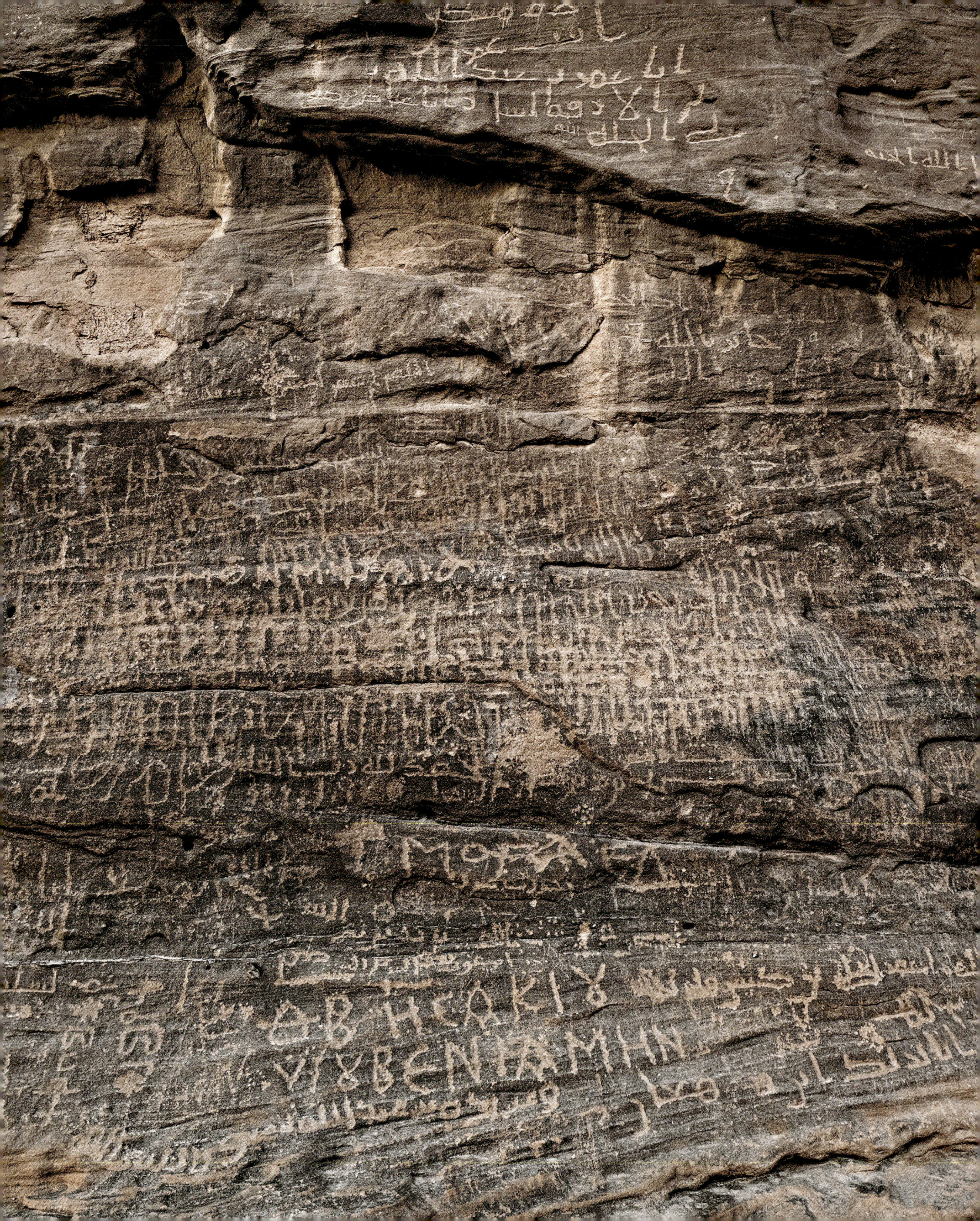

اللغات والكتابات قديمًا في شمال شبه الجزيرة العربية و استعمالها في العلا والحِجْر

مايكل ك. أ. ماكدونالد (جامعة أكسفورد)

تطور مفهوم الأبجدية في وقت ما خلال الألفية الثانية قبل الميلاد في الشرق الأوسط. وبعد ذلك بفترة قصيرة، تم وضع تقليدين أبجديين متمايزين. أحدهما هو الفرع "الفينيقي-الآرامي" (أو "السامي الشمالي الغربي") الذي تتحدر منه جميع الأبجديات التقليدية المستخدمة في يومنا هذا (بما في ذلك الأبجدية العربية) باستثناء واحدة. والآخر، هو الفرع "السامي الجنوبي"، والذي استخدم حصراً في شبه الجزيرة العربية وجوارها المباشر (الأردن وجنوب سوريا)، وانتقل إلى إثيوبيا، حيث ما تزال الأبجدية الوحيدة الباقية منه تستخدم لكتابة لغات مثل الجعزية والأمهرية. كان لكل من هذين التقليدين ترتيبه الأبجدي الخاص به. ولّد ترتيب الحروف الفينيقية الآرامية ترتيبنا الأبجدي الخاص بنا، وما يزال السامي الجنوبي مستعملاً في إثيوبيا.

لم يكن لشبه الجزيرة العربية القديمة فرعها الخاص من الأبجدية وحسب، لكن يبدو أنها وصلت إلى مستوى عال جداً من معرفة القراءة والكتابة، ليس فقط في الواحات والمدن، بل بين البدو الرحل أيضاً الذين كان بعضهم يعرف القراءة والكتابة منذ منتصف الألفية الأولى قبل الميلاد. وعلى مدى القرون التالية، انتشرت هذه المعرفة على نطاق واسع بين القبائل، من جنوب سوريا إلى حدود اليمن، منتجةً العديد من الكتابات. تعطي خربشات (غرافيتي) هؤلاء البدو بتفاصيلها صورة حية عن نمط حياتهم، وتركيبتهم الاجتماعية،

ومعتقداتهـم ومشـاعرهم، وهـي معلومـات تـكاد تكـون غائبة كليـاً فيمـا يتعلق بمعاصريهم الذيـن سكنوا في المـدن والأرياف.

الكتابة في شبه الجزيرة العربية انتشرت مع تجارة البخور

في جنوب شبه الجزيرة العربيـة القديمـة (اليمـن الحالي)، كان هناك العديـد مـن الممالك التـي كانت تعتمـد ثروتها على الفلاحـة وزراعـة شـجر العـود. وكان هذا الأخير واحـداً من أكثر السـلع رواجـاً في العالم القديـم، وكان يجلب مـن جنوب شبه الجزيـرة العربيـة إلى الجهة الغربيـة منهـا، وإلى أسواق مصر والبحـر الأبيـض المتوسـط، والشـام والأناضـول وبـلاد الرافديـن. جلبـت هـذه السـوق النهمة ثروة طائلـة وكميـات ضخمة من السـلع الفاخرة إلى شبه الجزيرة العربية، على غرار النفط اليوم.

في جنوب شبه الجزيرة العربية، تولدت مـن هذه الأبجديـة السـامية الجنوبيـة كتابـة تذكاريـة على المعالم التاريخية، تُعرف باسـم المسـند (الشـكل رقـم 3)، وشـكل مـن الخطـوط اللينـة يسـمى زبور، يسـتخدم لكتابة وثائق الحياة اليوميـة، عن طريق الحـز على سـيقان وأعناق سـعف النخيـل. أرّخ الزبور بواسـطة الكربـون المشـع 14 مـن نهاية القرن العاشر قبـل الميـلاد. كما يوحـي عـدد كبير مـن الخربشـات (الغرافيتـي) عُـثر عليها في أرجـاء متفرقة من هذه المنطقة إلى أن معرفة القراءة والكتابة كانت واسعة الانتشار في هـذه الممالك.

الواحـات الكبـرى في شـمال غـرب شـبه الجزيرة العربية هـي تيمـاء ودومـة (الجوف حاليًا) ودادان (العلا اليوم). وقد ازدهـرت هـذه الواحـات كثيراً بفضل تجـارة البخـور، وطورت كل منها نسـختها الخاصة مـن الأبجديـة السـامية الجنوبيـة. اكتشـفت أشـكال قديمة جـداً مـن هـذه الكتابـات في نقوش مكسرة تعـود إلى أجـزاء في بـلاد الرافديـن توحـي بوجود عمال أسـرى أو تجار عـرب. لكن غالبيـة النقوش الكتابيـة توجـد في الواحـات ومـا حولها.

كانت تيمـاء الأوفر مـاءً من بيـن جميع واحـات شـمال غرب شـبه الجزيـرة العربيـة. وعـلاوة على ذلـك، كانت تحتل الموقع الأكثـر ملائمـة للسـيطرة علـى طـرق التجـارة المؤديـة إلى سـوريا والأناضـول وبـلاد الرافدين. يبـدو أن اللغة التـي كانت متداولة فيهـا كانـت أقـرب إلى اللغة العربيـة والآراميـة منهـا إلى اللغـة العربيـة، وكانـت حروفهـا الأبجديـة مكونة من سـبعة وعشرين حرفـاً (الشـكل رقـم 4). وكمـا هو الحال في جنوب شبه الجزيرة العربيـة، يبـدو أن تعليـم القراءة والكتابة كان منتشـراً على نطاق واسـع بين السـكان نظراً لوجـود خربشـات (غرافيتي) في جميع أنحـاء الواحـة، وخاصـة في أبـراج المراقبـة. كان كبيـر الآلهـة في تيمـاء يدعى صلم، وتشـير العديد مـن الخربشـات (الغرافيتي) إلى أن كاتبيها كانوا يقومون بحراسـته. ويمكن كذلك تمييز بعض صيحـات النفير للحـرب ("كل مـن يسـتمع إلى صلم لـن يموت أبـداً")، بالإضافة إلى بعـض "التواقيع" وملاحظات متفرقة. أما في الواحة فتوجود نقوش وكتابات رسـمية باللغة التيمائية على شـواهد قبـور، لكـن محتواهـا ليس بنفس الغنـى بالمعلومات كتلك الموجودة في دادان.

الآرامية: لغة التجارة

في عـام 552 قبـل الميـلاد، غـزا نابونيـد، آخـر ملـوك بابـل، الواحـات الرئيسـة في شـمال شبه الجزيرة العربيـة واسـتقر في تيمـاء لمـدة عشـر سـنوات مـن عهـده الـذي امتـد لسـبعة عشر سـنة. لم يجلب معه الأكاديـة فحسـب، وهي اللغة المسـتخدمة في النقوش الملكيـة والإعلانـات الدينيـة، ولكـن أيضاً اللغـة

الآراميـة الرسـمية، والتـي اسـتخدمتها إدارتـه واللغة المتداولة للإمبراطوريـة البابليـة الشاسـعة (وللإمبراطوريـة الأخمينيـة لاحقـاً). كان لهـذا تأثيـر هائـل عـلى الواحـة. ففـي حيـن أنه من المحتمـل أن معظـم تجار تيمـاء كانـوا يعرفون اللغـة الآرامية مسـبقاً - نظـراً لأنهـا كانت لغـة التجـارة في الـشرق الأوسـط -، لا يبـدو أنهـا كانت شـائعة الاسـتخدام في الواحـة قبـل وصـول نابونيـد. في الواقـع، إذا مـا قام أحـد أفـراد حاشـيته عـلى الأقـل بنقـش خربشـات (غرافيتـي) بالآراميـة بالقرب من تيمـاء، فقد فعـل ثلاثة آخـرون نفس الأمـر ولكـن بالتيمائية، ممـا يدل على أن هـؤلاء الأشـخاص قـد تـم اختيارهـم لمرافقة الملك بسـبب درايتهم باللغة والكتابة المحليتيـن.

بإدخـال اللغة الآراميـة، يبـدو أن التيمائية لم تعد تسـتخدم تدريجيـاً، على الأقـل لأغراض الاسـتخدام الرسـمية. لم تكن جميع النقـوش العامة فقط مكتوبة باللغة الآراميـة بل كذلك شـواهد القبـور وحتى بعـض الخربشـات (الغرافيتي) (الشـكل رقم 5). يبـدو أن الإمبراطوريـة الأخمينيـة الفارسـية، التي خلفت البابليين، تركـت شـمال غرب شـبه الجزيرة العربية يحـدد مصيره إلى حد مـا، مما سـمح للغة والكتابـة الآراميتين في تيمـاء أن تتطورا شـيئاً فشـيئاً لتتخذا أشـكالاً محليـة. لا نعـرف ما إذا كان السـكان قد واصلـوا التحـدث بالتيمائيـة مـع اتخـاذ الآراميـة لغـة للكتابة. وكل مـا يمكننا قولـه هـو أنـه بحلـول القـرن السـادس كانـوا يتحدثـون باللغة العربيـة، لكن لا أحـد يسـتطيع القـول متى حدث هـذا التغير.

أمـا عـن دومـة القديمـة (الجـوف حاليًـا) فـلا نعـرف إلا مـا نـدر عـن اللغة والكتابـة المسـتخدمتين فيهـا. لم يعـثر حتى يومنا هـذا حـول الموقع إلا على ثـلاث وعشريـن خربشـة (غرافيتي)، والتي تسـتخدم شـكلاً خاصاً مـن الأبجديـة السـامية الجنوبيـة، والتي أطلـق عليهـا مؤقتـاً اسـم "الدومية". وهـي لا تقـدم الكثير من المعلومـات، عـدا عـن كونهـا تتضمـن صلـوات إلى ثـلاثة آلهـة (أترسـامين ونهايـا ورولـداوو) مـن أصل السـتة الذين كان الملك الآشـوري سـنحاريب (704-681 قبـل الميـلاد) قـد أزال تماثيلها في دومة.

اللغة الدادانية: مصممة لتكتب بالحبر

مـن بيـن جميع الواحـات، تمتلـك واحـة دادان (العلا حاليًا) أكبـر عدد من النقـوش المكتوبة بالخط العربي الشـمالي القديم. يوجـد منها مـا يقـرب مـن ألفيـن، منهـا حـوالي أربعمائـة نص رسـمي، والأخـرى عبـارة عن خربشـات (غرافيتي). كانت دادان تسـيطر عـلى أكثـر الطرق المؤديـة مباشـرة نحو مصر وفلسطين والبحـر الأبيـض المتوسـط. وكانـت ذات أهميـة قصوى لدرجة أن مسـتعمرة مـن التجـار مـن مملكـة معيـن العربيـة الجنوبية القديمـة قـد اسـتقرت فيها. وتوحـي نقوشـهم المكتوبة في الوقت نفسـه بلغتهـم وخطهـم المعينـي (الشـكل رقـم 3)، وبنظيرتها الدادانيـة المحليـة (الشـكل رقـم 6)، بأنهـم تعايشـوا بسـلام مع مضيفيهـم. إن بعـض النقوش الدادانية مؤرخة مـن عهد ملوك دادان، لكـن عـدداً أكبر منها يشـير إلى ملـوك لحيان، وهي قبيلة يبـدو أنهـا حكمت الواحـة خلال فـترة زمنيـة طويلة وكانـت سـلطتها تمتد حتى تيماء.

على عكـس التيمائيـة، تعد اللغة الدادانية قريبة من اللغة العربيـة، على الرغم من أنها تبدو مختلفة عـن الأشـكال القديمة لهـذه اللغة المعروفـة حتى يومنا هـذا. تتكـون الأبجديـة من ثمانيـة وعشرين حرفـاً يبـدو أنها تمثل نفس الأصـوات الموجودة في اللغـة العربيـة. غير أن الدادانيـة تعتبر فريدة مـن نوعها في النقـوش العربيـة الشـمالية القديمـة، حيـث تسـتخدم الحروف

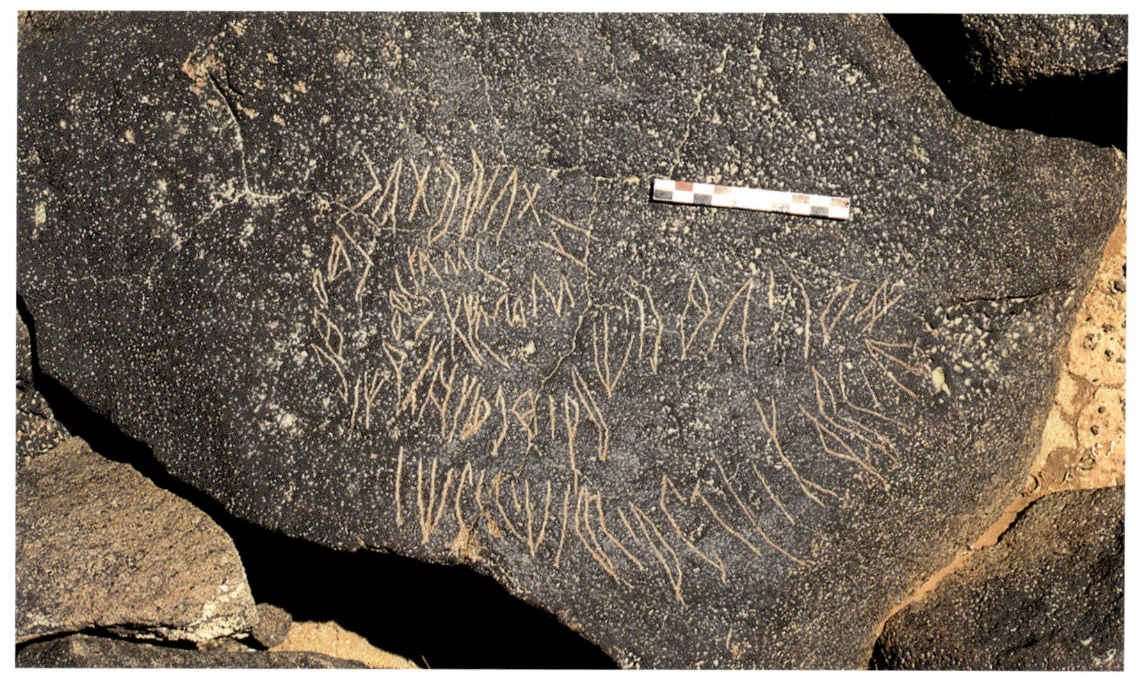

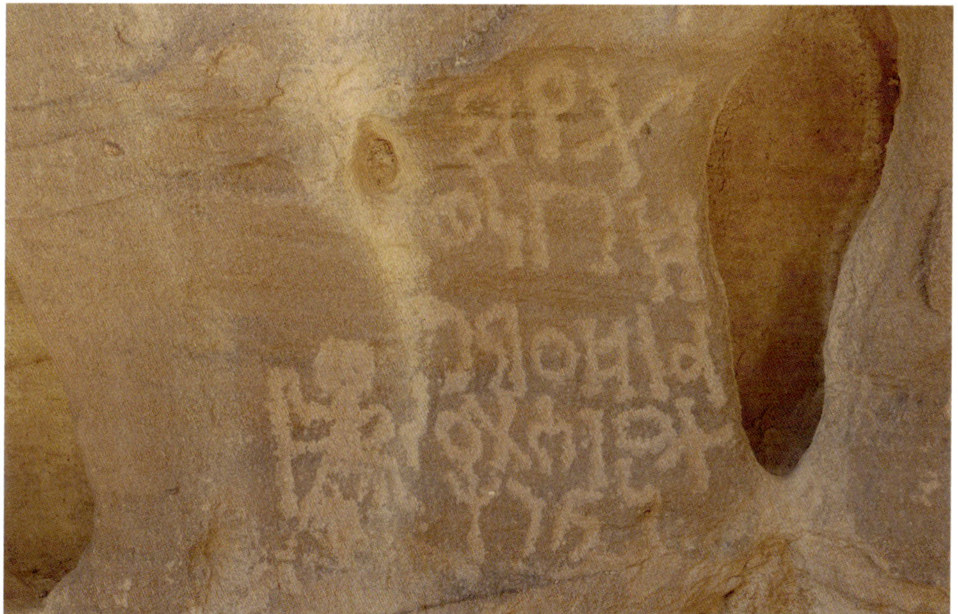

خربشة (غرافيتي) بالصفائية، وهي إحدى الأبجديات المستخدمة من قبل بدو شمال شبه الجزيرة العربية القديمة (NRW.C 1).

الشكل رقم 3.
نقش معيني محفور بالخط المسند (نصيف 1993، 1).

الشكل رقم 4.
خربشة (غرافيتي) تيمائية تذكر حارس قاعة، من جبل غنيم جنوب شرقي تيماء (WTAY 35).

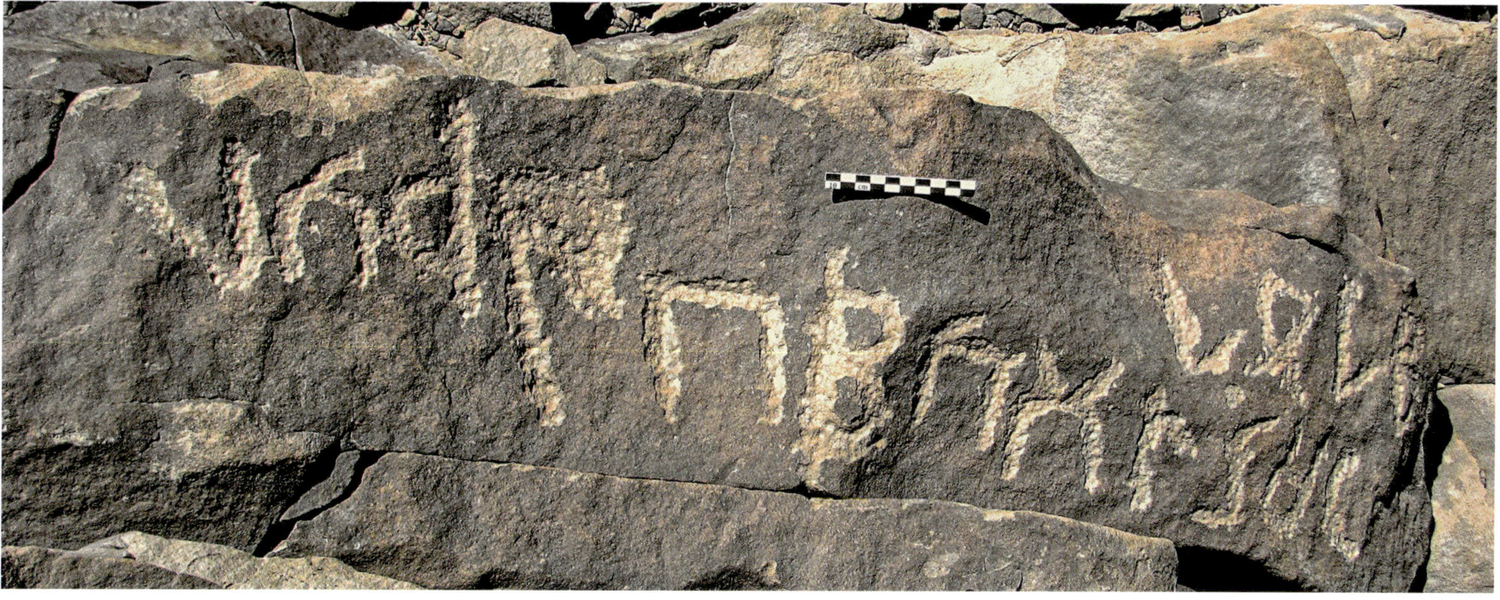

الفن الصخري والكتابة، تاريخ منقوش على الحجر

ه، و، ي لتمثيل حروف العلة: ا، و، ي على التوالي في نهاية الكلمات. بالإضافة إلى ذلك، تستخدم خطوطاً رأسية على نحو دائم تقريباً للفصل بين الكلمات، حتى في الخربشات (الغرافيتي). يبدو أن اللغة والكتابة قد تطورتا طوال الفترة التي نمتلك منها نقوشاً، لكننا لا نملك في الوقت الحالي أي دليل يتيح تأريخها، عدا عن كونها تعود إلى النصف الثاني من الألفية الأولى قبل الميلاد.

يشير تطور شكل الحروف إلى أن هذه الكتابة قد استخدمت للتدوين بالحبر على مواد مثل ورق البردي أو الكسر الفخارية (ورق من الدرجة الثانية للكتابة في العصور القديمة)، مع أنه لم يعثر على أي منها حتى الآن. في الواقع، عندما ننقش على الحجر، لا يوجد ما يحث على تغيير شكل الحروف، بينما عندما نكتب بالحبر تؤدي السرعة والسهولة إلى إحداث تغييرات.

غير أنه وعلى نحو غير معتاد وبطريقة غير قابلة للتفسير، تستخدم الأشكال "المطورة" من الحروف ومقابلاتها "الرسمية" دون تمييز في نفس النقوش الرسمية. تنقش جميعها من اليمين إلى اليسار، على الرغم من أن بعض الخربشات (الغرافيتي) تسير في الاتجاه المعاكس. حفر العديد من النقوش على نحو بارز، مما يوحي بأنها من عمل بنائين محترفين، لكن نصوصاً رسمية على منحدرات الحجر الرملي حول الواحة ربما تكون قد نفذت بطريقة الحز مباشرة من قبل أصحابها.

تروي غالبية النقوش الرسمية إقامة احتفال ديني مكرس كبير للآلهة في دادان، ذي غابة كان يسمى "زلل"، وكان ينظم كرجاءٍ من صاحبه للحصول على حصاد وفير. كان يسمح للرجال والنساء بتملك ممتلكاتهم الخاصة، وكذلك الأمر لمجموعات من الأشخاص الذين لم تكن بينهم صلة قربى أحيانًا. هناك بالطبع العديد من الأنواع الأخرى من النقوش. ويروي أحد أهمها أن كاهن الإله المعيني "ود" وابنيه سالم وزيد قدّموا إلى ذي غيبة عبداً شاباً، يُدعى أيضاً سالم، كبديـل. مما يوحي بأن هذه العبادة قد تضمنت تقديم الثمار الأولى (الثمار البكر) كقربان إلى الآلهة، والتي، كما في الديانة اليهودية، تضمنت تقديم الابن البكر، وأمكن استبدال هذا الأخير بآخر (خروج 13، 1-2 و 11-16؛ لوقا 2، 22-24)، وفي هذه الحالة يكون عبداً يحمل نفس الاسم.

الآرامية النبطية: أساس الكتابة العربية

حتى وقت قريب، لم يكن قد عثر على نقوش آرامية في العلا، باستثناء عدد قليل من النصوص النبطية. اكتشفت فيها منذ ذلك الحين بعض النقوش الرسمية المدونة بالآرامية الرسمية. لذا فالأمر يختلف عما هو عليه في تيماء، حيث كل النقوش التي تذكر ملوك لحيان مدونة باللغة الآرامية ولم يدون أي منها بالدادانية.

أقام الأنباط، وهم قبيلة عربية، في جنوب الأردن في أواخر القرن الرابع قبل الميلاد، وبسطوا نفوذ مملكتهم شمالاً إلى جنوب سوريا وجنوباً إلى شمال غربي شبه الجزيرة العربية. وهناك، أنشؤوا مقرهم الرئيس في الحِجْر (مدائن صالح). يبدو أن الأنباط تحدثوا لهجة عربية، لكن بما أنها كانت لغة شفهية بحتة، ولم يكن لها كتابتها الخاصة، فقد استخدموا اللغة والكتابة الآراميتين في الكتابة. وفي تلك الفترة، غزا الإسكندر الأكبر (توفي عام 323 قبل الميلاد) الإمبراطورية الإخمينية، وبما أن اللغة اليونانية أصبحت لغة الحكم في عهد خلفائه، لم يعد هناك تدقيق على الطريقة التي كانت تستخدم بها الآرامية في الأراضي التي كانت تابعة سابقاً للإمبراطورية الفارسية، حيث

استمر أفراد ومؤسسات غير حكومية باستخدامها. وبالتدريج بدأت تكتب لهجات محلية من الآرامية، ونشأت أصناف محلية من الآرامية الرسمية.

كما رأينا في تيماء، طورت الآرامية النبطية لهجتها وكتابتها الخاصتين بها (الشكل رقم 7). وعندما غزا الأنباط شمال غربي شبه الجزيرة العربية في منتصف القرن الأول قبل الميلاد على الأرجح، أحضروا معهم الشكل الخاص بهم من الخط الآرامي، والذي نجده في النقوش الرسمية والخربشات (الغرافيتي)، ليس فقط في الحِجْر، ولكن في تيماء ودومة ودادان أيضاً، حيث يبدو أنها تفوقت على اللغات المكتوبة الأقدم. علاوة على ذلك، حتى بعد الضم الروماني للمملكة النبطية في عام 106 ميلادي، استمر استخدام اللغة الآرامية النبطية، لغةً وكتابةً في نفس الوقت، في الشمال الغربي من شبه الجزيرة العربية.

غير أنه في القرون التالية، تراجعت المعرفة باللغة الآرامية، باستثناء بضع كلمات استخدمت في معظم الخربشات (الغرافيتي) (شلم: "فليكن سالماً"؛ دكِر: "فلتحيى ذكراه"؛ بر: "ابن"، والصيغ التأريخية...). في المقابل، كان كل محتوى جديد يميل إلى أن يكون بكلمات عربية مكتوبة بحروف آرامية نبطية. وهذه الأخيرة تطورت تدريجياً، وبالتأكيد لأنها كانت تكتب بالحبر. بدءاً من القرن السادس، أصبح الخط وبطريقة ممكن التعرف إليها ما اتفق على تسميته بالخط العربي. في الوقت نفسه، أصبحت لغة النصوص عربية بالكامل، باستثناء كلمة بـ "ابن"، التي كانت ما تزال تستخدم في النقوش المدونة باللغة العربية بعد فترة وجيزة من ظهور الإسلام في عام 622. وهكذا، فالقلم العربي لم يتطور متفرعًا من أحد خطوط شبه الجزيرة العربية، التي كانت تعد ثمانية وعشرون حرفاً والتي أمكن بناءً عليه أن تدوّن جميع أصوات اللغة العربية، إنما من خط آرامي نبطي. وكان هذا الأخير يشمل نظرياً اثنين وعشرين حرفاً، ولكن نظراً لأن العديد منها كان لديه شكلاً مماثلاً، لم يكن هناك في الواقع سوى ستة عشر شكلاً مختلفاً. ولهذا السبب لم يتوانى أولئك الذين تبنوا استخدامه في تطوير نظام نقاطٍ لتمييز الحروف المتطابقة.

يظهر اسم هذا الإله في اللغة الدادانية بصيغة ذ-غ-ب-ت لأن النص الداداني لا يظهر أحرف العلة أو الصوتيات الثنائية (المصوتات المزدوجة) في منتصف الكلمات. هذه هي الطريقة التي رُسم بها الاسم في أكثر من 260 حالة في النقوش الدادانية. غير أنه رُسم ذ-غ-ي-ب-ت في بعض الحالات، مما يوحي بأن مؤلفي/كاتبي/أصحاب هذه النقوش بالذات ربما نطقوها "ذو غيبة". وبناءً على ذلك، فإن مؤلفي الفصول الأخرى في هذا الكتالوج ينطقون الاسم "ذو غيبة" أو حتى "ذو غيبه".

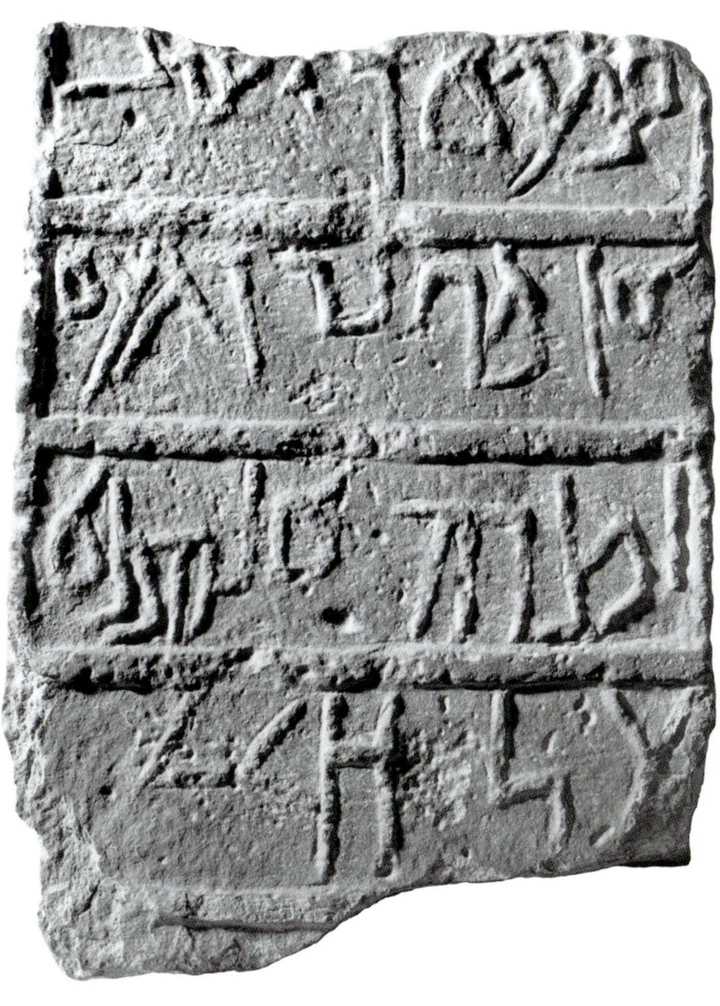

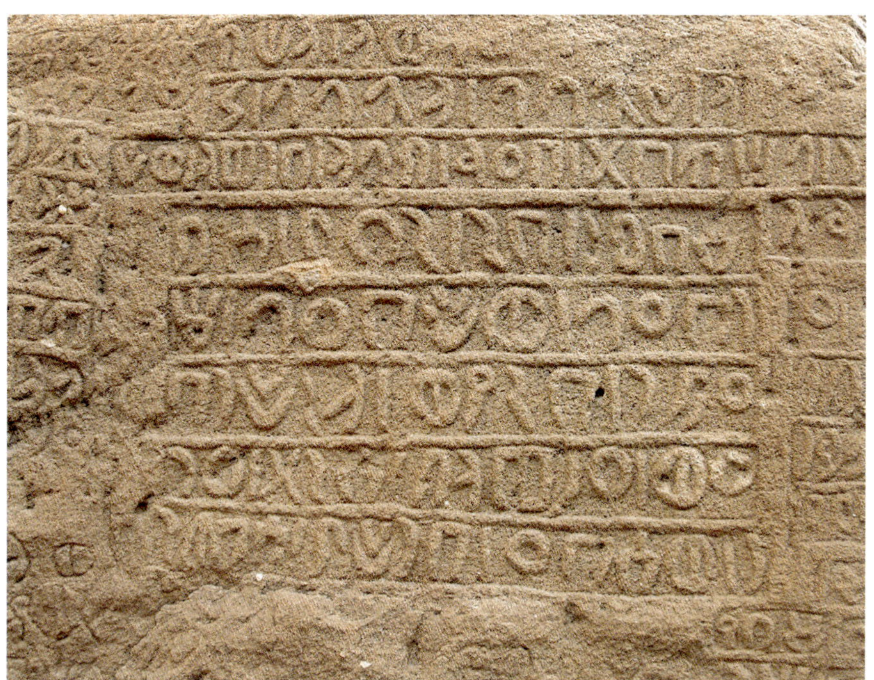

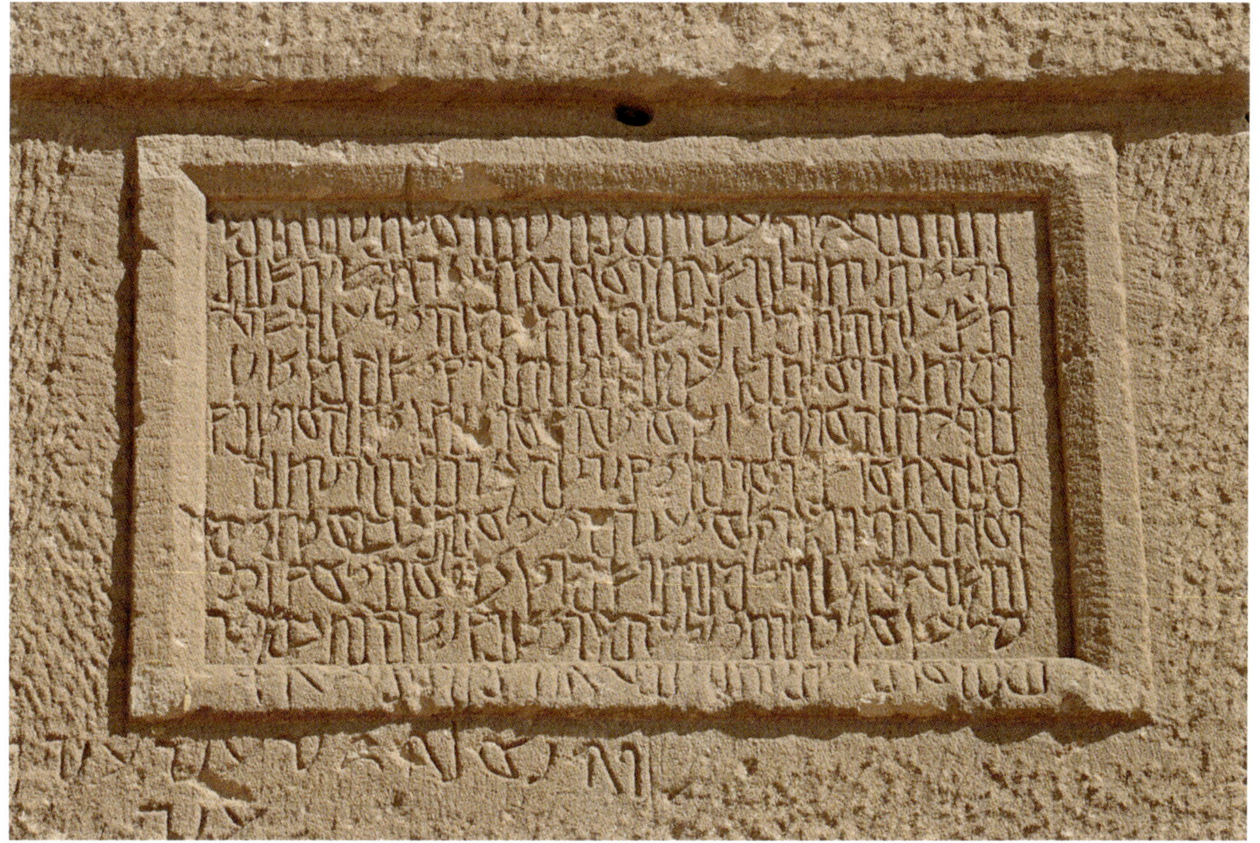

الفن الصخري والكتابة، تاريخ منقوش على الحجر

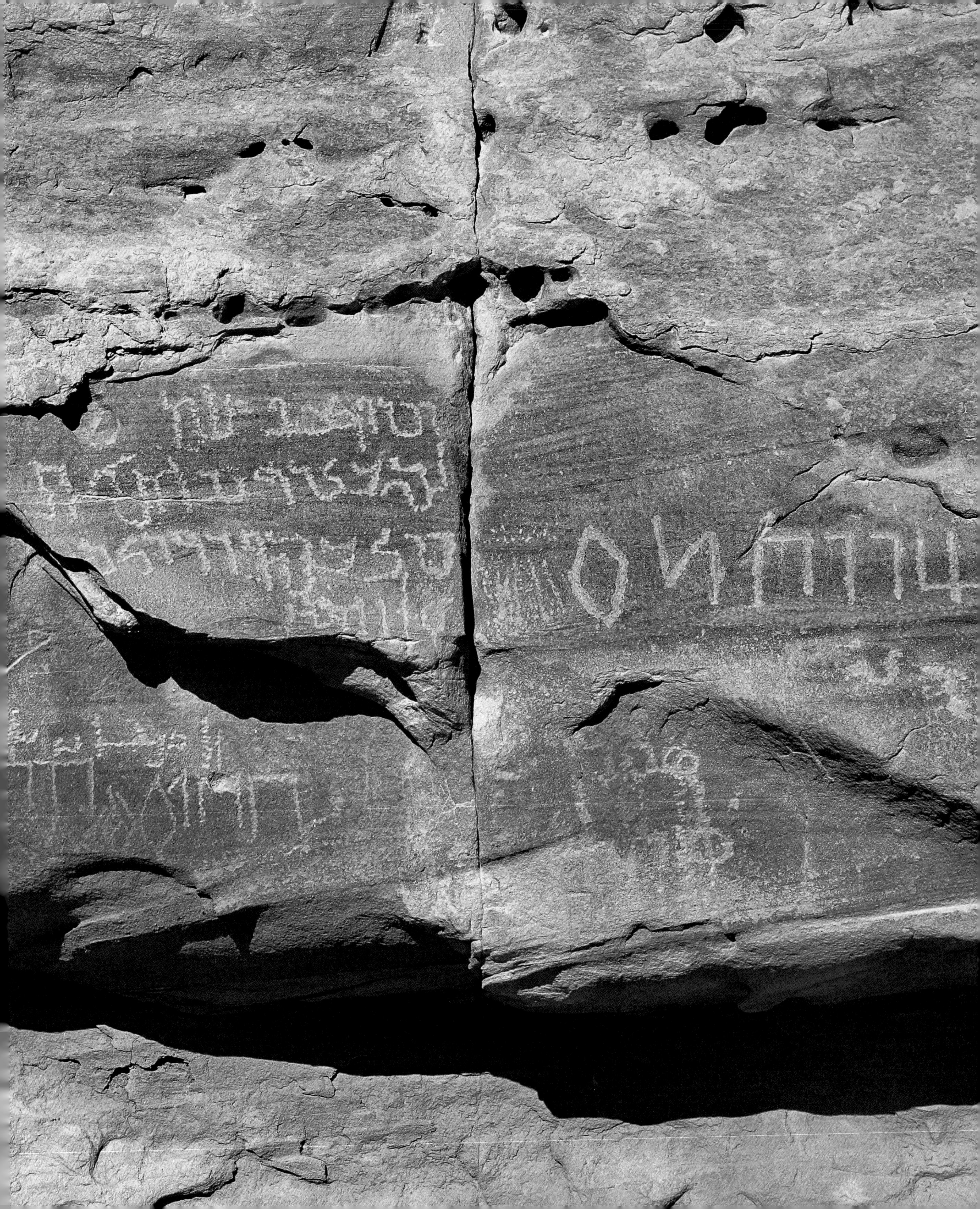

نقوش من منطقة العلا: تسلسل تاريخي

سليمان الذّييب (الهيئة الملكية لمحافظة العلا)

تمتازُ محافظةُ "العلا" بكتاباتها القديمة الّتي نُقشت على واجهاتِ جبالها الخلابة أو أحجارها والّتي أظهرتْها التّنقيباتُ الأثريّة في المنطقة، ومنَ الثّابت أنّ أقدم هذه النّقوش تعود إلى القرن العاشر/ التّاسع قبل الميلاد المُتمثلة في النقوش الآراميّة التي عُثر عليها في موقع "دادان"، أما أحدثها فتعود إلى القرن الرّابع الميلاديّ الّذي تُمثِّله النُّقوش الثّموديّة من المرحلة المتأخِّرة، وبعضٌ منَ الكتابات النّبطيّة.

يُمكن تقسيم كتابات "العلا" القديمة استنادًا إلى مضامينها وأُسلوب كتابتها إلى قسمَين رئيسيَّين: النُّقوش الرّسميّة والشّعبيّة (الفرديّة)، يمتاز الأوَّل باستخدامه الأمثل والواضح لأشكال الحروف، لهذا تكون هذه النّقوش (الرّسميّة) قدْ حرَّرها وكتَبها مُحترَفونَ يمتهنونَ الكتابة أو يعملون لدى مؤسَّسَات تابعة للدَّولة، أمّا النّوع الثّاني الشّعبيّ، فيتميز بعدم اهتمام كُتّابِها بالإتقان كثيرًا، علاوة على أن أغلبَها لا يخرج عن مجرد تخليد ذِكرى حَدَثٍ مُعَيَّنٍ يعود لصاحب النّقش أو للإشارة إلى حوادثَ مُعَيَّنةٍ.

استخدمت في منطقة "العلا" ذاتِ الطَّبيعة الخلّابة والمُشَجِّعَة على الاستقرار تسعُ كِتابات إضافةً إلى العربيّة العائدة إلى الفترة الإسلاميّة أو ما قَبِيل الإسلاميّة، وهي: الآراميّة بقلمَيها المبْكِر (نقشٌ وحيد) والدّوليّ (ثلاثة نقوش)، الدّادانيّة (اللّحيانيّة)، ونُشِرَ منها حتّى الآنَ (988 نقشاً)، والثّموديّةُ (761 نقشاً)، والمعينيّةُ (213)، والنّبطيّةُ (747 نقشاً)، واللّاتينيّةُ والإغريقيّةُ (63 نقشاً).*

أوّلاً: النّقوش الدّادانيّة:
هي الكتابة المحليّة لقبائل مملكتَي دادان ولحيان، واستمرّت لمدَّة زمنيَّة تزيد على ثمانمائة عام. وقد عكستْ هذه النّقوش - الّتي تُقرَأ من اليمين إلى اليَسار والمُكوَّنة من 28 حرفاً - جوانب مُهمَّة عديدة من الحياة الاجتماعيّة والتّجاريّة والدّينيّة لَدى شعوب المنطقة وقبائلها، والنُّقوش الدّينية – وهي أكثرها عددا - مُكرَّسة لعمليّات تقديم النُّذور والهبات لمعابد دادان ومعبوداتها. وخِلافًا لما يراه عددٌ من الباحثين الّذين اعتقدوا أنّ الخطَّين

الشكل رقم 1.
واجهة صخرية عليها نقوش نبطية وعربية جنوبية قديمة، مبرك الناقة.

الدّادانيّ واللّحيانيّ خطّان مُستقلّان، فإنّنا نرى أنّهما خطّ واحدٌ
للغة واحدة انقسم من حيثُ أشكالُ الحروف إلى قسمين وهما:
(1) الدّادانيّ المُبْكِّر: وهو الخطّ الّذي استُخْدِمَ بين القرنينِ التّاسع
والخامس/ الرّابع قبلَ الميلاد، وبلغ عددُ نقوشه سبعينَ نقشاً.
(2) الدّادانيّ المُتأخِّر: ويعود تاريخيّاً إلى الفترة المُمتدّة منَ
القرن الثّالث حتّى مُنتصَف القرن الأوّل قبلَ الميلاد (300-50
ق.م)، استناداً إلى أمرين: أوّلهما تطوُّر أشكال الحروف،
مثل: حرفي الجيم والميم؛ وثانيهما الاختلاف في الموضوعات التي
تناولتها هذه النّقوش المُتأخِّرة والصِّيغ التي استخدمتها.

ثانياً: النّقوش النّبطيّة:

تحتل محافظة "العلا" الصدارة بين مناطق المملكة العربيّة
السّعوديّة من حيث عدد الكتابات النّبطيّة، فقد بلغ عدد النّقوش
النّبطيّة التي عُثِر عليها حتى اليوم سبعَمئة وسبعة وأربعين نقشاً،
من أصل ألف وأربعة وثلاثين نقشاً رُصِدَتْ من مناطق مختَلفة
منَ المملكة أكثرُها وُجِدَ في جبل "أثلب".
وتُعَدُّ نقوش محافظة العلا (الحِجْر) الأغنى والأكثرَ ثراءً منَ
النّاحيَتين اللّغويّة والاجتماعيّة، وقد وَجدْنا في نقوش هذه المنطقة
40 نصّاً مؤرَّخاً بفترات الملوك الثّلاثة، منها سبعةَ عشرَ نصّاً أُرِّخَتْ
إلى فترة الملك الحارث الرّابع، وعشَرةَ نصوص مؤرَّخة إلى فترة الملك
مَالك الثّاني؛ في حين وجدْنا أربعةَ نصوص مؤرَّخة إلى فترة الملك
رب إل الثّاني. أمّا فيما يخص الجانبَ الدّيني، فسجَّلَتْ نقوشُ
المنطقة أسماءَ عشَرَةِ آلهة نَبَطيّة بعضُها مَعروف، مثل: اللّات،
هُبَل، شيَع القوم، مَناة، وكذلك قيس، وهذه النّصوص قدّمت
لنا جُلَّ معلوماتنا عن قواعد اللّغة النّبَطيّة وأسلوب كتابتها،
والسِّمات اللّغويّة للنّقوش النّبَطيّة.

ثالثًا: النّقوش الثّموديّة:

قسّم الباحثون القلمَ الثّموديَّ إلى مجموعاتٍ على النّحو الآتي
(الشكل رقم 4): **
1- الثّموديّ المُبْكِر: وقد استُخدمَ لمُدّة خمسة قرون أو ستّة فيما
بين القرنين التّاسع أو الثّامن إلى القرنين الرّابع/ الثّالث قبلَ الميلاد.
2- الثّموديّ المُتوَسِّط (الانتقاليّ): ويمثِّل هذه المرحلةَ الخطُّ
المعروف بالحجازيّ ويؤرَّخ بالفترة الممتدة ما بين القرن الرّابع/
الثّالث حتّى نهاية القرن الأوّل قبل الميلاد، وقد استمرَّ استخدامه
حتّى القرن الثّاني الميلاديّ في الحجاز فقط.
3- الثّموديّ المُتأخِّر: وقد بدأ استخدامَه في نهاية القرن الأوّل قبل
الميلاد أو بداية القرن الأوّل الميلاديّ، واستمرَّ حتّى نهايةِ القرن
الرّابع الميلاديّ؛ وهو المعروف خطأً بالخطِّ الثّبويّ، وفي "العلا"
سُجِّلَت مجموعةٌ لا بأسَ بها من النّقوش المُصنَّفة بالثّموديّة، يعود
معظمها تاريخيّاً إلى المرحلةِ الثّموديّةِ المُتوَسِّطة.

رابعًا: النّقوش المعينيّة:

يتعلّق هذا النّوع من الكتابات بأكثر اللّهجات الجنوبيّة انتشاراً
خارجَ الممالك العربيّة الجنوبيّة، حيث نجد جاليةً ذات شأن في
المملكة اللّحيانيّة، وكانت هذه الجالية قد انقسمت بشكل واضح
إلى طبقتين اجتماعيّتين، الأولى: هي الّتي تعود إليها غالب النّقوش
المصنّفة بالتّذكاريّة والبالغة 179 نقشاً، وهذه النّقوش نجدها
منتشرةً على سفح جبل الخريبة إلى جانب عدد من المدافن
والقبور المنحوتة على وجه الجبل، أمّا النّوعُ الثّاني فهم التّجّار
الّذين استفادوا من الموقع الاستراتيجيّ لدادانَ ووضعِها السّياسيّ
الآمن والمُستَقرّ، ما ساعدَهُمْ على فتح آفاق تجاريّة قويّة استمرَّت
لعدّة قرون. ومُمكِن تصنيف نقوش معينيِّي دادانَ إلى الآتي:
- نقوش المقابر: وتتحدَّث عن أسماء أشخاص تُوُفُّوا في العلا

إبّانَ إقامتهم فيها، وتُحدِد زمن وفاتهم حسب التّقويم الخاص
بهم، وبعضها تتطرّق إلى امتلاكهم للمقابر الصّخريّة حيث دُفنوا.
- النّقوش المعماريّة: هي النّقوش الّتي تأتي على ذكر أعمالٍ
معماريّة قام بها المعينيّون في دادانَ.
- النّقوش النّذريّة: ونفهم من بعضها أنّ المعينيّينَ في
"العلا" قد وضعوا ممتلكاتهم وأموالَهم وبضائعَهم في حماية
المعبودات المعينيّة.
- النّقوش التّذكاريّة: وهي نقوشٌ مقتضبة تقتصر على ذكر
أسماء أشخاص وأسماء العائلات الّتي ينتمونَ إليها.

خامسًا: النّقوش اللّاتينيّة والإغريقيّة:

دفعت الأهميّة الدّوليّة الّتي احتلّتْها "العلا" خلال القرنين
الأوّل والثّاني الميلاديّين والصّراع بين الفُرس والإمبراطوريّة الرّومانيّة
الرّومانَ إلى الحضور إلى المنطقة، وعلى الرّغم من نُدرة التّنقيباتِ
فقد عُثِرَ على عددٍ من الأدلّة على هذا الوجود، ومنها نقوش
باللّغتين: اللّاتينيّة والإغريقيّة في نقاط مُختَلفة من ضواحي
مدينة "الحِجْر"، كَتَبَها جنودٌ ينتسبونَ إلى فيالقَ مُساعدةٍ
للجيشِ الرّومانيّ.

---

* لقد تغيرت هذه الأرقام منذ كتابة هذه المساهمة.

** هذا التصنيف الزمني للنقوش الثمودية يعكس رأي المؤلف وليس رأي
محرري هذا الكتاب.

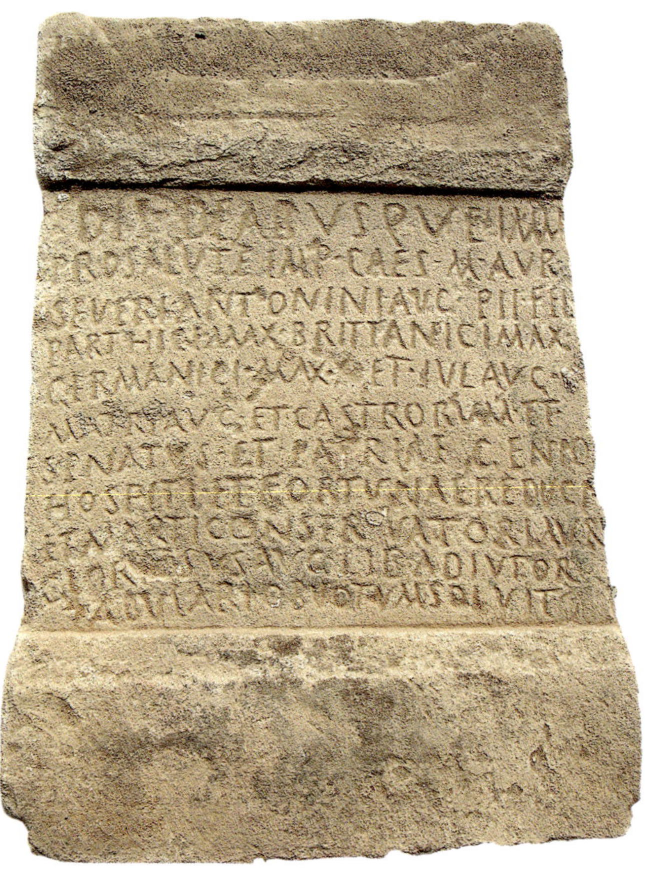

الشكل رقم 2.
إهداء منقوش باللغة اللاتينية من أجل
خلاص الإمبراطور ماركوس أوريليوس،
الحصن الرومانيّ، الحِجْر، 213-217 للميلاد.

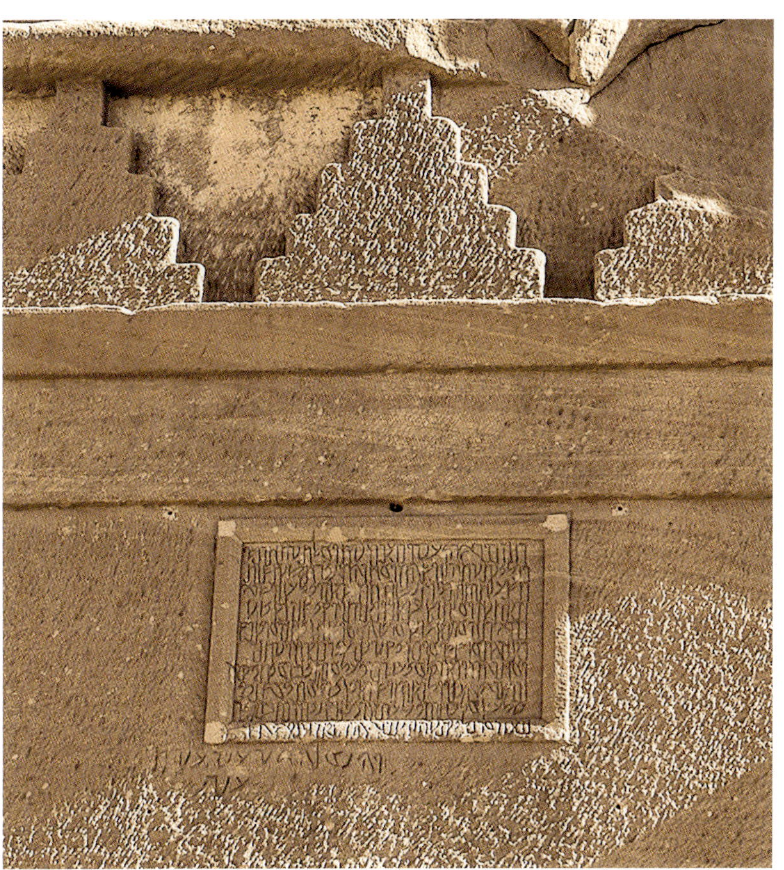

الشكل رقم 3.
نقش نبطي (JSNab16)،
المدفن 39 IGN، الحِجْر، 2018.

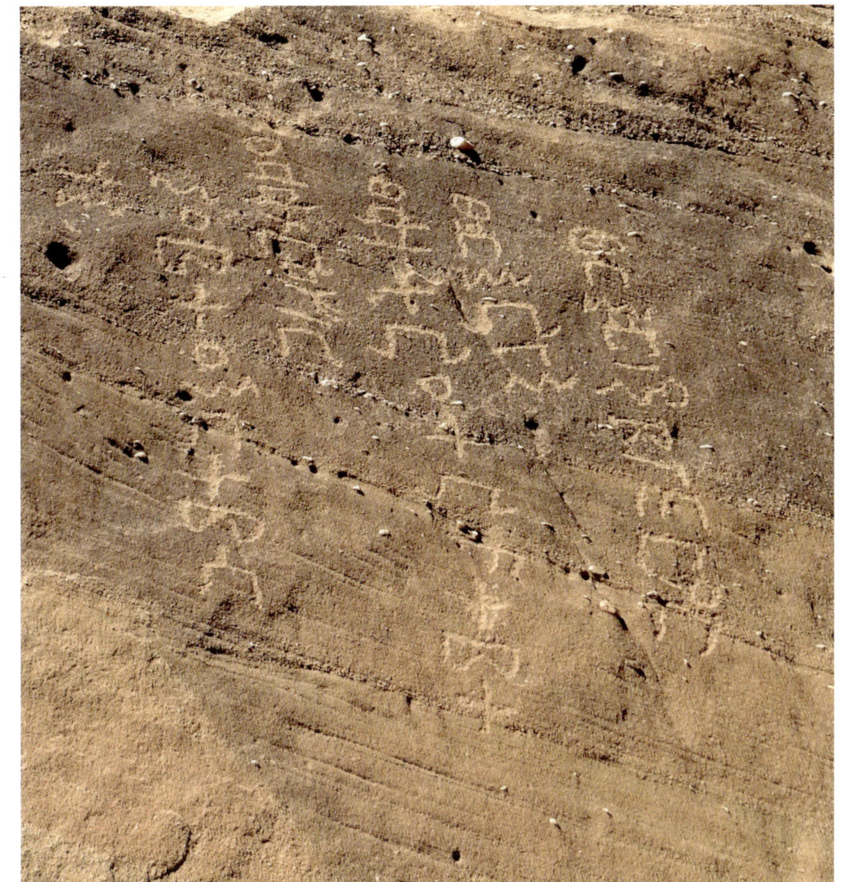

الشكل رقم 4.
نقوش ثمودية D مدونة عامودياً
في جبل أثلب بالحِجْر.

الشكل رقم 5.
نقوش يونانية ولاتينية ونبطية
في قبر الجندي، شمال العلا.

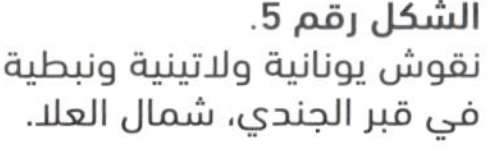

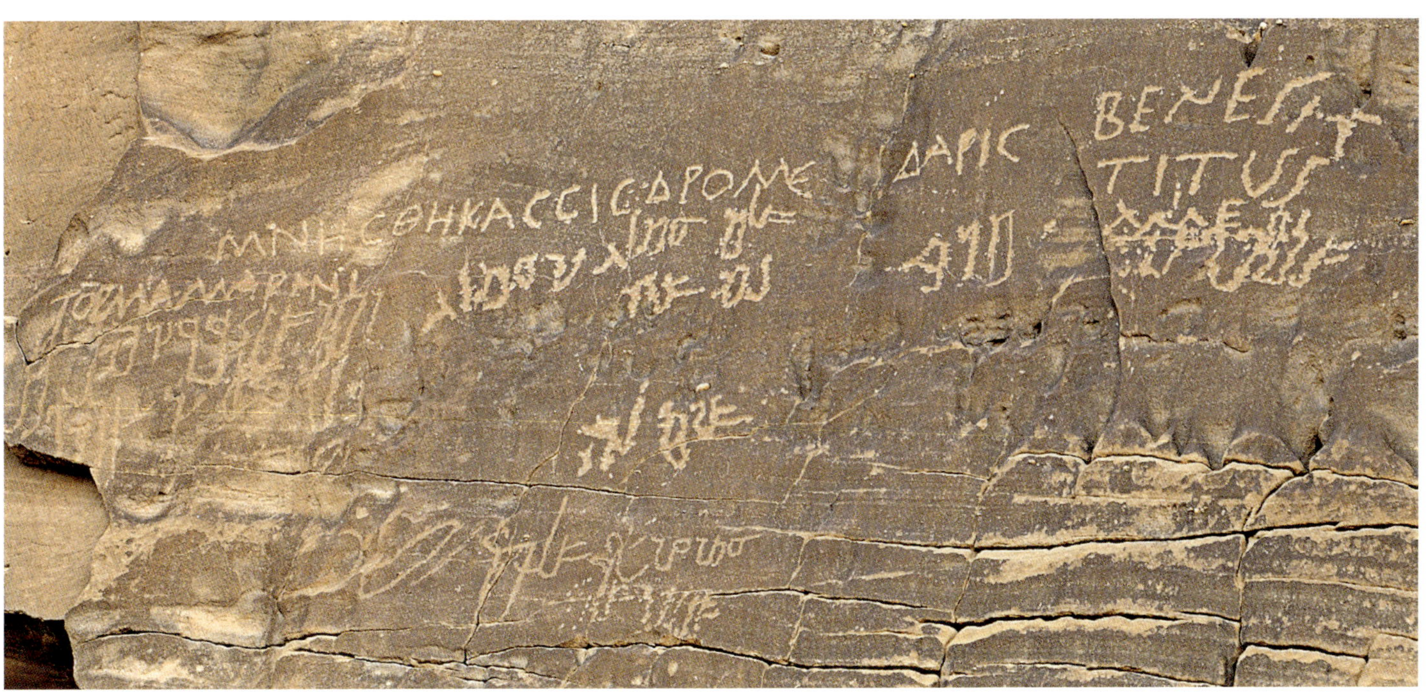

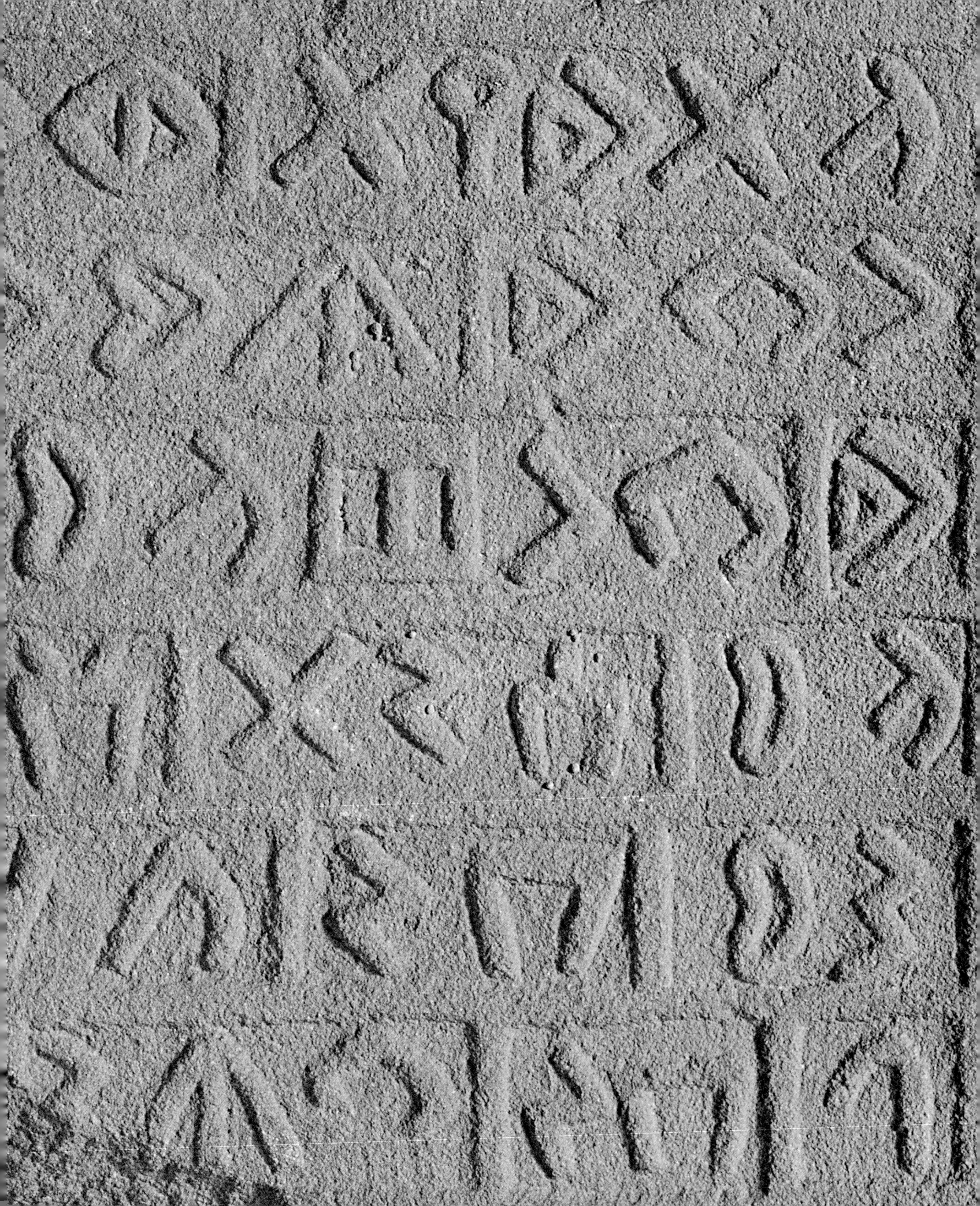

نقوش دادانية وغيرها من النقوش التي أميط عنها اللثام

جيروم نوريس جامعة لورين،

تاريخ وثقافات العصور القديمة والعصور الوسطى (HisCAnt-MA - EA 1132)

لم تترك الحضارات المجاورة للعلا والتي أقامت علاقات مع الواحة سوى القليل من الأدلة التي تكشف عن تاريخها، ولحسن الحظ ظهرت مجموعة من الوثائق لسد هذه الفجوة. وهي تتألف من حوالي 2400 نقش على الحجر تركها سكان دادان بحروف أبجدية عربية شمالية محلية قديمة تسمى الدادانية. وهي تسلط الضوء على جوانب من تاريخ دادان غير مذكورة في أي مصدر آخر. من وجهة نظر سياسية، تخبرنا هذه النقوش أن دادان تم تنظيمها أولاً كدولة-مدينة يحكمها عدة ملوك محليين، كان أحدهم عاصي (النقش رقم 4)، قبل أن تدمج، خلال النصف الثاني من الألفية الأولى قبل الميلاد، في مملكة إقليمية أكبر امتدت حتى تيماء، ألا وهي مملكة لحيان (النقشان رقم 5 و13). تكشف بعض النصوص أيضاً عن مرحلة سياسية ثالثة بدأت مع وصول الأنباط إلى المنطقة حوالي القرن الأول قبل الميلاد، كما يوثقها نقش ثنائي اللغة آرامي/داداني مؤرخ في عهد أحد الملوك الأنباط الأربعة الذين يحملون اسم حارثة (النقش رقم 10).

وفي سياق الحياة الدينية، تكشف هذه النقوش أسماء الآلهة المعبودة في دادان وفي العديد من المعابد في الواحة، مثل المعابد الموجودة في خربة (الخريبة) وأم درج وجبل عكمة. وتظهر أهمية ذي غيبة، الإله الرئيسي لدادان، والذي يظهر اسمه بانتظام في النقوش (النقوش ذوات الأرقام 2، 3، 6، 7، 9، 11، 12، 13، 14). كما تم ذكر آلهة محلية أقل شهرة، مثل

الشكل رقم 1.
تفصيل من نقش داداني منحوت بحروف بارزة، رقم 5 في الكتالوج.

طحـلان (النقـش رقـم 4) أو بيتـات (النقشـان رقـم 3 و11). ثـم ظهـرت آلهـة جديـدة مـع تحـول الوضـع السـياسي، لا سـيما الإلـه الأعلـى للأنبـاط، ذو الـشرى (النقـش رقـم 10).

علـاوة علـى ذلـك، تشـهد النقـوش علـى تنظيـم صـارم للعبـادة، والـذي يتجلـى، مـن بيـن أمـور أخـرى، مـن خلـال وجـود كهنوتيـن، أحدهـما يتولـاه أفكل (مؤنثـه أفكلـة) (النقـش رقـم 1) والآخـر يتولـاه سالح/سـالحة؟ (النقـش رقـم 7). بفضـل هـذه النقـوش، نعلـم أيضـاً أنـه مـن أجـل المشـاركة في رحـلات الحـج (النقـوش ذوات الأرقـام 5 و13 و14)، كان المتعبـدون يتجمعـون أحيانـاً معـاً في تجمعـات تسـمى ش ع ت (النقشـان رقـم 13 و14). وتتجلـى هـذه الحيـاة الدينيـة عاليـة التنظيـم أيضـاً في الإشـارات إلـى الأوابـد والأثـاث الدينـي مثـل هياكـل المعابـد (بت)، والمعابـد (م ص د، أ ر ب ع و) (النقشـان رقـم 5 و11)، والتماثيـل النذريـة (ص ل م) (النقـوش 3، 6، 7، 8، 9)، والمنصـة (موتـاب) (النقشـان رقـم 11 و12)، والمباخـر (النقشـان رقـم 2 و).

تزودنـا النقـوش أيضـاً بمعلومـات عـن البيئـة الثقافيـة للدادانييـن. تكشـف التواريـخ الـواردة في النقـوش عـن اسـتخدام نظـام مـزدوج لقيـاس الزمـن يسـتند كلاهـما إلـى سـنوات حكـم ملـوك لحيـان وعلـى تقويـم نجمـي تفـردت بـه دادان، والـذي سـجل بـزوغ ومغيـب مختلـف المجموعـات النجميـة الحاملـة لتسـميات محليـة (النقشـان رقـم 11 و13). يُظهـر علـم أسـماء الأعـلام (دراسـة أسـماء العَلـم الـواردة في النصـوص) أن المؤلفيـن لديهـم صـلات ثقافيـة مـع الشـعوب الأخـرى في المنطقـة. علـى سـبيل المثـال، اسـتعمال أسـماء العَلـم المشـتركة في كل شـمال شـبه الجزيـرة العربيـة، مثـل هانـئ (النقـش رقـم 2)، وتيـم، وسـعد اللـه (النقـش رقـم 8). في مقابـل ذلـك، تشـير بعـض النصـوص إلـى خصوصيـات محليـة مثـل اسـتخدام الاسـم الثيوفـوري "عبـد ذو غيبـة" ، والمعـروف فقـط في دادان (النقـوش ذوات الأرقـام 2 و11 و14). أخـيراً، تعطينـا النقـوش فكـرة عـن التنـوع اللغـوي الـذي تميـزت بـه منطقـة العلا حيـث تبـوأت الدادانيـة مكانتهـا إلـى جانـب لغـات وخطـوط أخـرى، مـن بينهـا العربيـة القديمـة (النقـش رقـم 14) والمعينيـة (النقـش رقـم 9) والحسـمائية (النقـش رقـم 15) والآراميـة (النقـش رقـم 10).

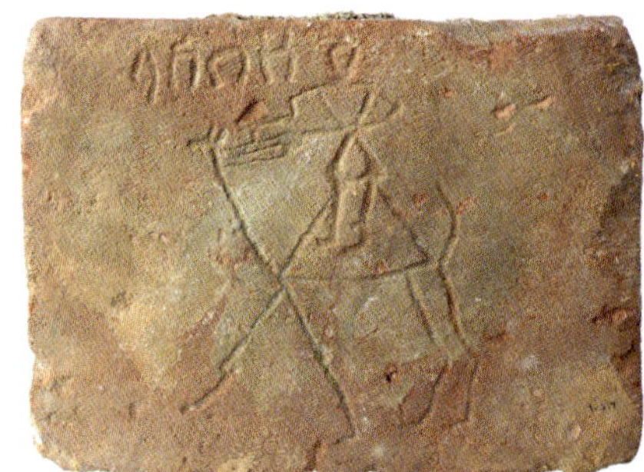

النقش رقم 1.
رجل يمتطي جملاً مع نقش داداني يشير إلى أفكل أو "كاهن"
معبد دادان (خربة / الخريبة)، العلا، المملكة العربية السعودية، تنقيبات جامعة الملك سعود، القرن السادس-القرن الأول قبل الميلاد، حجر رملي أحمر، الارتفاع: 30 سم × العرض: 40 سم × السماكة: 15 سم. الهيئة الملكية لمحافظة العلا (RCU.2023.144).

أ ف ك ل

"أفكل/كاهن".

نحت هذا النقش المؤلف من سطر واحد على كتلة حجرية منحوتة مستطيلة، إلى الجهة اليسرى من رسم لرجل يمتطي جملاً. من الصعب تحديد ما إذا كانت كلمة (أ ف ك ل) هنا هي الاسم الذي يعني "كاهن" أو اسماً شخصياً. وجد اسم تمت تهجئته (أ ف ك ل) في نقوش مدونة بالعديد من الخطوط العربية الشمالية القديمة، ومن ضمنها الصفائي والحسمائي (الثمودي E) والداداني. ووظيفة النص غير معروفة.

النقش رقم 2.
مبخرة عليها نقش داداني
معبد دادان (الخريبة)، العلا، المملكة العربية السعودية، تنقيبات جامعة الملك سعود، القرن السادس-القرن الأول قبل الميلاد، حجر رملي أحمر، الارتفاع: 70 سم × العرض: 26 سم × السماكة: 25 سم. الهيئة الملكية لمحافظة العلا (RCU.2023.148).

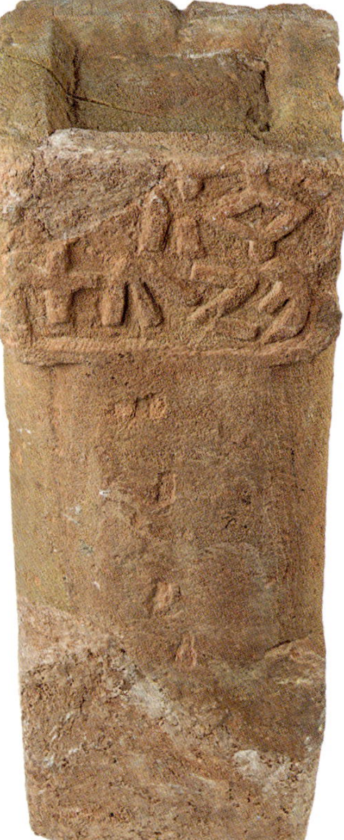

الجانب رقم 4	الجانب رقم 3	الجانب رقم 2	الجانب رقم 1
1. غ ب ت 1. ق /	[ذا]= 1. ق / {ل}	1. ق / {ل}	1. هـ ن ئ
2. ف ر ض=	2. هـ ن ح ت	2. غ ب ت	2. ع ب د=
			3. ي-هـ

النص المتواصل:
هـ ن ئ هـ د و ق / {ل} -[ذا]غ ب ت / ف ر ض هـ / ع ب ذ غ ب ت / هـ-ن ح ت

هانئ قدم (هذا) لذي غيبة لعله يرضى عنه. عبد ذو غيبة النحات.

التعليق
نقش إهدائي نفذ بطريقة النحت البارز على الجوانب الأربعة لمبخرة نذرية مهداة كقربان لذي غيبة، الإله الرئيسي المعبود في دادان. القسم الأول من النص، وهو الإهداء عينه، يتمثل بالسطور الأولى من الجوانب رقم 1 و2 و3، والسطور الثلاثة من الجانب رقم 4. أما الجزء الثاني، وهو توقيع الحِرْفيّ الذي صنع القطعة، يتمثل بالسطور الثانية من الجوانب رقم 1 و2 و3. يوجد تلف في الجزء العلوي الأيسر من الجانب رقم 3، ولكن يمكن استعادة الحرفين التالفين.

اسم المُهدي، هانئ، شائع جداً في شمال شبه الجزيرة العربية ويتكرر حوالي عشر مرات في الدادانية. من الواضح أن كلمة هـ د و ق هي خطأ والأصحّ هـ و د ق، وهو فعل متعدي أو سببي (C-stem) داداني ويعني "يُقدّم". ثم تتبع صيغة مباركة، ف ر ض ي-هـ، وهي نسخة مختصرة من الصيغة الشائعة ف ر ض ي-هـ و س ع د-هـ، "لعله يرضى عنه ويساعده" التي ينتهي بها تقريباً كل نقش ديني داداني.

يحمل الحِرْفيّ اسماً دادانياً شائعاً جداً ومعناه "عبد ذو غيبة". تهجئته المعتادة هي ع ب د ذ غ ب ت (أنظر النقشين رقم 11 و14)، ولكنه يرد لأول مرة هنا بصيغة التهجئة ع ب ذ غ ب ت حيث، إذا لم يكن هذا مجرد خطأ، فقد دمج حرف د في كلمة ع ب د مع حرف ذ الذي يليه، * عبد ذو غيبة / > * عبد ذو غيبة. إن كلمة ن ح ت مُثْبت وجودها في الدادانية كفعل يعني "قطع، نحت"، إلا أنها تتوافق هنا مع لقب مهني مسبوق بأداة التعريف هـ- وتشابه كلمة "نحات" في اللغة العربية.

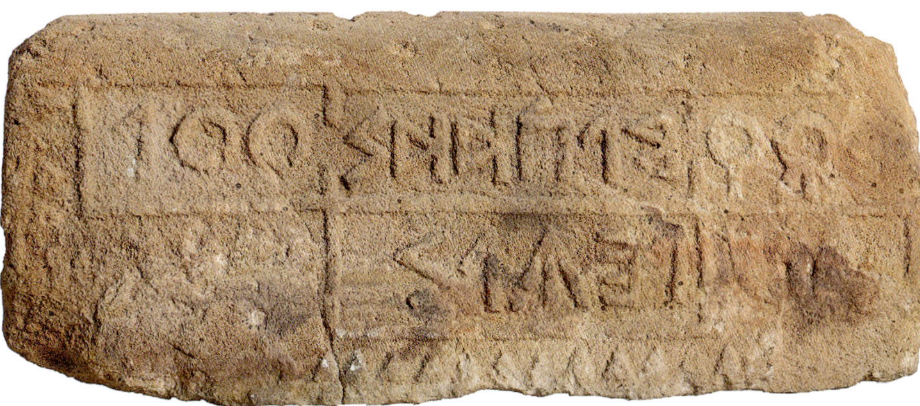

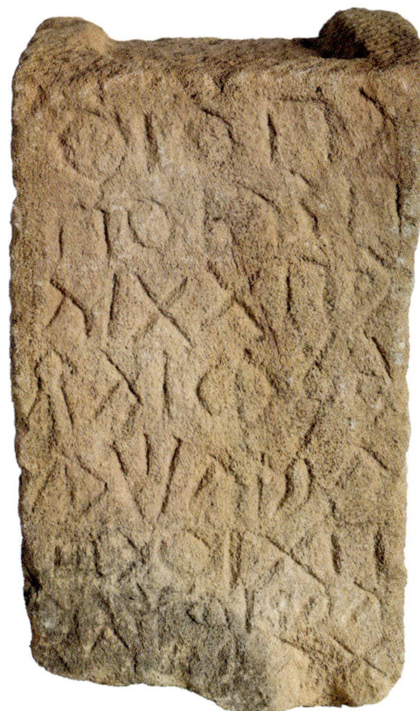

النقش رقم 3.
مبخرة عليها نقش داداني
العلا، المملكة العربية السعودية، القرن السادس-القرن الأول قبل الميلاد، حجر رملي أحمر، الارتفاع: 42 سم × العرض: 24.5 سم × السماكة: 21 سم. الهيئة الملكية لمحافظة العلا (RCU.2020.147.207).

١. ر ب ع / و
٢. ب ن-ه / ع ب=
٣. د ب ت ت / ه=
٤. د ق و / ه-ص=
٥. ل م / ل-ذ غ=
٦. ب ت / ف ر ض-
٧. ه م ي / و أ ذ ر=
٨. ت-ه م ي

قَدَّم ربيع وابنه عبد بيتات التمثال إلى ذي غيبة، لعله يرضى عنهما وعن ذريتهما.

هذا النص هو نقش إهدائي محفور على أحد جوانب مبخرة. يتألف من ثمانية سطور محفوظة بالكامل. وفقاً لمحتويات النص، كانت المبخرة مصحوبة بتمثال نذري (صلم) قَدَّمه أب وابنه إلى ذي غيبة.
اسم المُهدي الرئيسي، ربيع، شائع نوعاً ما في شمال شبه الجزيرة العربية ويوجد في خمسة نقوش دادانية أخرى. اسم ابنه، عبد بيتات، معروف من نصين دادانيين آخرين. وهو اسم يحوي على أحد أسماء الآلهة، فهو مصوغ باستعمال اسم إله نادر كان يعبد في دادان (أنظر النقش رقم 11). قد يكون اسمه، ب ت ت، مشتقاً من المكان الذي كان يُعبد فيه. في واقع الأمر، إنه يتوافق مع صيغة الجمع للاسم بيت، "المعبد" (راجع الاسم الأكدي بيتاتو). إن كلمة هـ د ق و هي صيغة يشوبها خلل من كلمة هـ و د ق و، وهي صيغة جمع المذكر الغائب من الفعل هـ و د ق / أ و د ق، "قَدَّم" (أنظر النقش رقم 2). لاحظ أن استخدام فعل بصيغة الجمع مع المثنى أمر شائع في الدادانية. ينتهي النص بنفس صيغة البركة كتلك التي نصادفها في النقش رقم 2، هنا مع الضمير المثنى المكسور (المجرور) هـ م ي-، "كليهما"، ويتبعه و أ ذ ر ت-هـ م ي، "ذريتهما".

النقش رقم 4.
نقش داداني يذكر الملك عاصي
معبد دادان (الخريبة)، العلا، المملكة العربية السعودية، تنقيبات جامعة الملك سعود، القرن السابع - القرن السادس قبل الميلاد، حجر رملي أحمر، الارتفاع: 15 سم × العرض: 26 سم × السماكة: 4 سم. الهيئة الملكية لمحافظة العلا (RCU.2023.145).

١. {ع} ص ي / م ل ك د د ن / ف ع ل
٢. ل-ط ح ل ن

{عا}صي ملك دادان صنع(ه) من أجل طحلان.

هذا النص عبارة عن نقش إهدائي مؤلف من سطرين منحوت نحتاً بارزاً على لوح منحوت ومزين بزخارف نباتية وحيوانية. نقشت نسخة مبسطة من نفس النص على الجانب الآخر من الحجر: {ع} ص ي / ف ع ل / ل-ط ح ل ن، {عا}صي صنعه من أجل طحلان.
تحظى هذه النصوص بقيمة تاريخية كبيرة حيث يبدو أن المُهدي هو أحد الحكام الذين حكموا مملكة دادان خلال النصف الأول من الألفية الأولى قبل الميلاد. بما أن هذه النصوص هي الوحيدة التي ذكرت هذا الملك ولم يُذكَر اسم والده، فإن صلته بملوك دادان الآخرين المعروفين تبقى مجهولة. إن نطق اسمه، عاصي، غير مؤكد وهناك صيغ أخرى ممكنة لنطق اسمه وهي: * / عَاصيّ / أو * / عَصيّ / أو * / عُصيّ /. لم يذكر الإله طحلان إلا في نقش داداني واحد آخر فقط، حيث يظهر مع ذو غيبة.

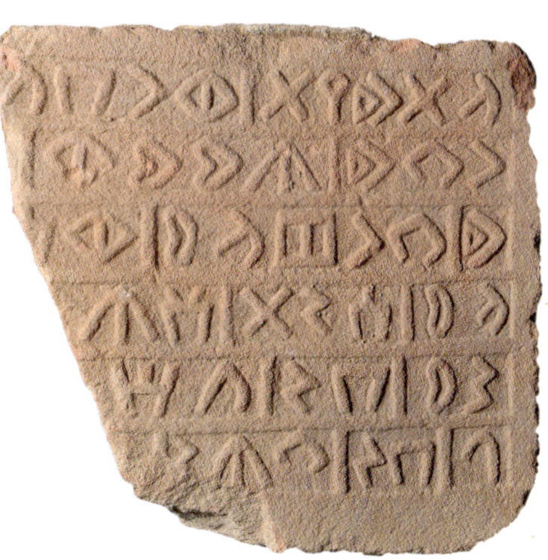

النقش رقم 5.
نقش داداني يذكر حجاً إلى معبد أم درج
معبد أم درج، العلا، المملكة العربية السعودية، القرن الخامس - القرن الأول قبل الميلاد، حجر رملي أحمر، الارتفاع: 32 سم × العرض: 32 سم. الهيئة الملكية لمحافظة العلا (RCU.2020.147.244).

١. هـ ت د ي ت / و ر ب-هـ [م]
٢. ر ف د / ح ج ح ج و / [ب-هـ-م ص]=
٣. د / ف ر ض-هـ م / و {س} [ع د]
٤. -هـ م / س ن ت / أ ح [-ذ ي / ح]=
٥. ش م / ب ن / ل ذ {ان} ----
٦. ل / ب ن / ف ح {ش} ----

أدى الهتوديات وزعيم{هم} رافد حجة [إلى المعب]د، لعله يرضى عنهم ويساعد[هم، السنة الأول[ى لج]شم ابن لوذ{ان} ا---- ابن فح{ش}.

نقش مؤلف من ستة سطور منحوت نحتاً بارزاً على شاهد حجري مربع مكسور من جانبه الأيسر، مما أدى إلى فقدان نهاية كل سطر. بما أن الجوانب الأخرى كاملة، فمن المؤكد أن النص لم يكن يتضمن أكثر من ستة سطور. إنه نقش تذكاري مؤرخ يتبع النمط المعتاد للنقوش التي تسجل أداء سكان دادان لرحلة الحج إلى المعبد المرتفع في أم درج.
إن الاسم هـ ت د ت، الذي لم يوثق وجوده في مكان آخر، هو على الأرجح اسم مجموعة مثل القبيلة أو الجماعة (أنظر النقشين رقم 13 و14) نظراً لأنه يرأسها ر ب، "سيد". إن اسم زعيم المجموعة، ر ف د، موجود في أربعة نقوش دادانية أخرى. وهو معروف في مجاميع أخرى عربية شمالية قديمة ونبطية، وقد يكون مطابقاً للاسم العربي رافد. إن الاستعادة التقديرية للمقطع [ب-هـ-م ص د] مؤمَّنة على نحو ملائم وتستند إلى المقارنة مع النقوش الدادانية الأخرى من أم درج والمتضمنة العبارات الشائعة ح ج ح ج ب-هـ-م ص د، "أدى حجة إلى المعبد" وعبارة ز ل ل هـ-ل ل ب-هـ - م ص د، "أحيى احتفال ز ل ل في المعبد". تتوافق كلمة م ص د مع اسم يعني "معبد" والذي يُعرف بأنه أصبح اسم علَم للمكان العالي الذي يحمل اسم أم درج. جشم بن لوذان هو ملك معروف للحيان مذكور في نقشين دادانيين آخرين ودامت فترة حكمه تسع سنوات على الأقل، من المفترض أن يكون في وقت ما في بداية النصف الثاني من الألفية الأولى قبل الميلاد. يشير السطر الأخير من النص إلى شخص إضافي، على الأرجح الكاتب الذي نحت النقش، والذي ينتهي اسمه بحرف ل واسم عائلته ف ح {ش}. هذا مثير للاهتمام نظراً لوجود ثلاثة نقوش دادانية تذكر شخصاً يدعى "حمئيل بن فحش".

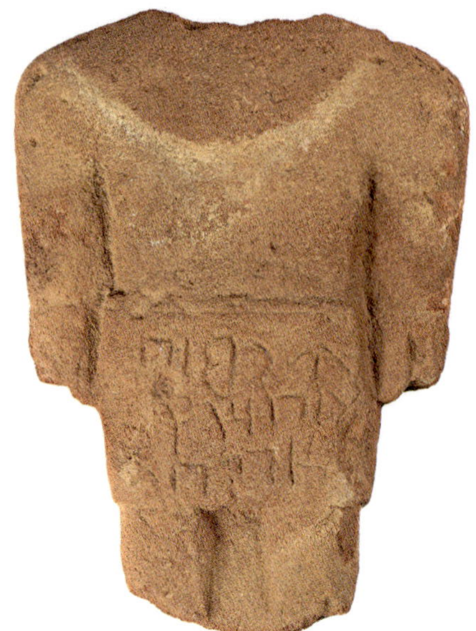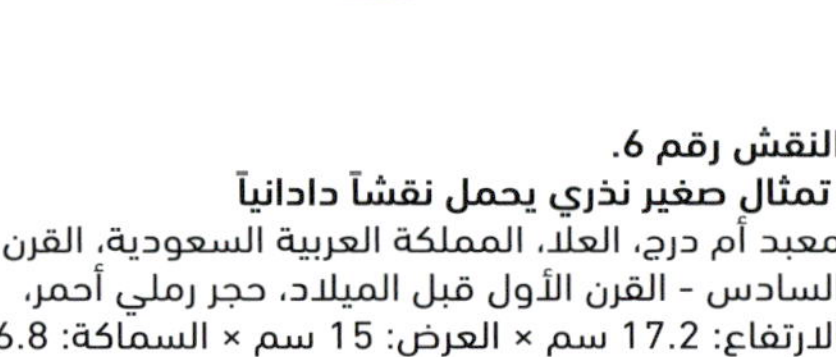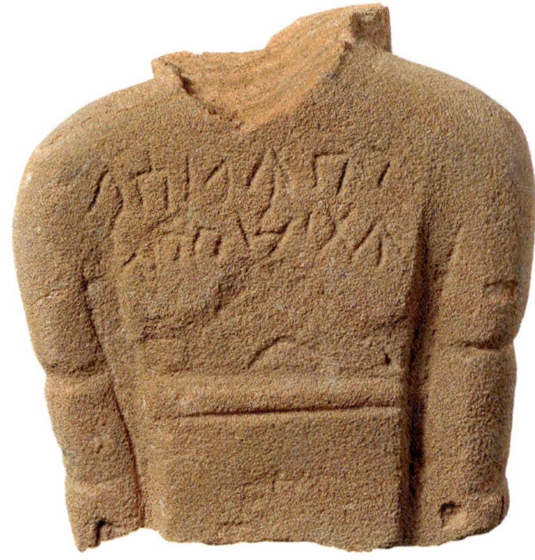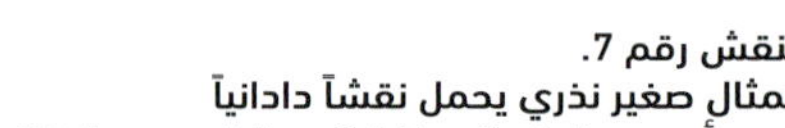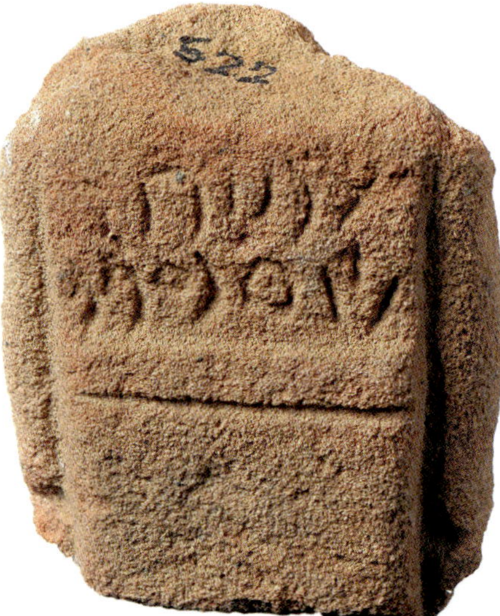

النقش رقم 6.
تمثال صغير نذري يحمل نقشاً دادانياً
معبد أم درج، العلا، المملكة العربية السعودية، القرن السادس - القرن الأول قبل الميلاد، حجر رملي أحمر، الارتفاع: 17.2 سم × العرض: 15 سم × السماكة: 6.8 سم. الهيئة الملكية لمحافظة العلا (RCU.2020.147.3762).

1. ح ر م / ب=
2. ن / ب ذ ي [ل-]
3. ذ غ ب ت

"حرام بن بُدَّيِّ [من أجل] ذي غيبة".

يتكون هذا النقش من نص إهدائي لتمثال صغير نذري يصور رجلاً مُهدى إلى ذي غيبة. اكتشفت قطع من هذا النوع بأعداد كبيرة في أم درج. تم نقش النص بطريقة الحز على مئزر الرجل في ثلاثة سطور. على الرغم من أن الرأس والجزء السفلي من التمثال مكسوران، إلا أن النص في حالة جيدة باستثناء القسم الواقع في نهاية السطر 2 حيث فقد حرف الجر ل، "من أجل". الاسمان "ح ر م" و "ب ذ ي" كلاهما معروفان في دادان، لكنهما ليسا شائعين بشكل خاص.

النقش رقم 7.
تمثال صغير نذري يحمل نقشاً دادانياً
معبد أم درج، العلا، المملكة العربية السعودية، القرن السادس - القرن الأول قبل الميلاد، حجر رملي أحمر، الارتفاع: 16 سم × العرض: 15.3 سم × السماكة: 6.8 سم. الهيئة الملكية لمحافظة العلا (RCU.2020.147.523).

1. ن ب ج ه / س ل=
2. ح ت / ذ غ ب ت
"نبّحة كاهنة ذي غيبة".

حفر النص بطريقة الحز على صدر تمثال صغير لرجل، فقد جزأه العلوي والسفلي. وهو يشتمل على نقش من نفس النوع السابق، على الرغم من أنه هنا يعطي فقط اسم ووظيفة المُهدي.
لم يُعثَر على اسم المرأة ن ب ج ه من قبل في دادان، ولكن وجود اسم الرجل ن ب ج مُثْبَت في الصفائية والتيمائية. إن كلمة س ل ح ت ومقابلها المذكر س ل ح هما لقبان دينيان خاصان بدادان ويعنيان "كاهنة" و"كاهن" على التوالي. يبدو أنه كان هناك تمييز في المجتمع الداداني في الوظيفة بين س ل ح / س ل ح ت وبين وظيفة نوع آخر من الكهنة المذكورة في النقوش، أ ف ك ل / أ ف ك ل ت (أنظر النقش رقم 1). مع استثناء واحد ملحوظ، يرتبط اللقب الأول دائماً بعبادة ذي غيبة، في حين أنه عندما يذكر الإله، يرتبط اللقب الثاني حصرياً بالعبادات الخاصة بالآلهة الأخرى مثل ود وهلاه وهكتبى واللات.

النقش رقم 8.
تمثال صغير نذري يحمل نقشاً دادانياً
معبد أم درج، العلا، المملكة العربية السعودية، القرن السادس - القرن الأول قبل الميلاد، حجر رملي أحمر، الارتفاع: 7.6 سم × العرض: 6.8 سم × السماكة: 3.8 سم. الهيئة الملكية لمحافظة العلا (RCU.2020.147.522).

1. ت م / ب ن
2. س ع د ل ه
"تيم بن سعد الله".

نقش مشابه للنقش السابق. كما أنه محفور بطريقة الحز في سطرين على صدر التمثال الصغير الذي كسر جزآه العلوي والسفلي. اسم ت م (تيم بالعربية)، والذي يعني "عبد"، شائع في جميع أنحاء شمال ووسط شبه الجزيرة العربية. ويرد في حوالي عشرين نقشاً دادانياً آخر. الاسم الأبوي، س ع د ل ه، هو اسم ثيوفوري عربي وأيضاً شائع جداً في شمال شبه الجزيرة العربية، وقد ذكر في أربعة نقوش دادانية أخرى.

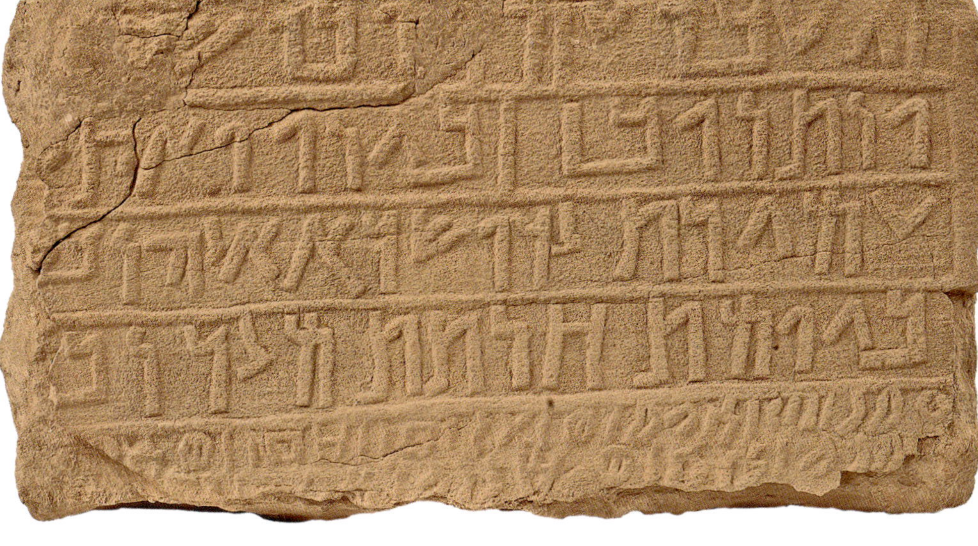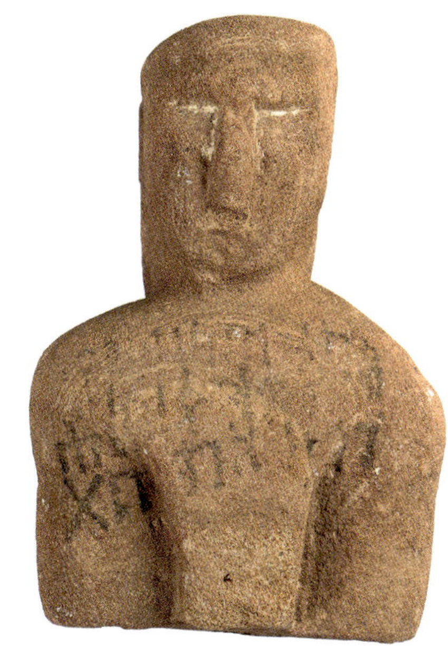

النقش رقم 9.
تمثال صغير نذري يحمل نصاً مختلطاً معيني/داداني

معبد أم درج، العلا، المملكة العربية السعودية، القرن السادس - القرن الأول قبل الميلاد، حجر رملي أحمر، الارتفاع: 16 سم × العرض: 10.8 سم × السماكة: 4 سم، الهيئة الملكية لمحافظة العلا (RCU.2020.147.4218).

‏1. {.} / {د} / {م} / {ن} / ---- ---- ----
‏2. ---- ---- ---- د ق / {هـ}-ص=
‏3. {ل} {م} / {ل}-ذ غ ب ت

"{.} / {د} / {م} / {ن} / --- {قَدَّ}مَ {التمثال} إلى ذي غيبة".

يتألف هذا النقش الإهدائي من ثلاثة سطور مرسومة على الصدر والذراع الأيمن للتمثال الصغير النذري لرجل، لم يحفظ منه إلا جزؤه العلوي. إنه مدون بالخط العربي الجنوبي القديم، لكن بلغة يبدو أنها الدادانية. عُثر سابقاً على نقوش مماثلة تمزج بين تقليدي الكتابة المعيني والداداني في العلا. لسوء الحظ، فإن الحروف تعرضت لتلف بالغ.

النقش رقم 10.
نقش ثنائي اللغة داداني/آرامي يذكر ذو الشرى

معبد دادان (الخريبة)، العلا، المملكة العربية السعودية، تنقيبات جامعة الملك سعود، القرن الثاني قبل الميلاد - القرن الأول الميلادي، حجر رملي أحمر، الارتفاع: 25 سم × العرض: 60 سم × السماكة: 33 سم. الهيئة الملكية لمحافظة العلا (RCU.2023.150).

الآرامي
‏1. {ز} ي ع ب د ع م {را} و ب ر ش {ل م و}
‏2. و ن ت ن و ب {ر} / ز ب ن و وأ ص ----
‏3. ع م ي ر ت ل-د و ش رأ إ ل هـ ن ب {ط و}
‏4. ب-ي و م ح ر ت ت م ل ك ن ب {ط و}

الداداني
‏1. ع م ر / ب ن / س ل م / و ن ت ن / ب ن / ز ب ن / و {أ} {ص} ----
‏2. --- {ع}ام ر هـ / أ {ق} / و ذ ش ر هـ / إ ل {هـ} / {ن} {ب} {ط} ----

الآرامي
ما صنعه عم{را}و بن س{اليمو} ونتنو بن زبينو وأص ---- ---- عميرة من أجل ذو الشرى، إله الأنب{اط}، في أيام حارثة ملك الأنب{اط}.

الداداني
عمرو بن سالم ونتن بن زبين و {أ} {ص} --- --- {ع}ميرة ---- ---- وذو الشرى، إل{هـ} {الأنب}{اط}.

هذا النص هو نقش إهدائي مؤرخ ثنائي اللغة آرامي/داداني منحوت نحتاً بارزاً على حجر شاهدي مستطيل الشكل تكريماً لذو الشرى، الإله الرئيسي للأنباط. يوجد به تلف في جانبيه الأيسر والسفلي. تسبب هذا في فقدان الكلمات الأخيرة من كل سطر في كلا القسمين الآرامي والداداني، وتضرر أجزاء مهمة من السطر الداداني الثاني الذي تصعب قراءته للغاية. من المحتمل أن القسم الداداني كان يحتوي في الأصل على سطر ثالث. هناك نقوش دادانية/آرامية ثنائية اللغة أخرى معروفة، ولكن هذا النقش هو الوحيد الذي ورد فيه تاريخ ويتألف من نص "ضخم" نفذه كاتب محترف. من الواضح أن الكتابة الضاربة في القدم للقسم الآرامي هي لاحقة للفترة الأخمينية، لكن تحديده الدقيق غير مؤكد. إن الأعراف الإملائية التي تستخدمها تجعل من غير المحتمل أن تكون هذه هي النسخة الأخرى من الآرامية المعروفة باسم "الآرامية التيمائية". وفقاً لذلك، يمكن للمرء أن يفكر أنه كان هناك شكل من أشكال الكتابة ما قبل النبطية أو شكل محلي غير معروف من الآرامية المستخدمة في دادان.

جميع أسماء العَلَم المدرجة في قائمة المُهدين معروفة في الدادانية باستثناء ز ب ن / ز ب ي ن و (زُبين بالعربية) الأكثر شيوعاً في اللغة الصفائية. يحتوي النص على إحدى أندر الإشارات إلى ذو الشرى الموجودة في الدادانية. يوصف هنا وبشكل مثير للاهتمام بأنه "إله الأنباط"، وهو لقب ينطبق عليه أيضاً في بعض النصوص العربية الجنوبية والصفائية القديمة. في الآرامية النبطية، يوصف ذو الشرى عادةً بأنه "إله جايا" في إشارة إلى مستوطنة بالقرب من البتراء، هي قرية الجي في وقتنا الحاضر في وادي موسى. تاريخ النقش غير مؤكد إذ أنه لا يمكننا التأكد من أي واحد من ملوك الأنباط الأربعة المعروفين باسم ح ر ت ت (حارثة) هو المذكور هنا. إذا اعتبرنا الخط كشكل من أشكال الخطوط ما قبل النبطية، فيمكن أن يكون هذا الملك إما حارثة الأول (حوالي 168 قبل الميلاد) أو حارثة الثاني (120 / 110-96 قبل الميلاد). من جهة أخرى، إذا حددنا الخط على أنه نسخة آرامية محلية، فيمكن أن يكون هذا الملك أياً من الملوك الأربعة، مع تفضيل محتمل لحارثة الرابع (9/8 قبل الميلاد - 40 ميلادي) حيث أصبح في عهده النشاط النبطي في شمال شبه الجزيرة العربية أكثر أهمية. إذا كان هذا هو الحال، فسيكون هذا النص أحد أحدث التجليات المعروفة للخط واللغة الدادانيين.

الفن الصخري والكتابة، تاريخ منقوش على الحجر

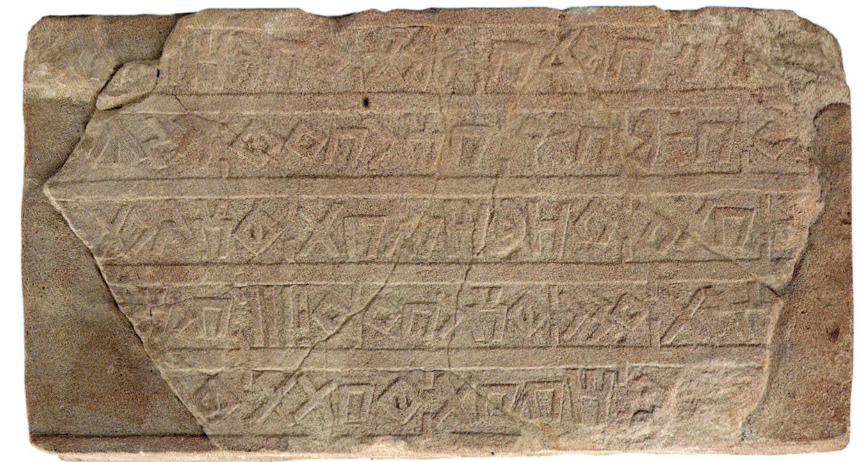

النقش رقم 11.
نقش داداني يذكر أعمال بناء في المعبد
معبد دادان (الخريبة)، العلا، المملكة العربية السعودية،
تنقيبات جامعة الملك سعود، القرن السادس - القرن الأول
قبل الميلاد، حجر رملي أحمر، الارتفاع: 26 سم × العرض:
40 سم × السماكة: 40 سم. الهيئة الملكية لمحافظة العلا
(RCU.2023.124).

1. ----م ه / ب-م ث ب / خ م ت / ع ب د ذ {غ} [ب] {ت}
2. ----ع / ب ن م / ب ن ي / ب-أ ر ب ع و / ه-ن ج [ت]
3. ---- {.} / ب ت-ه / ف ز د ذ غ ب ت / و أ خ ر ت
4. س ن ت / ع ش ر / و أ ر ب ع / 10+1+1+1 / ب-ر أ ي
5. ---- {.} / ذ غ ب ت / و ب ت ت / و ----

---- في المنصة (موتاب) أثناء خيمة، بنى عبد ذو {غيبة}
---- شيد بَنام المنحو[تة] في معبد ---- هيكل معبده، لعل
زيد ذو غيبة وذريته - السنة الرابعة عشر، 14، خلال ظهور
مجموعة النجوم ---- ذو غيبة و بيتات و ---- .

هذا النص منحوت نحتاً بارزاً على حجر شاهدي مستطيل الشكل. يمكن أن يرى من حوافه أن النص لم يكن يتضمن أكثر من السطور الخمسة المحفوظة. غير أن الجانبين الأيسر والأيمن تالفان للغاية، مما يؤثر بشدة على قراءة النص وفهمه. ويمكن استخلاص محتوى يبدو أنه يتوافق مع إحياء ذكرى بعض الأعمال التي تم إجراؤها في معبد، ويفترض أن يكون معبد خربة الخريبة حيث تم اكتشافه. كما هو متكرر في النقوش الدادانية التذكارية والإهدائية، يختتم النص بدعاء وتاريخ يتم تحديده وفقاً لكل من سنة حكم الملك والتقويم السماوي المحلي المستخدم في دادان. كلمة م ث ب (منصة (موتاب)) تعني حرفياً "عَرْش". يشير هذا إلى عنصر من الأثاث المقدس مشترك بين العديد من المناطق والشعوب في شبه الجزيرة العربية قبل الإسلام، ومن ضمنهم الأنباط: منصة تحمل تصويراً يمثل الآلهة. الاسمان أ ر ب ع و، و ب ت شائعان في الدادانية ويترجمان "معبد" و "هيكل المعبد" على التوالي. كلمة خ م ت في السطر الأول وردت في نقش داداني آخر يخبرنا أنه الاسم المحلي لإحدى المجموعات النجمية المستعملة لحساب الزمن في دادان القديمة.

تمت الإشارة إلى التاريخ بكلمات وأرقام عددية، كما هو مألوف في الدادانية. لسوء الحظ، فإن اسم الحاكم مفقود وكذلك اسم المجموعة النجمية التي كانت موجودة في الأصل بعد ب-ر أ ي، "خلال ظهور مجموعة النجوم". فيما يتعلق بأسماء العَلَم، نصادف اسم ع ب د ذ غ ب ت مرة أخرى (أنظر النقش رقم 2)، هذه المرة دون دمج الدال في كلمة ع ب د، بالإضافة إلى اسم ثيوفوري ثان ذ و غ ب ت وهو شائع في دادان، ز د ذ غ ت. من جهة أخرى، عُثِر على اسم ب ن م مرة واحدة فقط من قبل. ذُكِرَ إلهان في السطر الأخير، ذو غيبة و بيتات الأقل شهرة والذي ورد اسمه في الاسم الثيوفوري ع ب د ب ت ت (أنظر النقش رقم 3).

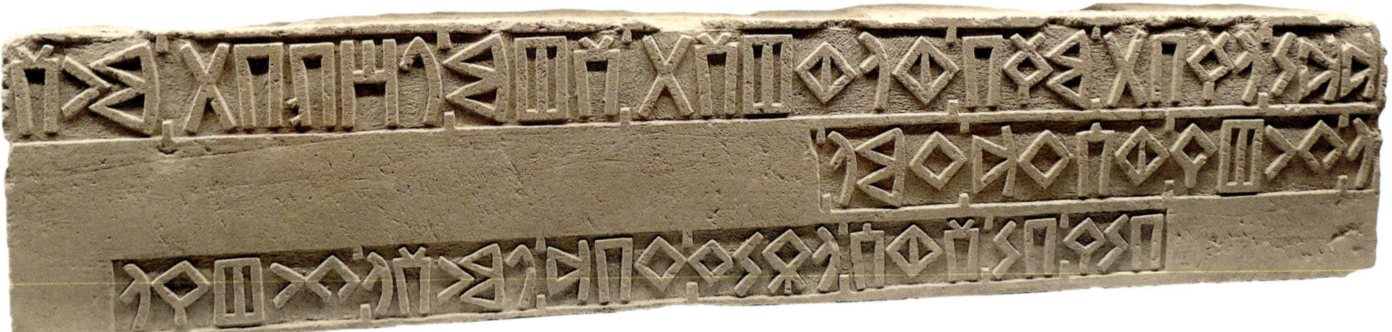

النقش رقم 12.
عتبه تحمل نقشاً دادانياً يذكر أعمالاً قام بها أهل دادان
معبد دادان (الخريبة)، العلا، المملكة العربية السعودية،
تنقيبات جامعة الملك سعود، القرن السابع - القرن
السادس قبل الميلاد، حجر رملي أحمر، الارتفاع:
35 سم × العرض: 220 سم × السماكة: 50 سم. الهيئة
الملكية لمحافظة العلا (RCU.2023.128).

1. د د ن / ه ث ب ت / م ث ب / و ه و ض أ ت / أ ض م /
   ل-ذ غ ب ت / م ر أ=
2. -ه / ف ر ض ي / و س ع د / ع م-ه
3. ب ن ي / ب ن / أ و س / ه-ص ن ع ن ع / ع ب د / ل-م ر
   أ-ه / ف ر ض ي-ه

نصبت (مدينة) دادان منصة (موتاب) وطهرت حوضاً لتجميع المياه (؟) من أجل ذي غيبة، سيدها، لعله يرضى عن أهلها ويساعدهم. صَنَع بَنَّيّ بن أوْنس الحِرَفيّ (هذا) لسيده، لعله يرضى عنه.

يتألف هذا النقش من ثلاثة سطور منحوتة نحتاً بارزاً على عتبه. محفوظ بالكامل وبحالة ممتازة. يسجل النقش قيام سكان دادان بأعمال، على الأرجح في معبد خربة الخريبة، لصالح ذي غيبة.

لم ترد كلمة هـ ث ب ت في أي مكان آخر. يمكن تحديده كفعل متعدي أو سببي (C-stem) من الجذر و ث ب في صيغة المؤنث المفرد الغائب من تصريف اللاحقة، بمعنى "ثبتت، جلست، استقرت" في إشارة إلى المفعول به التالي، ألا وهو م ث ب، "موتاب" (أنظر النقش رقم 11). هذا هو أيضاً أول ذكر لكلمة هـ و ض أ ت. يمكن تفسيره على أنه فعل متعدي أو سببي للجذر و ض أ في صيغة المؤنث المفرد الغائب من تصريف اللاحقة. بما أن المعنى الأساسي لهذا الجذر في اللغة العربية هو "يَنظُف" (وَضُؤَ على وزن فَعُل)، "تَوَضَّأ" (تَوَضَّأ على وزن تَفَعَّل)، فإن الترجمة المناسبة لصيغة المتعدي أو السببي يمكن أن تكون "نظّف، طهّر". تفسير كلمة أ ض م على أنها مفعول به مباشر للفعل السابق غير مؤكد، ولكن يمكن افتراض أن

هذه هي صيغة اسمية مشتقة من الجذر ض م م، "جَمَعَ، جَمَّعَ". مع الأخذ في الاعتبار معنى الفعل، قد يقترح المرء أنه يشير إلى حوض تجميع.

ينتهي النقش بالصلاة الدادانية المعتادة "لعله يرضى ويساعد" وبتوقيع الحِرَفيّ، "بَنّيّ بن أوْيس". هذا الأخير مذكور في نقش داداني آخر من خربة الخريبة. إن كلمة ع م، التي تنطبق هنا على جماعة دادان، موثق وجودها في عدة لغات سامية بمعنيين "الجد والد الأب" و"الشعب، القوم".

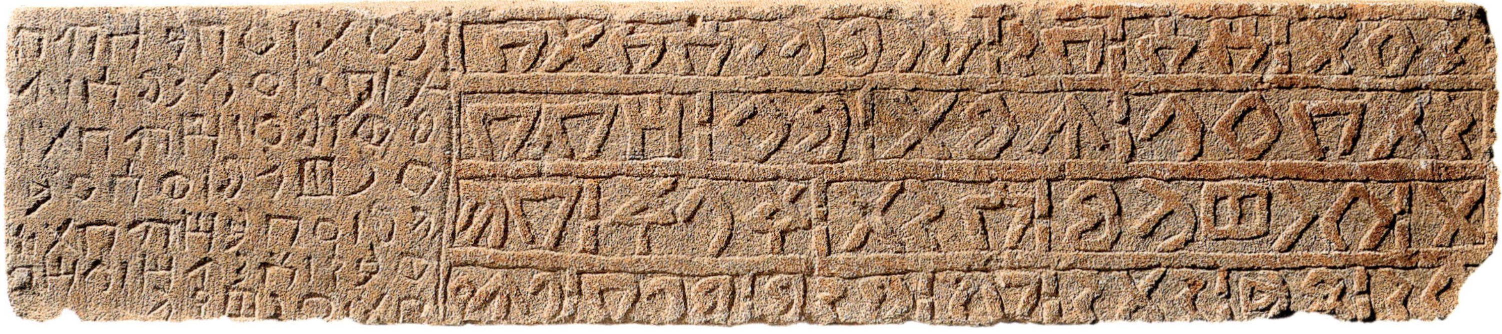

النقش رقم 13.
نقش داداني يذكر حجاً لجماعة (الجزء الأيمن)

معبد أم درج، العلا، المملكة العربية السعودية، القرن الخامس - القرن الأول قبل الميلاد، حجر رملي أحمر، الارتفاع: 24.5 سم × العرض: 118 سم × السماكة: 18 سم. الهيئة الملكية لمحافظة العلا (1-03-1-000355). النص رقم 13 (على اليمين)

1. ش ع ت / أ س / ب ن ج ر م ه ن أ ك ت ب
2. ن ت ب ع ل / ج ح ت / م ع / ذ غ ب=
3. ت / ف ر ض ه م / س ن ت / ث ل ث / ب-ط=
4. {ع} ن / ص د / ن ت ن / ب ن / ج ش م / م ل ك / ل ح ي [ان]

جماعة أوس بن جرمهنأكتب نتببعل أدت رحلة حج بصحبة ذي غيبة، لعله يرضى عنهم، السنة الثالثة نَتَن بن جشم ملك لحي[ان] أثناء {مغيب} صيد.

هذا النقش المؤلف من أربعة سطور منحوت نحتاً بارزاً في الجزء الأيمن. في حالة جيدة جدًا، لم تؤثر الخدوش الطفيفة على الجانبين العلوي والسفلي على الحروف فعلياً. كان الكاتب يفتقر إلى الحيز اللازم لنحت الحرف الأخير من الاسم القبلي "لحيان" في السطر الرابع، ولا يوجد ما يشير إلى أنه حاول إقحامه في مكان آخر.

يخلد النقش ذكرى رحلة حج أدتها مجموعة اجتماعية نعتت بوصفها ش ع ت إلى معبد أم درج تبجيلاً لذي غيبة. في اللغة العربية الفصحى، تعني كلمة شيعة مجموعة من الناس مثل "حزب" أو "طائفة". في النقوش الدادانية، غالبًا ما تذكر هذه المجموعات من خلال علاقتها باحتفالات دينية، والتي يمكن للمرء أن يستوحي منها أنها تتوافق مع الجمعيات الطقوسية. يحمل الشخص الذي يقود هذه المجموعة الاسم العربي الشائع أوس. اسمه الأبوي جرمهنأكتب هو اسم ثيوفوري مركب يحوي اسم الإله هن-أكتب. عُثِر عليه في نقش داداني آخر فقط. الاسم الثالث، ن ت ب ع ل، هو اسم ثيوفوري يحوي اسم الإله بعل الذي أدمج حرف النون الثاني فيه بالمكون الأول من الاسم، * /نتببعل/ < * /نتبيعل/. من غير الواضح ما إذا كان الأخير يتوافق مع اسم جد أوس أو ما إذا كان اسم عائلته أو مجموعته القبلية.

إن استخدام حرف الجر م ع، "مع"، بدلاً من ل-، "من أجل" بين ج ح ت، "أدت الحج" واسم ذو غيبة، تزامنت مرة واحدة فقط، في النقش المحفور على الجزء الأيسر من نفس العتبة (أنظر النقش رقم 14). وفقاً لبحث حديث أجراه ف. كوتسترا (F. Kootstra)، تشير العبارة ب-ط ع ن المستعملة في صيغة التأريخ إلى الظاهرة العكسية للظاهرة الموصوفة بعبارة ب-ر أ ي في النقش رقم 11، وبالتالي "مغيب مجموعة نجمية". إن وجود اسم هذه المجموعة النجمية، ص د، مُثْبَت في نقشين دادانيين آخرين. ومن الجدير بالذكر أنه في اللغة العربية والجنوبية العربية الحديثة، يمكن أن يعني الاسم صيد "سمكة"، والتي تذكّر ببرج الحوت. إن ملك لحيان المذكور هنا، نَتَن بن جشم، معروف من نقش داداني آخر فقط يخبرنا أنه ملك لمدة خمس سنوات على الأقل. وضعه ضمن السلالة الملكية غير مؤكد وليس معروفاً ما إذا كان ابن جشم بن لوذان المذكور في النقش رقم 5.

____

النقش رقم 14.
نقش داداني يذكر حجاً لجماعة (الجزء الأيسر)

1. ش ع ت / ع ب د ذ غ ب=
2. ت / ب ن / ل ش م س م / ج=
3. ج و / م ع / ذ غ ب ت /
4. ف ر ض-ه م / و س ع د-
5. ه م / ع ب د ذ غ ب ت / {أ}=
6. و د ق / أ -ش ح ذ / ل-ذ {غ}=
7. ب ت / ف ر ض ي-ه

أدت جماعة عبد ذو غيبة بن عليشمس الحج بصحبة ذي غيبة، لعله يرضى عنهم ويساعدهم. قدم عبد ذو غيبة الهدية إلى ذي غيبة، لعله يرضى عنه.

يتألف النقش من سبعة سطور محفورة في الجزء الأيسر. الحرفان الأخيران في السطرين 5 و6 لحقتها أضرار طفيفة، غير أن قيمتيهما كحرف أ وكحرف غ على التوالي لا شك فيهما. هذا النص مشابه جداً للنص السابق المنحوت بجانبه لأنه يشتمل أيضاً على تخليد ذكرى حج قامت به ش ع ت، "جماعة"، ويستعمل نفس الصيغة غير المعتادة م ع ذ غ ب ت، بصحبة ذي غيبة». إلا أنه يتميز عنه بحقيقة أنه لا يحتوي على تاريخ، ولكنه يقدم عوضاً عن ذلك توكيداً ثانياً حول زعيم ش ع ت، بالإضافة إلى إعادة صياغة الدعاء لصالحه.

حول الاسم الداداني الشائع عبد ذو غيبة الذي يحمله زعيم المجموعة، أنظر النقشين رقم 2 و11. إن وجود اسم والده، ع ل ش م س، مُثْبَت في نص داداني آخر. وهو يتوافق مع اسم ثيوفوري يحوي اسم إله الشمس السامي، شمس، بمعنى "شمس تعالى". حول الفعل أ و د ق، "قَدَّمَ"، أنظر النقشين رقم 2 و3. بعد ذلك يأتي اسم، ش خ ذ، المعرف بأداة التعريف أل- (ال التعريف في اللغة العربية) مع /ل/ المدمجة بالحرف الصافر التالي. على الرغم من أن الشكل المعتاد لأداة التعريف الدادانية هو هـ ن- / ه-، فإن الأداة أل- موثق وجودها في عدد صغير من النقوش الدادانية، ويمكن أن تعكس تأثيراً عربياً. لم يُعثَر على كلمة ش خ ذ من قبل في الدادانية أو في نقوش مدونة بأي خط عربي شمالي قديم آخر. ينبغي أن تكون هذه الكلمة مرتبطة بالكلمة العربية شَحذ والآرامية شحد، وكلاهما يعني "هدية" و"رشوة".

____

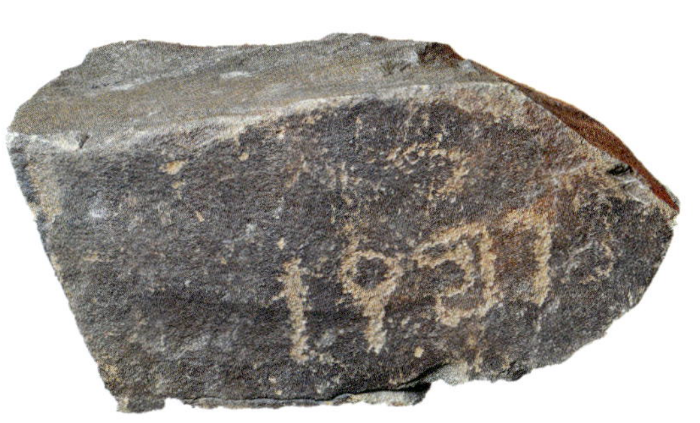

النقش رقم 15.
خربشة (غرافيتي) حسمائية (؟)

منطقة العلا، المملكة العربية السعودية، القرن الأول قبل الميلاد - القرن الثالث الميلادي، حجر رملي، الارتفاع: 17 سم × العرض: 33 سم × السماكة: 25 سم. الهيئة الملكية لمحافظة العلا (1-03-1-000356).

1. ل م ي ش

"من قبل مياش".

يتألف النقش من سطر واحد منحوت على الحجر من توقيع بسيط يبدأ بما يسمى بلام الفاعل. هذه الأخيرة هي أداة شائعة في النقوش في العديد من الخطوط العربية الشمالية القديمة ومستخدمة لتقديم أسماء العلم والتعبير عن هوية المؤلف.

يعد تحديد النص على أنه حسمائي (ثمودي E) تم على فرضية أنه لا توجد أشكال حروف تشخيصية كافية في النص. إذا كان مدوناً بالفعل بالحسمائية، فسوف يقرأ اسم المؤلف م ي ش، ربما يقرأ مياش بالعربية. من جهة أخرى، إذا كان مكتوباً بالثمودي C أو D، فستكون القراءة ل م ي ر. غير أن الفرضية الأخيرة أقل احتمالاً لأن م ي ر ليس اسماً عربياً شائعاً ولأن النقوش الثمودية C و D غالباً ما يتقدمها الضمير أ ن، "أنا"، أكثر من لام الفاعل.

____

الفن الصخري والكتابة، تاريخ منقوش على الحجر

أصل الكتابة العربية

ليلى نعمة
المركز الوطني الفرنسي للبحث العلمي (CNRS)،
وحدة البحث المشتركة الشرق والبحر الأبيض المتوسط

خلال فترة طويلة من الزمن، اعتبر العلماء أن أقدم الوثائق المكتوبة باللغة العربية كانت ثلاثة نقوش اكتشفت في سوريا، وتعود جميعها إلى ما قبل الإسلام. يأتي أقدمها من زبد، 60 كم جنوب شرقي حلب، ولعله يؤرخ من العام 512 ميلادي. يؤرخ النقشان الآخران، اللذان اكتشفا في جبل أسيس (الشكل رقم 6) في الحرة الواقعة جنوب شرقي دمشق، وفي حران في منطقة اللجا على التوالي، يؤرخان من الأعوام 532-533 و569 ميلادي على التوالي.

المصدر الوحيد باللغة العربية المتوفر حول هذه المسألة هو البلاذري، وهو مؤرخ عراقي توفي عام 892 ميلادي، ومؤلف لكتاب بعنوان "كتاب فتوح البلدان". ينقل البلاذري رواية تفيد بأن الكتابة العربية اتخذت من الكتابة السريانية نموذجاً. لعل الخط العربي وضع من قبل ثلاثة رجال من قبيلة طيء العربية النصرانية، والذين نقلوها بعد ذلك إلى سكان الحيرة، عاصمة مملكة اللخميين (بني نصر أو النصريين)، في الفرات الأوسط العراقي. ولعلها انتشرت إلى مكة بفضل حركة تنقل التجار. استشهد بنص البلاذري غالباً للقول أن الكتابة العربية ولدت في الحيرة وأنها نُشرت من هناك في جزيرة العرب. غير أنه إذا ما تفحص المرء النص عن كثب، يدرك أن الرجال الثلاثة الذين ذكرهم المؤرخ لم "يبتكروا" الخط العربي، بل "وضعوه" و "قاسوا الهجاء". وفي الواقع، ربما لعبت الحيرة، وهي موئل حضاري هام في فترة ما قبل الإسلام، لعبت ببساطة دوراً في وضع قواعد الكتابة العربية وتوحيد مقاييسها، ولكن أصلها الأول لم يكن الحيرة، خاصة وأن الوقائع التي أوردها البلاذري تعود إلى نهاية القرن السادس أو بداية القرن السابع، وهو تاريخ نعرف أن الكتابة العربية كانت موجودة فيه مسبقاً.

إرث من الخط النبطي

نشأ الخط العربي عن الخط النبطي وليس السرياني، وهذا بات مؤكداً من الآن فصاعداً. وفي الواقع، ومنذ حوالي خمسة عشر عاماً، اكتشفت عشرات النقوش المثيرة جداً للاهتمام، كونها مؤرخة من الفترة الواقعة بين القرنين الثالث والسادس الميلاديين، في شمال غربي وجنوبي المملكة العربية السعودية (الشكلان رقم 1 و3). فالجنوبية منها (منطقة نجران) كانت بخط عربي تقريباً، ومؤرخة من القرن السادس (الشكل رقم 5). وفي المقابل، تحتوي الشمالية الغربية منها (المنطقة الممتدة من المدينة المنورة إلى وادي رم في الأردن)، المؤرخ بعضها من القرون الثالث والرابع والخامس والسادس، على عينات ونماذج مرسومة بخط يعد انتقالياً على نحو شديد الوضوح، بين النبطي الذي كان يكتب به في البتراء والحِجْر في القرنين الأول والثاني الميلاديين، والعربي المستخدم في القرن السادس. لهذا السبب نتحدث من الآن فصاعداً عن النبطي-العربي لوصف الخط المستعمل في هذه النصوص الانتقالية.

تستخدم النصوص نظام تأريخ "روماني"، بمعنى أنها مؤرخة من عهد الولاية العربية الرومانية، والذي يبدأ في العام 106 للميلاد، تاريخ ضم روما للمملكة النبطية. وبناءً على ذلك، تعد هذه النصوص الحلقة المفقودة الحقيقية بين الخطين النبطي والعربي، وهذا واضح على وجه الخصوص بالطريقة التي ينتقل بها حرف الشين من شكل إلى آخر (الشكل رقم 4)، وهو الحرف الذي أعطى حرفي السين والشين في اللغة العربية. لا يحتوي أي من الحروف على أحرف منقوطة، كالحروف ذات النقاط أو التي توجد شرطات فوقها أو تحتها لتمييز التماثلات الكتابية، باستثناء الدال (لكنه إرث نبطي)، لكن هذا طبيعي في تلك الفترة. تطورت الحروف خاصة في القرنين الرابع والخامس.

وأرسي جوهر النظام في نهاية القرن الخامس، ويمكننا الحديث حينها عن شكل يمكن أن يُطلق عليه مسمى "الخط العربي".

من المسؤول عن هذا التطور ولماذا تم اختيار الخط النبطي؟ نعلم أنه بدءاً من القرن الثالث الميلادي ظل الحضور الروماني يتضاءل شيئا فشيئا في الحجاز، وأن السيطرة على هذه الأراضي الشاسعة وواحاتها انتقلت تدريجياً إلى أيدي إمارات عربية مثل الغساسنة أو صالح أو كندة. ومن المؤكد أن "ملوك" هذه الإمارات، التي يتكلم سكانها شكلاً من أشكال اللغة العربية، كان لديهم ديوان تدون فيه الوثائق - التي لم يصل إلينا أي منها - بالحبر على ورق البردي أو على غيره من الوسائل الأخرى. ولتلبية احتياجاتهم فقد استخدموا دون شك اللغة النبطية وهي الكتابة الوحيدة المرموقة، والتي كانت لا تزال موجودة في المنطقة في تلك الفترة، مما جعلها تتطور إلى اللغة العربية، وذلك من خلال الاستخدام الأكثر مرونة والاستعمال المتنامي والأكثر حرية في الوصل بين الحروف.

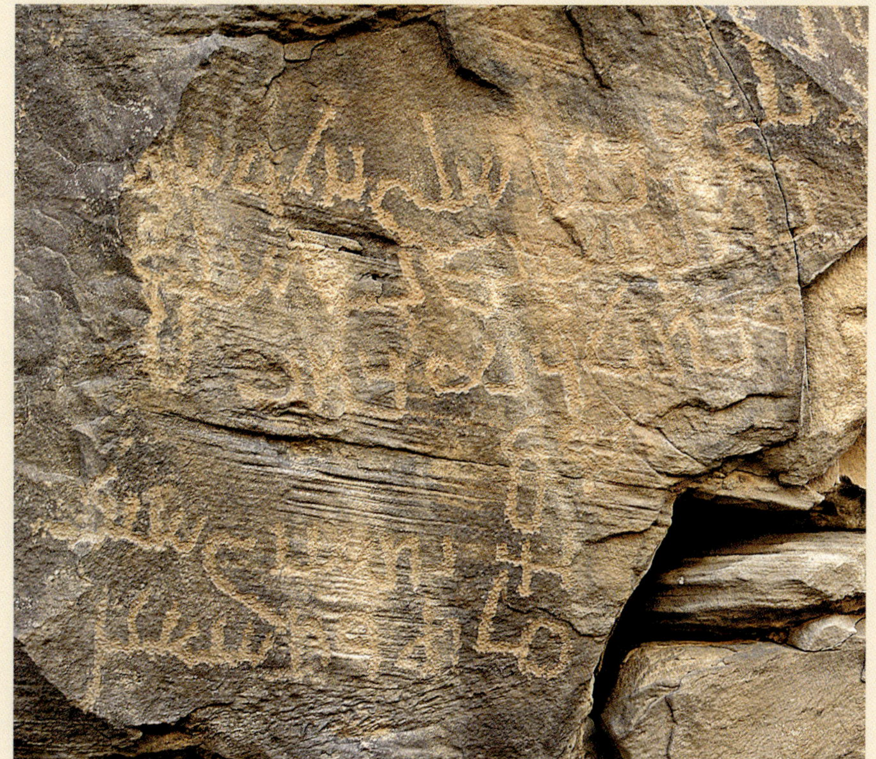

1

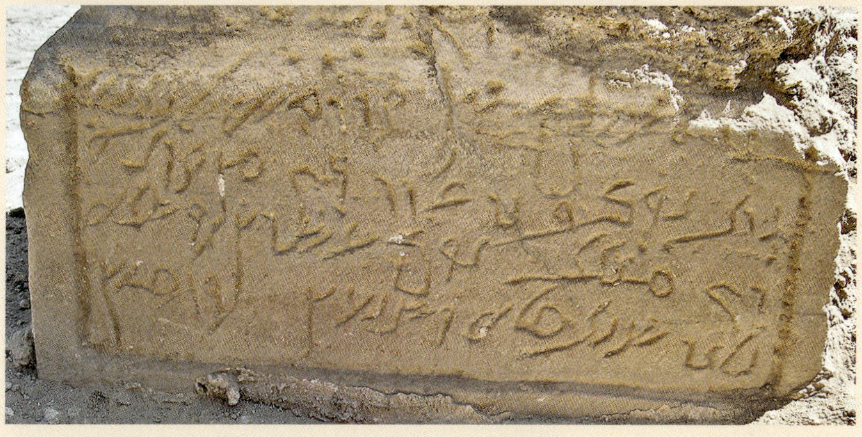

2

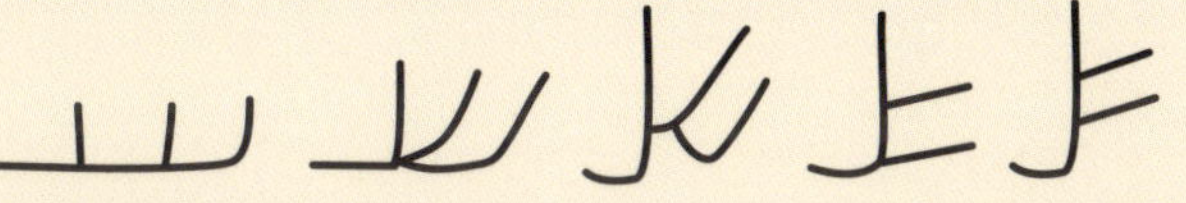

3

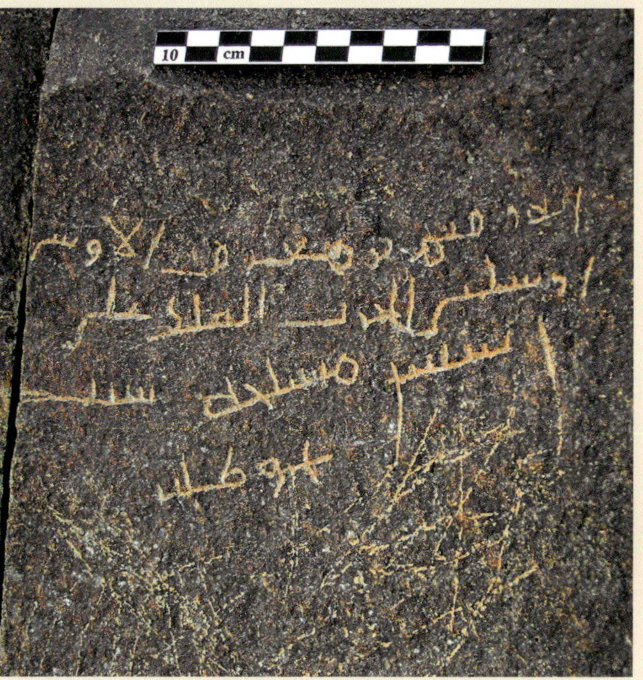

4

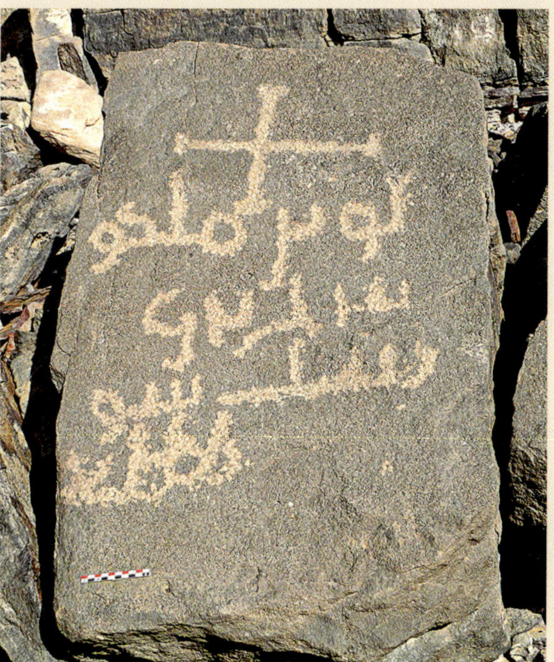

6

5

الفن الصخري والكتابة، تاريخ منقوش على الحجر

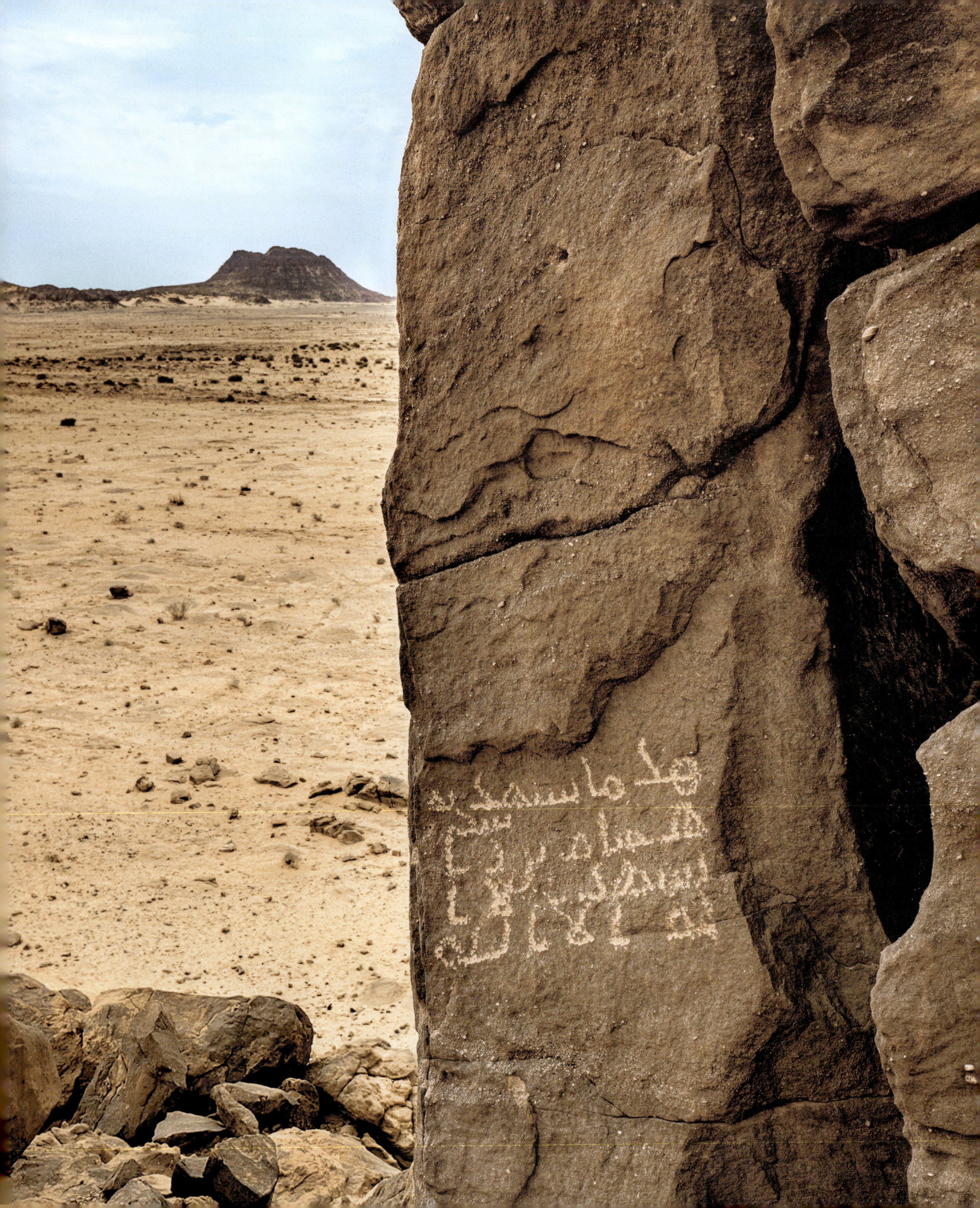

نقوش إسلاميَّة بمحافظة العلا

حياة عبدالله حسين الكلابي (باحثة)

تتوفَّر النُّقوشُ الكتابيَّة الإسلاميَّةُ بكَثرة في محافظة "العلا"، وتُعَدُّ من أهمِّ الآثار الإسلاميَّة الباقيَة فيها، ومعظَمُها يوجَدُ على مساراتِ طُرُق الحَجِّ وتِجارة القوافل العابرة للمحافظة، وبعضُ هذه الكتابات نفَّذها الحُجَّاج والمُسافرون السَّائرونَ على هـذه الطُّرقات خلالَ الفترة المُمتدَّة مِنَ القَرن الأوَّل إلى الخامـس الهجريِّ (7-11 م)، والبعضُ الآخـر كتبَهُ السُّكَّان المَحلِّيُّون مِـن أهلِ "العلا" في تلك الفتـرة في مَرابعهم وأماكـن تنزُّههِـمْ، والبعـضُ القليل مِـن هـذه النُّقوش مُؤَرَّخَةٌ وغالبيَّتُها غيـرُ مُؤَرَّخَة.

وترجـع أهمِّيَّةُ هذه النُّقوش- بالإضافة إلى كَثرة عددها- إلى كونها الآثارَ الوحيدة الَّتي تركها مُستخدمو الطُّرق مِنَ الحُجَّاج والمتنزهين والمسافرينَ. فهي تساعد، إلى جانب المباني الَّتي أقامَها الحُكَّام والوُلاة المُسلمون، على التَّعرُّف على مسارات الطُّرق ومحطَّاتها، فضلاً عن أهمِّيَتِها في دراسة تطوُّر الخطِّ العربيِّ، والتَّعرُّف على أسماء وألقاب وكُنى لشخصيَّاتٍ من الفترة الإسلاميَّة المُبْكرة لم ترد في أيِّ مصادر أخرى. كـما أنَّ نُقوشَ السُّكَّان المَحلِّيِّـن مِن أهـل "العلا" تُمكِّن مِنَ التَّعرُّف عليهم خلال تِلك الفترة، وعلى ممارساتِهِـمْ الاجتماعيَّةِ وعاداتِهِمْ وتقاليدِهِـم وثقافتِهِم.

نقوش دينية وأدعية

مُعظَمُ هـذه النُّقوش مِـن نـوعِ الكتابـات التَّذكاريَّة الَّتي يكتُبُها الحُجَّاج والمُسافرون والمُتَنَزِّهونَ على الواجهات الصَّخريَّة تَخليداً لرحلتِهم، وتتضمَّن بالإضافة إلى أسماء أصحابها أدعية وعبـارات دينيَّـةً تُعَبِّر عن الإيمـان والتَّقوى، وتدعو الآخرينَ للتَّمَسُّـك بالدِّيـن، وتطلبَ المَغفرة مِـنَ الله والرِّعاية في السَّفَر وبلـوغَ المقصد، وغير ذلك من المضامين الدِّينيَّة والاجتماعيَّة. وتُعَدُّ هـذه النُّقوش مِـنَ الوثائـق الأثريَّـة المُهمَّـة، فهيَ من جهـةٍ أصيلـةٌ ومُعاصِرةٌ للحقائـق والأحداث الَّتي تُسَجِّلُها، وَمِن جهـة أخرى تكشف عـن حقائـق جديـدة مُستَمَدَّة منها، فضلاً عـن كَونها حقلاً خصبًا لدراسة العديد مِـنَ الظَّواهـر اللُّغويَّة. ونظراً لأنَّ الإنسانَ يحرِصُ بطبيعته علـى توثيـق الأحداث المُهمَّـة في حياتـه- ومِـن ذلك الأسـفار والرِّحلات الطَّويلة- فإنَّ مُعظَم الكتابـات التَّذكاريَّة المُنفَّذة على الطُّرقـات كُتبَتْ أصلاً لتسجيل حُضـور أصحابها في المَكان المُنفَّذة فيه، بصَرف النَّظر عـن الصِّيغة المُستخدمة فيهـا، فهي تَحـوي أساساً أسماء أصحابها. وفي فترة صدر الإسـلام كانـت العقيدةُ الدِّينيَّة سِمَةَ غالبةً علـى ثقافة النَّـاس، وذلـك جَعلَهُم يكتبونَ نُقوشَهُم التَّذكاريَّةَ على شـكل أدعية وكتأكيد لوحدانية الله، والشَّهادة

بِرُبوبيَّتِه، والإقرار بالولاء له والتَّوكُّل والاعتماد عليه، والتَّصريح بِمَحَبَّتِه وخَشيَتِه والاعتصام والثِّقـة بـه، والاعتراف بِمـآل الأمور إليـه، والدُّعـاء بِطَلَب الجَنَّـة والمَغفرة والتَّوبة والرَّحمة للدَّاعي ولِوالدَيـه ولِجميـع المُسـلمين، وصُحبـة اللـه وحِفظه في السَّفر، والخِلافـة في الأهل، وطلب الرِّضا والقَناعة وسَعَـة الرِّزق والعِلم النَّافـع، وطلب الوِقاية منَ الفتنة، والصَّلاة على الرَّسـول – صَلَّى اللـه عليه وسلَّـم – والاعتراف برسالته ومحبَّته وطلب شفاعته يـومَ القِيامة، وتسجيل الوَصايا لعُمـوم المسـلمين لِحَثِّهم على تقـوى اللـه وبرِّه وصِلـة الرَّحم، وغيـر ذلك مـنَ الصِّيَغ.

وهـذه الكِتابـات التَّذكاريَّـة علـى قِصَرِهـا تعكـس الحالـة الوجدانيَّـة لأصحابها لحظـةَ كتابتها، ومُسـتوى الإيمـان والتَّديُّن، وكيـفَ تـمَّ التَّعبيـر عـن ذلك بِأسـلوب أصحابها، وهذا ما يُعَـدُّ فرصـةً للباحثيـنَ لدراسـة التَّحوُّلات الَّتـي طرأَتْ علـى اللُّغـة والنَّاس وأثـر القُـرآن والسُّنَّـةِ في ذلك.

طريقا الحج الشامي والمصري

ومعظـمُ النُّقـوش الكتابيَّـة الإسلاميَّـة في محافظـة "العلا" تُوجَـدُ علـى مسـار طريـق الحجِّ الشَّـاميِّ، وتكثُـرُ في محطَّاتـه القريبـة مـن مدينة "العلا"، ولا سيَّما في المنطقة الواقعة في "الحِجر" – "مدائـن صالح" – وإلى الشَّمال مـنَ "الحِجر" (الشَّكلان رقم 3 و6)، "والمزحـم والأقرع" والمنطقـة الواقعـة بيـنَ "الحِجر" "والعلا" ("درب الحاجّ أبو زرايب"). كما تُوجَـدُ نقـوشٌ علـى طريـق الحجِّ المصريِّ الداخليِّ في منطقة "بلاطة" "والمقـرح الأسمر". وكمـا تُوجَـدُ بعـضُ النُّقـوش الإسلاميَّـة على "درب البكرة"، وهنـاك نُقـوشٌ كثيـرةٌ تعود لسُـكّان "العلا" ولا سيَّما في موقع "أبـو عـود" وموقع "أمِّ دَرَج".

وتتميَّـزُ هـذه النُّقـوش بـأنَّ بعضَهـا كُتِـبَ بالخطِّ الحجازيِّ اللَّيِّـن والمَنقـوط، فـي حيـن أنَّ أكثرَهـا كُتِـبَ بالخَـطِّ الكُوفيِّ، وهي علـى درجَـة عاليـة مـن جَـودَة الخطِّ برَغـم أنَّها منقوشـة في الصَّخر، كمـا أنَّ كتابـاتِ أهلِ "العلا" فيهـا درجةٌ عاليـة مـنَ الجَودة والإتقان.

ويُعَـدُّ نقـشُ زهيـر المـؤرَّخُ مـن سـنة 24 هـ أحَـدَ أشـهر هذه النُّقـوش (الشكل رقم 2)، ويُوجَـدُ علـى مسـار طريـق الحَجِّ الشَّـاميِّ بيـنَ "الحجر" و"العلا"، وهـو يـؤرِّخ لوفاة عُمَـرَ بن الخطَّـاب رضيَ الله عنـه، وقـد كُتِـبَ بالخَـطِّ المَـدنيِّ بحـروفٍ ليِّنَـة ومَنقوطـة، وقـد تـمَّ تسـجيلُه في مُنظَّمـة اليونسكو سـنةَ 2003 بوصفِه أحَد أقدم النُّقـوش الكتابيَّـة الإسلاميَّـة المُنَفَّـذَة علـى الصَّخرِ.

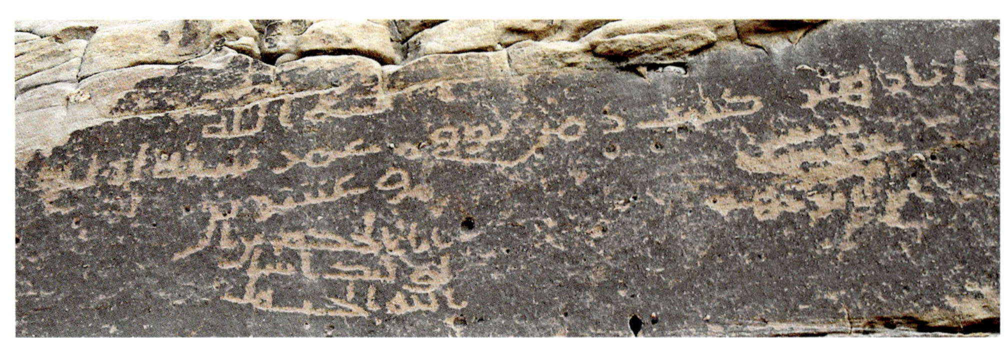

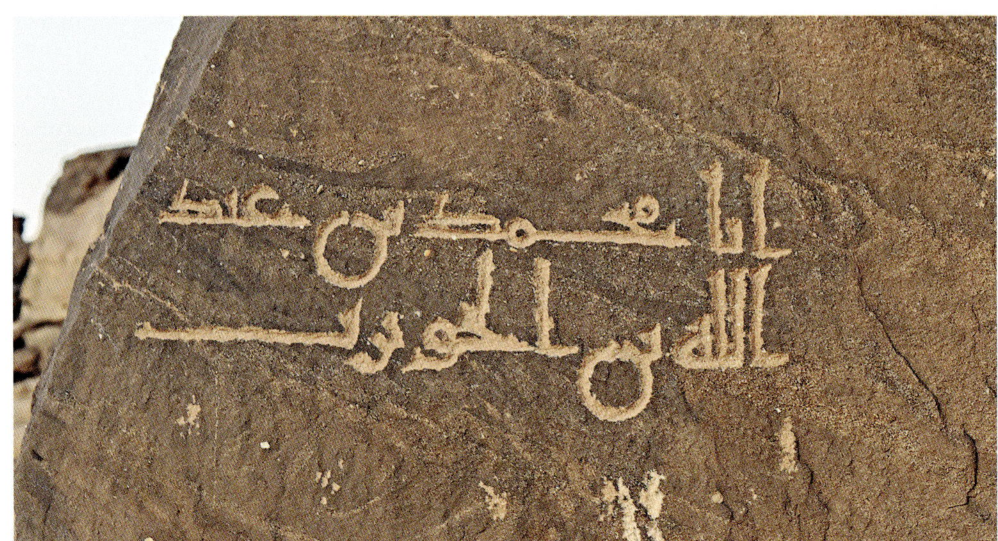

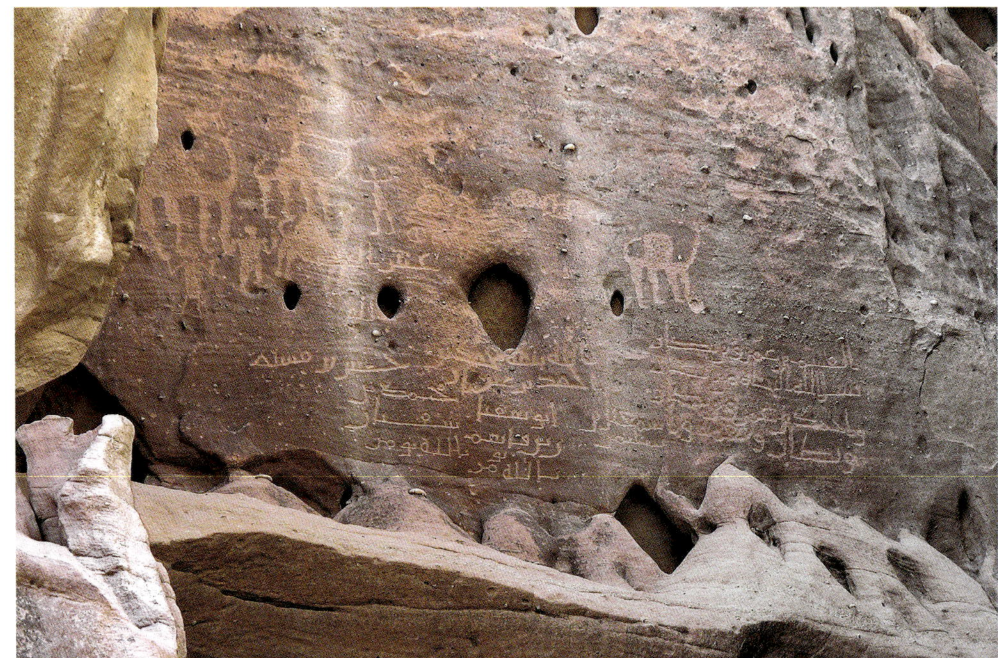

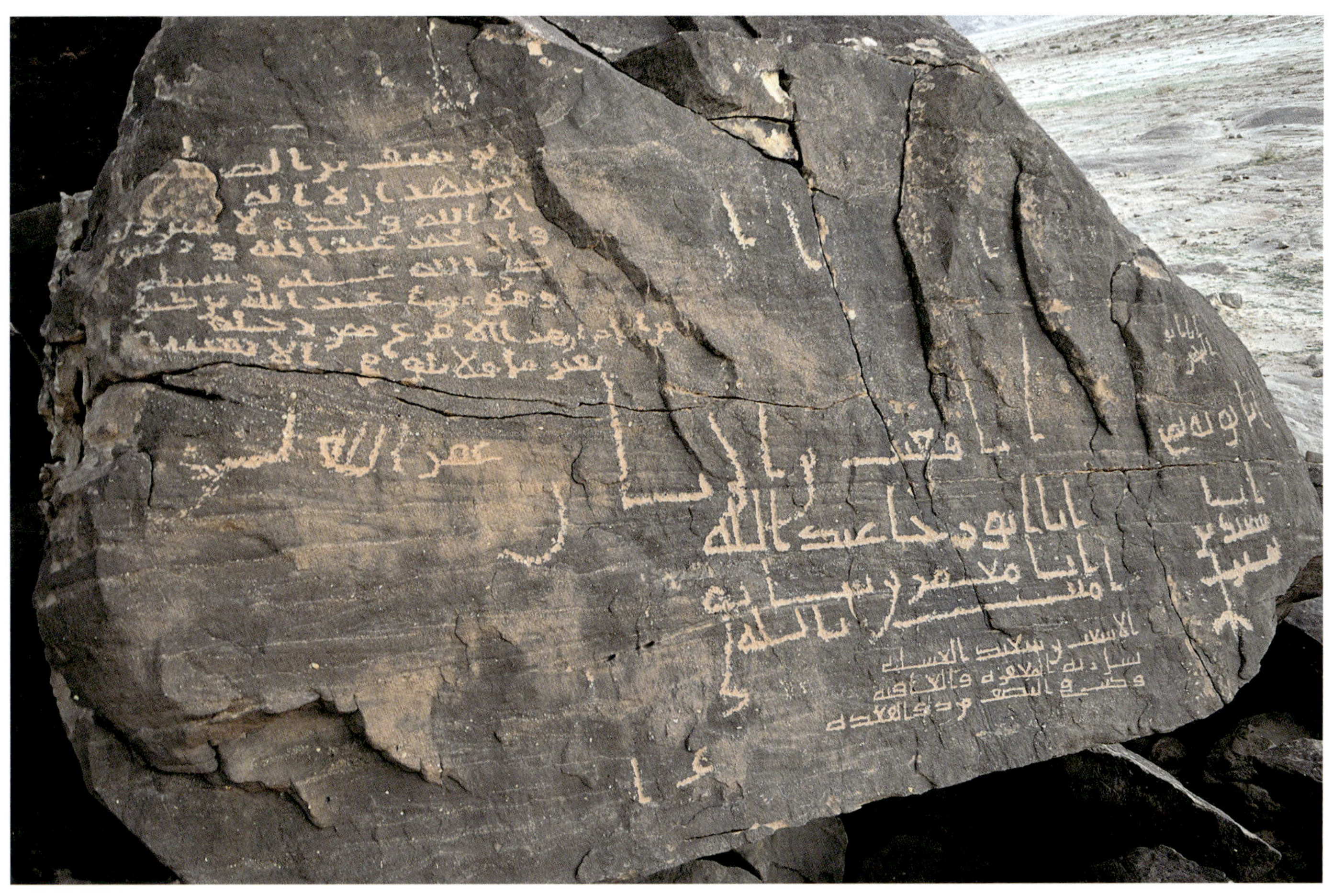

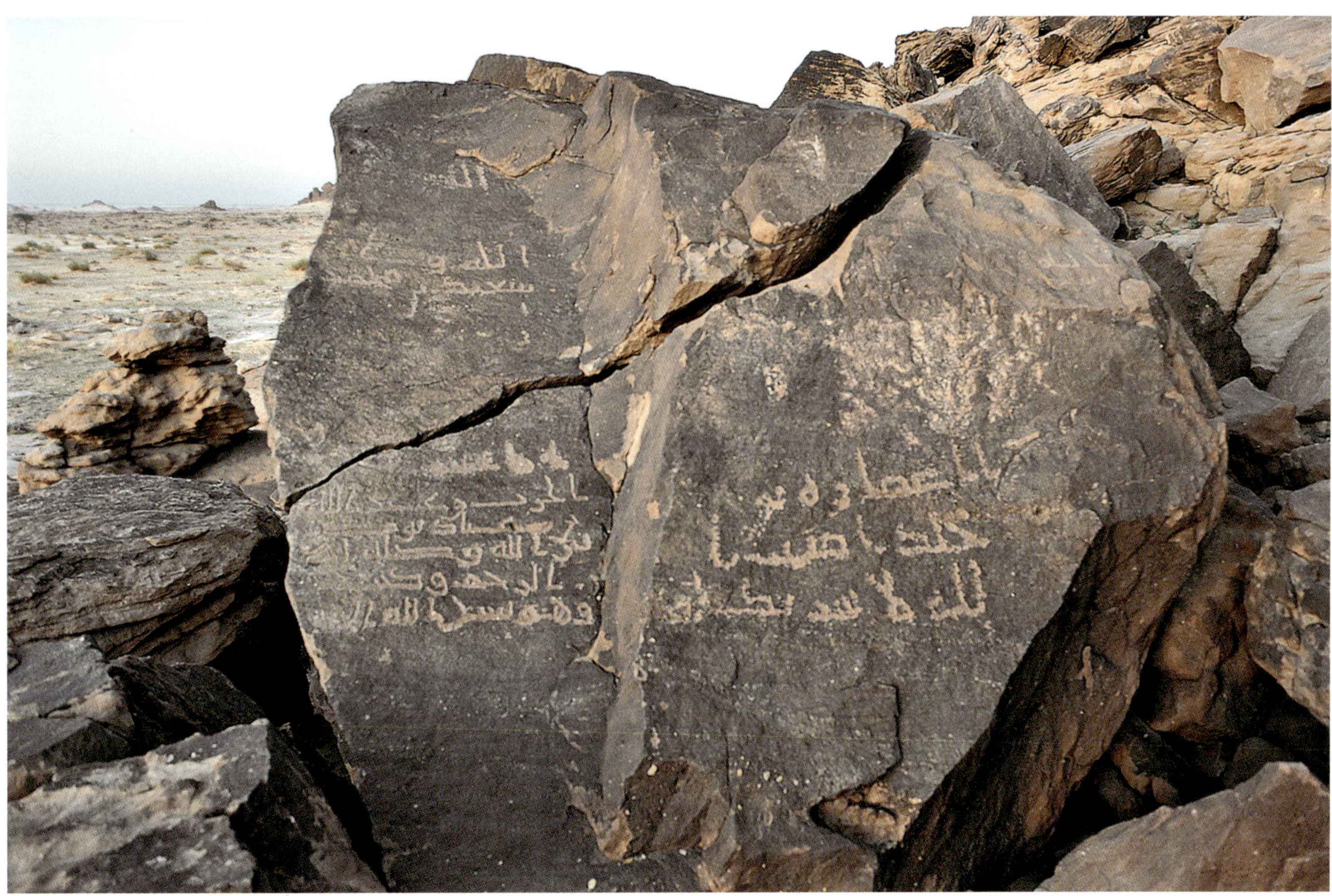

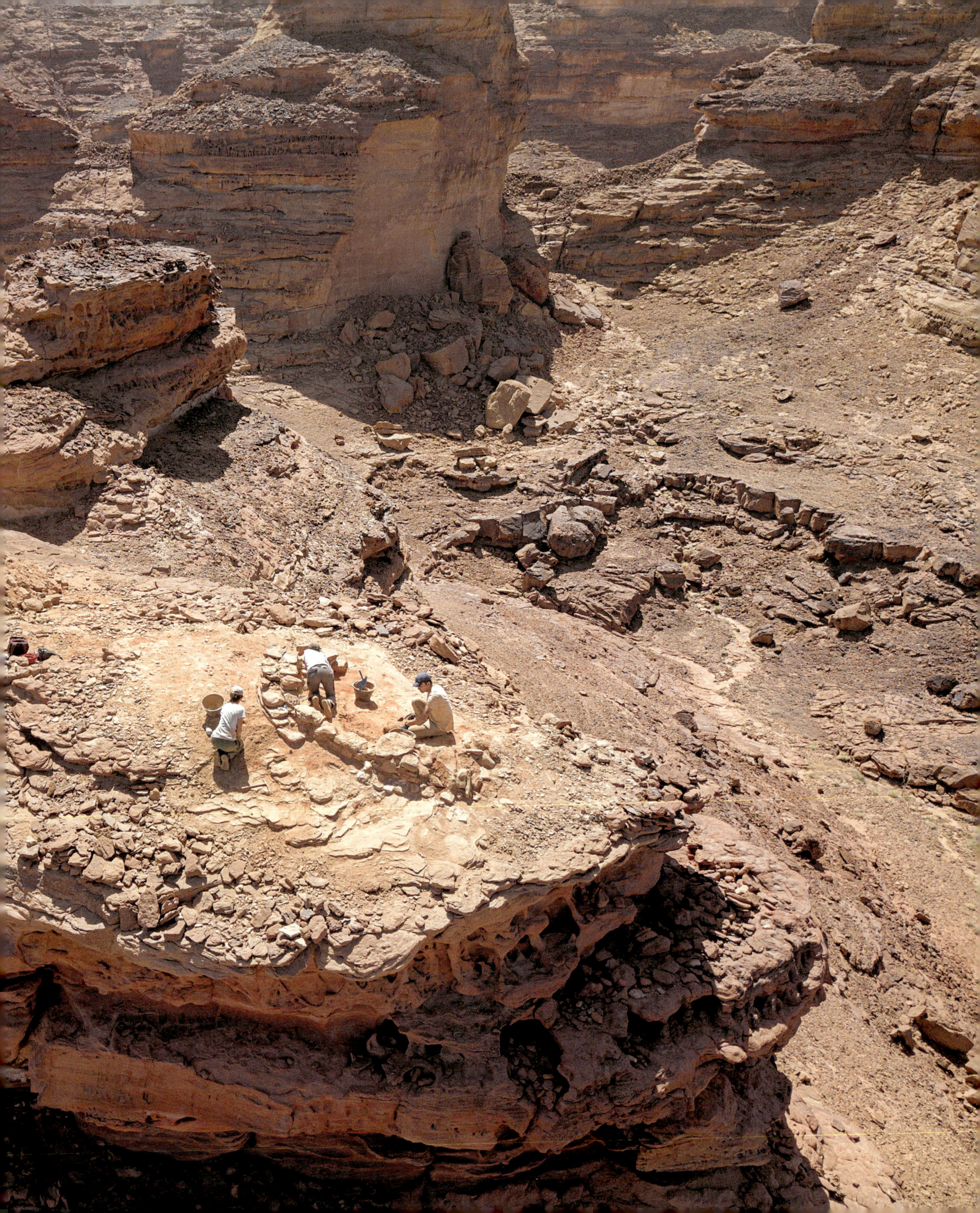

العلا: 150 عاماً من الاكتشاف

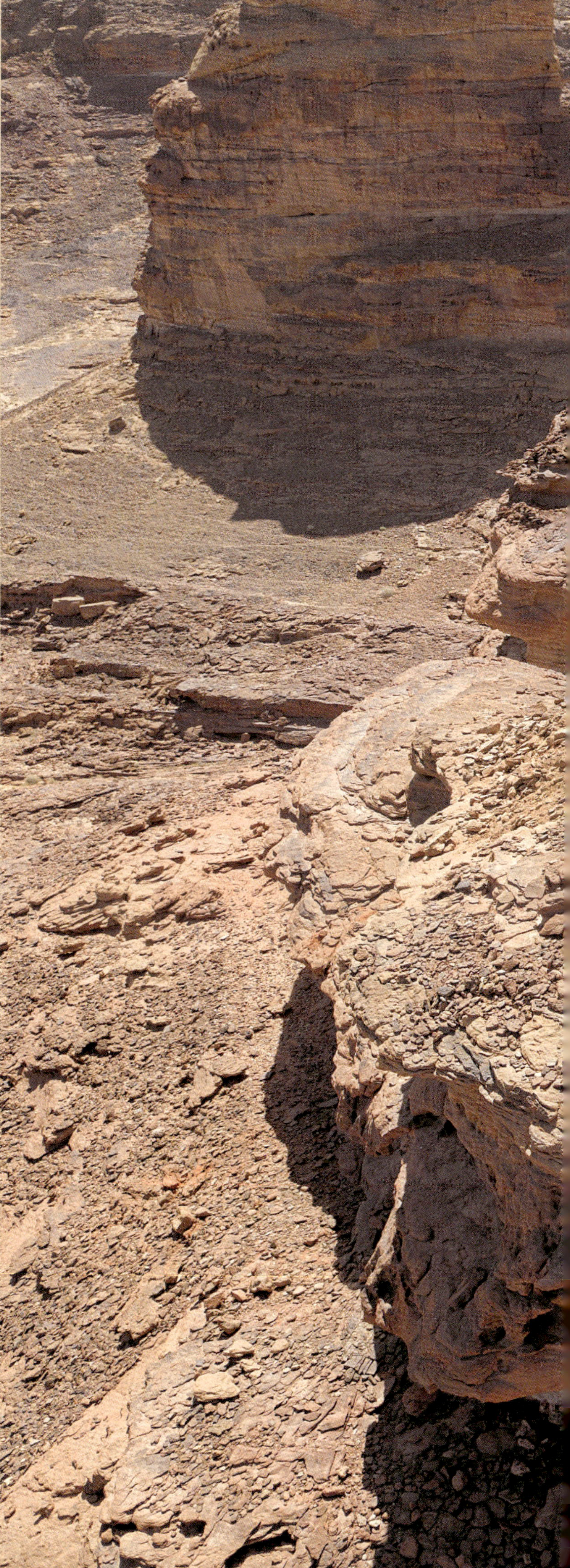

أعمال التنقيب في قبر ركامي cairn
بجبل الخريبة، 2023.

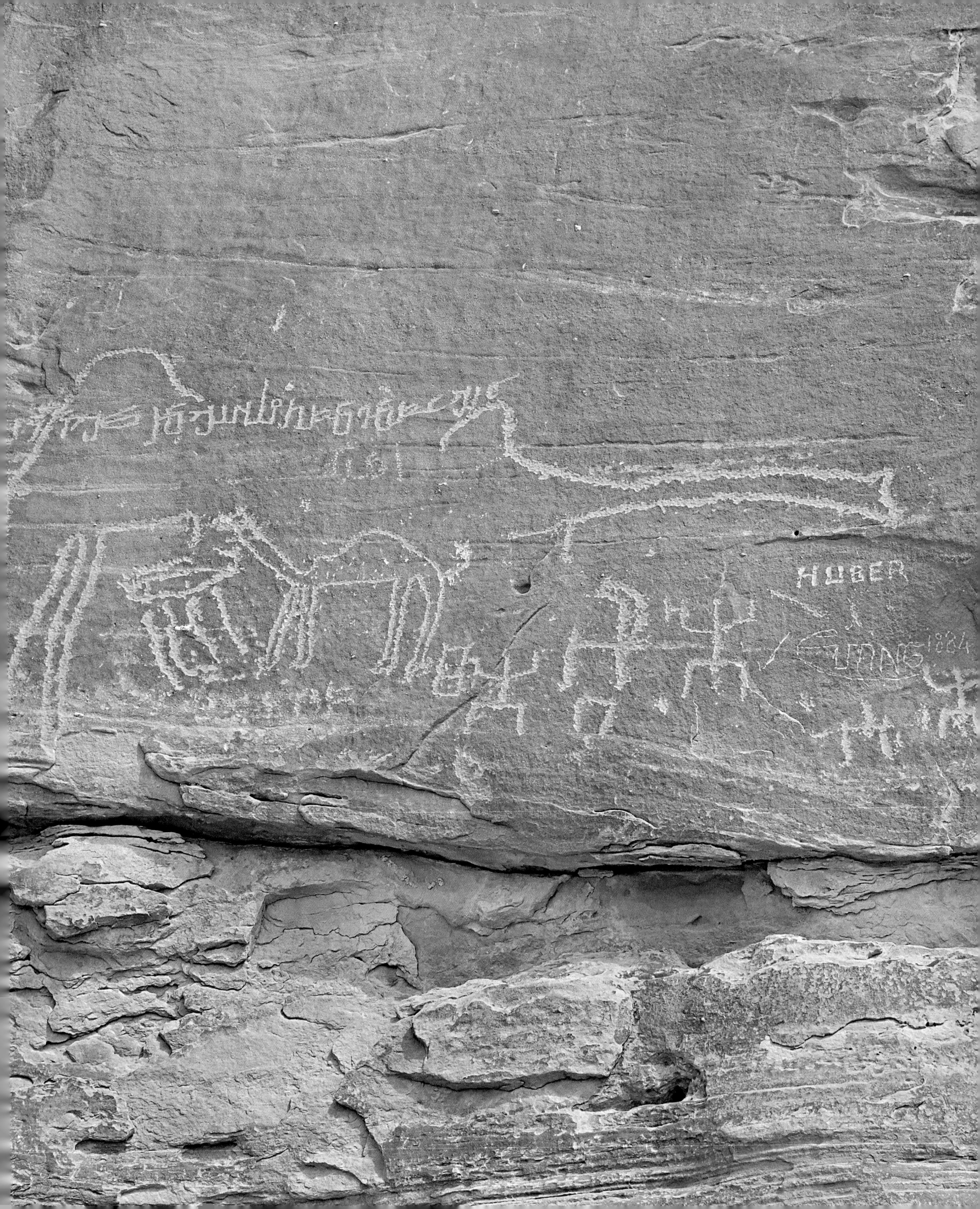

HUBER
CHANG 1884

فرنسوا بويون، مدير فخري للبحث العلمي،
معهد الدراسات العليا في العلوم الاجتماعية (EHESS)

داوتي، أويتنج، أوبير، جوسين وسافينياك: مكتشفو الحجر

إلى ذكرى جان-كلود ريفيردي (1934-2012)

يندرج الاكتشاف والدراسة المنهجية لموقع الحجر والمنطقة المحيطة به، من واحة العلا إلى تيماء، ضمن مرحلة الشغف بـ "مدن الصحراء"، وهي الأماكن الأسطورية (مثل تدمر أو تمبكتو)، المعروفة حتى ذلك الحين كأسماء في النصوص القديمة أو نصوص الكتاب المقدس (العهدين القديم والجديد) أو النصوص القرآنية. كان الاستكشاف العلمي للمواقع النبطية في الحجر وما حولها ثمرة لمساعٍ فردية قامت بها في مطلع القرن العشرين شخصيات فذة ومبدعة، ومن المفيد إجراء مقارنة للمناهج والأساليب المختلفة المعتمدة في هذا الشأن.

تشارلز داوتي: المغامر

إن أقدم استكشاف بلا منازع هو الذي قام به الرحالة الجريء صاحب "الرحلة الكبرى". فبعد أن درس وأصبح جيولوجياً وأديباً، عزم تشارلز داوتي (Charles Doughty) (1843-1926) على أن يكون أول من يكتشف إحدى مدن الصحراء هذه (الشكل رقم 2). فبمروره بالبتراء في ربيع العام 1875، سمع ذكر اسم "مدن" أخرى توجد في مناطق أبعد إلى الجنوب، ومنها الحجر. ولذلك حاول تنظيم بعثة استكشافية طالب لأجلها مساعدة ودعم من الجمعية البريطانية لتقدم العلوم (British Association for the Avancement of Science) لكن دون جدوى. ومع ذلك، قرر الشروع في المغامرة بالانضمام إلى قافلة الحجاج المتجهة إلى مكة المكرمة. وبعد عام أمضاه في دمشق في إتقان اللغة العربية، غادر في 10 تشرين الثاني/نوفمبر من العام 1876 ليصل إلى المدينة بعد عشرة أيام. وهناك، وخلال إقامته في قلعة الحامية العثمانية (المؤلفة بصورة أساسية من مغاربة فارين من زحف القوات الاستعمارية) ثابر على زيارة الآثار مستعيناً بخدمات شيخ بدوي يدعى زيد.

رغم افتقاره التام إلى المعرفة باللغات الشرقية القديمة، قضى تشارلز داوتي (Charles Doughty) شهرين وهو يجوب الموقع، ويرفع العديد من العينات والرسومات. ومع أنه كان برفقة مرشده، كان يخشى الناهبين من البدو، وبعد مواجهته لمارة مخيفين في بعض الأحيان، توجب عليه الانسحاب والعودة باستمرار إلى القلعة. تمتزج أوصافه للموقع بروايات عن هذه المغامرات، مما يسبغ عليها طابعاً غير أكاديمي وحيوياً للغاية. نظراً لافتقاره إلى الوسائل الفعالة لأخذ العينات والرسومات الجغرافية وتلك المتعلقة بالنقوش الكتابية، جازف بوصف أدبي للموقع من خلال الاستناد على رسومات للمشاهد الطبيعية

الشكل رقم 1.
رسومات صخرية ونقش نبطي وتوقيعا شارل أوبير ويوليوس أويتنج اللذان نقشاهما عندما زارا المنطقة.

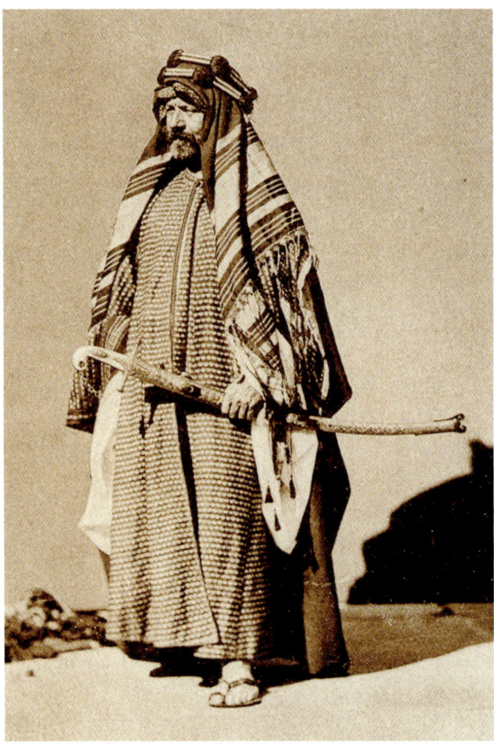

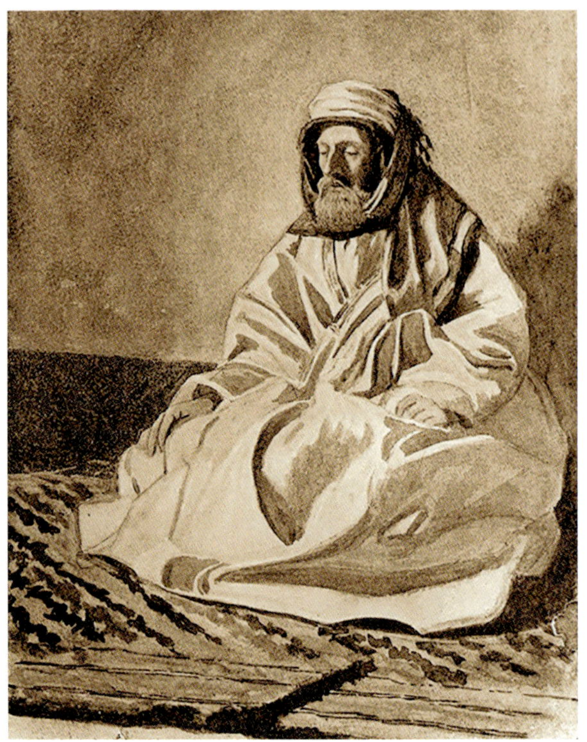

einen prächtigen Rappen und trug einen wunderschönen Ḥangar
mit goldener Scheide und Griff. Da die Pferde sehr unruhig waren,
ritt er nach kurzen Worten mit dem Gefolge weiter. Eben hatte
ich meinen Felsensitz wieder erstiegen, da kam auch Ḥamûd
el-Migrâd zur Stadt heraus. Er hatte mich sofort entdeckt, kam
heraufgeklettert, und war verwundert, mich so ganz allein zu
sehen: es wäre immerhin besser, wenn ich allemal Jemand mit-
nähme. Ich erwiderte ihm, er brauche sich meinethalben nicht
zu beunruhigen; da ich aber nun doch einmal seine Gesellschaft
geniesse, möchte er so gut sein, und mir den Sĕmâḥ zeigen.

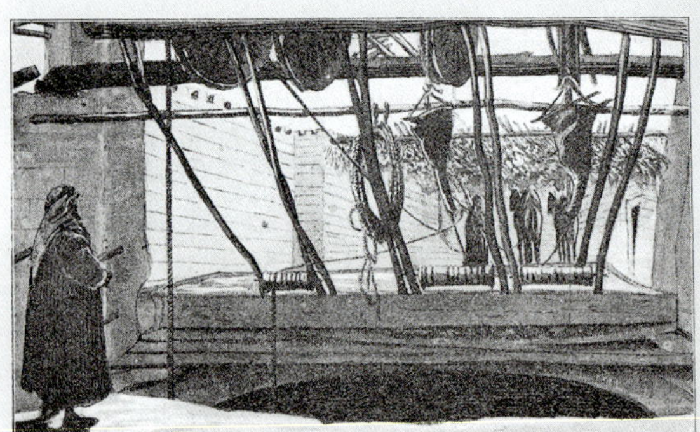

Der Brunnen Sĕmâḥ bei Ḥâjel.

Der Brunnen Sĕmâḥ, auf der Südseite der Stadt gelegen,
ist ein ziemlich zusammengesetztes Anwesen. Er besteht 1) aus
der eigentlichen Brunnenstube mit dem etwa 25 Meter tief
durch den lockeren Granitfelsen gebrochenen, 4 m. im Durch-
messer haltenden Schacht, aus welchem das Wasser in Leder-
kübeln in die Höhe gezogen wird; 2) aus der 35 Meter langen
von Mauern eingefassten Bahn, in welcher zwei Kameele hin
und zurück gehen, um die Lederkübel über die Holzräder
heraufzuziehen und wieder hinabzulassen; 3) aus dem läng-

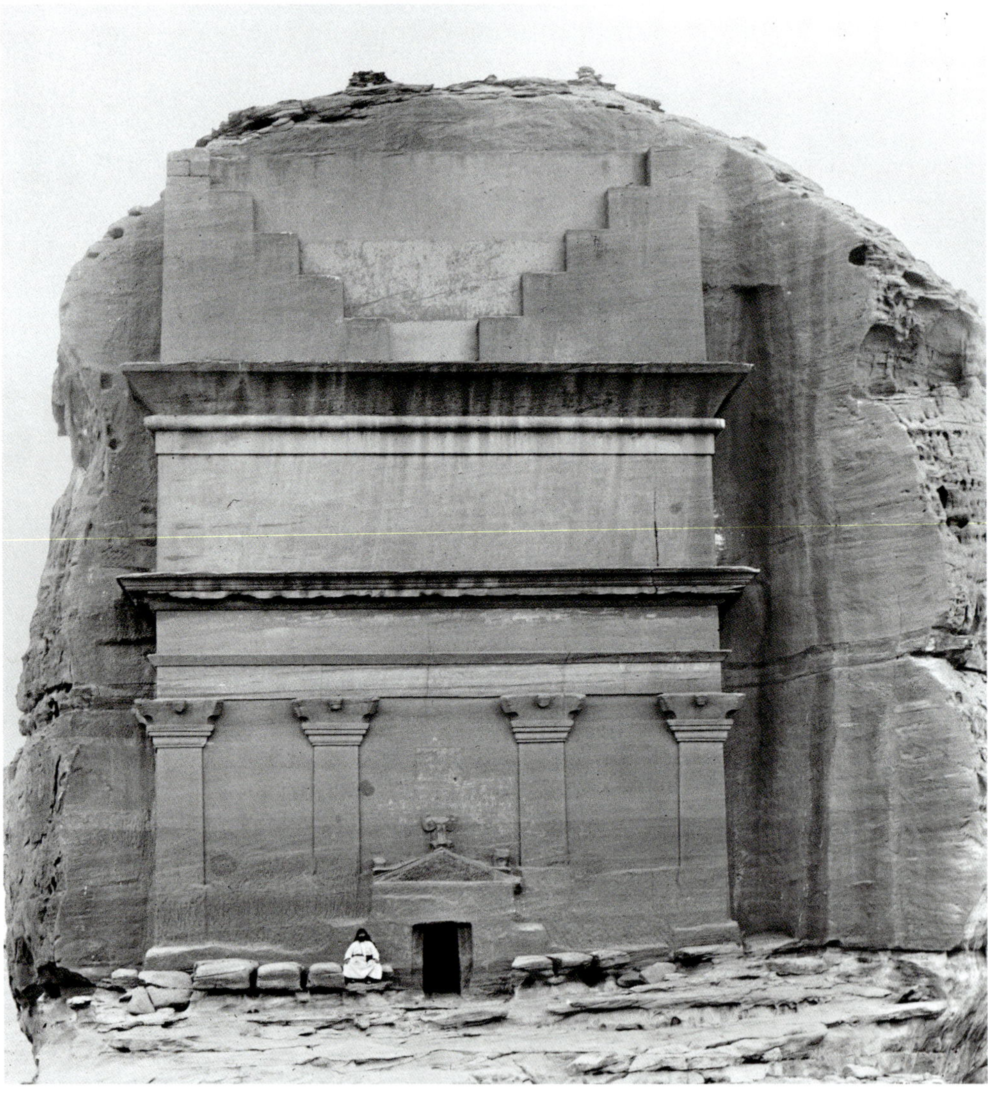

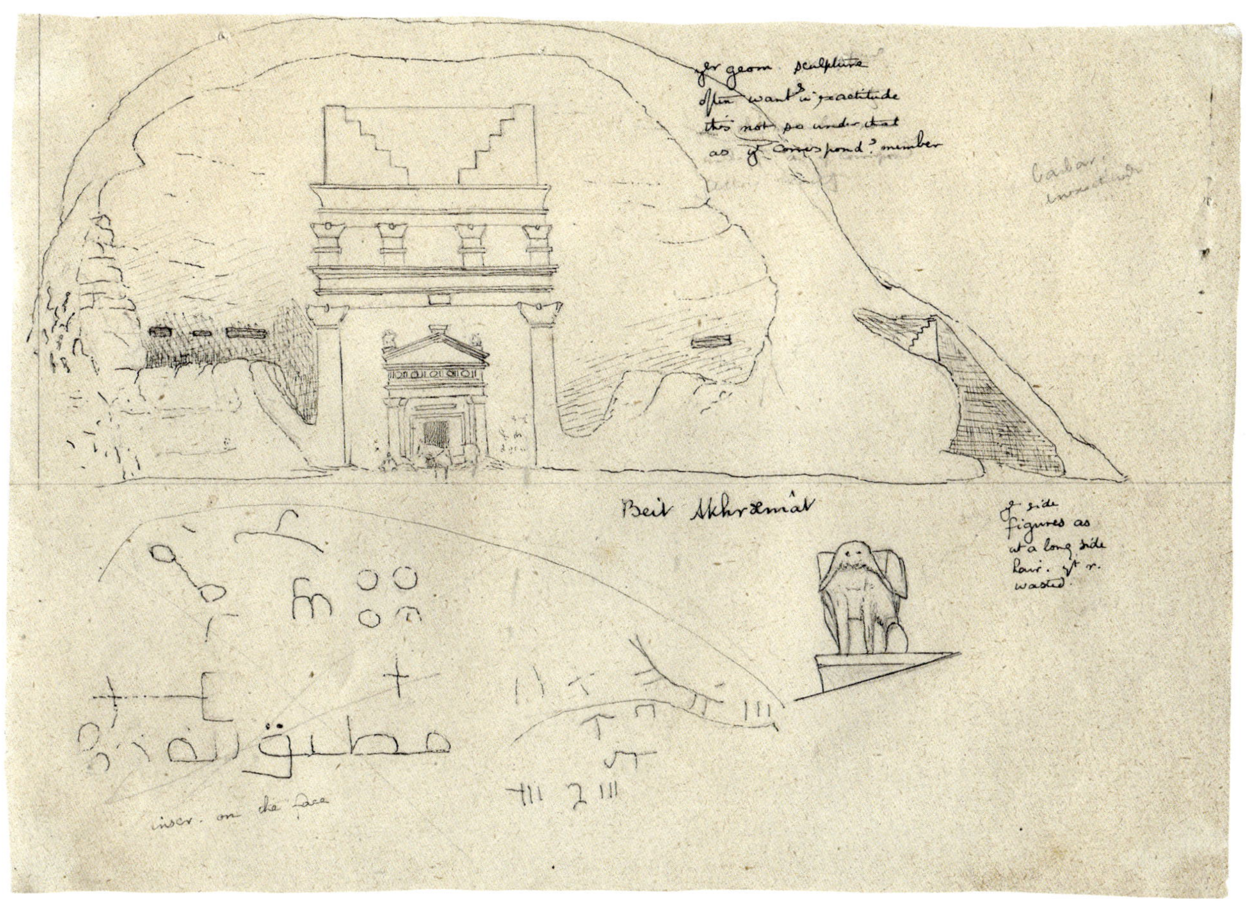

وللمعالم الأثرية التي أعجب بها لجمالها وقدر أهميتها (الشكل رقم 6). وكانت الدقة العالية لهذه الرسومات التفصيلية تعني أنه كان له السلطة الحصرية في الموقع لعدة سنوات.

قام داوتي بإرسال الطبعات من خلال القنوات القنصلية إلى باريس، حيث قام إرنست رينان (Ernest Renan) بطباعتها. يعد كتاب "وثائق النقوش الكتابية المجموعة في شمال شبه الجزيرة العربية (Documents épigraphiques recueillis dans le nord de l'Arabie) المنشور في عام 1884 التقييم الأول لبعثة داوتي المليئة بالمخاطر. بالنسبة لبقية وصفه ورسوماته ورواياته، فلم تظهر حتى نشر كتاب رحلات في الجزيرة العربية الصحراوية (Travels in Arabia Deserta) في عام 1888، والذي أعيد نشره في عام 1924 في طبعة جديدة روّج لها وكتب مقدمتها توماس إدوارد لورنس (T.E. Lawrence). وهذا ما يفسر جزئياً سبب بقاء مساهمة داوتي غير معروفة نسبياً، وخاصة من قِبل المكتشفين الآخرين.

المستشرقان يوليوس أويتنج وشارل أوبير

بعد مضي ما يزيد عن خمسة أعوام وتحديدا في العام 1880، وبينما لم تكن رواية داوتي لرحلته قد نشرت بعد، كانت المنطقة موضوعاً لتحريات علمية قام بها باحثان جريئان، أحدهما فرنسي والآخر ألماني. ارتبط مصيرا يوليوس أويتنج (Julius Euting) (1839-1913)، الشكل رقم 3) وشارل أوبير (Charles Huber) (1847-1884) بعضهما علمياً (الشكل

رقم 1)، على الرغم من أن الثاني تعرض لنهاية مأساوية ومبكرة. إن الجمع بين هذين الرجلين يخبئ أيضاً أمراً لافتاً للانتباه. ففي أوروبا حيث تأثر الإحساس بالهوية على جانبي نهر الراين بشدة بحرب 1870، ها هما يرسِّخان تقليداً يقوم على التعاون العلمي الأوروبي المفتوح في بداية القرن التاسع عشر، عندما مكن مشروع مخزن الكنوز المشرقية 1809-1818 (Fundgruben Des Orients) لمؤلفه النمساوي جوزيف فون هامر بورغشتال (Joseph von Hammer-Purgstall) والجريدة الآسيوية (1822) التي أسسها سلفستر دو ساسي (Silvestre de Sacy) من بث الحياة في المساهمات العلمية عن الشرق الآتية من جميع أنحاء أوروبا وبجميع اللغات.

سيجوب الشريكان شمال شبه الجزيرة العربية (سيتولى أوبير نقل "مسلة تيماء" الشهيرة التي اقتناها بنفسه، والموجودة اليوم في متحف اللوفر) مدفوعين من رئيسيهما إرنست رينان (Ernest Renan) وتيودور نولدكه (Theodor Nöldeke) على التوالي، وذلك بفضل دعم إمارة حائل، التي كان يحكمها آل الرشيد حينها. ضمن أويتنج في كتابه "يوميات رحلة إلى أعماق شبه الجزيرة العربية" في عام 1896 (الشكل رقم 5)، وصفاً تفصيلياً وممتعاً للظروف التي أجرى بها عمليات الرفع والرسم الأثرية: وهو واقف على أكتاف دليله، أو متسلقاً جذع نخلة مستندًا على السور العمودي للوصول إلى النقوش الكتابية (أو الخربشات الجدارية "الجرافيتي") الموجودة في الأعلى.

الشكل رقم 2.
صورة (بورتريه) تشارلز داوتي.

الشكل رقم 3.
صورة (بورتريه) يوليوس أويتنج.

الشكل رقم 4.
أنطونان جوسين جالسآ
أمام قصر الفريد.

الشكل رقم 5.
يوليوس أويتنج (1839-1913).
نظام تقليدي لاستخراج الماء (النصبة)
من بئر في حائل، في Tagbuch einer
Reise in Inner-Arabien، ألمانيا، 1914.

الشكل رقم 6. رسم تخطيطي
للمدفن IGN 100 في الحِجْر.

قام هذان العالمان المستشرقان برفع النقوش الكتابية ورسمها بشغف بعد أن اكتشفوها خلال بعثات قاما بها معاً أو منفصلين، وفي أثناء إحداها لاقى أوبير حتفه، مقتولاً على يـد أدلائـه الذيـن كانوا يطمعون في سـلبه. وهذا يذكرنا أنه عـلى الرغـم من بـروز قـوى إمبرياليـة كانت ستهيمن على العالـم، لم تكن البعثات في أعـماق شبه الجزيرة العربية آمنة تماماً. إذا ما أتلفت بعض طبعات أوبير، فقد استرد بعضها الآخـر بفضل أويتنـج الـذي استمر في التعـاون مـن مكتبته في ستراسبـورغ (التابعـة آنـذاك للأراضي الألمانية) مـع أكاديمية النقوش والآداب الفرنسية.

مدرسة الكتاب المقدس في القدس مع الأبوين أنطونان جوسين ورافائيل سافينياك

اتسمت رحلات الأبوين الدومينيكان أنطونان جوسين (1962-1871) (Antonin Jaussen) ورفائيـل سـافينياك (1951-1874) (Raphaël Savignac)، التي أطلقت في بداية القرن العشرين، بعـدة جوانب عصرية مختلفة. تلقى ركنا مدرسة الكتاب المقدس في القدس التي أسسها الأب ماري-جوزيف لاغرانج (Marie-Joseph Lagrange) تعليـماً لغوياً متخصصًا في النقوش الكتابية بعـدد مـن اللغات المرتبطة بعالم الكتاب المقدس. وبهـذا وصـلا مسلحين بتقنيات لرفع النقوش الكتابية (الشـكل رقـم 12) وبأدوات لغويـة ليفكا قـدر الإمكان رمـوز الكتابات التـي يرفعانها. ومـن بين العوامل الأخرى التي يسرت لهـما عملهما، أنه كان بمقدورهما أخذ خط حديد الحجاز الـذي أنشـأه العثمانيـون (1000 كم انطلاقاً من دمشـق) لنقل الحجاج عـلى الأقـل إلى المدينـة المنورة (في عـام 1908).

ومـع ذلك لم تكن تحرياتهم مريحة عـلى الإطلاق. فبالإضافة إلى قسـوة العوامـل المناخيـة (عواصف رمليـة، أمطار شـتوية تحملا مشـقتها في ملاجئ بدائيـة، أو موجات الحر التي تتسم بهـا كل الفصـول)، فقد واجهـا صعوبات أكبر مـع السلطات

المحلية عند تنفيـذ أعمال الرفع والرسـم الأثرية، فوجـدا نفسـهما أمام تعسـف الزعـماء المحليين التابعين لإقطاعيات قبليـة متنافسة، وانعدام الأمـن العام الناتج عـن الانتفاضات القبليـة ضد تقـدم الإمبراطورية العثمانيـة الـذي يتجلى عـلى وجـه التحديد بالخط الحديدي. وخلال ثلاث فتـرات إقامتهما بين عامي 1907 و1910 كانت أكبر الصعوبات التي واجهـاها تتمثل في إجراء تحرياتهما في المواقع المأهولة بالسكان، في تيماء والعلا وخيبر، الغنيـة بالآثار الحقيقيـة أو المفترضة، حتى إن السكان ذهبوا إلى حد تخريب النقوش التي قاما برفعها. وفي المقابل، سيتمكنان مـن القيام بأعمال رفع هامة في موقع الحجـر المهجور، وذلك بموجب فرمان مـن الإمبراطورية العثمانيـة. وبالإضافة إلى ذلك فقد كانا بمتلكان أداة التصوير الفوتوغـرافي (الشـكل رقم 11) التي عرفا كيف يستخدمانها ببراعة لاستخدامها في تصوير القبائـل العربية المسيحية التي درساها سابقاً.

تمخض كل هذا النشاط المهم تقارير بحثيـة ضخمة نُشرت بين عامي 1909 و1914 من قبل كبار الناشرين المستشرقين لورو (Leroux) وجوتنـر (Geuthner)، وهـي مطبوعـات أعيد نشرها بصورة رائعة مـن قبل المعهد الفرنسي للآثار الشرقية (IFAO) في القاهرة في عـام 1997. عمد مؤلفا هذه المجلدات الضخمة إلى أن يتطرق إلى جميع الظروف التي أحاطت برحلتهما، ومسـاراتها الطبوغرافيـة، ووصـف المعالم الأثرية التي مرًا بها، والنقوش الكتابية التي رفعاها ونسخاها بعناية فائقة. عدا عن الكشف الجزئي عن تماثيل ضخمة ما قبل الإسلام في الخريبة (الأشـكال مـن 7 إلى 10)، لم يجريا أية حفريات. وأضافا ملحقاً كبيراً مكرساً لقبيلة الفقرا التي كانت تعيش بالقرب من هذه الآثار. وتعـاني هـذه الأعمـال مـن الحـدود الأكاديميـة المعتادة للدراسات الإثنوغرافية في تلك الفترة، مما يجعلنا نستنتج أنها تظل روايات مملة نسبياً وأنها تفتقر إلى الدقة في الوصف.

أدى اختيارهـم توخي الحيطـة الدبلوماسية، على الأقـل في

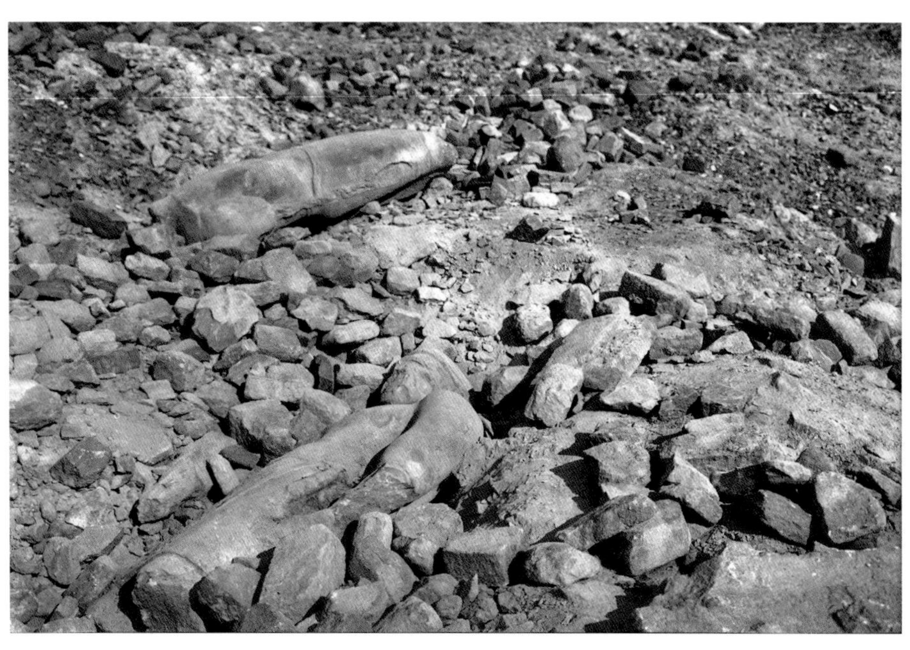

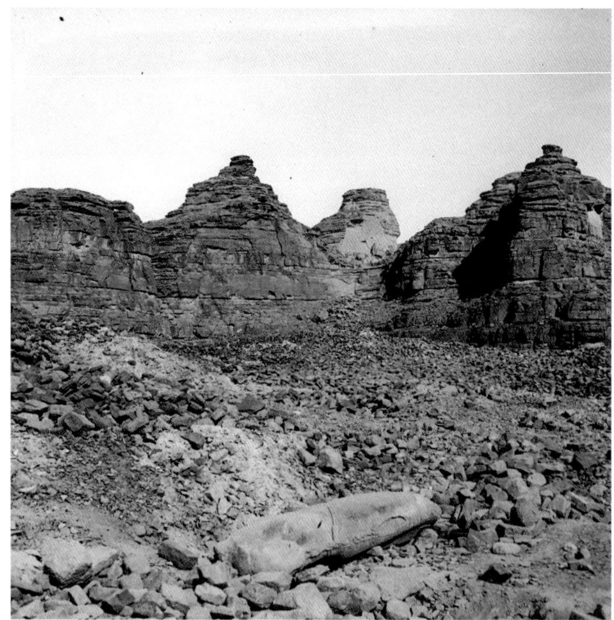

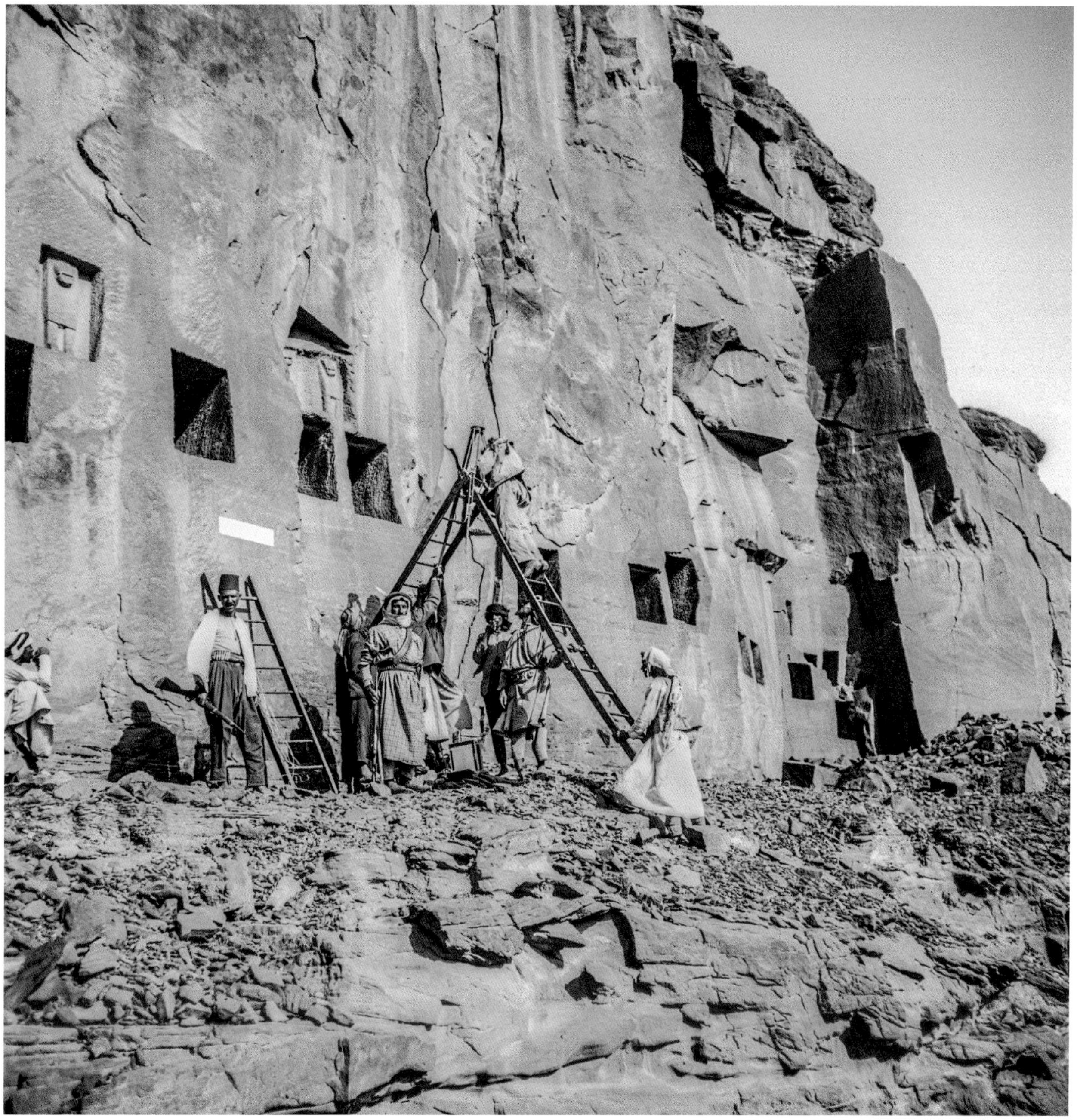

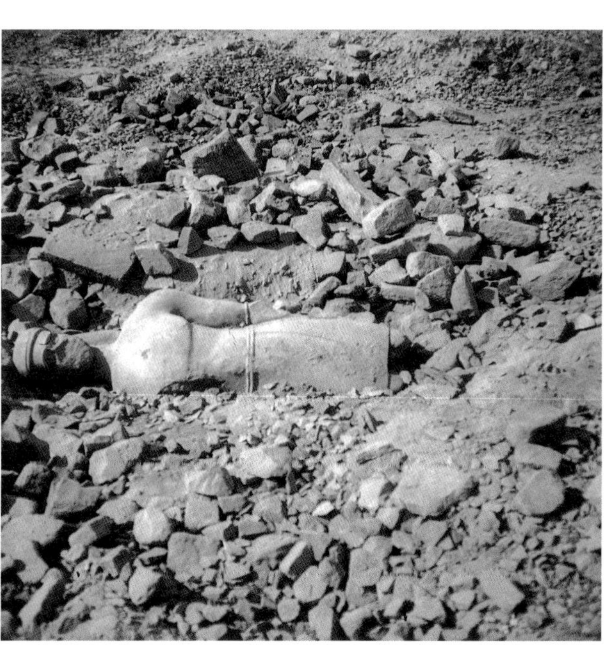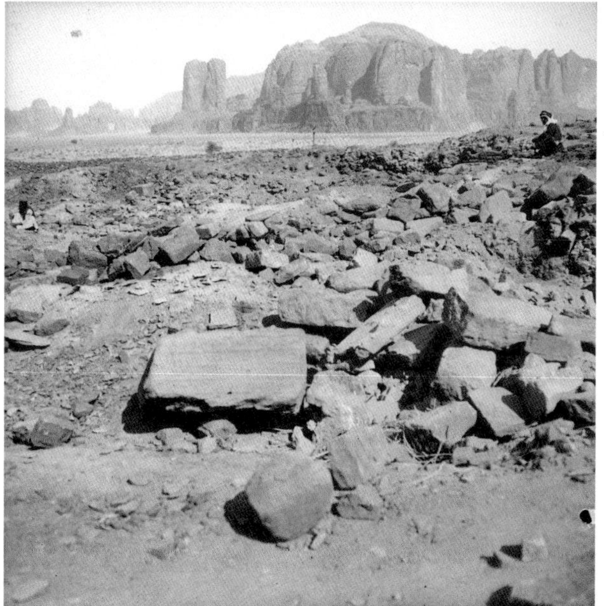

الأشكال من رقم 7 إلى 10.
قطع أثرية في موقعها ووضعها
الأصلي في دادان (الخريبة) في
عامي 1907 و1909.

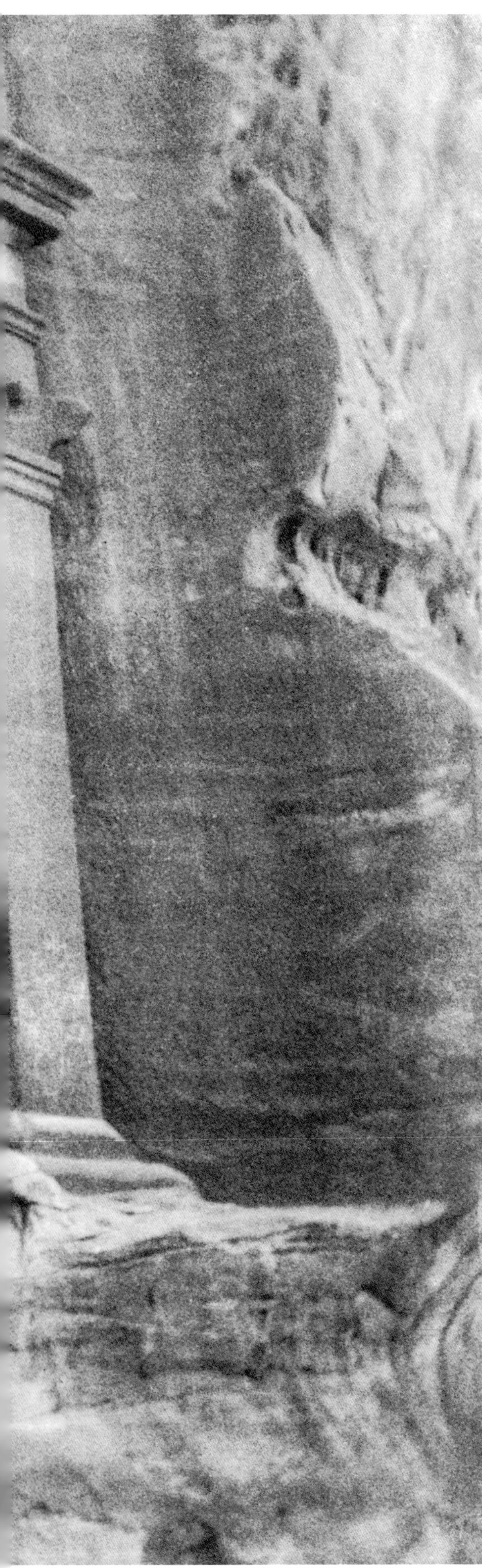

التقريــر المتعلــق ببعثتهـما الأولى، إلى أن يظـلا متكتميـن بشـأن الصعوبـات التـي تعرضـا لهـا على يد السـلطات السياسـية التي اصطدمـا بها، والتي حدت من أملهما في الاسـتمرار في مهمتهما. علـى الرغـم مـن أن تقاريرهـما أكمَلـت ووسـعت إلى حـد كبـير تقاريـر داوتي (173 نصـاً نبطيـاً مقابـل 27 نصـاً منشـوراً من قِبل هـذا الأخـير) وحتى تقاريـر أوبير وأويتنـج، فقد اقتصر الأبـوان علـى الاعتبـارات الطبوغرافيـة والباليوغرافيـة (دراسـة النقوش الكتابيـة القديمـة) بصـورة خاصة، ولم يتوانيـا في وصـف روعـة المشـاهد الطبيعيـة والمشـاعر الجياشـة التـي تتولـد منها. مـن الواضح أن بناة المواقع القديمة استلهموا مناظر الكتل الصخرية المنحوتـة بفعـل التعريـة قبـل أي تدخـل بشري، واختاروا تشـييد معالـم تذكارية لموتاهم فيما سـيصبح تدريجيـاً مُجَمَّعا معماريـاً.

كـما وصـف جوسـين (Jaussen) وسـافينياك (Savignac) واحة العلا وحدائقها وآبارها.

مع بعثـة العالِمـين القسيسـين تختـم مرحلة تاريخيـة استفادا خلالها في نهايـة المطاف من الفوضى والارتبـاك الذي كان يخيِّـم علـى سـيادة المنطقة التـي استكشـفاها. وسـمحت الدولة السـعودية التي بسـطت سـلطتها على هـذه المنطقة في ثلاثينيـات القـرن العشريـن، بإجراء أبحـاث جديدة.

ما الاستنتاجات التي يمكن استخلاصها؟

إذا مـا استعرضنا حصيلة هـذه الفـترة "البطولية"، تبـرز العديد مـن العناصـر حول الدوافـع الكامنة وراء قيـام هؤلاء العلـماء برحـلات إلى هـذه المناطـق النائيـة في شـمال الحجاز. نذكـر منها أولاً، أن الخلفيـة الفكريـة للأبحاث حول عالِم الكتاب المقدس كانـت دافعاً قويـاً لهؤلاء العلـماء العظام الذين سـيقومون بعد ذلك بالتوفيـق بـين معتقداتهم والمعطيـات الأثريـة التي يكشـفون النقـاب عنها. كانت هـذه المعتقدات ضروريـة لمواجهـة وضع سـياسي فوضـوي إلى حد مـا، وخطـر أحيانـاً، ومعرضـاً حياتهـم للتهديـد أحيانـاً؛ كان هذا هـو الثمن الـذي يجـب دفعـه للمغامـرة في بيئـة لم تـوفر فيها بعد القوى الإمبرياليـة الأوروبيـة والعثمانيـة على حد سـواء قدرا كاف من الأمـن والسلام.

لا يسـعنا إلا أن ننبهـر أمـام الشـغف العلمـي الـذي تـم عنـه تلك النقوش التـي تـم رفعها أحيانا بطـرق بهلوانيـة وعشـوائية ودون أي تدخُّل إمبريالي في تلك المـدن الصحراوية، حيـث أن الحجاز ووسـط شـبه الجزيـرة العربية لم تُسـتعمر أبـداً مـن قبـل الغرب. تـم كل ذلك بهدف جلـب النقـوش القديمـة، مثـل تلك التي جمعـت في مدونة النقوش السـامية (Corpus Inscriptionum Semiticarum) (بعد عـام 1867)، إلى حـواضر العلم والمعرفة. وعلينا أن نثمن في هذا السـياق الطابع الأكاديمـي وغير السـياسي في الأسـاس، والمتمثل في خوض غمار المغامـرة داخل بلاد مجهولة لدراسـة العالم النبطـي الذي مكث علـى أطراف الإمبراطوريـة الرومانيـة قبـل الإسـلام والـذي كان يحتـاج إلى دراسـة تاريخيـة مسـتفيضة. إنه لمـن المؤسـف أنه قـد تـم التغاضي نسـبيا عـن روعة الموقع والاهتمام أكـثر بجرد اللغـات القديمـة منـذ ذلـك الحـين، باسـتثناء ما قدمـه داوتي.

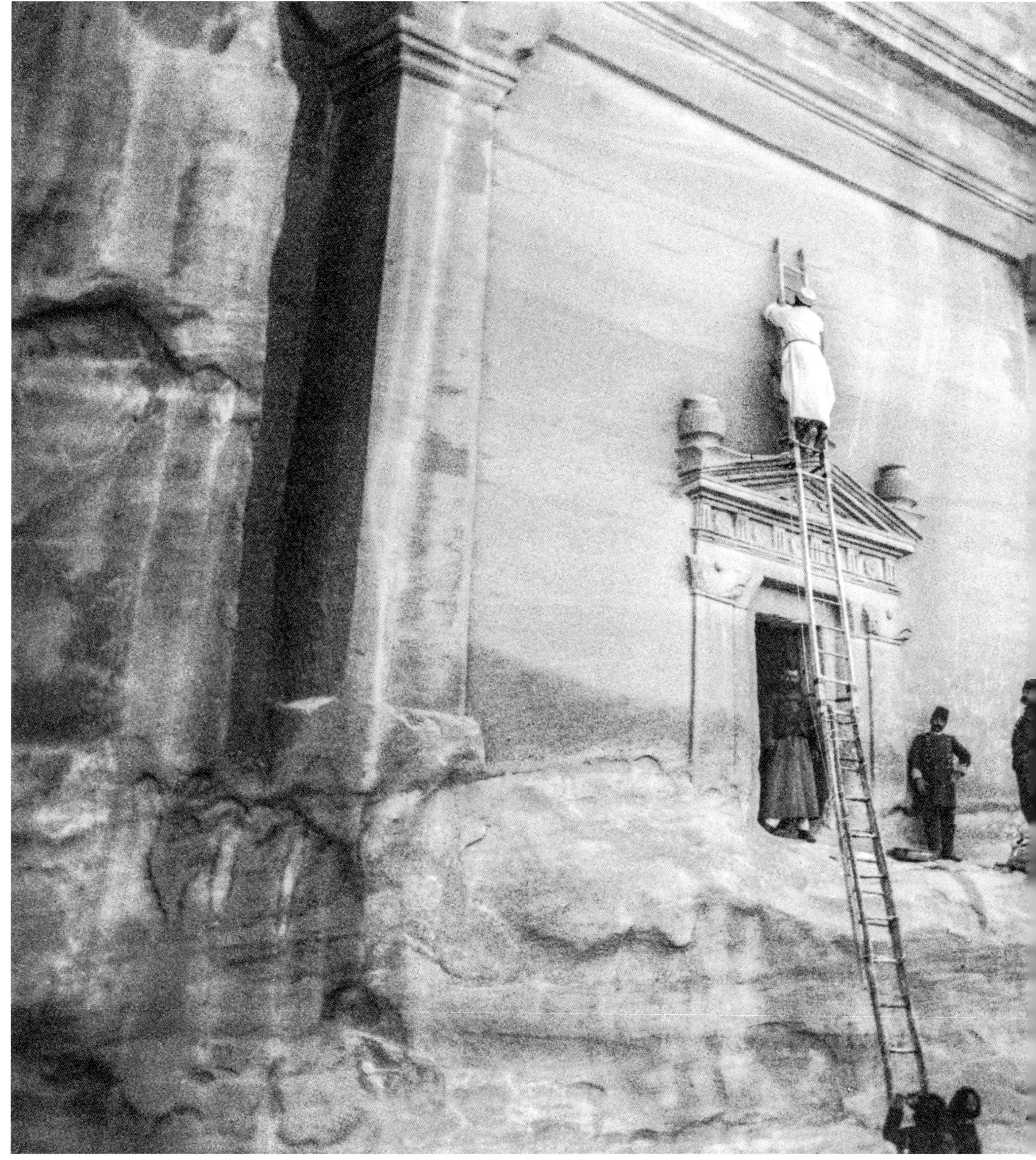

العلا: 150 عاماً من الاكتشاف

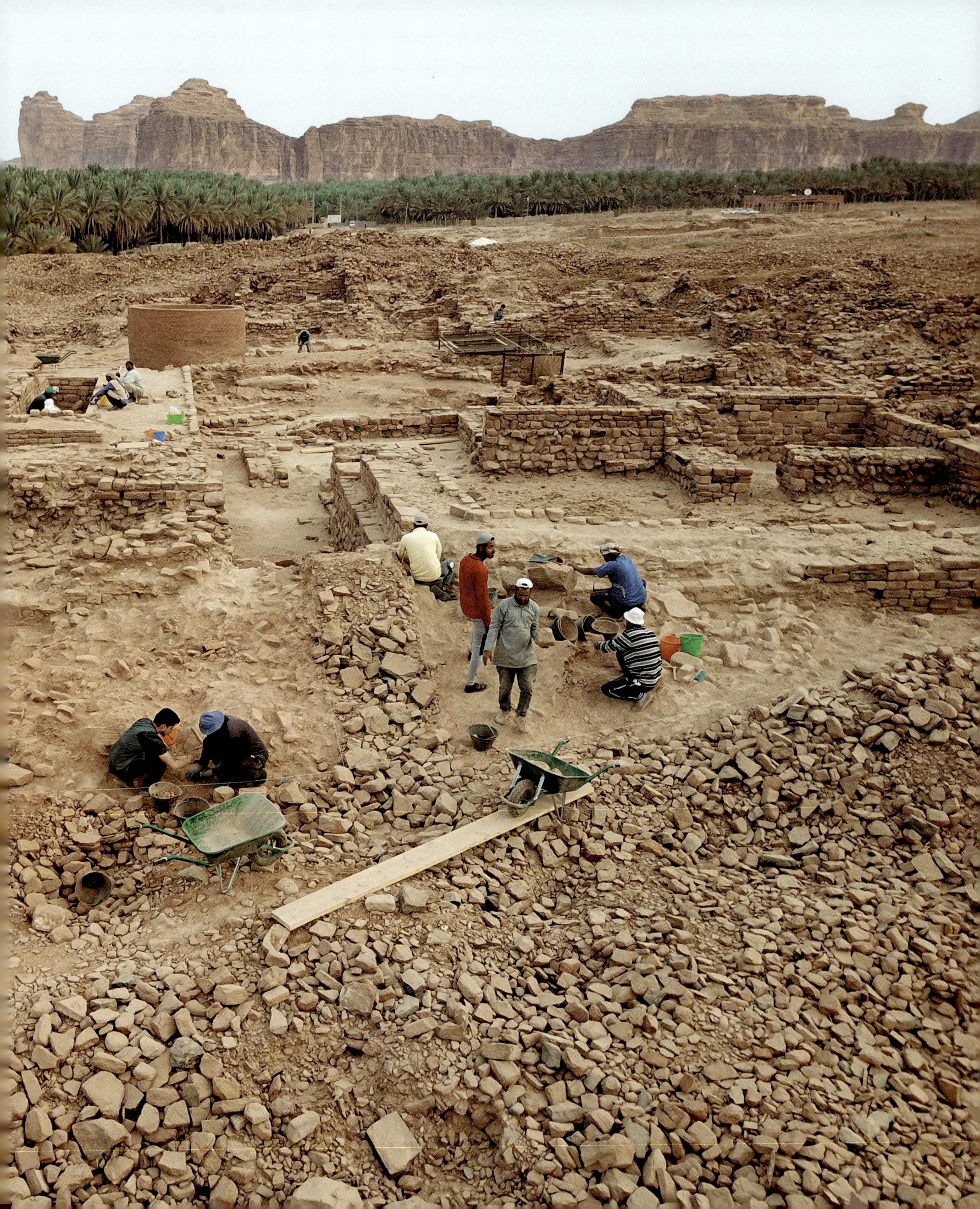

علم الآثار والمتاحف السياسة المتبعة في المملكة العربية السعودية على مدى الخمسين سنة الماضية

فيرجينيا كاسولا (وزارة الثقافة السعودية)

ما يزال كتاب "بعثة أثرية إلى شبه الجزيرة العربية" الذي نشره الأبوان الدومينيكان أنطونان جوسـين (Antonin Jaussen) ورفائيل سـافينياك (Raphaël Savignac) في عـام 1914 مرجعـاً للمهتمـين بالآثـار النبطيـة خـارج الأردن أو ببدايـات الأبحـاث الأثريـة في شبه جزيرة العرب. وكان المشروع العلمي والمتحفي والسياحي الضخـم الـذي أطلـق قبـل بضـع سنوات في العلا مثابـة فرصـة للعـودة والنبـش في هـذا التاريخ الأثـري الذي لا يُعـرف عنـه سـوى القليل والذي يُعتبر أساسـيًا لفهم فترة العصر الجاهلي والفترة الإسلامية في شبه الجزيرة العربية. كما يسـلّط المشروع الضوء على كيفية تعامل المملكة العربية السعودية مع تراثها الأثري.

يجـري التنسـيق بـين الهيئـة الملكيـة لمحافظة العـلا، التي أنشئت في شهر تموز/يوليو من العام 2017 في الرياض، والوكالة الفرنسـية لتطويـر العـلا في باريس التـي أنشـئت بعدهـا بعام، وذلـك بهدف التنميـة السـياحية في منطقـة العلا مـن خلال الجـولات السـياحية بصحبـة مرشـدين، والمتاحـف، والرحـلات الاستكشـافية، وأماكـن الإقامة المطلـة على مناظـر خلابـة، إلخ. ومـوازاة ذلـك، يتـم تكثيـف الدراسـات الأثرية حول عصور ما قبـل التاريـخ والمعابـد في مملكـة دادان، وذلـك بهـدف إثـراء المعرفـة بالتاريـخ الثقافي لمحافظـة العـلا والحفـاظ على هـذه الآثـار التاريخيـة علـى أكمل وجه ممكن.

إن هـذا المشـروع الضخـم الـذي يجمـع بـين الدراسـات وعمليـات التنقيـب (الشكل رقـم 1) والتوثيـق، ثـم تنظيـم معارض في متاحـف مشـيدة في المواقـع وفي معارض مؤقتة في الخـارج (الشـكل رقـم 6)، ليـس الأول مـن نوعـه في المملكة العربيـة السـعودية، بـل يـأتي في إطـار سياسـة أثريـة ومتحفية بدأت في ستينيات القرن العشرين، وأدت إلى إعادة تحديد ما يعرف بفترة ما قبل الإسلام في شبه جزيرة العرب. وقد ساهم غنى البقايا الأثرية في زيادة عمليات التنقيب والافتتاح المبكر للمتاحـف الأولى للمملكة، لا سـيما في العلا، تماشـيًا مع التطور التدريجـي الذي يشـهده قطاع السـياحة في المملكة. لقد أصبح علم الآثار تدريجيـاً العنـوان الرئيسي لسياسـة الأبواب المفتوحة التي تنهجها المملكـة العربية السـعودية مـع الـزوار القادمين مـن جميع أنحاء العالـم (الأشكال 2 إلى).

دائرة للآثار والمتاحف، أُنشئت في عام 1963

"يعتقد معظم الغربيين أن السعودية ليست سوى أرض صحراويـة بها آبـار نفـط، فهـم لا يعرفون أن المملكة كانـت جسـراً يربـط بـين الشـرق والغـرب، لقد لعبنا هـذا الدور في الألفيـة الرابعـة قبـل الميـلاد وسـنواصل لعب الدور نفسه. ينبغـي علينـا أن نصحح للعالـم الصورة الخاطئة عـن بلادنا. وفي الداخـل، علينـا أن نعـرّف الشـعب بتراثـه". أكـد الدكتـور علي

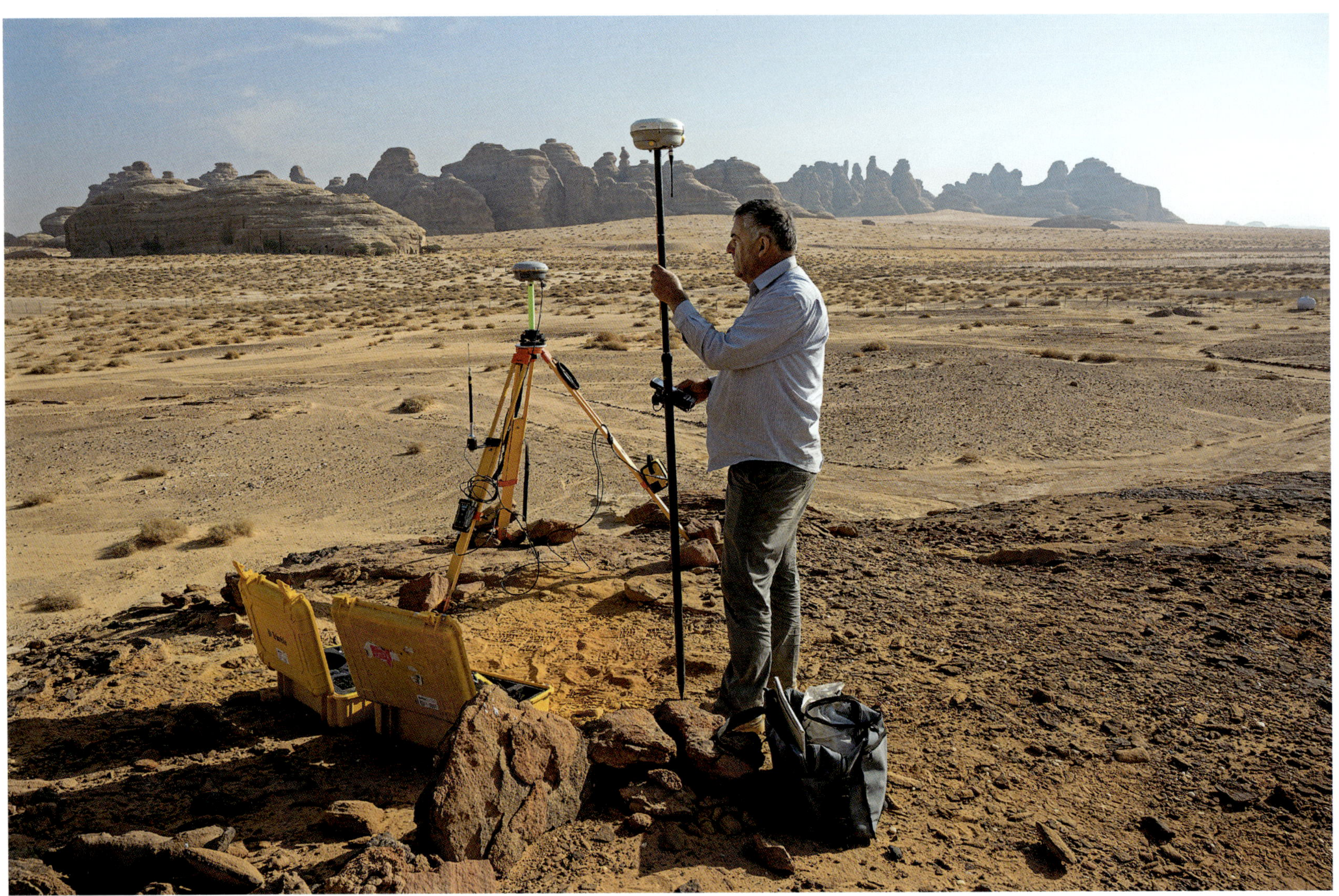

بن إبراهيـم الغبـان، النائب السـابق لرئيـس الهيئة السـعودية للسـياحة والـتراث الوطنـي، ثم المـشرف عـلى برنامـج للعنايـة بالـتراث الحضـاري، بهـذا التصريـح الـذي أدلى بـه في عـام 1910 في إطار معـرض: طرق التجارة في شـبه الجزيـرة العربية، روائع آثار المملكة العربية السـعودية عـبر العصور، (متحـف اللوفر، باريس، مـن 14 تموز/يوليـو إلى 27 أيلول/سـبتمبر 2010)، عـلى إصرار المملكة العربية السـعودية على تشجيع الأبحاث المتعلقة بالمجتمعات القديمة والاسـتعانة بعلم الآثار لتثقيف المواطنين.

انطلاقاً من عام 1963 ومع إنشـاء أول قسـم للآثار والمتاحف في الريـاض برعايـة وزارة التربيـة، بـدأت الدراسـات والتنقيبات الأثريـة في كافة أرجـاء البـلاد، بـدءًا من عصـور ما قبل التاريخ وحتى العصور الحديثة دون تحديد مختلف الفترات التاريخية. وكانـت الغايـة من ذلك هي وضع قائمـة بجميع المواقع واختيار بعـض منها ليتـم تنقيبه جزئيـاً أو كليـاً. حُـدِّد لهـذه البعثـات الأولى التي أدارهـا علماء آثار سـعوديون تلقوا تدريبًـا في فرنسا والولايـات المتحـدة الأمريكيـة - قبل إنشـاء جامعات في المملكة

العربيـة السـعودية متخصصـة في علـم الآثار بعـد ذلك ببضع سـنوات - هدفين رئيسـيين: مبـاشرة إعادة كتابـة فـترة مـا قبل الإسـلام في شـبه الجزيرة العربيـة (العـصر الجاهـلي)، وحمايـة المواقـع الأثريـة التاريخيـة من التدمـير الذي قد يطالها بسـبب التوسـع العمراني ومشاريع التحديث واسـعة النطاق والتي تم إطلاقهـا في سـبعينيات القـرن العشريـن مـن قبـل الملك فيصل رحمه الله.

في عـام 1951، أعطى الملك عبـد العزيـز -رحمه الله- موافقتـه على إجـراء مسـح رسـمي عـلى يـد مجموعـة مـن العلـماء الراغبين بدراسـة آثـار وسـط وجنوب شـبه جزيرة العـرب (خيـبر وأبهـا ونجـران وقريـة الفاو)، وهـو مـا اعتـبر علامـة مبكرة على اهتمام المملكـة العربية السـعودية بعلـم الآثار. قام الفريق المؤلف مـن جونـزاج ريكمانـز (Gonzague Ryckmans) وفيليب ليبينـز (Philippe Lippens) ويقوده هاري سـانت جون فيلبي (Harry St. John Philby) المبعوث البريطاني آنـذاك والمقـرّب مـن الملك والشـغوف بآثـار ما قبل الإسـلام،

رواد البحث الأثري السعوديين في المملكة وهو أول من جعله مادةً تدرس في الجامعات. في عام 1966 حصل على درجة الدكتوراه من جامعة ليدز عن أطروحة نقدية ومقارنة للأسماء الشخصية والعائلية اللحيانية، وعند عودته إلى الرياض عُيِّن أستاذاً في جامعة الملك سعود المنشأة حديثًا في العاصمة السعودية، ثم أسس الجمعية العربية السعودية للدراسات التاريخية والأثرية، وهي جمعية علمية يحتضنها قسم الآداب في هذه الجامعة، وكرس مسيرته المهنية من أجل إثراء المعرفة – والتعرف أكثر - على فترة ما قبل الإسلام في شبه الجزيرة العربية.

وفي عام 1966 أيضاً، تم افتتاح قسم للآثار في جامعة الملك سعود يقدم لطلابه تعليماً نظرياً وعملياً: محاضرات ودورات ميدانية مصممة لتأهيلهم ليصبحوا علماء آثار المملكة في المستقبل، وليحلوا تدريجياً محل علماء الآثار والمؤرخين الأجانب الذين شاركوا في البعثات الأولى. وفي العام التالي، بُني في القسم متحف للآثار وهو الأول من نوعه في المملكة ليكون رافدًا لتعليم الطلاب ولتقديم "سرد لتاريخ المملكة العربية السعودية منذ فجر التاريخ إلى العصر الذهبي الإسلامي" كما يشير الدليل الحالي للمتحف. واليوم، يعرض المتحف قطعًا أثرية عُثر عليها في موقع قرية الفاو (وسط شبه الجزيرة العربية) والذي يعود إلى فترة ما قبل الإسلام، وفي موقع الربذة (على طريق الحج العراقي القديم) العائد إلى الفترة الإسلامية، وهذا دليل على إدراك المملكة العربية السعودية للغنى الأثري والتاريخي الذي تزخر به أراضيها على مر العصور.

النشر السريع للنتائج والتعاون العلمي

في عام 1981، مكنت البعثة الأثرية التي قادها على نطاق واسع عالم الآثار السعودي عبد الله المصري، والذي وصفها كأكبر بعثة أثرية منذ حملة نابليون على مصر، من إحصاء ما يقرب من 4000 موقع أثري قدمت كمية كبيرة من القطع الأثرية، وأغنت معارفنا كثيراً حول آثار المملكة، وشجعت دائرة الآثار والمتاحف على وضع سياسة للحفاظ على المواقع الأثرية والتاريخية. وقد شرع علماء الآثار، مدفوعين برغبة جامحة لتوعية المواطنين والعلماء الأجانب بغنى آثار المملكة، في نشر النتائج التي خلصت إليها بحوثهم بسرعة في كتب ومجلات صادرة باللغتين العربية والإنجليزية: مقدمة عن آثار المملكة العربية السعودية (1975، 2001)؛ قرية الفاو: لمحة عن الحضارة العربية قبل الإسلام في المملكة العربية السعودية (1982)؛ أطلال: مجلة تعنى بالآثار العربية السعودية (منذ 1977). كما نقلوا صوتهم عبر الندوات والمؤتمرات، ومنها "ندوة الدراسات العربية (Seminar for Arabian Studies)" الشهيرة، التي تُنظم سنوياً منذ عام 1968 من قبل الرابطة الدولية لدراسة شبه الجزيرة العربية (IASA).

في بداية العقد الأول من القرن الحادي والعشرين، أقام علماء آثار سعوديون شراكات مع علماء آثار أجانب، فرنسيين على وجه الخصوص. ففي عام 2002، بدأت البعثة السعودية-الفرنسية العاملة في مدائن صالح (الحِجْر)، والتي ترأسها ليلى نعمة (Laïla Nehmé)، علاقات تعاون علمي ودبلوماسي مثمر وطويل الأمد بين الجمهورية الفرنسية والمملكة العربية السعودية، وتبعتها بعثات بحثية أخرى: حول أرخبيل جزر فرسان من قبل فرنسوا فيلنوف (François Villeneuve)، ثم سولين ماريون دو بروسي (Solène Marion de Procé) (منذ 2006)، وحول الكتابات والنقوش الصخرية، بالقرب من مدينة نجران من قبل كريستيان روبان (Christian Robin)

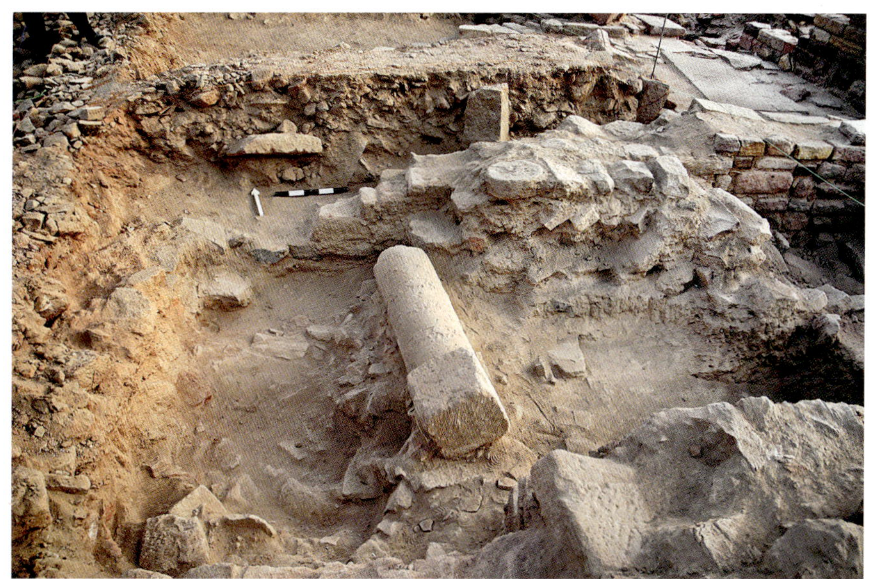

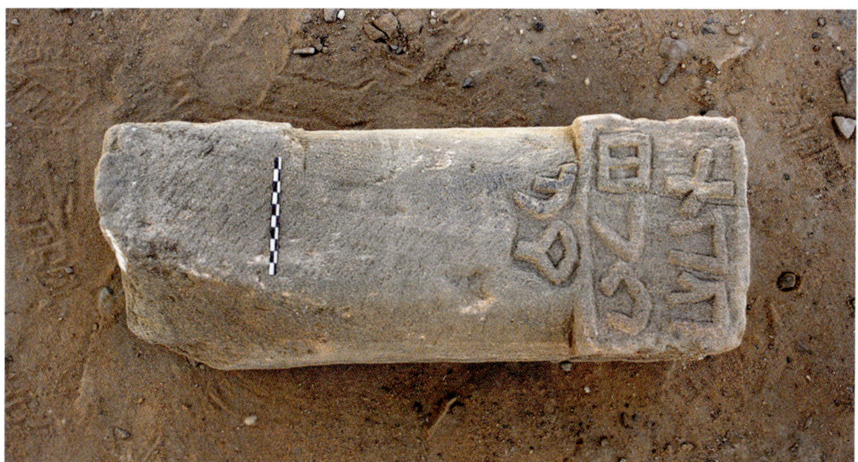

بإحصاء 12000 نقش كتابي، تضاف إلى عشرات الآلاف المكتشفة سابقاً من قبل تشارلز داوتي (Charles Doughty) وشارل أوبير (Charles Huber) ويوليوس أويتنج (Julius Euting) والأبوين جوسين (Jaussen) وسافينياك (Savignac) وهاري سانت جون فيلبي نفسه. وفي عام 1962، حصل عالم الآثار الدنماركي جيفري بيبي (Geoffrey Bibby)، الذي شرع في رحلة البحث عن موقع دلمون على الساحل الشرقي لشبه جزيرة العرب، على تصريح لدخول الأراضي السعودية وتمكن من التعرف بشكل مؤكد على شبكات التبادل التجاري بين بلاد الرافدين وشبه الجزيرة العربية. وفي الوقت نفسه، أجرى موظفون في شركة النفط أرامكو السعودية، على ساحل المنطقة الشرقية أيضاً، أعمال تنقيب أثرية غير احترافية وغير مصرح بها، ليساهموا بطريقتهم الخاصة في تطوير علم الآثار في المملكة العربية السعودية.

ما يقارب 1000 موقع أثري معروف

يعد الأستاذ الدكتور عبد الرحمن الطيب الأنصاري من

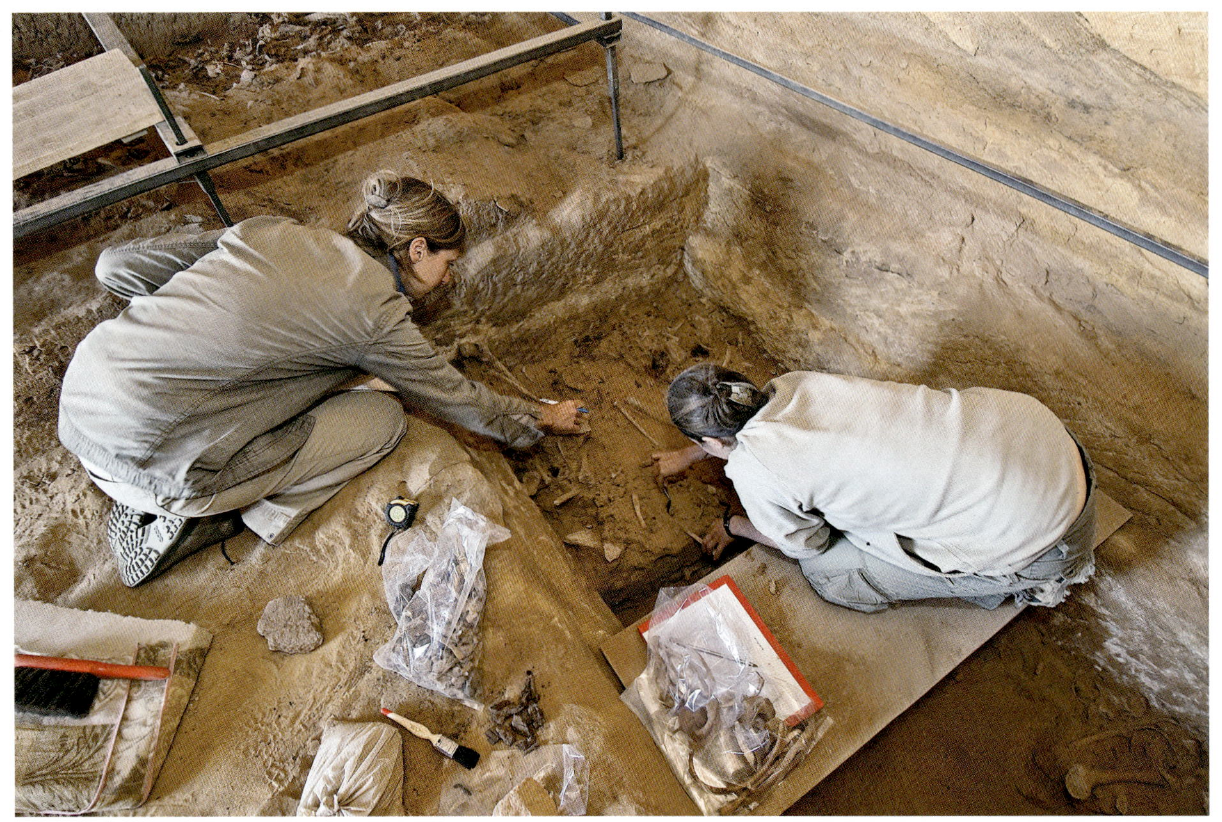

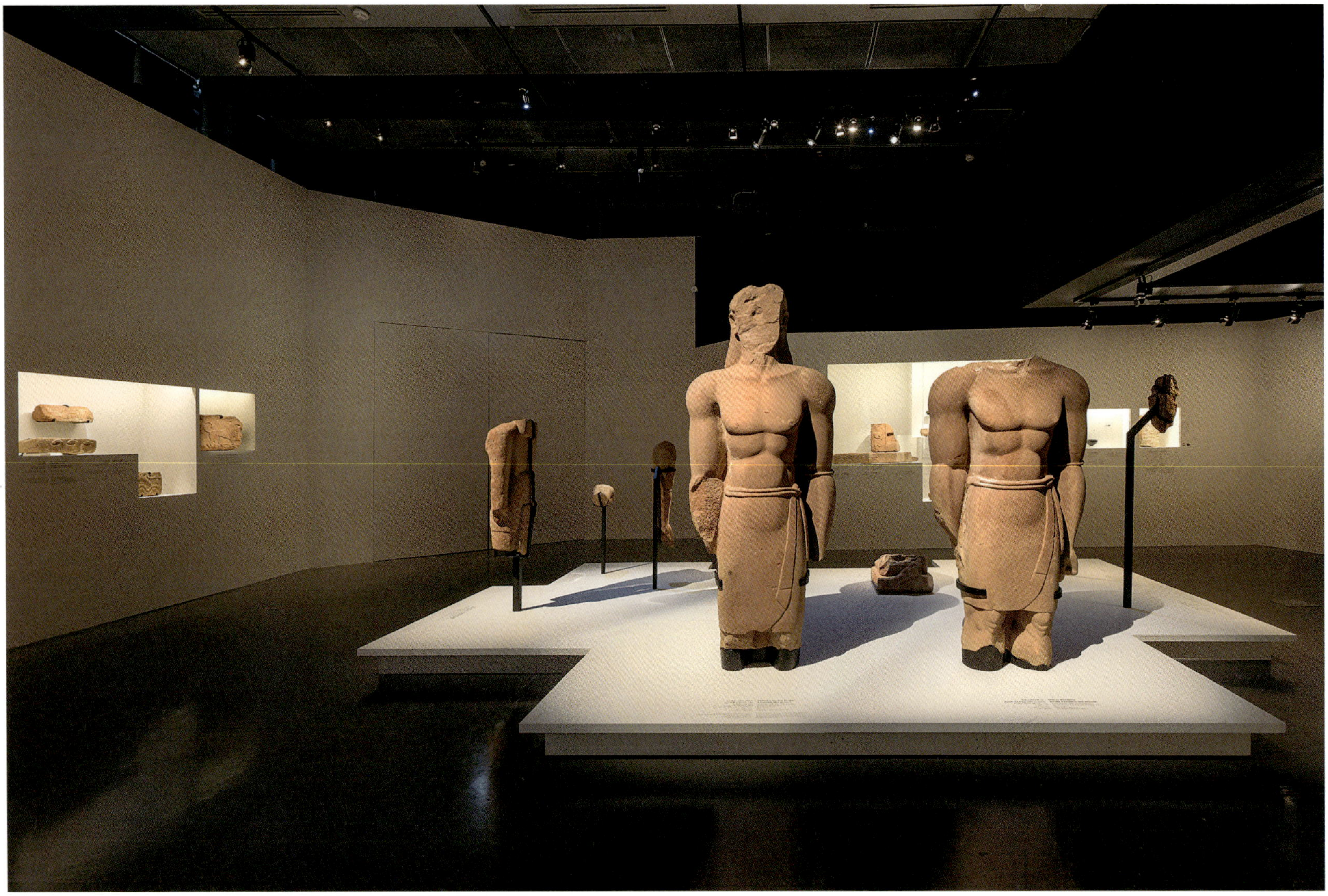

ثم أليسيا بريوليتا (Alessia Prioletta) (منذ 2006)، وحول دير مسيحي في جزيرة كلوة من قبل صبا فارس (منذ 2008)، وحول موقع دومة الجندل من قبل جيوم شارلو (2010-2017) (Guillaume Charloux)، وحول الآثار الهيلينية في ثاج من قبل جيروم رومير (Jérôme Rohmer) (منذ 2016)، وحول موقع البدع من قبل جيوم شارلو (منذ 2017).

كانت البعثة السعودية-الفرنسية العاملة في الحِجْر أول من جلب الأنظار نحو الآثار النبطية على الأراضي السعودية، والتي أجرى السعوديون أنفسهم أبحاثا حولها في وقت سابق. حيث قام علماء الآثار في قسم الآثار والمتاحف بإجراء مسح في عام 1966، تلاه إنشاء منتزه أثري مسيج ومحمي ومحروس في عام 1972. وفي عام 2008 تم إدراج الموقع في قائمة اليونسكو للتراث العالمي.

أشرف قسم الآثار في جامعة الملك سعود منذ عام 2004 على التنقيبات في المعبد اللحياني في دادان، وفي مدينة المابيات تحت إدارة كل من الدكتور عبد الرحمن السحيباني والدكتور أحمد العبودي. وفي عام 2005، نشرت صبا فارس مؤلفًا بعنوان "دادان ولحيان، تاريخ عرب على تخوم القوى الفارسية والهيلينستية"، والذي يتضمن معظم النقوش الدادانية المعروفة آنذاك. وكانت الأبحاث التي أجريت حول هذه المواقع الثلاثة، (الحجر ودادان والمابيات) مصدرًا لجل المعلومات المتوفرة حول البقايا الأثرية في العلا، والتي عُرضت في باريس من طرف معهد العالم العربي بالتشارك مع الهيئة الملكية لمحافظة العلا ضمن معرض "العلا، أعجوبة شبه جزيرة العرب" (الشكل رقم 6).

تم أخيراً إطلاق العديد من المشاريع الأثرية في عام 2019 تحت رعاية الهيئة الملكية لمحافظة العلا والوكالة الفرنسية لتطوير محافظة العلا. وتشمل هذه المشاريع مشروع واحة العلا الثقافية (UCOP) المخصص للواحة، والتوثيق المتعدد المستويات للحضارات (MuDUD) الذي يستهدف البلدة القديمة، ومشروع دادان الأثري الموجه لدادان القديمة.

يعتبر معرض بكين المرة الثانية التي يتم فيها عرض معظم هذه القطع الأثرية في معرض كبير، وكان قد عرض جزء منها فقط في أولى متاحف الآثار في المملكة العربية السعودية. كانت السلطات ترغب في واقع الأمر، منذ بداية سبعينيات القرن العشرين، أن يقوم علماء الآثار السعوديون بالتنقيب عن الآثار وعرضها تدريجيا. ولهذه الغاية تم في الرياض افتتاح أول "متحف للآثار والتراث الشعبي" خارج أسوار الجامعة في عام 1978 (حل محله المتحف الوطني الحالي في عام 1999). وفي نفس العام، أعلنت دائرة الآثار والمتاحف نيتها تصميم ستة متاحف أخرى تحمل الاسم نفسه في العلا وتيماء (في الشمال الغربي)، ودومة الجندل (في الشمال)، وجازان (في الجنوب الغربي)، ونجران (في الجنوب)، والهفوف (في الشرق). أتبعت هذه المتاحف الستة المفتتحة في عام 1987، والتي صممها مكتب الهندسة المعمارية البريطاني مايكل رايس وشركاه Michael Rice and Company، بسبعة متاحف أخرى، ليصل بذلك مجموع عدد المتاحف المنشأة في البلاد إلى ثلاثة عشر متحفا. ومنذ عام 2018، دأبت وزارة الثقافة السعودية على تغيير اختصاصات بعض هذه المتاحف.

معرفة أفضل بالمنطقة

يوثق متحف العلا للآثار والتراث الشعبي تاريخ المنطقة منذ تشكلها الجيولوجي حتى ضمها إلى المملكة العربية السعودية. وهكذا فقد اعتبر المتحف أن شعوب ما قبل التاريخ والدادانيين واللحيانيين والأنباط، والمسلمين وغيرها

من الشعوب التي سكنت أو عبرت العلا هي جزء لا يجزأ من التاريخ العظيم للمملكة العربية السعودية. وتروي القطع الأثرية والإثنوغرافية التي استعملت حتى ثمانينيات القرن العشرين ثراء الإنتاج الفني والحرفي ومدى انسجام مختلف الشعوب مع بيئة شمال الحجاز الخاصة منذ آلاف السنين. ستعمل المتاحف المخطط لإقامتها في العلا على إثراء هذه المواضيع وغيرها الكثير.

يعد استيطان شبه الجزيرة العربية على مدى آلاف السنين أحد العناصر الرئيسية للترويج لإمكانات المملكة العربية السعودية السياحية. لقد قامت الهيئة السعودية للسياحة والتراث الوطني السابقة منذ عام 2008 بتطوير السياحة المستدامة في جميع أرجاء المملكة (متاحف وفنادق ووسائل نقل وأنشطة ثقافية ورياضية)، وكان يُنتظر أن يعود ذلك بفوائد اجتماعية وثقافية وبيئية واقتصادية على المواطنين السعوديين. ومن جانبها، تعمل الهيئة الملكية لمحافظة العلا بصورة أساسية من أجل التطوير السريع لهذه المنطقة بالذات، بينما تعمل وزارة الثقافة على الإشراف على الأصول الثقافية في كامل تراب المملكة، إذ يعد علم الآثار والتراث الوطني بالنسبة لكلتا الهيئتين عاملا أساسيًا لجذب الزوار والمستثمرين، لا سيما الأجانب منهم، ولدعم مكانة المملكة العربية السعودية التاريخية والحضارية على مستوى العالم. تعتبر هذه المشاريع الحديثة نتيجة منطقية للأعمال العلمية والمتحفية التي تقودها المملكة العربية السعودية منذ ستينيات القرن العشرين، مع فارق وحيد وهو أنها تتمتع هذه المرة بتغطية إعلامية غير مسبوقة، خاصة بفضل انتشار شبكات التواصل الاجتماعي، واضعةً المملكة العربية السعودية قطعياً في خانة الدول ذات الإمكانات التراثية والسياحية العالية.

الشكل رقم 5.
أعمال التنقيب في مدفن نبطي في الحِجْر، 2018.

الشكل رقم 6.
معرض العلا في معهد العالم العربي بباريس، 2019.

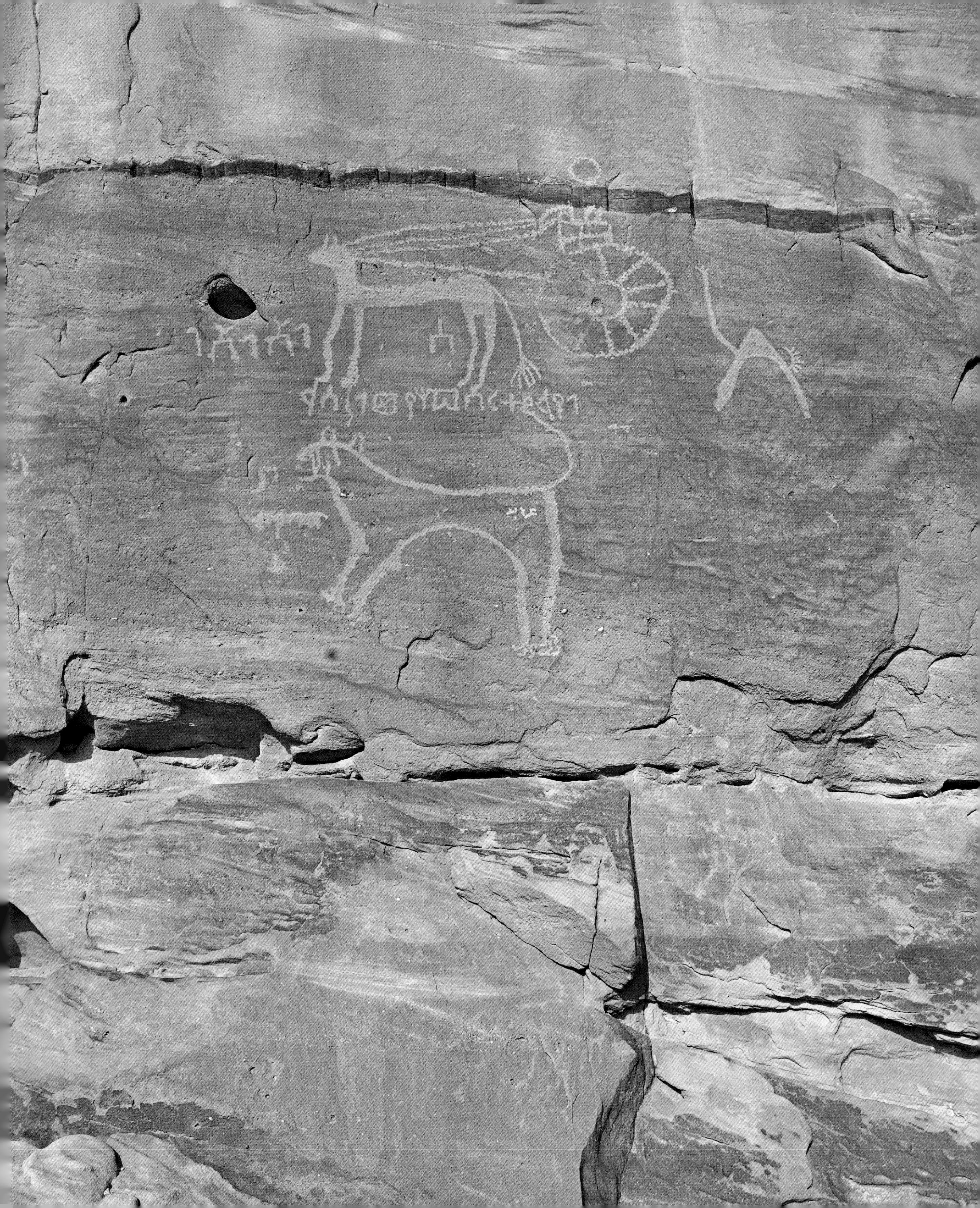

عملية مسح المشهد الطبيعي تكشف عن 200000 عام من النشاط البشري في العلا

ريبيكا فوت (الهيئة الملكية لمحافظة العلا)؛ كريستوفر تاتل (أكسفورد لعلم الآثار)؛ جيمس كوارترماين (أكسفورد لعلم الآثار)؛ لورا مورابيتو (الهيئة الملكية لمحافظة العلا)؛ هيو توماس (جامعة غرب أستراليا)؛ ميليسا كينيدي (جامعة غرب أستراليا)

في ربيع العام 2018، أطلقت الهيئة الملكية لمحافظة العلا (RCU) أحد أوسع مشاريع المسح الأثري نطاقاً على الإطلاق - المسح الرامي إلى تحديد وتوثيق الموجودات التراثية الثابتة غير المنقولة (IDIHA) - بهدف تسجيل المواقع الأثرية من مختلف الفترات الزمنية (حتى بداية القرن العشرين للميلاد) وعلى اختلاف أنواعها في جميع أنحاء المحافظة الشاسعة (22,561 كيلومترا مربعا) (الشكل رقم 2). تعد العلا، التي كانت ملتقى للطرق القديمة للتجارة والحج وحلقة وصل للإنتاج الثقافي المحلي، منطقة رئيسية في شبه الجزيرة العربية ولكنها غير مدروسة دراسة كافية. إن تعزيز المعرفة بماضي العلا من خلال جرد مواقعها التراثية أولاً قاد إلى إجراء المزيد من الدراسات الأكاديمية وشجع على كشف هذه المنطقة لشريحة واسعة من الجمهور وسهل تأمين الحماية لها.

لقد جمعت عملية مسح المشهد الطبيعي التي تمت طبق أفضل الممارسات بين تقنيات الاستشعار عن بعد والمسح الجوي (بواسطة مروحية وطائرة بدون طيار) والمعاينة الأرضية التي شملت رفعا دقيقا للنقوش الصخرية. وبعد مضي ستة مواسم، تمكنت الفرق الدولية المؤلفة من أكثر من ثلاثين مساحاً ومتخصصا يعملون على مختلف الأصعدة في المناطق "المركزية" والمناطق

"الداخلية النائية" من الكشف عن أكثر من 30000 موقعا (الشكل رقم 3). لقد جمعت كل المكتشفات في قاعدة بيانات جغرافية لتسهيل تحليل البيانات، وهي نسخة مصممة حسب الطلب من نظام Arches للبيانات المفتوحة، التابع لمعهد غيتي للترميم (Getty Conservation Institute). كما وفّر المشروع فرصا استثنائية للجيل القادم من علماء آثار المملكة العربية السعودية بتدريبهم على جميع أوجه علم الآثار الميداني من خلال هذا العمل.*

العدد الأكبر من المواقع هو جنائزي أو زراعي أو نقوش كتابية، موفراً لمعلومات أساسية حول طبيعة وتغيرات المشهد الحضاري في العلا، في عصور ما قبل التاريخ المتأخرة على وجه الخصوص. لقد عززت الحفريات الموجهة فهم التسلسل التاريخي والجانب الوظيفي لأهم المواقع الكبرى، مع نتائج مفاجئة في بعض الحالات. وتغطي الأدلة المكتشفة مناطق شهدت أنشطة ترجع إلى العصر الحجري القديم من ممارسات وطقوس من العصر الحجري الحديث ومختلف طرق الحج الإسلامي.

المنطقة المركزية

قام فريق أكسفورد لعلم الآثار العامل على المسح في المنطقة "المركزية" في محافظة العلا بتوثيق المواقع الأثرية في المنطقة

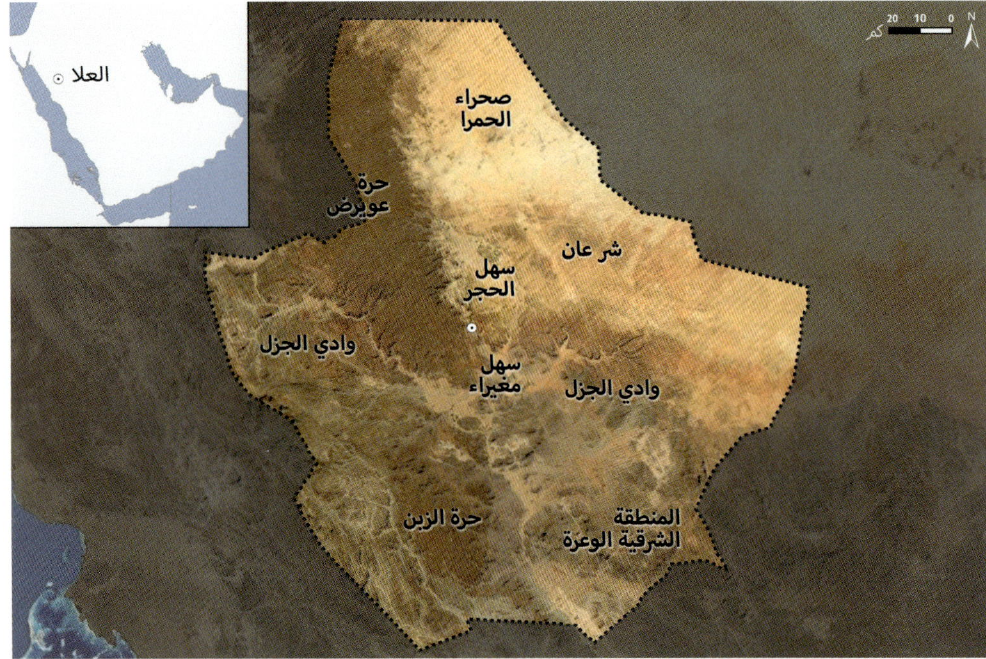

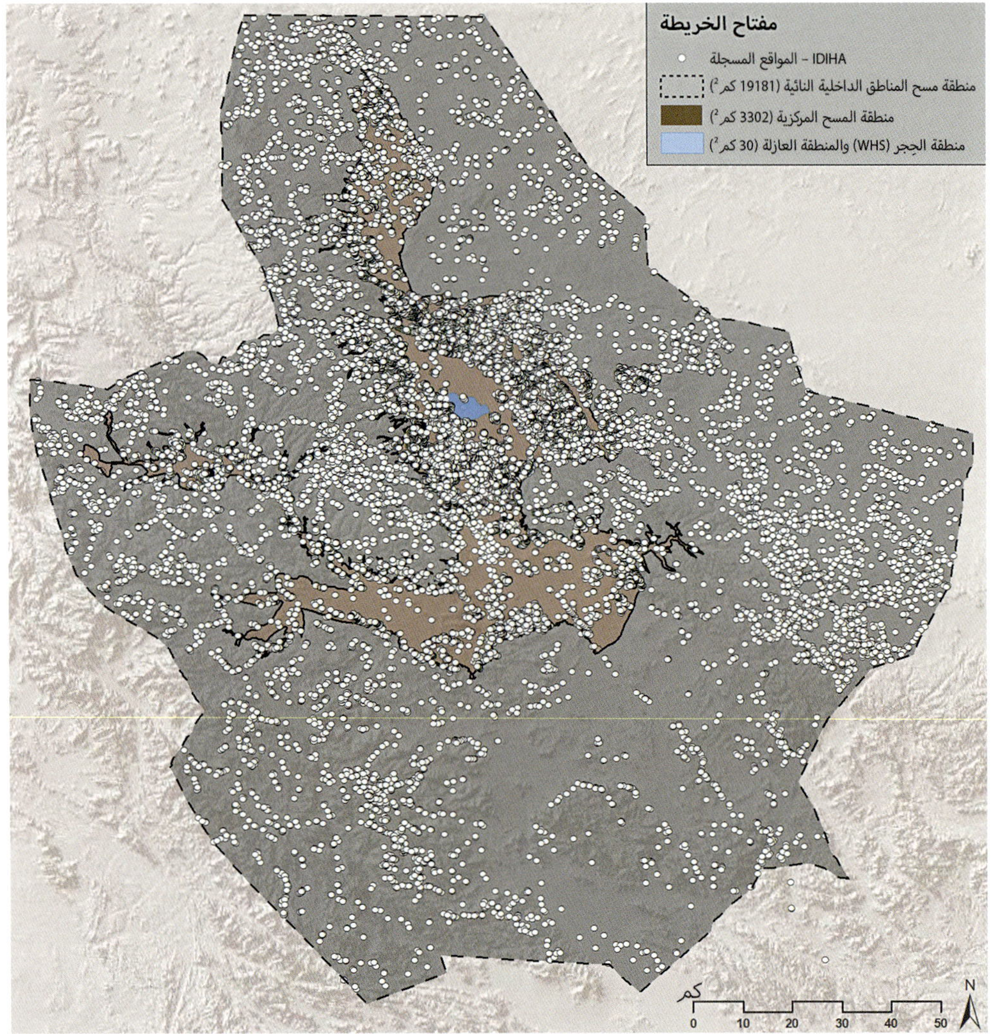

التي تبلغ مساحتها حوالي 3,302 كيلومتراً مربعاً، وتشمل وادي العلا وسهل الحِجْر والأودية التي تحيط بالعلا وتؤدي إليها، لكنه استثنى الواحة ذاتها والمستوطنات التاريخية (دادان والحِجْر وقُرْح والبلدة القديمة)، نظراً لأن هذه المناطق يتم مسحها من قبل فرق أخرى، وبعض الجبال والنجود التي لا يمكن الوصول إليها سيراً على الأقدام.

تتنوع المشاهد الطبيعية في المنطقة المركزية ولكنها تشمل بصفة رئيسية مجاري أودية رملية وسط تشكيلات الحجر الرملي والبازلت والغرانيت والصخر الشيستي. قامت فرق المسح على أرض المنطقة المركزية بالتحقق من الظواهر وتوثيقها في المواقع أو حولها والتي تم تحديدها أولاً بالتحليل القائم على الاستشعار عن بعد للصور الجوية عالية الدقة (5 سم و10 سم) والمقومة (مصححة الاتجاه) وصور نظام الليدار (LIDAR) لاستشعار الضوء وقياس المدى (40 سم) للمنطقة. كما تم تسجيل مواقع متميزة بمزيد من التفصيل وتمت نمذجتها باستخدام المسح التصويري (الفوتوغرامتري) بواسطة طائرة بدون طيار. نظراً لأن المواقع التي تحتوي على الفن الصخري والنقوش لا تُرى في بيانات الاستشعار عن بعد، فقد سعت فرق مخصصة في البحث عن هذه المواقع في المناطق الأنسب للنقش والنحت جغرافياً وجيولوجياً.

سجلت الفرق العاملة على الأرض ما يقرب من 16000 موقعا، تتراوح في تاريخها من العصر الحجري القديم وحتى بداية القرن العشرين للميلاد. وتنقسم المواقع إلى مواقع للفن الصخري والنقوش وأخرى للمعالم الجنائزية والعناصر الزراعية والرعوية ومواقع للطقوس الدينية والحصون والقلاع الدفاعية والعناصر المكونة لعملية إدارة المياه والمعالم المتعلقة بالنقل. كما تم توثيق العديد من المستوطنات الضخمة، مثل أم هدم، الواقعة على بعد حوالي 25 كم جنوب غرب قُرْح وهي على الأرجح المحطة التالية جنوبها التي كان يتوقف عندها الحجاج في طريقهم إلى المدينة المنورة ومكة المكرمة.

مواقع الفن الصخري هي الأكثر عدداً ويتراوح تاريخها من العصر الحجري الحديث على الأقل حتى يومنا هذا. وتعد الحيوانات التي نقشت في الحجر الرملي بشكل أساسي، وكذلك في تشكيلات وجلاميد الغرانيت والبازلت، أكثر التصاوير شيوعاً، ومن ضمنها الجمال والوعول والنعام والبقر والخيول والحيوانات المفترسة مثل الأسود والنمور والكلبيات. تم تمثيل البشر أيضاً، في غالب الأحيان ممتطين جمالاً أو خيلاً، وبعضهم يحمل أسلحة ومنخرط في أنشطة الصيد أو القتال. وتوجد النقوش أحياناً جنباً إلى جنب مع الفنون الصخرية، وأحيانا أخرى بمفردها. وتشمل اللغات المسجلة أنواعاً شتى من الثمودية والدادانية والمعينية والآرامية والنبطية واليونانية واللاتينية والسريانية والعبرية والعربية. في جميع اللغات، لا يحتوي معظم النقوش إلا على أسماء الأشخاص، لكن الكثير منها يوردها في سياق الصلاة أو إحياء ذكرى للآلهة. ويذكر القليل منها ملوك ممالك شمال شبه الجزيرة العربية.

المعالم الجنائزية هي الأكثر عدداً من بين المعالم الأثرية المشيدة. ومعظمها على هيئة أكوام حجرية تعرف بالقبور الركامية (cairns) متنوعة الأحجام والتعقيد واستخدمت في بنائها الحجارة المتوفرة في الموقع. استعملت للمدافن الأكثر تطوراً تقنية البناء بحجارة دون ملاط لتشييد مدافن برجية كبيرة مختلفة الأشكال (الشكل رقم 7)، غالباً ما تقترن بجدران حلقية أو بُنَى أخرى جانبية ملحقة. وتتضمن هذه البُنَى جداراً مستقيمة ذات حجرات وأكوام حجرية مصفوفة ومنصات وبُنَى هندسية الشكل كالمثلثات (أنظر أدناه) أو المعالم شبه المنحرفة. وتشمل الأنماط الجنائزية الأخرى التي تم توثيقها: القبور المحفورة في

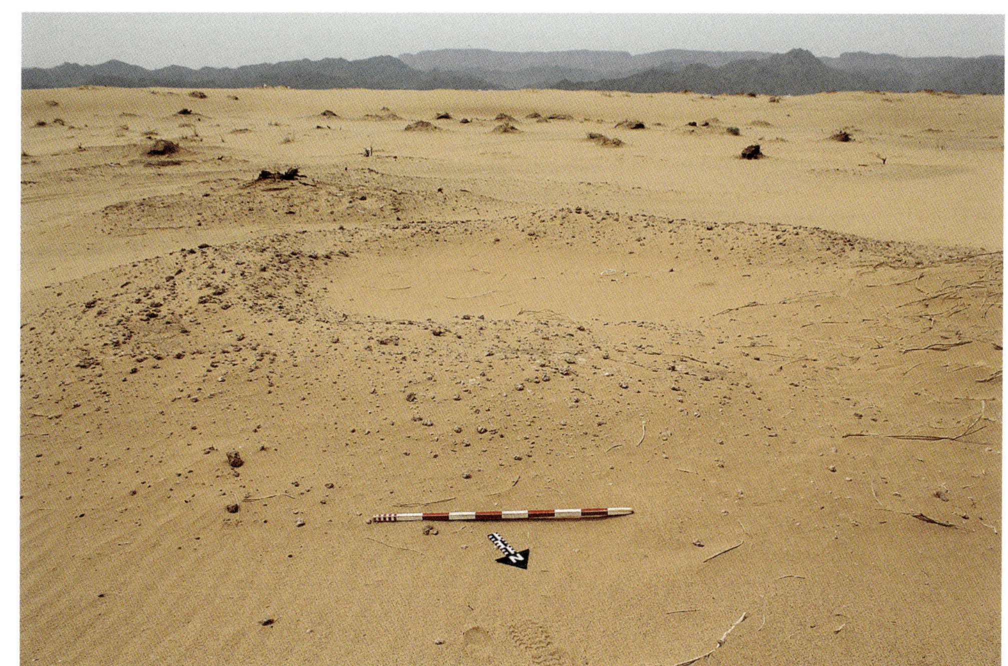

تقع الحصون والقلاع الدفاعية في أماكن استراتيجية، مثل الوديان على طول طرق العبور وعلى قمم مطلة على الوديان والسهول. ويمكن تأريخ بعض هذه المعالم إلى العصر البرونزي والعصر الحديدي، خاصة تلك الموجودة حول الواحة وددان، لكن العديد من التحصينات تتعلق بتأمين طرق الحج في الفترة الإسلامية وخط سكة حديد الحجاز بعد ذلك.

تم تسجيل مواقع إدارة المياه في جميع أنحاء المنطقة المركزية. وتشمل المعالم أنظمة القنوات، والآبار والأقنية والسدود وأنواع مختلفة من أحواض تجميع المياه.

كشف المسح في المنطقة المركزية عن تنوع أكبر في أنماط المواقع الأثرية بصفة عامة من تلك المواقع الموجودة في المناطق الداخلية النائية التي نوقشت أدناه. ويعزى ذلك على الأرجح إلى ملاءمتها الأكبر للسكنى بوجود موارد مائية يمكن الاعتماد عليها والوصول إليها بسهولة. غير أن وفرة هذه الموارد المائية قد أضر كثيرا بهذه المواقع.

المناطق الداخلية النائية

أجرى فريق جامعة غرب أستراليا المكلف بمسح "المناطق الداخلية" في العلا (مشروع علم الآثار الجوي في المملكة العربية السعودية - العلا (AAKSAU)) تحليلاً متعدد التخصصات لحوالي 19000 كيلومتراً مربعاً من المشاهد الطبيعية النائية. ويشمل ذلك المرتفعات البازلتية في حرة عويرض وحرة الزبن، كما يشمل السهول الجافة للمنطقة الشرقية الوعرة وصحراء الحمرا وأخاديد الحجر الرملي شرق العلا (الشكل رقم 2).

قام المشروع بإجراء تحليل للمناطق الداخلية النائية في العلا من خلال تقنيات الاستشعار عن بعد بالأقمار الاصطناعية والتصوير الجوي والمسح الأرضي الموجه والتنقيب. وتم تحديد المواقع باستخدام صور الأقمار الاصطناعية، ولاحقاً تم تصويرها وتوثيقها من الجو بالطائرة المروحية (من مسافة 50 إلى 200 متر تقريباً، تبعاً لحجم الموقع ودرجة تعقيده). فعلى مدار مشروع علم الآثار الجوي في المملكة العربية السعودية (AAKSAU)، تم التقاط أكثر من 150000 صورة لما يقرب من 11000 موقعا أثرياً (من حوالي 14000 تم تحديدها)، مما أسفر عن المسح الجوي الأكبر والأكثر تفصيلاً حتى الآن في المنطقة (الشكل رقم 3). بالإضافة إلى ذلك، تم مسح أكثر من 140 موقعاً على الأرض، مع إجراء حفريات موجهة في أكثر من 25 موقعاً.

كشفت المنطقة الداخلية النائية عن مشهد أثري مشابه لذلك الموجود في المنطقة المركزية، ويؤرخ إلى الفترة الممتدة من العصر الحجري القديم إلى الوقت الحاضر. وتشمل البُنَى والمعثورات معالم جنائزية ضخمة ومستوطنات أهلية وتجمعات متفرقة من الصوان والفن الصخري والنقوش. وتشكل المعالم الجنائزية الأغلبية، تليها المواقع الأهلية والرعوية، فيما تشكل المواقع الدينية ومواقع الصيد وأنماط أخرى من المواقع البقية.

تم التعرف إلى ما لا يقل عن 120 مستطيلاً من العصر الحجري الحديث (حوالي 5500-4600 قبل الميلاد) في جميع أرجاء المنطقتين المركزية والداخلية. وكشفت أعمال التنقيب الموجهة التي قام بها مشروع علم الآثار الجوي في المملكة العربية السعودية (AAKSAU) في العديد من هذه البُنَى عن حفر طقسية أودعت فيها قرون لحيوانات مشابهة لتلك الموجودة في IDIHA-0000687، رغم أن الأبقار الأليفة تشكل الجزء الأعظم من المجموعة.

تم أيضاً التعرف على العديد من أنماط المباني الفريدة في المنطقة الداخلية النائية، مثل "دوائر الحجارة المنتصبة". تشير أعمال التنقيب الموجهة إلى أن هذه المباني لها وظيفة سكنية ويمكن تأريخها إلى العصر الحجري الحديث والعصر الحجري النحاسي

الصخر ومدافن الكهوف والمدافن الجماعية في الأرض والتي تغطي بطبقة من الحجارة الصغيرة. للمواقع الجنائزية المسجلة نطاق من التسلسل التاريخي يتراوح من حوالي 5300 قبل الميلاد على الأقل وحتى بداية القرن العشرين للميلاد.

تم تسجيل عدد من المواقع المتصلة بالنشاطات الزراعية والرعوية. معظمها على الأرجح عبارة عن مستوطنات موسمية تتكون من حلقات حجرية شبه دائرية تسور مناطق مفتوحة متنوعة الأحجام، تتراوح في التعقيد من منطقة وحيدة مسورة إلى شبكة من الوحدات المتصلة فيما بينها. تعود بعض المواقع إلى العصر الحجري الحديث بالاستناد إلى الأدوات الحجرية المكتشفة. بالإضافة إلى مواقع الاستيطان الموسمية، وثقت معالم أخرى تشمل المخيمات قصيرة الأمد والجدران التي تشكل حدوداً بين الحقول الزراعية وسواتر الصيد التي كان يتخفى خلفها الصيادون للتمويه.

يتراوح تاريخ المواقع الدينية أو الطقسية التي تم التعرف إليها من عصور ما قبل التاريخ إلى العصر الحديث. وأقدمها هي المستطيلات، وهي هياكل طقسية كبيرة مستقيمة على خط واحد والتي تظهر معطيات التنقيب في IDIHA-0000687 و IDIHA-0010756 وIDIHA-0000694 أنها كانت مستخدمة خلال العصر الحجري الحديث (حوالي 5500-4600 قبل الميلاد)، بالاستناد إلى التأريخ بالكربون المشع). إن عزو الوظيفة الطقسية إليها نجم عن اكتشاف عدد هائل من قرون الحيوانات البرية والأليفة في حفرة إيداع للبقايا مهيأة في IDIHA-0000687 (أنظر مساهمة وائل أبو عزيزة وجاكلين ستودر، ص. 54 من هذا الكتاب). تتضمن مواقع أخرى مذبحاً من العصر الحديدي (ما بين القرنين السابع والأول قبل الميلاد تقريباً)، ومزارات نبطية منحوتة في الصخر (ما بين القرنين الأول والثالث الميلاديين تقريباً) (الشكل رقم 5) ومساجد في الهواء الطلق (القرن السابع الميلادي أو بعد ذلك).

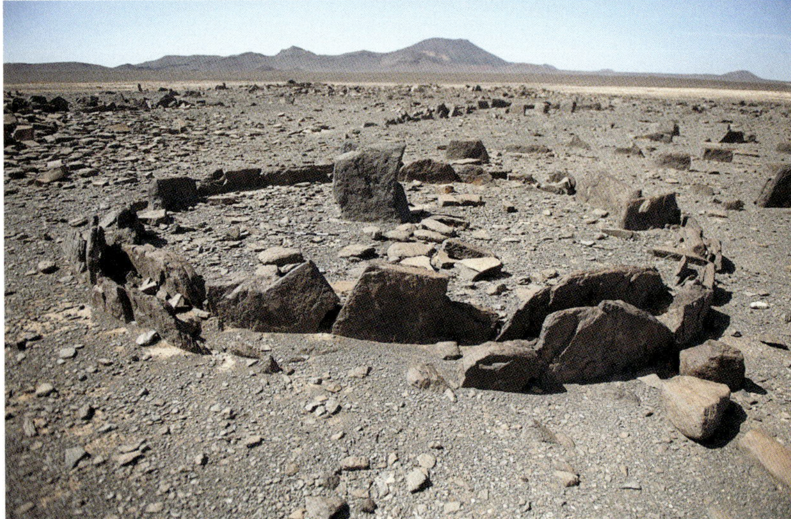
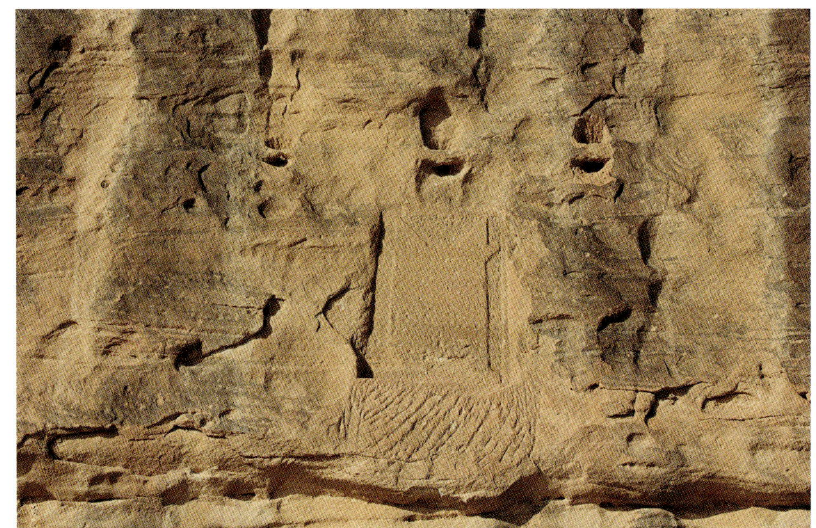
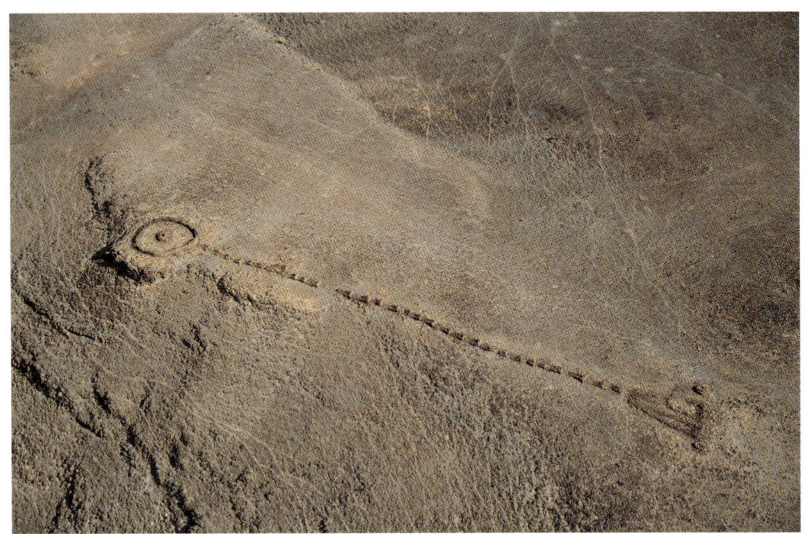
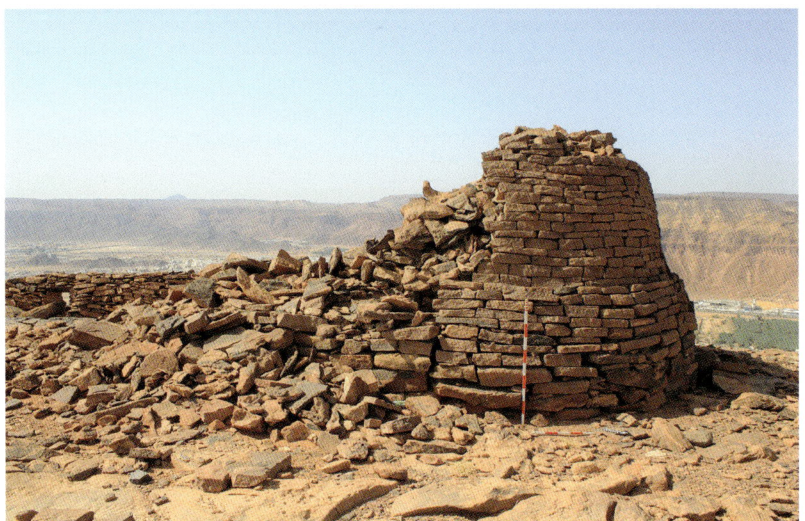

(حوالي 5800-3500 قبل الميلاد استناداً إلى التأريخ بالكربون المشع)، وهذه المباني هي من أقدم الأمثلة على العمارة السكنية في المملكة العربية السعودية. تم التعرف إلى نمطين مختلفين من هذا التقليد المعماري توجد أغلبيتهما في حرة عويرض: "نمط بسيط" و"نمط معقد" (الشكل رقم 6). تتميز دوائر الحجارة المنتصبة "البسيطة" بحجر بازلتي ضخم وحيد مركزي؛ بينما تتميز الأمثلة "المعقدة" بعشرات من الحجارة المنتصبة مرتبة في دوائر متحدة المركز. بالإضافة إلى ذلك، تم التعرف إلى الآلاف من المواقع السكنية الأخرى في شتى أنحاء المنطقة الداخلية النائية. على غرار تلك الموجودة في المنطقة المركزية، يبدو أنها أماكن تخييم موسمية، مع أمثلة تم مسحها على الأرض يعود تاريخها من العصر الحجري الحديث المتأخر إلى عصر البرونز (حوالي 5800-1200 قبل الميلاد). وتتكون هذه المباني من حجرات مفردة أو متعددة، مبنية بالحجر المتوفر محلياً (الحجر الرملي أو البازلت) وهي مشيدة بالاقتران مع المشغولات اليدوية المنزلية، مثل الأدوات الحجرية والرحى الحجرية والمطاحن ذات المدقات الحجرية اليدوية. وتقع أغلبية هذه المستوطنات في مرتفعات الحرة البازلتية، ويعزى ذلك على الأرجح إلى الارتفاعات الشاهقة لهذه المناطق، مما يجعلها أبرد في الصيف.

إن المسالك القديمة المسماة "الجادات" تجتاز أيضاً المنطقة الداخلية النائية وعلى وجه الخصوص حرة عويرض واصلةً بين المستوطنات الرئيسية. غالباً ما تحيط البُنَى الجنائزية بالجادات من كلا الجانبين، والتي تظهر كخطوط رمادية نشأت عندما سحقت حركة السير على الأقدام الحجر المحيط (الشكل رقم 9). ربما استعملت هذه الجادات الجنائزية كعلامات لتحديد الأراضي، حيث تشير دلائل الكربون المشع والفخار إلى أنها كانت قيد الاستخدام خلال الثمانية آلاف عام المنصرمة.

بالإضافة إلى الجادات، تتناثر عشرات الآلاف من القبور في المنطقة الداخلية النائية للعلا. وتتراوح هذه القبور من أكوام من الحجارة الصغيرة إلى بُنَى جنائزية ضخمة، مع دلائل من الكربون المشع تؤرخ هذه المعالم إلى فترة تمتد من 5000 قبل الميلاد حتى القرن الخامس عشر الميلادي، مع كون الأخيرة مؤشر على إعادة الاستخدام. كانت القبور المنقبة في المنطقة الداخلية النائية تحتوي ما بين فرد واحد وأحد عشر فرداً، من البالغين والأطفال. أضخم المعالم الجنائزية وأكثرها تطوراً هي المدافن التي على شكل "القلادة"، ويبلغ طول بعض هذه المباني أكثر من 140 متراً. توجد المدافن التي على شكل "القلادة" في جميع أرجاء المملكة العربية السعودية والشرق الأوسط، ولكن يوجد

الشكل رقم 5.
مذبح نبطي بارز النحت ذو قرون، حوالي الفترة ما بين القرنين الأول والثالث الميلاديين تقريباً في IDIHA-0018592.

الشكل رقم 6.
دائرة "بسيطة" من الحجارة المنتصبة من IDIHA-0006864، حوالي 5300-5000 قبل الميلاد.

الشكل رقم 7.
مدفن برجي محفوظ جيداً في IDIHA-0025739.

الشكل رقم 8.
مدفن ضخم على شكل "القلادة" من IDIHA-0006228، حوالي 3000-300 قبل الميلاد.

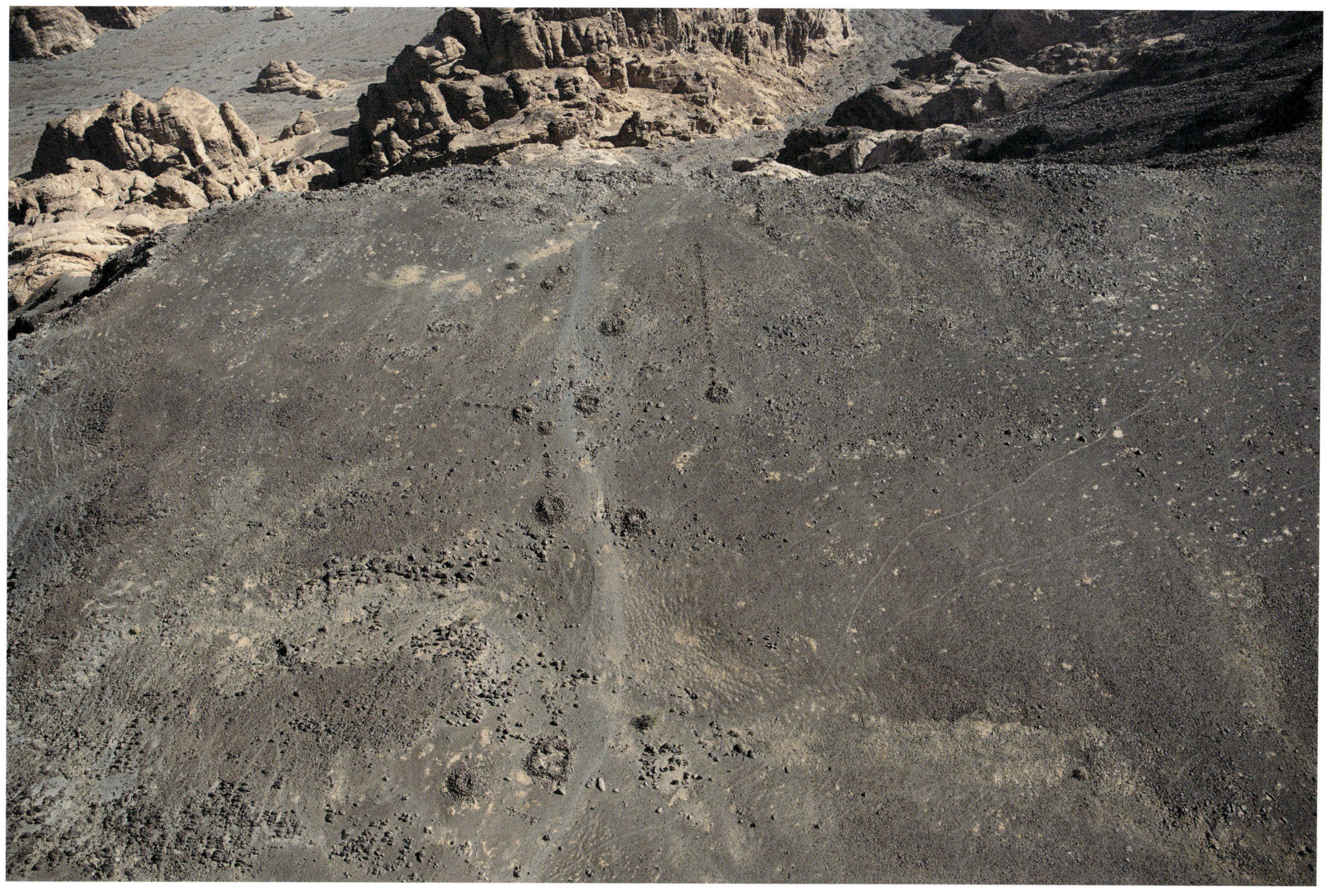

في العلا بعض أكثر الأمثلة إثارة للذهول، أقدمها حفظاً وأفضلها حفظاً، ويعود تاريخ العديد منها إلى الألفية الثالثة قبل الميلاد (الشكل رقم 8).

يبدو أن المباني الحجرية المثلثة الشكل تكاد تكون مقصورة على العلا. غالباً ما كانت تُبنى المثلثات مشيرةً نحو قبور ركامية مطوقة بحلقة، وربما تقوم بدور علامة تشير إلى الطريق المؤدي إلى المدفن. تم توثيق أمثلة إما تكاد تكون ملامسة للقبور الركامية المطوقة بحلقة أو واقعة على بعد مئات الأمتار، على ظواهر جيولوجية منفصلة أحياناً.

تم أيضاً التعرف إلى العديد من المصايد الكبيرة على شكل "طائرات ورقية" في المحافظة، ويتجاوز طول أكبرها 200 مترا. ويُعتقد أن هذا النوع من المصايد، التي بنيت من العصر الحجري الحديث فصاعداً، قد استعملت لصيد الطرائد ذوات الحوافر مثل الغزال والوعل.

يمكن اعتبار المشهد الأثري في المنطقة الداخلية النائية للعلا واحداً من أفضل المشاهد حفظاً والأكثر إثارة للدهشة في الشرق الأوسط. فقد كشفت الأعمال التي جرت مؤخراً أن المنطقة ضمت بصورة مستمرة عدداً كبيراً ومزدهراً من السكان من العصر الحجري الحديث فصاعداً. وكان سكان العصر الحجري

الحديث في العلا على الأرجح ضمن أقدم المجتمعات المشيدة للمعالم الضخمة في العالم.

———

*يود المؤلفون التعبير عن امتنانهم للمساهمات الكبيرة لأعضاء الهيئة التدريسية ولطلاب جامعة الملك سعود في أعمال المسح، وخاصة (حسب الترتيب الأبجدي للأسماء) أحمد العبودي وأزهري مصطفى صادق وتهاني المحمود وخالد الخالدي وسعيد الأحمري وسليمان الذيب وعبد الرحمن السحيباني وفؤاد العامر وماريا غواغنان (Maria Guagnin) ومنيرة المشوح ووائل أبو عزيزة على إسهاماتهم في تحليل بعض الجوانب من البيانات التي تم جمعها. كما يتقدمون بالشكر لفريق الآثار المهددة في الشرق الأوسط وشمال إفريقيا - إيامينا (EAMENA)، بمعهد علم الآثار بجامعة أكسفورد، لقيامه بتعديل نظام Arches بشكل كبير ليتلاءم مع مشروع الاستشعار عن بعد الخاص به لإنشاء قاعدة بيانات خاصة بمشروع IDIHA للتراث بالهيئة الملكية لمحافظة العلا (RCU).

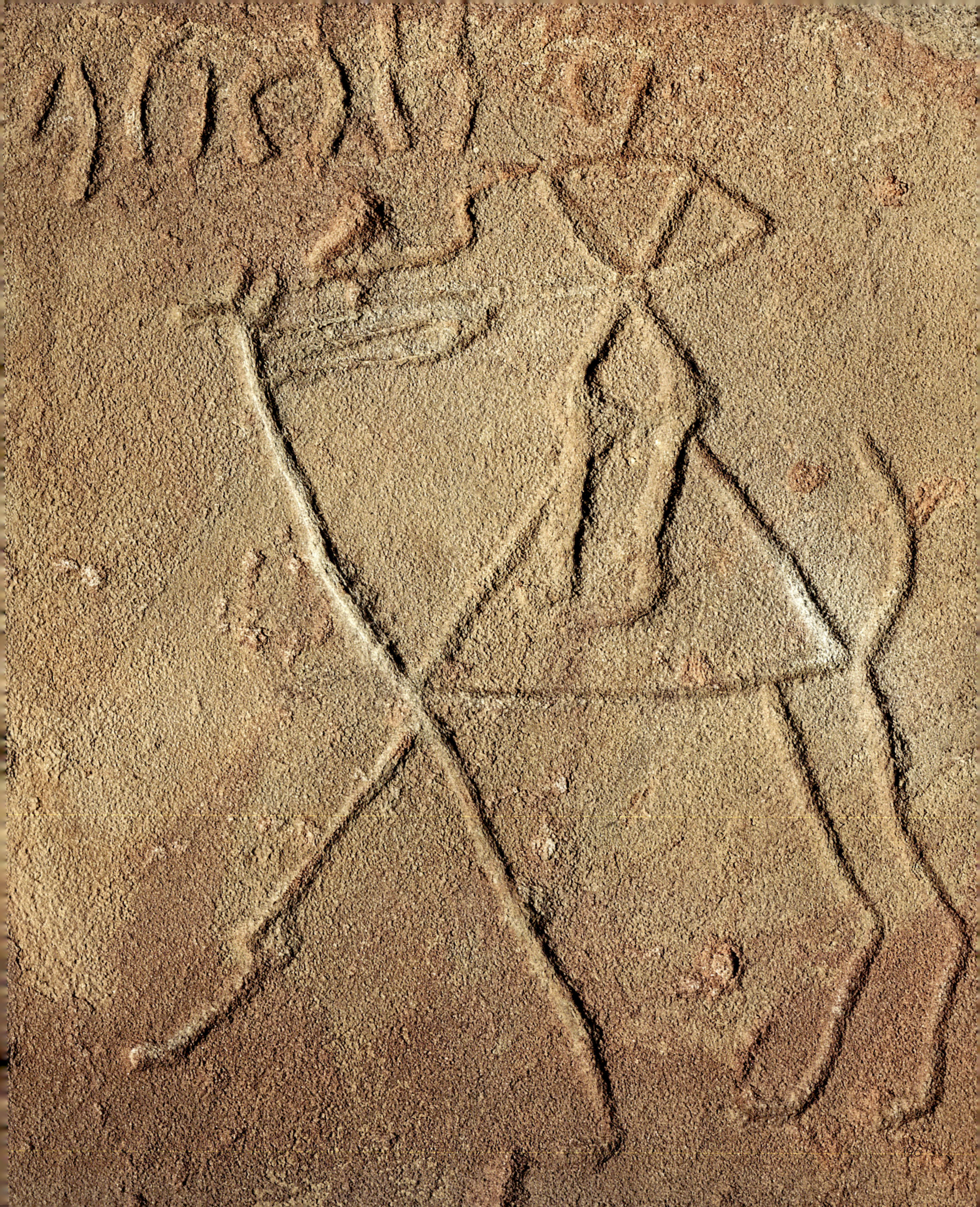

قائمة الأعمال المعروضة

المقدمة

1. يان أرتوس - برتران، العلا، منظر من السماء، 2019، العلا، فيلم، 6,46 دقيقة، هوب بروديكسيون، موسيقى أرماند أمار.

جغرافية وبيئة وادي العلا

2. التشكيل الجيولوجي للعلا، 2019، نموذج عرض إسقاط ضوئي تصويري، 6,48 دقيقة، Athem.

3. يان أرتوس-برتران، نزهة في بساتين العلا، 2019، العلا، فيلم، 5,22 دقيقة، هوب بروديكسيونهوب بروديكسيون.

4. سرج / مُحمَّل توضع على ظهر حيوان (ثور أو جمل عربي) يستخدم لسحب الماء من بئر، واحة العلا، أوائل القرن العشرين، خشب، 34 × 38 سم، رقم علا.508.2.

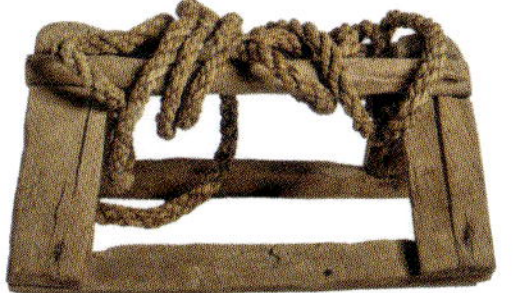

5. خُطاف، واحة العلا، خشب، 3 × 9,5 × 28 سم، رقم. علا.631.

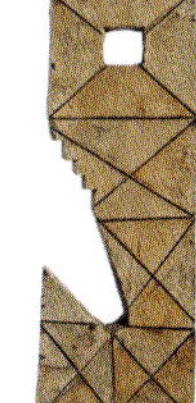

6. الزراعة في العلا، مقابلات مع مزارعين، 2019، فيلم، 3 دقائق، معهد العالم العربي.

7. أنبوب لتصريف المياه، قُرْح (المايبات)، بين القرنين السادس والتاسع للميلاد، حجر، 1,5 × 36 سم، القطر 20 سم، 1-05-1-001892

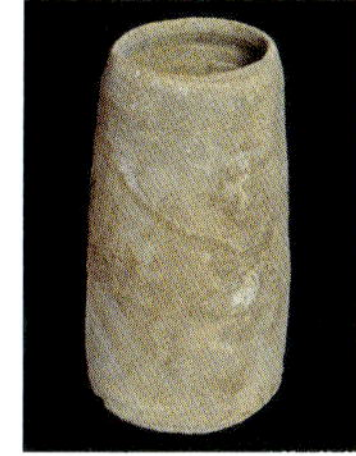

8.أنبوب لتصريف المياه قُرْح (المايبات)، بين القرنين التاسع والعاشر الميلادي، أنبوب لتصريف المياه من الحجر، 10 × 47 سم، الهيئة الملكية لمحافظة العلا، RCU.2023.134.

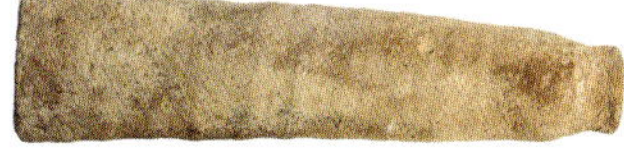

9. يوميات رحلة داخل شبه الجزيرة العربية في Tagbuch einer Reise in Inner-Arabien الطبعة الأولى من المجلة (1896) لرواية الرحلات عبر الشرق الأوسط، كتبها العالم والرحالة الألماني يوليوس إيوتنج (1839-1913)، (يوميات رحلة داخل شبه الجزيرة العربية)، إينو ليتمان، ألمانيا، 1896، ورق، الهيئة الملكية لمحافظة العلا، RCU.2019.6.

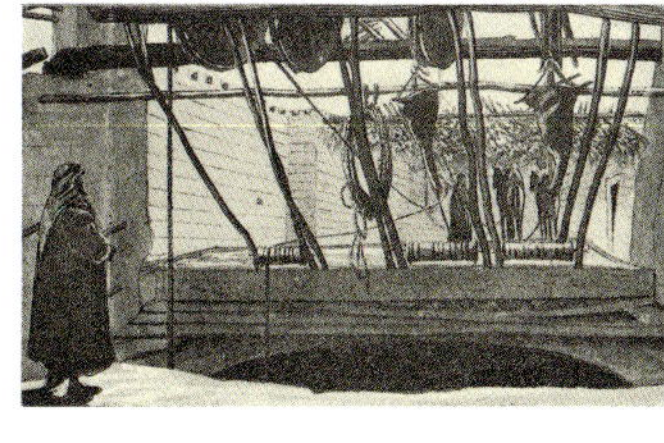

10. دراجة أوائل القرن العشرين، العلا، خشب، 14 × 24 × 35 سم، رقم. علا.546.

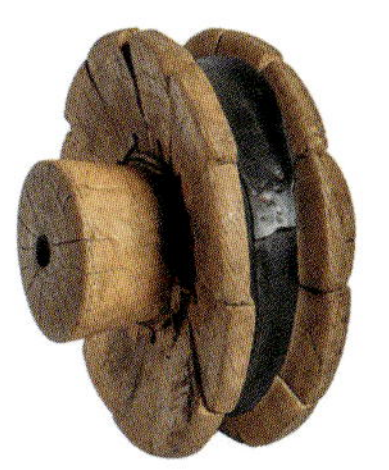

11. بكرة لجر الحبال تستخدم في سحب الماء من البئر (المحالة). أوائل القرن العشرين، خشب، حديد، سبيكة حديد، 15 × 15 × 83 سم، رقم. علا.496.1.

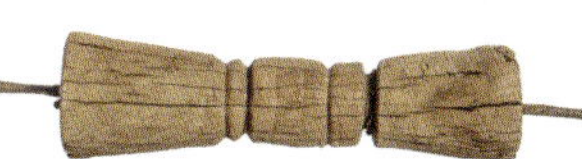

من عصور ما قبل التاريخ إلى عصر البرونز

12. فأس يدوية، 200000 قبل الميلاد، صوان، 6,20 × 3,20 × 18 سم، الهيئة الملكية لمحافظة العلا، RCU.2020.98.

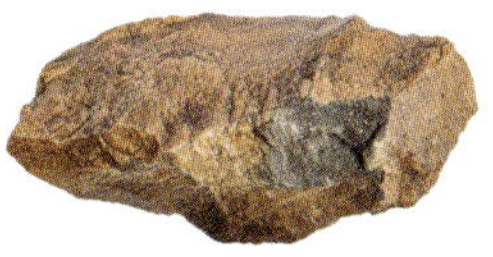

13. رأس سهم من العصر الحجري الحديث، العصر الحجري الحديث، صوان، 0,20 × 1 × 1,60 سم، الهيئة الملكية لمحافظة العلا، RCU.2020.99.

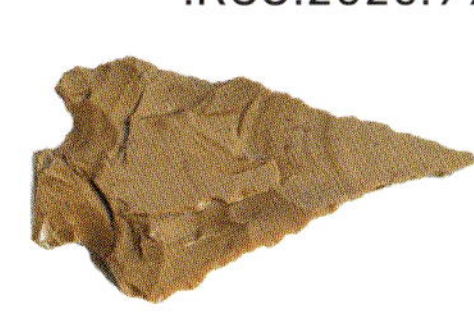

14. نواة لفلوازية، 75000 قبل الميلاد، صوان، 8,6 × 8,9 × 3 سم، الهيئة الملكية لمحافظة العلا، RCU.2020.100.

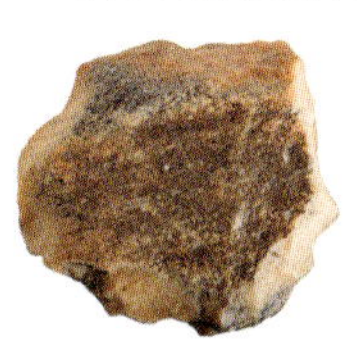

15. إعادة تشكيل مستطيل، 2023، فيلم، 5 دقائق، إيكونيم.

16. قرني غزال وجزء من الجمجمة جزء من حفرة إيداع بقايا حيوانية طقسية في "حجرة القرون"، المستطيل IDIHA-0000687، حوالي 5200 قبل الميلاد، يتكون عظم، الهيئة الملكية لمحافظة العلا، RCU.2020.149.9 (قرن)، RCU.2020.149.10 (لُبّ مع غلاف)، RCU.2020.149.119 (جمجمة مع قرن)، RCU.2020.149.121 (قرن ولُبّ وغلاف).

17. قرون أُرْخُص (نوع من أنواع الثيران المنقرضة) جزء من حفرة إيداع بقايا حيوانية طقسية في "حجرة القرون"، المستطيل IDIHA-0000687، حوالي 5200 قبل الميلاد، تتكون من غلاف، ولب، 26,5 × 11,5 × 7 سم؛ 22 × 8,5 × 5,5 سم، الهيئة الملكية لمحافظة العلا، RCU.2020.149.14 (قرن وغلاف)، RCU.2020.149.194 (قرن ولُبّ وغلاف).

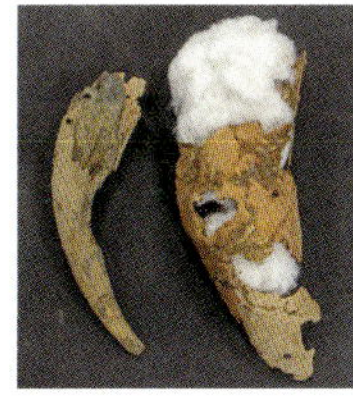

18. عظام لجمجمة ماشية وقرونها جزء من حفرة إيداع بقايا حيوانية طقسية في "حجرة القرون"، المستطيل IDIHA-0000687، حوالي 5200 قبل الميلاد، تتكون من غلاف، ولب، الهيئة الملكية لمحافظة العلا.
RCU.2020.149.17 *1 (قرن ولُبّ وغلاف)، RCU.2020.149.61 *2 (جمجمة بقرن واحد)، RCU.2020.149.151 (قرن وغلاف)، RCU.2020.149.464 (قرن ولُبّ وغلاف)، RCU.2020.149.468 (قرن وغلاف).

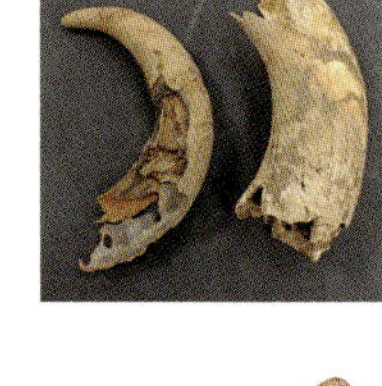

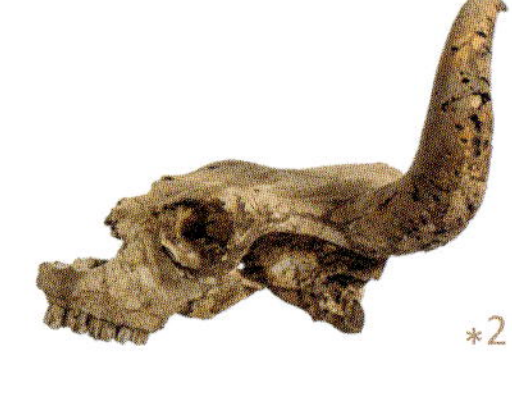

19. أجزاء من عظام جمجمة ماعز وقرونها جزء من حفرة إيداع بقايا حيوانية طقسية في "حجرة القرون"، المستطيل IDIHA-0000687، حوالي 5200 قبل الميلاد، تتكون من غلاف، ولب، الهيئة الملكية لمحافظة العلا.
RCU.2020.149.23 *1 (قرن)، RCU.2020.149.26 *2 (غلاف)، RCU.2020.149.28 (قرن)، RCU.2020.149.376 *3 (أجزاء جمجمة)، RCU.2020.149.52 (قرن)، RCU.2020.149.66 (قرن)، RCU.2020.149.67 (غلاف)، RCU.2020.149.73.1 *4 (قرن)، RCU.2020.149.73.2 (قرن)، RCU.2020.149.77 (جمجمة بقرون وغلاف واحد)، RCU.2020.149.80 *5 (قرن)، RCU.2020.149.95 (جمجمة بقرون)، RCU.2020.149.109 (جمجمة بقرون)، RCU.2020.149.120 (جمجمة ذات قرون).

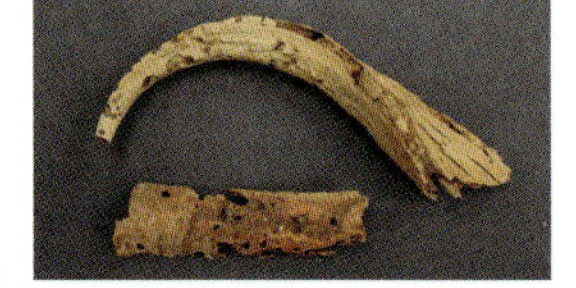

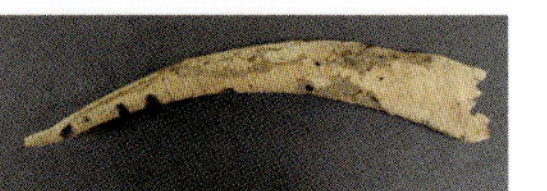

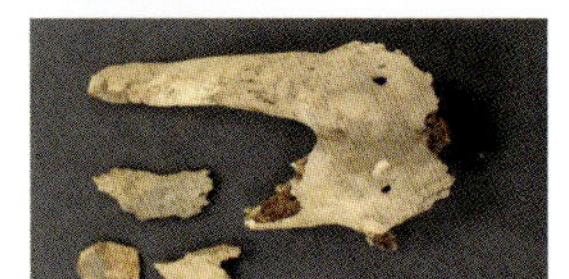

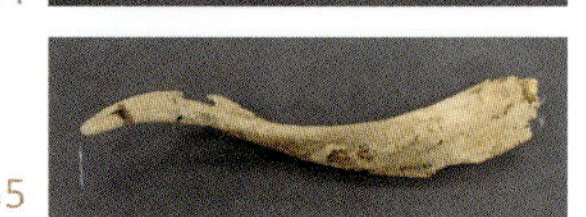

20. عظام وعْل وقرونه جزء من حفرة إيداع بقايا حيوانية طقسية في "حجرة القرون"، المستطيل IDIHA-0000687، حوالي 5200 قبل الميلاد، تتكون من غلاف، ولب، الهيئة الملكية لمحافظة العلا.
RCU.2020.149.49 (قرن)، RCU.2020.149.51 *1 (قرن)، RCU.2020.149.86 (قرن)، RCU.2020.149.134 *2 (جزء من جمجمة مع قرون).

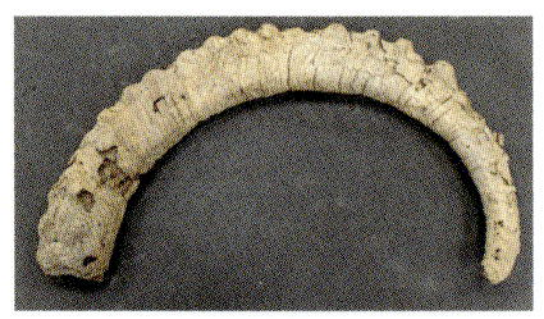

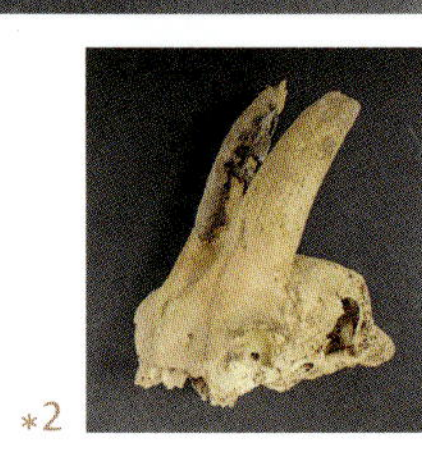

21. عظام خروف وقرونه جزء من حفرة إيداع بقايا حيوانية طقسية في "حجرة القرون"، المستطيل IDIHA-0000687، حوالي 5200 قبل الميلاد، الهيئة الملكية لمحافظة العلا.
RCU.2020.149.158 *1 (قرن ولُبّ)، RCU.2020.149.167 *2 (لُبّ وغلاف).

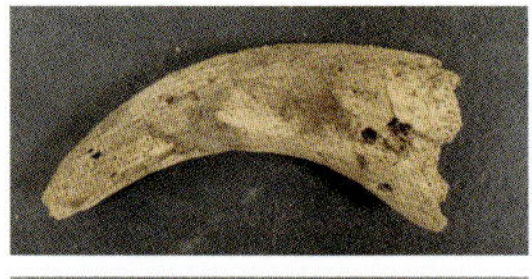

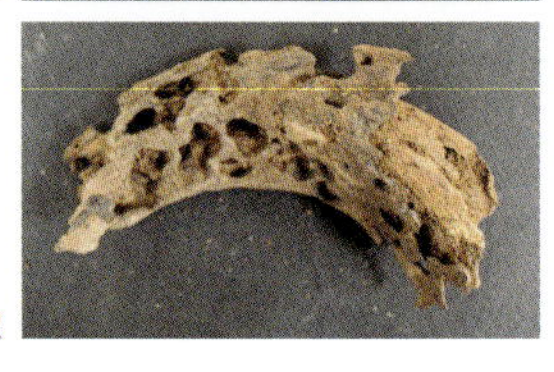

22. عينات فحم، "حجرة القرون"، المستطيل IDIHA-0000687، حوالي 5200 قبل الميلاد، فحم، الهيئة الملكية لمحافظة العلا. RCU.2020.149.387.1.

استراحة على الطريق تستخدمها القوافل والحجاج

23. مقبض آنية، دادان (الخريبة)، تنقيبات جامعة الملك سعود، بين القرنين الرابع والثالث قبل الميلاد، حجر الألباستر، 9 × 10 × 15 سم، الهيئة الملكية لمحافظة العلا. RCU.2023.178.

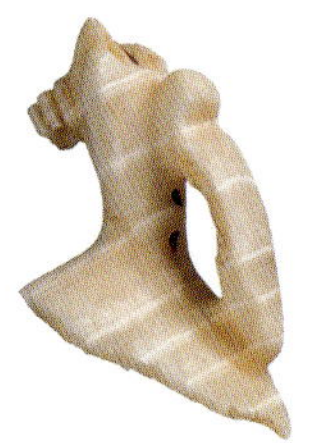

24. علبة مستحضرات التجميل، المعبد النبطي IGN132، الحِجْر، بين القرنين الأول والثالث للميلاد، برونز، 12,30 × 17 × 12,30 سم، الهيئة الملكية لمحافظة العلا. MS.60681.M.1.

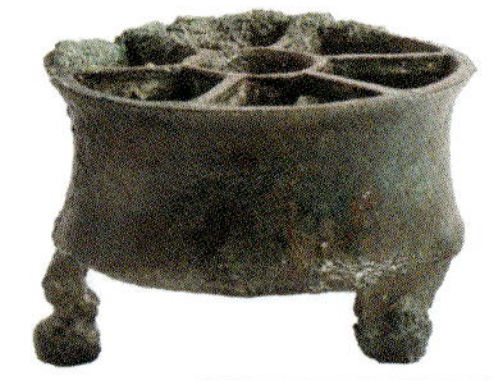

25. عنق آنية مرهم، دادان (الخريبة)، تنقيبات جامعة الملك سعود، بين القرنين الرابع والثالث قبل الميلاد، فخار، 4 سم، القطر 3 سم، الهيئة الملكية لمحافظة العلا. RCU.2023.151.

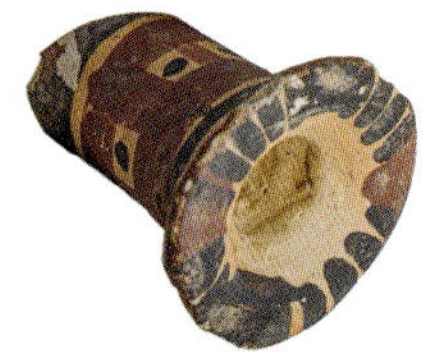

26. أول خريطة لشبه الجزيرة العربية مطبوعة بالألوان، كلوديوس بطليموس 1511، ورق، 55,8 × 38 سم، الهيئة الملكية لمحافظة العلا. RCU.2021.102.

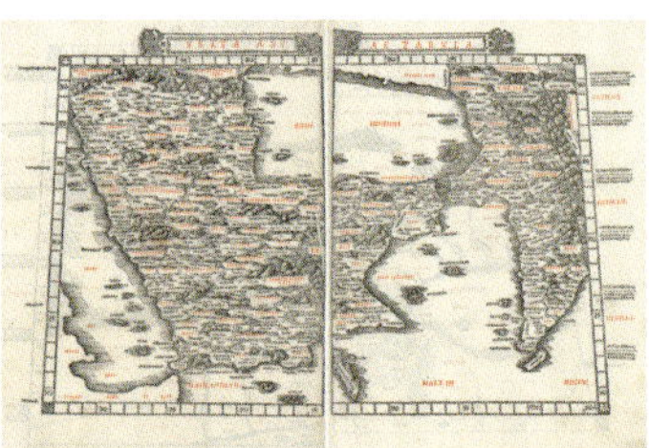

27. سيكستا آسيا (خريطة آسيا السادسة)، كلوديوس بطليموس لينهارت هول، نيكولاوس جرمانوس، 1482، ورق، 54,4 × 35,7 سم، الهيئة الملكية لمحافظة العلا. RCU.2021.110.

28. أسفار طويلة ومديدة للعربي الشهير أبي عبد الله، المعروف باسم إبن بطوطة، المجلد الأول، 1840، ورق، ممهور بالعلامة المائية "Nicolo Polleri e Figlio" مع شعار، 35 × 15,5 × 21 سم، الهيئة الملكية لمحافظة العلا. RCU.2021.180.1

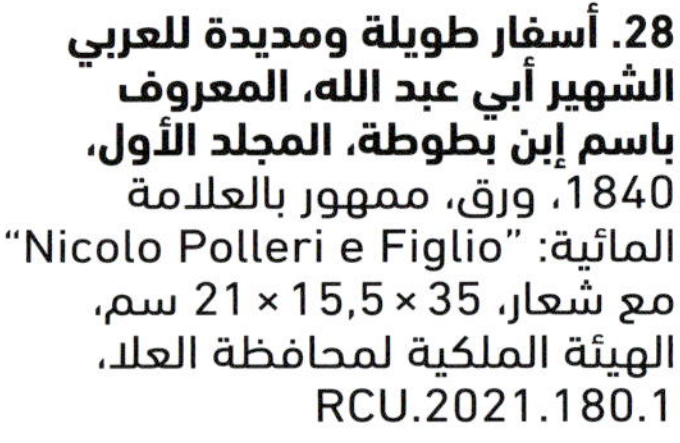

29. أسفار طويلة ومديدة للعربي الشهير أبي عبد الله، المعروف باسم ابن بطوطة، المجلد الأول، 1840، ورق، ممهور بالعلامة المائية "Nicolo Polleri e Figlio" مع شعار، 35 × 15,5 × 21 سم، الهيئة الملكية لمحافظة العلا. RCU.2021.180.2.

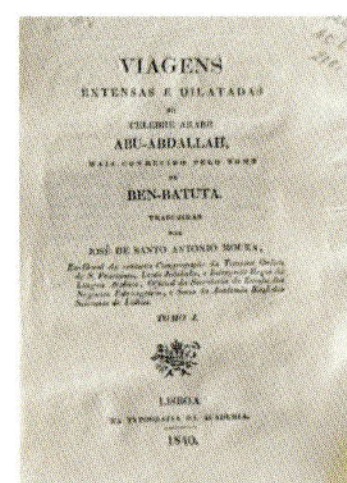

30. "سكة الحديد في المدينة المنورة"، L'Illustration، العدد الصادر في 3 أكتوبر/تشرين الأول عام 1908، ورق، 30 × 40 سم، الهيئة الملكية لمحافظة العلا. LIB.2019.80.3.

31. تلغراف، أوائل القرن العشرين، خشب، فولاذ، 2 × 8 × 15 سم، الهيئة الملكية لمحافظة العلا. RCU.2020.138.

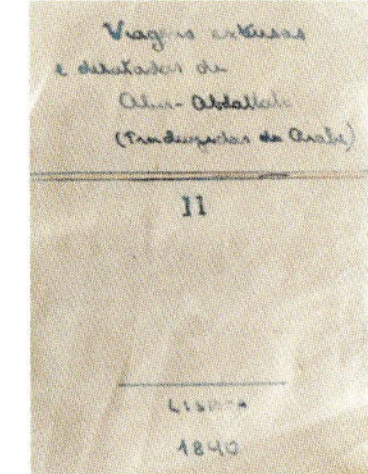

32. قطعة من سكة الحديد تذكر كلمة "الحجاز" أوائل القرن العشرين، فولاذ، 0,8 × 16,5 × 26 سم، الهيئة الملكية لمحافظة العلا. RCU.2020.139.

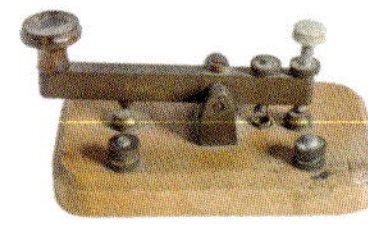

33. قبعة مفتش تذاكر في السكك الحديدية، أوائل القرن العشرين، نسيج، جلد، معدن، 20 × 28 × 8 سم، الهيئة الملكية لمحافظة العلا.

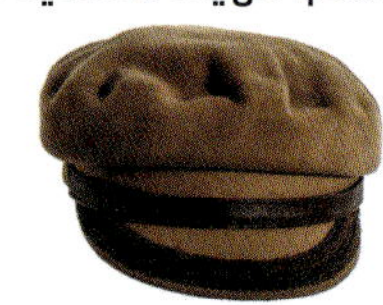

34. ساعة جيب عليها رسم مُحرِّك، أوائل القرن العشرين، فضة، 2 × 6 × 36 سم، الهيئة الملكية لمحافظة العلا. RCU.2020.142.

35. مصباح عليه نقش عثماني، أوائل القرن العشرين، معدن، زجاج، 14 × 14,5 × 33 سم، الهيئة الملكية لمحافظة العلا. RCU.2020.143.

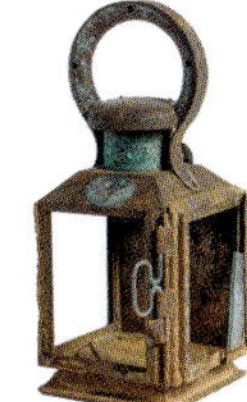

أربعة مواقع عظيمة، من دادان إلى البلدة القديمة في محافظة العلا

دادان

36. تاريخ آثار مملكتي دادان ولحيان، مقابلة مع عبد الرحمن السحيباني، 2019، فيلم، 9 دقائق، هوب بروديكسيون، معهد العالم العربي.

37. نزهة في دادان، 2023، فيلم، 5 دقائق، ستوديو كيتشاب مايو (Ketchup Mayo).

38. مبخرة، بين القرنين الرابع والثالث قبل الميلاد، حجر رملي، 28,51 × 72 سم، 000058-1-04-1.

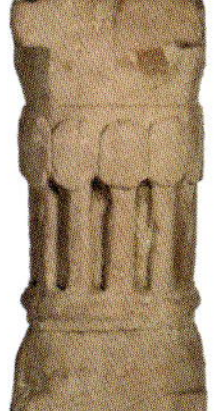

39. بصمة يد، دادان (الخريبة)، تنقيبات جامعة الملك سعود، بين القرنين الرابع والثالث قبل الميلاد، حجر رملي، 81 × 60 × 40 سم، الهيئة الملكية لمحافظة العلا. RCU.2023.154.

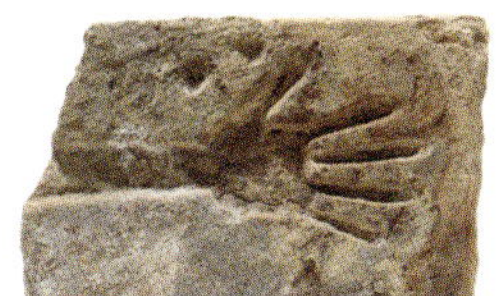

40. مائدة قرابين، دادان (الخريبة)، تنقيبات جامعة الملك سعود، بين القرنين الخامس والأول قبل الميلاد، حجر رملي، 42 × 45 × 30 سم، الهيئة الملكية لمحافظة العلا. RCU.2023.125.

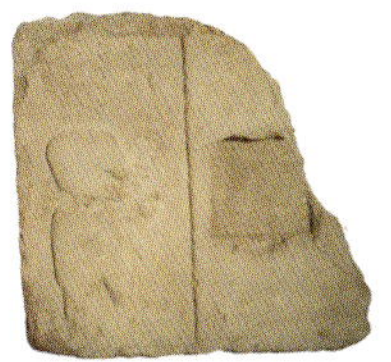

41. مبخرة مزدوجة، دادان (الخريبة)، تنقيبات جامعة الملك سعود، بين القرنين الرابع والثالث قبل الميلاد، حجر رملي، 12 × 25 × 15 سم، الهيئة الملكية لمحافظة العلا. RCU.2023.167.

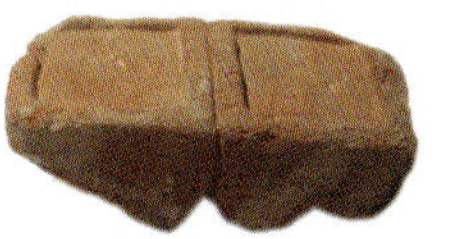

42. عمود مزخرف بثلاثة أفاريز نُقشت عليها أشكال حيوانية، دادان (الخريبة)، تنقيبات جامعة الملك سعود، بين القرنين الرابع والثالث قبل الميلاد، حجر رملي، 140 × 49 × 43 سم، الهيئة الملكية لمحافظة العلا. RCU.2023.129.

43. دمية تمثل أسداً، دادان (الخريبة)، تنقيبات جامعة الملك سعود، بين القرنين الخامس والأول قبل الميلاد، برونز، 1,5 × 3 × 1 سم، الهيئة الملكية لمحافظة العلا. RCU.2023.133.

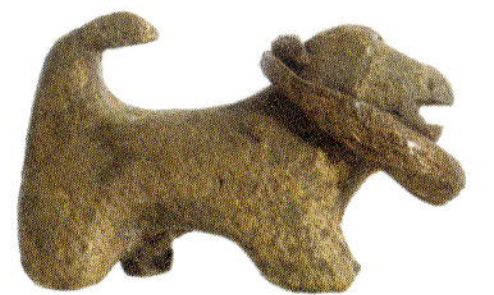

44. عمود مزخرف بأشكال حيوانية لثيران ونعام وجمال، دادان (الخريبة)، تنقيبات جامعة الملك سعود، بين القرنين الرابع والثالث قبل الميلاد، حجر رملي، 50 × 210 سم، القطر 40 سم، الهيئة الملكية لمحافظة العلا، RCU.2023.136.

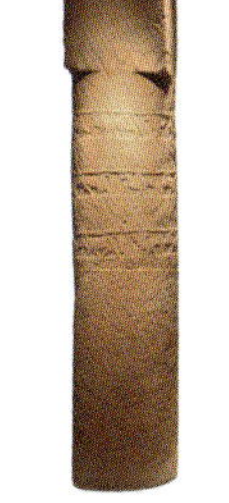

45. مبخرة، دادان (الخريبة)، تنقيبات جامعة الملك سعود، بين القرنين الرابع والثالث قبل الميلاد، حجر رملي، 9 × 10 × 4 سم، الهيئة الملكية لمحافظة العلا. RCU.2023.187.

46. مذبح ذو مزراب / ميزاب، دادان (الخريبة)، تنقيبات جامعة الملك سعود، بين القرنين الرابع والثالث قبل الميلاد، حجر رملي، 20 × 28 × 12 سم، الهيئة الملكية لمحافظة العلا. RCU.2023.179.

47. عنصر معماري مزين بزخارف على شكل ثعبان، دادان (الخريبة)، تنقيبات جامعة الملك سعود، بين القرنين الرابع والثالث قبل الميلاد، حجر رملي، 11 × 28 × 25 سم، الهيئة الملكية لمحافظة العلا. RCU.2023.180.

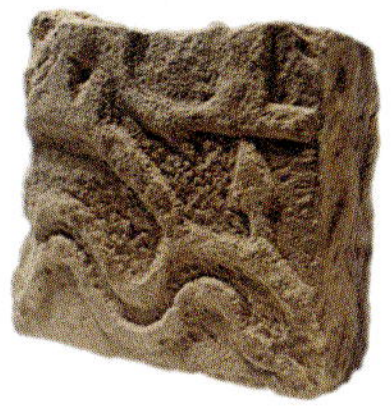

48. مبخرة، دادان (الخريبة)، تنقيبات جامعة الملك سعود، بين القرنين الرابع والثالث قبل الميلاد، حجر رملي، 6 × 6 × 6 سم، الهيئة الملكية لمحافظة العلا. RCU.2023.183.

49. مائدة قرابين، دادان (الخريبة)، تنقيبات جامعة الملك سعود، بين القرنين الخامس والأول قبل الميلاد، حجر رملي، 12 × 46,5 × 112 سم، الهيئة الملكية لمحافظة العلا. RCU.2020.147.220.

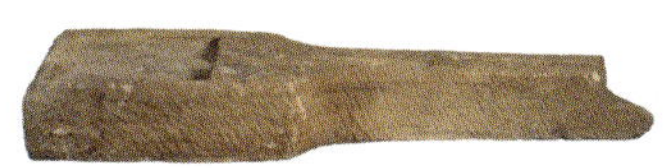

50. عنصر معماري مزين بثلاثة وعول، دادان (الخريبة)، تنقيبات جامعة الملك سعود، بين القرنين الرابع والثالث قبل الميلاد، حجر رملي، 72 × 44 × 20 سم، الهيئة الملكية لمحافظة العلا. RCU.2023.157.

51. تمثال لرجل، مكسور على مستوى الركبتين، دادان (الخريبة)، تنقيبات جامعة الملك سعود، بين القرنين الرابع والثالث قبل الميلاد، حجر رملي، 38 × 185 سم، الهيئة الملكية لمحافظة العلا. RCU.2023.161.

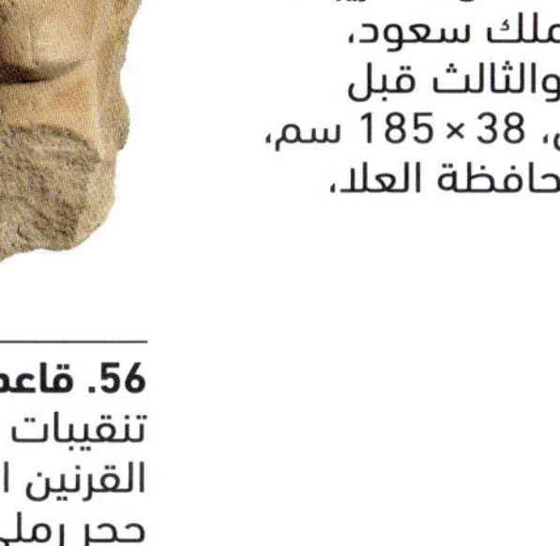

52. رأس تمثال، دادان (الخريبة)، تنقيبات جامعة الملك سعود، بين القرنين الرابع والثالث قبل الميلاد، حجر رملي، 61 × 30 × 45 سم، الهيئة الملكية لمحافظة العلا. RCU.2023.164.

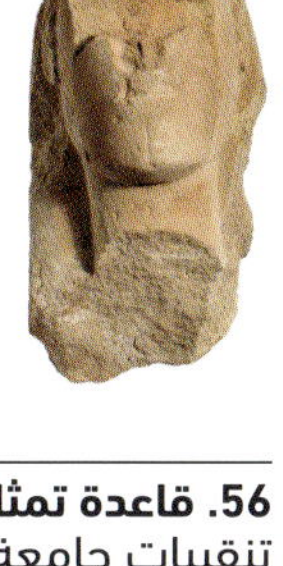

53. نقش بارز مزخرف بشكل أسد، دادان (الخريبة)، تنقيبات جامعة الملك سعود، بين القرنين السادس والرابع قبل الميلاد، حجر رملي، 15 × 46 × 33 سم، الهيئة الملكية لمحافظة العلا. RCU.2023.165.

54. تمثال رجل، مكسور على مستوى الركبتين، دادان (الخريبة)، تنقيبات جامعة الملك سعود، بين القرنين الرابع والثالث قبل الميلاد، حجر رملي، 50 × 88 × 170 سم، الهيئة الملكية لمحافظة العلا. RCU.2023.132.

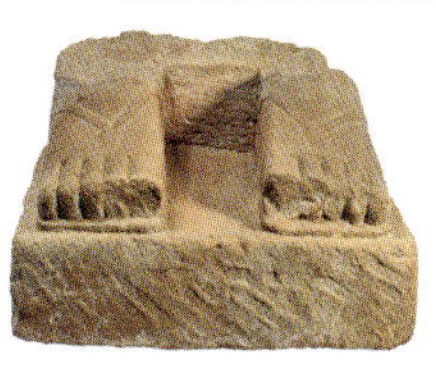

55. رأس تمثال، دادان (الخريبة)، تنقيبات جامعة الملك سعود، بين القرنين الرابع والثالث قبل الميلاد، حجر رملي، 27 × 30 × 53 سم، الهيئة الملكية لمحافظة العلا. RCU.2023.166.

56. قاعدة تمثال، دادان (الخريبة)، تنقيبات جامعة الملك سعود، بين القرنين الرابع والثالث قبل الميلاد، حجر رملي، 37 × 60 × 32 سم، الهيئة الملكية لمحافظة العلا. RCU.2023.137.

57. الذراع اليسرى لتمثال،
دادان (الخريبة)، تنقيبات جامعة الملك سعود، بين القرنين الرابع والثالث قبل الميلاد، حجر رملي، 25 × 30 × 90 سم، الهيئة الملكية لمحافظة العلا، RCU.2023.139.

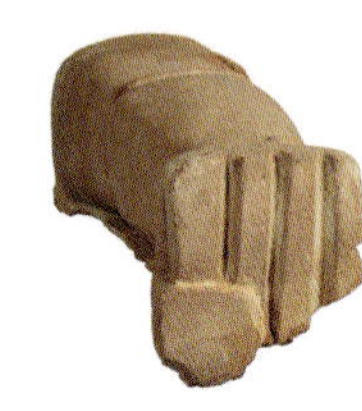

58. تمثال لرجل، مكسور على مستوى الركبتين، دادان (الخريبة)، تنقيبات جامعة الملك سعود، بين القرنين الرابع والثالث قبل الميلاد، حجر رملي، 22 × 51 × 102 سم، الهيئة الملكية لمحافظة العلا. RCU.2019.120.

59. رؤوس تماثيل، أم درج، تنقيبات الهيئة العامة السعودية للسياحة والتراث الوطني، بين القرنين الخامس والأول قبل الميلاد، حجر رملي، الهيئة الملكية لمحافظة العلا،
RCU.2020.147.320.4،
RCU.2020.147.320.5 *1،
RCU.2020.147.320.7 *2،
RCU .2020.147.320.10،
RCU.2020.147.320.12 *3،
RCU.2020.147.320.15 *4،
RCU.2020.147.509،
RCU.2020.147.510 *5،
RCU.2020.147.511 *6،
RCU. 2020.147.512 *7،
RCU.2020.147.517،
RCU.2020.147.520،
RCU.2020.147.521،
RCU.2020.147.4216.

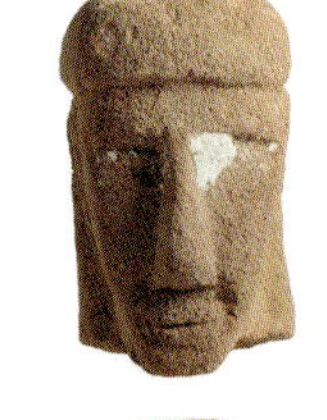

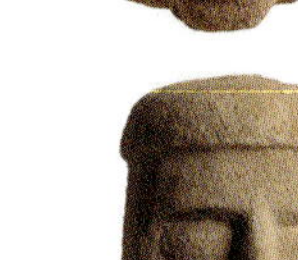

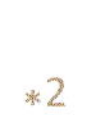

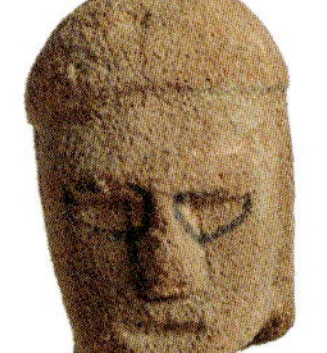

60. أجزاء متنوعة من تماثيل، تتكون من:(أقدام، جذوع، سيقان، ذراعين)، أم درج، تنقيبات الهيئة العامة السعودية للسياحة والتراث الوطني، بين القرنين الخامس والأول قبل الميلاد، حجر رملي، الهيئة الملكية لمحافظة العلا،
RCU.2020.147.418 *1،
RCU.2020.147.507 *2،
RCU.2020.147.513 *3،
RCU.2020.147.514 *4،
RCU.2020.147.515 *5،
RCU.2020.147.516.1 *6،
RCU.2020.147.516.2 *7،
RCU.2020.147.518.1،
RCU.2020.147.5 18.1 *8،
RCU.2020.147.519 *9،
RCU.2020.147.524 *10،
RCU.2020.147.525،
RCU.2020.147.526 *11،
RCU.2020.147.527،
RCU.2020.147.530 *12،
RCU.2 020.147.531 *13،
RCU.2020.147.1827.1 *14،
RCU.2020.147.2730.1،
RCU.2020.147.4217 *15.

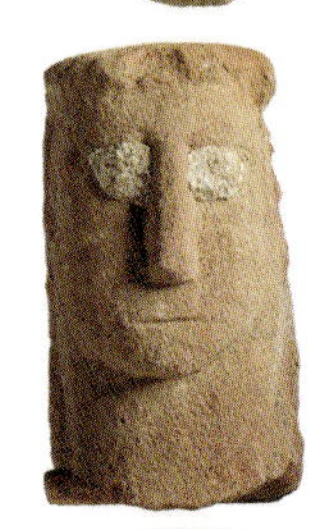

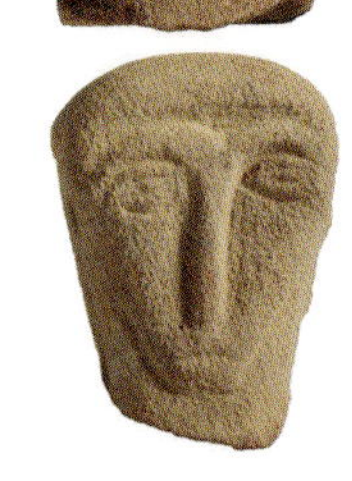

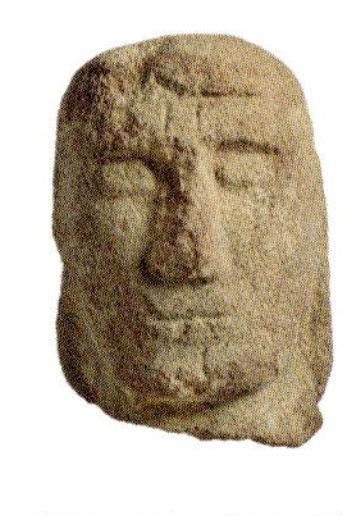

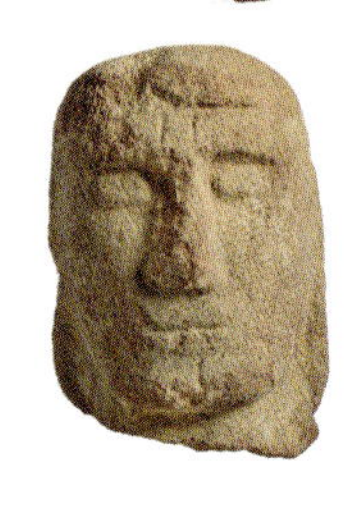

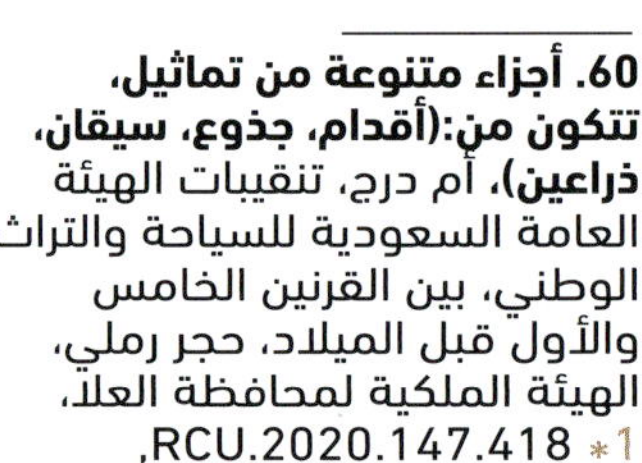

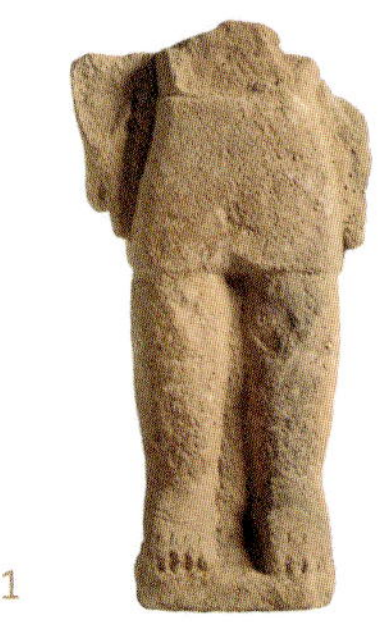

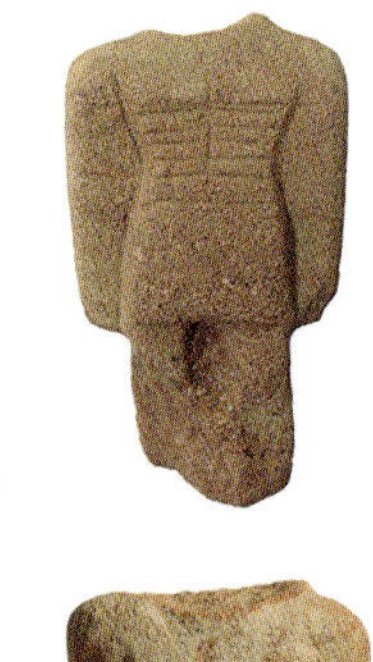

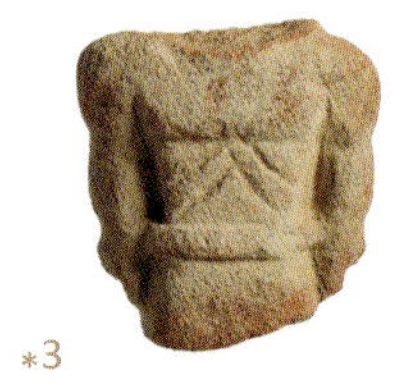

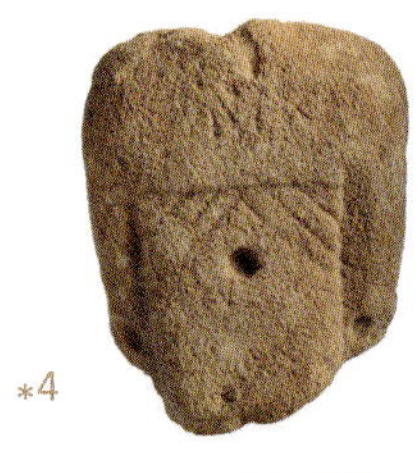

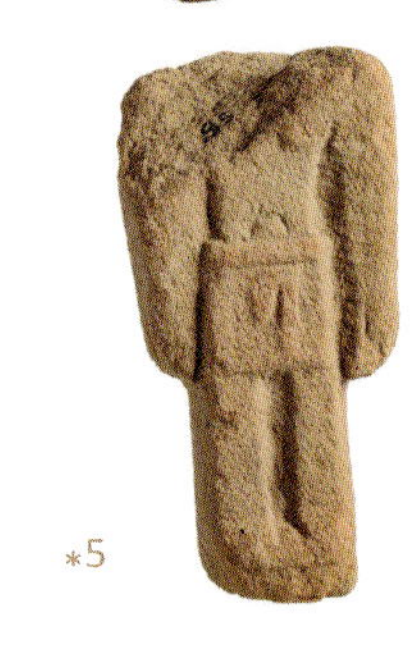

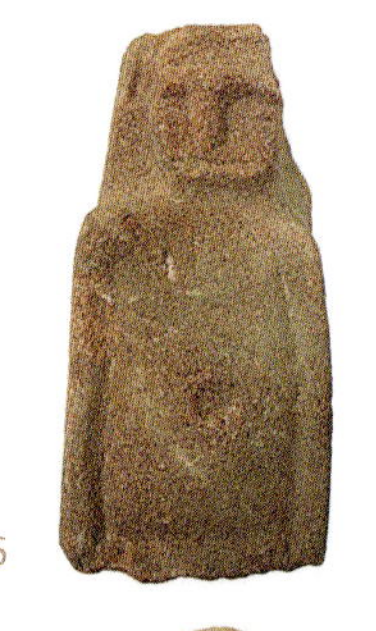

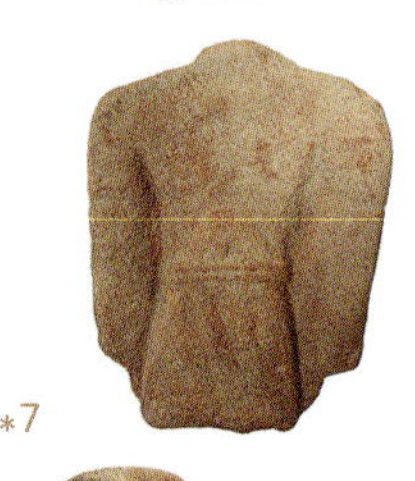

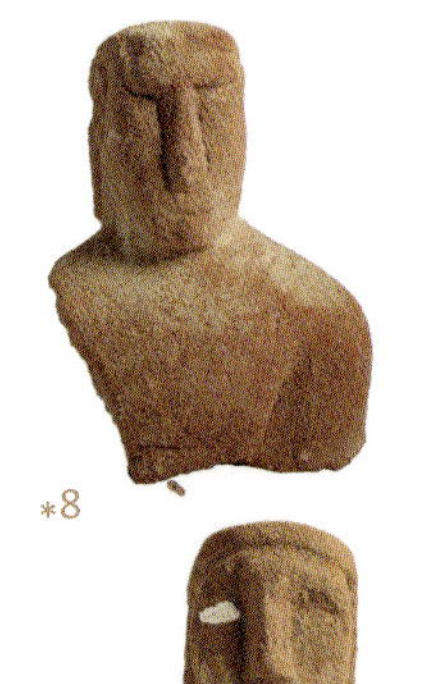

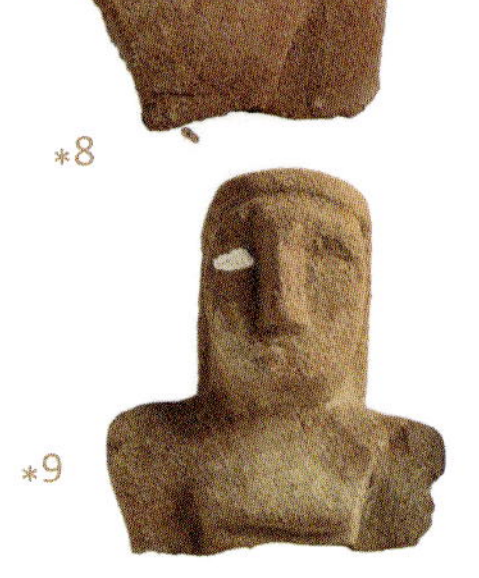

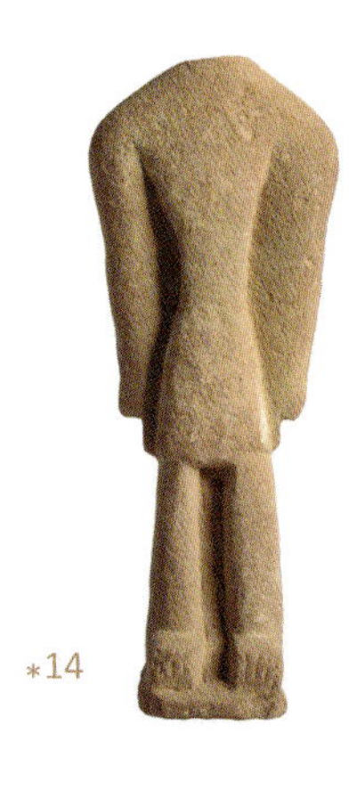

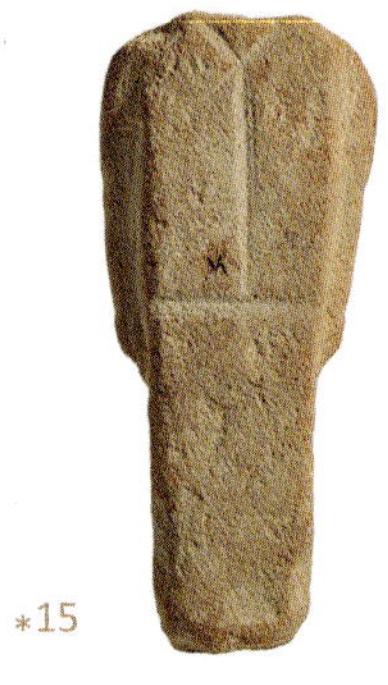

61. تمثال نصفي عليه نقشاً دادانياً،
أم درج، تنقيبات الهيئة العامة السعودية للسياحة والتراث الوطني، بين القرنين الخامس والأول قبل الميلاد، حجر رملي، 7,5 × 9 سم، الهيئة الملكية لمحافظة العلا. RCU.2020.147.522.

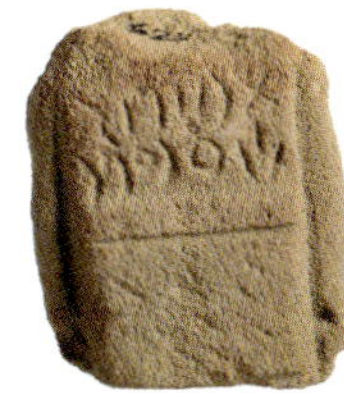

62. تمثال نصفي عليه نقشاً دادانياً،
أم درج، حفريات الهيئة العامة السعودية للسياحة والتراث الوطني، بين القرنين الخامس والأول قبل الميلاد، حجر رملي، 6,8 × 15,3 × 16 سم، الهيئة الملكية لمحافظة العلا. RCU.2020.147.523.

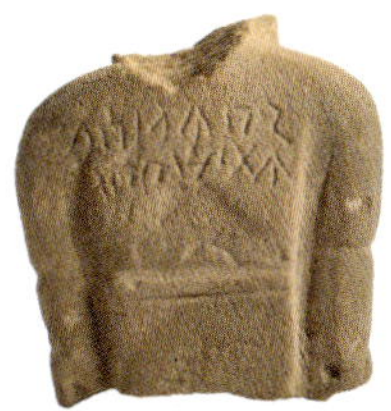

الحِجْر

63. تمثالين كاملين، أم درج،
تنقيبات الهيئة العامة السعودية للسياحة والتراث الوطني، بين القرنين الخامس والأول قبل الميلاد، حجر رملي، 4 × 11 × 24 سم، الهيئة الملكية لمحافظة العلا، 1* ، RCU.2020.147.3773 RCU.2020.147.4214 *2

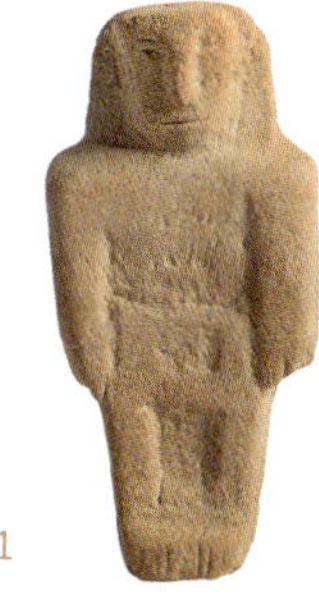

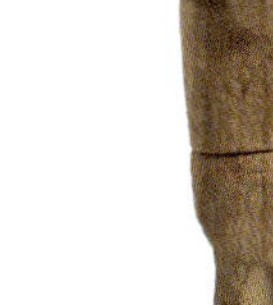

64. تمثال نصفي عليه نقشٌ عربيٌّ جنوبيٌّ قديم مدوّنٌ باللغة الدادانية،
أم درج، تنقيبات الهيئة العامة السعودية للسياحة والتراث الوطني، بين القرنين الخامس والأول قبل الميلاد، حجر الرملي، 11 × 15,5 سم، الهيئة الملكية لمحافظة العلا. RCU.2020.147.4218.

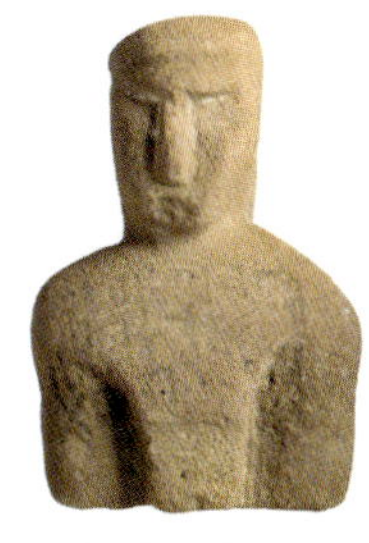

65. إعادة تشكيل النحت الصخري في دادان، 2023، فيلم، 5 دقائق، إيكونيم.

الحِجْر

66. يان أرتوس-برتران، الحِجْر من السماء، 2019، فيلم، 6,05 دقائق، هوب بروديكسيون .

67. إعادة بناء الحِجْر في الفترة النبطية، 2021، فيلم، 5 دقائق، إيكونيم.

68. مقابلة مع ليلى نعمة، المديرة السابقة لمشروع مدائن صالح الأثري في الحِجْر، 2019، فيلم، 9 دقائق، معهد العالم العربي.

69. خمس خرزات بيضاء مستديرة، الحِجْر، حوالي 100 قبل الميلاد، حجر كلسي، 1,9 × 1,6 سم، الهيئة الملكية لمحافظة العلا، MS.10227.S.1، MS.10227.S.2، MS.10227.S.3، MS.10227.S.4 MS. 10227.S.5 ،*.

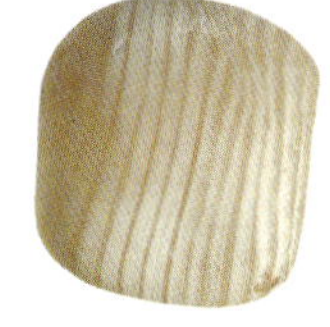

70. غطاء حجري صغير له مقبض، الفترة النبطية، حجر الألباستر، 0,5 × 3 × 2 سم، الهيئة الملكية لمحافظة العلا، MS.50505.S.1

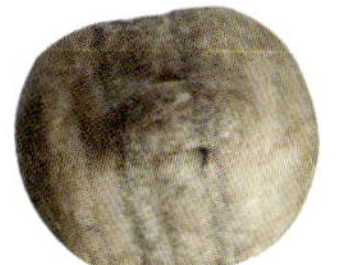

71. حجر معليه زخرفة نباتية، المدفن IGN 132، الحِجْر، حجر كلسي، عليه زخرفة نباتية عبارة عن وردة داخل إطار مربع الشكل، 19 × 27 × 46 سم، الهيئة الملكية لمحافظة العلا، MS.60600.S.1.

72. نحت مدفن نبطي، 2019، فيلم رسوم متحركة، 1,30 دقيقة، شركة Opixido.

73. مراسم جنازة نبطية، 2019، فيلم رسوم متحركة، 4 دقائق، شركة Opixido.

74. مشط، المدفن IGN 20 (مدفن شُلِّي القائد أو الحاكم العسكري "استراتيجوس")، الحِجْر، الفترة النبطية، خشب، 0,5 × 2,3 × 6,3 سم، الهيئة الملكية لمحافظة العلا، MS.50045.W.5.

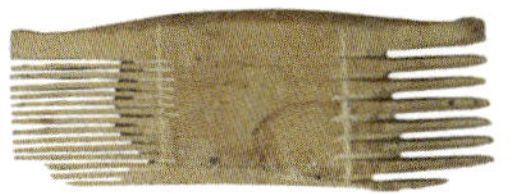

75. قطعة من كفن للدفن تغطي الوجه، المدفن IGN 117 (مدفن حنات بنت وهبو)، الحِجْر، الفترة النبطية، نسيج، 0,2 × 25 × 40 سم، الهيئة الملكية لمحافظة العلا، MS.50083.T.1.

76. هيكل عظمي كامل لشخص نبطي، المدفن IGN 117 (مدفن حنات بنت وهبو)، الحِجْر، الفترة النبطية، عظم، الهيئة الملكية لمحافظة العلا، MS.50085.B ، MS.50085.B.1 (جمجمة).

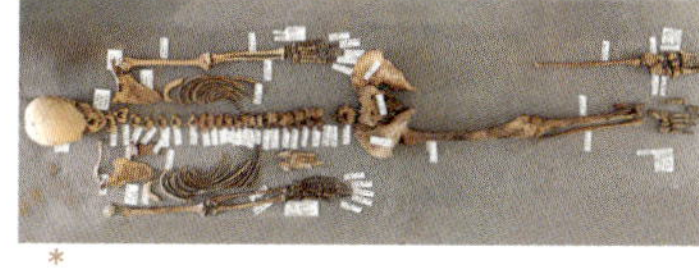

77. جرس صغير، المدفن IGN 88، الحِجْر، الفترة النبطية، برونز، حديد، 2,5 × 2 سم، الهيئة الملكية لمحافظة العلا، MS.50120.M.1.

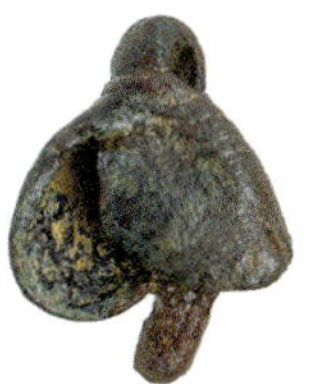

78. أجزاء من أكفان للدفن مستخرجة من مدفنين، الحِجْر، الفترة النبطية، جلد، الهيئة الملكية لمحافظة العلا، 1* ، MS.50229.L.3 MS.50296.L.1 (IGN 117)، MS.50421.L.23 *2 (IGN 88)

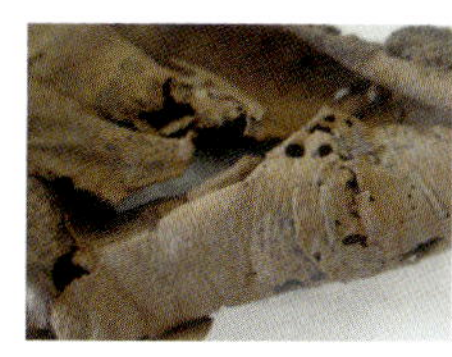

79. أجزاء من أكفان للدفن، الحِجْر، الفترة النبطية، تتكون من نسيج أحمر، وجلد مرتبط بالكفن مستخرجة من مدفنين، 20 × 20 سم، الهيئة الملكية لمحافظة العلا، MS.50229.T.1، MS.50240.L.2 (IGN 117)، IGN 88) *MS.50421.L.25).

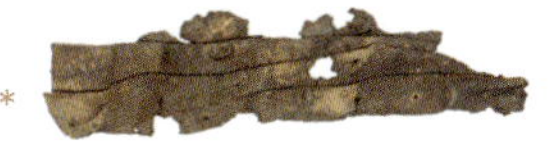

80. أجزاء من كفن للدفن، أجزاء من كفن للدفن تتكون من جلد ونسيج، المدفن IGN 117 (مدفن حنات بنت وهبو)، الحِجْر، الفترة النبطية، جلد، نسيج، 0,3 × 25 × 25 سم، الهيئة الملكية لمحافظة العلا، MS.50283.T.2.

81. حبات تمر مثقوبة، مستخدمة للقلادات، المدفن IGN 117 (مدفن حنات بنت وهبو)، الحِجْر، ثمار، 1 سم، الهيئة الملكية لمحافظة العلا، MS.50298.VS.1.

82. مقبض وسيور لكفن، الحِجْر، الفترة النبطية، مقبض لكفن يستخدم للنقل وسيور من الجلد مستخرجة من مدفنين، 8 × 18 سم، الهيئة الملكية لمحافظة العلا، MS.50304.L.1 (IGN 117)، MS.50420.L.6 * (IGN 88)، سيور).

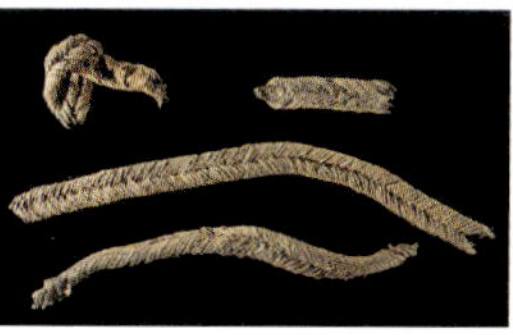

83. سوار، المدفن IGN 103، الحِجْر، برونز، القطر 4 سم، الهيئة الملكية لمحافظة العلا، MS.50405.M.1.

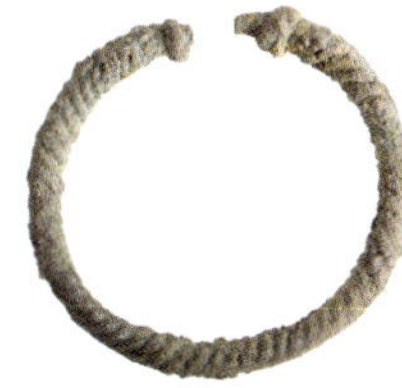

84. خيوط مبرومة، الحِجْر، الفترة النبطية، خيوط مبرومة مستخرجمة من مدفنين تتكون من نسيج، جلد، الهيئة الملكية لمحافظة العلا، MS.50421.L.15، MS.50421.L.14 (IGN 88)، MS.50432.T.14 *1 MS.50432.T.19 *2، MS.50432.T.27 (IGN 97)

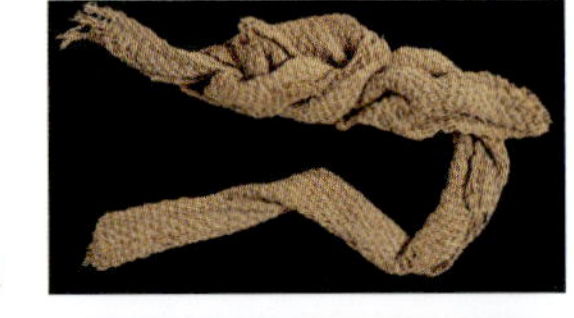

*1

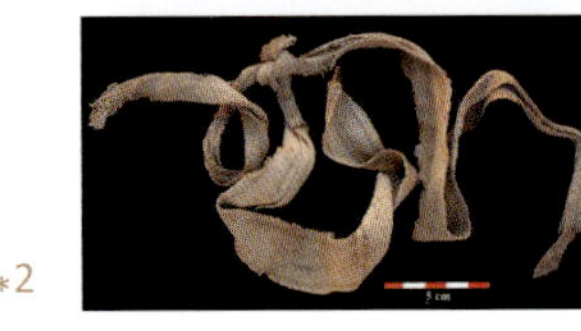

*2

85. قناع جنائزي، المدفن IGN 88، الحِجْر، الفترة النبطية، جلد، 0,1 × 22 × 30 سم، الهيئة الملكية لمحافظة العلا، MS.50421.L.27.

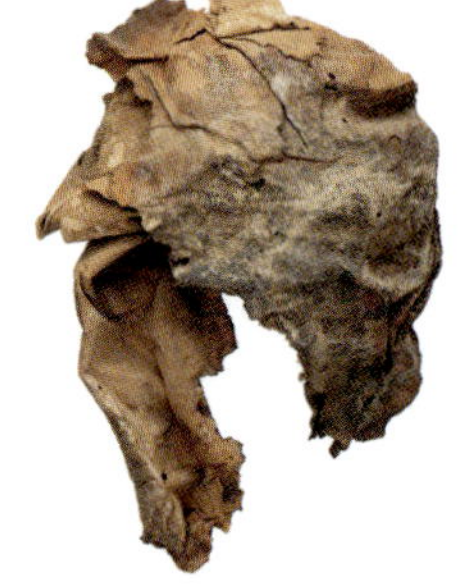

86. زبدية نبطية إنتاج محلي، المدفن IGN 97، الحِجْر، القرن الأول الميلادي، من الفخار، مزخرفة برسومات، 0,4 × 5 سم، القطر 14,5 سم، الهيئة الملكية لمحافظة العلا، MS.50432.P.2.

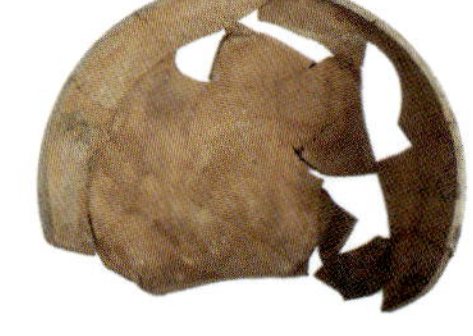

87. قطعة نسيج ذات أهداب، المدفن IGN 97، الحِجْر، الفترة النبطية، نسيج، 1,5 × 20 × 25 سم، الهيئة الملكية لمحافظة العلا، *MS.50432.T.41، MS.50432.T.47.

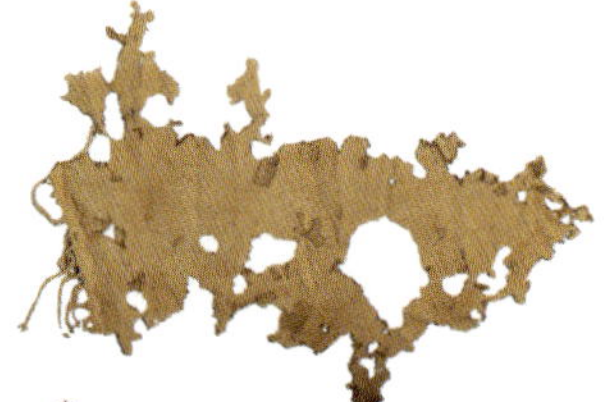

88. زبدية فخارية، إنتاج محلي، المدفن 116.1 IGN، الحِجْر، 70-50 ميلادي، فخار، 0,3 × 4,5 سم، القطر 12 سم، الهيئة الملكية لمحافظة العلا، MS.50504.P.1.

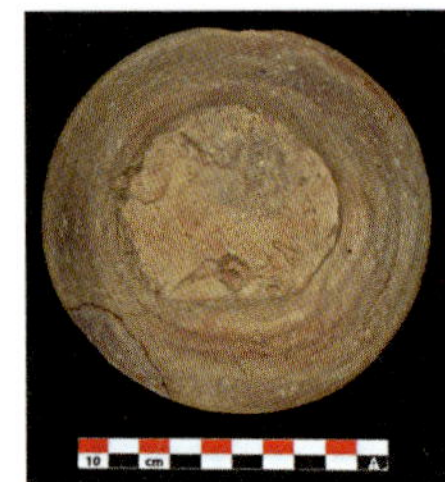

89. أجزاء من جرار ذاتشكل كمثرى المدفن 116.1 IGN، الحِجْر، 70-50 ميلادي، أجزاء من جرار لها مقابض، وعنق، من فخار، 0,7 × 28 × 40 سم، القطر 10 سم، الهيئة الملكية لمحافظة العلا، *MS.50504.P.3، *MS.50507.P.2.

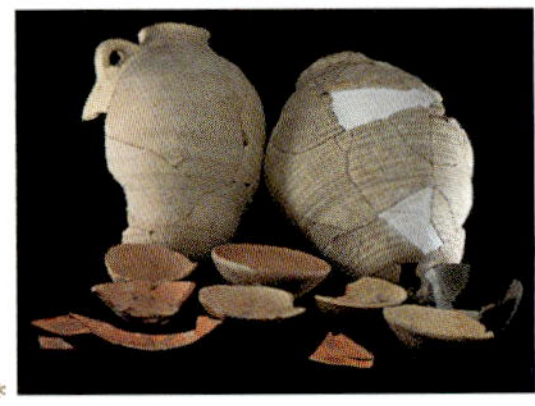

90. زبدية فخارية، بدون قاعدة، إنتاج محلي، المدفن 116.1 IGN، الحِجْر، 70-50 ميلادي، فخار، 0,5 × 6 سم، القطر 14,5 سم، الهيئة الملكية لمحافظة العلا، MS.50506.P.1.

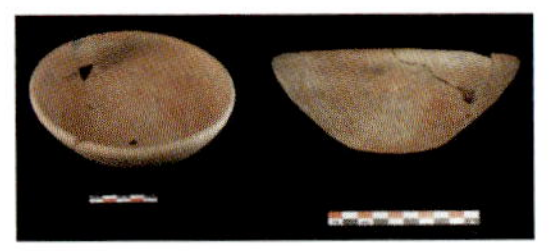

91. أجزاء من زبدية نبطية مزينة برسومات، مستوردة من البتراء، المدفن 116.1 IGN، الحِجْر، 70-50 ميلادي، فخار، 0,2 × 8,5 × 18 سم، القطر 20 سم، الهيئة الملكية لمحافظة العلا، MS.50506.P.5.

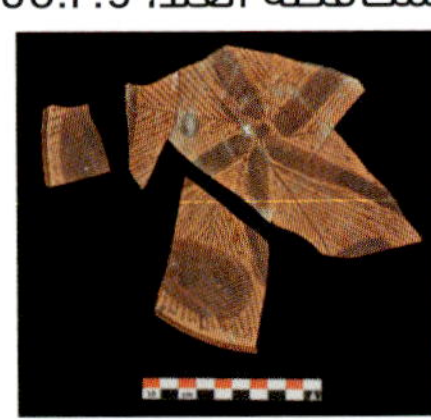

92. جزء من إناء، ربما تم استيراده من البتراء، المدفن 116.1 IGN، الحِجْر، 70-50 ميلادي، فخار، القطر 11 سم، الهيئة الملكية لمحافظة العلا، MS.50551.P.1.

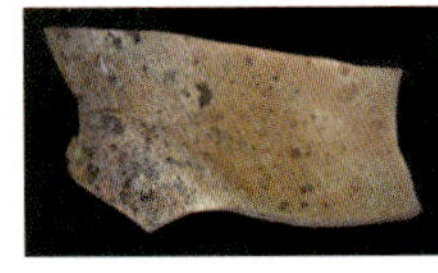

93. مسرجة، المنطقة السكنية، الحِجْر، بين القرنين الخامس والسادس للميلاد، فخار، 2,8 × 6,8 × 8,5 سم، الهيئة الملكية لمحافظة العلا، MS.10017.P.10.

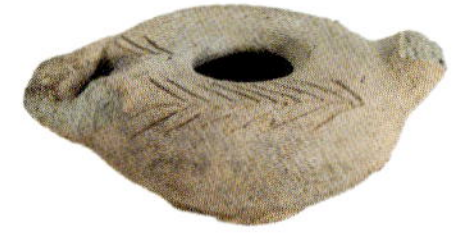

94. إبريق صغير، المنطقة السكنية، الحِجْر، القرن الثاني الميلادي، من الفخار، لها عنق وقاعدة صغيرة، ويد من منتصف البدن إلى العنق، عليها زخارف في الجزء العلوي عبارة عن خطوط متوازية، 1 × 7 × 10 سم، الهيئة الملكية لمحافظة العلا، MS.25015.P.1.

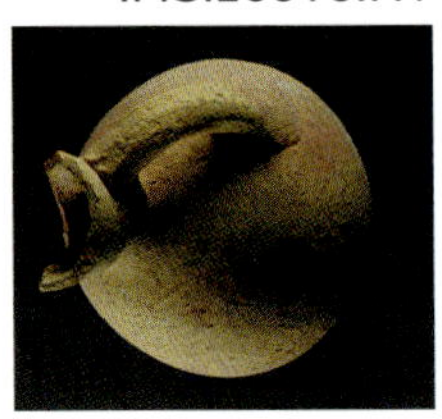

95. تمثال ماعز، الحصن الروماني، الحِجْر، العصر الروماني، برونز، 9 × 2,2 × 10,2 سم، الهيئة الملكية لمحافظة العلا، MS.34240.M.1.

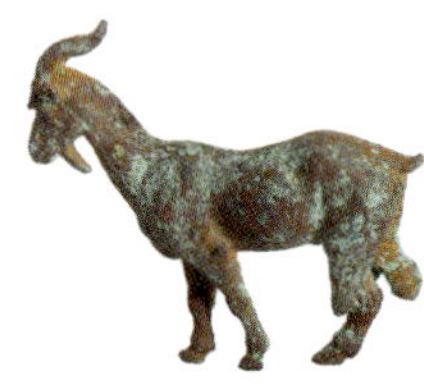

96. تمثال معدني، العصر الروماني، برونز، 1,4 × 4,2 × 6,9 سم، الهيئة الملكية لمحافظة العلا، MS.34240.M.4.

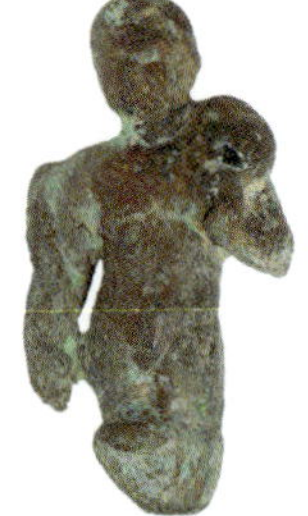

97. مذبح يحمل نقشاً لاتينياً، إهداء من أجل خلاص الإمبراطور الروماني كاراكلا، الحصن الروماني، الحِجْر، 217-213 ميلادي، حجر رملي، 23 × 43 × 63 سم، الهيئة الملكية لمحافظة العلا، MS.34303.I.1.

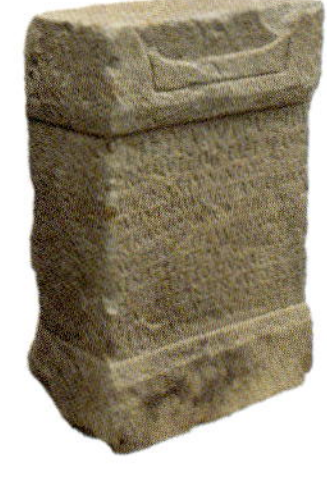

98. تمثال صغير لبريابوس، حصن روماني، الحجر، العصر الروماني، كائن خَيالي أو كائن غير حقيقي من البرونز، 1,5 × 2,8 × 7,3 سم، الهيئة الملكية لمحافظة العلا، MS.34502.M.1.

99. ختم عسكري، العصر الروماني، حجر رملي، 2,5 × 7 × 4 سم، الهيئة الملكية لمحافظة العلا، MS.35098.I.1.

100. رؤوس سهام، المدفن IGN 117 (مدفن حنات بنت وهبو)، الحِجْر، العصر الروماني، برونز، 0,2 × 1,1 × 5,2 سم، الهيئة الملكية لمحافظة العلا، *MS.50297.M.1 MS.50298.M.1.

101. دمية على شكل نسر، المعبد IGN 132، الحِجْر، الفترة النبطية، برونز، 3 × 3 × 5,7 سم، الهيئة الملكية لمحافظة العلا، MS.60704.M.1.

102. مفتاح، المعبد IGN 132، الحِجْر، الفترة النبطية، برونز، 0,5 × 3 × 5 سم، الهيئة الملكية لمحافظة العلا، MS.60910.M.1.

103. دمية تمثل جملًا، المعبد IGN 132، بين القرنين الأول والثالث للميلاد، دمية لجمل عليها هودج أو حامل من البرونز، 3,2 × 13,2 × 12,2 سم، الهيئة الملكية لمحافظة العلا، MS.68302.M.1.

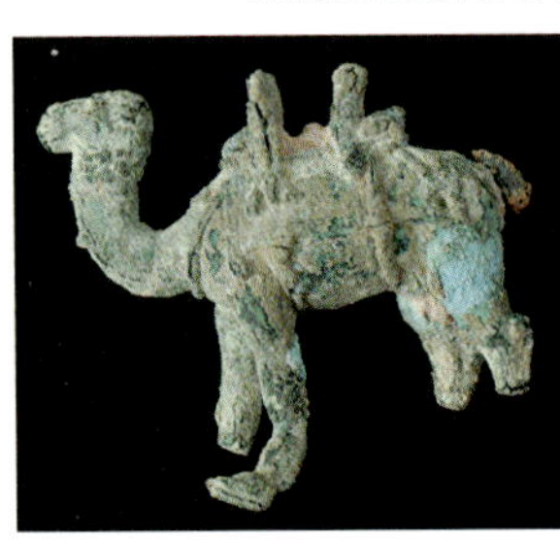

104. مسرجة، منطقة سكنية، الحِجْر، 150-50 ميلادي، مسرجة عليها زخارف آدمية وهندسية من الفخار، 6,5 × 3,2 × 2 سم، الهيئة الملكية لمحافظة العلا، MS.92049.P.1.

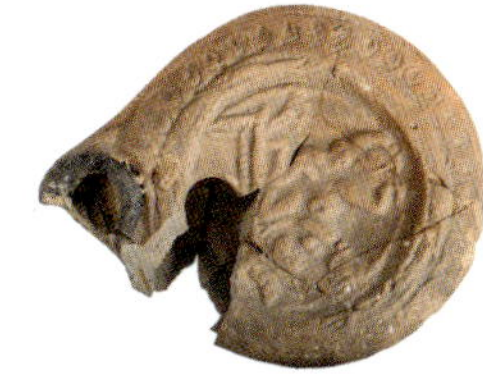

105. إصبع تمثال، حصن روماني، الحِجْر، العصر الروماني، برونز، 5,2 × 1,9 × 2 سم، الهيئة الملكية لمحافظة العلا، MS.Surface.M.262.

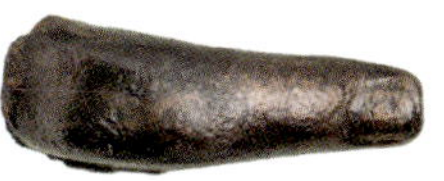

106. دراخما، لحيان، القرن الرابع قبل الميلاد، فضة، 1,4 سم، الهيئة الملكية لمحافظة العلا، MS.35014_C.1.

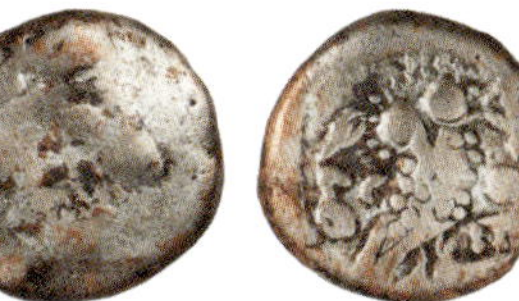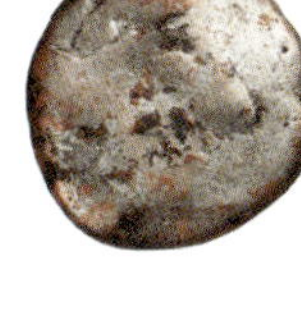

107. تترادراخما برونزية، لحيان، القرن الثالث قبل الميلاد؟، برونز، 2,3 سم، الهيئة الملكية لمحافظة العلا، MS.10096.C.1.

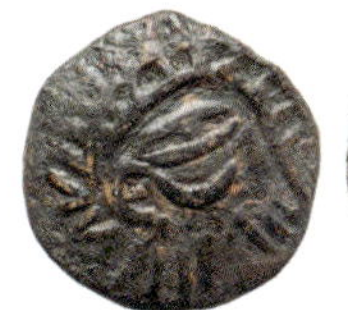

108. تترادراخما برونزية، لحيان، القرن الثالث قبل الميلاد؟، برونز، 2,3 سم، الهيئة الملكية لمحافظة العلا، MS.Surface.C.242.

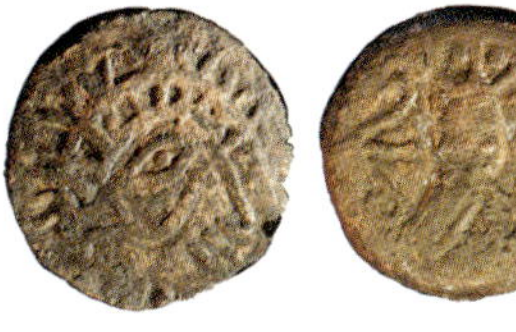

109. تترادراخما برونزية، لحيان، القرن الثالث قبل الميلاد؟، برونز، 2,4 سم، الهيئة الملكية لمحافظة العلا، MS.34015.C.5.

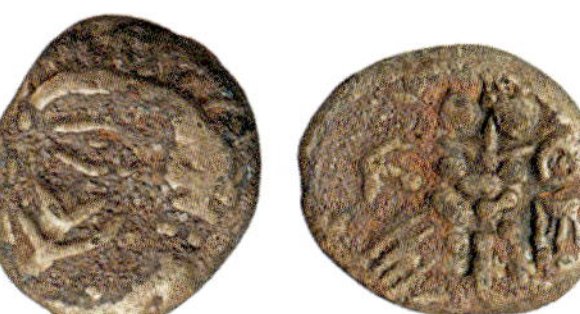

110. تترادراخما، الإسكندر الأكبر، أواخر القرن الرابع قبل الميلاد، فضة، 2,9 سم، الهيئة الملكية لمحافظة العلا، MS.90042.C.3.

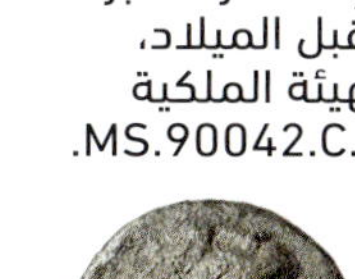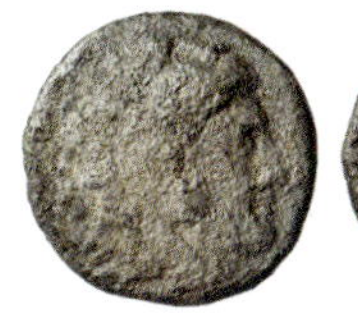

111. كليوباترا السابعة (51-30 ق.م)، قطعة نقدية من فئة 80 دراخما، مسكوكة في الإسكندرية (مصر)، 30-51 ق.م، برونز، 2,7 سم، الهيئة الملكية لمحافظة العلا، MS.Surface.C.329.

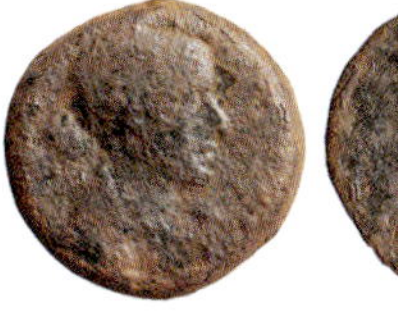

112. عملة برونزية ذات وجه واحد، شرق شبه الجزيرة العربية، بين القرنين الثالث والرابع للميلاد؟، برونز، 2,1 سم، الهيئة الملكية لمحافظة العلا، MS.Surface.C.308.

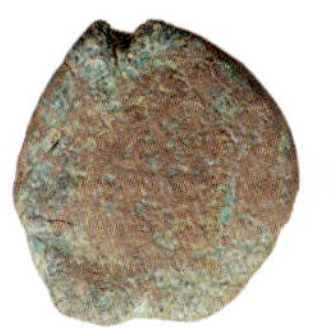

113. الحارث الرابع (9 ق.م - 40 م) وخلدو، سلع، البتراء، 8/7 ق.م، فضة، 1,7 سم، الهيئة الملكية لمحافظة العلا، MS.11001.C.10.

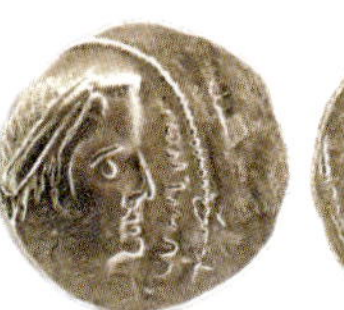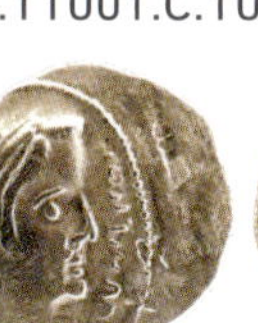

114. الحارث الرابع (9 ق.م - 40 م) وخلدو، سلع، البتراء، فضة، 1,7 سم، الهيئة الملكية لمحافظة العلا، MS.90025.C.1.

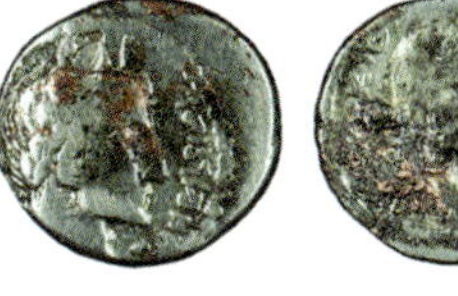

115. الحارث الرابع (9 ق.م - 40 م) وخلدو، سلع، البتراء، برونز، 1,5 سم، الهيئة الملكية لمحافظة العلا، MS.25430.C.2.

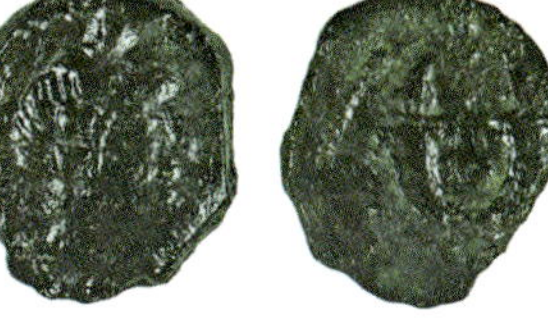

116. الحارث الرابع (م 40 - م.ق 9)، وشقيلقة، عملة معدنية مقسمة، البتراء، 20-40 م، برونز، 2 سم، الهيئة الملكية لمحافظة العلا، MS.10048.C.1.

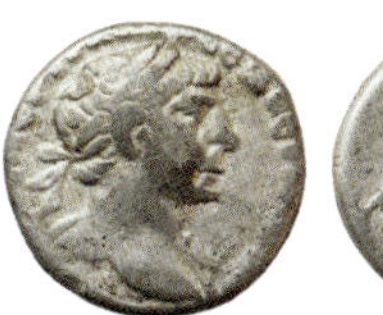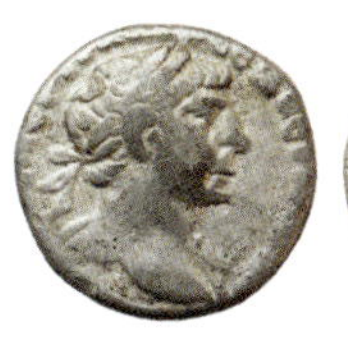

117. تراجان (117-98 م)، دراخما، مضروبة في أنطاكية ليتم تداولها في الولاية العربية، 114/115 م، فضة، 1,6 سم، الهيئة الملكية لمحافظة العلا، MS.34414.C.1.

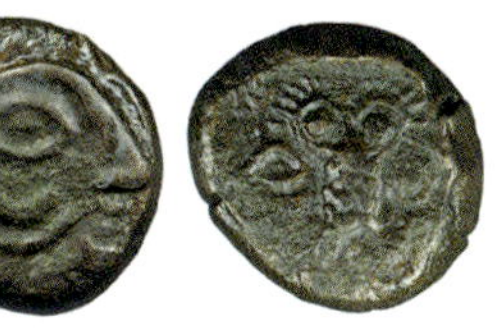

118. تراجان (117-98 م)، دراخما، مضروبة في روما ليتم تداولها في الولاية العربية، 117-115 م، فضة، 1,9 سم، الهيئة الملكية لمحافظة العلا، MS.64301.C.1.

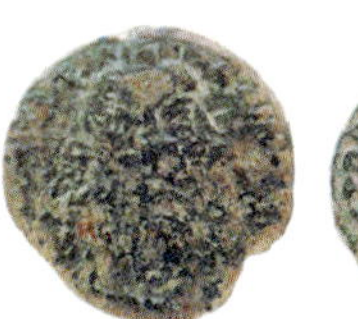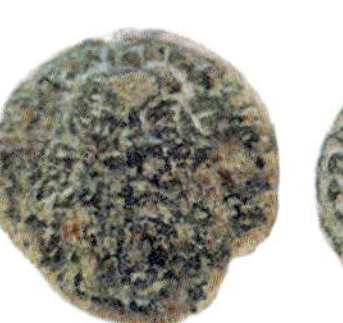

119. هادريان (138-117 م)، عملة البتراء، 138-117 م، برونز، 2,6 سم، الهيئة الملكية لمحافظة العلا، MS.36000.C.4.

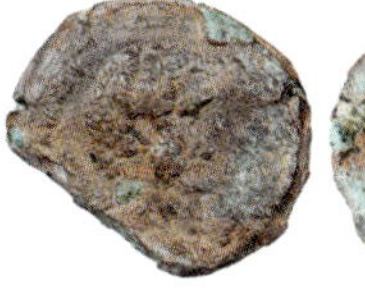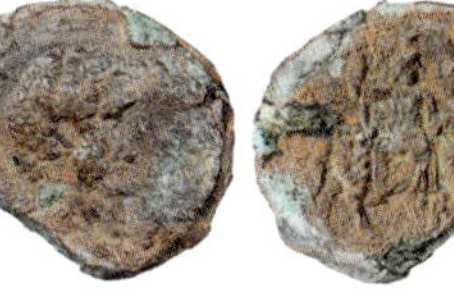

120. أنطونينوس بيوس (161-138 م)، دراخما برونزية، الإسكندرية، 139-138 م، برونز، 3,5 سم، الهيئة الملكية لمحافظة العلا، MS.34740.C.1.

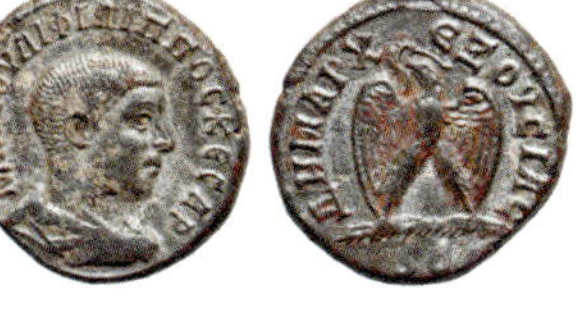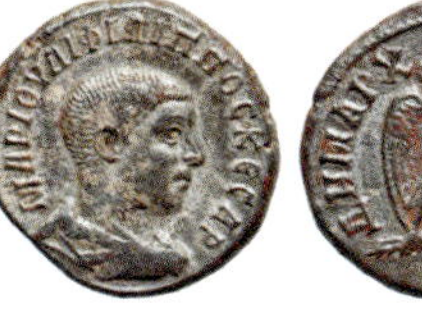

121. فيليب الثاني قيصر (247-244 م)، تترادراخما، أنطاكية، فضة، 2,6 سم، الهيئة الملكية لمحافظة العلا، MS.34208.C.2.

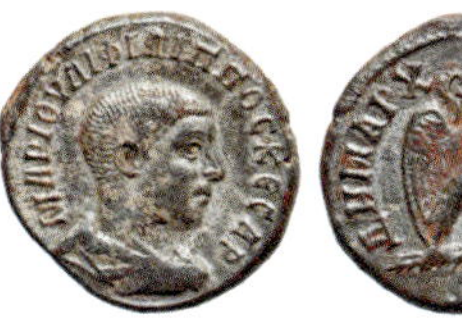

122. إتروسكيلا (زوجة الإمبراطور تراجان داكيوس (ديسيوس)، 251-249 م)، تترادراخما، أنطاكية، فضة، 2,6 سم، الهيئة الملكية لمحافظة العلا، MS.34207.C.2.

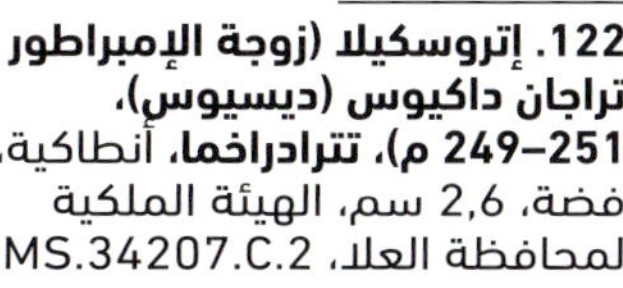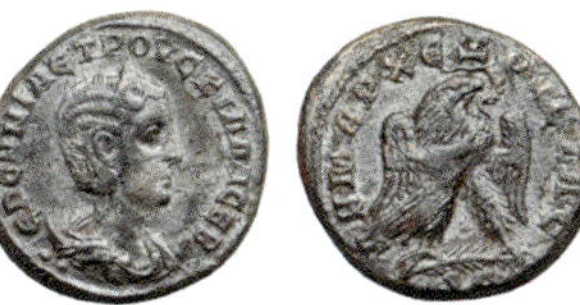

123. ليسينيوس (324-308 م)، فلس، روما، 315-314 م، برونز، 2,2 سم، الهيئة الملكية لمحافظة العلا، MS.60901.C.1.

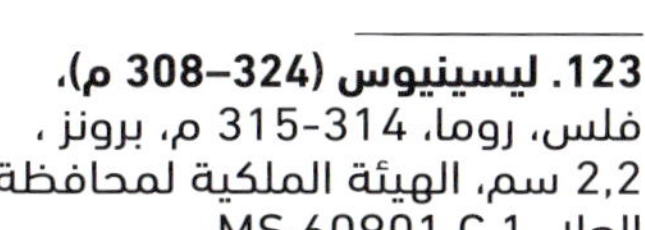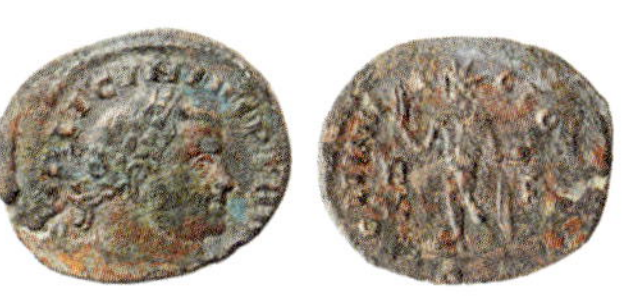

124. تترادراخما برونزية، لحيان، أواخر القرن الرابع/أوائل القرن الثالث قبل الميلاد، برونز، 2,2 سم، الهيئة الملكية لمحافظة العلا، MS.Surface.C.47.

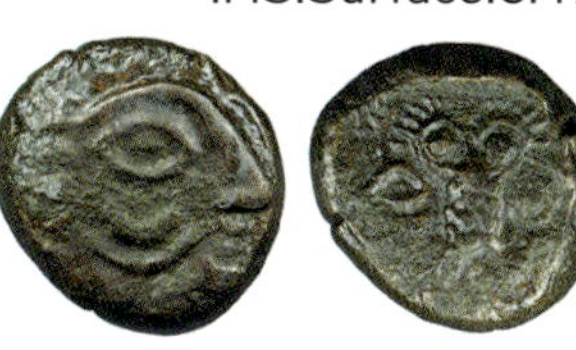

قُرْح

125. آنية، قُرْح (المابيات)، بين القرنين التاسع والعاشر للميلاد، فخار، 19 × 11 سم، الهيئة الملكية لمحافظة العلا، RCU.2023.143

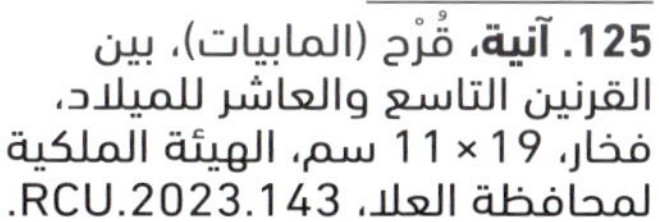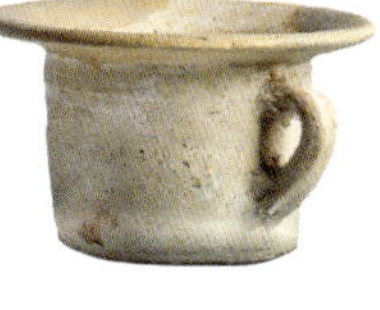

126. مسبحة للصلاة، قُرْح (المابيات)، بين القرنين السابع والتاسع للميلاد، 1 × 8 سم، الهيئة الملكية لمحافظة العلا، RCU.2023.153

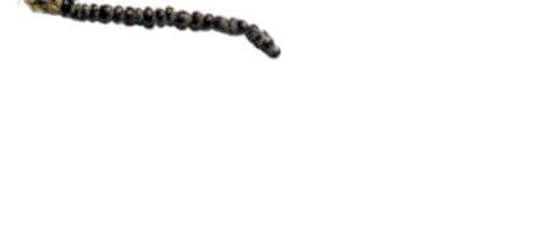

127. أربعة خناجر، أحدها يظهر وجه، قُرْح (المابيات)، بين القرنين التاسع والعاشر للميلاد، عظم، معدن، 3 × 5 × 2 سم، الهيئة الملكية لمحافظة العلا،
RCU.2023.141 *1
RCU.2023.142 *2
RCU.2023.155 *3
RCU.2023.156 *4

*1 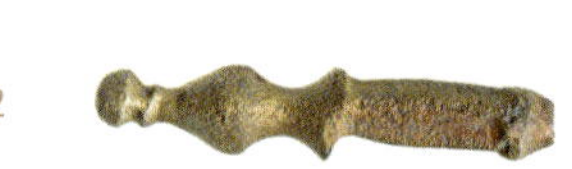

*2 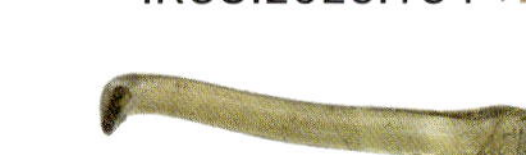

*3 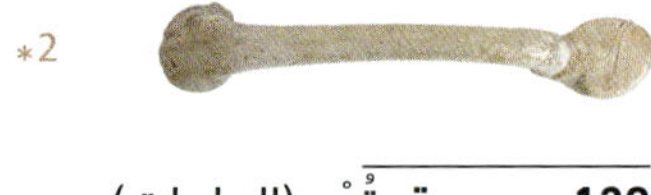

*4 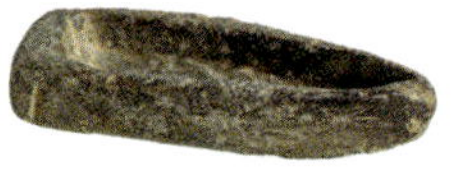

128. مقبضان زجاجيان، قُرْح (المابيات)، بين القرنين التاسع والعاشر للميلاد، زجاج، 3 × 10 × 3 سم، الهيئة الملكية لمحافظة العلا، RCU.2023.158 *1
RCU.2023.184 *2

*1 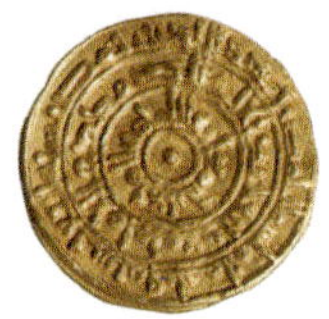

*2

129. مسرجة، قُرْح (المابيات)، بين القرنين التاسع والعاشر للميلاد، حجر صابوني، حجر أملس، 2 × 6 × 3 سم، الهيئة الملكية لمحافظة العلا، RCU.2023.160

130. دينار فاطمي، قُرْح (المابيات)، القرن الحادي عشر للميلاد، سك الدينار في عهد المعز لدين الله الفاطمي سنة 364هـ/ 957م، القطر 2 سم، الهيئة الملكية لمحافظة العلا، RCU.2023.163

131. جرة فخارية، قُرْح (المابيات)، بين القرنين التاسع والعاشر للميلاد، فخار، 65 سم، القطر 45 سم، الهيئة الملكية لمحافظة العلا، * RCU.2023.126،
RCU.2023.127.

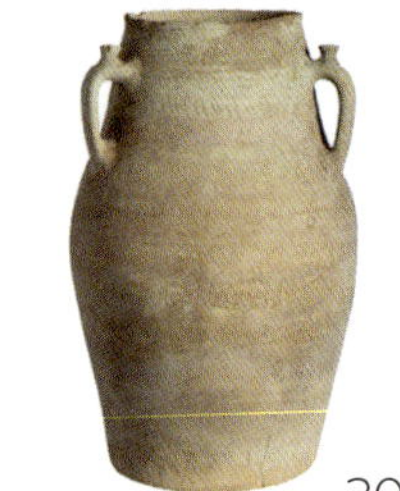

---

132. جزء من صحن عليه نقش، قُرْح (المابيات)، بين القرنين التاسع والعاشر للميلاد، آنية فخارية مزججة، 24 × 3 سم، الهيئة الملكية لمحافظة العلا، RCU.2023.138.

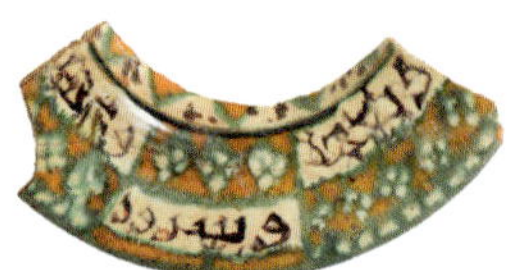

133. جزء من بلاط جدران، قُرْح (المابيات)، بين القرنين التاسع والعاشر للميلاد، جزء من بلاط جدران مربع الشكل، بمنتصفه زخرفة نباتية عبارة عن وردة، داخل إطار دائري حوله زخارف هندسية، 5 × 21 × 21 سم، الهيئة الملكية لمحافظة العلا، RCU.2023.140.

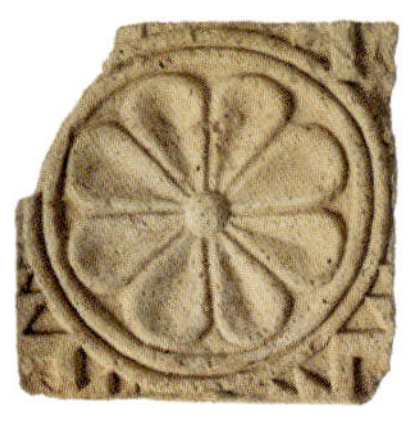
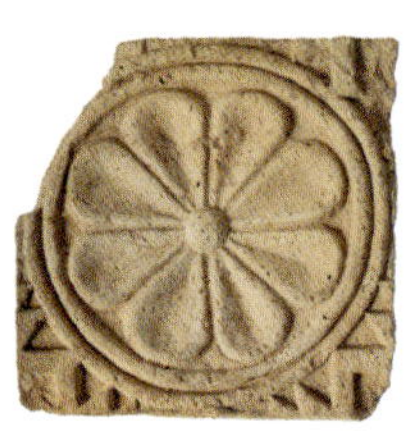

134. جزء من قارورة، قُرْح (المابيات)، بين القرنين التاسع والعاشر للميلاد، زجاج، 4 × 3 × 3 سم، الهيئة الملكية لمحافظة العلا، RCU.2023.169

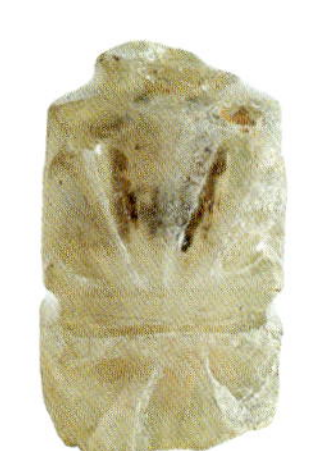

135. أداة برونزية تستخدم كمكيال، قُرْح (المابيات)، بين القرنين التاسع والعاشر للميلاد، برونز، 2 × 5 × 3 سم، الهيئة الملكية لمحافظة العلا، RCU.2023.170.

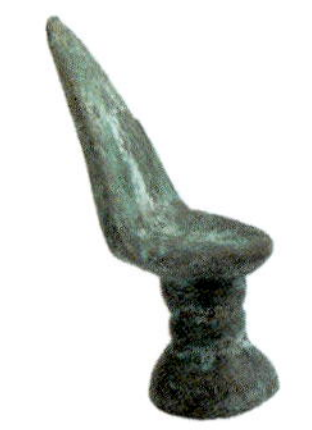
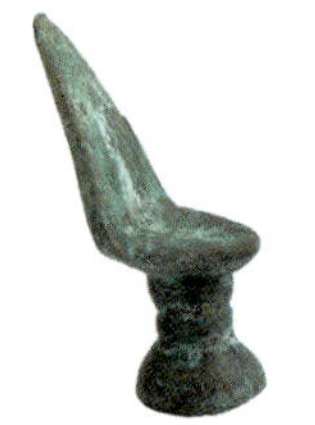

136. خاتم، قُرْح (المابيات)، بين القرنين السابع والتاسع للميلاد، فضة، 1 سم، القطر 3 سم، الهيئة الملكية لمحافظة العلا، RCU.2023.172.

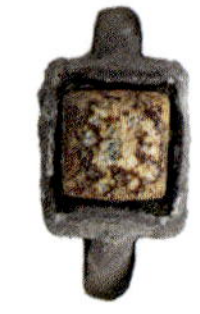
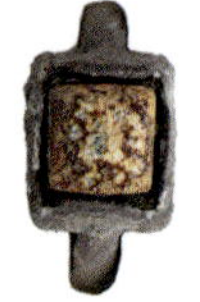

---

137. سراج مكسر إلى أجزاء، قُرْح (المابيات)، بين القرنين التاسع والعاشر للميلاد، حجر صابوني، حجر أملس، 4 × 12 × 7 سم، الهيئة الملكية لمحافظة العلا، RCU.2023.173.

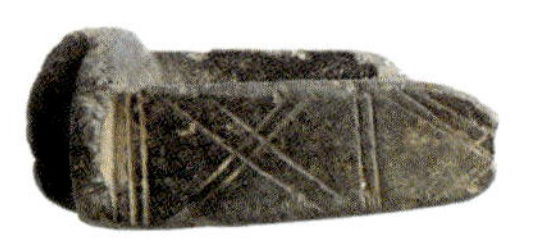

138. جزء من بلاط جدران، قُرْح (المابيات)، بين القرنين التاسع والعاشر للميلاد، جزء من بلاط جدران من الفخار عليه زخارف هندسية (الأرابيسك)، 5 × 25 × 30 سم، الهيئة الملكية لمحافظة العلا، RCU.2023.174.

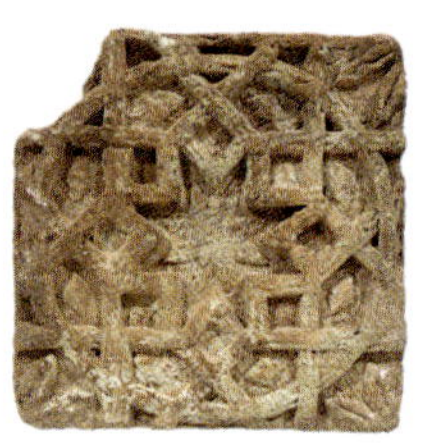

139. آنية، قُرْح (المابيات)، بين القرنين التاسع والعاشر للميلاد، فخار، 11 × 18 سم، الهيئة الملكية لمحافظة العلا، RCU.2023.175.

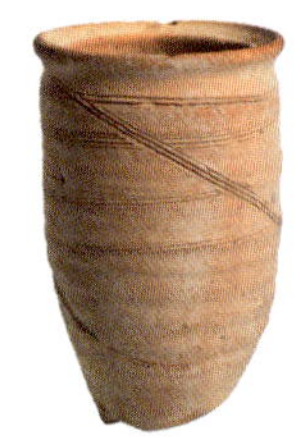

140. جزء من بلاط جدران، قُرْح (المابيات)، بين القرنين التاسع والعاشر للميلاد، حجر الألباستر، 6 × 17 × 23 سم، الهيئة الملكية لمحافظة العلا، RCU.2023.176.

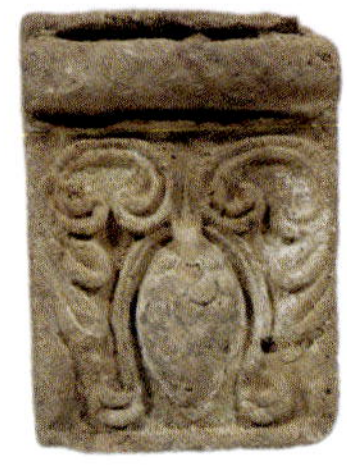

141. جزء من صحن خزفي، قُرْح (المابيات)، بين القرنين التاسع والعاشر الميلادي، جزء من آنية خزفية عليها زخارف نباتية متنوعة باللون الأخضر الباهت، لها قاعدة بارزة، 20 × 7 سم، الهيئة الملكية لمحافظة العلا، RCU.2023.182.

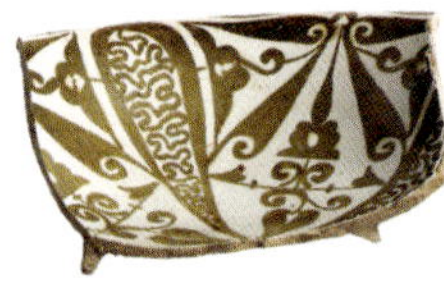

---

142. إبريق، قُرْح (المابيات)، بين القرنين التاسع والعاشر للميلاد، فخار، الارتفاع 19 سم، القطر 15 سم، الهيئة الملكية لمحافظة العلا، RCU.2023.185.

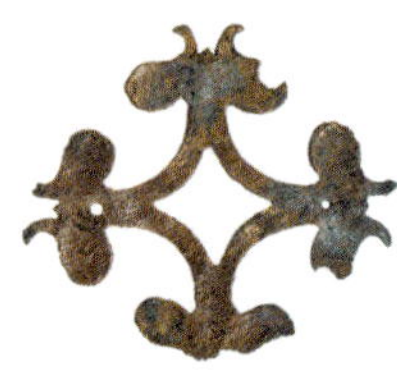

143. حلية، قُرْح (المابيات)، بين القرنين التاسع والعاشر للميلاد، برونز، 7 × 7 سم، الهيئة الملكية لمحافظة العلا، RCU.2023.188.

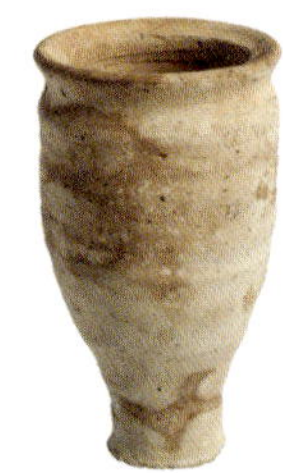

144. كوب، قُرْح (المابيات)، بين القرنين التاسع والعاشر للميلاد، فخار، 5 × 15 سم، الهيئة الملكية لمحافظة العلا، RCU.2023.189.

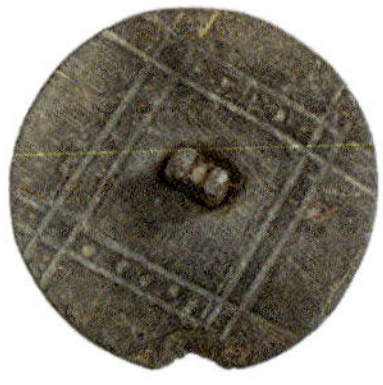

145. غطاء، قُرْح (المابيات)، بين القرنين التاسع والعاشر للميلاد، غطاء له مقبض عليه زخارف هندسية من الحجر الصابوني أملس، 2 × 6 × 8 سم، الهيئة الملكية لمحافظة العلا، RCU.2023.159.

البلدة القديمة

146. سلة من سعف النخيل، سلة مكونة من ألياف نباتية لسعف النخيل، البلدة القديمة، 7 × 47 × 38 سم، الهيئة الملكية لمحافظة العلا، MuDUD.388.50140.02.1-4.

147. حامل قرآن، خشب، عرق اللؤلؤ، البلدة القديمة، 9,5 × 35 × 38 سم، الهيئة الملكية لمحافظة العلا، MuDUD.639.40049.26.1-9.

العلا: 150 عاماً من الاكتشاف

166. شارلز هوبر (1837–1884)، "رحلة في الجزيرة العربية الوسطى: الحماد، الشمر، القصيم، الحجاز" باللغة الفرنسية، 1885، ورق، ٢٥٫١ × ١٧٫٤ × ٤٫٦ سم، الهيئة الملكية لمحافظة العلا، RCU.2019.14.

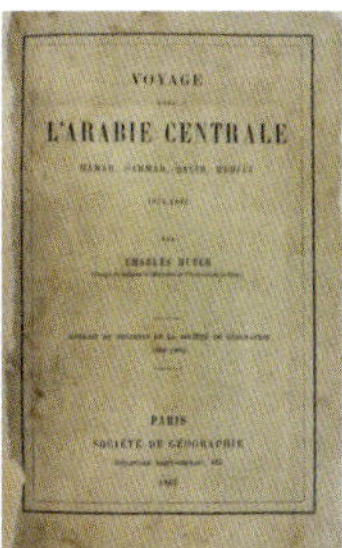

167. يوليوس أويتنج (1839–1913)، "نقوش نبطية من شبه الجزيرة العربية" باللغة الألمانية، 1885، ورق، تجليد نصفي بالقماش، ٢٫١ × ٢٣٫٩ × ٣٦ سم، الهيئة الملكية لمحافظة العلا، RCU.2019.17.

168. شارلز هوبر (1837–1884)، "يوميات رحلة إلى الجزيرة العربية" باللغة الفرنسية، 1891، ورق، ٦٫٥ × ١٩ × ٢٧٫٤ سم، الهيئة الملكية لمحافظة العلا، RCU.2019.18.

169. تشارلز داوتي (1843–1926)، "وثائق كتابية تم جمعها في شمال شبه الجزيرة العربية" باللغة الفرنسية، 1881، ورق (منتج من الألياف)، ٣١ × ٢٨ سم، الهيئة الملكية لمحافظة العلا، RCU.2019.19.

170. رفائيل سافينياك (1874–1951) وأنطونان جوسين (1871–1962)، "بعثة أثرية إلى الجزيرة العربية" باللغة الفرنسية، المجلد الثاني، 1914، ورق، الهيئة الملكية لمحافظة العلا، RCU.2018.2.2.

الخاتمة

171. محمد الفرج، ثلاث شموس ثلاث صلوات واحدة للماضي وواحدة للحاضر وواحدة للمستقبل، صبغة سعف النخيل على ورق ٦٠ × ٨٥ سم، ٦٠×٨٦ سم، ٦٠×٨٧ سم، 2022.

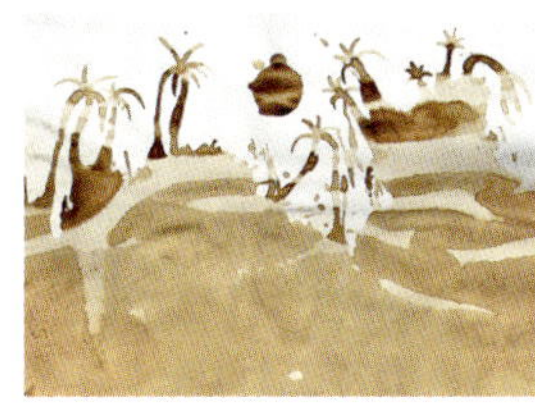

---

161. ساكف (جزء يمثل أعلى الباب أو النافذة) يحمل نقشين دادانيين مكتوبين بتقنيتين مختلفتين (منحوتة وبارزة)، أم درج، بين القرنين السادس والثاني قبل الميلاد، حجر رملي، ١٨ × ٢٤٫٥ × ١١٨ سم، 000355-1-03-1.

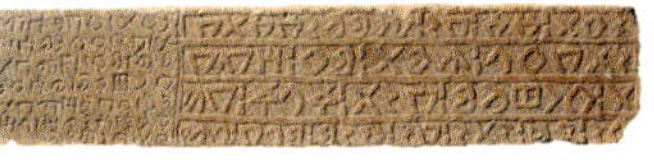

162. ساكف (جزء يمثل أعلى الباب أو النافذة) يحمل نقشاً دادانياً، دادان (الخريبة)، تنقيبات جامعة الملك سعود، بين القرنين الخامس والأول قبل الميلاد، حجر رملي، ٤٠ × ٦٠ × ٢٦ سم، الهيئة الملكية لمحافظة العلا، RCU.2023.124.

163. خربشة (غرافيتي) من شمال شبه الجزيرة العربية القديمة، ربما حسمائية، منطقة العلا، حجر، ٢٥ × ١٧ × ٣٣ سم، الهيئة الملكية لمحافظة العلا، RCU.2020.147.489.

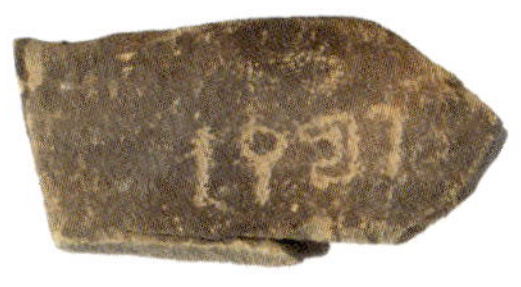

164. نقش جنائزي بحروف نبطية-عربية، قُرح (المابيات)، تنقيبات جامعة الملك سعود، 280 م، حجر رملي، ٢٨ × ٤٣ × ١١ سم، الهيئة الملكية لمحافظة العلا، RCU.2023.149.

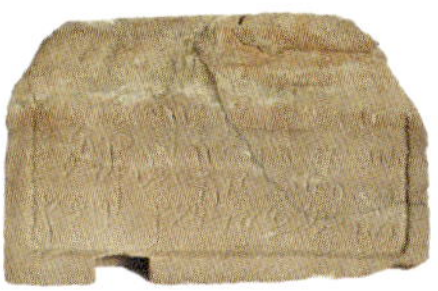

165. ساكف (جزء يمثل أعلى الباب أو النافذة) يحمل نقشاً دادانياً يذكر أعمالًا قام بها أهالي دادان، دادان (الخريبة)، تنقيبات جامعة الملك سعود، بين القرنين الخامس والأول قبل الميلاد، حجر رملي، ٥٠ × ٢٢٠ × ٣٥ سم، الهيئة الملكية لمحافظة العلا، RCU.2023.128.

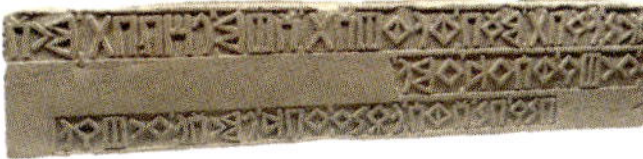

---

156. نقش داداني يذكر الملك عاصي، دادان (الخريبة)، تنقيبات جامعة الملك سعود، بين القرنين الرابع والثالث قبل الميلاد، حجر رملي، ٤ × ٢٦ × ١٥ سم، الهيئة الملكية لمحافظة العلا، RCU.2023.145.

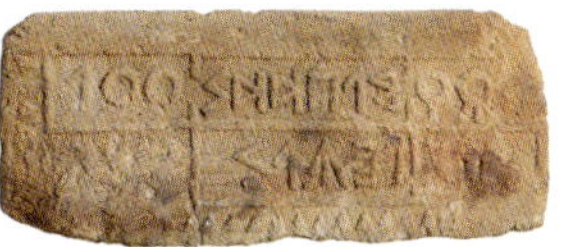

157. نقش ثنائي اللغة داداني-آرامي، دادان (الخريبة)، تنقيبات جامعة الملك سعود، بين القرنين الخامس والثاني قبل الميلاد، حجر رملي، ٣٣ × ٦٠ × ٢٥ سم، الهيئة الملكية لمحافظة العلا، RCU.2023.150.

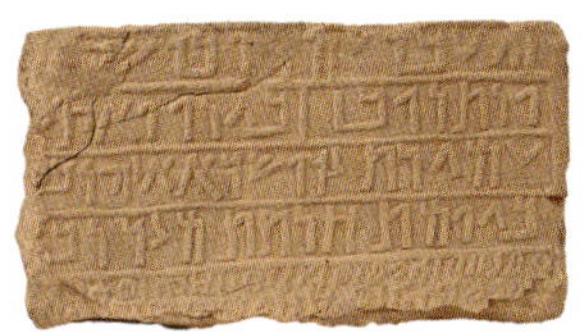

158. مبخرة تحمل نقشاً دادانياً، دادان (الخريبة)، تنقيبات جامعة الملك سعود، بين القرنين الرابع والثالث قبل الميلاد، حجر رملي، ٢٥ × ٢٦ × ٧٠ سم، الهيئة الملكية لمحافظة العلا، RCU.2023.148.

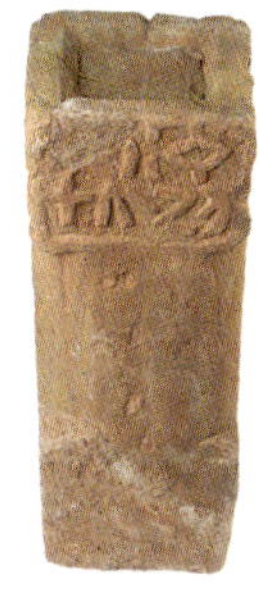

159. مبخرة تحمل نقشاً دادانياً، دادان (الخريبة)، تنقيبات جامعة الملك سعود، بين القرنين السادس والثاني قبل الميلاد، حجر رملي، ٢١ × ٢٤ × ٤٢ سم، الهيئة الملكية لمحافظة العلا، RCU.2020.147.207.

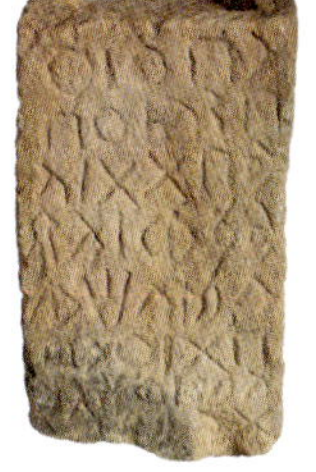

160. نقش داداني يذكر حجاً إلى معبد أم درج، أم درج، بين القرنين السادس والثاني قبل الميلاد، حجر رملي، ٢٨ × ٣٢ × ٣٢ سم، الهيئة الملكية لمحافظة العلا، RCU.2020.147.244.

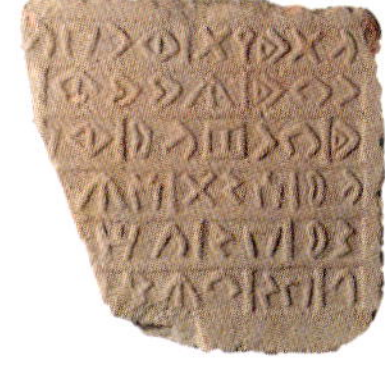

---

148. سراج زيت، معدن، البلدة القديمة، ١٤ × ١٥ × ٢٥ سم، الهيئة الملكية لمحافظة العلا، MuDUD.388.50140.01.1-11x.

149. خطافات مثبتة في سقف المنازل، ألياف نباتية، خشب، البلدة القديمة، ٢٠ × ٤٠ × ٣٥ سم (الجزء الخشبي: ١٢ × ١٤ × ٣٠ سم)، الهيئة الملكية لمحافظة العلا، MuDUD.650.50053.02.1-2.

150. إعادة بناء البلدة القديمة والواحة، 2023، فيلم، ٥ دقائق، إيكونيم.

151. مفتاح، خشب، معدن، البلدة القديمة، ٤٫٥ × ٣ × ٢٤ سم، الهيئة الملكية لمحافظة العلا، MuDUD.652.50051.06.1-1.

152. نزهة في البلدة القديمة والواحة، 2023، فيلم، ٦ دقائق، ستوديو Ketchup Mayo.

153. مذود / هودج (محمل يوضع على ظهر الحيوانات)، القرن العشرون، خشب، نسيج، جلد غير مدبوغ، حبل، معدن، العلا، ٨٢ × ١٢٢ × ١٣٠ سم، الهيئة الملكية لمحافظة العلا، RCU.2020.140.

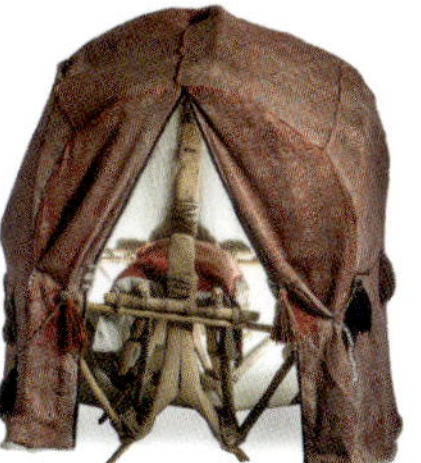

الفن الصخري والكتابة:

154. الكتابات في العلا، 2023، تنصيب فيديو، ١٣ دقيقة، بونوا ميلو، سيباستيان جوس، ستوديو Membo.

155. رسم لهجّان يمتطي جملاً عليه نقش داداني يذكر إما رجل يدعى أفكال أو "كاهن"، دادان (الخريبة)، تنقيبات جامعة الملك سعود، بين القرنين الرابع والثالث قبل الميلاد، حجر رملي، ١٥ × ٤٠ × ٣٠ سم، الهيئة الملكية لمحافظة العلا، RCU.2023.144.

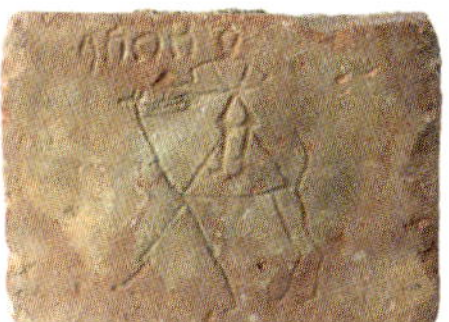

المعرض

تصميم المعرض
وكالة NC ناتالي كرينيير:
ناتالي كرينيير
لوسيل لوفو (مدير المشروع)

تصميم الوسائط المتعددة
لا ميدوز وشركاه

التصميم الغرافيكي
أنامورفي

الإضاءة
لايت موشن

الكتالوج

**تم إعداد هذا الكتالوج تحت إشراف الدكتورة
ليلى نعمة والدكتور عبد الرحمن السحيباني**

منسقة التحرير
كلير بينو

مساعدة التحرير
مارغو فالشياسيكا

منشورات سكيرا باريس

**عدد 14 شارع ساربونت
باريس 75006
www.skira.net**

رئيس التحرير
ناتالي برات-كوادو

مدير النشر
جولييت شامبون

مدير المشروع التجاري والنشر
ميريل ماسون

مساعد النشر
روكسان روبور

مدير المشروع
أميلي ديسبيريه

التصميم الغرافيكي
صوفي دوبريه

الترجمة إلى اللغة العربية
الدكتور شادي حسن حاطوم

مراجعة وتدقيق
أكولاد
محمد أمين العباسي

فصل الألوان
ليثو آرت نيو، تورينو

التقيم الدولي: ISBN 978-2-37074-231-5
الطبعة الأولى، 2023

طبع في ديسمبر 2023
في مطابع Graphius في غنت، بلجيكا
الإيداع القانوني يناير 2024